LebensRaum Kindergarten

Methoden des Kindergartens 3

LebensRaum
Kindergarten

Methoden des Kindergartens 3

Herausgegeben
vom Verlag
UNSERE KINDER

Hinweis:

Um auch sprachlich auszudrücken, dass sich das Buch sowohl an Kindergartenpädagoginnen als auch an Kindergartenpädagogen, an Erzieherinnen und Erzieher ... wendet, werden die Formen KindergartenpädagogInnen, ErzieherInnen ... verwendet.
Um die Lesbarkeit nicht zu beeinträchtigen, wird in der Einzahl auf die Anführung der unterschiedlichen Artikel, Pronomen etc. verzichtet, sie werden nur in der weiblichen Form gebraucht. Um jedoch deutlich zu dokumentieren, dass damit alle Männer mitgemeint sind, wird KindergartenpädagogIn, ErzieherIn ... geschrieben.

Bestelladresse:
Das Buch ist im Buchhandel nicht erhältlich, sondern ausschließlich über den Verlag UNSERE KINDER:

A-4020 Linz, Kapuzinerstraße 84
Tel.: +43 (0) 732/7610-2091
Fax: +43 (0) 732/7610-2121
E-Mail: unsere.kinder@caritas-linz.at
Internet: www.unserekinder.at

Mit Bescheid des Bundesministeriums für Bildung, Wissenschaft und Kultur, GZ. BMBWK-41.640/0001-V/9/2006, als Lehrbehelf für das Fach Kindergarten-Hortpraxis/Didaktik Kindergarten-Hort an Bildungsanstalten für Kindergartenpädagogik genehmigt (Anhang zur Schulbuchliste).

Schulbuchnummer: **6.692**

5., aktualisierte und neu bearbeitete Auflage (2006); Nachdruck 2012
Lektorat: Anna Jungreithmayr, Linz
Umschlaggestaltung, Layout, Satz und Repro: Lois Jesner, Linz
Druck: VVA Dornbirn

ISBN: 978-3-9500307-2-3

Inhalt

Integration

Intergenerative Erziehung

Gesamtredaktion:

Mag.a Claudia Danzer, Redaktionsassistentin der Fachzeitschrift Unsere Kinder

Dipl.-Theol. Martin Kranzl-Greinecker, Chefredakteur der Fachzeitschrift Unsere Kinder

Autorinnen und Autoren:

Franz Abbrederis, langjähriger Leiter der Stabstelle „Öffentlichkeitsarbeit" beim IfS Vorarlberg, Referent für die Ausbildung von Kindergarten-PädagogInnen in Vorarlberg

Prof. Dr. Ben Bachmair, Professor für Erziehungswissenschaft und Medienpädagogik an der Universität Kassel, Lehr- und Forschungstätigkeit an den Universitäten Erlangen, Kiel und Siegen

Mag.a Gabriele Bäck, Kindergarten- und Hortpädagogin, Didaktik- und Praxislehrerin, Studium der Pädagogik und Sonder- und Heilpädagogik, wissenschaftliche Mitarbeiterin am Charlotte-Bühler-Institut, Wien

Mag.a Susanne Baumschlager-Wieser, Studium der Pädagogik/Sonder- und Heilpädagogik, Professorin für Pädagogik, Didaktik und Kindergartenpraxis an der BAKIP 1080 Wien, Lange Gasse

Mag.a Dr.in Martina Beham-Rabanser, Mitarbeiterin am Institut für Soziologie der Johannes Kepler Universität Linz (Abteilung für Empirische Sozialforschung), Arbeitsgebiete: Familien-, Kindheits-, Freizeit- und Geschlechterforschung

Univ.-Prof. Dr. Albrecht Beutelspacher, Professor an der Universität Gießen, Gründer des Mathematikums in Gießen, des ersten mathematischen Mitmachmuseums

DSA Christine Bodendorfer, Psychotherapeutin (Psychodrama) in freier Praxis, Supervisorin, diplomierte Sozialarbeiterin, Wien

Mag.a Dr.in Irmgard Maria Burtscher, Elementarpädagogin, Referentin für elementare Bildung in Deutschland und Österreich, Fachpublikationen, Mitarbeit in Forschungsprojekten

Mag.a Sabine Dawkins, Kindergartenpädagogin im Pfarrkindergarten St. Veit, Graz, Studium der Erziehungswissenschaften

Mechthild Dörfler, Studium der Erziehungs- und Kulturwissenschaften; Forschung und wissenschaftliche Referentin zu Konflikten unter Kindern, zu Bildungsprozessen in Kindertageseinrichtungen; Konzeptberatung für Kindertageseinrichtungen

Dr.in Else Dorostkar, Studium der Pädagogik, Philosophie und Orientalistik, Volks- und Hauptschullehrerin, Psychotherapeutin (Logotherapie und Existenzanalyse) und „Kinderphilosophin", Lehrerin für Pädagogik an der BAKIP in 1210 Wien

Waldemar Feiner, ehem. Professor für Grundschuldidaktik, Deutsch, Vorschulerziehung und Schulpraxis an der Pädagogischen Akademie der Diözese Linz

Univ.-Doz. Dr. Helmuth Figdor, Psychoanalytiker, Kinderpsychotherapeut, Erziehungsberater, Vorsitzender der Arbeitsgemeinschaft Psychoanalytische Pädagogik (APP), Wien

Silvia Franke, DSA, Psychotherapeutin, Trainerin und Supervisorin (Schwerpunkte: Sucht, Trauma, Prävention) in freier Praxis, Lehrbeauftragte an der FH für Sozialarbeit Campus Wien und im ÖAGG, 1995–2002 Leiterin des Instituts für Suchtprävention Wien; silvia.franke@aon.at

Roswitha Frühwirth, Kindergartenpädagogin, Nö. Landeskindergarten Raxendorf

Eva Maria Gattringer, Kindergarten- und Hortpädagogin, ECHA-Zusatzstudium zur Begabtenförderin, Beratung von Eltern hochbegabter Kinder, Vorstandsmitglied des Vereins Stiftung Talente im Landesschulrat für Oberösterreich, Linz

Univ.-Doz.in Dr.in Silvia Habringer-Hagleitner, Dozentin am Institut für Religionspädagogik der Kath.-Theol. Privatuniversität Linz

Mag.a Michaela Hajszan, Klinische Psychologin und Gesundheitspsychologin, wissenschaftliche Mitarbeiterin am Charlotte-Bühler-Institut, Wien

Dr.in Waltraut Hartmann, Gesundheitspsychologin und Klinische Psychologin, wissenschaftliche Leiterin des Charlotte-Bühler-Instituts, Lehrbeauftragte am Institut für Psychologie der Universität Wien

Nancy Hoenisch, lehrt in Winchester/Virginia, USA, arbeitet an der Douglas-School mit Kindern im Alter von vier bis fünf Jahren

Dr.in Luise Hollerer, Psychologin, Lehrbeauftragte für Lern- und Motivationspsychologie an der Karl Franzens Universität Graz, Professorin am Pädagogischen Zentrum Graz-Eggenberg

Luise Hosp-Hermann, Herausgeberin des Fachportals für ElementarpädagogInnen www.kigaportal.com; Fortbildungstätigkeit im Bereich computerbezogene Medienerziehung im Kindergarten; Übungskindergartenpädagogin an der BAKIP Graz

Rosa Maria Huber, Kindergartenpädagogin an der BAKIP Vöcklabruck

Anja Kieberger, Kindergartenpädagogin an der BAKIP St. Pölten

Elfriede Lechner, Kindergartenpädagogin, bis 2002 Leiterin des Kindergartens in Eschenau (NÖ)

Dr.in Friederike Lenzeder, Absolventin der LBA, berufliche Tätigkeit in der kirchlichen Kinderarbeit, Studium der Psychologie und Pädagogik, langjährige Chefredakteurin der Zeitschrift „Welt der Frau"

Dipl.-Psych. Eva Maria Leupold, Psychologische Psychotherapeutin, Mitarbeiterin an der Erziehungs-, Jugend- und Familienberatungsstelle in Regensburg

Eva-Maria Lexa, Kleinstkind-, Kindergarten- und Hortpädagogin, Studium der Pädagogik, pädagogische Leiterin des Kindergartens „Wie daham" in Klagenfurt Welzenegg

Dr.in Charmaine Liebertz, Institutsleiterin der „Gesellschaft für Ganzheitliches Lernen e. V.", Köln, hält europaweit Seminare für ErzieherInnen, LehrerInnen und Eltern; www.ganzheitlichlernen.de

Mag.a Judit Marte, Juristin, Mitarbeiterin in der Abteilung Sozialpolitik und Grundlagenforschung der Caritas Österreich, Wien

Univ.-Prof. Dr. Dr. h.c. Norbert Mette, Professor für Katholische Theologie und ihre Didaktik mit dem Schwerpunkt Religionspädagogik/Praktische Theologie an der Universität Dortmund

Mag.a Dr.in Katharina Novy, Soziologin und Sozialhistorikerin (Schwerpunkte Kindheit, Familie, Gender, Arbeit mit Lebensgeschichten), Referentin für Bildung und Wissenschaft im Klub der Grünen im Wiener Rathaus

Niklaus Nuspliger, Studium Politikwissenschaft und Internationale Beziehungen, freier Mitarbeiter der Berner Tageszeitung „Der Bund"

Pamela Oberhuemer, wissenschaftliche Referentin am Staatsinstitut für Frühpädagogik (IFP), München

Elisabeth Pils, Kindergartenpädagogin, Leiterin des Kindergartens der Stadt Linz, Leonfeldner Str. 99d sowie des Kindergartens Leonfeldner Str. 80b

Univ.-Prof. Dr. Manfred Pils, Vorstand des Instituts für Datenverarbeitung in den Sozial- und Wirtschaftswissenschaften (idv), Johannes Kepler Universität Linz, blik@l99d.idv.edu

Barbara Pitzer, Bezirksschulinspektorin beim Bezirksschulrat Wels Stadt, Mitarbeiterin im Lesekompetenzzentrum OÖ und von Buch.Zeit, Informationszentrum für Jugendliteratur und Schulbibliotheken

Hermann Pitzer, Leiter des Lesekompetenzzentrums OÖ und pädagogischer Leiter von Buch.Zeit, Informationszentrum für Jugendliteratur und Schulbibliotheken

Mag.a Inge Pröstler, psychoanalytisch-pädagogische Erziehungsberaterin, Heilpädagogin, Leiterin der Beratungsstellen der Caritas der Erzdiözese Wien, Vorstandsmitglied der Arbeitsgemeinschaft Psychoanalytische Pädagogik (APP)

Friederike Pruka-Chadim, Kindergarten- und Hortpädagogin, Ausdruckstanz-Zusatzausbildung, pädagogische Regionalleiterin der Kindergärten der Stadt Wien

Irmgard Pucher, Kindergartenpädagogin, Ausbildung in integrativer Gestaltberatung und Gestaltsupervision, systemischem Coaching und Mediation sowie als Legasthenietrainerin, u.a. Supervisiorin im Kindergarten-, Gesundheits- und Sozialbereich

Mag.a Iris Radler, Kinder- und Sonderkindergartenpädagogin, Systemische Pädagogin, Studium der Pädagogik (Studienzweig Beratung, Intervention, Supervision) mit Schwerpunkt Gender Studies, Ausbildungsentwicklerin und Bildungsmanagerin an der PGA-Akademie im Verein für prophylaktische Gesundheitsarbeit, Linz

Mag.a Waltraud Rametsteiner, Kindergarten- und Sonderkindergartenpädagogin, Studium der Psychologie, Psychologin in einer Einrichtung für geistig und mehrfach behinderte Menschen

Mag. Peter Riedl, Klinischer und Gesundheitspsychologe, Mediator und Supervisor in freier Praxis, Bereichsleiter Heilpädagogik der Caritas für Kinder und Jugendliche, Linz

Dr. Jan-Uwe Rogge, Familien- und Kommunikationsberater, Seminare für Eltern und Fortbildungen für pädagogisches Fachpersonal, kommunikationspädagogische und -wissenschaftliche Forschung

Dr. Stefan Schlager, Studium der Theologie, Erwachsenenpädagogik und Philosophie, Leiter des Referats Theologische Erwachsenenbildung des Pastoralamtes der Diözese Linz

Dr.in Elfriede Schmidinger, ehem. Landesschulinspektorin für Oberösterreich

Univ.-Prof. DDr. Manfred Spitzer, Psychiater und Neurobiologe, Professor für Psychiatrie an der Universität Ulm, Leiter der Psychiatrischen Universitätsklinik in Ulm

Mag.a Martina Stoll, Studium der Psychologie und Pädagogik und Ausbildung zur Kindergartenpädagogin in Wien, wissenschaftliche Mitarbeiterin des Charlotte-Bühler-Instituts und Lehrerin an der BAKIP in Wr. Neustadt, KES-R-Evaluatorin

Dr.in Ursula Svoboda, Lehrerin, Studium Musik- und Tanzerziehung, Erziehungswissenschafterin, Psychotherapeutin, Supervisorin, Professorin an der Pädagogischen Hochschule der Diözese Linz

Dr. Martin R. Textor, Studium der Pädagogik, Psychologie und Soziologie, wissenschaftlicher Angestellter am Staatsinstitut für Frühpädagogik (IFP), München

Petra Vollmann, Kindergartenpädagogin, Lehrerin für Didaktik und Praxis für Kindergarten und Früherziehung an der BAKIP Linz, Honauerstraße

Peter Wanke, Psychotherapeut, Wien

Univ.-Prof.in DDr.in Mag.a Liselotte Wilk, Studium der Soziologie und Psychologie, Familiensoziologin, Arbeitsschwerpunkt Soziologie der Kindheit

Mag.a Inge Wörgötter, Volks- und Hauptschullehrerin, Studium der Pädagogik, Professorin für Didaktik und in der schulpraktischen Ausbildung an der PÄDAK Innsbruck, im Rahmen der Erasmus-/Sokrates-Programme Lehrtätigkeit an verschiedenen europäischen Universitäten

Vorwort

„LebensRaum Kindergarten" ist der dritte Band der überarbeiteten und aktualisierten Reihe **„Methoden des Kindergartens"**, die wie bisher vom Verlag der Fachzeitschrift „Unsere Kinder" herausgegeben wird. Eine Arbeitsgruppe aus Kindergarten-Fachleuten hat sich eingehend mit den bisherigen Büchern beschäftigt und bei der Neukonzeption Ergebnisse einer Befragung von Praxis- und Didaktiklehrkräften aller Bildungsanstalten für Kindergartenpädagogik berücksichtigt. Die Textzusammenstellung folgt dem Prinzip, dass bewährte Fundamente (in aktualisierter Form) beibehalten und durch neue Beiträge (meist bearbeitete Artikel aus der Fachzeitschrift „Unsere Kinder") ergänzt werden.

Dieses Buch möchte

- Ihnen Informationen zur Verfügung stellen, die wichtige Aspekte der Kleinkindpädagogik und des Kindergartenalltags zum Thema haben.
- Ihnen Material anbieten, aus dem Sie eine Auswahl treffen können, die für Ihre Situation und die Ihrer Kindergartenkinder passt.
- Ihnen Beispiele aus der Arbeit engagierter KindergartenpädagogInnen zeigen, die Sie zu neuen, individuellen Lösungen anregen.
- Sie zu kritischer Auseinandersetzung mit den Texten auffordern.

Dieses Buch **will** Ihnen **nicht**

- vorgefertigte „Rezepte" anbieten, die es einfach nachzuahmen gilt.
- allgemein und allzeit gültige Belehrungen geben.

Das Bild der Murmeln kann einige Aspekte des Konzeptes dieses Buches veranschaulichen.

Ein Anstoßen bewirkt, dass sich eine oder mehrere Kugeln in Bewegung setzen und an einem neuen Ort, in neuer Konstellation zu liegen kommen. KindergartenpädagogInnen erhalten von verschiedensten Personen und Vorgängen einen „Anstoß", eine Anregung zur Veränderung, zur Weiterentwicklung, z.B. von den Eltern oder Kindern, von KollegInnen. – Doch anders als die Kugeln können sie selbst die Initiative zur Veränderung ergreifen, wo sie Handlungsbedarf sehen. Sie können dort eingreifen, wo sie bemerken, dass Menschen mit den Kindern „ein böses Spiel treiben" (Gewalt, Missbrauch ...).

Murmeln gibt es in vielerlei Farben und Gestaltungen, es ist eine Freude sie anzusehen. Diese Freude soll das gute Miteinander symbolisieren, die gute Zusammenarbeit im Kindergartenteam, die fruchtbare Kooperation mit den Eltern und das wertschätzende Zusammensein mit den Kindern.

Der Farbenreichtum der Kugeln kann auf die unterschiedlichen Ansätze in der Erziehung, bei den Werten hinweisen, wobei die Unterschiede nicht als zu nivellierende Gegensätze gesehen werden, sondern als bereichernde Vielfalt, so wie viele Kinder ihre glänzenden, schillernden Murmeln als einen Schatz betrachten.

Eine Kugel gibt die Energie weiter und stößt indirekt andere Murmeln an: Vieles ist nicht nur aus einem Blickwinkel zu sehen, entwickelt sich in mehrere Richtungen. Auch verschiedene Themenbereiche gehen ineinander über, zusammen ergeben sie wieder ein rundes Ganzes.

Natürlich kann man eine bestimmte Kugelkonstellation von verschiedenen Seiten betrachten, was bedeutet, dass ein Themenaspekt genauer aufgefaltet werden kann, wie z.B. das Thema Computer bei der Medienerziehung.

Mit Murmeln wird gespielt. Der spielerischen Komponente, den positiven Gefühlen ist sowohl bei der Arbeit als KindergartenpädagogIn als auch z.B. in Bezug auf die Vorbereitung der Kinder auf die Schule ein hoher Wert beizumessen.

Die bunten Glaskugeln sind eine „runde Angelegenheit". Die Ganzheitlichkeit im Bezug auf die Begleitung der Kinder kommt darin gut zum Ausdruck.

Geistig, emotional und körperlich in Bewegung zu bleiben gehört zum Berufsbild der KindergartenpädagogInnen. Mag das auch manchmal anstrengend sein, birgt es doch viele Chancen.

PädagogInnen

Ein Blick in die Geschichte zeigt, dass Kleinkindbetreuung lange Zeit nicht als Beruf mit entsprechenden Qualifikationen anerkannt war, sondern dies als „typisch weibliche Tätigkeit" angesehen wurde, zu der Frauen von Natur aus prädestiniert seien. So wie sich Frauen erst langsam den Zugang zu Bildung erkämpften, war es ein langer Weg, bis die professionelle Arbeit der KleinkindpädagogInnen anerkannt wurde. Einblicke in die Entwicklungsphasen, damit verwobene Rollenklischees und die aktuelle Genderthematik bietet der Beitrag von Iris Radler.

KindergartenpädagogInnen üben nicht nur einen Beruf aus, zu dem vielschichtige Qualifikationen notwendig sind, sie agieren auch in einem engen Beziehungsgeflecht und sind mit verschiedensten Ansprüchen und Bedürfnissen konfrontiert.

Der Kindergartenträger will seine Ziele umgesetzt sehen und auch seine wirtschaftlichen Interessen erfüllt haben. – Die Wirtschaft/Gesellschaft braucht funktionierende Betreuungseinrichtungen (als Entlastung für Familien/Frauen) und weiß inzwischen um die Bedeutung guter vorschulischer Erziehung, um letztendlich qualifizierte Leute für den Arbeitsmarkt zu erhalten. – Die Volksschule erwartet gut vorbereitete SchülerInnen. – Für pädagogische Fachrichtungen ist die qualitätsvolle, reflektierte pädagogische Arbeit ein zentrales Anliegen. – Eltern wollen ihr Kind gut betreut, gefördert und ihre eigenen Vorstellungen einbezogen wissen ... Bei all diesen Ansprüchen sind aber natürlich die eigentlichen Hauptpersonen nicht zu vergessen – die Kinder!

Dass sich die Bedingungen, unter denen PädagogInnen, HelferInnen ... arbeiten, auch auf die Kinder auswirken, ist eine Tatsache. Aus diesem Grund und natürlich auch im Interesse der AkteurInnen ist das Augenmerk auf eine gut funktionierende Teamarbeit zu legen, die allen am Geschehen Beteiligten und ihren Anliegen Raum gibt. Peter Wanke setzt sich damit auseinander.

Wie Außenstehende das professionelle Handeln, die Umsetzung der Werthaltungen in Bezug auf Erziehung im Kindergarten wahrnehmen, ist im Exkursionsbericht von SchülerInnen einer BAKIP zu lesen, der auch zeigt, wie fundiertes theoretisches Wissen differenziert in die Praxis umgesetzt werden kann.

Dass im Kindergarten wie überall bei zwischenmenschlichen Kontakten Konfliktpotenzial vorhanden ist, braucht wohl nicht näher erläutert zu werden. Konflikte als Ausdruck von Unterschiedlichkeit, vielfältigen Erfahrungshintergründen und Lebenszugängen sind an sich kein Problem, vielmehr eine Notwendigkeit in der Entwicklung. Problematisch wird vielfach jedoch die Art, wie Konflikte ausgetragen werden. Auf den produktiven Umgang mit Konflikten und im Speziellen auf die lösungsorientierte Aufarbeitung durch Supervision geht Irmgard Pucher ein.

Und dass auch in diesem Zusammenhang wir Erwachsene uns manches von Kindern abschauen könnten, zeigt Mechthild Dörfler auf, indem sie das Konfliktlösungsverhalten von Kindern im Kindergarten beleuchtet.

Dass die Arbeit von KindergartenpädagogInnen hohe Ansprüche stellt, steht für die Ausübenden und diejenigen, die sich intensiver damit beschäftigen, außer Zweifel. Wie diese Qualität gefestigt, bewertet und kommuniziert werden kann, zeigen die Texte des zweiten Kapitels.

IRIS RADLER

Berufsbild KindergartenpädagogIn

Historische Analyse und Professionsbegriff

1. Einleitung

„Eine Frau ist die bessere Erzieherin, weil sie dafür geschaffen ist." „Erziehungskompetenzen sind Frauen angeboren." „Frauen strahlen für Kleinkinder die nötige Wärme und Geborgenheit aus." – Diese und ähnliche Statements zum Beruf der KindergartenpädagogIn haben mich im Laufe meiner beruflichen Tätigkeit als Pädagogin stets begleitet. Ich musste sehr oft feststellen, dass gemeinhin die Meinung herrscht, der Beruf der KindergartenpädagogIn sei in erster Linie als weibliche Berufung, als angeborene Fähigkeit, als berufliches Zur-Verfügung-Stellen von Wärme und Geborgenheit einzustufen. Die Vorstellung, dass KindergartenpädagogInnen in erster Linie mit Kindern spielen und dies daher keine große Herausforderung sein könne, war eine weitere schmerzliche Erfahrung. Umso mehr versuchte ich meine Position als kompetente Pädagogin zu stärken, indem ich meine Tätigkeit und Qualifikation durch Fort- und Weiterbildungen professionalisierte. Dennoch blieb der fahle Beigeschmack der „Anti-Profession" übrig.

Woran liegt es, dass Erziehung, im Speziellen die Tätigkeit der VorschulpädagogIn, nicht als Profession wahrgenommen wird, obwohl die Ausbildung einen Maturaabschluss vorzuweisen hat? Würden die – bislang zumeist – fehlenden männlichen Protagonisten das Bild der VorschulpädagogIn aufwerten? Eine solche Argumentation unterstellt aber, dass durch Mitwirkung und Teilhabe von Männern die Bedeutung eines weiblich dominierten Berufs angehoben würde, was jene Rollenzuschreibung reproduziert, die das traditionell Männliche über das traditionell Weibliche stellt. Dies zeigt, wie Argumentationslinien und Begründungszusammenhänge zwar Chancengleichheit anstreben, jedoch durch die Hintertür traditionelle Bilder stärken.

Oder ist der Grund für das geringe Ansehen von VorschulpädagogInnen, dass es im Vorschulbereich keinen „Notendruck" gibt? Liegt es vielleicht am Niveau der Ausbildung, das bei der Ausbildung der KindergartenpädagogInnen nicht angehoben wurde – entgegen vielen Bestrebungen im Sozialbereich (wie zum Beispiel bei der LehrerInnen- oder PflegerInnenausbildung), universitäres Bildungsniveau zu erreichen?

Anzunehmen ist, dass es sich um eine Mischung aus all diesen und noch vielen dahinter verborgenen Zusammenhängen handelt, denen eines gemeinsam ist: nämlich, dass sie entlang einer geschlechtsspezifisch strukturierten Bruchlinie anzuordnen sind und traditionelle Bilder auf individueller und struktureller Ebene einzementieren. Im Folgenden gehe ich den historischen Verläufen bzw. Wurzeln jener Tendenzen nach, die sich heute als Hindernis für Professionalisierung im Vorschulbereich erweisen.

2. Begriffliche Festlegung

2.1. Gender

Der Begriff Gender kommt aus dem Englischen und bezeichnet ursprünglich das grammatische Geschlecht von Substantiven (in der lateinischen Grammatik entspricht Gender dem Term Genus). Im Deutschen gibt es keine Entsprechung dazu; jedoch wird Gender zu einem zentralen Begriff, um Geschlechtsidentität nicht als angeboren, sondern als sozio-kulturell erworben und diskursiv zugeschrieben zu identifizieren. Gender wird nicht als biologische Ausprägung der menschlichen Geschlechtsorgane verstanden, sondern als historisch-zeitgebundener Ausdruck von Männlichkeit und Weiblichkeit. Die daraus erwachsende Geschlechterforschung greift damit auf eine historische Anthropologie zurück, in der menschliche Daseinsformen auf ihre historische Wandelbarkeit untersucht wurden. Dies hat weitreichende Konsequenzen für die Geschichtswissenschaft und im Zuge der Entstehung der Frauen- bzw. Geschlechterforschung schließlich auch für alle anderen Wissenschaftsbereiche (vgl. Kroll 2002, 141).

Gender wird als sozial, gesellschaftlich und historisch manifestierte Rollenerwartung für Frau und Mann zu einem Faktor, der das tägliche Leben und die Alltagspraxis bestimmt. Die westliche, abendländische Kultur mit ihren religiösen Moralvorstellungen, wirtschaftliche Faktoren, wie die Industrialisierung und damit einhergehende Trennung von Erwerbs- und Familienwelt, sowie die Politik, welche propagandistisch Maßnahmen zu setzen pflegte, um das männliche Familienernährermodell zu stützen bzw. auch (wenn notwendig) die Männer für den Krieg freizuhalten, haben stets die Rollen von Mann und Frau und ihr Verhältnis zueinander festgelegt. Seit dem 18. Jahrhundert spricht man von Geschlechtscharakteren, welche das spezifisch Männliche und das spezifisch Weibliche als natur- und gottgegeben und damit als unumstößlich festlegten. Dass diese Zuordnungen lediglich soziale Konstruktionen sind, versucht (Geschlechter-)Forschung aufzudecken. Mit dem Erkenntnisprozess einer differenzierten Wahrnehmung von Geschlecht wurde der Begriff zweigeteilt: in Sex und Gender. Sex beschreibt das biologische, Gender das soziale Geschlecht.

In der Professionalisierungsdebatte spielen jene erkenntnistheoretischen Diskurse rund um die Kultur der Zweigeschlechtlichkeit in der abendländischen Tradition insofern eine Rolle, als Gender zu einem dynamischen Prinzip wird, das zeitgeschichtlichen bzw. gesellschaftlichen Veränderungen unterlag und nach wie vor unterliegt. In Analogie dazu ist auch die Profession kein statisches Gebilde, das historisch betrachtet immer gleich zu definieren ist. Für die Frage, inwiefern Gender und Profession einander beeinflussen, sozialen Aufstieg ermöglichen oder zur (sozialen) Schließung beitragen, ist es wesentlich, die Dynamik beider Begriffe im Auge zu behalten und auf ihre Auswirkungen hin zu analysieren.

2.2. Profession

Begriffe wie Profession, Professionalisierung oder professionell werden je nach Kontext unterschiedlich gebraucht. Gerade im sozialpädagogischen Jargon werden sie eher undifferenziert, wertend bzw. abwertend und meistens ohne Kenntnis des historischen und soziologischen Hintergrundes verwendet. Im angelsächsischen und deutschen (berufs-)soziologischen Zusammenhang wird Profession „zur Klassifikation bestimmter Typen von Arbeit bzw. Gruppen von Menschen gebraucht" (Rabe-Kleberg 2003, 54). Arbeit als Profession setzt einen langen, formalisierten, akademischen Bildungsprozess voraus. Lange Zeit fiel überhaupt nicht auf bzw. wurde als völlig „normal" angesehen, dass professionelle Arbeit zumindest historisch betrachtet in der Mehrheit von Männern ausgeübt wurde (vgl. Rabe-Kleberg 2003, 54f.).

Deshalb lohnt es sich zurückzublicken, wie und wodurch das Geschlecht zur maßgeblichen Komponente wurde, um in den Genuss von (Aus-)Bildung zu kommen und Zugangsbedingungen zu Schulen, Universitäten oder sonstigen Ausbildungsstätten zu entsprechen. Auf verschiedene Art und Weise wurden Begründungszusammenhänge, Argumentationslinien und Legitimationen produziert, um mit Hilfe des Mythos „Mutterliebe & Mütterlichkeit" für Frauen unüberwindbare Barrieren im Hinblick auf Bildung und in weiterer Folge Professionalisierung zu schaffen. Elisabeth Badinter entlarvt in ihrem 1980 in französischer Sprache erschienenen Buch *Mutterliebe* (dt. 1999) dies als kulturelles Konstrukt, das im Lauf der Geschichte immer bestimmten gesellschaftlichen Interessen gedient hat bzw. auch heute noch dient. Die französische Philosophin beweist in historischen Analysen, wie Mutterliebe als universale Norm sich langsam, aber sukzessive durchsetzte. Diese Zusammenhänge können hier nicht genauer dargestellt werden, das Buch ist aber als historische Grundlage sehr empfehlenswert.

3. Professionalisierungsmechanismen im ErzieherInnenberuf

In den letzten Jahrzehnten haben in verschiedensten Bereichen Professionalisierungsdebatten zur Verbesserung der Ausbildung und des Ausbildungsniveaus, zur Differenzierung oder Spezialisierung der Leitbilder sowie zur Erhöhung von Lohn, Status und Ansehen geführt. Angelika Wetterer befasst sich aktuell beispielsweise im Rahmen ihrer Habilitation mit der Professionalisierung im Gesundheits- und Pflegebereich.

Rabe-Kleberg weist darauf hin, dass sich in den letzten Jahrzehnten der Anteil an akademisch ausgebildeten ErzieherInnen in der Kinder- und Jugendhilfe in Deutschland verdoppelt hat, wobei gleichzeitig der Anteil von akademisch Qualifizierten im Kindergarten nach wie vor verschwindend klein ist (im Westen sind es 3,5 %, im Osten 1,2 %). Dass die Ausbildung zur KindergartenpädagogIn in Deutschland und Österreich nach wie vor den Status einer berufsbildenden höheren Schule hat, ist umso verwunderlicher, als gerade in den letzten beiden Jahrzehnten in nahezu allen vergleichbaren Ländern die Ausbildung zur Kindergarten- bzw. VorschulpädagogIn an Hochschulen und Universitäten verlagert wurde (so auch in Griechenland und Portugal; vgl. Rabe-Kleberg 2003, 40f.).

Wie ist es möglich, dass es gesellschaftlich gesehen legitim ist, das (Aus-)Bildungsniveau jener Personen, die die nachwachsende Generation in ihrer Entwicklung entsprechend begleiten sollen, auf derart niedrigem Standard anzusiedeln? Von Seiten der KindergartenpädagogInnen stellt sich die Frage, wie es bis dato möglich war, sie für eine derart verantwortungsvolle Arbeit zu gewinnen, wenngleich sie in Bezug auf Aufstiegschancen völlig beschränkende und eingeschränkte Bedingungen in ihrem Beruf vorfinden.

Es ist ein gesellschaftlicher Aushandlungsprozess, der das Verhältnis zwischen Pädagogik und Profession je neu bestimmt und im Kontext der Geschichte des LehrerInnen- und ErzieherInnenberufs dargestellt werden muss. Zudem ist auf jenes traditionelle Verständnis hinzuweisen, das Frauenberufe generell betrifft; nämlich die Annahme der Naturgegebenheit und Naturwüchsigkeit des Erziehens und Fürsorgens durch die Frau. Dadurch, dass Frauen großteils „hausarbeitsnahe", also „weibliche" Tätigkeiten ausüben, stehen sie unter besonderem Druck bzw. auch Widerstand, sich selbst als Ausübende einer Profession wahrzunehmen (vgl. Ostner 1979; Rabe-Kleberg 1988, 2003; Karsten 2001).

3.1. Erste Etappe: 1836 bis 1852

Nach Rabe-Kleberg (vgl. 2003, 42) besteht ein enger Zusammenhang zwischen der Kindergartenbewegung, den Anfängen der Frauenbewegung und der revolutionären Demokratiebewegung um die 1840er Jahre. Dies kann sicherlich auch für Österreich geltend gemacht werden, wo sich der Kindergarten aus den Kinderbewahranstalten (die es in Österreich seit 1830 gab) herausentwickelt hat. Friedrich Fröbel (1784–1852), „Vater des Kindergartens" genannt, hat als politisch Aktiver die Bestrebungen vorwärtsgetrieben, Kinder in pädagogisch durchdachten Anstalten zu fördern. Auch hat er Konzepte und Pläne für die Ausbildung von Pädagogen (1839) entwickelt – kurze Zeit später auch von Pädagoginnen (1843). Gleichzeitig kämpfte Fliedner für die Verortung des Vorschulbereichs unter kirchlicher Obhut und eröffnete 1836 in der Kaiserswerther Diakonissenanstalt eine Ausbildung zur Kleinkindlehrerin, die in Kinderbewahranstalten eingesetzt werden soll. In der Tradition Fliedners wird die Ausübung der Tätigkeit des Erziehens und Unterrichtens von Frauen im Vorschulbereich nicht in erster Linie als Beruf gesehen, sondern vielmehr als Liebestätigkeit für Kinder, Arme und Kranke, als religiös motivierte Dienstarbeit.

1839 begann Friedrich Fröbel mit der Ausbildung von Kindergärtnern. In Ermangelung männlicher Interessenten erweiterte er die Ausbildung 1843 auch auf Frauen. Fliedner und Fröbel haben eines gemeinsam, nämlich die Idee, auf eine gesellschaftliche Entwicklung zu reagieren, die es jungen, unverheirateten Frauen der bildungsbürgerlichen Mittelschicht unmöglich machte, ein eigenständiges Leben zu führen. Die Ausbildung zur Kleinkindlehrerin bzw. Pädagogin im Vorschulbereich führte demnach zu einer Entlastung von Frauen, die nicht durch einen fixen Partner bzw. zukünftigen Ehemann versorgt waren. Die Begeisterung für den KindergärtnerInnenberuf zeigte sich bei den Männern kaum; viel eher bei den bildungsbürgerlichen Frauen, die durch die Ausbildung zur Kindergärtnerin einen Zugang zu qualifizierter und hochstehender Bildung erhalten konnten.

Die Kindergartenbewegung unterstützte Fröbel auch in den Bestrebungen, in Hamburg eine Hochschule für Frauen zu gründen. Dass dieses Vorhaben gescheitert ist, gehört zu jenen massiven Einschnitten und Rückschlägen, wo weibliche Bildung von männlicher abgekoppelt, die Frau auf ihren „naturgegebenen, bescheidenen Habitus" verwiesen und damit die in Entstehung begriffenen Autonomieräume sofort wieder geschlossen wurden. Rabe-Kleberg (2003, 44f.) erkennt darin die erste einschneidende Verhinderung einer Professionalisierungschance im Frauenberuf Kindergärtnerin.

Österreichische Entwicklung der Bildung von Mädchen zwischen 1868 und 1910

Dass Mädchen nicht erst auf höherem Bildungsniveau beschnitten, sondern bereits in der Volksschulzeit in eine „typisch weibliche" Rolle gedrängt wurden, zeigt auch die Entwicklung in Österreich. Bis 1848 waren alle Arten von Fach- und Mittelschulen für Mädchen gänzlich verschlossen. Die Ausbildung zur Volksschullehrerin war eine der wenigen Bildungsmöglichkeiten, die Mädchen im Anschluss an die Pflichtschule offen stand. 1869 vollzog sich aufgrund des Reichsvolksschulgesetzes eine Trennung zwischen Kirche und Schule; von nun an war die Institution Schule dem Staat unterstellt. Die achtklassige öffentliche Volksschule wurde zur Pflichtschule, wobei es in größeren Gemeinden möglich war, nach fünf Volksschulklassen eine dreijährige Bürgerschule zu besuchen. Die Orientierung der Institution Schule an geschlechtsspezifischen Rollenerwartungen und Rollenzuschreibungen zeigt sich an der Tatsache, dass Mädchen und Buben nach unterschiedlichen Lehrplänen unterrichtet wurden. Mädchen hatten anstelle von Arithmetik, Geometrie und Zeichnen sechs Wochenstunden Handarbeiten.

Zur Existenzsicherung von unverheirateten, jungen Frauen wurden auch in Österreich 1869 die erste staatliche Lehrerinnenbildungsanstalt sowie 1870 gewerbliche Fortbildungsschulen für Frauen, die auf Kochen und Nähen ausgerichtet waren, gegründet. 1871 rief der Wiener Frauen-Erwerb-Verein die höhere Bildungsschule für Mädchen ins Leben, in welcher der Lehrplan zwar jenem der Realschule entsprach, aber gleichzeitig „die Wesensart und die Aufgaben der Frau" zu berücksichtigen waren. 1872 konnten Mädchen erstmals die Matura ablegen – unter folgenden Prämissen: Sie mussten die Reifeprüfung als Externistinnen an einem Knabengymnasium absolvieren, waren jedoch trotzdem nicht berechtigt, an einer Hochschule zu studieren. 1872 wurde erstmals eine einjährige Ausbildung zur Kindergärtnerin eingerichtet, die bis 1914 Bestand hatte. 1873 wurde die Errichtung von Gymnasien für Mädchen (sogenannte Lyzeen oder Höhere Töchterschulen) vom damaligen Unterrichtsminister abgelehnt, weil höhere Bildung – auch wenn der Lehrplan nicht jenem der Knabenmittelschulen entsprach, sondern vielmehr auf „das Weibliche" abgestimmt war – „der eigentlichen Natur des weiblichen Geschlechts zuwiderlaufe".

1892 gründete der Verein für erweiterte Frauenbildung das erste Mädchengymnasium in Wien; im Vergleich dazu gab es österreichweit zur gleichen Zeit 77 Gymnasien für Knaben. 1901, also drei Jahre nachdem die ersten Mädchen nach wie vor als Externistinnen am Akademischen Gymnasium ihre Matura ablegen konnten, wurde schließlich im Zeugnis folgender Vermerk angebacht: „Reif zum Besuch einer Universität". Dies bedeutete noch lange nicht, dass Frauen auch zu allen Studien Zugang hatten. Seit 1897 werden Frauen an der philosophischen, seit 1900 an der medizinischen und pharmazeutischen, ab 1919 an der juridischen, tierärztlichen und technischen Universität, ab 1920 zur Akademie der bildenden Künste, ab 1922 an der evangelisch-theologischen, erst ab 1945 zur katholisch-theologischen Fakultät zugelassen.

Wenn auch 1907 Handelsakademien entstanden, so waren sie stets privat organisiert und ausschließlich auf Mädchen abgestimmt. Mädchen an Knabenmittelschulen erhielten keinen gleichberechtigten Status. Als Privatistinnen durften sie ab 1910 zumindest am Unterricht teilnehmen, jedoch ausschließlich zuhören, weder Fragen stellen noch schriftliche oder mündliche Prüfungen ablegen – stets mit der Begründung, die Knaben in ihrem Lernprozess nicht zu stören (vgl. bm:bwk 2004, 1ff.).

3.2. Zweite Etappe: um 1920

Die zweite Etappe, die für die Entwicklung des Kindergartens sowie der Qualifikation und gesellschaftlichen Position von KindergartenpädagogInnen ausschlaggebend war, ist um die Reichsschulkonferenz 1922 in der Weimarer Republik anzusiedeln. Bei dieser Konferenz wurden kontroverse Debatten geführt, ob der Kindergarten bzw. die Ausbildung zur KindergartenpädagogIn Teil des Bildungswesens bleiben solle, so wie es Fröbel vorgesehen hatte, oder ob der Kindergarten nach der Idee Fliedners als sozialpolitisch begründete „Liebestätigkeit" verstanden werden solle (Reichsministerium des Inneren 1921). Leider wurde der Kindergarten nicht als Teil der Schule, sondern als Aufgabe der Wohlfahrt gesetzlich verankert, was damit das vorläufige Ende der Auseinandersetzungen zwischen „sozialer" bzw. „pädagogischer" Begründung des Kindergartens bedeutete.

Dass sich die Argumentationslinie entlang biologistischer Begründungszusammenhänge erstreckte, zeigt vor allem die Tatsache, dass noch 1885 die staatliche Anerkennung der Kindergärtnerinnenausbildung nach dem Modell der Volksschullehrerinnen mit dem Argument abgelehnt wurde, dass die Befähigung zur Kindergärtnerin nicht abgeprüft werden könne, weil diese nicht ihrem Wissen und Können, sondern ihrem Gemüt und ihrer Persönlichkeit gleichkomme (vgl. Münchow 2002, 17). 1892 schlossen sich Kindergärtnerinnen, zumeist Leiterinnen, zu einer Berufsorganisation (Sitz in Eisenstadt, später in Blankenburg) zusammen. Von Anfang an befasste sich diese mit dem Berufsbild und der gesellschaftlichen Anerkennung von Kindergärtnerinnen, orientierte sich an den Lehrerinnen und versuchte auf diese Weise, Anschluss an das schulische Bildungssystem zu erreichen.

1908 konnte schließlich eine staatliche Regelung der Kindergärtnerinnenausbildung durchgesetzt werden: in Kursform und ausschließlich in Frauenschulen integriert. Die Ausbildungszeit wurde sukzessive verlängert und das Niveau erhöht. Aber die eigentümliche Diffusion von allgemeiner Bildung und beruflicher Ausbildung scheint bis heute nicht gelöst zu sein.

Österreichische Entwicklung der Bildung von Mädchen zwischen 1910 und 1962

In Österreich konnten ab 1910 Mädchen endlich die Matura in öffentlichen Knabenmittelschulen ablegen – ohne hohes Schulgeld zahlen zu müssen. 1914 wurde die Ausbildung zur Kindergärtnerin auf zwei Jahre verlängert, was bis 1958 so blieb. 1920 wurde erneut der Zölibat für Lehrerinnen eingeführt, was bedeutete, dass sie mit der Heirat aus dem Schuldienst ausscheiden mussten. Noch 1921 wurde in der sogenannten Frauenoberschule, einer speziellen Oberstufenform für Mädchen, das Ziel verfolgt, zwar Allgemeinbildung zu vermitteln, aber die Schülerinnen vor allem an die Aufgaben einer Hausfrau und Mutter heranzuführen und auf weibliche Erwerbsberufe vorzubereiten. Anstelle des Fachs Latein wurden die Mädchen in „fraulichen Fächern" unterrichtet. 1927 waren Mädchen an Knabengymnasien bereits zu einem Drittel vertreten; für Schülerinnen wurden Parallelklassen eingerichtet.

1934 bis 1938 wurden durch den Ständestaat die Bildungsmöglichkeiten von Mädchen wieder drastisch eingeschränkt, was zu massiven Bildungsunterschieden zwischen den Geschlechtern führte. 1938 bis 1945 setzte der Nationalsozialismus eine strikte Trennung der Geschlechter durch, wobei das erklärte Ziel der Mädchenbildung die Mutterschaft war und Mädchen als höhere Schule ausschließlich die Mädchen-Oberschule besuchen konnten. Für die Zulassung an Gymnasien bedurfte es einer ministeriellen Genehmigung.

1962 wurde das gesamte österreichische Schulwesen der Zweiten Republik auf eine einheitliche Rechtsbasis gestellt. Die Lehrerbildungsanstalten wurden zu Pädagogischen Akademien umgewandelt. Eine vergleichbare Anhebung des Bildungsniveaus auf dem Sektor der Kindergärtnerinnenausbildung gab es jedoch nicht. 1958 wurde die Ausbildung zur Kindergärtnerin auf drei, 1962 auf vier Jahre verlängert; dies blieb bis 1982 bestehen (vgl. bm:bwk 2004, 2ff.).

3.3. Dritte Etappe: um 1980

Wenn es auch immer wieder Bestrebungen gab, die Vielfalt der Regelungen und Anforderungen für die Ausbildung der ErzieherInnen in Deutschland zu vereinheitlichen bzw. zumindest zu ordnen, wurde dies bis heute nicht geschafft. Seit Anfang der 1980er Jahre spricht man vor allem im Pflege- und Erziehungsbereich von der Krise der Frauenberufe. Der Pflegeberuf konnte diese Krise, die dadurch ausgelöst wurde, dass Pflegekräfte ihren Beruf aufgaben und Forderungen aus den Berufsorganisationen sowie aus der Praxis laut wurden, für eine grundlegende Reform nutzen.

Die Etablierung von Pflege- und Gesundheitswissenschaft und die Ausbildung von ExpertInnen auf dem Gebiet der Pflege wurden an Fachhochschulen und Universitäten verlagert, was massiv zur Professionalisierung beigetragen hat. Bis vor einigen Jahren gab es seitens des ErzieherInnenberufs keinerlei vergleichbare Erfolge, was möglicherweise damit zu tun hat, dass es keine starke bzw. die verschiedenen Bereiche vereinigende Lobby gab und auch heute nicht gibt. Seit 2003 gibt es in Deutschland erste Pilotprojekte, die Lehrgänge für KleinkindpädagogInnen an Universitäten anbieten.

Österreichische Entwicklung der Bildung von Mädchen zwischen 1975 und 1982

1975 wurde an allen öffentlichen Schulen (mit wenigen Ausnahmen) der koedukative Unterricht eingeführt und 1979 der gemeinsame Unterricht von Mädchen und Buben auch im Werkunterricht realisiert. Ab 1980 wurde eine interministerielle Arbeitsgruppe eingesetzt, um frauenspezifische Angelegenheiten im Bereich des Unterrichtswesens zu behandeln, was eine verstärkte Thematisierung der Benachteiligung von Mädchen und Frauen zur Folge hatte. 1982 wurden die Bildungsanstalten für Arbeitslehrerinnen aufgelöst und die Ausbildung aller LehrerInnen an die Pädagogischen Akademien verlegt. Die Bildungsanstalten für Kindergärtnerinnen wurden in Bildungsanstalten für Kindergartenpädagogik umbenannt. 1982 wurde die Ausbildung zur KindergärtnerIn auf fünf Jahre verlängert. Die fünfjährige berufsbildende höhere Schule schließt seit damals mit Matura ab.

Vor allem seit 1990 hat sich auf dem Schulsektor einiges in Richtung Gleichstellung getan. Das BMUK gab zu diesem Zeitpunkt erstmals ein Informationsblatt für Schulbildung und Gleichstellung heraus, mit welchem Schulen über einschlägige Entwicklungen im Bildungsbereich, Studien, Informationsmaterialien und Veranstaltungen informiert werden. 1993 erfolgte die Beschlussfassung des Bundesgesetzes über die Gleichbehandlung von Frauen und Männern und die Förderung von Frauen im Bereich des Bundes. 1994 wurde das Unterrichtsprinzip „Erziehung zur Gleichstellung von Frauen und Männern" in den Lehrplänen folgender Schulen eingeführt: in Handelsakademien, Handelsschulen, Kollegs für Kindergartenpädagogik, ab 1995 auch in den Lehrplänen der Hauptschulen, der AHS, seit 1997 an Höheren technischen Lehranstalten und Polytechnischen Schulen, ab 1999 auch an Volksschulen und Sonderschulen.

1998 wurde durch den Artikel 7 des Bundes-Verfassungsgesetzes jede Form der Diskriminierung aufgrund des Geschlechts verboten. Im Jahr 2000 wurde der 1. Gender-Mainstreaming-Ministerratsbeschluss gefasst, mit dem die Bundesregierung die Einrichtung einer interministeriellen Arbeitsgruppe beschloss und damit den Willen kundtat, eine geschlechterbezogene Sichtweise in alle politischen Konzepte und auf allen politischen Ebenen einfließen zu lassen. 2002 gab es einen 2. Gender-Mainstreaming-Ministerratsbeschluss für die Schaffung von effektiven Voraussetzungen und Rahmenbedingungen für Gender Mainstreaming. Der Aktionsplan 2003 bis 2006 enthält die Schwerpunkte „Geschlechtssensibler Unterricht – Geschlechtssensible Berufsorientierung – Gender Mainstreaming fortgesetzt" (vgl. bm:bwk 2004, 2ff.).

Dass all die vielfältigen und alle Ebenen betreffenden politischen Beschlüsse nicht auf die (offenbar strukturell bedingte) benachteiligende Bildungssituation von KindergartenpädagogInnen gewirkt haben, zeigt einmal mehr, wie schwierig es ist, eine (Geschlechter-)Logik zu durchbrechen, die über Jahrhunderte hinweg besteht.

4. Verhältnis von Profession und Gender auf Grundlage der historischen Gegebenheiten

Im Folgenden wird den Fragen nachgegangen, wo die Wurzeln für die Teilung des Professionsbegriffs liegen, was der Kern professioneller Arbeit ist und wie sehr die gesellschaftliche Machtverteilung das Verhältnis zwischen Profession und Gender beeinflusst.

4.1. Zu den Wurzeln für die Teilung des Professionsbegriffs entlang des Geschlechts

Das Bildungsbürgertum des 19. Jahrhunderts gründet nach dem Sozialhistoriker Kocka (1991) auf dem Ideal der Selbstkonstituierung des bürgerlichen Subjekts durch Bildung und Beruf. Das heißt, die freie Wahl der Bildung und infolgedessen die Autonomie bei der Berufswahl werden für das Bürgertum zu entscheidenden Kriterien, sich von den Proletariern abzuheben, die zur Lohnarbeit, Handarbeit oder Handelstätigkeit gezwungen sind. Gesellschaftlich gesehen dient demnach der historische Professionsbegriff des Bildungsbürgertums der Elitenbildung nach innen und der gleichzeitigen sozialen Schließung nach außen. In der Arbeitsforschung wird für dieses Phänomen der Begriff der horizontalen bzw. vertikalen Segregation (vgl. Papouschek 2004) verwendet. Dass sich das gebildete Bürgertum mit der Schließung und Abschottung vor der ungebildeten Proletarierschicht Machtpositionen gesichert und hierarchische Strukturen gefestigt hat, ist selbstredend. Macht wird auf diese Weise zum Monopol des Bildungsbürgertums.

Der Gender-Aspekt muss in dieser Debatte um Beruf und Berufung explizit benannt werden. Denn die Schließung nach innen, also die Identifikation der gebildeten und mächtigen Bürger, hat zwangsweise den Frauen das gleiche Schicksal auferlegt wie den Proletariern, auch wenn sie – die Frauen – auf schichtspezifischer Ebene höher gestellt waren, also dem Bildungsbürgertum angehörten. Frauen im 19. Jahrhundert war es nicht zugedacht, ihrer „Beruf-ung" nachzugehen, sich in einem selbst gewählten Beruf zu entfalten, ihre Bestimmung lag stets im privaten, im häuslichen Bereich. Dies kann als Wurzel der Teilung des Professionsbegriffs nach dem Geschlecht identifiziert werden. Frauen bekamen (von Männern) die reproduktiven Aufgaben in der Gesellschaft zugewiesen, was in erster Linie durch den Faktor der Biologie (angeborene Mütterlichkeit und Mutterliebe) bestätigt und legitimiert wurde.

Um die gesellschaftliche Entwicklung von männlicher (beruflicher) Professionalisierung überhaupt möglich zu machen, bedarf es eines Familienmodells, in welchem etwas ganz klar geregelt ist: nämlich, dass die Frau alle anderen, zur Erhaltung der Familie notwendigen Aufgaben automatisch übernimmt, sodass das Modell „Familie" Bestand haben kann. Indem das System auf die Familie als Keimzelle des Staates stets angewiesen war, musste auf propagandistische Weise die weibliche Menschheit davon überzeugt werden, dass ihre Kompetenzen und Aufgaben ausschließlich in der Reproduktionsarbeit liegen.

Zur (vermeintlichen) Aufwertung des weiblichen Geschlechts wurde Bildung und Ausbildung von Frauen und Mädchen auf diese ihnen zugewiesene Rolle abgestimmt und damit ihre Rolle als „beglückende Gattinnen, bildende Mütter und weise Vorsteherinnen des Hauswesens" einzementiert. Das heißt, es wurde damit geworben bzw. man(n) hat sich damit gerühmt, den Mädchen nun auch Bildung zukommen zu lassen. Die Bildungsinhalte waren jedoch ausschließlich auf das spätere, ihnen vorbestimmte „Gattinnen- und Mutter-Dasein" ausgerichtet. Dazu gilt Campes weit verbreitete Schrift „Väterlicher Rath für meine Tochter" (1796) als zentraler Aufsatz, in welchem analog zum „Beruf des Vaters" der „Beruf der Frau" konstruiert wurde. Karin Hausen (1976) spricht in diesem Zusammenhang von der „Polarisierung der Geschlechtscharaktere" und meint das Phänomen der Trennung von Erwerbs- und Familienwelt durch die Festlegung und Bestimmung des Mannes für das „Außen" (Beruf, Öffentlichkeit) und der Frau für das „Innen" (Familie, Haushalt, Kinder, Privatheit).

Im Versuch, den Beruf des Pädagogen (der auf einem hohen Bildungsniveau angesiedelt war) auch für Frauen zugänglich zu machen, wurden zwar geschlechtsspezifisch festgelegte Domänen durchkreuzt, jedoch in einer sehr eingeschränkten Weise. Denn nur junge und unverheiratete Frauen durften diese berufliche Möglichkeit anstreben. Im Sinne einer Autonomie für Frauen ohne Partner war dies durchaus begrüßenswert; im Sinne einer Freiheit und Selbstbestimmung ließen sowohl die Zugangsbestimmungen als auch das eingeschränkte Repertoire an genereller Berufswahlmöglichkeit sehr zu wünschen übrig.

Eine nicht unwesentliche Rolle spielt(e) die Kirche. Die Frau sei nicht nur aufgrund ihrer Biologie für das Hausfrau- und Mutter-Dasein vorgesehen, sondern vor allem auch aufgrund höherer geistiger, religiöser und karitativer Bestimmung in erster Linie zum Helfen und Fürsorgen für andere da. „Angeborene Mütterlichkeit" wird durch „geistige Mütterlichkeit" ersetzt und findet gerade in differenzfeministischen Strömungen ihren Niederschlag. Die Aufwertung des „spezifisch Weiblichen" und das Dienstbar-Machen zu karitativen Zwecken widerspricht gleichzeitig einem Professionalisierungsdenken, widerspricht der Vorstellung, dass auch soziale Dienste, Dienste am Nächsten, wie die Pflege von Kindern, Kranken oder Alten, als eine Profession anzusehen sind.

4.2. Zum Kern professioneller Arbeit

Professionelle Arbeit wird nach Daheim (1977) an Essentials gemessen, wie Standardisierung von Ausbildung, Rekrutierung, Zertifikaten, Berufsbezeichnungen und Gründung einer Berufsorganisation, Formulierung eines verbindlichen Ehrenkodexes sowie der positiven Sanktionierung durch staatliche Administrationen. Wenn es ausschließlich an diesen Faktoren liegt, Berufe als Profession anzuerkennen, so müssten die fehlenden Voraussetzungen für „Frauenberufe" zukünftig installiert und in Ausbildungen eingebaut werden. Bei genauerer Betrachtung zeigt sich aber, dass der Kern professioneller Arbeit nicht ausschließlich in der Erfüllung der genannten Rahmenbedingungen liegt, sondern vielmehr auf zugrunde liegenden Machtkonstellationen aufbaut, die das Verhältnis von Profession und Gender bestimmen.

Folgende Bereiche erscheinen für die Anerkennung einer Profession grundlegend und sollen zur Analyse jeweils auf das Berufsbild KindergärtnerIn bezogen werden:

4.2.1. Rollen, Funktionen, Zuständigkeiten

Indem Professionals in die materielle und soziale, physische und psychische Existenz des Menschen eingreifen, erst nach Zustimmung der Ratsuchenden, KlientInnen oder PatientInnen handeln und damit materielle, kommunikative und kulturelle Strukturen der Gesellschaft (im Sinne von Ziel- und Lösungsvorstellungen) reproduzieren, sind sie in doppelter Weise verantwortlich, nämlich dem Einzelnen und der gesellschaftlichen Norm gegenüber (vgl. Rabe-Kleberg 2003, 59).

Auf den ersten Blick scheint dieses Kriterium professionellen Handelns in Bezug auf die Tätigkeit der KindergartenpädagogIn voll und ganz erfüllt zu sein. Dennoch bleiben Diffusionen übrig, die in erster Linie auf unklaren Rollenerwartungen, ungeklärten Funktionen und Zuständigkeitsbereichen gründen. Denn der Beruf der KindergartenpädagogIn bringt es mit sich, nicht lediglich die Kinder, sondern vor allem auch die Eltern als Zielgruppe zu definieren. Zudem gestaltet sich die geteilte Verantwortung für die kindliche Erziehung zwischen Elternhaus und Kindergarten als Balanceakt der tatsächlichen Zuständigkeit und tatsächlichen Fähigkeit (im Sinne in Frage gestellter Profession) und stiftet nicht selten Verwirrung.

Last but noch least beschert die Tatsache, dass ErzieherInnen nicht anlässlich identifizierbarer Probleme, Krisen oder Anfragen fallspezifisch tätig werden, sondern im Rahmen eines umfassenden Prozesses des Aufwachsens und Begleitens von Kindern handeln, Unklarheiten in der „Auftragslage". (Selbst-)Reflexionen über dieses schwierige Verhältnis zwischen KindergartenpädagogInnen und Eltern müssten systematisch erfolgen und wissenschaftlich erforscht werden. Diese Diffusionsproblematik kann allzu leicht dazu verführen, Gründe in der Nähe zwischen beruflicher ErzieherInnenarbeit und privater Gefühlsarbeit der Mütter zu suchen, was eine („alte“) Zuschreibung reproduzieren würde. Wenn ErzieherInnenarbeit als „hausarbeitsnah“ und damit „typisch weiblich“ identifiziert wird, würde dies jeglichen Versuch einer Professionalisierung im Keim ersticken. Vielmehr muss aufgezeigt werden, dass es sich um eine strukturelle Eigentümlichkeit handelt, der soziale Berufe generell unterliegen und die unterschiedlich reflektiert wird.

4.2.2. Fachkompetenz und Wissen

Professionelles Handeln zeichnet sich dadurch aus, dass ein relativ großes Korpus von Wissen zur Verfügung steht und auf die spezifischen Fälle und Probleme angewendet wird. Dies führt zu zweierlei Arten von Ungewissheiten: Die Ungewissheit besteht einerseits darin, inwieweit Professionals das Wissen auf den Fall anwenden können, andererseits zeigt sie sich darin, wie sich die Kooperation und Kommunikation zwischen Professionals und Laien gestaltet. Diese Ungewissheiten positiv zu bewältigen, bedarf es Autonomieräume (vgl. Rabe-Kleberg 2003, 61).

In diesem Punkt besteht die größte Diskrepanz zu KindergartenpädagogInnen. Rabe-Kleberg stellt fest, dass es großteils nicht am Willen zur Fort- und Weiterbildung bei PädagogInnen fehlt, sondern vielmehr an der mangelhaften Ausbildung zur Erforschung und Reflexion der Bildungs- und Entwicklungsprozesse und ihres eigenen beruflichen Tuns. Zudem erschwert die traditionell schlechter gestellte und auf niedrigerem Bildungsniveau angesiedelte Mädchenbildung die Identifizierbarkeit professionellen Wissens; es kommt wieder zu Diffusionen.

Allgemeine und berufliche Bildung, persönliche Eigenschaften und beruflich-fachliche Qualifikationen werden vermischt und lassen vorhandene Kompetenzen als Ergebnis zufälliger biografischer Erfahrungen, geschlechtsspezifischer Sozialisation oder gar als Ausdruck „weiblicher Natur“ erscheinen und nicht als Fachkompetenz in Sachen Erziehung. Auf diese Weise kann es zu Missverständnissen zwischen Eltern und PädagogIn kommen; ein ungeklärtes Kompetenz-Selbstbewusstsein bestimmt schließlich die (meist misslingende) Kooperation und führt zu gegenseitiger Nicht-Akzeptanz.

4.2.3. Erfahrungen von Ungewissheit

Im Anschluss an die bereits angesprochene systematische Ungewissheit wird von Professionals die Fähigkeit und Bereitschaft vorausgesetzt, ebendiese zu ertragen und auch gegen Versuche von Technisierung und Standardisierung, Bürokratisierung und fremder Kontrolle erfolgreich zu verteidigen. Damit verbunden müssen Professionals die Fähigkeit besitzen, eigenes Handeln ständig neu zu reflektieren, zu begründen und die Verantwortung dafür zu übernehmen (vgl. ausführlich Rabe-Kleberg 1993, 97f).

Die Diskrepanz zwischen Professionals und KindergartenpädagogInnen besteht großteils darin, dass die Letztgenannten Erfahrungen von Ungewissheit weniger als professionelle Herausforderung als vielmehr als tägliches Scheitern erleben. Dass diese Ungewissheitsstruktur von PädagogInnen zum Selbstschutz geleugnet oder verdrängt wird, wirkt gleichzeitig negativ auf das eigene Selbstwertgefühl. Cohlberg-Schrader (1984) stellt fest, dass auch das Ausmaß der Technisierung eine maßgebliche Rolle auf die Professionalisierung ausübt. Je weniger eine Arbeit als „technisch“ angesehen wird (im Kindergarten könnten Curricula, Förderpläne ... als „technisch“ angesehen werden) und je jünger die zu betreuenden KlientInnen sind, desto geringwertiger ist das Selbstbild der PädagogInnen. Oben angesprochene Ungewissheitsstruktur, die professionellem Handeln zu Eigen ist, bewirkt in der Berufsgruppe der KindergartenpädagogInnen eine Diffusion bzw. Verlagerung der Kontrolle: weg von der (eigentlich zuständigen) PädagogIn hin zu diversen Einflüssen von außen.

Unsicherheit und geringe Fachkompetenz machen es schwer, die Gestaltung des Kindergartenalltags oder auch des Vorbereitungsschemas zu legitimieren. Der Erklärungsnotstand verstärkt die Unsicherheit. Damit sind sie Erwartungen von außen, wie zum Beispiel seitens der Eltern oder der Öffentlichkeit, völlig ausgeliefert und kommen ständig in Zugzwang, sich aktuellen pädagogischen Strömungen anzupassen. Tendenzen, die die Kontrolle im beruflich-professionellen Handeln erschweren und stets Ungewissheiten produzieren, sind jedoch nicht ausschließlich Sache der Professionalisierung von KindergartenpädagogInnen, sondern vielmehr ein grundlegendes Problem der Professionalisierungskonstruktion. Professionelles Handeln besteht darin, diese drei Faktoren einer Diffusion bewusst wahrzunehmen, auszubalancieren und damit umgehen zu lernen.

4.3. Zum Verhältnis Profession und Macht

Den bisherigen Ausführungen zum Professionsbegriff folgend – mit all seinen inneren Widersprüchen und Spannungen – kann angenommen werden, dass es sich keinesfalls um einen statischen, identifizierenden Begriff handelt, sondern vielmehr um eine soziale Tatsache, die stets im Wandel begriffen ist. Gesellschaftliche und von Machtverhältnissen durchzogene Interessengegensätze prägen die Vorstellung von Profession. Dass sich (nach Rabe-Kleberg 1996, 289) Professionen bilden, wachsen, wieder teilen, vereinigen oder anpassen, höhere Professionen die weniger qualifizierten aufsaugen etc., überzeichnet Abbott (1988) im Begriff des „professional war". Damit meint er vor allem jene Auseinandersetzungen, wo es um Zuständigkeiten der Professionen für Probleme von Menschen und deren Lösung durch spezielle professionelle Kompetenzen geht. Es geht also vornehmlich um eine Kontrolle über die eigene Arbeit bzw. die zu betreuende Klientel und – damit verknüpft – um einen notwendigen Spielraum für autonomes Handeln. Traditionellerweise wird Frauen in Frauenberufen dieser Spielraum bzw. autonomes Handeln nicht eingeräumt. Ebenso wenig werden Chancen eröffnet, die Voraussetzungen dafür zu erlangen, derartige professionelle Handlungsräume überhaupt zu erwerben.

Handlungsspielraum, Autonomie und Macht sind jene Faktoren, die im beruflichen Feld derart eng verknüpft sind, dass ein oberflächlicher Blick auf diese historisch gewachsene Entwicklung nicht genügt, Geschlechterverhältnisse und Machtstrukturen aufzudecken. Im System Kindergarten sind auf vielerlei Arten Strukturen eingeschrieben, die zu geschlechtsspezifischen Disparitäten führen und durch ein sogenanntes „Doing Gender" je neu reproduziert werden. An dieser Stelle schließt die Frage an, wie bzw. durch welche Maßnahmen Gender-Ungleichheiten, geschlechtsspezifische Diskriminierungen, ungerechte Machtverteilungen und damit die Tatsache, dass „weibliches Erziehen" bis heute nicht zur Profession werden konnte, aufgehoben werden können.

5. Forderungen an die (Aus-)Bildungspolitik

Als AkteurInnen des Doing Gender müssen in erster Linie die PädagogInnen angesehen werden, die das tägliche Zusammenleben mit den Kindern maßgeblich beeinflussen sowie räumlich und materiell gestalten. Um einen Grundstein für die Umsetzung von Chancengleichheit für Mädchen und Buben zu legen, wird die Forderung nach kritisch-reflexivem Gender-Wissen laut. Eine gendersensible Pädagogik muss zum einen der Tatsache gerecht werden, dass Mädchen/Frauen auf eine Geschichte der Benachteiligung und Diskriminierung des Weiblichen aufbauen, was vielfach heute als „Normalität" in unseren Köpfen fest verankert ist und als Status quo angenommen wird (vgl. Bauer/Neissl 2002, 7ff.). Zum anderen muss die weiblich dominierte ErzieherInnenwelt lernen, (selbst-)kritisch zu reflektieren und konkrete Maßnahmen im Personalkonzept zu setzen. Eine Antwort darauf könnte unter anderem die Forderung nach männlichen Identifikationspersonen im Kindergarten sein. Dies ersetzt jedoch auf keinen Fall auf Teamebene die Notwendigkeit, gezielt an traditionellen Rollenbildern, der Reproduktion bestehender Geschlechterhierarchien und -zuschreibungen in selbstreflektorischer Weise zu arbeiten, um vor allem für Mädchen ihre bis heute sehr eingeschränkte Bandbreite an Selbstentfaltungsmöglichkeiten zu erweitern.

So belegen beispielsweise Studien, dass weibliche Teenies, auch wenn sie (in ihrer Vorstellung) sehr selbstbewusst über ihr Leben bestimmen wollen, gleichzeitig eine sehr traditionelle Rollenaufteilung und klischeehafte Zukunftsvorstellung im Auge haben, was die Familienplanung oder Familiengründung betrifft (vgl. Rieger 2000, 22ff.). Eine gendersensible Pädagogik und mädchenorientierte Arbeit bzw. antisexistische Bubenarbeit muss also darin bestehen, Perspektiven zu schaffen, die Offenheit und Vielfalt für **alle** Bereiche des Lebens – Berufs- und Arbeitswelt, Freizeit und Familie – ermöglichen. Zudem kann die Gestaltung der räumlichen und materiellen Umgebung den einseitigen Rollenzuschreibungen entgegenwirken, geschlechtsbezogenes Spielverhalten der Kinder beeinflussen und die Bildung geschlechtsheterogener Spielgruppen nachhaltig fördern (vgl. Verlinden 1995, zitiert nach Kasüschke 2004, 366). Solche Gestaltungsmöglichkeiten sind z.B. flexible Raumelemente bzw. multifunktionale Bereiche, die nicht in traditioneller Weise dem Bauen **oder** dem Puppenspiel zugedacht sind, also das Auflösen von Funktionsecken.

Zusätzlich zur Umsetzung einer geschlechtssensiblen Pädagogik ist eine enge Zusammenarbeit mit Eltern erforderlich, die einen ebenso großen, wenn nicht größeren Einfluss auf die Entwicklung der kindlichen Geschlechtsidentität haben. Damit ist einerseits gemeint, auch Eltern von der Bedeutung einer bewussten und gendersensiblen Erziehung zu überzeugen und ihre Begeisterung für Gender-Themen zu gewinnen. Die Elternarbeit, in der Folge auch Öffentlichkeitsarbeit, gilt neben der theoretischen Grundlagenarbeit und Bewusstseinsbildung der PädagogInnen als wesentlicher Pfeiler zur Implementierung der Gender-Komponente im pädagogischen Feld.

Andererseits ist auf aktuelle Forderungen nach verbesserten Ausbildungsbedingungen für PädagogInnen hinzuweisen, weil es ihnen oftmals an kommunikativen und beraterischen Fachkompetenzen fehlt. Fthenakis weist auf Befragungsergebnisse hin, die besagen, dass Tageseinrichtungen für Kinder zwar eine hohe Wertschätzung durch Eltern genießen, gleichzeitig aber PädagogInnen einen Professionalisierungsbedarf in Sachen Elternarbeit reklamieren, um kommunikative Prozesse verbessern zu können (vgl. Fthenakis 2004, 567).

6. Resümee

Welchen Einfluss unsere abendländische Tradition auf das Verhältnis von Pädagogik (Kindergartenpädagogik) und Profession hat, konnte anhand historischer Recherchen entlang der Gender-Komponente dargestellt werden. Dies ist notwendig, um den Beruf KindergartenpädagogIn als „angeborene Berufung" zu entmythologisieren. Hier noch eingehender Vergleiche anzustellen und für eine Professionalisierung nutzbar zu machen, wäre sicherlich ein wichtiges Forschungsfeld. Die Professionalisierungsdebatte im Vorschulbereich anzukurbeln macht eine Analyse in den verschiedenen Bereichen notwendig: auf Ebene der täglichen Praxis mit den Kindern, auf Ebene der Zusammenarbeit mit Eltern und unmittelbaren Bezugspersonen, in Bezug auf Öffentlichkeitsarbeit, vor allem aber in Bezug auf das Ausbildungsniveau der PädagogInnen. Nur dann kann eine umfassende und breite Wirkung einer gleichberechtigten und pluralistischen Pädagogik umgesetzt werden und die KindergartenpädagogIn als ProfessionalistIn Fuß fassen.

Literatur

Badinter, Elisabeth (⁴1999): Mutterliebe. München: Piper, S. 189–236

Bauer, I./Neissl, J. (2002): Weigerung, den Status Quo zu bedienen. Das kritische Potential der Gender Studies. In: Bauer, Ingrid/Neissl, Julia (Hg.): Gender Studies. Denkachsen und Perspektiven der Geschlechterforschung. Innsbruck u.a.: Studienverlag, S. 7–16

bmbwk (2004): Historische Daten: Frauen und Bildung in Österreich. In: URL: http://www.bmbwk.gv.at/schulen/bw/uebersicht/Geschichte_Zeittafel

Campe, J. H. (1796): Väterlicher Rath für meine Tochter. Ein Gegenstück zum Theophron. Braunschweig, Neudruck der 5. Aufl. Braunschweig 1796, mit einer Einl. von Ruth Bleckwenn. Paderborn 1988

Cohlberg-Schrader, H. (1984): Berufsverständnis und Erzieherarbeit. In: Zimmer, J. (Hg.) (1984): Enzyklopädie Erziehungswissenschaft. Bd. 6: Erziehung in früher Kindheit. Stuttgart, S. 153–168

Connell, R. (2000): Der gemachte Mann. Konstruktion und Krise von Männlichkeiten. Opladen: Leske + Budrich

Daheim, H. (1977): Berufssoziologie. In: Handbuch der empirischen Sozialforschung. Bd. 8, Stuttgart, S. 1–100

Fthenakis, W. (2004): Kindergärten und ihre Zukunft. Das System bedarf Reform. In: Wehrmann, Ilse (Hg.): Kindergärten und ihre Zukunft. Weinheim, Basel, Berlin: Beltz, S. 559–575

Hausen, K. (1976): Die Polarisierung der Geschlechtscharaktere. Eine Spiegelung der Dissoziation von Erwerbs- und Familienleben. In: Conze, W. (Hg.): Sozialgeschichte der Familie in der Neuzeit Europas. Stuttgart, S. 363–393

Karsten, M. E. (2001): Soziale Berufe. In: Otto, H. U./Thiersch, H. (Hg.): Handbuch zur Sozialarbeit/Sozialpädagogik. Eine systematische Darstellung für Wissenschaft, Studium und Praxis. Neuwied, Darmstadt

Kasüschke, D. (2004): Gender im Kindergarten. In: Glaser, E./Klika, D./Prengel, A. (2004) (Hg.): Handbuch Gender und Erziehungswissenschaft. Bad Heilbrunn/Obb.: Julius Klinkhardt, S. 361–372

Klika, D. (2000): Zur Einführung: Konturen divergenter Diskurse über die Kategorie „Geschlecht". In: Lemmermöhle, D. et al. (Hg.): Lesarten des Geschlechts. Zur De-Konstruktionsdebatte in der erziehungswissenschaftlichen Geschlechterforschung. Opladen: Leske + Budrich, S. 8–19

Kocka, J. (1991): Bürgertum and professions in the nineteenth century: two alternative approaches. In: Burrage, M./Torstendahl, R. (Hg.): Professions in Theory and History. Rethinking the Study of Professions. London, S. 62–74

Kroll, R. (Hg.) (2002): Metzler Lexikon. Gender Studies. Geschlechterforschung. Weimar: J. B. Metzler

Lemmermöhle, D. et al. (Hg.) (2000): Lesarten des Geschlechts. Zur De-Konstruktionsdebatte in der erziehungswissenschaftlichen Geschlechterforschung. Opladen: Leske + Budrich

Mayer, C. (1996): Zur Kategorie „Beruf" in der Bildungsgeschichte von Frauen im 18. und 19. Jahrhundert. In: Glumpler, E./Kleinau, E. (Hg.): Frauen in pädagogischen Berufen. Bd. 1. Bad Heilbrunn/Obb., S. 14–38

Münchow, K. (2002): Die „Kindergärtnerei von den unreinen Elementen befreien!" – Friedrich-Fröbel-Museum. Bad Blankenburg

Niesel, R. (2001): Geschlechterdifferenzierende Pädagogik im Kindergarten – neue Perspektiven. In: Bildung, Erziehung, Betreuung von Kindern in Bayern 6 (2), S. 28–31

Österreich-Lexikon (2004): URL: http://www.aeiou.at/aeiou.encyclop.k/k340378.thm [Stand: 26.07.2004]

Ostner, I. (1979): Beruf und Hausarbeit. Frankfurt am Main, New York

Papouschek, U. (2004): Segregation. Skriptum zum Proseminar „Wandel von Arbeit und Geschlecht"

Rabe-Kleberg, U. (1988): Weibliches Arbeitsvermögen und soziale Berufe – ein gutes Verhältnis? In: Frauenforschung 4, S. 28–31

Rabe-Kleberg, U. (1993): Verantwortlichkeit und Macht – Ein Beitrag zum Verhältnis von Geschlecht und Beruf angesichts der Krise traditioneller Frauenberufe. Bielefeld

Rabe-Kleberg, U. (2003): Gender Mainstreaming im Kindergarten. Weinheim, Basel, Berlin: Beltz

Rieger, S. (2000): Der garstig breite Graben. Girlies und das Erbe der Frauenbewegung. In: Schlangenbrut 70, S. 22–25

Der Beitrag wird erstmals in diesem Buch publiziert.

Irmgard Maria Burtscher

Kindergartenkinder kompetent begleiten

KindergartenpädagogInnen als ExpertInnen für elementare Bildung

Der Aufgabenbereich und das Berufsbild von FrühpädagogInnen sind ständig im Wandel. An vier Beispielen, die sich gegenseitig beeinflussen, stelle ich die Weiterentwicklung des Aufgabenbereichs und des Berufsbildes der KindergartenpädagogInnen zu BildungsexpertInnen für die frühen Jahre zur Diskussion (vgl. Burtscher 2003b). Die vier Bereiche sind:

1. frühkindliche Lerngrundhaltungen,
2. zeitgemäße Bildungsinhalte,
3. das individuelle Kind und
4. die Kindergruppe als Lerngemeinschaft.

Mein Ziel ist, bestehende Kompetenzen von KindergartenpädagogInnen, die in der Praxis stehen, im Hinblick auf die Erfüllung des Bildungsauftrags des Kindergartens zu stärken, sie zu erweitern und zu vertiefen. Für die Ausbildung von KindergartenpädagogInnen möchte ich Anregungen und Impulse geben.

1. KindergartenpädagogInnen pflegen frühkindliche Lerngrundhaltungen

Viele PädagogInnen haben in Vergangenheit und Gegenwart die spezielle Art, wie sich Kleinkinder ihrer Umwelt zuwenden, beobachtet und beschrieben. Von der Kraft und Macht, die im Kind stecken, vom „Beschäftigungstrieb", von natürlichen inneren Kräften und kindlicher Eigenaktivität, von der „Polarisation der Aufmerksamkeit", ganzheitlicher Hingabe, Intensität des kindlichen Spiels, Entdeckerfreude und intuitivem Lerncharakter ist die Rede.

Friedrich Fröbel (1782–1852) eröffnete eine „Anstalt zur Pflege des Beschäftigungstriebes der Kindheit und Jugend". Der Erwachsene soll beim Spiel mit dem Kind nicht dessen Kräfte entwickeln, sondern das Kind so weit anregen, dass es selber seine Kräfte zur Entfaltung bringen kann. Lew Wygotski (1896–1934) riet, dass bei den geplanten Aktivitäten im Kindergartenalter immer auch die Interessen, die Spontaneität, Neugier und Entdeckerfreude von Kindern berücksichtigt werden sollten.

Gesunde Kleinkinder, die sich in ihrem Umfeld wohl fühlen, **zeigen Lerngrundhaltungen** wie Neugier, Interesse, Konzentration, körperliche und geistige Beweglichkeit, die Fähigkeit sich zu wundern, Beharrlichkeit, Nachahmung, Faszination, Fürsorge, Beobachtungsgabe, Interpretation, Analyse und Experiment, Improvisation, Kommunikation, Erfindergeist, Begeisterungsfähigkeit, Wunsch nach Wiederholung, blühende Fantasie, Weltoffenheit; sie kümmern sich um etwas, stellen Hypothesen auf und ziehen Schlüsse u.v.m. Lerngrundhaltungen sind Basis und Motor für frühkindliche, aber auch lebenslange Bildungsprozesse.

KindergartenpädagogInnen sollen ExpertInnen sein in der bewussten Wahrnehmung, Beobachtung, Analyse, Pflege, „Kultivierung" und dem Ausbau von Lerngrundhaltungen im täglichen Kindergartengeschehen (siehe das Beispiel in Abschnitt 5.1.).

2. KindergartenpädagogInnen als ExpertInnen für zeitgemäße Bildungsinhalte

Bildungsinhalte haben in der Frühpädagogik eine wechselhafte Geschichte. Sie können nicht unabhängig von der sozialen und wirtschaftlichen Lage einer Gesellschaft, der philosophisch-religiösen Einstellung von Erwachsenen, neuen Forschungsergebnissen, dem aktuellen Bild vom Kind, pädagogischen Zeitströmungen und der Reaktion auf vorhergehende pädagogische Zeitströmungen gesehen werden. Zu Beginn des 19. Jahrhunderts war beispielsweise „Exerzieren" ein Bildungsinhalt in manchen Kleinkinderschulen. „Beide Geschlechter lernten exerzieren und erreichten unter der Führung kleiner Trompeter und Flötenspieler große Gewandtheit und Geschicklichkeit. Tanz, Musik und militärische Disziplin gehören zu den Elementen der Charakterbildung. Sie verleihen Gesundheit und natürliche Anmut und lehren Ordnung und Gehorsam auf die angenehmste und unaufdringlichste Art", schrieb Robert Owen (1771–1858). Heute wird die Frage diskutiert, wie Kinder mit demokratischen Formen des sozialen Miteinanders (beispielsweise in Kinderkonferenzen) so früh wie möglich Erfahrungen sammeln können.

2.1. Was sind Bildungsinhalte?

Bildungsinhalte im Kindergarten fasse ich sehr weit: Es geht um das lustvolle Üben motorischer Geschicklichkeit, um die bewusste Aneignung praktischer Fertigkeiten des Alltags und konstruktiver, zwischenmenschlicher Haltungen, um ästhetische und künstlerische Grunderfahrungen, erste vielseitige Begegnung und Auseinandersetzung mit Kulturtechniken und „großen" Ideen der Menschheit. Aber auch um Vorstellungen darüber, wie Naturphänomene und Naturgesetze erforscht werden können, ein Kennenlernen der eigenen Person, um erstes Verstehen der eigenen Emotionen und der Gefühlswelt anderer und vieles mehr.

In den frühen Jahren eignen sich Kinder – unterstützt und begleitet von Erwachsenen und im Austausch mit anderen Kindern – Bildungsinhalte aktiv, handelnd, spielerisch, mit allen Sinnen begreifend und mit emotionaler Beteiligung an. Das hinterlässt einen tiefen, lebenslangen Eindruck.

Der **Aufgabenbereich** der KindergartenpädagogIn ist vielseitig. Sie sollte beispielsweise neue Bildungsinhalte (Englisch – siehe dazu Burtscher 2002, unter „Sprache, Fremdsprache ..." – oder die Heranführung an das Arbeitsgerät Computer) prüfen und erproben. „Alte" Bildungsinhalte wie Märchen, Rollenspiel, Zungenbrecher, Nonsensverse, Fingerspiele begründet sie den Eltern gegenüber (mit Sprache lustvoll und spielerisch umgehen, sich mit ihr vielseitig beschäftigen macht Spaß und ist eine ausgezeichnete Vorbereitung auf die Schule!). Sie überlegt, wie sie auf das Interesse einiger Kinder an Zahlen und Buchstaben spielerisch eingehen und wie sie Schriftlichkeit, erste Mathematik und Naturwissenschaft bei allen Kindern grundlegen könnte. Sie erkundet gemeinsam mit den Kindern Bildungsinhalte, die ihr selbst noch wenig vertraut sind (wie etwa elementare technische Bildung, vgl. Burtscher 2005). Dabei erleben die Kinder die KindergartenpädagogIn als interessiert und neugierig, als Lernende und Forschende. Sie muss täglich neu spontan sich ergebende Bildungssituationen (in der Gruppe und bei einzelnen Kindern) erkennen, pädagogisch darauf reagieren und reflektieren, wie sie durch ihr Verhalten die Kinder entwicklungsfördernd unterstützen kann. Während eines Projektverlaufs entwickelt sie mit den Kindern prozesshaft Bildungsinhalte, führt die Kinder am Ende des Projekts wieder zur Ausgangsfrage zurück und reflektiert mit ihnen den Lernprozess.

2.2. Wie können Bildungsinhalte ausgewählt werden?

Kriterien für die Auswahl von Bildungsinhalten können beispielsweise aktuelle Bedürfnisse und Interessen der Gruppe oder einzelner Kinder sein. Bildungsinhalte können auch – im Hinblick auf ein erweitertes Weltverständnis – von der KindergartenpädagogIn selbst, dem KindergartenpädagogInnen-Team oder von Eltern bewusst ausgewählt werden. Auch Kindergartentraditionen (Feste, Brauchtumspflege ...) können nach kritischer Prüfung (welchen „Stress" verursachen sie, was wollen wir Kindern mitgeben ...) neue Akzeptanz erfahren.

Ein Ziel der Bildung im Kindergarten sehe ich darin, exemplarisch ein Verständnis für spannende Gegebenheiten auf dieser Welt grundzulegen, etwa im Bereich der elementaren Meteorologie (vgl. Burtscher 2003c; siehe das Beispiel in Abschnitt 5.2.).

Eltern und Fachleute aus verschiedenen Berufsgruppen mit unterschiedlichen Kenntnissen und Fähigkeiten können der Beschäftigung mit Bildungsinhalten wichtige Impulse geben. Fotos, Zeichnungen, Plakatwände, Zeitungsberichte, Filmaufnahmen, Ausstellungen, Kindergarten- und Projekttagebücher dokumentieren die schrittweise Auseinandersetzung mit Bildungsinhalten. Elementare Bildung im Kindergarten muss transparent gemacht werden, damit die große Bedeutung, die sie für Kinder hat, ins Bewusstsein der Öffentlichkeit dringt!

Die KindergartenpädagogIn, die sich tagtäglich um die Umsetzung einer anspruchsvollen, lebendigen, zeitgemäßen, elementaren Bildung im Kindergarten bemüht, kommt meines Erachtens ohne sogenannte „Trainingsprogramme" oder „Arbeitsblätter" aus.

3. KindergartenpädagogInnen als BildungsbegleiterInnen für jedes Kind

Wie wird die Bildung des individuellen Kindes in der Geschichte der Kindergartenpädagogik gesehen? Bildungsziele waren und sind beispielsweise:

- Jedes Kind in seinem ureigensten Wesen, in seiner Einmaligkeit zu erfassen oder auch forschend nach dem Wesen des Kindes zu suchen.
- Die Entfaltung der individuellen Persönlichkeit des Kindes.
- Dem Kind helfen, durch pädagogische Anregungen sich selbst zu entwickeln ...

Jedes Kind soll von der KindergartenpädagogIn von seinen gegenwärtigen Auffassungen, Persönlichkeitsstrukturen und Kompetenzen zu einer komplexeren Form des Könnens, des sozialen Umgangs, der Selbstentfaltung und der Erkenntnis, der Fertigkeiten und Denkfähigkeit begleitet und angeregt werden.

3.1. Individuelle Bildungsbegleitung

In Anbetracht des neuen Bewusstseins von der Wichtigkeit des Bildungsauftrags des Kindergartens sehe ich die individuelle Bildungsbegleitung als eine der größten Herausforderungen an das zukünftige Berufsbild von KindergartenpädagogInnen. Für diese Aufgabe müssen die Kompetenzen von KindergartenpädagogInnen in besonderer Weise erweitert und gestärkt werden!

Der individuellen Bildungsbegleitung geht unter anderem die **Beobachtung jedes Kindes** voraus. Es müssen in der Alltagspraxis sich bewährende Beobachtungsformen gefunden und erprobt werden. Die sorgfältige Interpretation der Beobachtungen dient als eine Grundlage für die individuelle Bildungsbegleitung. Die individuelle Bildungsbegleitung soll ins gesamte Bildungsgeschehen integriert werden. In welchem Ausmaß die Realisierung dieser Zukunftsaufgabe gelingen kann, hängt auch von den Rahmenbedingungen (meines Erachtens sind 15 Kinder und zwei KindergartenpädagogInnen optimal) und geeigneten Strukturen der Aus- und Fortbildung ab.

Es gibt eine **berufsethische Vorstellung,** die KindergartenpädagogInnen verinnerlicht haben: Sie möchten jedes Kind da abholen, wo es steht. Sie möchten von Beginn an auf jedes einzelne Kind eingehen. Was ist darunter zu verstehen? Wie kann ein so hoher Anspruch eingelöst werden? Eine Möglichkeit sehe ich darin, dass KindergartenpädagogInnen die Bildungsgeschichte, die die Kinder bei Kindergarteneintritt mitbringen, in groben Zügen in Erfahrung bringen. Das kann gelingen, wenn sie mit den Eltern von Anfang an ein Bündnis zum Wohle des Kindes schließen. Ihre Bildungsbegleitung für jedes Kind setzt da an, wo jedes Kind zum Zeitpunkt des Kindergarteneintritts steht.

Wie kann die KindergartenpädagogIn vom Wesen, dem Entwicklungsstand und den bereits vorhandenen Bildungserfahrungen jedes Kindes einen ersten Eindruck bekommen? Ein **intensives Gespräch** mit den Eltern vor dem Kindergartenbeginn gibt erste Informationen. In Betracht zu ziehen ist auch ein Hausbesuch. Kurz und wohl überlegt dient er der KindergartenpädagogIn im Sinne einer individuellen Bildungsbegleitung dazu, das Kind in seiner häuslichen Umgebung kennen zu lernen. Und das Kind kann in einem ihm vertrauten Rahmen den ersten Kontakt zur KindergartenpädagogIn aufnehmen. (Mit dieser Möglichkeit der ersten Kontaktaufnahme müssten zunächst in Praxiserprobungen vielfältige Erfahrungen gesammelt werden!) Eine **gute Beziehung des Kindes zur KindergartenpädagogIn** ist die wichtigste Grundlage für alle Bildungsprozesse im Kindergarten.

Jede Familie ist einzigartig. KindergartenpädagogInnen sind angehalten, familienergänzend und familienunterstützend zu arbeiten (das sollte meines Erachtens auch in Zukunft so sein!). Dies ist nur möglich, wenn sie wissen, was der Familie wichtig ist, was die Eltern an ihrem Kind beobachten, welche Eindrücke und Erlebnisse Kinder von ihrem Familienumfeld her bei Kindergarteneintritt mitbringen (siehe das Beispiel in Abschnitt 5.3.).

3.2. Wie könnte es weitergehen?

Die KindergartenpädagogIn beobachtet das Kind nun im Kindergarten. In Gesprächen mit den Eltern kann verglichen werden, was das Kind zu Hause und was es im Kindergarten interessiert und beschäftigt. Die KindergartenpädagogIn erzählt den Eltern von ihren Beobachtungen (was das Kind spielt, fragt, seine Lieblingsbeschäftigungen, seine Begabungen im sozialen, kreativen ... Bereich usw.). Sie fragt die Eltern, ob das Kind zu Hause von Kindergartenereignissen berichtet, von dem, was es erlebt, gelernt, gespielt, erforscht, gefunden und entdeckt hat. Gemeinsam mit den Eltern bespricht sie die Bildungsbegleitung für das Kind mit den Möglichkeiten der Kindergartenpädagogik.

Dabei grenzt sie ihre Kompetenzen und Aufgaben klar ab: Sie kann die Eltern und die Bildung in der Familie nicht ersetzen (vgl. Burtscher 2004)! Aber sie könnte aus ihrer Sicht Anregungen geben: Zu überlegen ist deshalb eine Erweiterung des Aufgabenbereichs von KindergartenpädagogInnen im Hinblick auf Unterstützung der Eltern in ihrer Funktion als „erste LehrerInnen“ für ihr Kind.

Eltern sind ExpertInnen ihres Kindes im Lebensraum Familie. KindergartenpädagogInnen sind ExpertInnen für die Bildung von Kleinkindern im Lebensraum Kindergarten. Als gleichberechtigte Partner arbeiten sie zum Wohle des Kindes zusammen. Eltern sind keine „Kunden“ der KindergartenpädagogInnen. Pädagogische Prozesse und frühkindliche Bildung sind keine „Dienstleistungen“!

Die KindergartenpädagogIn legt für jedes Kind ein Kindergarten-Bildungsbuch an. Sie dokumentiert gemeinsam mit jedem Kind (und mit Unterstützung anderer Kinder) seine Kindergartenzeit. Was für eine befriedigende Erfahrung für KindergartenpädagogInnen am Ende der Kindergartenzeit eines Kindes (und auch dazwischen immer wieder!), in der Lern- und Bildungsdokumentation (gemeinsam mit dem Kind und den Eltern) zu blättern und zu sehen, wie sich das Kind in den letzten zwei, drei Jahren, auch mit Unterstützung der KindergartenpädagogIn, weiterentwickelt hat!

Meines Erachtens gehört es nicht zum Aufgabenbereich von KindergartenpädagogInnen, über standardisierte „Tests" oder „Screenings" den Entwicklungs(rück)stand jedes einzelnen Kindes zu ermitteln. Die KindergartenpädagogInnen arbeiten in einer umfassenden Weise – die Lebenswelt von Kleinkindern bereichernd und ausgleichend.

4. KindergartenpädagogInnen begleiten und unterstützen Lerngemeinschaften

Auf die Frage, was Kinder im Kindergarten lernen, kommt meist die Antwort: „Sie lernen mit anderen Kindern umzugehen." Der sozialen Bildung in der und durch die Gemeinschaft von Kindern wird seit Beginn des Kindergartens große Bedeutung beigemessen.

Friedrich Fröbel sah in der Kindergruppe die Chance, das Kind frühzeitig erleben zu lassen, dass es wichtiger Teil eines Ganzen ist. Besonderes Interesse schenkte Fröbel den Kreis- und Bewegungsspielen: „Das mitspielende Kind erlebt sich als ‚Gliedganzes' und lernt spielerisch, sich in eine Gruppe einzufügen. Des Weiteren pflegen Kreis- und Bewegungsspiele das gemeinsame Von-einer-Sache-Ergriffensein."

Viele andere FrühpädagogInnen haben sich Gedanken über die bildende Wirkung der Gemeinschaft von Kleinkindern gemacht, meistens bezogen auf das soziale Lernen.

Heute finde ich es auch wichtig, das **soziale Lernen mit dem sachlichen Lernen zu verbinden:** Wir wollen gemeinsam eine Aufgabe anpacken oder ein bestimmtes Thema verfolgen! Die Kinder erleben, was es heißt, gemeinsam von einer Aufgabe gefesselt zu sein, sich gegenseitig anzuspornen, neue Aspekte einer Sache zu entdecken, sich von der Begeisterung der anderen anstecken zu lassen, selber zu begeistern, zu erfahren, welchen Zugang andere Kinder zu der gleichen Sache entwickeln, zu erleben, dass jedes Gruppenmitglied auf seine Art und Weise zum Gelingen des gemeinsamen Unternehmens beitragen kann, gemeinsam auch Enttäuschungen zu verkraften, wenn es nicht so klappt wie erwartet ...

KindergartenpädagogInnen sollen ExpertInnen darin sein, diese Prozesse bewusst zu ermöglichen, zu begleiten, zu moderieren, zu unterstützen und zu reflektieren.

Die Kinder erleben und erwerben dabei differenzierte Formen des Miteinander-Umgehens, bezogen auf das Lernen in der Gruppe und das Sachlernen.

Die Aufgabe der KindergartenpädagogIn liegt in der täglichen Beobachtung und Analyse der spontanen und geplanten Gruppenprozesse und der behutsamen Anleitung und Weiterentwicklung der Kindergruppe zu einer Gemeinschaft von Lernenden. Sie ist InitiatorIn und ModeratorIn von bedeutsamen Gruppenprozessen (siehe das Beispiel in Abschnitt 5.4.).

5. Beispiele

5.1. Lerngrundhaltungen: Sammeln, sortieren, konzentrieren ..., Faszination ...

Elisabeth **sammelt** auf einem Spaziergang Steine und **sortiert** sie nach Farben. Simon und seine Freunde **begeistern** sich für eine Geschichte, die die Kindergartenpädagogin erzählt hat. Sie **beraten,** wie sie die Geschichte im Rollenspiel darstellen könnten. Sabine **betrachtet tief versunken** die Fische im Aquarium. Georg hört zum ersten Mal die Geschichte von „Peter und der Wolf". **Immer wieder** will er sie erzählt bekommen. Karin, Philipp und Klara sind **fasziniert** von ihrem Schatten an der Hauswand.

Sammeln und sortieren, sich für etwas begeistern und konzentriert etwas beobachten, der Wunsch nach Wiederholung, Faszination – die Lerngrundhaltungen in diesen Beispielen kann die Kindergartenpädagogin bewusst pflegen und ausbauen. Sie stellt Elisabeth im Kindergarten für ihre Steinesammlung einen Platz zur Verfügung. Sie fragt Elisabeth, ob man die Steine noch nach anderen Merkmalen als den Farben sortieren kann und besorgt (auch gemeinsam mit Elisabeth) Bücher über Steine. Sie ist für Simon und seine Freunde Ansprechpartnerin bei der Verwirklichung ihrer Pläne für das Rollenspiel und überlegt sich zusätzliche Impulse. Sie schützt Sabine in ihrer tiefen Versunkenheit vor Störungen etwa durch andere Kinder und lässt sich später von ihr berichten, was sie im Aquarium beobachtet hat. Sie regt Sabine an, ihre Beobachtungen zu zeichnen. Sie ermöglicht Georg immer wieder seine Lieblingsgeschichte zu hören und versucht herauszufinden, was ihn dabei so beeindruckt. Sie macht ihn auch mit der Musik und den Instrumenten zur Geschichte vertraut. Sie beobachtet Karin, Philipp und Klara bei ihren Schattenspielen. Was fasziniert sie dabei, was wollen sie herausfinden, welche Aussagen treffen sie? Sie überlegt, wie sie die spontanen, im gemeinsamen Spiel gemachten Erfahrungen und Erkenntnisse vertiefen kann. Sie fragt nach, lässt sich erzählen und stellt Material für Schattenexperimente zur Verfügung ...

5.2. Bildungsinhalt „Elementare Meteorologie"

Die Kinder erkunden gemeinsam mit der Kindergartenpädagogin Wetterphänomene. Ansatzpunkt kann das **Alltagswissen** der Kinder sein. In einem Gespräch, das die Kindergartenpädagogin auf Tonband aufnimmt, stellt sie den Kindern Fragen und erfährt dabei, welche Erlebnisse, Gefühle und Erfahrungen die Kinder mit dem Thema „Wetter" verbinden. Sie fragt beispielsweise: Welches ist euer Lieblingswetter? Was gehört alles zum Wetter? Wer kennt den Wetterbericht? Gibt es Tage ohne Sonnenschein, ohne Regen, ohne Wind?

Mit **allen Sinnen** können die Wetterphänomene bewusst erlebt werden: die Sonnenwärme und den Wind spüren, auf der Wiese liegend die Wolken beobachten, einen Spaziergang im Regen ohne Regenschutz unternehmen, mit dem Wind und gegen den Wind laufen,

Windstille fühlen, die Regentropfen und Schneeflocken mit den Händen und schwarzem Tonpapier auffangen und betrachten. In der Sonne stehen und im Schatten. Welchen Unterschied macht das aus? Dem Wind ausgesetzt sein und sich hinter einem Baum oder hinter einer Mauer vor dem Wind schützen ...

Und die Kinder **erzählen lassen,** was sie empfinden, sehen, hören ...! Daran können sich gezielte Wetterbeobachtungen anschließen: Sehen wir heute die Sonne? Scheint die Sonne immer? Wo ist sie, wenn wir sie nicht sehen? Welche Formen und Farben haben die Wolken heute? Bewegen sie sich? Wie verändern sich die Wolken? Wie viele Wolken sind heute am Himmel? Bringt jede Wolke Regen? Welche Farbe hat der Himmel? Wie weit kann man heute sehen? Wie stark weht der Wind? Was bewegt der Wind? Aus welcher Richtung kommt der Wind? Wie warm ist es heute? Welche Kleidung brauchen wir? ...

Die Wetterbeobachtungen können **dokumentiert** und über mehrere Tage hinweg verglichen werden. Wie viel regnet es heute? Hat es gestern weniger geregnet als heute (wir vergleichen die aufgefangene Regenmenge)? Sind heute mehr Wolken am Himmel als gestern?

Eine **Wetterkarte** mit **Symbolen** für Sonne, Regen, Temperatur und Wind kann mit den Kindern entwickelt werden. Welche Symbole verwenden MeteorologInnen? Wetterberichte aus Zeitungen können studiert werden. Der nächste Schritt könnten **gezielte Erkundungen** sein, die den Kindern das Zustandekommen der Wetterphänomene näher bringen. Zu den Begriffen „nass und trocken“, „kaltes und warmes Wasser“, „kalte und warme Luft“ können vielfältige Experimente durchgeführt werden: Die Wolkenbildung kann beispielsweise im Experiment nachgestellt und die Entstehung von Wind mit Versuchen zu warmer und kalter Luft verdeutlicht werden. Die Kindergartenpädagogin regt das genaue Beobachten an, lässt sich die Beobachtungen beschreiben, sie fördert das Nachdenken und den Austausch von Vermutungen und das Ziehen von Schlüssen. Sie gibt Hinweise auf den Zusammenhang zwischen Experiment und Naturphänomen: So ähnlich entstehen Wolken und Wind. Das ist wie Regen, Tau und Frost ... Sie schlägt vor, die Experimente aus dem Gedächtnis zu zeichnen. Die Zeichnungen der Kinder geben ihr Hinweise, wie jedes Kind die Experimente verstanden hat.

Die Kindergartenpädagogin kann auf **elementare Art** den Kindern auch **komplexe Bildungsinhalte** näher bringen. Die Eltern können in die Wettererkundungen mit einbezogen werden. VertreterInnen von Berufen, die vom Wetter abhängig sind, werden von den Kindern befragt und erzählen von ihren Erfahrungen. Das Gespräch zu Beginn des Themas kann noch einmal angehört werden. Was haben wir damals alles gewusst, vermutet, erzählt? Wie hat sich unsere Sicht auf das Wetter durch die Erlebnisse, Beobachtungen, Erkundungen und Experimente im Kindergarten verändert? „Wetter“ kann von den Kindern auch künstlerisch, rhythmisch, in Bewegungsformen, in Märchen, Liedern, Gedichten ... erfahren und verarbeitet werden. Querverbindungen können angestellt werden: Wetter und Pflanzen und Tiere, Wetter in anderen Kontinenten, Sonnen- und Windenergie, Wetter und Spaß und Sport ... Und dann großes Staunen: Auch auf anderen Planeten gibt es „Wetter“ – und was für eines!

5.3. Bildung des individuellen Kindes: Kindergarteneintritt

Es ist Aufgabe der KindergartenpädagogIn, Eltern für eine Bildungspartnerschaft zu gewinnen: „Sie kennen Ihr Kind. Helfen Sie mir, Ihr Kind kennen zu lernen!“

Das Gespräch mit den Eltern vor Kindergarteneintritt könnte sich um folgende Fragen drehen:

- Wie sieht ein „normaler Alltag“ für Ihr Kind aus?
- Welche Lieblingsbeschäftigung hat Ihr Kind?
- Welche Interessen beobachten Sie bei Ihrem Kind? Wie gehen Sie darauf ein?
- Welche Fragen stellt Ihr Kind?
- Was möchten Sie als Eltern Ihrem Kind in den frühen Jahren mitgeben?
- Was wünschen Sie, dass der Kindergarten Ihrem Kind vermittelt? ...

Diese Fragen erhalten die Eltern schon einige Zeit vorher zur Vorbereitung und Einstimmung auf das Gespräch. Die KindergartenpädagogIn erklärt den Eltern, warum es für sie wichtig ist, etwas von der Bildungsgeschichte des Kindes zu erfahren: Sie braucht Anhaltspunkte für die Bildungsbegleitung des Kindes. Die Antworten auf die Fragen notiert die KindergartenpädagogIn stichwortartig.

Was vermittelt die PädagogIn den Eltern durch das **intensive Anfangsgespräch?** Die Eltern spüren das Interesse der KindergartenpädagogIn für ihr Kind und nehmen wahr, dass Familiensituationen beachtet und respektiert werden. Sie erfahren, dass Kindergartenbildung an der Familienbildung anknüpft, sie erweitert, bereichert und ergänzt. Die Eltern beobachten ihr Kind aufmerksamer, um der KindergartenpädagogIn Informationen übermitteln zu können.

So kann eine Grundlage für die Bildungsgemeinschaft der Eltern mit der KindergartenpädagogIn zum Wohle des Kindes geschaffen werden.

5.4. Die Kindergruppe als Lerngemeinschaft: „Die entlaufene Schildkröte"

Die Schildkröte im Kindergarten ist entlaufen! Alle Kinder sind von diesem Ereignis ergriffen – und es gibt viele andere Ereignisse und spannende Themen, die die gesamte Gruppe oder auch eine Kleingruppe erfassen. Sie überlegen, wie sie ihre Schildkröte wiederfinden könnten. Die Kindergartenpädagogin sammelt die Ideen der Kinder und bildet Arbeitsgruppen: Einige Kinder suchen im Garten noch einmal gründlich nach der Schildkröte. Andere malen Plakate – „So sieht unsere Schildkröte aus. Wer hat sie gesehen?" – und hängen sie mit der Kindergartenpädagogin in der näheren und weiteren Umgebung auf. Eine Gruppe legt an verschiedenen Stellen im Garten Futter aus und will die Schildkröte „anlocken". Ein paar Kinder fragen mit der Kindergartenpädagogin die direkten Nachbarn, ob sie die Schildkröte gesehen haben usw.

In einer Besprechungsrunde erzählt jede Kleingruppe, wie sie ihre Aufgabe ausgeführt hat. Die Kindergartenpädagogin fasst zusammen und fragt, wie es nun weitergehen könnte ...

Jedes Kind erlebt in der Kindergruppe Kooperation, Teamarbeit, Absprache, Zuhören und Selber-angehört-Werden und das Aufgabenverteilen. Mit **vereinten Kräften** und **Ideen** suchen die Kinder nach ihrer Schildkröte.

6. Fazit

Der Bildungsauftrag des Kindergartens und das Berufsbild von KindergartenpädagogInnen müssen immer wieder neu überdacht werden. Kinder haben in jedem Alter das Recht darauf, als Bildungsperson wahrgenommen und in ihrer Entwicklung optimal unterstützt zu werden. Ich ermutige alle KindergartenpädagogInnen in Ausbildung und in der Praxis, im regen Austausch untereinander an der Weiterentwicklung des Berufsbildes und des Aufgabenbereichs zu arbeiten. KindergartenpädagogInnen sollen meines Erachtens ExpertInnen für elementare Bildung sein!

Literatur

Burtscher, Irmgard Maria (1994): Vom Familienkleinkind zum Kindergartengruppenkind. Eine frauliche Spurensuche ... Diplomarbeit, Innsbruck

Burtscher, Irmgard Maria (2000): Mehr Spielraum für Bildung. Kindertagesstätten als Bildungseinrichtungen der Zukunft. München: Don Bosco

Burtscher, Irmgard Maria (2001): Popcorn, Sandwich, Pussycat. Englische Lieder und Landeskunde für Kinder von 4 bis 11 Jahren. Linz: Veritas

Burtscher, Irmgard Maria (2002): Englisch im Kindergarten. In: Textor, Martin R. (Hg.), Kindergartenpädagogik – Online-Handbuch, www.kindergartenpaedagogik.de

Burtscher, Irmgard Maria (⁶2003a): Englische Lieder & Spiele. Linz: Veritas

Burtscher, Irmgard Maria (2003b): Der Kindergarten – ein Ort zeitgemäßer Bildung?! Ein Beitrag zur Professionalisierung von ElementarpädagogInnen. Dissertation Innsbruck 2002, München: Dissertationsverlag NG Kopierladen

Burtscher, Irmgard Maria (2003c): Natur- & Himmelsforscher. Was Kinder wissen wollen. Bildung fängt im Kindergarten an. München: Don Bosco

Burtscher, Irmgard Maria (2004): Entdeckungsreise in die Welt. Eltern sind die ersten Lehrer. Wien: öbv & hpt

Burtscher, Irmgard Maria (2005): Technik im Kindergarten – eine Annäherung. In: KiTa aktuell BY, Nr. 5, S. 110–113

Elschenbroich, Donata (2001): Weltwissen der Siebenjährigen. Wie Kinder die Welt entdecken können. München: Kunstmann

Elschenbroich, Donata/Schweitzer, Otto (2004): Die Befragung der Welt. Kinder als Naturforscher. Film DJI München

Elschenbroich, Donata (2005): Weltwunder. Kinder als Naturforscher. München: Kunstmann

Erweiterte Fassung des Beitrages, der in „Unsere Kinder" 5/2003 publiziert wurde.

Peter Wanke

Teamarbeit neu buchstabieren

Wie sehen Kinder das Kindergartenteam?

7 Uhr: Aufstehen! Frühstücken! Lieber würde ich jetzt fernsehen. Außerdem ist gemein, dass mein großer Bruder die Cornflakes heute nicht zusammenessen muss. Eine Jacke muss ich auch schon wieder anziehen – puh. Und eilig hat's die Mama! Mit dem Papa ist das viel lustiger. Aber der hat viel weniger Zeit und nur ganz selten darf ich mit ihm gehen. Aber dann fahren wir fast immer mit dem Fahrrad.

8 Uhr: Ich war schneller und hab angeläutet. Bei meinem Kindergarten ist die Glocke viel lauter als zu Hause. Heute macht nicht die Kindergärtnerin – wir sagen Tante zu ihr – auf, sondern eine fremde Frau. Es ist die Mama von Roland, der noch nicht so lang bei uns ist. Der weint immer in der Früh und will nicht bleiben. Ich fürcht mich jetzt nicht mehr. Aber ich weiß noch, dass ich auch oft geweint habe. Damals wollte ich nicht, dass die Mama geht.

Die frühere Tante hat dann die Mama immer schnell wieder hinausgeschickt. Urgemein. Die jetzige Kindergärtnerin – Tante Sonja – kommt, setzt sich neben Roland, redet mit seiner Mama. Die darf sogar in unser Zimmer, wo die Spielsachen sind. Und der Roland darf ihr alles zeigen. Meine Mama hat das nicht dürfen.

9 Uhr: Tante Sonja ist überhaupt ganz anders. Da darf man sogar beim Essen aufstehen, wenn man aufs Klo muss. Die Tante Maria, die früher da war, hat das nie erlaubt. Und immer haben alle die Jause aufessen müssen, das war urblöd. Die Claudia, die der Tante immer beim Herrichten hilft, ist uns manchmal beigestanden und hat die Jause in ein anderes Sackerl gegeben. Wenn das die Tante Maria gemerkt hat, hat sie mit der Claudia geschimpft und hat gesagt, sie soll sich nicht einmischen. Dabei hat sie uns ja nur helfen wollen.

Und ich mag die Jause manchmal überhaupt nicht aufessen. Immer dann, wenn die Mama mir urgrausliche Sachen mitgibt, so stinkigen Käse oder den roten Liptaueraufstrich, der so brennt auf der Zunge, dass ich immer gleich ins Bad laufen muss wie die Feuerwehr, um Wasser zu trinken. Das hab ich einmal der Sonja erzählt und seitdem tauscht sie mir so eine Jause von der Mama gegen eine andere aus – manchmal hat sie ganz frische Kipferl! Aber ich hab ihr gesagt, sie darf das ja nicht meiner Mama erzählen, wenn sie mich abholt, denn die sagt immer: „Iss ja deine Jause auf, sonst gibt es kein Eis oder Überraschungsei!" Sie will nämlich immer haben, dass ich alles aufesse. Auch beim großen Essen, wenn der Papa und mein Bruder dabei sind. „Alles, was auf dem Teller ist, muss aufgegessen werden."

10 Uhr: Wenn wir was gebastelt haben, zum Muttertag zum Beispiel, hat die Mama sich immer sehr gefreut, weil es so schön war. Die Tante Maria hat uns da immer sehr geholfen. Bei der Sonja müssen wir alles selber basteln und anmalen. Das wird dann nicht so schön, mein Bruder lacht mich dann immer aus, dabei kann er es auch nicht viel besser.

Gestern war die Frau Leiterin bei uns, die ist gar nicht so streng, wie ich immer geglaubt habe. Bei der Tante Maria haben wir immer ganz leise sein müssen, wenn sie uns besucht hat, weil sie sonst schimpfen würde. Aber das stimmt ja gar nicht!

Weil wir im Sommer nur so wenige Kinder sind, hat sie uns sogar erlaubt, dass wir schwimmen gehen mit der

Claudia. Das haben wir früher nie dürfen. Die Mama vom Marcus geht auch mit. Das ist fein! Und dass so viel hergeräumt war, hat die Frau Leiterin auch nicht gestört.

Die Tante Maria war immer die Bestimmerin und die Claudia hat gar nicht mit uns spielen dürfen, so wie jetzt.

Geehrte/r LeserIn!

Sie haben wahrscheinlich schon gemerkt – dieses Mädchen erzählt die Unterschiede von letzter und jetziger Kindergartenpädagogin auf sehr plastische Weise, natürlich nur, um mir als Verfasser die Möglichkeit zu geben, auf einfache Weise zwei konträre pädagogische Stile zu vergleichen.

Sonja, die jetzige Kindergartenpädagogin, ist sanft, geht sensibel und einfühlsam mit Kindern und Erwachsenen um.

Maria, die frühere Kindergartenpädagogin, war streng, hat die Eltern gleich hinauskomplimentiert und den Kindern wenig Platz für Gefühle gegeben – wie Angst haben oder Bezugspersonen loslassen müssen.

Was jetzt noch käme: dass bei Maria nicht nur alle die Jause zusammenessen mussten, sondern natürlich auch das Mittagsessen; dass alle Mittagsschlaf halten mussten und nicht aufstehen durften; und dass es immer Streit mit der Helferin gab, weil die wollte, dass mehr auf die Bedürfnisse der Kinder geachtet wird, aber die Kindergartenpädagogin ihre Autorität sehr deutlich hervorkehrte und es nicht erlaubte – und so weiter und weiter.

So könnte die Alltagsgeschichte dieses Mädchens weitergehen, das Personen ihres Umfeldes wahrnimmt und vergleicht.

Kinder ernst nehmen

Wahrscheinlich halten Sie die Darstellung für konstruiert und übertrieben. Damit haben Sie natürlich auch Recht, denn in diesen wenigen Zeilen sind auf sehr komprimierte Weise einige Eindrücke, Erfahrungen und Rückmeldungen zusammengefasst. Sie sollen nicht den Alltag eines Kindergartens bis ins letzte Detail wiedergeben, den kennen Sie ebenso gut wie ich und wahrscheinlich noch viel besser. Nein, dieser spezielle Blick auf Beobachtungen, Vergleiche und subjektive Eindrücke dieses Kindergartenkindes soll Ihnen kindliche Realitäten nahe bringen und auch damit zusammenhängende pädagogische Haltungen verdeutlichen, auf die gerne vergessen wird.

Die Erfahrung hat mich gelehrt, dass Kinder weit mehr bemerken und wahrnehmen, als uns manchmal bewusst ist und oft auch recht ist. Merken kann man diese wunderbare Fähigkeit des Erkennens und Durchschauens von Kindern meistens in den manchmal peinlichen, aber sehr direkten und ehrlichen Rückmeldungen und „Kindersätzen“, die gerne noch dazu in Anwesenheit von anderen getätigt werden, sodass es eine aufdeckende Note hat.

Ein Grund, warum diese eigentlich fachlich nutzbaren Aussagen von Kindern nicht verwertet werden, ist, dass sie natürlich nicht mit Fachvokabular und in einem supervisorischen Setting eingebracht werden, sondern beim Spiel, bei scheinbar nebensächlichen Tätigkeiten, wie Essen, Zusammenräumen, oder bei Übergangssituationen, beispielsweise wenn Kinder gebracht oder geholt werden. Bei solchen Gelegenheiten können Kinder am deutlichsten Widersprüche oder Unterschiede wahrnehmen und ihrer Natur entsprechend werden sie diese Eindrücke auch schnell wiedergeben. Ein anderer Grund für die fehlende pädagogische Umgesetzung ist, dass die Perspektive der Kinder leider nicht immer ernst genommen oder auch bagatellisiert wird.

Team aus Kinderperspektive

Und so wie in der Geschichte kurz vorgestellt, heißt das „Team“ aus der Sicht des Kindes nicht nur Kindergartenpädagogin und Helferin, die den Kindergartenalltag prägen. In diesem Team „arbeiten“ oder wirken auch die Kindergartenleiterin, das Elternhaus und alle anderen Personen des Umfeldes mit.

Und ob Sie es glauben oder nicht, etwaige Spannungen zwischen LeiterIn und der zuständigen KindergartenpädagogIn werden sich massiv auch auf das Kind auswirken, selbst wenn die LeiterIn nie direkt mit den Kindern arbeitet – sie beeinflusst indirekt das Wohlbefinden und das Gelingen.

Ebenso wirkt die VorgängerIn nach, die vielleicht, wie in unserer Geschichte sehr plakativ dargestellt, eine strenge und rigide Person war und den Kindern wenig Entwicklungs- und Entfaltungsmöglichkeiten geboten hat. Sie wird noch in der Furcht oder dem geringen Selbstvertrauen des Kindes zum Tragen kommen, wenn bereits die nächste PädagogIn tätig ist. Und bedenkt das die „Neue“ nicht, wird ihr das von ihrem Team nicht gesagt, gibt es keinen Austausch zwischen Elternhaus und Kindergarten, werden zwar die Auswirkungen spürbar und sichtbar werden, aber möglicherweise die Zusammenhänge nicht erkannt und bleiben daher unaufgelöst. Dann kann eine PädagogIn noch so progressiv sein und gute Ideen im Kopf haben, sie werden nur bedingt gelingen oder zum Tragen kommen.

Die Zugehörigkeit der Eltern zum „Team“ verbreitet sich zum Glück mehr und mehr. Früher wurde der Bereich Kindergarten oft noch sehr abgeschottet und es gab wenig Kommunikation zwischen den in dieser Zeit wichtigsten Bezugspersonen des Kindes.

Sie brauchen nur zu bedenken, dass in diesem Alter ein Kind oft sieben Stunden eines Tages in der Einrichtung Kindergarten verbringt und weit weniger wache Zeit des Tages im Familienverband. Beide „Heimaten“ des Kindes brauchen daher einen intensiven Austausch, sonst werden Sie Bedürfnisse, Befindlichkeiten, mögliche Probleme und Auswirkungen nicht verstehen können und damit auch nicht imstande sein, adäquat darauf zu reagieren.

Neues Teamverständnis

Aus langer Erfahrung sage ich, dass diese Teamarbeit nicht einfach ist. Es ist für mich auch sehr verständlich, wenn im Alltag diese Zusammenarbeit zu kurz kommt. Denn wird sie auf die Bring- und Abholzeit beschränkt, kann nichts Konstruktives entstehen. Dies sind meist sehr hektische und aufgeregte Momente. Wird diesem Teil der Arbeit kein spezielles Augenmerk gewidmet, so wird sich auch keine alternative Zeit finden, in der sich dann die wichtigen und kindbezogenen Gespräche ergeben können.

Hier nur eine kleine Auflistung der möglichen Themen, die wert wären, angesprochen zu werden:

- Die Situation des Kindes im Kindergarten und daheim; Rückmeldungen des Kindes, was ihm gefällt oder auch nicht, was es im Kindergarten oder daheim erzählt und für die andere Seite wichtig wäre.
- Aktuelle Lebenssituation: Familienkonstellation, Veränderungen, besondere Umstände, wie Scheidung, Leben als AlleinerzieherIn, Tod und damit verbunden Trauer, Krankheit, kleinere Geschwister, die dazugekommen sind, größere Geschwister, die Zeit und Energie der Eltern beanspruchen oder sich verselbstständigen.
- Besondere Beobachtungen oder Veränderungen, die womöglich Sorge bereiten oder unerklärlich sind.
- Ganz alltägliche Erziehungsfragen und vieles mehr.

Das erfordert natürlich neben der Zeit auch einen gewissen Menschenumgang und die Fähigkeit, mit Eltern womöglich heikle Dinge anzusprechen. Dass diese Eigenschaft manche als Talent mitbringen, ist schön, für die meisten heißt es aber, sich solche Fertigkeiten anzueignen.

Wie überhaupt Teamfähigkeit, -kultur und -verständnis aus meiner Sicht gelernt werden müssen. Auch wenn dies ein Teil der Ausbildung war, werden sich wahrscheinlich erst im beruflichen Alltag die Problemfelder abzeichnen und sich da erst die Fragen, eventuell Überforderungen, auf alle Fälle die Herausforderungen zeigen.

Teamarbeit ist Knochenarbeit

Immer wieder begegne ich in Seminaren, die ich zu Themen aus dem Kindergartenalltag anbiete, Menschen, die erschüttert darüber sind, nicht von selbst auf die notwendigen Schritte oder Interventionen gekommen zu sein, oder meinen, dass es eine Schande sei, wenn man trotz vieler Jahre im Beruf bei diesen Themen „ansteht".

Dies sind dann immer Momente, wo in der Runde herzhaft und befreiend gelacht werden kann. Einerseits, weil es vielen so geht, und andererseits, weil es auch zu diesem Beruf dazugehört, sich gerne „hohe Latten" zu legen und zu überfordern.

Teamarbeit ist „Knochenarbeit". Als „alter Hase (oder Häsin)" genauso wie als „junge AnfängerIn" ist man gezwungen, sich diesen Themen zu stellen. Und immer wieder wird es Bereiche geben, mit denen man bislang nichts zu tun hatte, von denen man vielleicht zum Glück verschont blieb oder über die man einfach hinweggeschaut hat.

Möglicherweise meinen Sie, dass ich ein unkonventionelles Verständnis von Teamarbeit habe. Nicht nur, dass ich vom Kind ausgehe, sondern auch, wen ich als dazugehörig erachte. Vom traditionellen pädagogischen Blickwinkel her gesehen haben Sie Recht. Mein Zugang ist ein weiterer, kommt aus dem Therapeutischen und wird als systemisch bezeichnet. Er fokussiert nicht nur auf das Individuum und bleibt nicht auf die Befassung mit einer Person beschränkt, sondern berücksichtigt alle Einflüsse, die Ein- und auch Auswirkungen haben. Aus meinem Verständnis ergeben diese Beachtung und der konstruktive Umgang mit diesen verschiedenen Systemen eine gelungene Arbeit.

Ich finde es schön, dass diese Arbeit mit Menschen immer wieder neue Fragen aufwirft, herausfordert und in der Folge auch motiviert, sich mit sich auseinanderzusetzen, sich zu hinterfragen. Und ich kann nur sagen: Kinder sind diesen Aufwand wirklich wert.

Der Beitrag wurde erstmals in „Unsere Kinder" 6/2004 publiziert.

BAKIP Vöcklabruck / Rosa Maria Huber

Werte und Grundhaltungen für KindergartenpädagogInnen

Exkursionsbericht

Eine Maturaklasse der BAKIP Vöcklabruck lernte bei einer Exkursion mit der Lehrerin Rosa Maria Huber das Kinderhaus Ottensheim (bei Linz) kennen, das von Anna Kapfer-Weixlbaumer aufgebaut wurde.

Das Haus

Im Kinderhaus in Ottensheim sind zwei Gruppen mit jeweils 25 Kindern untergebracht. Während der freien Spielzeit bespielen die Kinder die unterschiedlichen Räume des Hauses und den naturnahe gestalteten Garten. Die Unternehmungslust der Kinder wird von den Pädagoginnen akzeptiert und gefördert. Die Kinder haben nicht nur im ganzen Haus die Möglichkeit zu spielen, zu bauen, zu konstruieren, zu forschen, sich auszudrücken und ihre Umgebung mit allen Sinnen zu entdecken, sondern auch im großen Garten und in der in der Nähe gelegenen Au. Sie können zu jeder Jahreszeit hinausgehen, sich hinter die Hecken zurückziehen, in einem Walnussbad wühlen, auf Bäume klettern oder Schotterberge erklimmen.

Die Gruppenräume sind nicht in fixe Bereiche gegliedert, sondern das gesamte Territorium bietet Erfahrungs- und Handlungsräume, die die Eigenaktivität des Kindes betonen – z.B. das Himmelzimmer, das in erster Linie für Rollenspiele zur Verfügung steht, oder das Sonnenzimmer, in dem vielfältiges Material zum freien, kreativen Gestalten verfügbar ist. Das Büro des Hauses hat als zweite Funktion die eines Bauzimmers. Es wird aber darauf geachtet, dass die Kinder ungestört agieren können (z.B. konzentriertes Spiel auf dem Spielteppich).

In der Holzwerkstätte im Keller können die Kinder frei und kreativ mit echtem Werkzeug ihre Ideen umsetzen. Das selbstständige Tun wird von der Kindergartenpädagogin gefördert, indem sie beim Gestalten eines Werkstückes zum Zusehen und Selber-Gestalten einlädt. Im ersten Stock befindet sich die Teeküche, die zudem als „Kinderrestaurant“ genutzt wird. Den Kindern wird also die Möglichkeit geboten, ihr Hungergefühl wahrzunehmen und zu stillen. Der im ersten Stock liegende Bewegungsraum ist während der Spielzeit offen, danach wird er für Angebote und Projekte genützt. Hier können die Kinder ihren Bewegungsdrang abbauen und sich als BaumeisterInnen auf der Schachtelbaustelle erproben. Weiters wird die Aula vielseitig genützt, etwa für Tastspiele an der Tastwand, für ein Kastanienbad zur Körperwahrnehmung oder für ein Kinderbüro.

Kinder als selbstbestimmte Subjekte

In diesem „offenen Kindergarten“ werden die Kinder nicht nur als gleichberechtigte und -wertige Persönlichkeiten wahrgenommen, sondern sie sind RegisseurInnen ihrer eigenen Spielhandlungen, die alles erforschen, vieles wissen und ihre Umwelt aktiv gestalten. Die Kinder werden ermutigt, bei der Gestaltung der Lebensräume im Kindergarten selbst aktiv zu werden, sei es nun bei der Gestaltung des Gartens, der Werkstatt oder des Bauzimmers – die Bedürfnisse, Ideen und Wünsche der Kinder sind Ausgangsbasis.

Im Kinderhaus Ottensheim wurden Rahmenbedingungen geschaffen, die diesen Kindergarten zu einem „Haus für Kinder“ werden lassen.

Die Kindergartenpädagoginnen sind bemüht, eine Atmosphäre der Akzeptanz und des Vertrauens zu schaffen, die es den Kindern erlaubt, sich aktiv am Geschehen zu beteiligen oder bei der Planung von Projekten mitzubestimmen. Es ist Aufgabe der Pädagoginnen, die Kinder zu begleiten und zu unterstützen. Dieses Rollenverständnis

zeigte sich etwa, als mit den Kindern überlegt wurde, was für das Zusammenleben im Kinderhaus wichtig ist. Es entstand z.B. die folgende „Lebensregel": „Ich bin verantwortlich für mich selbst, für die anderen, für die Tiere, die Pflanzen und alle Dinge." Diese Regel wird am Beginn eines Jahres erarbeitet, in Bewegung umgesetzt und häufig wiederholt, damit sie wirklich verinnerlicht wird. Alle weiteren Regeln, die für das Zusammenleben in einer Gruppe notwendig sind, werden von dieser Grundregel abgeleitet.

Das Team im Kinderhaus erlebt die Arbeit als persönliche Bereicherung. Dies geschieht durch die positive Rückmeldung der Kinder und durch den Aufbau echter Beziehungen. Persönliche Vorstellungen der Kinder werden akzeptiert, Gefühle und Bedürfnisse ernst genommen, die Würde der Kinder geachtet und ihre Individualität respektiert. In der Arbeit mit „verhaltensauffälligen oder kreativen" Kindern betont Anna Kapfer-Weixlbaumer, dass häufig eine nicht kindgerechte Umwelt Störungen auslöse. Diese Sicht und die Frage, was das Kind braucht, genügen oft, um die Umgebung den Bedürfnissen des Kindes anzupassen, entsprechende Handlungsmöglichkeiten anzubieten und so das Selbstbewusstsein und den Selbstwert zu stärken.

Werte und Haltungen

Im Team des Kindergartens haben sich im Laufe der Zeit Grundhaltungen herauskristallisiert, deren Basis neben dem nötigen Fachwissen echte Beziehungen zum Kind sind. Diese können sich nur durch intensive Beobachtung und Reflexion der kindlichen Bedürfnisse und des Geschehens im Kindergartenalltag entwickeln. Anna Kapfer-Weixlbaumer zeigt und vermittelt eindrucksvoll, dass Erkenntnisse aus Theorie und Wissenschaft tatsächlich das Fundament für eine kind- und prozessorientierte Arbeit im Kindergarten bilden. Für KindergartenpädagogInnen heißt das, wach zu bleiben und nie zu erstarren, sondern sich immer weiterzuentwickeln.

Zwei Aspekte waren bei der Beobachtung besonders beeindruckend:

- Im Ottensheimer Kinderhaus-Team wurde der Auseinandersetzung mit eigenen pädagogischen Wertorientierungen viel Zeit gewidmet, da sie die Basis qualitätsvoller Arbeit bilden. In den Wertorientierungen spiegelt sich unser Bild vom Kind und das Bild der PädagogIn. Auf diese Weise läuft das Team nicht Gefahr, sich ständig nach dem neuesten pädagogischen Wind zu drehen. Ausgangspunkt dieser anspruchsvollen Reflexion ist die einfache Frage: Was sollen die Kinder davon haben, dass sie ein paar Jahre mit uns zusammenleben, lernen und arbeiten? Dies ist der Beginn einer „spannenden Reise", eines gemeinsamen Abenteuers mit offenem Ende.
- Es geht darum, vom „Haben" (schöne Ausstattung ...) zum „Sein" (Haltung der PädagogIn) zu kommen. Wenn wir heute vom Leben in der Konsumgesellschaft und von Konsumkindern sprechen, so müssen wir selbstkritisch anmerken, dass wir selbst KonsumpädagogInnen sind, die sich oft primär über das „Haben" in Form noch teurerer Materialien, perfekterer Ausstattungen, von Festen, Tipps und Rezepten ... definieren.

Erich Fromm lädt in seinem Buch „Haben und Sein" ein, den Weg des Seins zu wählen. Passiert das nicht, so kann es in der Folge zum Burnout-Syndrom kommen. Um dies vorbeugend zu vermeiden, ist ein Umdenken nötig. Es kommt also auf unsere Grundhaltung als PädagogInnen an.

Der Beitrag wurde erstmals in „Unsere Kinder" 2/2005 publiziert.

Irmgard Pucher

Supervision – eine Chance!?

Im sozialen Arbeitsfeld gilt der Satz „Eine Institution ist so gut wie ihre Mitarbeiter!" ganz besonders. Und inzwischen ist es wohl unumstritten: Die Erwartungen, Anforderungen und Belastungen an ErzieherInnen steigen laufend! Darüber hinaus müssen wir uns darauf einstellen, dass wir diese bis in ein immer höheres Alter durchhalten müssen. Wie aber kann die/der Einzelne, wie der Betrieb auf diese Herausforderungen adäquat reagieren? Bietet vielleicht Supervision diesbezüglich eine Chance?

Das Wort Supervision kommt von super-videre (lat.) und bedeutet „Darüberschau". Nicht selten stellt sich unser Arbeitsalltag wie ein Labyrinth aus Beziehungen, Aufgaben und Problemen dar. Steckt man in diesem Gewirr mitten drinnen, ist es ist oft nicht einfach durchzufinden. Mitunter drohen wir uns darin auch etwas zu verlaufen. Von oben, aus der „Darüberschau" besehen, verliert das Labyrinth allerdings schnell seine Bedrohlichkeit. Ziele werden erkennbar, neue Wege tun sich auf und Ideen werden entwickelt, wie ein erfolgreiches Durchwandern gelingen kann.

Supervision schafft die Möglichkeit, regelmäßig diese Vogelperspektive einzunehmen. Die Aufgabe des Supervisors ist es, seinen SupervisandInnen dabei zu helfen, den Blickwinkel zu verändern, um aus einer anderen Perspektive auf ihren Berufsalltag zu schauen. Er wird sie nicht durch das Labyrinth führen oder ihnen sagen, wie und wo sie gehen sollen. Vielmehr zählt es zu den Grundhaltungen in der Supervision, davon auszugehen, dass jeder Mensch selber der Experte für sein Leben und seine Situation ist. Doch der Supervisor wird sie sinnbildlich an der Hand nehmen, um mit ihnen über ihr ganz spezielles Labyrinth aufzusteigen, und so den Perspektivenwechsel ermöglichen.

1. Was genau ist nun Supervision?

Supervision ist berufsbezogene Beratung und Reflexion. Sie steht im Dienst des Menschen, der eine Aufgabe zu erfüllen hat, und soll helfen, diesen als Gesamtpersönlichkeit so zu unterstützen, dass er seinen Auftrag auf lange Sicht zur größtmöglichen Zufriedenheit aller Betroffenen erfüllen kann. Aus dieser Definition ergibt sich eine Reihe von Grundsätzen für Supervision:

Supervision ist berufsbezogen. Alle beruflichen und sich auf die Arbeit auswirkenden persönlichen Themen können hier behandelt werden.

Supervision steht im Dienst der Teilnehmenden. Im Zentrum der Arbeit stehen der Aufbau und die Erhaltung ihrer Arbeitsfähigkeit, Arbeitszufriedenheit, Kompetenz und Motivation. Um die oben erwähnte Unterstützung möglich zu machen, braucht es ein Klima des Vertrauens. Daher ist es unbedingt notwendig, dass die TeilnehmerInnen durch die absolute Verschwiegenheitspflicht des Supervisors geschützt sind. Diese gilt auch, vielleicht sogar besonders, dem Dienstgeber gegenüber.

Trotzdem bedeutet das natürlich nicht, dass hier gegen irgendjemanden agiert werden würde. Vielmehr wird mit den SupervisandInnen für das ganze System gearbeitet, um für alle die größtmögliche Zufriedenheit zu erreichen. Dabei sollte allerdings größtmöglich nicht mit absolut verwechselt werden. Optimale Bedingungen gibt es nun einmal nur selten. Ein Engagement für die Annäherung daran ist aber durchaus lohnend.

2. Settings

Supervision findet in drei verschiedenen Settings statt und je nach den Rahmenbedingungen nimmt sie sehr verschiedene Gestalt an.

2.1. Einzelsupervision

Eine Person sucht sich eine/n SupervisorIn, um die berufliche Situation zu reflektieren. In diesem Rahmen lassen sich alle supervisionsrelevanten Themen bearbeiten. Es entsteht meist eine sehr geschützte, wohlwollende und intime Atmosphäre, in der sich ein/e SupervisandIn ganz sicher fühlen kann. Hier ist auch der Platz für Themen, die vor anderen Menschen nicht gerne angesprochen werden würden.

„Ich bin so froh, dass ich endlich einmal darüber reden konnte! Im Kindergarten kann ich das ja niemandem sagen und meinen Mann kann ich auch nicht ständig damit belasten ..."

Sehr häufig ist zu beobachten, dass sich während des Darüber-Sprechens viele Fragen fast wie von selber beantworten. Durch das Formulieren des Problems beginnen sich die Gedanken zu ordnen und die Lösungen kommen in „Griffnähe".

2.2. Gruppensupervision

„Mein Gott, und ich hab immer gedacht, nur ich hab diese Probleme. Jetzt höre ich, dass ihr euch alle in ähnlicher Form mit so etwas herumplagt!"

Die Gruppe besteht aus Personen mit gleichen oder ähnlichen Berufen, die TeilnehmerInnen arbeiten aber nicht direkt zusammen.

Die Gruppe ermöglicht den Austausch mit Personen, die das Berufsfeld kennen. Zuhören, gegenseitige Stützung, Mitdenken und Mittragen und das Zur-Verfügung-Stellen von Ideen und Erfahrungen lassen diese Supervisionsform für viele zu einer Kraftquelle werden. Hier ist das Ziel die Erweiterung der Deutungs- und Handlungskompetenz der Einzelnen. Die Auswirkung auf die Entwicklung der Institutionen, in denen sie beschäftigt sind, bleibt natürlich beschränkt.

2.3. Teamsupervision

In einer Teamsupervision wird eine kooperierende Arbeitsgruppe supervidiert. Besonderheiten dieses Settings sind:

- Die SupervisandInnen haben eine gemeinsame Aufgabe, die sie zu erfüllen haben (im Kindergarten: die Betreuung der Kinder).
- Die TeilnehmerInnen sind in der Durchführung ihrer Arbeit mehr oder weniger voneinander abhängig.
- Sie haben eine gemeinsame Geschichte und Zukunft, auf die Rücksicht zu nehmen ist.
- In Teams gibt es Hierarchien, deren Be-Achtung Grundvoraussetzung positiver Teamsupervisionsarbeit ist.
- Teams haben partielle Möglichkeiten zu Veränderungen in der Institution. Sie sind nicht allmächtig, aber auch nicht ohnmächtig.

Teams sind Bestandteil eines größeren Systems, das neben SupervisandInnen und SupervisorIn immer auch Beteiligter und Betroffener der Supervision ist. Dieser Tatsache ist von Anfang an Rechnung zu tragen. Andernfalls sind für alle Beteiligten Konflikte zu erwarten und die Tage für Supervision in dieser Organisation vermutlich gezählt. Natürlich soll Teamsupervision aus diesem Grund immer nur mit Wissen und Einverständnis des Dienstgebers eingeführt werden, sogar falls die TeilnehmerInnen sie selber bezahlen und in der Freizeit abhalten würden.

3. Nutzen der Supervision

Eine gute Supervision nützt dem ganzen Betrieb. Die Art der Nützlichkeit kann so viele und so unterschiedliche Formen annehmen, dass diesbezügliche Erläuterungen immer nur als ein kleiner Ausschnitt der möglichen Beispiele angesehen werden können. In der ersten Arbeitsrunde einer Gruppensupervision erzählt Dagmar:

„Die Mutter von David macht mich noch ganz krank! Jeden Morgen, wenn sie den Raum betritt und ihre Blicke schweifen lässt, fühle ich mich kontrolliert und komme mir vor wie ein dummes Schulmädchen bei einer Prüfung. Dabei habe ich doch sonst mit Eltern keine Schwierigkeiten. Ich komm doch mit allen ganz gut zurecht."

Zu Beginn bekommt Dagmar erst einmal Zeit, um dem Ärger und der Verunsicherung durch Erzählen etwas Luft zu machen. Dabei erfahren wir Näheres über die Situation und können in Form von Fragen erste neue Deutungen und Sichtweisen einfließen lassen. In einem Rollenspiel schlüpft Dagmar dann in die Rolle von Davids Mutter. Ziemlich erstaunt erzählt sie uns anschließend, dass das hauptsächlich empfundene Gefühl „Angst" war, um im selben Atemzug ganz verblüfft festzustellen: „Wenn sie selber solche Angst hat, dann brauche ich mich vor ihr ja gar nicht so zu fürchten!"

Durch diese Erkenntnis gestärkt sucht Dagmar gemeinsam mit der Gruppe nach konkreten neuen Verhaltensmöglichkeiten, wie sie in den nächsten Tagen Davids Mutter gegenübertreten kann, und nimmt eine Reihe neuer Ideen mit nach Hause. Welche davon sie in Taten umsetzen möchte, bleibt dabei natürlich ganz ihr überlassen.

Wie von mir nicht selten erlebt, berichtet sie das nächste Mal: „Es war überhaupt nicht nötig, konkret irgendetwas anders zu machen. Schon meine veränderte Einstellung zu dieser Frau hat einen anderen Umgang miteinander bewirkt!“

Ich bin überzeugt, auch für Davids Mutter ist die Situation jetzt angenehmer, und das, obwohl sie in die Problemlösung gar nicht involviert war. David profitiert mit Sicherheit von der spannungsfreieren Begegnung der beiden Frauen!

Am Rande, und doch wichtig, sei erwähnt: Es hätte natürlich noch viele andere Schlüsse geben können, die jemand aus diesem Rollenspiel hätte ziehen können; und es wäre keiner richtiger oder falscher gewesen. Nur die/der Betroffene kann wirklich entscheiden, was für sie/ihn relevant ist und was nicht. Denn wer ein Problem hat, trägt auch die Lösung schon in sich, auch wenn sie nicht immer leicht zu finden ist.

3.1. Supervision nützt dem Personal

Unter anderem führt die regelmäßige Selbstkontrolle und Beratung zu fachlicher und persönlicher Kompetenzsteigerung und emotionaler Entlastung. Der Zugang zu den eigenen Ressourcen und Kraftreserven wird erleichtert. Durch den Austausch über Stärken und Schwächen, Freuden und Sorgen unter den KollegInnen wird die Atmosphäre am Arbeitsplatz positiv beeinflusst und das Zusammengehörigkeitsgefühl gestärkt. Prioritäten können geklärt werden, organisatorische Verbesserungen schaffen Arbeitserleichterung.

3.2. Supervision nützt den Kindern

All diese positiven Erfahrungen der ErzieherInnen wirken natürlich unmittelbar auf die Kinder zurück. Darüber hinaus lernen diese den Umgang mit Herausforderungen, Schwierigkeiten, Problemen und Konflikten nahezu ausschließlich an Modellen. Diesbezüglich wirkungsvolle, friedliche und kompetente Strategien vorzuleben sollte also ein vorrangiges Ziel von Erziehung sein. Wenn in der Supervision solche entwickelt werden, wird damit auch den Kindern ein großer Dienst erwiesen.

Probleme zwischen KindergartenpädagogIn und HelferIn oder zwischen Kindergartenpersonal und Eltern stürzen Kinder oft in schwere Solidaritätskonflikte, aus denen es für sie praktisch nur durch die Problemlösung der Erwachsenen ein Entrinnen gibt.

3.3. Supervision nützt den Eltern

Allem voran ist es für Eltern einfach angenehm, mit einer fachlich und persönlich kompetenten ErzieherIn zusammenzuarbeiten, und ganz sicher vertraut man ihr die eigenen Kinder ruhigeren Gewissens an. Erfahrungsgemäß gibt es in jeder Gruppe einige „schwierige“ Eltern. Gerade sie profitieren von einer KindergartenpädagogIn, die ihre beruflichen Beziehungen reflektiert:

- Sie kann aufgestauten Ärger abladen und den Eltern gelassener begegnen.
- Sie lernt Kommunikation bewusst zu steuern.
- Sie entdeckt neue Deutungsmuster und bezieht vielleicht Attacken weniger oft auf sich als Person.

3.4. Supervision nützt dem Erhalter

Wie Beobachtungen zeigen, bewirkt Supervision für übergeordnete Dienststellen eindeutig eine Reduzierung des Arbeitsaufwandes. Konflikte werden seltener in höhere Ebene getragen. Krankenstände nehmen ab. Es kommt zu weniger Wechsel beim Personal. Damit bleibt auch die erworbene Erfahrung, Routine und Weiterbildung dem Betrieb erhalten. Steigende Identifikation des Personals mit dem Betrieb bewirkt intensiveres Engagement, Motivationssteigerung sowie größere Sorgfalt im Umgang mit Arbeitsmitteln. So wird ersichtlich, dass Supervision über Umwege auch finanziell rentabel ist.

4. Befürchtete Gefahren von Supervision

Nicht selten lassen sich Menschen durch ihre Befürchtungen davon abhalten, den Nutzen von Supervision für sich in Anspruch zu nehmen. Dabei gehen ihnen häufig folgende Fragen durch den Kopf:

Muss ich dort mein Innerstes zuäußerst kehren?

Offenheit ist ein Geschenk und kann als solches natürlich nicht eingefordert werden. Jede/r muss selber ent-

scheiden und verantworten, was und wie viel sie/er von sich mitteilen möchte. Es herrscht keine Selbstoffenbarungspflicht! Themen, die von den SupervisandInnen nicht angesprochen werden, können aber selbstverständlich auch nicht behandelt werden. Daraus ergibt sich, dass jede/r TeilnehmerIn mitverantwortlich dafür ist, wie sich eine Supervision entwickelt.

Wie weit kann mich die/der SupervisorIn durchschauen?

SupervisorInnen sind natürlich sehr bemüht, sich in ihr Gegenüber einzufühlen, aber sie sind ganz sicher keine HellseherInnen! Es geht in der Supervision gar nicht um die Analyse von Persönlichkeiten, sondern um das Entwickeln von Denk- und Handlungsalternativen für bestimmte Situationen.

Wird dort über Menschen „hergezogen", die nicht anwesend sind und sich daher nicht verteidigen können?

Gearbeitet wird grundsätzlich nur mit der/den anwesenden Person/en. Dies bedeutet selbstverständlich nicht, dass über nicht Anwesende gar nicht gesprochen werden darf. Thematisiert wird aber nicht, was oder wie der andere sein müsste, sondern es geht darum, wodurch die/der Anwesende Einfluss auf die Situation nehmen kann, welchen Teil sie/er zu einer Veränderung beitragen kann und will. Schon in der Einführung zur Supervision sollte klargestellt werden: „Beleidigungen und Kränkungen tun nicht weniger weh, weil sie in einer Supervision ausgesprochen werden. Die Regeln des guten Tons gelten natürlich hier genauso!"

Supervisionsarbeit sollte unter dem Grundsatz stehen: „Es darf keinem, mit oder von dem gesprochen wird, die Achtung (auf Dauer) entzogen werden!" Natürlich ist hier auch Platz, um Ärger, Wut oder auch Enttäuschung einmal klar auszusprechen. Doch gehört es zur supervisorischen Arbeit, den TeilnehmerInnen zu helfen, im Laufe der Zeit ein möglichst hohes Maß an Wertschätzung auch für jene zurückzugewinnen, die uns wehgetan haben.

Werden Konflikte in der Supervision hochgespielt?

Sind die TeilnehmerInnen womöglich nachher mehr zerstritten als vor der Supervision? In den weitaus überwiegenden Fällen sind die Konflikte den TeilnehmerInnen durchaus bekannt. In der Supervision wird nach neuen Bewertungen, Umgangsformen und Lösungen gesucht.

Sollte tatsächlich einmal ein schwelender Konflikt erstmals in der Supervision sichtbar werden, kann so gut wie sicher davon ausgegangen werden, dass er unterschwellig bereits im Gange war und sich über kurz oder lang auch anders gezeigt hätte. Dann allerdings ohne die Chance der Deeskalierung durch die/den SupervisorIn.

Brauchen meine MitarbeiterInnen wirklich Supervision? So schlimm sind die Probleme doch gar nicht.

Häufig wird Supervision ausschließlich als ein Instrument der Krisenintervention missverstanden. Neben Psychohygiene, Burnout-Prävention, persönlicher und beruflicher Kompetenzsteigerung, Reflexion, Möglichkeit zur Persönlichkeitsbildung, Teamerfahrung und Teamentwicklung u.v.m ist Konfliktlösung nur ein Teilbereich. Supervision ist viel mehr als eine „Feuerwehr, wenn die Beziehungskiste in Brand geraten ist", und sollte optimalerweise in „friedlichen" Zeiten installiert werden, um Konflikten vorzubeugen und in problematischen Phasen bereits als funktionierendes Instrument der Krisenbewältigung zur Verfügung zu stehen.

Werden die DienstnehmerInnen in der Supervision gegen die/den DienstgeberIn aufgewiegelt?

Dies würde dem Sinn von Supervision absolut zuwiderlaufen. Hier wird mit den DienstnehmerInnen für den ganzen Betrieb gearbeitet. Unter anderen sind auch folgende Gesichtspunkte wesentliche Aspekte der Arbeit:

- erkennen, wo die Kompetenzen der DienstnehmerInnen liegen und wo sie enden,
- den Wert einer Hierarchie erkennen,
- Dinge auch aus der Sicht des anderen sehen,
- auch mit Situationen umgehen lernen, die nicht optimal sind,
- erkennen, wo realistische Möglichkeiten der Veränderung bestehen und wann Gegebenheiten zu akzeptieren sind.

5. Ablauf einer Supervision

Selbstverständlich ist es Sache jeder/jedes einzelnen SupervisorIn, den Ablauf nach eigenem Ermessen festzulegen. Dafür gibt es keine verbindlichen Regeln. Die Gestaltung hängt von vielen Faktoren ab, wie z.B. dem Methodenrepertoire der/des SupervisorIn, den Vorlieben der SupervisandInnen, dem zu behandelnden Thema, den Gegebenheiten des Raumes, dem Zeitrahmen und manchem mehr. Das im Folgenden dargestellte Beispiel ist nur eine von vielen Möglichkeiten:

Während einer kurzen Stille am Beginn ist Zeit für die Beschäftigung mit folgenden Fragen:

- Wie geht es mir? ... persönlich in der Arbeit ... in den verschiedenen Beziehungsgeflechten mit Kindern, KollegInnen, Eltern, Vorgesetzten ... mit meinen Aufgaben ...
- Was hat sich seit der letzten Supervision ereignet?
- Hat es eine Weiterentwicklung gegeben?
- Gibt es ein Thema, das ich heute bearbeiten möchte?

In der ersten Arbeitsrunde kommt jede/r zu Wort. Die anderen hören zu. Dies bedeutet aber keineswegs, dass die ZuhörerInnen dabei Pause haben. Vielmehr sind sie aufgefordert, die Botschaften der/des Sprechenden bewusst aufzunehmen, sich in sie/ihn einzufühlen und wirklich verstehen zu wollen, was sie/er mitzuteilen hat.

Kommen Themen zur Sprache, die rasch zu erledigen sind, werden sie gleich hier abgehandelt, andere werden notiert. Hauptziel dieser Runde ist die bewusste und ausgedrückte „Standortbestimmung" der Einzelnen und die gegenseitige Information der TeilnehmerInnen.

Anschließend wird das gemeinsame Hauptarbeitsthema ausgewählt. Zu diesem wird nun auf unterschiedlichste Weise gearbeitet. Am Anfang und Ende steht immer das Gespräch. Dazwischen kann eine Reihe von Methoden zum Einsatz kommen, wie Rollenspiel, Zeichnen von Soziogrammen, Aufstellungen, Visualisierungen auf dem Flipchart, Fantasiereisen und mehr. Immer wieder bleibt es aber auch nur beim Gespräch. Die Methodenauswahl hängt von den Vorlieben der beteiligten Personen ab. Durch Stellungnahme zu Fragen – „Wie geht es euch mit dem, was wir heute gemacht haben und wie wir es gemacht haben? Wie geht ihr nach Hause?" – erhält jede/r noch einmal die Gelegenheit, das Geschehene auf sich selber zu beziehen und eventuell Offengebliebenes anzusprechen.

Meist findet Supervision einmal monatlich statt. Selbstverständlich sind kürzere Abstände möglich. Längere Intervalle haben sich nicht bewährt, da die Termine sonst zu Einzelaktionen zerfallen und kein fortlaufender Prozess entsteht. Die Dauer einer Supervision richtet sich nach der Teilnehmeranzahl.

Natürlich ist es möglich, dass sich in einzelnen Fällen sehr rasch positive Entwicklungen ergeben. Normalerweise unterliegen Veränderungen aber einem Entwicklungsprozess und brauchen daher Zeit. Um ihren vollen Nutzen entfalten zu können, sollte Supervision daher mindestens für ein Arbeitsjahr anberaumt werden. Sollte dies aus irgendwelchen Gründen nicht möglich sein, zeigt sich auch bei Blocks von sechs bis acht Supervisionen eine durchaus hilfreiche Wirkung. Niemand geht eine Verpflichtung ein, ein Ausstieg ist jederzeit für jede/n möglich.

Besonders angestrebt wird ein Verringern bzw. Vermeiden von Schwierigkeiten, die daher in ihrer vollen Kraft gar nie auftreten. So entstehen Wirkungen, die nach außen nie wirklich erkennbar werden.

Supervision hat also durchaus Hilfen zu bieten, die ein adäquates Reagieren auf die Herausforderungen unserer gegenwärtigen Berufswelt erleichtern. Gerade in diesen Zeiten, die in einem Spannungsfeld zwischen immer knapper werdenden Geldmitteln und ständig steigenden Ansprüchen an Leistung und Qualität stehen, kann Supervision einen Beitrag leisten, um diesen Spagat doch noch gelingen zu lassen und dabei auch Arbeitszufriedenheit zu erleben.

Der Beitrag wurde erstmals in „Unsere Kinder" 6/2004 publiziert.

Mechthild Dörfler

Konflikte unter Kindern

Ein Kinderspiel für Erwachsene?

Konflikte sind etwas ganz Alltägliches. Sie begleiten uns ständig im Leben, dennoch haftet ihnen Unangenehmes an. So geht es den meisten Menschen. Ob Kinder dies ebenfalls so sehen? Es ist schwer, Kinder darüber zu befragen. Beobachtbar ist jedoch, dass Konflikte auch in ihrem Alltag eine große Rolle spielen. Vor allem, wenn sie ihren Tag in der Gemeinschaft mit anderen Kindern verbringen. Denn hier müssen sie den gemeinsamen Besitz und die Bezugspersonen mit vielen anderen Kindern teilen.

Kinder streiten sich um Spielsachen, ringen darum, wer mitspielen darf, und wer Erste/r, Schnellste/r oder Stärkste/r ist. Oder sie handeln untereinander aus, wer die Mutter, wer das Baby und wer den Hund spielen darf. Bereits früh müssen auch Kinder lernen, die Spannungen zwischen der Anpassung und dem Durchsetzen der eigenen Interessen auszubalancieren, wollen sie sich in einer Gruppe behaupten. Zum Beziehungs- und Gruppenleben gehören Harmonie wie Disharmonie notwendig dazu. Keine Gruppe kann völlig harmonisch sein, sonst gäbe es keine Entwicklung.

Das „konfliktfreie“ Bild von Harmonie

Denkt man an die täglich wiederkehrenden Streitfragen unter Kindern, wer beste/r Freund/in ist oder mitspielen darf, dann ist das der Stoff, aus dem auch Gemeinschaft entsteht. Harmonie erwächst aus dem Boden überstandener Konflikte und anerkannter Differenzen, nicht aus deren Abwesenheit. Dies so zu sehen ist gewöhnungsbedürftig, vor allem für jene mit einem eher „konfliktfreien“ Bild von Harmonie. Für Erwachsene sind Konflikte in der Regel eine lästige Störung.

Konflikte schaffen Unruhe, sie erzeugen Spannungen untereinander und oft auch Disharmonie. Fragt man danach, was Konflikte ihnen persönlich bedeuten, antworten die meisten PädagogInnen etwa so: „Ich mag Konflikte eigentlich nicht sonderlich gern. Ich halte sie zwar für wichtig und man muss sie auch austragen, aber am liebsten wäre mir, wenn ich keine hätte.“

Was liegt da näher, als Konflikte möglichst zu vermeiden oder zumindest so rasch wie möglich zu „regeln“. Dieser Umgang mit Konflikten lässt sich leider auch im Kindergarten beobachten. Untersuchungen belegen, dass ErzieherInnen entweder zu selten in Konflikte eingreifen oder sie zu abrupt beenden und sich eher lenkend-direk-

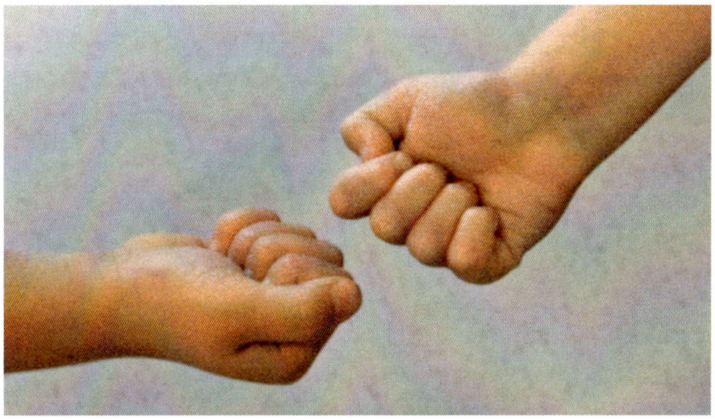

tiv verhalten. Zwar wird im Kindergarten das soziale Lernen groß geschrieben, doch Konflikte kommen dabei kaum vor. Und wenn, dann als hoch gesteckte Ziele an die Kinder, die lernen sollen, ihre Konflikte nach Möglichkeit selbst zu lösen, indem sie ruhig miteinander darüber reden und nach Kompromissen suchen.

Trotz des theoretischen Wissens um die entwicklungspsychologische Bedeutung von Konflikten erleben es viele ErzieherInnen als Versagen oder persönliches Scheitern, wenn Kinder miteinander streiten. Die eigene Überforderung ist damit vorprogrammiert.

Das Erste, wovon es sich zu verabschieden gilt, ist die Vorstellung, menschliches Miteinander müsse unentwegt harmonisch verlaufen. Wenn Kinder streiten, heißt das noch lange nicht, dass sie unfähig sind, ihre Konflikte zu lösen. Gerade sozial aktive Kinder sind häufiger als andere in Streitereien verwickelt. Bedenklicher ist eher, wenn Kinder nie einen Streit mit anderen riskieren. Es kommt nicht darauf an, ob oder wie oft, sondern wie Kinder miteinander streiten.

Konflikte be(ob)achten

In der Praxis ist schwierig herauszufinden, wie Kinder miteinander streiten. Denn im Alltag hat man nur selten die nötige Ruhe und Distanz, um Kinder zu beobachten. Hinzu kommt, dass Konflikte blitzschnell passieren, wobei wir Erwachsene meist erst dann reagieren, wenn Konflikte uns stören. Wir werden aufmerksam, wenn es laut zugeht, ein Kind weint oder um Hilfe ruft. Die Beobachtung erst beim Streit zu beginnen ist jedoch zu spät. Nur schwer lässt sich zurückverfolgen, was den Konflikt auslöste, welche Interessen der Kinder in Widerstreit gerieten und mit welchen Mitteln die Kinder versuchten, ihre Interessen durchzusetzen.

Im Rahmen einer Beobachtungsstudie zum „Konfliktverhalten von Kindern in Kindertagesstätten" hatten wir (Gisela Dittrich, Mechthild Dörfler, Kornelia Schneider) die Gelegenheit, diesen Fragen nachzugehen. Uns ging es darum, die Vorgeschichte von Konflikten mitzuverfolgen. Außerdem war uns wichtig, Konflikte aus der Perspektive der Kinder zu verstehen. Konflikte betreffen nie allein die Sachebene, sie sind immer eingebettet in eine Beziehung. Gegensätzliche Interessen und Gefühle aller Beteiligten treffen aufeinander. Wann sich aber jemand zurückgesetzt fühlt, wütend oder traurig wird, ist individuell verschieden und hat mit der eigenen Lerngeschichte zu tun. Zudem spielen die Wechselwirkungen zwischen den Kindern und der Kontext, in dem der Konflikt stattfindet, ebenfalls mit hinein. Es gibt keine „objektiven Konflikte".

Konflikte unter Kindern zu beobachten ist – wie gesagt – schwierig. Denn anders, als man vielleicht meint, kooperieren Kinder viel häufiger miteinander, als dass sie streiten. Das war eine unserer ersten Erfahrungen nach nur wenigen Beobachtungstagen. Durch unser Vorgehen, Spielsituationen der Kinder zu protokollieren und Spielszenen auf Video festzuhalten, gelang es uns schließlich, auch solche Auseinandersetzungen zu erfassen, die nicht in einem offenen Streit endeten – Konflikte also, die zumeist unsichtbar bleiben, weil die Kinder ihre gegensätzlichen Interessen auf gelungene Weise miteinander aushandeln. Solche auf den ersten Blick hin „unsichtbaren" Konflikte belegen, dass Kinder über ein erstaunliches Maß an Konfliktfähigkeit verfügen. Wir können diese Kompetenzen aber nur wahrnehmen, wenn wir Kindern mit Neugier und Respekt bei ihren Aktivitäten zusehen. Es gilt, die „erzieherische Brille" abzulegen und Kinder einmal „nur" zu beobachten.

Meister im Verhandeln

Kinder stimmen in der Regel ihr Handeln fein aufeinander ab. Sie verfügen dabei über ein erstaunlich breites Repertoire, sich in Konflikten miteinander zu verständigen. Sie argumentieren, schlagen Kompromisse vor, drohen, trotzen, zeigen sich hilflos, bieten Geheimnisse an, geben nach oder überreden die anderen. Um zu wissen, wann und bei wem was erfolgreich ankommt, benötigen sie die Fähigkeit zu kommunizieren und sich in andere hineinzuversetzen. Diese Fähigkeiten bringen Kinder ihrem Alter entsprechend in Konflikte ein und entwickeln sie in der Auseinandersetzung mit anderen weiter.

Auf welche überraschenden Lösungen Kinder dabei kommen können, zeigen Sara und Isabell, zwei dreijährige Mädchen, die vor einem großen Schaumstoffwürfel stehen und aushandeln, was sie gemeinsam spielen wollen.

Isabell hält ihr Kuscheltier „Rehlein" auf dem Arm. Zu ihrer Freundin meint sie: „Ich bin der Stefan." Stefan ist ihr großer Bruder. Sara findet zwar die Idee mit dem großen Bruder gut, nicht aber, dass ihre Freundin diese Rolle übernehmen will. Durch ihren bestimmenden Tonfall gibt sie ihrer Freundin zu verstehen: „Nein, ich bin der Stefan." Das wiederum ist Isabell nicht recht und sie reagiert mit einem kurzen, aber lauten: „Nein." Dies geht einige Male hin und her, bis Sara vorschlägt: „Okay! Dann sind wir zu dritt der Stefan." Isabell ist einverstanden. Für die Mädchen ist damit der Konflikt beendet. Alle – auch das Reh – spielen „großer Bruder", steigen auf die Schaumstoffwürfel und lassen sich herabpurzeln. Das Reh purzelt auch.

Mit welcher Leichtigkeit junge Kinder in der Lage sind, einen Konflikt zu entschärfen, das führen uns Sara und Isabell vor Augen. Durch die Beteiligung eines imaginären Dritten, des „Rehleins", entspannt sich die Situation. Indem das Reh zum Mitspieler wird und alle die gleiche Rolle haben, bekommt das Spiel einen neuen Impuls – nun spielen sie zu dritt.

Erwachsene hätten vielleicht vorgeschlagen, sich in der Rolle abzuwechseln, ganz im Sinne von: „Jede darf mal der große Bruder sein." Doch wer darf zuerst? Das hätte Isabell sicher auch Sara gefragt. Und die Antwort hierauf? Auch sie ist wieder offen. Daran sehen wir, dass Konfliktsituationen viele Fragen aufwerfen, die es miteinander auszuhandeln gilt. Passende Lösungen fallen dann schon eher den Kindern als uns Erwachsenen ein, wie das Beispiel zeigt.

Was wir alles übersehen

Beim Aushandeln von Konflikten spielt die Körpersprache eine herausragende Rolle. Da sagt ein Blickkontakt oft mehr als tausend Worte oder schafft ein flinkes Sich-dazwischen-Klemmen anerkannte Fakten. Diese feinen Signale sind jedoch für Unbeteiligte oft kaum zu sehen. Zu kurz ist die Zeit, sie überhaupt zu registrieren. Hinzu kommt, dass wir Erwachsene auf die verbale Sprache fi-

xiert sind und auch deshalb leicht die vielen Ausdrucks- und Verständigungsmöglichkeiten der Kinder übersehen, die für den Konfliktverlauf entscheidend sind.

Paul heult. Er sitzt in der Bauecke vor einem hohen Turm aus Bausteinen, den er zusammen mit seinem Freund Marius gebaut hat. Zwischen beiden kam es zu einem Streit, denn plötzlich schlagen sie sich. Es geht um einen Baustein. Am Ende hat Marius gewonnen, denn er hat den Baustein ergattert und zieht damit ab.

Bei dieser auf Video aufgenommenen Szene war im ersten Moment nur zu sehen, dass es um Bauklötze ging. Tatsächlich aber spielten die Bauklötze eine Nebenrolle. Durch das mehrmalige Anschauen der Konfliktszene entdeckten wir, dass Marius eine Wunde am Knie hatte, die er Paul zeigte. Dieser hatte für die Verletzung seines Freundes nur ein verächtliches Lachen übrig. Marius fühlte sich gekränkt. Vor diesem Hintergrund erscheinen auch Pauls Tränen in einem anderen Licht.

Paul und Marius beendeten den Konflikt mit einem Schlagabtausch. Der Fünfjährige stellte klar: „Ich bin älter!" Der Vierjährige hielt dagegen: „Ich bin aber schneller!" Damit hatten beide etwas, womit sie sich zufrieden geben konnten. Die beiden lösten den Konflikt auf ihre Weise. Offenbar war das Aushandeln von Positionen für die beiden ein zentrales Thema: Wer bin ich im Vergleich zum anderen? Was kann ich und wo gehöre ich dazu? Das herauszufinden ist Sache der Kinder. Erwachsene können das nicht stellvertretend für sie klären, auch wenn man es sich manchmal wünschen mag, sind doch die Erfahrungen, die Kinder hierbei machen, mitunter auch schmerzhaft.

Oft geht es um etwas anderes

Streitobjekte wie ein Bobby Car oder der Platz auf dem Sofa entpuppen sich oftmals als Platzhalter für den Beziehungskonflikt, der dahintersteckt. Denn in den meisten Konflikten ist immer auch ein Beziehungsthema enthalten. „Dann bist du nie mehr meine Freundin" ist ein Satz, der zeigt, dass bereits kleine Kinder in der Lage sind zu erkennen, dass Konflikte ein Risiko für das Weiterbestehen der Beziehung beinhalten können. In manchen Situationen bricht die Beziehung ab, in anderen finden die Kinder einvernehmliche Lösungen.

Auffallend ist, dass gute FreundInnen in der Regel sehr viel länger brauchen, um ihre Streitfälle auszuhandeln, als Kinder, die sich nur wenig kennen oder die kein Interesse füreinander haben. Hier verlaufen Konflikte eher nach dem Muster „Wie du mir, so ich dir". Um die Beziehung nicht zu gefährden, ringen FreundInnen lange miteinander, probieren unterschiedliche Wege aus und finden so nicht selten kreative Lösungen. FreundInnen empfinden zudem Nähe und Empathie füreinander, sie respektieren die Spielideen und das Werk der/des anderen. Sie nehmen einander ernst, gehen aufeinander ein und fühlen sich wechselseitig verpflichtet. Das spiegelt sich auch in ihren Konflikten wider. Kinder haben viele Fähigkeiten, Konflikte auszutragen und für sich zu lösen. Vorausgesetzt, in ihrer Nähe sind Erwachsene, die nicht immer meinen, es besser zu wissen als die Kinder.

Wenn Kinder alleine nicht mehr weiterkommen

Brauchen die Kinder einerseits Gelegenheiten, sich ohne den kontrollierenden Blick der Erwachsenen mit „ihresgleichen" auseinanderzusetzen, so brauchen sie auf der anderen Seite aber auch die Gewissheit, dass sie jederzeit bei den KindergartenpädagogInnen Unterstützung finden können. Außerdem gibt es Situationen, in denen ein Kind keinerlei Handlungsspielraum mehr hat, wo die Gefahr besteht, sich körperlich oder seelisch zu verletzen und die persönliche Grenze des anderen nicht zu respektieren. Dann soll eingeschritten und in der Konfliktsituation die Wende herbeigeführt werden. Aber wie? In der Regel bekommen PädagogInnen die Details eines Konfliktverlaufs nicht mit. Sie werden aufmerksam, wenn die Situation bereits eskaliert ist und großes Durcheinander herrscht. Das Wichtigste ist nun, die Situation der Kinder ernst zu nehmen.

Gefragt ist „aktive Zurückhaltung", die nicht ausschließt, Streithähne manchmal zu trennen. Doch darf man diese Intervention nicht mit der Lösung des Konflikts verwechseln. Wer Kinder in ihren Konflikten verstehen will, muss sich auf ihre Sichtweisen einlassen. Und auch auf die eigene private Konfliktgeschichte, mit der man

groß geworden ist und die nie auf die Kinder übertragen werden soll.

Ebenso nötig ist eine fragende Grundhaltung, d.h. eine vom echten Interesse getragene Einstellung. In den Fragen sollten keine versteckten Wertungen, Vorwürfe oder Anklagen enthalten sein, vielmehr sollten sie alle Interessen unvoreingenommen erkunden. „Wer hat angefangen?“ oder „Warum hast du das gemacht?“ trägt selten dazu bei, eine Situation aufzuklären.

Gefühle ernst nehmen

Da Gefühle bei Konflikten ebenfalls eine entscheidende Rolle spielen, ist es wichtig, darauf einzugehen, was die Kinder innerlich bewegt. Wirken sie wütend, eher unentschlossen oder traurig? Manchmal können die Kinder es selbst gar nicht so genau beschreiben. Dann kann es hilfreich sein, dem Kind seine Gefühle wie einen Spiegel vorzuhalten. Beispiel: Ein Kind kommt heulend von draußen rein und sagt empört: „Die haben mich mit Sand beworfen!“ Die Erzieherin fragt nicht: „Und was hast du gemacht?“, sondern sagt: „Da bist du jetzt stinksauer und willst dich bei mir beschweren.“ Sätze wie „Das ist doch nicht so schlimm“ oder „Stell dich doch nicht so an“ sind deswegen problematisch, weil sie dem Kind sagen: „Sei anders, als du bist, tu etwas, was du nicht kannst.“ Sie überfordern das Kind, weil sie dessen Gefühle übergehen.

Erwachsene können Kinder nicht lehren, wie Konflikte zu lösen sind, aber sie sind aufgefordert, Vorbild zu sein für einen achtsamen und achtungsvollen Umgang miteinander und für die gemeinsame Suche nach Lösungen. Wie Kinder mit Konflikten umgehen, hängt von ihren familiären Vorerfahrungen ab, von der sozialen Atmosphäre und den Lernchancen in der Kindergruppe, zu der die PädagogInnen ihren Teil beitragen. Erziehung zur Konfliktfähigkeit beginnt demnach nicht erst in der akuten Konfliktsituation, sondern viel früher.

Konfliktkultur zeigt sich auch darin, wie es den Erwachsenen gelingt, mit der Vielfalt der Meinungen umzugehen, und ob sie Widersprüche tolerieren. „GesprächsvermittlerIn“ zu sein, das ist die vordringlichste Aufgabe von PädagogInnen. Insofern ist der Kommunikationsstil entscheidend, nicht die Frage, wer Recht hat oder die/der Schuldige ist. Das gilt auch für die Auseinandersetzung im eigenen Team. Man muss Konfliktsituationen ernst nehmen, genau hinschauen und das Tempo im Umgang mit Konflikten drosseln. Nur so kann man Konflikte mit Kindern und nicht für Kinder klären. Kinder in diesem Prozess zu begleiten, ohne an ihrer Stelle zu handeln, das ist die Kunst, um die wir Erwachsene uns bemühen sollten.

Der Beitrag wurde erstmals in „Unsere Kinder“ 6/2004 publiziert.

Zum Vertiefen, Wiederholen und Weiterdenken ...

1 VorschulpädagogInnen sehen sich auch heute noch oft damit konfrontiert, dass ihre Tätigkeit weniger Ansehen genießt als z.B. der Beruf von LehrerInnen.

Kennen Sie entsprechende Aussagen aus Ihrer persönlichen Erfahrung? Welche Gründe könnten Ihrer Meinung nach für eine solche Einschätzung ausschlaggebend sein?

2 Erklären Sie in eigenen Worten, welche Bedeutung die Begriffe „Sex" und „Gender" in der Geschlechterforschung haben. Informieren Sie sich, was „Gender Mainstreaming" zum Ziel hat, wo es zum Tragen kommt, und fassen Sie das Ergebnis kurz zusammen. Formulieren Sie Ihre Erklärungen so, dass SchülerInnen einer 4. Klasse Hauptschule oder Gymnasium sie problemlos verstehen können.

3 1848, 1872, 1914, 1982 – vier Jahreszahlen, mit denen wichtige Ereignisse im österreichischen Schulwesen in Bezug auf Mädchen bzw. die Ausbildung für die Arbeit im Kindergarten verbunden sind. Skizzieren Sie anhand dieser Vorgänge die Entwicklung der Ausbildung im Bereich der Kindergartenpädagogik in Österreich.

4 „Tante", „KindergärtnerIn", „KindergartenpädagogIn" – welche Assoziationen wecken diese Bezeichnungen bei Ihnen? Welche Anrede sollten Kinder Ihrer Meinung nach im Kindergarten für die ErzieherInnen verwenden? – Befragen Sie dazu auch zehn KindergartenpädagogInnen unterschiedlichen Alters und halten Sie die Befragungsergebnisse in einer tabellarischen Übersicht fest.

5 Finden Sie gemeinsam mit Ihren KollegInnen heraus, wie die Ausbildung zur Kindergarten-/VorschulpädagogIn in Frankreich, Spanien, Polen, Schweden, der Türkei und in Kanada organisiert ist. Vergleichen Sie die Modelle und beziehen Sie dabei auch Österreich ein!

6 Entwickelt sich der Beruf „KindergartenpädagogIn" weg vom reinen Frauenberuf? Erheben Sie, wie viele weibliche und wie viele männliche Personen Ihre Schule derzeit besuchen! Recherchieren Sie nach Möglichkeit auch, wie sich die Geschlechterverteilung in den letzten zehn Jahren verändert hat. Präsentieren Sie diese Daten in einer anschaulichen Form (z.B. Diagramm) und interpretieren Sie die Ergebnisse.

Sollten Sie weitere Daten (längerer Zeitraum, andere Schulen, Bundesland, Gesamtösterreich ...) ermitteln können, lässt das natürlich noch besser Tendenzen erkennen.

7 Ausgestattet mit Lerngrundhaltungen sind Kleinkinder gut gerüstet, die Welt zu erkunden. Diese Lerngrundhaltungen sollen von der KindergartenpädagogIn erkannt, analysiert, gepflegt und ausgebaut werden.

Diskutieren Sie mit KollegInnen eigene Erfahrungen mit Lerngrundhaltungen (als Kind und heute). Beobachten Sie Lerngrundhaltungen von einzelnen Kindern/Kindergruppen im Kindergartengeschehen. Überlegen Sie gemeinsam, wie Sie die beobachteten Lerngrundhaltungen pflegen und ausbauen könnten.

8 Bildungsinhalte sollen von KindergartenpädagogInnen immer wieder neu überdacht, erprobt, reflektiert, überprüft, ausgewählt, erkannt und diskutiert werden. Und sie müssen für die Öffentlichkeit transparent gemacht werden.

Setzen Sie sich mit „alten" Bildungsinhalten (wie Märchen, Fingerspielen, traditionellen Festen ...) neu auseinander. Erproben Sie einen „neuen" Bildungsinhalt (wie Computer, Fremdsprachen, Kinderkonferenzen, elementare Naturwissenschaft und Technik usw.).

9 Jedes Kind hat bei Kindergarteneintritt seine eigene Bildungsbiografie. Diese soll von der KindergartenpädagogIn in groben Zügen in Erfahrung gebracht werden. Daran setzt die individuelle Bildung mit den Möglichkeiten der Kindergartenpädagogik an.

Diskutieren Sie Möglichkeiten, die Bildungsgeschichte eines Kindes vor Kindergarteneintritt zu erkunden und sie während der Kindergartenzeit zu dokumentieren.

10 Die KindergartenpädagogIn soll ExpertIn darin sein, soziales Lernen mit sachlichem Lernen zu verbinden. Sie unterstützt die Kindergruppe dabei, sich zu einer Lerngemeinschaft zu entwickeln.

Beobachten Sie eine Kleingruppe. Welches Thema beschäftigt sie? Diskutieren Sie im Team Möglichkeiten, die Kleingruppe als Lerngemeinschaft zu unterstützen.

11 Am Beginn des Beitrages von Peter Wanke wird der Kindergartenalltag aus Sicht eines Kindes dargestellt. Versuchen Sie einzelne, Ihrer Ansicht nach charakteristische Situationen aus Sicht eines Kindes als Comic oder als Puppenspiel (Handpuppen, Stabpuppen ...) darzustellen!

12 Welche Aufgaben sind von einer/einem KindergartenleiterIn zu erfüllen? Informieren Sie sich über die geltenden Vorschriften! Interviewen Sie nach Möglichkeit drei KindergartenleiterInnen (am besten in unterschiedlich großen Kindergärten) und befragen Sie sie nach ihren persönlichen Zielsetzungen als LeiterIn, nach Problembereichen ... Bereiten Sie sich auf diese Gespräche gut vor!

13 Welche Ansprüche stellen Sie an eine gelungene Teamarbeit im Kindergarten? Was müsste unbedingt vorhanden sein, welche Voraussetzungen wären wünschenswert? – Formulieren Sie zehn für Sie wichtige Grundsätze in Bezug auf Teamarbeit, die in dem Kindergarten, in dem Sie arbeiten (möchten), gelebt werden sollten.

14 Versuchen Sie in einem Kindergarten, den Sie kennen, anhand von Alltagssituationen die zugrunde liegenden Werthaltungen herauszufiltern. Differenzieren Sie dabei zwischen allgemeinen, vorgegebenen Werten und subjektiven Werthaltungen einzelner KindergartenpädagogInnen.

15 Was sind die grundsätzlichen Unterschiede von Einzel-, Gruppen- und Teamsupervision? In welchen Situationen werden die unterschiedlichen Settings eingesetzt? Überlegen Sie je ein konkretes Beispiel aus dem Kindergartenalltag, für das Sie eine Einzel-, Gruppen- bzw. Teamsupervision für sinnvoll halten.

16 „Ich gehe auf keinen Fall zur Supervision! Da soll ich meine innersten Gedanken preisgeben und dann wird ohnehin alles, was ich tue, als nicht richtig hingestellt!" – Diese Ansicht hat eine Kollegin, mit der Sie befreundet sind, in einem Mail geäußert. Was werden Sie ihr antworten?

17 In jeder Kindergruppe kommen Konflikte vor, die ganz unterschiedlich verlaufen können. Beobachten Sie in einer Gruppe das Konfliktverhalten. Lesen Sie im Vorfeld den Beitrag von Christine Mehl „Beobachten unter der Lupe" (in: EntwicklungsRaum Kindergarten, Methoden des Kindergartens 2) und entscheiden Sie auf dieser Grundlage, wie Sie Ihre Beobachtung durchführen werden.

18 Nur für Sie ganz persönlich:
Wie ist es um Ihre eigene Konfliktkultur bestellt? Sind Sie sehr harmoniebedürftig und konfliktscheu? Immer oder nur in ganz bestimmten Situationen? Können Sie konstruktiv streiten? Mit wem ist Ihnen das möglich, mit wem nicht? Welche körperlichen Signale spüren Sie, wenn Sie in eine Konfliktsituation geraten? Wie verändern sich diese Signale, wenn Sie Ihren Ärger ... unterdrücken (wollen/müssen) oder wenn Sie den Konflikt offen austragen können?

19 (Nicht nur) KindergartenpädagogInnen sind oft Zeitdruck ausgesetzt: Aktionen sollen geplant, Vorbereitungen erstellt werden; Dienstbesprechungen, Elternabende ... beanspruchen Zeit; in der Gruppe erfordert es das Geschehen häufig, flexibel mit der vorhandenen Zeit umzugehen usw.

Informieren Sie sich über Möglichkeiten des effektiven Zeitmanagements! Beachten Sie dabei, dass nicht alle publizierten Methoden auch tatsächlich praxistauglich sind (manche klingen nur recht gut)! Wählen Sie daher genau und auf Ihre berufliche und private Situation abgestimmt.

Qualität – Elternarbeit – Öffentlichkeitsarbeit

Qualität ist in allen Bereichen des beruflichen Lebens von großer Bedeutung – sei es bei Produkten, Dienstleistungen oder im sozialen Bereich. Gerade in letzter Zeit wurde in der Öffentlichkeit die Bedeutung vorschulischer Erziehung aufgewertet, weil erkannt wurde, dass in dieser Zeit Kinder Schlüsselqualifikationen erwerben, die ihr weiteres Leben maßgeblich mitbestimmen.

Von den KindergartenpädagogInnen werden daher professionelle Leistungen erwartet und die PädagogInnen stellen mit ihrer Professionalität unter Beweis, dass sie mehr sind als KinderbetreuerInnen. Zur Definition dieser Professionalität und zur Umsetzung im Berufsalltag ist eine wissenschaftliche Fundierung notwendig, die im Beitrag von Gabriele Bäck, Michaela Hajszan und Waltraut Hartmann thematisiert wird.

Ein weiterer wichtiger Punkt ist die Reflexion, welche Qualitätskriterien maßgeblich sind. Um dies zu objektivieren, überprüfbar zu machen, sind eindeutige Maßstäbe und Methoden notwendig, die von Waltraut Hartmann und Martina Stoll dargelegt werden.

Belegbare Qualität gibt Sicherheit, auch im Umgang mit Eltern und der Öffentlichkeit. Das Handeln der KindergartenpädagogInnen erweist sich so nicht als bloß instinktives Reagieren auf Gegebenheiten, sondern als überlegtes, flexibles Eingehen auf die Bedürfnisse der „KundInnen“, also der Kinder, aber natürlich auch der Eltern.

Die Beziehungen zwischen den KindergartenpädagogInnen und den Eltern der Kinder sind manchmal schwierig. Es können sich z.B. „Konkurrenzsituationen“ ergeben, da die KindergartenpädagogInnen einen auch zeitlich großen Raum im Leben der Kinder einnehmen. Der Wunsch, nur das Beste für das Kind erreichen zu wollen, kann von beiden Seiten sehr unterschiedlich gesehen und gelebt werden. Zum Wohl des Kindes ist es unbedingt notwendig, gegenseitiges Vertrauen und Wertschätzung aufzubauen. Wie das gelingen kann bzw. was dazu nötig ist, zeigen vier Beiträge dieses Kapitels. Die Anzahl der Texte (von Susanne Baumschlager-Wieser, Eva Maria Leupold, Elfriede Lechner und Roswitha Frühwirth) soll einerseits auf die Bedeutung dieses Themenkomplexes hinweisen, andererseits auf die unterschiedlichen Wege aufmerksam machen, da es kein allgemein gültiges Muster gibt, sondern viele verschiedene Facetten.

Eltern sind ein wichtiger Teil der „Öffentlichkeit“, die es gilt, über den Kindergarten fachkundig zu informieren, mit der die KindergartenpädagogInnen in einen kompetenten Austausch treten sollen. Möglichkeiten und Grundlagen der Öffentlichkeitsarbeit von Kindergärten stellt Franz Abbrederis vor. Schließlich zählt es auch zur Professionalität, selbstbewusst die Stärken zu zeigen!

Gabriele Bäck, Michaela Hajszan, Waltraut Hartmann

Bildungsqualität im Kindergarten

Ein transaktionales Bildungskonzept

Seit Jahren wurde immer wieder der dringende Wunsch nach einem Bildungskonzept geäußert, das eine neue Orientierungshilfe für Ausbildung und Praxis von KindergartenpädagogInnen bietet. Eine intensive dreijährige Kooperation von WissenschafterInnen des Charlotte-Bühler-Instituts und PraktikerInnen mündete schließlich in die Erarbeitung eines neuen handlungsorientierten Bildungskonzepts für den Kindergarten. Dieses Konzept wurde in dem Buch „Bildungsqualität im Kindergarten. Transaktionale Prozesse, Methoden, Modelle" erstmals im Jahr 2000 veröffentlicht und auch als Schulbuch für den Unterrichtsgegenstand „Didaktik" approbiert.

Da es durch die zunehmende Pluralität der Werte in unserer Gesellschaft heute kaum mehr sinnvoll ist, einen verbindlichen Wertekanon zu formulieren, wurde der Schwerpunkt des neuen Bildungskonzepts nicht mehr wie früher auf bestimmte Werte und Bildungsziele gelegt, sondern vielmehr auf die Prozesse, die zwischen dem Kind und seiner kulturellen Umwelt ablaufen.

Eine weitere Erneuerung ist die Formulierung einer klaren pädagogischen Orientierung, die das Fundament für alle Bildungsprozesse im Kindergarten darstellen soll: Auch in unserer postmodernen, pluralistischen Welt hat jede KindergartenpädagogIn ein bestimmtes Bild vom Kind, ein sehr persönliches Rollenverständnis und auch eine eigene Auffassung von Bildung und Erziehung. Da jede dieser individuellen Auffassungen viele unbewusste Anteile in sich birgt, wird darauf im neuen Bildungskonzept deutlich eingegangen, sodass man darüber im Team, mit den Eltern oder auch öffentlich diskutieren kann.

Weiters wurde darauf Wert gelegt, das gesamte Konzept so offen zu konzipieren, dass jeder KindergartenpädagogIn genügend Spielraum für individuelle pädagogische Ideen bleibt. Allerdings sollte der Schwerpunkt der Bildungsarbeit auf die individuellen Bedürfnisse, Interessen und Handlungen der Kinder gerichtet sein.

Die Anbindung an die Wissenschaft

Für die Auseinandersetzung mit Kindheit sind nicht nur entwicklungspsychologische, sondern auch historische und gesellschaftlich-kulturelle Perspektiven relevant. Das Bildungskonzept baut deshalb auf den Erkenntnissen großer PädagogInnen von der Aufklärung bis zur Gegenwart auf, die für das Bild vom Kind im 21. Jahrhundert immer noch richtungsweisend sind. Bereits Rousseau und Pestalozzi, Key, Montessori und Korczak stellten das Kind in den Mittelpunkt ihrer pädagogischen Überlegungen, betrachteten es als gleichwertig und betonten sein Recht auf Selbstbestimmung. In den Konzepten aus den 1980er und 1990er Jahren wurden die Bedürfnisse, Wünsche und Interessen des Kindes noch stärker als davor berücksichtigt. Im Vordergrund stand die „kindzentrierte" Förderung der Gesamtpersönlichkeit. Nach neuen wissenschaftlichen Erkenntnissen der Psychologie und Pädagogik herrscht Übereinstimmung darüber, dass die Eigenaktivität, die Kompetenz und die Individualität des Kindes die Grundlage für seine Auseinandersetzung mit der Umwelt darstellen. Eine zentrale Aufgabe der pädagogischen Arbeit im Kindergarten ist es deshalb, Kindern Handlungs- und Mitgestaltungsmöglichkeiten zu eröffnen.

Der Kindergarten – ein Ort der Bildung

In der Pädagogik wird heute eine umfassende und ganzheitliche Sicht des pädagogischen Geschehens im Kindergarten vertreten. Zwischen Erziehung, Bildung und Betreuung wird nicht unterschieden. Der Kindergarten versteht sich deshalb gleichermaßen als bildungspolitische und sozialpädagogische Einrichtung.

Bildung beginnt mit dem Beginn des Lebens und reicht über die reine Wissensvermittlung im Sinne von Sachkompetenz hinaus. Es geht heute mehr denn je auch um die Förderung einer altersgemäßen Selbst- und Sozialkompetenz. Bildung wird in der postindustriellen Gesellschaft im Sinne von Selbstorganisation verstanden. Das heißt, der lernende Mensch bildet sich selbst und wählt aktiv jene Bildungsinhalte aus, die seinen Interessen und Bedürfnissen entsprechen.

Dies gilt ganz wesentlich für die Bildungsarbeit im Kindergarten. Kinder forschen und lernen selbsttätig und sind Akteure ihrer Entwicklung. Sie müssen sich aktiv und handelnd mit Bildungsangeboten auseinandersetzen. Dabei ist es notwendig, dass sie ihre eigenen Erfahrungen und Erlebnisse mit den Bildungsinhalten in Verbindung bringen, ihre Ideen und Pläne in die Realität umsetzen und eigene Produkte schaffen können. Bildungsangebote im Kindergarten sollten sich deshalb an den individuellen Bedürfnissen der Kinder orientieren und Eigenständigkeit und Kreativität fördern.

Der Kindergarten ist ein wichtiger Lebens- und Erfahrungsraum und Teil der kulturellen Umwelt von Kindern. Viele Kinder verbringen heute einen Großteil ihrer Zeit im Kindergarten. Dieser sollte sich deshalb durch Offenheit, Transparenz und Veränderungsbereitschaft auszeichnen. Der intensive Kontakt mit den Familien der Kinder und das Einbeziehen der Umgebung können viel dazu beitragen, den Kindergarten in die Gesellschaft zu integrieren und Kindern einen lebhaften Austausch mit ihrer Umwelt zu ermöglichen.

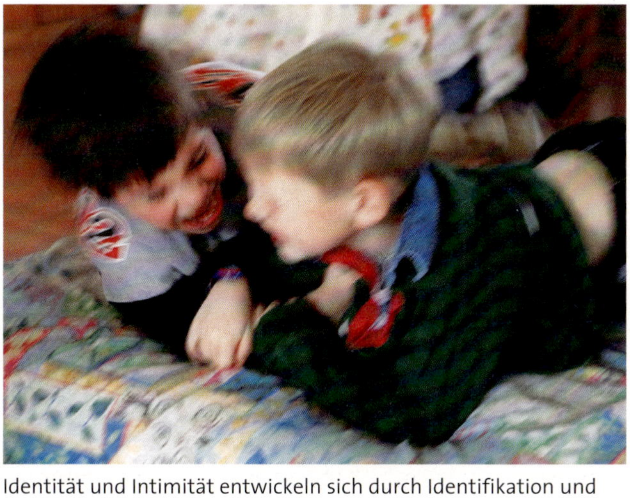

Identität und Intimität entwickeln sich durch Identifikation und Gleichklang, durch Abgrenzung und Kontrast.

Der Kindergarten sollte seine Arbeit auch selbstbewusst der Öffentlichkeit präsentieren. Die Konzeption eines eigenen Leitbilds kann dazu beitragen, das Bild vom Kind und das Bildungsverständnis des jeweiligen Kindergartens zu verdeutlichen und auf die besondere Qualität der pädagogischen Arbeit hinzuweisen.

Wie wir Kinder heute sehen …

Das Bild, das wir uns von Kindern machen, ist von ausschlaggebender Bedeutung dafür, wie wir mit ihnen umgehen und wie wir die Bildungsarbeit im Kindergarten gestalten. Das eigene Bild vom Kind sollte deshalb immer wieder reflektiert und hinterfragt werden.

Kinder werden heute als selbstbestimmte Individuen und als aktive GestalterInnen ihrer Entwicklung gesehen. Neugierde und vielfältige Interessen veranlassen sie zur Auseinandersetzung mit sich selbst und ihrer Umwelt. Im Kindergarten wird rasch deutlich, dass Kinder alles erforschen wollen und viele Fragen stellen. Dabei entwickeln sie ihre kognitiven Fähigkeiten und finden eigene Lösungsstrategien. Der Kindergarten sollte deshalb ein Lebensraum sein, der zum aktiven Handeln und zur Mitgestaltung anregt.

Kinder schaffen ihre eigene Kultur. Sie sind kreativ, unternehmungslustig, selbstständig und begeisterungsfähig. Sie brauchen auch Freiräume, in denen sie nicht ständig von Erwachsenen kontrolliert werden. Kinder sind fähig zur Selbstbestimmung und können Verantwortung übernehmen, wenn Handlungsspielräume und Entscheidungsmöglichkeiten ihrem Entwicklungsstand entsprechend angeboten werden.

… und wie KindergartenpädagogInnen ihre eigene Rolle sehen

Das transaktionale Bildungskonzept basiert auf einem Bild vom Kind, das Kompetenz und Selbstständigkeit in den Mittelpunkt stellt. Je kompetenter und selbstständiger nun Kinder agieren, umso höher sind die fachlichen und persönlichen Anforderungen an die KindergartenpädagogIn. Die Auseinandersetzung der KindergartenpädagogIn mit dem ganz persönlichen Rollenverständnis, dem eigenen Erziehungsstil sowie der eigenen Persönlichkeit ist notwendig dafür, diesen Anforderungen gerecht zu werden, sie sollte am Anfang jedes pädagogischen Prozesses stehen.

Die KindergartenpädagogIn sollte sich bewusst sein, dass sie die Atmosphäre im Kindergarten prägt: Achtung vor einem kompetenten Kind bedeutet auch, seine Rechte zu respektieren und es in seiner Individualität anzunehmen. Wenn es gelingt, Kinder mit ihren Fähigkeiten, Bedürfnissen und Gefühlen ernst zu nehmen, wird der Kindergarten zu einem Ort des Vertrauens und der Geborgenheit.

Erziehung wird in einem handlungsorientierten, transaktionalen Konzept als dialogischer Prozess verstanden.

Der Erziehungsstil der KindergartenpädagogIn sollte deshalb demokratisch, partnerschaftlich und kindorientiert sein.

KindergartenpädagogInnen verstehen sich nicht als AnimateurInnen, sondern vielmehr als WegbegleiterInnen der ihnen anvertrauten Kinder. Sie lassen ihnen möglichst viel Eigenraum, sind aber auch präsent, wenn die Kinder ihre Nähe und Unterstützung brauchen.

In unserer pluralistischen Gesellschaft, in der Werte nicht mehr allgemein verbindlich sind, stellt die KindergartenpädagogIn eine Orientierungshilfe für die Kinder dar und sie sollte sich dieser Verantwortung bewusst sein. Die interkulturelle Erziehung sowie eine geschlechtssensible Pädagogik sind in unserer Zeit wesentliche Bestandteile einer Bildungsarbeit, die allen Kindern gleiche Entwicklungschancen gewähren will.

Die Auseinandersetzung mit Kindern ist eine tägliche Herausforderung und erfordert eine fundierte Ausbildung und professionelles Handeln. Die Kompetenz der KindergartenpädagogIn besteht darin, eine Balance zwischen gezielten Aktivitäten und eigenständigen kreativen Prozessen der Kinder zu finden. Ganz alltägliche oder zufällig entstandene Situationen können ein ungeahntes Bildungspotenzial beinhaltenund sollten flexibel als Bildungssituationen genützt werden. Wenn sich die KindergartenpädagogIn dabei auf die Aktivitäten und Ideen der Kinder einlässt, kann sie selbst zur Lernenden und Forschenden werden. Ein gutes Zeitmanagement der KindergartenpädagogIn gibt den Kindern die Möglichkeit, Neues aufzunehmen, eigene Erfahrungen einzubringen und noch nie da gewesene Ideen umzusetzen.

KindergartenpädagogInnen haben eine Schlüsselposition in der Gesellschaft inne und können im Bewusstsein ihrer pädagogischen Verantwortung vieles bewegen. Der Austausch mit Kindern, Eltern und anderen Erwachsenen sowie die unterschiedlichen Rollen, die KindergartenpädagogInnen dabei einnehmen, machen ihre Arbeit abwechslungsreich und anspruchsvoll.

Durch den bewussten Umgang mit den Austauschprozessen, die zwischen den Kindern und ihrer Umwelt ablaufen, wird eine ganzheitliche Entwicklung der Kinder ermöglicht. Voraussetzung sind eine gut vorbereitete Umgebung, Zeit für Beobachtung der Kinder und der Gruppenprozesse sowie die sorgfältige und kritische Reflexion des pädagogischen Geschehens.

Die äußere Umgebung des Kindergartens – also die Familien der Kinder, die Gemeinde oder Pfarre, aber auch der Träger des Kindergartens – beeinflusst das pädagogische Geschehen im Kindergarten erheblich. Deshalb zählt eine innovative und selbstbewusste Eltern- und Öffentlichkeitsarbeit zu den Aufgaben der KindergartenpädagogIn. Teamfähigkeit und die Bereitschaft zur interdisziplinären und institutionsübergreifenden Zusammenarbeit sind heute unverzichtbare Fähigkeiten geworden.

Die Arbeit mit Kindern bringt mit sich, dass sich die KindergartenpädagogIn auch als Person einbringt. Dies erfordert eine ständige Auseinandersetzung mit der eigenen Persönlichkeit, vor allem um sich bewusst zu machen, dass sich ihre eigenen Wahrnehmungen, Ideen und Erfahrungen oft nicht mit denen der Kinder decken. Sie sollte bereit sein, die Sichtweisen der Kinder anzunehmen und zu verwirklichen.

Die Reflexion ihrer eigenen Gefühle befähigt die KindergartenpädagogIn zu Echtheit in ihrer Interaktion mit den Kindern. Sie sollte auch Ratlosigkeit und Ängste zulassen und offen für fachliche Unterstützung – wie etwa Supervision – sein, wenn diese notwendig ist.

Das „transaktionale Bildungskonzept“

Im neuen Bildungskonzept wird Bildungsqualität als ein umfassender Begriff verstanden, da er in einer vernetzten Sichtweise verschiedenste Aspekte pädagogischer Arbeit mit einbezieht. Die pädagogische Orientierung – also die Reflexion über das persönliche Bild vom Kind, das eigene Bildungsverständnis sowie die eigene Rolle der KindergartenpädagogIn – stellt dabei ein wesentliches Kriterium für die Analyse der pädagogischen Arbeit im Kindergarten dar, das hier erstmals klar und differenziert formuliert wird. Ebenso beeinflussen strukturelle Aspekte des Kindergartens und die Qualität der Rahmenbedingungen, die er bietet, ganz entscheidend die Bildungsqualität.

Im Zentrum des transaktionalen Bildungskonzepts stehen die Austauschprozesse, die zwischen Mensch und Umwelt stattfinden. Mensch und Umwelt werden als Entwicklungspartner und als unauflösliche Einheit betrachtet. Mit dem Begriff der Transaktion ist die Wechselwirkung gemeint, die die Auseinandersetzung des Menschen – eines Kindes oder eines Erwachsenen – mit seiner Umwelt charakterisiert. Der Mensch verändert die Umwelt, die wiederum gleichzeitig verändernd auf ihn einwirkt.

Der Begriff Umwelt geht hier weit über die materielle Umgebung hinaus, wie sie beispielsweise im Kindergarten durch die verschiedenen Materialien gegeben ist. Vielmehr ist auch die soziale und kulturelle Umwelt eines Kindes darin enthalten: Transaktionale Prozesse laufen auch zwischen einzelnen Kindern oder zwischen den Kindern und ihren erwachsenen Bezugspersonen ab. Weiters werden sie durch kulturelle Gegebenheiten beeinflusst, wie etwa durch die Werte und Normen der Bezugspersonen. Die transaktionalen Austauschprozesse, die in einer Bildungs- und Lernsituation entstehen, lassen sich mit den Begriffspaaren des Objektivierens und Subjektivierens bzw. des Aneignens und Vergegenständlichens beschreiben (vgl. dazu Oerter 1995; Hartmann/Stoll/Chisté/Hajszan 2000).

Der Transaktionsansatz – Planung und Vorbereitung, Analyse und Reflexion

Die Grundlage für die Planung und Vorbereitung der pädagogischen Arbeit im Kindergarten ist die Beobachtung der Kinder, um ihre Interessen, Ideen, Gefühle und Nöte kennen zu lernen. Entspricht ein Bildungsinhalt tatsächlich den Bedürfnissen und aktuellen Interessen der Kinder, dann sind ein anregungsreicher Austausch und kreative Prozesse im Sinne des transaktionalen Ansatzes viel leichter möglich. Daher können sich vor allem im Gespräch mit den Kindern neue Planungsaspekte für die KindergartenpädagogIn ergeben.

Die Bildungsarbeit nach dem transaktionalen Konzept erfordert vor allem viel Raum und Zeit, damit Austauschprozesse in Gang kommen können. Durch Beobachtung, Zurückhaltung und die notwendige Unterstützung kann die KindergartenpädagogIn die prozessorientierte Arbeit der Kinder fördern und ihnen Erfolgserlebnisse ermöglichen.

Der Reflexion der pädagogischen Arbeit kommt eine besondere Bedeutung zu. Sie wird als rückblickende und kritische Analyse der Bildungsarbeit verstanden, aus der sich neue Impulse für die Planung ergeben können. Mit Hilfe des Transaktionsansatzes kann die KindergartenpädagogIn überprüfen, ob in der Bildungsarbeit eine Balance der transaktionalen Prozesse erreicht wurde.

Die Analyse des pädagogischen Geschehens im Kindergarten kann auch im Rahmen des Alltagsablaufes stattfinden und nicht nur, wenn es sich um ein konkretes Bildungsprojekt handelt. Denn besonders im Kindergartenalltag finden sich viele Gelegenheiten, Kindern Selbsttätigkeit und Mitgestaltung zu ermöglichen.

Zahlreiche Erläuterungen und Praxisbeispiele zur Planung und Analyse der transaktionalen Bildungsarbeit finden sich in den Veröffentlichungen des Charlotte-Bühler-Instituts „Bildungsqualität im Kindergarten“ (Hartmann/Stoll/Chisté/Hajszan 2000, 2004) sowie „Tagein – Tagaus“ (Bäck/Bayer-Chisté/Hajszan 2002).

Optimierung der Bildungsqualität

Die bewusste und kritische Auseinandersetzung der KindergartenpädagogIn mit den transaktionalen Prozessen, die sie im Kindergarten beobachtet, trägt wesentlich zu einer Verbesserung der Bildungsqualität bei. Die Chancen des Kindergartens als ein Lebens- und Erfahrungsraum, in dem Kinder die Möglichkeit haben, das Bildungsgeschehen aktiv und initiativ mitzugestalten, müssen gewahrt und weiterentwickelt werden. Nur so können Kinder bestmögliche Entwicklungschancen erhalten, nur so werden sie optimal auf die vielfältigen Anforderungen der Zukunft vorbereitet.

Literatur

Bäck, G./Bayer-Chisté, N./Hajszan, M. (2002): Tagein – Tagaus. Kindergartenalltag macht Kinder kompetent. Band 1 der Praxisreihe des Charlotte-Bühler-Instituts, Wien: öbv & hpt

Hartmann, W./Stoll, M./Chisté, N./Hajszan, M. (2000, 2004): Bildungsqualität im Kindergarten. Transaktionale Prozesse, Methoden, Modelle. Band 2 der Schriftenreihe des Charlotte-Bühler-Instituts, Wien: öbv & hpt

Oerter, R. (1995): Kultur, Ökologie und Entwicklung. In: Oerter, R./Montada, L. (Hg.), Entwicklungspsychologie. München, Weinheim: Psychologie-Verlags-Union

Die Beiträge in ausführlicher Fassung wurden erstmals in „Unsere Kinder“ 1/2001 und 2/2001 publiziert.

Waltraut Hartmann, Martina Stoll

Lässt sich Pädagogik messen?

Veränderte gesellschaftliche Rahmenbedingungen, eine Vielfalt an Lebensformen von Familien und neue wissenschaftliche Erkenntnisse über Erziehung sowie über kindliche Bildungsprozesse führen zu einer Neuorientierung in der Kleinkindpädagogik.

Wenn immer mehr Kinder immer länger im Kindergarten sind, liegt die Verantwortung bei Politik und Praxis, Kindern die bestmögliche Qualität als Basis für ihre Entwicklung zu bieten. Spätestens seit dem letzten Drittel des 20. Jahrhunderts findet in allen entwickelten Ländern eine starke Ausweitung institutioneller Betreuung, Bildung und Erziehung von Kindern im Vorschulalter statt. Es ist eine Tatsache, dass heute

- immer mehr Kinder vor dem Eintritt in die Pflichtschule
- in immer früherem Alter
- für eine zunehmend längere Zeit während des Tages

eine Kindertageseinrichtung besuchen. Gründe für diese Entwicklung sind vor allem die Zunahme mütterlicher Erwerbstätigkeit und die vermehrte Anzahl alleinerziehender Mütter (Eltern), aber auch geringe Geschwisterzahlen, die bewirken, dass es den Kindern in den Familien an Sozialerfahrungen mit Gleichaltrigen mangelt.

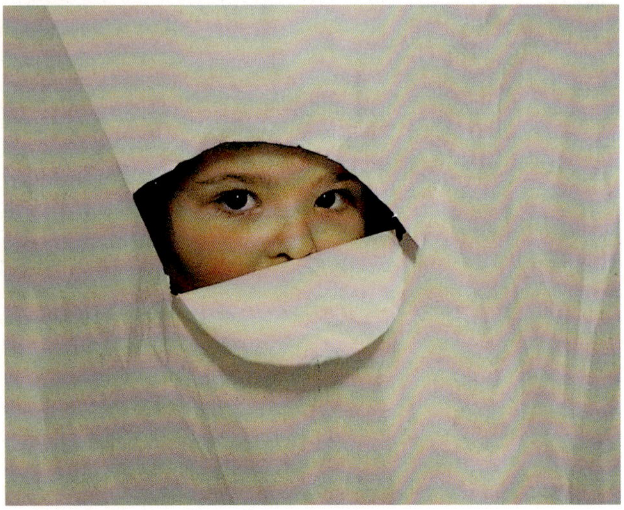

1. Warum ist Qualität wichtig?

Über den Einfluss der pädagogischen Qualität im Kindergarten auf die Entwicklung der Kinder liegen inzwischen auch im deutschsprachigen Raum wichtige Forschungsergebnisse vor. Tietze u.a. (1998) gehen davon aus, dass die Qualität des Kindergartens im Vergleich zur Bedeutung der familiären Erziehung einen geringeren Einfluss auf die Kindesentwicklung hat. Trotzdem besteht im Extremfall ein Entwicklungsunterschied von einem Jahr zwischen dem besten und dem schlechtesten Kindergarten (in Deutschland), ein Entwicklungsunterschied, der auf die im Kindergarten erlebte Bildungsqualität zurückzuführen ist.

Somit ist aufgrund von Forschungsergebnissen unbestritten, dass eine hohe Qualität und eine positive kindliche Entwicklung zusammenhängen. Kinder brauchen Lernerfahrungen von hoher Qualität als solide Basis für ihr späteres Leben. Kinderbetreuung in einem sicheren und anregungsreichen außerhäuslichen Lernumfeld hat einen positiven Einfluss auf die kindliche Entwicklung. Auch das Wohlbefinden der Mütter und Väter wird positiv beeinflusst, wenn sie wissen, dass ihre Kinder in einem qualitativ hochwertigen Kindergarten gefördert, gebildet und begleitet werden. Die erforderlichen Qualitätsmerkmale im Kindergarten sind nicht mit Luxus zu verwechseln, sondern sind mit notwendigen Ausgaben für das Wohlergehen der Kinder verbunden. Auch in finanziell angespannten Zeiten muss der Kindergarten gute Rahmenbedingungen bieten, weil besonders dann familiäre Notlagen und die Armut von Kindern zunehmen. Es ist auch erwiesen, dass eine hohe Qualität der Fremdbetreuung kompensatorische Effekte für die Entwicklung von Kindern aus anregungsarmem Milieu haben kann. Das bedeutet auch, dass sich die Arbeitsbedingungen von KindergartenpädagogInnen keinesfalls verschlechtern dürfen, denn bei der Kindergartenarbeit geht es um grundlegende Entwicklungs- und Bildungsprozesse von Kindern. Ihre optimale Förderung ist die wichtigste Zukunftsinvestition für die Gesellschaft!

Die Qualitätsfrage ist auch eine Frage nach der Effektivität des Früherziehungssystems. Dabei ist es im Sinne der Ergebnisqualität wichtig festzustellen, was bezüglich der Entwicklung der Kinder „herauskommt", ob sie durch einen bestimmten pädagogischen Ansatz wirklich autonomer und kompetenter handeln lernen und handeln können (Tietze u.a. 1998).

Qualität muss also deshalb gemessen werden, weil wir die Verantwortung für die Entwicklungsförderung der Kinder tragen, weil wir qualitativ hochwertige Spiel- und Lernumwelten bereitstellen müssen, um das Wohl und die Zukunft der Kinder zu sichern.

Die Kinderbetreuungsdiskussion in Österreich wird aus gesellschaftspolitischer Sicht nach wie vor vom Aspekt der Quantität dominiert. Durch den Wunsch nach einer befriedigenden Vereinbarkeit von Beruf und Familie und damit nach Chancengleichheit für Frauen ist der Bedarf an Kinderbetreuungsplätzen sprunghaft angestiegen. Vor allem für Kinder unter drei Jahren werden mehr Plätze benötigt. Ein Ausbau der Plätze für die Drei- bis Sechsjährigen wird – mit regionalen Unterschieden – vor allem im Hinblick auf flexiblere und längere Öffnungszeiten gefordert.

Vom wissenschaftlichen und fachlichen Standpunkt aus betrachtet, kommt es nicht ausschließlich darauf an, dass es genug Plätze in Kindertageseinrichtungen gibt, vielmehr ist die pädagogische Qualität dieser Plätze von ausschlaggebender Bedeutung für die Entwicklung und Bildung der Kinder. Dies zeigen auch die Starting-Strong-Länderberichte der OECD (2001) zur frühkindlichen Erziehung und Betreuung bzw. die Ergebnisse der PISA-Studie (Haider/Reiter 2004). Mit einer quantitativen Ausweitung der Betreuungsplätze ist die Gefahr verbunden, dass die öffentlichen Ressourcen knapp werden und die pädagogische Qualität zu Gunsten der Quantität vernachlässigt wird.

Untersuchungen und Veröffentlichungen des Charlotte-Bühler-Instituts weisen schon seit Jahren auf die Bedeutung einer hohen pädagogischen Qualität in Kindergärten und Kinderkrippen für die Entwicklung der Kinder in den ersten Lebensjahren hin (Hartmann/Stoll 2004). Im Vergleich zu anderen Ländern der EU, wie etwa Dänemark, Schweden oder Großbritannien, hat Österreich einen gewissen Aufholbedarf bezüglich wichtiger Qualitätskriterien, wie z.B. der Gruppengröße, des Personal-Kind-Schlüssels, der Mahlzeiten und Ruhesituationen sowie der Ausbildung des Kindergartenpersonals (OECD 2001; Bennett 2002).

2. Was ist Qualität?

Pädagogische Qualität ist kein feststehender, sondern ein sich verändernder Begriff. In der aktuellen Pädagogik bezieht er sich vorwiegend auf die kognitive Stimulierung, auf die soziale und emotionale Unterstützung des Kindes, auf Gesundheits- und Sicherheitsmaßnahmen sowie auf Aspekte der kindlichen Partizipation und des Wohlbefindens.

In der fachlichen Diskussion werden die Bereiche Prozessqualität, Strukturqualität und Orientierungsqualität unterschieden.

Unter **Prozessqualität** wird die Gesamtheit der Interaktionen und Erfahrungen verstanden, die ein Kind in der Kindergartengruppe mit seiner sozialen und räumlich-materialen Umwelt macht.

Strukturqualität umfasst die Rahmenbedingungen des Kindergartens und der Gruppe, wie z.B. die Gruppengröße, den Personal-Kind-Schlüssel oder den verfügbaren Raum. Innerhalb dieser Rahmenbedingungen vollziehen sich die Interaktionen zwischen den Kindern untereinander und zwischen der KindergartenpädagogIn und den Kindern.

Orientierungsqualität bezieht sich auf professionelle Leitbilder, pädagogische Vorstellungen und Werte der Erwachsenen, die an den pädagogischen Prozessen beteiligt sind. Diese können z.B. in einer Kindergartenkonzeption sichtbar werden.

3. Aus welchen Perspektiven kann man Qualität betrachten?

Die fünf bekanntesten Perspektiven zur Qualitätsbeurteilung frühkindlicher Erziehungs- und Betreuungsprogramme stammen von Katz (1993):

3.1. Die Top-down-Perspektive

Meist werden die Rahmenbedingungen von Betreuungseinrichtungen aus der Sicht der Erwachsenen betrachtet. Katz (1993) nennt diesen Ansatz die „Sichtweise von oben herab". Folgende Merkmale werden dabei berücksichtigt:

- BetreuerIn-Kind-Schlüssel
- Qualifikation der Betreuungspersonen und Kontinuität ihrer Anwesenheit
- Raumangebot
- Qualität und Quantität der Ausstattung
- Gesundheits- und Sicherheitsvorschriften
- Erwachsenen-Kind-Interaktionen
- Erziehungsstil

3.2. Die Bottom-up-Perspektive

Eine ganz andere Sichtweise ist die der betroffenen Kinder, also die „Sichtweise von unten hinauf". Die Qualitätsbeurteilung aus der Perspektive des Kindes beruht auf Fragen wie:

- Fühle ich mich willkommen?
- Werde ich von den Erwachsenen angenommen und verstanden oder werde ich übersehen und missachtet?
- Werde ich ernsthaft und respektvoll als Person angesprochen?

- Werde ich von den anderen Kindern akzeptiert oder bin ich isoliert?
- Sind die meisten Spiel- und Lernaktivitäten für mich interessant oder langweilig?
- Bin ich gerne hier oder warte ich nur aufs Heimgehen?

Um die Qualität aus der Bottom-up-Perspektive festzustellen, muss man Kinder genau beobachten. Ihr Spiel, ihre Zeichnungen und Werkarbeiten, ihr tägliches Verhalten sowie ihr emotionaler Ausdruck geben Aufschluss über ihr Wohlbefinden in der Gruppe.

3.3. Die Outside-inside-Perspektive

Hier wird auch die Kommunikation mit den Eltern miteinbezogen. Eltern **und** KindergartenpädagogInnen sollten sich fragen:

- Sind unsere gegenseitigen Beziehungen respektvoll oder sind sie herablassend und kontrollierend?
- Sind unsere Beziehungen untereinander offen, akzeptierend und tolerant oder sind sie voreingenommen, vorurteilsbelastet und abweisend?
- Haben wir fortlaufend oder nur selten miteinander Kontakt?

Für Eltern ist es umso leichter, eine positive Beziehung zu den ErzieherInnen ihrer Kinder aufzubauen, je besser sie deren Arbeit und die Arbeitsbedingungen kennen.

3.4. Die Inside-Perspektive

Als vierte Perspektive nennt Katz die „Sichtweise von innen heraus". Eine gute Qualität bei der Vermittlung des Bildungs- und Erziehungsprogramms kann nur dann erreicht werden, wenn die Beziehungen des Personals untereinander gut sind. Dieser Qualitätsaspekt kann beispielsweise durch folgende Fragen überprüft werden:

- Sind unsere Beziehungen untereinander unterstützend oder streitsüchtig?
- Sind unsere Beziehungen kooperativ oder rivalisierend?
- Sind unsere Beziehungen vertrauensvoll oder misstrauisch?
- Sind unsere Beziehungen respektvoll oder kontrollierend?
- Motivieren mich die Arbeitsbedingungen, mein Wissen, meine Fähigkeiten und meine Professionalität zu verbessern?

3.5. Die gesellschaftliche Perspektive

In der fünften Sichtweise geht es darum, wie gut die Gesellschaft und die künftige Generation durch vorschulische Betreuungseinrichtungen versorgt werden können.

Jede/r BürgerIn und vor allem jede/r politische EntscheidungsträgerIn sollte fragen:

- Werden die Ressourcen der Gesellschaft angemessen verteilt, um den Schutz, die Betreuung, die Bildung und Erziehung unserer Kinder zu gewährleisten?
- Sind Kinderbetreuungseinrichtungen von hoher Qualität für alle Familien, die sie benötigen, erreichbar und erschwinglich?

Es kann durchaus passieren, dass ein Kindergarten z.B. aus der Top-down-Perspektive alle Kriterien bezüglich Raum, Ausstattung und Gruppengröße erfüllt und dennoch nicht in der Lage ist, Kinder und Eltern zufrieden zu stellen. Andererseits kann ein Bildungs- und Erziehungskonzept, das aus der Top-down-Perspektive nicht die erforderlichen Qualitätsmerkmale erfüllt, dennoch von den betroffenen Kindern als sehr befriedigend erlebt werden.

Alle diese Betrachtungsweisen machen deutlich, wie unterschiedlich Qualität beurteilt werden kann und wie schwierig es ist, geeignete Messinstrumente für diese verschiedenen Perspektiven zu finden.

4. Der „einschließende" und der „ausschließende" Ansatz

Wenn die Wünsche und Interessen aller Beteiligten, nämlich der Kinder, Eltern, KindergartenpädagogInnen und Aufsichtsbehörden, in die Qualitätsentwicklung miteinbezogen sind, dann kann man von einem „einschließenden Ansatz" sprechen. Meist sind an der Erstellung von Qualitätskriterien jedoch vor allem WissenschaftlerInnen, ExpertInnen und professionelle ErzieherInnen beteiligt. In diesem Fall spricht man von einem „ausschließenden Ansatz" (Moss 1995).

Die „einschließende" Perspektive ist kundenfreundlicher und gewinnt besonders dann an Bedeutung, wenn Konkurrenz zwischen einzelnen Trägern oder Anbietern besteht. Das ist z.B. dann der Fall, wenn ein reiches Angebot an Kinderbetreuungseinrichtungen vorhanden ist und die Eltern sich einen bestimmten Kindergartenplatz aussuchen können. Von dieser Situation sind wir in Österreich in den meisten Bundesländern noch weit entfernt. In anderen Ländern Europas, in denen die Vollversorgung mit Kindergartenplätzen schon erreicht ist, unterziehen sich Institutionen wegen des Geburtenrückgangs bereits freiwilligen Qualitätskontrollen, um konkurrenzfähig zu sein bzw. um mit bestimmten Qualitätsstandards zu werben.

5. Ergebnisse der internationalen Qualitätsforschung

Die Qualität des Kindergartens bedingt bis zu einem Jahr Entwicklungsunterschied bei Kindern im Vorschulalter. Diese Auswirkungen unterschiedlicher pädagogischer Qualität haben Langzeitwirkung und spiegeln sich auch noch in Schulleistungs- und Entwicklungsunterschieden der Kinder am Ende der zweiten Volksschulklasse wider (Tietze u.a. 1998; Tietze 2001).

Amerikanische Längsschnittstudien zeigen sogar, dass eine gute vorschulische Bildung und Betreuung positive Auswirkungen bis ins Jugend- und Erwachsenenalter hat: Selteneres Schulversagen und höhere Bildungsabschlüsse, höhere Einkommen und seltenere Inanspruchnahme sozialer Unterstützungen sowie geringere Kriminalitätsraten werden mit einer besseren pädagogischen Qualität im Kindergarten in Verbindung gebracht (Roßbach 1996).

Eine Studie aus Zürich über die volkswirtschaftlichen Aspekte von Kindertagesstätten besagt, dass ein für Kinderbetreuung ausgegebener Franken vierfach zurückkommt: Kinderbetreuungseinrichtungen von guter Qualität haben eine leistungssteigernde und integrative Wirkung. Die Kinder benötigen z.B. weniger schulische Förderungsmaßnahmen und erreichen höhere Schulabschlüsse. Auch die finanziellen Aufwendungen für schlecht integrierte kriminelle Jugendliche bzw. Kinder und Jugendliche aus sozial benachteiligten Familien sinken. Zu den weiteren Nutzen zählen etwa die bessere Entwicklung sprachlicher und kognitiver Fähigkeiten der Kinder und die erhöhte Lebensqualität der Eltern durch die Vereinbarkeit von Beruf und Familie (Sozialdepartment der Stadt Zürich 2001).

Munton (2005) geht davon aus, dass die Qualität der Kinderbetreuung im Wesentlichen durch drei Faktoren bestimmt ist, die als „Eisernes Dreieck“ bezeichnet werden: Es sind dies die Gruppengröße, der ErzieherIn-Kind-Schlüssel und die Aus- und Fortbildung der ErzieherInnen.

Untersuchungen in Österreich und Deutschland zeigen, dass Strukturbedingungen einen bedeutenden Einfluss auf die Prozessqualität haben: Die pädagogische Prozessqualität wird annähernd zur Hälfte durch die Strukturbedingungen bestimmt, die im Verantwortungsbereich des Kindergartenträgers bzw. des Gesetzgebers liegen. Eine Verbesserung dieser Bedingungen erhöht die Qualität. Andererseits zeigt sich, dass etwa die Hälfte der Prozessqualität nicht von den Strukturbedingungen abhängt. Unter gleichen Rahmenbedingungen kann von den einzelnen PädagogInnen deutlich unterschiedliche Prozessqualität produziert werden (Tietze u.a. 1998).

6. Selbst- und Fremdevaluation – Pro und Kontra

Die Einschätzung der pädagogischen Qualität in einer Kinderbetreuungseinrichtung kann sowohl intern – vom Team der Einrichtung selbst – als auch von externen EvaluatorInnen durchgeführt werden.

Die interne Qualitätsfeststellung und -entwicklung im Rahmen einer Selbstevaluation hat den Vorteil, dass notwendige Veränderungen vom Team selbst erkannt und in die Praxis umgesetzt werden können. Diese Vorgangsweise hat einen hohen Motivationscharakter und bewirkt rasch Veränderungen. Dazu sind Verfahren bzw. Kriterienkataloge notwendig, anhand derer die Selbsteinschätzungen erfolgen und die Stärken und Schwächen der eigenen Einrichtung festgestellt werden können.

Die Selbstevaluation bietet auch die Möglichkeit zur bewussten Betonung bestimmter Qualitätsstandards, die für das Team des betreffenden Kindergartens von besonderer Bedeutung sind und das pädagogische Profil des Hauses mitbestimmen (z.B. Alterserweiterung, naturnahe Gartengestaltung, Montessori-Pädagogik, Waldkindergarten).

Bei der Selbstevaluation besteht allerdings die Gefahr der Subjektivität und der „Betriebsblindheit“. Daher ist es nötig, die Ergebnisse zusätzlich durch regelmäßige externe Einschätzungen zu objektivieren – auf diese Weise kann die Qualität des internen Arbeitsaufwandes gesichert werden.

Für eine Fremdevaluation spricht, dass sie eine Qualitätsfeststellung durch externe, unabhängige und damit objektive BeobachterInnen nach einheitlichen Kriterien ermöglicht. Dadurch erhalten die Einrichtungen Auskunft über den Erfolg ihrer Bemühungen um Qualität und die Gewissheit, dass die pädagogische Qualität nach den Standards der Profession gesichert ist.

7. Wie kann man Qualität messen?

Um Qualität „messen“ zu können, muss man zunächst die Maßstäbe bzw. die Kriterien und Sichtweisen definieren, mit denen man messen will. Es gibt eine Reihe unterschiedlicher Ansätze, Qualität festzustellen bzw. zu entwickeln.

In „Mehr Qualität für Kinder“ (Hartmann/Stoll 2004) hat das Forschungsteam des Charlotte-Bühler-Instituts Mindeststandards erarbeitet, die der Qualitätssicherung dienen und als Orientierungshilfe für die pädagogische Praxis gedacht sind. Die Festlegung von bestimmten Qualitätsstandards gibt KindergartenpädagogInnen die Möglichkeit, ihre strukturellen Rahmenbedingungen und ihre pädagogische Arbeit mit Unterstützung durch ExpertInnen zu überprüfen und mögliche Verbesserungen bzw. Rationalisierungsmaßnahmen vorzunehmen.

Mindeststandards markieren jene Schwelle, bei deren Unterschreitung – nach den Empfehlungen von ExpertInnen und nach internationalen Forschungsergebnissen – negative Konsequenzen für die Entwicklung der Kinder zu erwarten sind. Mindeststandards bieten eine Argumentationshilfe in der Auseinandersetzung um finanzielle Einsparungen im Erziehungs- und Bildungsbereich. Es soll jedoch nicht so sein, dass gewinnorientierte Erhalter das bloße Einhalten von Mindeststandards mit hoher Qualität verwechseln.

Weitere Verfahren zur externen bzw. internen Qualitätsmessung sind etwa

- die Kindergarten-Skala KES-R (Tietze/Schuster/Grenner/Roßbach 2005), die Krippenskala KRIPS-R (Tietze/Bolz/Grenner/Schlecht/Wellner 2005) bzw. die Skala für Hort- und Ganztagsangebote HUGS (Tietze/Roßbach/Stendel/Wellner 2005),
- das Feststellungsverfahren zur pädagogischen Qualität (Charlotte-Bühler-Institut/pädQUIS 2003, 2005),
- die Zertifizierung nach den ISO-Normen,
- die Empfehlungen des Europäischen Netzwerkes für Kinderbetreuung (Kinderbetreuungsnetzwerk 1990),
- die Publikationen des Kronberger Kreises für Qualitätsentwicklung in Kindertageseinrichtungen (1998),
- der Nationale Kriterienkatalog für pädagogische Qualität in Tageseinrichtungen für Kinder (Tietze/Viernickel 2002).

8. Die Auseinandersetzung mit Qualität im Kindergarten

Bei Qualitätskontrollen im Bereich der Wirtschaft geht es um die Verbesserung der Produktionsbedingungen (Strukturverbesserungen bezüglich Maschinen und Personal) und die Optimierung der Produktionsprozesse, um fehlerhafte Produkte und Ausschussware zu vermeiden und die Zielsetzung der Kosteneffizienz zu erreichen.

Im Bereich sozialer Dienstleistungen ist die „Fehlervermeidung" umso wichtiger, da ja Menschen betroffen sind, bei denen „Nachbesserungen" möglichst vermieden werden sollen (Larrá 1998). Aus diesem Grund ist im Kindergarten von vornherein darauf zu achten, dass die Entwicklung der Kinder bestmöglich unterstützt und begleitet wird.

Die Auseinandersetzung mit Qualität dient auch dazu, sich der eigenen Leistungen bewusst zu werden und diese zu präsentieren: Worin liegen unsere Stärken? Was sind unsere Ziele? Auf welchen Wegen und mit welchen Methoden wollen wir diese erreichen? Wo liegen unsere Schwächen? In welchen Bereichen sind wir betriebsblind geworden?

Wenn man um seine eigenen Stärken und Schwächen Bescheid weiß, kann man die eigene Arbeit gezielt weiter verbessern. Das heißt, die Feststellung der Qualität ist ein Feedback und bildet die Voraussetzung für eine Verbesserung und Weiterentwicklung der pädagogischen Qualität. Die Auseinandersetzung mit Qualität ist ein Weg, die eigene Arbeit für „Außenstehende" sowie für Träger und Eltern transparent und verständlich zu machen.

Wissenschaftlich fundierte Qualitätskriterien stellen zudem eine gute Argumentationshilfe im Kampf um Ressourcen und finanzielle Mittel dar und stärken so die Argumente der PädagogInnen, die für ihren Kindergarten Verbesserungen erreichen wollen.

Ein weiteres Argument bezieht sich auf die Eltern: Die Wahl eines Kindergartens bedeutet für diese eine große Verantwortung, sie sollen ihre Wahl als informierte KundInnen treffen können. Die Offenlegung der wesentlichsten Qualitätsaspekte macht es ihnen leichter, sich zu informieren und genauer nachzufragen.

Die Frage der Qualität im Kindergarten muss von PädagogInnen und PsychologInnen beantwortet werden, bevor BetriebswirtInnen oder sonstige Wirtschaftsfachleute der pädagogischen Arbeit mit Kindern ihre Bedingungen diktieren, beispielsweise in der Frage der Öffnungszeiten von Kindergärten oder in der Frage der kostengünstigsten Personalbesetzung.

Aus diesem Grund ist es unbedingt wichtig, dass die Qualitätsdiskussion unter Einbeziehung der KindergartenpädagogInnen geführt wird, damit ihre täglichen Erfahrungen als ExpertInnen mit den Kindern vor Ort einfließen können. PädagogInnen müssen an den Prozessen der Messung, Entwicklung und Sicherung von Qualität beteiligt sein – dann macht Qualitätsentwicklung Sinn!

Literatur

Bennett, J. (2002): Frühkindliche Bildungs- und Betreuungssysteme in internationaler Perspektive. Kurzfassung des Vortrags „Starting Strong: Education and care systems in an international perspective“. Gehalten anlässlich der wissenschaftlichen Fachtagung „30 Jahre Frühpädagogik in Bayern“, 8./9. Oktober 2002 in München

Charlotte-Bühler-Institut & pädQUIS (2003): Erarbeitung eines Feststellungsverfahrens zur pädagogischen Qualität in österreichischen Kindergärten und Kinderkrippen – Ergebnisbericht. Wien: Charlotte-Bühler-Institut

Charlotte-Bühler-Institut & pädQUIS (2005): Qualitätsdimensionen und Qualitätsstufen des Feststellungsverfahrens zur pädagogischen Qualität (Punkteschema). Unveröff. Manuskript. Wien: Charlotte-Bühler-Institut

Harms, Th./Clifford, R. (1980): Early Childhood Environment Rating Scale (ECERS). New York: Teacher College Press

Haider, Günter/Reiter, Claudia (2004): PISA 2003. Internationaler Bericht von Schülerleistungen. Nationaler Bericht. Graz: Leykam

Hartmann, Waltraut/Stoll, Martina (2004): Mehr Qualität für Kinder. Qualitätsstandards und Zukunftsperspektiven für den Kindergarten. Nachdruck. Bd. 1 der Schriftenreihe des Charlotte-Bühler-Instituts. Wien: öbv & hpt

Hartmann, W./Stoll, M./Chisté, N./Hajszan, M. (2004): Bildungsqualität im Kindergarten. Transaktionale Prozesse, Methoden, Modelle. Band 2 der Schriftenreihe des Charlotte-Bühler-Instituts, Wien: öbv & hpt

Katz, Lilian (1993): Multiple Perspectives on the Quality of Early Childhood Programmes. In: European Early Childhood Education Research Journal 1, 2, S. 5–9

Kinderbetreuungsnetzwerk der Europäischen Kommission (1990): Qualität der Kinderbetreuung. Brüssel: Kommission der Europäischen Gemeinschaften

Kronberger Kreis für Qualitätsentwicklung in Kindertageseinrichtungen (1998): Qualität im Dialog entwickeln. Wie Kindertageseinrichtungen besser werden. Seelze-Velber: Kallmeyersche Verlagsbuchhandlung

Larrá, Franziska (1998): Aspekte der Qualitätssicherung im Kindergarten. In: Jugendwohl 79, S. 29–38

Moss, Peter (1995): Defining Objectives in Early Childhood Services. Paper presented at the 5th European Conference on the Quality of Early Childhood Education, Paris, September, S. 7–9

Munton, T. (2005): Accreditation Systems in England. Vortrag auf der internationalen Konferenz „Pädagogische Qualität in Kindertageseinrichtungen sichern – Internationale Ansätze und Perspektiven“, Berlin, 22. und 23.03.2005

OECD (2001): Starting Strong. Early Childhood Education and Care. Paris: OECD-Publications

Roßbach, H.-G. (1996): Bildungsökonomische Aspekte in der Weiterentwicklung des Früherziehungssystems. In: Tietze, W. (Hg.): Früherziehung. Trends, internationale Forschungsergebnisse, Praxisorientierungen. Neuwied: Luchterhand, S. 279–293

Sozialdepartment der Stadt Zürich (2001): Kindertagesstätten zahlen sich aus. Jeder eingesetzte Franken bringt drei bis vier Franken an die Gesellschaft zurück. Sozialberichterstattung '01. Edition Sozialpolitik Nr. 5a

Tietze, W. (2001): Zum Einfluss pädagogischer Qualität bei familialer und institutioneller Betreuung auf die kindliche Entwicklung. In: Pediatrics and Related Topics. Oxford

Tietze, W./Bolz, M./Grenner, K./Schlecht, D./Wellner, B. (2005): Krippen-Skala (KRIPS-R). Weinheim und Basel: Beltz

Tietze, W./Meischner, T./Gänsfuss, R./Grenner, K./Schuster, K.-M./Völkel, P./Roßbach, H.-G. (1998): Wie gut sind unsere Kindergärten? Eine empirische Untersuchung zur pädagogischen Qualität in deutschen Kindergärten. Neuwied, Berlin: Luchterhand

Tietze, W./Roßbach, H.-G./Stendel, M./Wellner, B. (2005): Hort und Ganztagsangebote-Skala (HUGS). Weinheim und Basel: Beltz

Tietze, W./Schuster, K.-M./Grenner, K./Roßbach, H.-G. (2005): Kindergarten-Skala. Revidierte Fassung (KES-R, 3. Auflage). Neuwied, Berlin: Luchterhand

Tietze, W./Viernickel, S. (Hg.) (2002): Pädagogische Qualität in Tageseinrichtungen für Kinder – Ein nationaler Kriterienkatalog. Weinheim: Beltz

Der Beitrag basiert auf Artikeln, die in „Unsere Kinder“ 5/1999 bzw. „Unsere Kinder“ 4/2005 publiziert wurden.

Empfehlungen zur Qualitätsoptimierung in Kindergärten

Die folgenden Empfehlungen zur Qualitätsoptimierung markieren die wünschenswerten Standards und dienen der Anhebung der Qualität, um gesellschaftlichen Veränderungen, neuen wissenschaftlichen Erkenntnissen und internationalen Standards Rechnung zu tragen (Hartmann/Stoll 2004).

1. Verfügbarkeit von Kindergartenplätzen

In regelmäßigen Zeitabständen sollten detaillierte Bedarfserhebungen in einzelnen Regionen durchgeführt werden, wobei absehbare zukünftige Entwicklungen, wie etwa die Zunahme der Müttererwerbstätigkeit und die Geburtenziffern, mitberücksichtigt werden müssen. Die bestehenden Betreuungseinrichtungen müssen im Rahmen eines Gesamtkonzepts auf ihre Bedarfsgerechtheit überprüft und gegebenenfalls angepasst und erweitert werden.

2. Öffnungszeiten und Ferienregelung

Anstatt einer generellen Ausweitung der Öffnungszeiten werden individuelle Lösungen empfohlen, die an der Berufstätigkeit der Eltern (in Teilzeit oder ganztags) orientiert sind. Vor allem die Bedürfnisse alleinerziehender Eltern sollten berücksichtigt werden.

Um die institutionelle Betreuung von Kindern berufstätiger, insbesondere alleinerziehender Eltern zu sichern, wäre es notwendig, die Öffnungszeiten in Kindergärten zu verlängern: von 7.00 Uhr bis etwa 14.00 Uhr. Aus der Perspektive ganztags berufstätiger Eltern ist eine Öffnungszeit bis 18.00 Uhr anzustreben.

Ausgehend von den Wünschen der berufstätigen Eltern sollten Ferienkindergärten angeboten oder regional passende, qualitativ hochwertige Betreuungsformen entwickelt werden.

3. Mahlzeiten und Ruhephasen

In vielen österreichischen Kindergärten besteht ein Mangel an geeigneten Essräumen. Zur Qualitätssicherung sind entsprechende gesetzliche Vorschriften erforderlich: Gleitende Essenszeiten, kleine Tischgemeinschaften und ein günstiger ErzieherIn-Kind-Schlüssel tragen zum Wohlbefinden der Kinder bei.

Auch der Mangel an geeigneten Schlaf- und Ruheplätzen erfordert entsprechende Maßnahmen zur Qualitätsanhebung, z.B. eine individuelle Gestaltung der Schlafplätze und die Entscheidungsfreiheit der Kinder, ob sie schlafen wollen oder nicht.

4. Früh- und Spätzeiten

Kinder, die besonders früh in den Kindergarten kommen bzw. sehr lange bleiben, brauchen besondere Zuwendung durch eine vertraute, qualifizierte Bezugsperson, die auf ihre Bedürfnisse eingeht. Dazu sind kleine Gruppen unerlässlich.

5. Gruppengröße und ErzieherIn-Kind-Schlüssel

Die Gruppengrößen in österreichischen Kindergärten liegen deutlich über dem europäischen Durchschnitt. Zur Qualitätssicherung sind dringend gesetzliche Bestimmungen notwendig, die die maximale Gruppengröße schrittweise in allen Bundesländern auf 20 Kinder senken.

Der ErzieherIn-Kind-Schlüssel in österreichischen Kindergärten kann nur zum Teil als befriedigend bezeichnet werden, da eine ErzieherIn-Kind-Relation von 1:10 – wie sie von internationalen ExpertInnen empfohlen wird – nur in wenigen Fällen verwirklicht ist. Besonders belastet sind dadurch vor allem jüngere Kinder und Kinder, die täglich eine lange Zeit im Kindergarten verbringen.

Die Hälfte der österreichischen KindergartenpädagogInnen ist mit ihrer derzeitigen Gruppengröße unzufrieden. Aus diesem Grund fordert auch der Österreichische Dachverband der Berufsgruppen der Kindergarten- und HortpädagogInnen eine Reduzierung der Gruppengröße auf 15 Kinder.

6. Die Gestaltung des Gruppenraumes

Die Gliederung des Gruppenraumes nach dem Raumteilverfahren gehört zum gesicherten Qualitätsstandard in österreichischen Kindergärten. Anzustreben wären allerdings mehr flexible Gestaltungsmöglichkeiten.

In jedem zweiten Kindergarten werden multifunktionale Raumteile vermisst, die für individuelle Spielprozesse, aber auch zur Versammlung der gesamten Gruppe geeignet sind. Kinder in Ganztagskindergärten sollten mehr Raum für praktische Erfahrungen beim Werken und in der Hauswirtschaft haben.

7. Rückzugsmöglichkeiten

In österreichischen Kindergärten kann das Bedürfnis der Kinder nach Rückzug und Ausruhen nur unzureichend befriedigt werden. Besonders jüngere Kinder, die den ganzen Tag im Kindergarten verbringen, brauchen mehr persönlich gestaltete Plätze für Entspannung und Rückzug.

8. Raum für Bewegung

Kinder brauchen ausreichende Bewegungsmöglichkeiten: Für je zwei Gruppen sollte mindestens ein von den Gruppenräumen direkt zugänglicher Bewegungsraum verfügbar sein.

Spielplätze im Freien gehören zum gesicherten Standard in fast allen österreichischen Kindergärten. Zur Qualitätssicherung müssen allerdings Mängel in der Ausstattung behoben werden.

9. Spiel- und Lernmittel

Die Spiel- und Lernmittelausstattung für die Fünf- bis Sechsjährigen ist auf einem sehr guten Niveau. Die Ausstattung mit Spiel- und Lernmaterialien für jüngere Kinder muss hingegen verbessert werden.

10. Kindergarteneinstieg

Jüngere Kinder leiden häufig unter Trennungs- und Eingewöhnungsschwierigkeiten, daher ist ein sanfter Kindergarteneinstieg notwendig: „Schnuppertage", zeitweilige Anwesenheit einer Bezugsperson oder eine stufenweise Verlängerung der Aufenthaltsdauer erleichtern den Kindergarteneinstieg. Ein guter BetreuerIn-Kind-Schlüssel und eine kleine Gruppengröße sind in dieser Phase unentbehrlich.

11. Sicherheit und Gesundheit

Die gesetzlichen Bestimmungen in den Bundesländern bezüglich der baulichen und hygienischen Verhältnisse, der ökologischen Bedingungen und der Aufsichtspflicht garantieren einen guten Qualitätsstandard.

12. Bildungs- und Erziehungsziele

In der Aus- und Fortbildung sollten methodisch-didaktische Konzepte zur Umsetzung von Zielen, wie Sexualerziehung, Verständnis für technische Zusammenhänge sowie Fähigkeit zur kritischen Auseinandersetzung mit gesellschaftlichen Werten, in größerem Ausmaß vermittelt werden.

Andererseits sollten die Rahmenbedingungen verbessert werden, wie etwa die Verringerung der Gruppengröße und des ErzieherIn-Kind-Schlüssels, um eine differenzierte Bildungs- und Erziehungsarbeit zu ermöglichen.

Zur Qualitätsanhebung wurde vom Charlotte-Bühler-Institut ein neues, zeitgemäßes Bildungskonzept erstellt, das auf neuen gesellschaftlichen Entwicklungen und wissenschaftlichen Erkenntnissen basiert (Hartmann/Stoll/Chisté/Hajszan 2004).

13. Verhaltensauffällige Kinder

Zur individuellen Förderung von Kindern mit Verhaltensauffälligkeiten sind geeignete Rahmenbedingungen im Kindergarten besonders wichtig, wie ein günstiger ErzieherIn-Kind-Schlüssel und eine vielfältige Materialausstattung. Die Eltern sollten laufend Informationen über die Unterstützung durch PsychologInnen und PsychotherapeutInnen erhalten.

14. Integration behinderter Kinder

Mehr als 90 % der behinderten Kinder sind in allgemeinen Kindergärten integriert. Daher sind zur Qualitätssicherung eine kleine Gruppengröße, ein günstiger ErzieherIn-Kind-Schlüssel und die interdisziplinäre Zusammenarbeit von pädagogischem, psychologischem und medizinischem Fachpersonal notwendig. Auch die Materialausstattung muss den speziellen Bedürfnissen der einzelnen Kinder angepasst sein.

15. Ausländische Kinder

Der interkulturellen Erziehung kommt in der Erziehungs- und Bildungsarbeit im Kindergarten besondere Bedeutung zu. Dafür ist wieder ein besserer ErzieherIn-Kind-Schlüssel unerlässlich. Zu einem guten Qualitätsstandard gehört eine ausreichende Ausstattung mit multikulturellem und geschlechtssensiblem Spiel- und Lernmaterial.

16. Ausbildung der KindergartenpädagogInnen

Das Ausbildungsniveau der österreichischen KindergartenpädagogInnen liegt unter dem EU-Standard, der die Ausbildung erst nach Abschluss der Sekundarstufe II vorsieht. Zur Qualitätsverbesserung wird eine Anhebung des Ausbildungsniveaus auf EU-Standard erforderlich werden.

17. Elternarbeit

Da immer mehr Kinder einen großen Teil des Tages im Kindergarten verbringen, ist eine intensive Kommunikation zwischen Familie und Kindergarten dringend erforderlich. KindergartenpädagogInnen benötigen dafür eine bessere Aus- und Fortbildung als bisher.

Susanne Baumschlager-Wieser

Zusammenarbeit mit Eltern

Warum sie oft so schwer fällt

Will ich das Kind sehen, muss ich auch sein Lebensumfeld und seinen familiären Kontext wahrnehmen, mitdenken, einbeziehen.

In vielen pädagogischen Fachbüchern und Artikeln über Elternarbeit im Kindergarten wird betont, wie wichtig eine herzliche Atmosphäre zwischen KindergartenpädagogIn und Eltern ist. Offenheit und Vertrauen sollten die Beziehung zwischen ErzieherIn und Eltern kennzeichnen, erst dann kann Elternarbeit für alle Beteiligten eine Bereicherung sein. Nach Meinung der ExpertInnen sei es Aufgabe der KindergartenpädagogIn, jene offene und herzliche Atmosphäre zu schaffen, in der konstruktive Kooperation mit den Eltern möglich ist. Diese Beziehung sollte so tragfähig sein, dass auch Konflikte, Probleme, Auseinandersetzungen ausgetragen werden können, ohne dass das „Band" zwischen Eltern und ErzieherIn zerreißt. Dass das Zustandekommen einer solch tragfähigen und offenen Beziehung jedoch nicht immer einfach ist und auch „harte" Arbeit bedeutet, weiß jede KindergartenpädagogIn.

Elternarbeit ist „Arbeit" zwischen Eltern, Kind und KindergartenpädagogIn

Für die Eltern bedeutet der Schritt in den Kindergarten den ersten Kontakt zu einer öffentlichen pädagogischen Institution und zur professionellen ErzieherIn. Die Eltern, vor allem die Mütter, werden mit einer ErzieherIn konfrontiert und lernen neue bzw. andere Erziehungsstrategien kennen. Die neue Bezugsperson des Kindes, die KindergartenpädagogIn, sollte bestenfalls von den Eltern als dritte Person in ihrer Erziehungssituation angenommen werden.

Durch dieses Erziehungsfeld entsteht eine völlig neue Situation für die Eltern wie auch für das Kind: Es befindet sich im Erziehungsgeschehen nun eine dritte, aktive Person, die für das Kind sehr wichtig wird und mit dem Kind auch mehr oder weniger Zeit verbringt. Diese Zeit hat zuvor nur die engste Familie, die Tagesmutter oder Oma/Opa mit dem Kind verbracht. Darum haben natürlich Eltern großes Interesse am Kindergartengeschehen, sie wollen die neue Lebenswelt ihres Kindes genau kennen lernen und eventuell auch mitbestimmen.

Zwischen Eltern, Kind und KindergartenpädagogIn entsteht ein Beziehungsdreieck. Diese Triade ist in dieser Form einzigartig, da

- das Kind in einer sehr sensiblen Entwicklungsphase steckt,
- die Eltern Erziehungskompetenzen erstmals an eine professionelle ErzieherIn abgeben und
- die KindergartenpädagogIn die ihr anvertrauten Kinder in besonderer Form pädagogisch und sozial bildet und prägt.

In diesem Dreieck findet nun Elternarbeit statt. Die Eckpfeiler der Triade gilt es genauer zu betrachten, da Eltern und KindergartenpädagogIn aus ganz unterschiedlichen Erfahrungen agieren.

Eltern kennen ihr Kind von Geburt an, sie lieben es und wollen sein Bestes.

Die KindergartenpädagogIn anerkennt als PädagogIn jedes Kind als Mitglied ihrer Gruppe. Sie sieht das Kind mit seinem speziellen soziokulturellen Hintergrund, ist emotionell nicht so gebunden wie die Eltern und hat als PädagogIn im Kindergarten einen Bildungsauftrag.

Das Kind spielt in der Triade eine zentrale Rolle, da

- die eine Seite des Dreiecks immer in ihrer Funktion als Eltern auftritt, die sich auf ihr Kind bezieht, und
- die andere Seite in ihrer Funktion als PädagogIn auftritt, die sich auf das Kindergartenkind einstellt.

Für die Entwicklung des Kindes sind jedoch beide Seiten, Elternhaus und Kindergarten, von Bedeutung und prägend.

Beziehungsgeflecht

Bewusste und unbewusste Faktoren spielen im Beziehungsgeflecht eine Rolle. Da die KindergartenpädagogIn mitten in diesem Beziehungsgeflecht steht und agiert, ist es für sie auch schwierig, Mechanismen, die dieses Feld beeinflussen, objektiv und differenziert erkennen zu können.

Dies scheint mir ein Hauptgrund zu sein, warum Elternarbeit oft als so schwierig und kompliziert wahrgenommen wird.

In jedem Beziehungsgeflecht, in das wir involviert sind, wird es schwierig, unbeeinflusst zu agieren. Zu viele unbewusste Faktoren beherrschen unser Tun und Handeln und ein distanzierter Blick wird unmöglich. Beschwerden oder Anliegen der Eltern werden persönlich genommen und oft als Angriff auf die eigene Person gewertet. Enttäuschung und Resignation, aber auch Wut und Zorn können durch das Verhalten der Eltern ausgelöst werden. Natürlich versuchen wir, diese unangenehmen Gefühle zu verdrängen, unbewusst wirken sie jedoch weiter und beeinflussen unsere Arbeit.

In diesem Kontext wäre es sicher hilfreich, wenn sich die KindergartenpädagogIn in diesem Bereich mehr abgrenzt und durch sachliche Informationen über ihre Arbeit als KindergartenpädagogIn den Eltern gegenüber mehr Selbstsicherheit ausstrahlt. Die Kindergartenarbeit als professionelle Berufsarbeit darzustellen, die auch ihre Grenzen hat, kann Spannungen und Konflikte sicherlich nicht auflösen, aber Schuldgefühle bei der KindergartenpädagogIn vermindern bzw. erst gar nicht aufkommen lassen.

Jede Dreierbeziehung ist überdies ein labiles Bündnis und vielfach wird in dieser Beziehungsform eine eigene Dynamik wirksam. Wenn der Kontakt zwischen den drei Mitgliedern des Beziehungsbündnisses nicht konstant oder intensiv genug ist, kann eine Instabilität entstehen. Die Dreierbeziehung kann sich auf Zweierbündnisse reduzieren und die gesamte Triade kommt aus dem Gleichgewicht.

Im Kindergartengeschehen kann dies so aussehen, dass sich zwei Beziehungspartner „verbünden". Meist „schlagen" sich die KindergartenpädagogInnen auf die Seite des Kindes, aus dem einfachen Grund, weil sie Kinder sehr gern haben. Dadurch, dass sie die Kinder lieben,

sind sie auch bereit bzw. fällt es ihnen leichter, sich in sie einzufühlen.

Die Eltern werden bloß als Eltern, d.h. in ihren Pflichten, wahrgenommen, nicht aber als ebenso fühlende Personen. Indem KindergartenpädagogInnen mit dem Kind identifiziert sind, fällt es ihnen aber schwer, sich auch mit den Eltern zu identifizieren.

Die „Anwalt-Position" für das Kind verstellt den ErzieherInnen die Sicht auf die Bedürfnisse und Probleme der Eltern. Was zur Folge haben kann, dass sie für die Sorgen und Nöte der Eltern nicht einmal ein offenes Ohr haben.

Gegenseitige Anerkennung und Wertschätzung

Befriedigende Elternarbeit für alle Beteiligten kann nur stattfinden, wenn wir die Kompetenz der Eltern als Erzieher anerkennen und akzeptieren. Oft passiert es, dass PädagogInnen meinen genau zu wissen, welche Handlungs- und Erziehungsstrategien notwendig wären, dass sich ein Kind nach besten Möglichkeiten entfalten und entwickeln könnte.

Natürlich haben KindergartenpädagogInnen ein enormes Fachwissen, um verschiedene Entwicklungsschritte der Kinder zu erkennen und zu beurteilen. Trotzdem sollten sie von dieser Haltung Abstand nehmen, da die Eltern ihr Kind am besten kennen.

Es erscheint mir sinnvoller, die Expertenrolle der Eltern in Bezug auf ihr Kind anzuerkennen und auch zu nützen. Wenn ErzieherInnen die Eltern in ihrer Erzieherrolle achten und Verständnis zeigen, dass Erziehung nicht immer einfach ist und Schwierigkeiten mit sich bringt, so stehen sie auch auf Seiten der Eltern.

Einfühlendes Verstehen kann eine Vertrauensbasis entstehen lassen, in der sich auch Eltern öffnen und Hilfe annehmen können. Gemeinsam Strategien zu entwickeln, um das Kind in schwierigen Entwicklungsphasen zu begleiten, ist natürlich auch förderlicher für das Kind als unterschiedliche Erziehungskonzepte anzuwenden.

Welches Verhalten führt zu offener Atmosphäre?

Die oben angeführten Einflussfaktoren im Feld der Elternarbeit (von denen es natürlich noch viele mehr gibt) sollen aufzeigen, warum es oft so schwierig ist, den Eltern uneingeschränkt zu begegnen.

Um ein Klima zu schaffen, in dem effektive Elternarbeit möglich ist, sollten sich KindergartenpädagogInnen diese Faktoren bewusst machen und ihren Einfluss bedenken. Wenngleich es sicherlich notwendig ist, entsprechende Methoden bei der Zusammenarbeit mit den Erziehungsberechtigten anzuwenden, so scheint mir vor allem die Haltung und Einstellung wichtig, die die KindergartenpädagogIn gegenüber den Eltern einnimmt.

Einfühlendes Verstehen hilft dabei, eine Vertrauensbeziehung zu den Eltern aufzubauen. Klarerweise wird man auch mit dieser Haltung nicht alle Eltern erreichen können, aber vielleicht gelingt es, zumindest einige Eltern „aus der Reserve zu locken“ und eine Gesprächsbasis zu finden, die für alle Beteiligten gewinnbringend und angenehm ist.

Dem Kind kommt in dieser Beziehungsdynamik eine zentrale Rolle zu. Nicht nur die Eltern, sondern auch PädagogInnen sorgen sich um das Wohl des Kindes. Wenn KindergartenpädagogInnen den Eltern offen zeigen, dass sie sich ebenfalls um ihr Kind sorgen, können sie ihr Vertrauen gewinnen. Den Eltern zu zeigen, dass PädagogInnen mit ihnen und nicht gegen sie für das Wohlergehen des Kindes sorgen wollen, kann Ängste auf beiden Seiten abbauen und ein konstruktives Miteinander entstehen lassen.

Effektive Zusammenarbeit kann somit auch bedeuten, das Kind im Kontext seiner Familie wahrzunehmen und vor allem zu berücksichtigen, welche unterschiedlichen Erfahrungen es mit seinen Bezugspersonen gemacht hat, und diese anzuerkennen. Derartiges Hintergrundwissen kann helfen, das Verhalten des Kindes und auch das Verhalten der Eltern besser zu verstehen.

Teamgespräche, Erfahrungsaustausch mit KollegInnen können genützt werden, Probleme mit Eltern zu besprechen und gemeinsam nach Lösungsmöglichkeiten zu suchen. Auch Supervision kann eine Unterstützung bieten, sich mit den eigenen Gefühlen gegenüber den Eltern auseinanderzusetzen.

KindergartenpädagogInnen sollten versuchen, sich die Freude an der Zusammenarbeit mit den Eltern zu erhalten. Einfach weil der Umgang mit Eltern ein fixer Bestandteil ihrer Arbeit ist und dieser Bereich ihre Freude am Beruf maßgeblich beeinflussen kann.

Der Beitrag wurde erstmals in „Unsere Kinder“ 3/2003 publiziert und 2006 überarbeitet.

EVA MARIA LEUPOLD

Gespräche mit Eltern

Wie baue ich zu Eltern eine gute Beziehung auf? Wie kann ich in Problem- und Konfliktsituationen ein lösungsorientiertes Gespräch mit Eltern führen? Gibt es Hilfestellungen für die Planung und Durchführung solcher Gespräche? Wo liegen die Möglichkeiten und Grenzen der Zusammenarbeit mit Eltern? – Diese oder ähnliche Fragen beschäftigen viele ErzieherInnen.

Wann immer über Konzepte für den Elementarbereich und über eine Definition der Aufgaben von Kindertagesstätten diskutiert wird, rückt der Begriff der Elternarbeit in den Mittelpunkt. Ob man nun vom Kindergarten erwartet, dass er flexibel und konstruktiv auf die sich verändernden Familienstrukturen reagieren kann, oder ob man ihn durch die Konfrontation mit der großen Zahl verhaltensauffälliger Kinder zusätzlichen Belastungen ausgesetzt sieht, in jedem Falle wird der Ruf nach intensiveren Formen von Elternarbeit laut. Mit diesen Forderungen geht allerdings auch die Klage einher, die ErzieherInnen würden im Rahmen ihrer ausschließlich am Kind orientierten Ausbildung für die notwendige Kooperation mit Eltern in keiner Weise vorbereitet werden. Die Betroffenen selbst leiden in der täglichen Praxis unter ihren unzureichenden Kenntnissen und Fähigkeiten im konkreten Umgang mit den Eltern. Es bleibt ihrer Aufgeschlossenheit und ihrem persönlichen Engagement überlassen, sich in Fortbildungskursen für diesen schwierigen Aspekt der Arbeit wenigstens ein Stück weit zu qualifizieren.

1. Gesprächssituationen mit Eltern im Kindergarten

Die Zusammenarbeit mit Eltern ist eine Aufgabe, die in vielfältiger Weise gelöst werden muss. Zunächst gilt es, Kontakt herzustellen zu den Eltern, durch Informationen und gemeinsame Aktivitäten die Arbeitsweise des Kindergartens für sie transparent und nachvollziehbar zu machen und durch eine offene und herzliche Atmosphäre eine Beziehung zu schaffen, die tragfähig ist für die Jahre, in denen das Kind die Einrichtung besucht. Insbesondere aber sollte es möglich sein, Entwicklungs- und Verhaltensprobleme bei Kindern mit den Eltern im Hinblick auf eine gemeinsame Lösung besprechen oder Meinungsverschiedenheiten zwischen Elternhaus und Kindergarten produktiv überwinden zu können.

So ergeben sich in etwa folgende Situationen, in denen die ErzieherIn ihre Kompetenz in der Gesprächsführung unter Beweis stellen muss:

1.1. Die Kommunikation mit Eltern im Kindergartenalltag

Der persönliche Kontakt zu den Eltern und der Dialog mit ihnen gehört zum Kindergartenalltag. Er findet statt, wenn das Kind angemeldet wird, den Vorbesuch macht, zum ersten Mal in den Kindergarten kommt, beim Bringen und Abholen, bei Elternabenden und auf gemeinsam von Kindergarten und Eltern organisierten Aktivitäten.

Eine durch solche Begegnungen geknüpfte Beziehung zu den Eltern kann eine tragfähige Grundlage sein für schwierige Gesprächsanlässe.

1.2. Die Kommunikation mit Eltern im Problem- und Konfliktfall

- Eltern wenden sich – ausdrücklich oder nur andeutungsweise – an die ErzieherIn, weil sie Rat und Unterstützung suchen bei erzieherischen Problemen: Mein Kind ist neuerdings so trotzig! Anna streitet ständig mit ihrem kleinen Bruder! Ist Sven schon schulreif? Wie kann ich Beate in ihrer motorischen Entwicklung fördern?
- Eltern treten mit Beschwerden oder gar Vorwürfen an die ErzieherIn heran. Sie klagen über zu viel oder zu wenig „Vorschulerziehung", über die in ihren Augen ungerechte oder unangemessene Behandlung eines Kindes, über Konflikte und Streitigkeiten zwischen Kindern u.Ä.

- Die ErzieherIn macht sich aufgrund von Entwicklungsrückständen, Verhaltensauffälligkeiten oder Verwahrlosungserscheinungen Sorgen um ein Kind. Hier muss sie, selbst bei gutem Kontakt zu den Eltern, besonders sensibel und überlegt vorgehen. Noch mehr Kompetenz und Gespür braucht sie bei Eltern, die sich abwehrend, uninteressiert oder gar feindselig verhalten.
- Die ErzieherIn hat Probleme mit Eltern, die Unzufriedenheit oder Kritik nur indirekt über Dritte, z.B. Träger oder Elternbeirat, äußern und das direkte Gespräch meiden.

Die ErzieherIn fühlt sich meist in der Lage, aufgrund ihrer sozusagen natürlichen Kommunikationsfähigkeit die Alltagsgespräche zu meistern. Dennoch sind auch berufserfahrene TeilnehmerInnen in entsprechenden Fortbildungskursen immer wieder überrascht, was es für sie bezüglich der Feinheiten von Sprachverhalten und dessen Wirkung auf die GesprächspartnerInnen noch zu erfahren und zu lernen gibt. Sie werden sensibilisiert für die Frage, wie Menschen verständnisvoller, klarer und wirksamer miteinander sprechen können.

Bezüglich der angeführten Problemsituationen bestehen meist größere Unsicherheiten. Solche Gespräche werden je nach Persönlichkeit und Erfahrungsstand als schwierige bis sehr schwierige Aufgabe und als Herausforderung erlebt.

2. Grundlegendes Wissen zur Gesprächsführung

Kommunikationspsychologische Erkenntnisse und daraus abgeleitete Prinzipien für eine gute Gesprächsführung sind eine komplexe Sache und entsprechend schwer zu vermitteln. Theoretisch zu wissen, worauf es bei Gesprächen ankommt, ist nur ein erster Schritt, der durch Erfahrungslernen ergänzt werden muss. Sprachliche Interaktion sorgfältig zu beobachten und zu analysieren, negatives und positives Kommunikationsverhalten unmittelbar und bewusst zu erleben sowie sich im Rollenspiel in diversen Problemsituationen auszuprobieren und zu üben sind daher zentrale Bestandteile von Kursen zur Gesprächsführung.

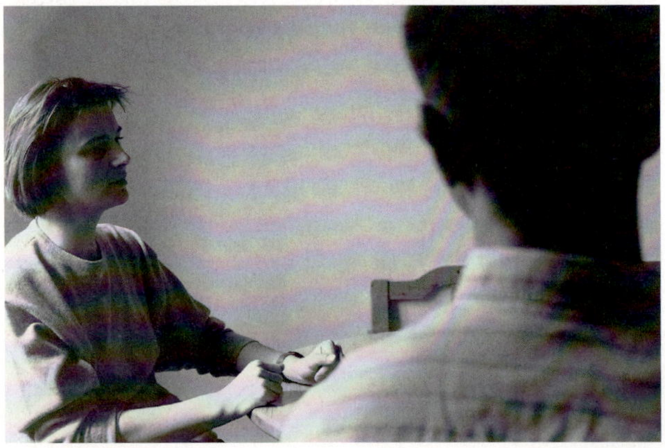

Darüber hinaus ist Gesprächsverhalten eng mit der individuellen Persönlichkeit verknüpft. Erfahrungshintergrund, Einstellungen und Werthaltungen eines Menschen prägen seinen Kommunikationsstil. Sein Gesprächsverhalten zu überprüfen und gegebenenfalls zu verändern bedeutet immer auch, sich mit den eigenen Sichtweisen, Gefühlen und Reaktionsmustern und deren Wirkung auf den Interaktionspartner auseinanderzusetzen. Ein davon losgelöstes mechanisches Einüben von Kommunikationstechniken wäre weder sinnvoll noch wirksam.

Der ErzieherIn sollten also zunächst einige wesentliche Gesichtspunkte von Gesprächsführung geläufig sein:

- Kommunikation ist ein vielschichtiges Geschehen zwischen den GesprächspartnerInnen.
- In einem Gespräch begegnen sich individuelle Persönlichkeiten, die sich durch ihren Erfahrungshintergrund, durch ihre Art, die Welt zu sehen, zu erleben und zu bewerten, ganz erheblich voneinander unterscheiden können. Sich gegenseitig zu verstehen ist daher keine Selbstverständlichkeit.
- Kommunikation unterliegt vielerlei Störvariablen. Vor allem auf der Beziehungsebene, d.h. im gefühlsmäßigen Bereich, kommt es häufig zu Missverständnissen.
- Individueller Kommunikationsstil und Persönlichkeit sind eng miteinander verwoben. Ein selbstbewusster Mensch spricht beispielsweise anders als ein ängstlicher. Wer eine eher bestimmend-kontrollierende Einstellung hat, zeigt ein anderes Gesprächsverhalten als jemand mit partnerschaftlicher Orientierung.
- Verschiedene Kommunikationsstile haben jeweils spezifische Wirkungen auf die/den GesprächspartnerIn.
- Nonverbales Verhalten ist ein bedeutsamer Faktor in Gesprächen. Auf dieser Ebene wird in der Regel die „eigentliche", die gefühlsmäßige Botschaft übermittelt.
- Ein gutes Gespräch zur Problem- und Konfliktlösung braucht Zeit und Ruhe.
- In bestimmten Situationen ist es besonders wichtig, sich um ein intensives und einfühlendes Verstehen der/des GesprächspartnerIn zu bemühen und auf sie/ihn einzugehen (aktives Zuhören).
- In anderen Gesprächsphasen ist es unerlässlich, klar und nachdrücklich den eigenen Standpunkt zu vertreten. Die eigene Sichtweise und die eigenen Gefühle sollten in einer für die/den GesprächspartnerIn annehmbaren und nicht kränkenden Weise ausgesprochen werden können (Ich-Botschaften).
- Ratschläge sind – trotz bester Absicht – oft wenig wirkungsvoll und folglich mit Vorsicht zu handhaben.
- Ein Gespräch auf der Basis einer partnerschaftlichen Einstellung, die Achtung, Verständnis und Toleranz für die Andersartigkeit der/des GesprächspartnerIn beinhaltet und von der Eigenverantwortlichkeit des Individuums ausgeht, schafft am ehesten die Bedingungen

für eine konstruktive Einflussnahme, für Veränderung und Konfliktlösung.
- Nur wer sich seines Kommunikationsstiles bewusst ist, kann mit seinen Schwächen umgehen und seine Stärken gewinnbringend einsetzen.

Diese Auflistung macht deutlich, dass eine Verbesserung und Verfeinerung der Kommunikationsfähigkeit ein umfassender und länger andauernder Lernprozess ist. Er wird am intensivsten gefördert in kleinen Gruppen mit offener und vertrauensvoller Atmosphäre, die den Freiraum für Selbstreflexion und angstfreies Experimentieren gewährleisten.

3. Die Position der ErzieherIn

Das Gespräch mit Eltern verlangt von der ErzieherIn nicht nur kommunikationspsychologische Kenntnisse, sondern auch eine Auseinandersetzung mit ihrem beruflichen Standort. Welche Anforderungen werden an den Kindergarten ausdrücklich oder unausgesprochen gestellt? Wie kann mit diesen Erwartungen in der konkreten Arbeit umgegangen werden? Welche Probleme wirft dabei die Stellung der ErzieherIn zwischen Kind und Eltern auf?

Hat sie sich diese ihre Rolle nicht bewusst gemacht, wird es ihr kaum gelingen, die Kommunikation mit Eltern, insbesondere in Problem- und Konfliktgesprächen, in befriedigender Weise zu gestalten. Ehe sie das Gespräch nach den „Regeln der Gesprächskunst" führt, muss sie sich über ihre Position den Eltern gegenüber, die damit verknüpften Handlungsspielräume und entsprechend über ihre Gesprächsziele im Klaren sein. Vernachlässigt sie diese Reflexionsprozesse, wird ihre diesbezügliche Unsicherheit und Uneindeutigkeit das Gespräch zwangsläufig beeinflussen und beeinträchtigen.

3.1. Zusammenarbeit mit den Eltern

Kontaktangebote sind wünschenswert und notwendig, aber nicht immer erfolgreich. Die Probleme von Kindertagesstätten unterscheiden sich im Hinblick auf die Kooperation mit Eltern zum Teil ganz erheblich. In einem kleinen Dorfkindergarten gestalten sich die Kontaktmöglichkeiten anders als in einem mehrgruppigen Großstadtkindergarten. Elternarbeit wird in sozialen Brennpunkten andere Akzente setzen müssen als in einem Mittelschicht-Wohngebiet.

Vielfach klagen die ErzieherInnen über das Desinteresse und die Unerreichbarkeit von Eltern. Wohlmeinende Versuche der Kontaktanbahnung, zum Beispiel über Elternabende oder Vortragsveranstaltungen, enden nicht selten in Frustration. Gerade die Eltern, mit denen Gespräche besonders wichtig wären, um eine positive Entwicklung des Kindes zu fördern, bleiben diesen Angeboten fern. Hier muss mit der Enttäuschung darüber umgegangen werden, dass Elternarbeit trotz persönlichen Bemühens nur in begrenztem Maße zu verwirklichen ist. Das beste Konzept kann an der Realität scheitern.

3.2. Abgrenzung

Die ErzieherIn wird die Kooperation mit den Eltern anregen und begrüßen, sich gegebenenfalls aber gegen unangemessene Einmischung zu wehren wissen. Während in dem einen Kindergarten Gleichgültigkeit und mangelndes Problembewusstsein der Eltern die Arbeit hemmen, leiden andere KollegInnen unter „über-engagierten" Eltern, deren Ansprüche auf Mitbestimmung sie als überzogen und als Einmischung in ihren pädagogischen Zuständigkeitsbereich erleben.

Durch ständig neu vorgebrachte Forderungen und Veränderungswünsche fühlen sich die ErzieherInnen in ihrer Arbeit behindert. In diesem Fall muss Kooperationsbereitschaft in Einklang gebracht werden mit einem selbstbewussten Vertreten des pädagogischen Konzepts und daraus abgeleiteten Grundsätzen.

Gerade jüngeren ErzieherInnen fällt es oft noch schwer, sich mit der nötigen Sicherheit und Festigkeit auf die eigene professionelle Kompetenz zu berufen und gegenüber unangemessenen Eingriffen der Eltern auch einmal Grenzen ziehen zu können.

3.3. Verantwortlichkeiten

Die ErzieherIn kann auf Probleme hinweisen, die letzte Verantwortung bleibt bei den Eltern. Dieser Punkt gestaltet sich oft schwierig, da viele Faktoren dazu beitragen, dass die ErzieherIn unter Handlungsdruck gerät:

- Aufgrund ihres Arbeitsauftrages, aber auch aufgrund ihrer in der Regel engen emotionalen Beziehung zum Kind fühlt sie sich für dessen positive Entwicklung verantwortlich.
- Kinder mit massiven Verhaltensproblemen sind eine erhebliche Belastung für die Gruppe und erschweren die Arbeit. – Durch die Verwissenschaftlichung der Pädagogik haben sich die Ansprüche an die Aufgaben des Kindergartens erhöht. Der allgegenwärtige Begriff der Prävention, die Idee von Vorbeugen und Früherkennung, zwingt die ErzieherIn zu verstärkter Aufmerk-

samkeit und verantwortlichem Handeln. Unter dem Einfluss mehr oder minder fundierter psychologischer Kenntnisse ist ihr der Zusammenhang zwischen Verhaltensstörung und familiären Bedingungen präsenter. Wenn sie, so ihre Schlussfolgerung, die Probleme des Kindes umfassend lösen will, muss sie Einfluss nehmen auf die Einstellungen und Verhaltensweisen der Eltern.

Welche ErzieherIn hätte nun aber noch nicht erlebt, dass ihre Hinweise, zum Beispiel auf fehlende Schulreife oder auf Verhaltensauffälligkeiten, von den Eltern ignoriert oder abgewehrt wurden. Die Entwicklung in der Schule bestätigt zwar meist das Urteil der ErzieherIn, ihre pädagogische Kompetenz und Autorität wird dennoch häufig nicht ernst genug genommen.

Trotz des Zugzwanges, im Interesse des Kindes auf die Eltern einzuwirken, muss sie ihre Position realistisch einschätzen. Sie kann ihre Beobachtungen am Kind den Eltern mitteilen, auf bedenkliche Entwicklungen und zu erwartende Konsequenzen hinweisen. Sie wird allerdings auch sehen müssen, wo ihre Verantwortlichkeit endet. Gefühle, zunächst als Anstoß für eine Initiative wichtig, dürfen nicht ungefiltert in die weitere Arbeit einfließen, sondern müssen – wenn zum Wohle des Kindes eine wirksame Zusammenarbeit erreicht werden soll – auf dem Hintergrund sachlich-fachlichen Wissens bearbeitet werden. Die oft sehr emotionale Parteinahme für das Kind bedarf der Ergänzung durch eine professionell-distanzierte Haltung, die ein Verständnis der Eltern mit einschließt. Die Eltern sind es, die die letzte Verantwortung für das Kind tragen, und in der Regel versuchen sie – zumindest aus ihrer Sicht – das Bestmögliche. Oft fühlen sie sich verunsichert und überfordert und gehen, da sie Kritik und Beschuldigungen fürchten, schnell in eine Abwehrhaltung.

4. Veränderungshindernisse und -chancen

Bei gravierenden Problemen kann es für die Einschätzung der eigenen Handlungsspielräume und die realistische Bewertung von Veränderungschancen hilfreich sein, wenn sich die ErzieherIn einige Überlegungen aus der beraterischen und therapeutischen Arbeit vergegenwärtigt.

Eine Vielzahl von therapeutischen Schulen beschäftigt sich mit der Frage, wie Menschen, die mit sich selbst und anderen nicht zurechtkommen, bei der Lösung ihrer Probleme geholfen werden kann. Alle sind dabei mit der Frage konfrontiert, welche Faktoren einem solchen Veränderungsprozess entgegenwirken und wo professionelles Helfen an seine Grenzen stößt. Ausgangspunkt ist die Beobachtung, dass Menschen – als Einzelperson ebenso wie als Familiensystem – einer Veränderung ihrer Verhaltens- und Beziehungsmuster erst einmal Widerstand entgegensetzen. Ehe der vielzitierte Leidensdruck nicht sehr quälend ist, wird kaum Bereitschaft gezeigt, sich den Problemen zu stellen. Darüber hinaus unterliegen psychische Leiden oder Probleme in der Familie – anders als körperliche Krankheiten – vielfach immer noch einer verschämten Geheimhaltung. Sozialer Druck, aber auch die Tatsache, dass niemand sich gerne das eigene „Versagen" eingesteht, erschweren einen offenen Umgang mit seelischen Belastungen und zwischenmenschlichen Schwierigkeiten.

Jeder Mensch kann als ein komplexes System von Erfahrungen, Einstellungen, Gefühlen und Verhaltensweisen betrachtet werden, das sich in einem Zustand von Gleichgewicht befindet und sich gegen Veränderung wehrt. Die bestehende Struktur, und sei sie noch so schmerzhaft und konfliktträchtig, ist immerhin etwas Vertrautes und damit Kalkulierbares. Veränderung hingegen enthält das Risiko des Neuen. Menschen mit psychischen Problemen sind häufig besonders unflexibel und haben überdurchschnittlich viel Angst vor Veränderung.

Ist schon jeder Einzelne „ein System für sich", so komplizieren sich die Verhältnisse in der Familie noch weiter. Ihre Mitglieder sind durch ihre gefühlsmäßigen Reaktionen und Verhaltensweisen in einer Art und Weise aufeinander bezogen, die sich durch den Einfluss vieler Faktoren entwickelt hat. Aus der Perspektive des Systems hat die bestehende Form des Zusammenlebens durchaus einen Sinn. Hinsichtlich einer Erklärung für diese Entstehungsgeschichte und die Balance eines Familiensystems betonen die therapeutischen Schulen jeweils unterschiedliche Aspekte, immer jedoch wird deutlich, dass es sich um ein vielschichtiges und subtiles Zusammenspiel verschiedener Kräfte handelt, in das nicht ohne weiteres eingegriffen werden kann.

Sieht man Erziehungsverhalten in diesem Kontext, so wird deutlich, wie schwierig eine Veränderung sein kann. Die gefühlsmäßige Einstellung zum Kind und der Umgang mit ihm sind ganz wesentlich von den Kindheitserlebnissen der Eltern und ihrer Persönlichkeitsentwicklung geprägt, unterschiedliche Erfahrungen in den Herkunftsfamilien von Vater und Mutter führen zu einem mehr oder minder spannungsreichen Gefüge von Einstellungen und Emotionen. Erziehung ist immer ein stark gefühlsmäßig verankertes Geschehen, das sich rationaler Beeinflussung entziehen kann.

Nun gibt es sicher im Kindergarten eine ganze Reihe von Problemen, die gut zu lösen sind. Eltern sind oft dankbar für Anregungen bei Erziehungsfragen und Gespräche mit partnerschaftlicher Orientierung – also ohne Druck, Beschuldigung und Bevormundung – können manches in Bewegung setzen und in eine positive Richtung lenken. Spüren Eltern, dass ihnen Verständnis entgegengebracht, ihr Bemühen anerkannt wird und auch die Stärken ihres Kindes gesehen werden, dann können sie sich durchaus unangenehmen Wahrheiten stellen. Je besser es der ErzieherIn gelingt, ihre Sorge um eine gute Entwicklung des Kindes zu vermitteln und Kritik an den Eltern zu vermeiden, umso mehr erhöht sie ihre Chancen einer Einflussnahme.

5. Gesprächsplanung und -vorbereitung

Bei tiefgreifenden Störungen sind, das sollten die vorangegangenen Überlegungen deutlich machen, Veränderungen oft nur sehr schwer zu erreichen oder anzuregen. In solchen Fällen wird die ErzieherIn vernünftigerweise über Supervision oder Beratung von Fachleuten aus Erziehungsberatungsstellen Hilfe suchen, um sich von zu starkem Handlungszwang und erdrückender Verantwortlichkeit zu entlasten. Hier kann – gemeinsam und sehr konkret auf das jeweilige Problem bezogen – darüber nachgedacht werden, welche Möglichkeiten der Kontaktaufnahme zu den Eltern sie hat bzw. ob andere Institutionen, wie z.B. das Jugendamt, eingeschaltet werden müssen.

Es empfiehlt sich, Gespräche mit Eltern in Problem- und Konfliktfällen immer gut vorzubereiten und nicht zwischen Tür und Angel stattfinden zu lassen. Im Idealfall arbeitet die ErzieherIn in einem Team, in dem zeitlich und atmosphärisch ausführliche Besprechungen möglich sind, wenn MitarbeiterInnen Konflikte mit Eltern oder Probleme mit Kindern haben. Die Diskussion mit KollegInnen kann die eigenen Emotionen klären und die Ziele präzisieren helfen.

Das Gespräch wird sicherer und wirksamer geführt werden können, wenn sich die ErzieherIn an folgenden Fragen orientiert:

- Was will ich in dem Gespräch mit den Eltern erreichen?
- Ist meine Zielsetzung realistisch?
- Bin ich emotional so ruhig und gelassen, dass ich den Eltern zuhören und sie ermutigen kann, ihre Sichtweise darzulegen?
- Habe ich genügend Informationen, Beobachtungen und Argumente, um meine Position zu erläutern und mit Standfestigkeit zu vertreten?

Alles in allem: Im Rahmen einer fruchtbaren Zusammenarbeit sollte die ErzieherIn auf der Basis einer partnerschaftlichen Einstellung den Eltern im Gespräch Verständnis entgegenbringen, aber auch selbstbewusst den eigenen Standpunkt vertreten können. Die Grenzen ihrer Verantwortlichkeit und Einflussnahme müssen dabei immer wieder neu überdacht werden.

Kompetente Gesprächsführung und Konfliktlösung verlangen nicht nur theoretisches Wissen, sondern überdies viel Erfahrung und persönliche Reife. Deshalb sollte der Themenkomplex „Elterngespräche" auch nach der Berufsausbildung als Aufgabe und Entwicklungsprozess angesehen werden, der durch Kooperation im Team und entsprechende Fortbildungsangebote unterstützt werden kann.

Literatur

Leupold, Eva Maria (1995): Handbuch der Gesprächsführung. Problem- und Konfliktlösung im Kindergarten. Freiburg: Herder

Der Beitrag wurde erstmals in „Unsere Kinder" 3/1999 publiziert.

Elfriede Lechner

Elternarbeit – handlungs- und produktorientiert

Im Laufe der Jahre änderte sich meine Arbeit mit den Eltern „meiner" Kindergartenkinder grundlegend. Ich bezog sie immer mehr in das Geschehen unseres Kindergartens ein. Das Ergebnis? Die Eltern brachten mehr Interesse und Verständnis für das Leben im Kindergarten auf. Sie maßen nicht allein dem Spiel ihrer Kinder viel mehr Wert bei als früher, sondern auch all ihren anderen kreativen Arbeiten. Zuletzt vertraten sie sogar die kommunalpolitischen Anliegen des Kindergartens mit hohem persönlichem Engagement.

Der Kindergarten in Eschenau besteht seit 1976 und liegt in ländlichem Gebiet. Die Familienstruktur ist anders als im Stadtbereich, ich wage zu behaupten, geschlossener. Daher ist es nicht immer leicht, die Abwehrhaltung mancher Erwachsener zu durchbrechen und sie mit Fremdem oder Neuem vertraut zu machen.

Die Eltern aus der Reserve zu locken, ihnen Einblick in das Leben der Kinder im Kindergarten zu geben und die Arbeit transparent zu machen waren meine Bestrebungen. Zur Gestaltung von dementsprechenden Elternabenden brauchte ich jedoch viel Mut. Es war eine Herausforderung, die anzunehmen sich gelohnt hat.

Ich stimmte die Elternabende entweder auf die aktuellen Arbeitsschwerpunkte im Kindergarten ab oder nutzte sie, um mit den Eltern Fragen zu diskutieren, die sie bewegten, wie z.B. das Thema Schulvorbereitung. Ich versuchte ihnen nahe zu bringen, warum ich keine Arbeitsblätter verwendete und die Kinder dennoch bestens auf die Schule vorbereitet wurden. Immer wieder bemerkte ich, wie sehr dies dazu beitrug, Ängste und Missverständnisse abzubauen.

Ich machte die Erfahrung, dass nicht nur meine Transparenz, sondern auch meine Bereitschaft, mich auf die Eltern meiner Kinder einzulassen, das Verständnis und das Vertrauen zwischen uns stärkte.

Diese Erfahrung ermutigte mich den Versuch zu wagen, die Elternabende aufzulockern, indem ich für die Eltern verschiedene Spiele einstreute. Nachdem ich bemerkt hatte, welchen Spaß und welches Interesse sie daran hatten, wuchsen mein Mut und auch die Zahl der TeilnehmerInnen. (Waren Eltern verhindert, drückten sie ihr Bedauern aus oder baten um einen neuen Termin.)

Eltern zeichnen Glasdias ...

Ein Elternabend hatte das „Bilderbuch" zum Thema. In meinem Vortrag erklärte ich den Umgang mit Büchern und wie Bilderbücher für Kinder „lebendig" werden. Ich bot den Eltern an, beim Veranschaulichen eines Bilderbuches zu helfen und den Inhalt auf Glasdias zu zeichnen. „Was raschelt da am Bauernhof" wurde ausgewählt und von einigen Eltern begeistert in Bilder umgesetzt. Anschließend besichtigten wir den „Diafilm" und amüsierten uns köstlich. (Die Texte wurden mit verteilten Rollen dazu gelesen.)

Die Bilder stammen aus einem Bilderbuch, das auf einer Geschichte beruht, die die Eltern bei einem Elternabend fertig gestellt haben.

Besondere Freude zeigten die Kinder, als sie tags darauf die Werke ihrer Eltern bestaunen konnten. Stolz kommentierten sie: „Das ist von meiner Mama (meinem Papa)." Eine Randbemerkung von Andreas: „Wer hat diese Hasen gezeichnet?" Meine Antwort: „Deine Mutter." Andi schmunzelnd: „Des hab i glei gewusst, des hab i mir denkt!"

... erzählen eine Geschichte weiter ...

Beim nächsten Elternabend präsentierte ich eine von unseren Kindern begonnene Geschichte über das Leben auf dem Bauernhof. Den Eltern schlug ich vor, die Geschichte fertig zu stellen. Ich lockte mit dem Versprechen, bei Gelingen mit den Kindern ein Bilderbuch zu gestalten. Und ob die Erzählung gelungen ist! Verborgene poetische Talente wurden entdeckt. Einige Mütter waren nicht zu bremsen und fertigten noch einen „Diafilm" an. So konnte die Geschichte mit den Kindern mühelos erarbeitet werden. Ein wundervolles Bilderbuch entstand. – Dieses Buch wurde am Ende des Kindergartenjahres mit

Puppen bespielt, die von den Kindern angefertigt worden waren. Es war ein Höhepunkt an Freude, Gemeinsamkeit und gegenseitigem Verstehen, den Eltern, Kinder und ich als Ausklang des Arbeitsjahres gemeinsam erleben durften.

… dramatisieren und spielen einen Text …

Ein Kindergartenjahr war von lebhaften und sehr kreativen Kindern geprägt. Kreativ waren auch die Eltern. Ein großartiges Arbeiten! Die Spannung vor dem ersten Elternabend war enorm (im positiven Sinn). Angesporntwurden meine Aktivitäten von Bemerkungen mancher Eltern wie: „Was erwartet uns wohl heuer wieder?“ oder: „Das wird eine schlaflose Nacht, wenn ich an morgen (den Elternabend) denke“ oder: „Ein Elternabend nur mit Vortrag wäre fad und passt nicht für uns“ u.a.m.

„Sprache, das Tor zur Welt“ war der Inhalt meines Referats am besagten Abend. Anschließend lud ich die Eltern zum gemeinsamen Spiel ein, bei dem alle Talente zum Tragen kamen. Gewählt wurde das Märchen „Das schönste Lied“ von Max Bollinger (nach einer Spielidee von Kreusch-Jakob). Die Rollen waren schnell verteilt. Einige zeichneten Bühnenbilder, andere griffen zu den Instrumenten. Eine Mutter nahm die Trommel mit der Bemerkung: „Da brauch’ ich nicht viel tun, so a bisserl draufklopfen kann ich leicht.“ Die übrigen Erwachsenen teilten sich die Leserollen.

Mein Vorschlag, das Spiel auch den Kindern vorzuführen, wurde gerne angenommen. Die Kinder hatten für die Festjause Brötchen zubereitet und die Eltern boten ihr Spiel dar. Die Freude war auf beiden Seiten unbeschreiblich groß. Lange und in verschiedenen Variationen wurde „Das allerschönste Lied“ von den Kindern nachgespielt. Die Mutter mit der Trommel bemerkte: „Jetzt weiß ich erst, was mein Kind leistet. Von wegen ‚nur‘ trommeln: Die ganze Zeit musste ich konzentriert sein, um zu wissen, wann mein Einsatz kommt. Außerdem musste ich mir den Ablauf der Geschichte merken …“ Solche und ähnliche Bemerkungen ließen darauf schließen, dass durch nichts anderes die Kinderarbeit so transparent gemacht werden konnte.

… gestalten ein Weihnachtsspiel

Vom Erfolg angespornt und die kreative Gruppe von Eltern und Kindern ausnützend, gab es vor Weihnachten noch einen Elternabend, bei dem ein Teil der Eltern eine fantasievolle Puppe anfertigte, die zum Gruppenliebling avancierte. Der andere Teil machte unter der Anleitung einer Mutter, die der Kunst der Floristik mächtig war, Weihnachtsgestecke.

An diesem Abend (zu fortgeschrittener Stunde) wurde ich mit der Frage „Wo bleibt das Spiel?“ überrascht. Dieses Bedürfnis wollte ich nicht ungenützt lassen. Ein Stück war schnell gefunden und bald darauf spielten wir mit den Figuren der Kinder „Das Hirtenlied“. Es bedurfte keiner Überredungskunst, eine gemeinsame Weihnachtsfeier zu planen – mit dem Spiel der Eltern und den Tänzen der Kinder. Bei dem Fest war von jedem Kind ein Elternteil anwesend. Die Kinder zeigten offen ihre Freude und Begeisterung.

Eine Mutter kam trotz eineinhalb Stunden Fahrzeit extra von Wien angereist. Auf meine Frage, ob sie dieser Stress nicht zu sehr belaste, antwortete sie: „Nein, für mich war es eine Stunde der Besinnung, sie ist durch nichts ersetzbar. Ich möchte diese Zeit nicht missen.“

In der Tat, es war ein stimmungsvolles Fest, das sicher mehr als nur schöne Eindrücke hinterließ!

Der Kindergarten – ein Anliegen der Eltern

Mittlerweile umfasst meine Geschichte mit den Eltern so manches weitere Kapitel. Sie waren immer mehr bereit, die Kinder und mich in unseren Vorhaben zu unterstützen. Als wir beispielsweise die Idee hatten, uns in einem „Hochwasserbuch“ mit der vorangegangenen

Naturkatastrophe auseinanderzusetzen, brauchten wir nicht lange zu fragen. Bald schon war eine vielfältige Sammlung von Dokumentarfotos vorhanden, die wir mit Kinderzeichnungen zu einem Bilderbuch gestalteten.

Welche Erwartungen die Eltern an **ihre** Abende knüpfen, zeigte eine Mutter mit folgendem Ausspruch: „Auf den Elternabend im Kindergarten freue ich mich immer ganz besonders. Ihn zu besuchen ist Ehrensache! Kommen Sie ja nicht auf die Idee, ihn fad zu gestalten! Ich meine z.B. nur einen langweiligen Vortrag halten und dann ‚gemma wieder ham'. Das wäre frustrierend." Oder eine andere meinte, nachdem einige Eltern den Abend mit einer mittels „Gemüsefiguren" gespielten Anekdote eingeleitet hatten: „In so einem Spiel ist alles drin. Da merk' ich mir auch nach einem schweren Arbeitstag alles viel leichter." Diese und ähnliche Aussprüche motivieren mich, hier kreativ zu werden.

Mittlerweile war unsere Basis so weit gediehen, dass ich in einen Elternabend zum Schwerpunktthema Märchen eine Zwergengeschichte einbauen konnte, in die ich die Schwierigkeiten unseres Kindegartenalltags verpackt hatte. (Die von der Gemeinde versprochenen baulichen Änderungen ließen auf sich warten, der beantragte Wintergarten wurde abgelehnt und es herrschte auch Unverständnis angesichts der Notwendigkeit einer Stützkraft für die Integrationsgruppe.) Die Eltern waren sofort zum aktiven Spiel bereit, das sie mit Kartonzwergen (Stabfiguren) aufführten, die von den Kindern vorbereitet worden waren. Ein anwesender Gemeinderat kommentierte das Märchen lachend: „Es war eindeutig genug, ich kenn' mich aus." Solche und ähnliche Aussprüche ließen erkennen, dass die Botschaft angekommen war.

Dieser Elternabend, bei dem auch „Eltern-Märchen-Geschichten" und Dias entstanden, die die Kinder später in ihr Märchenspiel mit einbezogen, verlief in einer sehr lockeren und fröhlichen Atmosphäre. Als einige Tage später eine Palette mit Ziegeln irrtümlich auf unserem Parkplatz gelagert wurde, kamen die Eltern mit Kommentaren wie: „Da schau her, **wir** bekommen bereits den Wintergarten."

Ein Zeichen dafür, dass der Kindergarten, für den sie sich später auch bei der Gemeinde einsetzten, zu **ihrem** Anliegen geworden war. In der Zwischenzeit hatte die Gemeinde die dringendsten baulichen Veränderungen vorgenommen, der Wintergarten wurde nicht mehr kategorisch abgelehnt und die Stützkraft erfreute sich eines breiten Verständnisses u.a.m.

Wenn Elternabende auch nicht immer von Erfolgen begleitet sind (ein wenig muss Fortuna auch mitspielen), so ist das besondere Gestalten einen Versuch wert. Ein Transparentmachen erleichtert unsere Arbeit im Kindergarten, baut Vorurteile ab und verhindert Missverständnisse. Also: Mut zu eigenen Experimenten!

Der Beitrag wurde erstmals in „Unsere Kinder" 3/1999 publiziert.

Roswitha Frühwirth

Elternarbeit – maßgeschneidert

Von Muttertagsmassagen und Vatertagsversen

Als ein Feld, auf dem ich mich nur ungern bewegte, so sah ich zu Beginn meiner beruflichen Tätigkeit den Bereich Elternarbeit. Heute ist sie die Grundlage für meine Arbeit im Kindergarten. Der Weg dorthin war freilich mit einigen „Steinen und Löchern" versehen, aber – ich kam weiter!

Zunächst verspürte ich wohl ein gewisses Defizit. (In der Ausbildung war Elternarbeit kaum behandelt oder praktiziert worden.) Auch in den ersten Jahren als Aushilfskindergartenpädagogin gab es so gut wie keine Gelegenheit, mit Eltern eine Basis der Zusammenarbeit aufzubauen. So bereichernd und vielfältig an Erfahrungen die ersten Dienstjahre auch waren – hier war eine Lücke! Der Bereich Elternarbeit blieb für mich dadurch lange Zeit Neuland.

Grundbedingung: Transparenz

Die Umstände brachten es mit sich, dass ich eines Tages ganz plötzlich in einen Kindergarten bestellt wurde, wo ich eine stark konfliktbesetzte Situation vorfand: aufgebrachte Eltern, welche sich aufgrund der Vorkommnisse bereits in zwei Gruppen geteilt hatten, ja sogar ihre Emotionen lebhaft austauschten. In dieses Spannungsfeld wurde ich unvorbereitet berufen und obwohl ich mit dem Auslöserproblem nichts zu tun hatte, kostete es viel Kraft und Mut, diese Zeit durchzustehen. Auch in der Kindergruppe war große Unruhe zu spüren und der Kindergartenalltag erwies sich als ungemein belastet.

Dieses Geschehen, das ich hier (als noch recht junge Kindergartenpädagogin) erlebte, sehe ich als den „großen Stein" in meinem bisherigen Berufsleben. Gerade dieser Stein war es aber, der mich vieles lehrte und mir zu einer großen Portion Selbstvertrauen verhalf. Es galt, meinen Weg klar und deutlich zu erkennen zu geben und den Kindern trotz negativer Rahmenbedingungen einen angenehmen Kindergartenablauf zu ermöglichen. Allmählich beruhigte sich die Situation und ich versuchte behutsam und schrittweise eine Basis aufzubauen. Ein wesentlicher Schwerpunkt lag darin, meine Tätigkeit den Eltern so transparent wie möglich zu gestalten (das führte etwas näher zusammen und weckte Interesse). Welch hohen Stellenwert die Elternarbeit für die Kinder und auch für das Geschehen im Kindergarten hat, wurde mir hier in aller Deutlichkeit vor Augen geführt.

Verbindung zwischen alter und neuer Lebenswelt

Mit dieser Erkenntnis und reich an persönlichen Erfahrungen wechselte ich nach einigen Jahren in einen anderen Kindergarten. Hier fand ich nun eine neue Situation vor: Der eingruppige Kindergarten wird zum Großteil von Kindern der umliegenden Ortschaften und Einzelgehöfte besucht, d.h. zu 90 % von Buskindern. Dadurch ist auch der Kontakt zu den Eltern auf ein Mindestmaß reduziert.

Die Abgeschiedenheit hat auch zur Folge, dass für die AnfängerInnen der Kindergarten ein wirkliches Neuland ist. Eine „neue Welt" tut sich auf, die die Kinder gerne in Verbindung zu ihrer „alten" sehen wollen. Dieses Bedürfnis, dem ich so weit wie möglich entgegenzukommen versuche, merkt man immer wieder recht deutlich.

Beispielsweise, als ich die gereimte Geschichte vom „schlafenden Apfel" erzählte: Diese durch ein kleines Tischtheater veranschaulichte Geschichte wurde von den Kindern, die abwechselnd die Rolle des Erzählers übernahmen, oftmals wiederholt. Ein Kind meinte: „Ein bisschen hab ich's schon der Mutti erzählt, aber die kennt sich nicht aus!" Diese Aussage bestätigte: Die Kinder wollen den Eltern den Kindergarten offenbaren, einiges vom Geschehen mit hinaus nehmen ins Elternhaus. Zu diesem

Zweck dichtete ich ein Apfelgedicht, eine Kurzform der ursprünglichen Geschichte, zu der die Kinder sehr rasch Zugang fanden. Nachdem wir auch Requisiten gebastelt hatten, die das Behalten und Vorspielen des Gedichtes erleichtern sollten, wurden diese zusammen mit dem Gedicht für die Eltern nach Hause getragen. Etwas nach Hause tragen – sei es nun etwas Selbstgemachtes, ein Elternbrief oder eine Einladung (meist von den Kindern mitgestaltet) –, das macht stolz und zeigt den Kindern, dass zwischen dem Kindergarten und ihrem Elternhaus eine Verbindung besteht. Wenn wir Einladungen ausgeben, so beinhalten diese für die Kinder meist auch die Vorfreude auf ein geplantes Ereignis. Sie bedeuten: „Die Mutti kommt in den Kindergarten!"

Geschenke für die Eltern

Gemeinsame Feste sind auch in unserem Kindergartengeschehen Fixpunkte. Ich habe sie jedoch in ihrer Form und Gestaltung nach und nach verändert. Mittlerweile lege ich großen Wert darauf, die TeilnehmerInnen zum aktiven Mittun einzuladen (manches wird zuvor beim Elternabend besprochen).

Auch Muttertags- und Vatertagsgeschenke haben zuletzt eine etwas andere Färbung erhalten. Die Mütter

wurden beispielsweise mit Decke und Polster zur Muttertagsfeier eingeladen. Zunächst stand Ausruhen bei Entspannungsmusik auf dem Programm, danach gab es als Geschenk eine sanfte Massage (dazu auch wieder die passende Begleitmusik). Es ist erstaunlich, zu welcher Ruhe und Hingabe die Kinder dabei fähig sind. Die Mütter waren von diesem wohltuenden Geschenk tief beeindruckt und um ein schönes Erlebnis reicher.

Aus alten Schulheften, die wir einmal bekommen hatten, fertigte jedes Kind (die Technik der Umschlaggestaltung wurde frei gewählt) ein Erinnerungsbuch für seine Mutti. Gemeinsam überlegten wir, was sich die Mutti da wohl aufschreiben könnte. Gleich brachten einige Kinder auch persönliche Erinnerungen ein. Sie meinten: „Ich würde ... hineinschreiben". Im Gespräch mit den Kindern sammelte ich deren Ideen, die ich dann in einem Gedicht verarbeitete. Daraus entwickelte sich eine in meiner Kindergartengruppe mittlerweile bewährte Form des „Dichtens mit Kindern". Da die so entstandenen Gedichte dem Erleben der Kinder sehr nahe sind und auch hier ihre Entstehung haben, ist der Zugang zum Text für sie nicht schwierig.

In ähnlicher Weise entstand ein Gedicht, als wir im Frühjahr auf der Fensterbank Küchenkräuter ziehen wollten. Jedes Kind hatte Samen in seine Pflanzschale gestreut und war für sie verantwortlich. Auch aus diesem Tun und den Gedanken, die sich die Kinder dazu machten, entwickelte sich ein Glückwunschgedicht, das zusammen mit den Gewürzpflanzen als Geschenk übergeben wurde.

Auch für den Vatertag fanden wir zu einem Gedicht, das den Wunsch vieler Kinder, einmal so richtig mit dem Papa zu kuscheln, zum Ausdruck bringen sollte, eine Sehnsucht vor allem bei jenen Kindern, deren Väter nur am Wochenende bei der Familie sind oder täglich weite Strecken pendeln müssen.

Der Elternabend

Das jährlich viermalige Zusammenkommen bei Elternabenden ist mir vor allem in meiner speziellen Arbeitssituation eine besonders große Hilfe. Durch einfache Übungen aus der Kindergartenpraxis (z.B. Rhythmik, Fingerspiele, Bilderbuch) versuche ich die Eltern einander auf etwas humorvolle Art näher zu bringen (auch sie kennen einander nicht gut oder gar nicht). In einer etwas aufgelockerten Atmosphäre gelingt der Einstieg ins Thema des Elternabends meist wesentlich besser. Wenn ich referiere, bemühe ich mich, meine Ausführungen mit aktuellen Beispielen aus dem Kindergartenalltag und durch manch lustige Begebenheit (z.B. Aussagen der Kinder) zu beleben. Als Abschluss hinterlässt die Mutter oder der Vater meist eine kleine Grußbotschaft (einfache Bastelei, Briefchen oder Zeichnung), die in der Eigentumslade des Kindes auf den nächsten Tag wartet. Gleich nachdem die Kinder am nächsten Tag angekommen sind und sich umgezogen haben, gehen sie zu ihrer Lade. Manchmal darf ich die Nachricht vorlesen, meist jedoch handelt es sich um ein besonderes Geheimnis von hoher persönlicher Note. So eine Grußbotschaft hat sich als gutes Hilfsmittel zur Überwindung des täglichen Trennungsschmerzes bewährt. Sie verbindet die beiden Welten des Kindes und auf diese Verbindung, so meine ich, kommt es an.

Der Beitrag wurde erstmals in „Unsere Kinder" 3/1999 publiziert.

Franz Abbrederis

Öffentlichkeitsarbeit im Kindergarten

Die Öffentlichkeit ist immer dabei

Jede Organisation, Behörde, jede kommunale Einrichtung, jedes Unternehmen verfügt wie jeder Mensch über einen „Ruf". Dieser kann höchst unterschiedlich sein und hängt vom Wissensstand bzw. von den gemachten Erfahrungen (Erlebnissen) des Beurteilenden ab.

Pädagogische Einrichtungen erzielen gute Leistungen, über die aber meistens zu wenig oder gar nicht berichtet wird. Eltern haben hoffentlich meist ein positives Bild über Kindergärten, für andere wiederum sind Kindergärten Einrichtungen, wo Kinder „abgegeben" bzw. betreut werden und wo Menschen arbeiten, die viel freie Zeit haben. Nicht überall sind Kindergärten mit einem positivem Image belegt.

1. Wie Image entsteht

Nach ähnlichen Mustern, wie wir im Privatleben Menschen nach ihrer Persönlichkeit beurteilen, werden auch pädagogische Einrichtungen gesehen und eingeordnet: Zuverlässigkeit, Kompetenz, Großspurigkeit, Kleinkariertheit, langsames oder schnelles Tempo, Innovationsfreude, (Un-)Gerechtigkeit ...

Die Ausprägung einer Persönlichkeit bzw. Einrichtung wird durch drei wesentliche Faktoren bestimmt: durch Verhalten, Kommunikation und Erscheinungsbild. Genauso werden auch Kindergärten und die darin arbeitenden Personen beurteilt bzw. eingestuft.

1.1. Erscheinungsbild

Das jeweilige Erscheinungsbild hängt von der optischen Wahrnehmung durch die Betrachtenden ab. Dazu gehört die äußere Gestaltung der Kindergärten ebenso wie die Einrichtung, Gestaltung und Beschriftung, die Form der verschickten Briefe, Elternmitteilungen, Ansuchen etc. Das Erscheinungsbild ist sozusagen das „Gewand", mit dem sich eine Firma, ein Kindergarten in der Öffentlichkeit zeigt. Fragen Sie sich bitte, wie Ihr Kindergarten optisch wirkt:

- Abgehoben von anderen Gebäuden in der Gemeinde/Stadt?
- Kindgerecht gestaltet?
- Ist die Umgebung sauber?
- Ist der Zugang zum Gebäude vorteilhaft?
- Wie ist die Beschilderung?
- Gibt es eigenes Briefpapier (z.B. mit Logo)?

1.2. Kommunikation

Mit unserer „Kommunikation" tragen wir wesentlich zu unserem Persönlichkeitsbild bei. Wer nichts sagt, setzt ebenfalls deutliche Signale. Kommunikation sind alle jene Inhalte, die wir im Gespräch oder mittels Druckschriften, Presseaussendungen etc. an unsere Öffentlichkeiten herantragen. Den stärksten Eindruck vermittelt eindeutig das persönliche Gespräch, da wir meist sofort wissen, „wie wir dran sind".

1.3. Verhalten

Unser Verhalten schließlich ist der wichtigste Baustein bei der Ausformung unseres Images. Es ist relativ leicht, ein Gebäude neu zu streichen, Briefpapier zu gestalten oder Hochglanz-Broschüren in schönen Farben zu drucken. Stimmt dieser Auftritt aber mit unserem Verhalten überein? Wir werden täglich daran gemessen, ob das, was wir sagen, auch mit unseren Handlungen übereinstimmt. Nur so entstehen Vertrauen und Glaubwürdigkeit.

Aus oben Gesagtem geht hervor, dass sich Image aus vielen Mosaiksteinen zusammensetzt, die einander sinnvoll ergänzen müssen. Wenn wir uns bewusst sind – und auch akzeptieren –, dass wir unsere Imagefaktoren „Erscheinungsbild", „Kommunikation" und „Verhalten" zu einem überwiegenden Teil selbst gestalten müssen und können, dann ist Image nicht ein von außen aufgedrucktes Etwas, sondern eine Aufgabe, an der Sie aktiv arbeiten müssen. Und dies täglich. Eine einmalige Aktion verläuft meistens im Sand.

Erscheinungsbild (Wie wir gesehen werden), Kommunikation (Was wir sagen und behaupten) und Verhalten (Was wir tun und wie wir uns an das, was wir versprochen haben, auch halten) müssen eindeutig übereinstimmen, sonst entsteht das Gegenteil von Vertrauen, nämlich Enttäuschung, Misstrauen, Unglaubwürdigkeit, Lächerlichkeit, Peinlichkeit etc.

1.4. Neid unter PädagogInnen

Wenn in einer Gemeinde mehrere Kindergärten existieren, dürfen wir das Wort „Neid“ nicht verdrängen. Unter den verschiedenen Kindergärten besteht oftmals eine gewisse Konkurrenzierung, was vom Ansatz her nichts Schlechtes ist. „Konkurrenz belebt das Geschäft“, heißt es in der Wirtschaft. Im Kindergartenbereich könnte es heißen: Wir spornen uns gegenseitig an, besser zu werden.

Trotzdem ist es sinnvoll, sich vor größeren Aktionen unter den LeiterInnen abzusprechen. Eventuell ist eine gemeinsame Aktion im gesamten Gemeindegebiet möglich. Schon allein die Vorinformation kann Missverständnisse und Zerwürfnisse verhindern.

Neid darf nie ein Grund sein, keine Öffentlichkeitsarbeit zu machen. Sie müssen sich dann fragen, ob dies nicht eine „faule Ausrede“ ist, um nichts zu tun.

„Was soll ich denn noch alles machen?“ Diesen Satz hört man oft in Gesprächen zum Thema Öffentlichkeitsarbeit. Doch mit gezielter Öffentlichkeitsarbeit sparen Sie längerfristig Zeit. Zudem können Sie eine Krise, die vermutlich in jedem Kindergarten einmal entsteht, besser bewältigen.

Spannen Sie zur Öffentlichkeitsarbeit ruhig weitere MitarbeiterInnen und die Eltern ein! Öffentlichkeitsarbeit ist nicht nur eine LeiterInnenaufgabe!

2. Wem dient Öffentlichkeitsarbeit?

Gerade im Berufsfeld der Kindergartenpädagogik ist es wichtig, permanent Öffentlichkeitsarbeit zu machen. Der überwiegende Teil des Berufsstandes leistet täglich harte und wichtige Arbeit zum Wohl der Kinder. Genau diese Arbeit muss mehr in die Öffentlichkeit getragen werden. Dies muss jedoch aktiv geschehen. Es ist eine Utopie darauf zu warten, dass sich zufällig einmal ein/e JournalistIn in Ihren Kindergarten „verirrt“. Es ist ein Irrtum zu glauben, dass die Eltern ja doch schon alles wissen. Es ist unrichtig, dass die Arbeitgeber bzw. Einrichtungsträger Ihre Arbeit im Detail kennen.

Ihre Öffentlichkeitsarbeit dient
- Ihnen selbst und Ihren KollegInnen,
- den Kindern,
- dem Berufsbild,
- den Eltern,
- dem Träger des Kindergartens.

3. Welche Teilöffentlichkeiten sind zu unterscheiden?

Kinder, eigene MitarbeiterInnen, Eltern, Großeltern, Geschwister ..., Gemeindebehörde (hauptberufliche MitarbeiterInnen), gewählte Mandatare auf kommunaler Ebene (BürgermeisterIn, GemeinderätInnen, GemeindevertreterInnen), die zuständige Landesbehörde, die Bezirkshauptmannschaft bzw. -vorstehung, Schulen und Einrichtungen der Erwachsenenbildung, MedienvertreterInnen (Rundfunk und Presse), BetriebsrätInnen, Vertretungen der Kirchen, Bürgerinitiativen, interessierte BürgerInnen, AnrainerInnen etc.

Alle aufgezählten Gruppen sind Teile der Öffentlichkeit und müssen individuell angesprochen werden. Jede Offensive im öffentlichen Auftritt soll möglichst langfristig und sorgfältig abgestimmt werden. Wesentliche Teilöffentlichkeiten sind sicherlich Presse, Rundfunk und Fernsehen. Trotzdem muss immer wieder darauf hingewiesen werden, dass Öffentlichkeitsarbeit mehr als nur Pressearbeit ist.

Entscheidend für die PR-Arbeit ist das persönliche Gespräch zwischen JournalistInnen und Ihnen. Das Wichtigste im Kontakt mit JournalistInnen ist die Information.

3.1. Persönliche Kontakte zu JournalistInnen

Hilfreich ist, eine Liste der wichtigsten Zeitungen mit den Namen der entsprechenden JournalistInnen zusammenzustellen. Denken Sie dabei nicht nur an die großen Tageszeitungen, sondern vor allem auch an Bezirkszeitungen, Verantwortliche für Gemeindeblätter etc. Medienleute haben wenig Zeit – halten Sie sie daher nicht unnötig auf. Persönliche Kontakte, die jedoch nicht aufdringlich sein sollten, sind ein Kern der Pressearbeit.

3.2. Fotos

Ein immer wichtigeres Element der Pressearbeit ist das Foto, das Bild. Arbeiten Sie nach Möglichkeit mit Digitalkameras und klären Sie vorab die benötigte Auflösung (72 dpi genügen selten). Digitalfotos können per E-Mail an die Presse geschickt werden. Dadurch sind Sie topaktuell. Natürlich kommt auch ein gutes Papier-Farbfoto in Frage (Bilder bitte stets unverwischbar beschriften). Nach Möglichkeit sollte keine Presseaussendung ohne Bild versendet werden.

In vielen Medien sind Fotos mit Kindern gern gesehene Bereicherungen. Nützen Sie diese Chance. Aber klären Sie bitte zuvor das Einverständnis der Eltern bezüglich Foto-Veröffentlichung (z.B. mittels Formblatt am Beginn des Arbeitsjahres).

3.3. Fernsehen

Immer wieder kommt es vor, dass ein Fernsehteam in einem Kindergarten auftaucht. Dies ist natürlich ein besonderes Erlebnis. Seien Sie hier besonders kooperationsbereit und nützen Sie diese Chance. Besondere Aktionen sind natürlich auch für das Fernsehen ein Thema. Scheuen Sie sich also nicht, die ORF-Fernsehredaktion von einem besonderen Ereignis in Ihrem Kindergarten zu informieren. Dies muss jedoch mindestens drei bis vier Tage vor der Aktion geschehen. Der Kontakt kann entweder telefonisch erfolgen oder auch schriftlich. Rufen Sie einfach an, mehr als eine Absage kann es nicht geben. Seien Sie nicht entmutigt, wenn bei den ersten Versuchen der Kontakt nicht zustande kommt. Das Ereignis muss jedoch schon ein hervorragendes sein. Aus Erfahrung kann man jedoch sagen, dass Kinder sicherlich die unkompliziertesten „SchauspielerInnen" sind. Auch beim Fernsehen gilt, dass Sie zuvor das Einverständnis der Eltern bezüglich der Aufnahme der Kinder klären müssen.

3.4. Lokalfernsehen

Immer häufiger gibt es die Möglichkeit, Lokalfernsehen in Ihre Öffentlichkeitsarbeit einzubauen. Meistens sind es private Netzbetreiber, die auch ein lokales, meistens bescheidenes Fernsehprogramm anbieten. Dafür sind die Betreiber oftmals sehr dankbar, wenn man ihnen fertiges Filmmaterial liefert. Sprechen Sie doch die Eltern an, ob jemand bereit wäre, einen solchen Film zu liefern. Kostet nichts und hat enorme Wirkung. Vor der Filmproduktion muss natürlich das Okay des Netzbetreibers eingeholt werden. Natürlich ist es auch gut, den genauen Sendetermin bei den Kindern und Eltern zu publizieren. Eine einfache und sehr effiziente Möglichkeit, Ihre wertvolle Arbeit im lokalen Bereich zu platzieren.

3.5. Internet

Eine persönliche Einschätzung: Ich bin überzeugt, dass das Internet längerfristig absoluten Bestand und Bedeutung hat. Viele Menschen surfen oftmals täglich. Ob Ihr Kindergarten im Internet vertreten sein soll, ist zwar zurzeit eher eine Imagefrage, ich empfehle diesen Schritt jedoch jedem Kindergartenteam. Natürlich muss der Internetauftritt gut überlegt und mit der Gemeinde bzw. Stadt abgesprochen werden. Fast alle Kommunen sind mit einer eigenen Webseite im Internet, dort gehört der Kindergarten auf jeden Fall dazu. Wenn dies noch nicht erfolgt ist, reklamieren Sie es sofort hinein!

Ein Kindergarten ist ein wesentlicher Teil jeder Kommune. Es gibt kein schlechteres Bild von einer Einrichtung, als dass auf den Internetseiten der Einrichtung alte, verstaubte Informationen aufscheinen. Aktualität ist ein Gebot der Stunde. Sie können dort also auch alle Termine, Elternversammlungen etc. ankündigen. Nutzen Sie diese Chance!

3.6. E-Mail

Dieses Kommunikationsnetz kann ebenfalls genützt werden, wobei Sie davon ausgehen müssen, dass noch nicht alle Eltern einen Internetanschluss haben. Trotzdem: E-Mails sind ein sehr schnelles und kostengünstiges Medium. News-Letters sind im Nahraum ein Hit.

3.7. Infoblätter für Eltern

Information an Eltern und Gemeinde/Stadt sollte neben der mündlichen Weitergabe auch auf schriftlicher Ebene erfolgen. Ein Infoblatt (ich spreche bewusst nicht von einer Elternzeitung) sollte kurz gefasst sein und nach Möglichkeit immer ein gleiches, einheitliches Erscheinungsbild haben. Dies heißt nicht, dass Sie bzw. die Kinder nicht kreativ sein dürfen (Kinderzeichnungen etc. haben sehr wohl Platz). Ein bestimmter Rahmen sollte jedoch immer gleich bleiben.

Entscheiden Sie sich für eine einheitliche Schrift für alle Infoblätter und wechseln Sie die Schrift für längere Zeit nicht. Ein Infoblatt sollte informativ, vom Design her gut aufgemacht und nicht zu umfangreich sein. Sicherlich ist das Rathaus/Gemeindeamt bei der Produktion und beim Druck behilflich. Aufgrund der vermutlich niedrigen Auflage werden es kopierte Seiten sein. Ob Druck oder Kopie, diese Entscheidung kann ruhig die Kommune treffen. Was die Erscheinungshäufigkeit betrifft, so empfehle ich, sich auf zwei bis drei Ausgaben pro Kindergartenjahr zu beschränken, da doch einige Zeit zur Realisierung dieser Idee nötig ist.

3.8. Handzettel

Auch hier gilt der Grundsatz, optisch einheitlich aufzutreten. Die Eltern sollten beim ersten Zugriff sehen, dass dieses Blatt vom Kindergarten XY kommt. Der Handzettel kann für die Vorankündigung diverser Veranstaltungen dienen oder auch bei Änderung der Öffnungszeiten, personellem Wechsel etc. Es ist gut, wenn der Handzettel die gleiche Grundgrafik hat wie das Infoblatt.

3.9. Schriftbild und Logo

Das Schriftbild sollte einheitlich sein. Definieren Sie eine einheitliche Schrift für alle Drucksorten, seien dies Briefe im täglichen Schriftverkehr, Inserate, Broschüren etc.

Ein ansprechendes Logo ist von ganz zentraler Bedeutung. Dazu ein klares Wort: Logos sind immer Geschmackssache. Wichtig ist einmal eine klare Entscheidung und ein ganz konsequentes, längerfristiges Durchziehen dieser Entscheidung. Vermutlich hat die Gemeinde/Stadt bereits für den Kindergarten ein entsprechendes Logo bzw. will, dass das Logo der Kommune mitverwendet wird. Dies muss mit der jeweiligen Stelle im Rathaus abgeklärt werden.

3.10. Plakat

Gestalten Sie mit den Kindern selbst Plakate, z.B. für einen „Tag der offenen Tür", für ein Nachbarschaftsfest, für ein Elternfest, für einen Zirkus.

4. Öffentlichkeitsarbeit im Krisenfall

Öffentlichkeitsarbeit ist so gut, wie sie sich im Krisenfall bewährt. Die Öffentlichkeitsarbeit ist nicht nur für „gute Zeiten" von entscheidender Bedeutung, sondern gerade in Krisen, die auch im Kindergarten jeden Tag eintreten können (vorbereiteter Krisenplan).

Die effizienteste Erfolgskontrolle für Öffentlichkeitsarbeit ist meist dann möglich, wenn das Unternehmen, die Organisation, der Kindergarten, der Verein in Schwierigkeiten ist. Nicht, dass durch Öffentlichkeitsarbeit die Schwierigkeiten beseitigt oder die JournalistInnen zur Nichtberichterstattung bewegt werden könnten. Vielmehr zeigt sich längerfristige oder geplante Öffentlichkeitsarbeit bei einer akuten Krise. „Sensationen" sind natürlich gerade im Journalismus das „Salz in der Suppe". Hier helfen gute menschliche Kontakte und Vertrauensebenen, die in den Jahren aufgebaut worden sind.

Krisenplan:

- Sofortige Beratung der entscheidenden Gremien und Personen.
- Übertragung der Verantwortung und Zuständigkeit für die Kommunikation nach außen und nach innen im Krisenfall.
- Festlegung der Informationsprinzipien. Wer sagt was? Welche Informationsvollmacht hat die Kindergartenleitung?

Grundsätzlich gilt: Es geht um schnelle und umfassende Information! Verzögerungen und Halbwahrheiten führen zu Gerüchten, Misstrauen, Verdächtigungen und Kritik. Besser einen Fehler zugeben, als später von anderer Seite den Beweis für die Tatsache vorgehalten zu bekommen. Entwickeln Sie bereits in Nicht-Krisenzeiten entsprechende Szenarios in Zusammenarbeit mit der Gemeinde.

Literatur

Bebber, Frank van (²1990): Wie sage ich es der Öffentlichkeit? Presse- und Öffentlichkeitsarbeit im sozialen Bereich. München: VSTP Verlag Soziale Theorie & Praxis

Huppertz, Norbert/Scholten, Agnes/Tolksdorf, Uwe (1984): Der Kindergarten stellt sich vor. Praxis der Öffentlichkeitsarbeit. Freiburg: Herder

Krenz, Armin (⁴2002): Handbuch Öffentlichkeitsarbeit. Professionelle Selbstdarstellung für Kindergarten, Kindertagesstätte und Hort. Freiburg: Herder

Hinweis des Autors:

Es ist nicht möglich, Öffentlichkeitsarbeit in vier Seiten umfassend zu behandeln. Dieser Beitrag soll Anregungen zu einer ausführlichen Diskussion im Team geben.

Der Beitrag wurde erstmals in „Unsere Kinder" 1/2005 publiziert.

Zum Vertiefen, Wiederholen und Weiterdenken ...

1 Informieren Sie sich eingehend, was unter dem „transaktionalen Bildungskonzept" zu verstehen ist! Fassen Sie die grundlegenden Informationen schriftlich zusammen, und zwar so, als sollten Sie in Ihrer Kindergartenzeitung den Eltern dieses Konzept nahe bringen.

2 Der „Aspekt der Quantität" und der „Aspekt der Qualität" in Bezug auf Kindergärten. – Was verstehen Sie unter diesen beiden Begriffen und welche konkreten Beispiele verdeutlichen Ihre Meinung? Stellen Sie die Angaben in einer Tabelle gegenüber.

3 Aus welchen Perspektiven kann die Qualität in einem Kindergarten beurteilt werden? Wählen Sie zwei Varianten und stellen Sie fest, inwiefern die entsprechenden Merkmale in Ihrem Kindergarten zutreffen!

4 Überprüfen Sie anhand der „Empfehlungen zur Qualitätsoptimierung in Kindergärten", in welcher Weise in Ihrem Kindergarten diese Empfehlungen umgesetzt werden. Vergeben Sie dazu für jedes Kriterium eine passende Punktezahl (10 = optimal; 0 = ganz schlecht oder nicht vorhanden). Erstellen Sie aus Ihrer Bewertung ein Balkendiagramm, um die Unterschiede deutlich vor Augen zu führen.

5 Verschaffen Sie sich einen Überblick über die Betreuungseinrichtungen für Vorschulkinder in Ihrer Stadt/Ihrem Bezirk! Differenzieren Sie dabei nach aussagekräftigen Kriterien, z.B. Träger, weltanschauliche Richtung, besondere Angebote.

6 Bringen Sie in Gruppenarbeit in Erfahrung, welche Landesgesetze die Arbeit in Kindergärten regeln. Sollte ein Gesetz in letzter Zeit geändert worden sein, prüfen Sie, welche Bestimmung davon betroffen war, und überlegen Sie gemeinsam, was der Grund für diese Änderung gewesen sein dürfte!

7 Eltern, deren erstes Kind demnächst mit dem Kindergartenbesuch beginnen soll, kommen zu einem Gespräch (ohne Kind) zu Ihnen. In diesem Zusammenhang wird auch das Thema „Elternarbeit" angesprochen, Sie möchten den Eltern Ihre Sichtweise näher bringen. Wie könnte diese Szene ablaufen? Schreiben Sie einen Dialog! Sie könnten ihn auch mit Puppen darstellen oder als Hörprobe aufnehmen (achten Sie dabei auf die unterschiedlichen Sprechweisen der drei Personen).

8 Eine Ihrer KollegInnen schreibt Ihnen ein Mail: Sie hat große Probleme mit einem Elternpaar, dem sie nichts recht machen kann, das ständig etwas an ihr auszusetzen hat, mit dem sie immer wieder in Streitgespräche gerät ... Diese Situation belastet Ihre KollegIn und sie bittet Sie um Rat, was sie tun soll. Was würden Sie ihr antworten?

9 Versuchen Sie sich an einen (den letzten) Elternabend zu erinnern, an dem Sie teilgenommen haben! Was ist dabei gut gelungen, was könnte beim nächsten Mal verbessert werden? – Sollten Sie noch bei keinem Elternabend dabei gewesen sein, interviewen Sie eine KindergartenpädagogIn zu diesem Thema!

10 Sie werden in Kürze (zu Beginn des neuen Arbeitsjahres) in einem neuen Kindergarten Ihre Stelle als gruppenführende KindergartenpädagogIn antreten. In Gedanken beschäftigen Sie sich schon damit, wie Sie den ersten Elternabend gestalten könnten. Was sind dabei Fixpunkte, auf die Sie keinesfalls verzichten möchten?

11 Kinder mit nichtdeutscher Muttersprache sind in Kindergärten häufig anzutreffen. Wie wirkt sich das auf die Elternarbeit aus? Was ist zu beachten? Wie können z.B. Sprachbarrieren beseitigt werden? Informieren Sie sich vorab über das Herkunftsland der Familie oder warten Sie, ob bzw. was Ihnen von den Eltern/dem Kind erzählt wird? Welche Konfliktpotenziale könnten sich ergeben? ...

Versuchen Sie einen Themenkatalog auszuarbeiten und laden Sie dann ExpertInnen zu einem Gespräch ein! Dies können z.B. MitarbeiterInnen von Migrantenorganisationen, speziell geschulte KindergartenpädagogInnen sein.

12 Sie werden ZeugIn eines heftigen Meinungsaustausches zwischen zwei KindergartenpädagogInnen, in dem es um die Muttertagsfeier im Kindergarten geht. KollegIn A findet es nicht mehr zeitgemäß und passend, Muttertagsgeschenke wie z.B. bemalte Kochlöffel anzufertigen und dann eine Feier mit „Lobgedichten" auf die Mütter etc. abzuhalten. – KollegIn B bastelt hingegen gerne mit den Kindern solche Geschenke und bemüht sich, mit den Kindern die Feierstunde für die Mütter möglichst gut zu gestalten.

Was ist Ihre Meinung dazu? Wie würden Sie das Thema „Muttertag" im Kindergarten einbringen?

13 In welcher Weise wird in Ihrem Kindergarten Öffentlichkeitsarbeit durchgeführt? Wird sie aktiv betrieben oder eher situativ, „was halt gerade notwendig ist“?

Gehen Sie anhand des Beitrages von Franz Abbrederis die unterschiedlichen Möglichkeiten durch und stellen Sie fest,

- was bereits verwirklicht wird,
- was für Sie nicht in Frage kommt (warum nicht?),
- was in nächster Zukunft
- und was in fernerer Zukunft realisiert werden soll. Wählen Sie zur Darstellung Ihrer Überlegungen eine geeignete übersichtliche Form!

14 Die Arbeit von KindergartenpädagogInnen und LehrerInnen ist von gesellschaftspolitischen Rahmenbedingungen mitbestimmt. In welchen Bereichen kommt das deutlich zum Tragen? Wo orten Sie einen solchen Einfluss in Ihrem konkreten Umfeld? Besprechen Sie das in der Gruppe, nachdem Sie zuerst Ihre eigenen Erfahrungen und Wahrnehmungen zusammengefasst haben!

Lebenssituationen

Viele Kinder sind heutzutage schon sehr früh nicht nur in familiäre Problemsituationen verstrickt, sondern auch von den Auswirkungen gesellschaftlicher Veränderungen betroffen. Wie sich die Rahmenbedingungen ständig verändern, in denen Kinder aufwachsen, skizziert Martina Beham-Rabanser.

Sehr großen Einfluss hat die Herkunftsfamilie, bei der heutzutage verschiedene Modelle zu finden sind (AlleinerzieherInnen, Stieffamilien, Stiefgeschwister ...), die häufig durch Trennung/Scheidung der Eltern entstehen. Mit diesem einschneidenden Ereignis im Leben des Kindes setzen sich Liselotte Wilk sowie Inge Pröstler/Helmuth Figdor auseinander. Dabei wird immer der Blickwinkel Kindergarten einbezogen, da dieser in solchen schwierigen Situationen ein wichtiges, sicheres Kontinuum darstellt bzw. darstellen soll.

Eine Konsequenz der Scheidung der Eltern ist häufig ein mangelnder Kontakt bzw. eine „Freizeitbeziehung" zum Vater. Dass dies jedoch auch in traditionellen Mutter-Vater-Kind-Familien häufig der Fall ist, zeigt Katharina Novy auf. Sie weist zudem darauf hin, dass aufgrund der aktuellen sozial- und wirtschaftspolitischen Strukturen die klassische Arbeitsteilung zwischen den Geschlechtern noch immer nicht überwunden ist. Erziehungs- und Familienarbeit ist noch auf weite Strecken „Frauensache", wodurch gerade Männer/Väter für Kinder so große Bedeutung haben.

Im Spannungsfeld zwischen familiären Realitäten und Idealen ist es wichtig, sich geduldig und gelassen mit Problembereichen auseinanderzusetzen. Wo hingegen Geduld und Toleranz fehlen, ist oft Gewalt zu finden, speziell auch Gewalt gegen Kinder. Den Beitrag, den der Kindergarten hier leisten kann, ist, aufmerksam und sensibel mögliche Gewaltopfer zu registieren und ihnen Hilfe zukommen zu lassen, zu vermitteln (Beitrag von Waltraud Rametsteiner).

Gewalt in der Familie wird häufig tabuisiert, versteckt, genauso wie sexueller Missbrauch. Hierbei kommt der Rolle der KindergartenpädagogInnen in Bezug Opferschutz große Bedeutung zu, selbst wenn meist die Hilfe nur in der Weitervermittlung an kompetente Stellen bestehen kann, auch für die „Täter", wie Christine Bodendorfer ausführt. Selbstverständlich ist auch Prävention vor sexuellem Missbrauch ein wichtiges Thema im Kindergarten. Zu beachten ist dabei jedoch, dass Sexualität nicht negativ besetzt wird, damit bei den Kindern die Grundlagen für ein späteres befriedigendes Sexualleben nicht beeinträchtigt werden. Jan-Uwe Rogge setzt sich mit dem Themenkomplex der kindlichen Sexualität praxisbezogen auseinander.

Dass das Suchtverhalten in seinen unterschiedlichen Ausprägungen seine Wurzeln bereits im Kindesalter hat bzw. wie das verhindert werden kann, beleuchtet Silvia Franke.

Ein Aspekt gesellschaftlicher Realität, von dem Kinder sehr häufig mitbetroffen sind, ist Armut. Diese tritt in unseren Breiten vermehrt bei kinderreichen Familien oder AlleinerzieherInnen auf, die Hintergründe zeigt Judit Marte auf. Wie der Kiga kompensatorisch, aufklärend wirken kann, welche Anknüpfungspunkte es gibt, dazu führt sie Möglichkeiten an.

In all diesen schwierigen Lebenssituationen der Kinder kommt zum Tragen, welche Werte die Menschen leben, mit denen die Kinder ihre Zeit verbringen. Genauer auf diese Werte als Lebensbasis geht das anschließende Kapitel ein.

Martina Beham-Rabanser

Lebensraum Familie

Die Bedingungen für das Aufwachsen von Kindern verändern sich

Der öffentliche Diskurs über Familie sowie die Folgen der veränderten Bedingungen des Aufwachsens von Kindern werden seit Jahren kontrovers diskutiert.

Zum einen wird in den Folgen der Pluralisierung von Lebensformen und der Individualisierung von Lebensstilen eine Krise der Familie gesehen und beklagt, dass Kindheit heute durch die stärkere Institutionalisierung einerseits und den Einfluss der Medien andererseits zu einer „verplanten" und „verinselten" Kindheit bzw. Medienkindheit werde. Manche KindheitsforscherInnen sehen daher das Leben der Kinder „kaum durch etwas anderes mehr beeinflusst als durch die individuellen Lebenspläne ihrer Eltern" (vgl. Qvortrup 2005, S. 41).

Zum anderen wird stets aufs Neue betont, dass Familie als primäre wertevermittelnde Lebens- und Erziehungsgemeinschaft durch andere gesellschaftliche Institutionen nicht ersetzbar sei, und die medial vermittelten Bilder heutiger Kindheit werden mit Bezug auf Forschungsbefunde kritisch reflektiert (vgl. Bucher 2001; Lange 2000). Versucht man auf Basis von Forschungen der Familiensoziologie und Familienpsychologie beide Seiten zusammenschauend zu betrachten, zeigt sich: Gesellschaftliche Veränderungen wie der Wertewandel, Flexibilisierungen im Erwerbsarbeitsbereich, die rasant fortschreitende Vernetzung in der Kommunikationstechnologie, die wachsende Vorrangstellung der Ökonomie u.a.m. bringen zweifelsohne zahlreiche Veränderungen für Familien und das Aufwachsen und den Alltag von Kindern (Feil 2003, Hurrelmann/Bründel 2003). Krisenszenarien sind aber nicht angebracht, vielmehr gilt es die damit verbundenen Herausforderungen zu sehen und darauf zu reagieren.

Geänderte Bedingungen bringen neue Herausforderungen

Der Alltag der Kinder bleibt von den vielfältigen gesellschaftlichen Veränderungen nicht unberührt. Kinder sind aber keineswegs nur „Modernisierungsverlierer", sondern die gesellschaftlichen Veränderungen gehen z.B. (in der Familie) für Kinder auch einher mit einer Erweiterung der Handlungsalternativen. Die individuellen Bedürfnisse werden zunehmend reflektiert und das einzelne Kind wird als eigenständiges Individuum anerkannt. Es hat heute vielfach eine zentrale Stellung in der Familie.

In der Eltern-Kind-Beziehung bedeutet dies: Eltern sind für ihre Kinder heute vor allem Interaktions- und Kommunikationspartner, im Falle von Einzelkindern auch häufiger Spielpartner. Auf Befehl und Strafe basierende autoritäre Erziehungspraktiken haben an sozialer Legitimität verloren, an ihre Stelle tritt zunehmend eine Erziehung, die sich an der Anerkennung des Kindes als Partner orientiert und die auf das miteinander Aushandeln, insbesondere von Konflikten, setzt. Damit verbunden vollzog sich eine allmähliche Verlagerung der Erziehungsleitbilder. Diese Gesamtentwicklung lässt sich schlagwortartig charakterisieren mit gestiegener Kindorientierung, Abnahme von Kontrolle, Zunahme von Emotionalität und Kommunikation und wird idealtypisch als Übergang vom „Befehlshaushalt" zum „Verhandlungshaushalt" beschrieben (Bois-Reymond 1994).

Diese geänderten Erziehungsansprüche und -praktiken erfordern heute viel Zeit und Energie, aber auch soziale Kompetenzen wie Kommunikations- und Konfliktfähigkeit von Eltern. Die wachsende Individualisierung führt nicht nur im Bereich Familie, sondern auch in Institutionen wie Kindergarten oder Schule zu neuen Herausforderungen. Sowohl Eltern als auch PädagogInnen, wie KindergartenpädagogInnen und LehrerInnen, sind gefordert, Erziehungspraktiken, Gebote und Verbote zunehmend mehr zu begründen und dem Kind nachvollziehbar zu machen. Sie sollen dem einzelnen Kind als einfühlsame/r, verständnisvolle/r PartnerIn und andererseits als Autoritätsperson begegnen. Dabei gilt es eine ausgewogene Balance zu schaffen zwischen ausreichend Freiräumen, die Eltern ihren Kindern bzw. PädagogInnen dem einzelnen Kind zugestehen, und Regeln und Mindeststandards, auf deren Einhaltung sie achten. Zum Teil kommt es dabei zu Unsicherheiten (vor allem bei Eltern), denn die in der eigenen Kindheit erlebten Erziehungspraktiken passen nicht mehr, zentrale Erziehungswerte haben sich verändert. Angebote der (Eltern-)Bildung und der Weiterbildung, in denen das eigene Handeln kritisch reflektiert wird, sind daher wesentlich.

Die kindliche Entwicklung wird vor allem dann positiv gefördert, wenn Mutter und Vater vom Kind als einfühlsam und unterstützend erlebt werden, von den Eltern Anregungen zu gemeinsamen Aktivitäten ausgehen, sich die Kinder mit ihren Eltern identifizieren, sie diese als Rollenmodell anerkennen und wenn sie die elterlichen Ratschläge als hilfreich erleben und die Eltern ausreichend Zeit für ihre Kinder haben, wie u.a. die Untersuchungen von Zinnecker et al. (1996) zeigen.

Bei den gegebenen Rahmenbedingungen scheint es aber heute zunehmend schwieriger zu sein, in der Familie Zeit zum Miteinander zu finden und als Mutter oder Vater den Kindern so viel Zeit zu geben, wie es deren Bedürfnissen entspricht.

Gemeinsame Zeiten in der Familie werden zu einem knappen Gut

Die Klagen und Erfahrungsberichte über Zeitknappheit und Zeitstress nehmen dementsprechend zu. Die Ursachen für vermehrte Zeitkonflikte und Zeitdruck im Alltag von Familien sind vielfältig: Ein berufstätiges (Eltern-) Paar investiert heute deutlich mehr gemeinsame Stunden in die Erwerbsarbeit im Vergleich zu Paaren, deren Arbeitsteilung dem Modell der „Versorgerehe“ entspricht, wodurch zum einen die für Familie zur Verfügung stehenden Zeitkontingente schrumpfen und zum anderen ein höherer Abstimmungsbedarf nötig ist (Heitkötter 2006, Bielenski et al. 2002, Beham/Haller 2005). Dies hat zur Folge: Der Alltag von (berufstätigen) Frauen mit Kindern vollzieht sich heute zunehmend öfter im Spannungsfeld widersprüchlicher Anforderungen (Wilk 1997, Brauner 2006, Dörfler 2004). Arbeitszeiten, Kinder- und Familienzeiten müssen aufeinander abgestimmt und koordiniert werden. Dringend notwendige Überstunden bringen den vielfach strikt durchgeplanten Alltag von Müttern ebenso ins Schwanken wie eine unvorhergesehene Krankheit des Kindes, auf die ebenso kurzfristig reagiert werden muss. Frauen sind aufgrund eigener Anforderungen im Erwerbsleben nur um den Preis zunehmenden Zeitdrucks in der Lage, die klassische Rolle des „Zeitpuffers“, der zeitliche Anforderungen abfedert und koordiniert, zu über-

nehmen – wenngleich sie, wie Studien aus den 1990er Jahren übereinstimmend zeigen, weiterhin die Hauptlast der Haus- und Familienarbeit tragen (vgl. Dörfler 2004, zusammenschauend Beham/Haller 2005).

Parallel zu Veränderungen im familiären Bereich vollziehen sich tiefgreifende strukturelle Veränderungen in der Arbeitswelt. Arbeitszeiten werden zunehmend flexibilisiert, Beschäftigungsformen werden entstandardisiert, auf Selbstorganisation ausgerichtete Arbeitsformen nehmen zu. Ebenso ist eine Intensivierung von Arbeitsanforderungen zu beobachten. Der Druck zur Marktanpassung wie Just-in-time-Produktion, Flexibilisierungen des Arbeitskräfteeinsatzes, Verlagerung von Verantwortung auf MitarbeiterInnen gehen mit flexiblen, unregelmäßigen, zum Teil auch völlig selbstbestimmten Arbeitszeiten einher (Bauer 2002). Daraus ergeben sich zum einen Chancen für die autonome Gestaltung des Familienalltags, aber es drohen auch neue Risiken, die in der einschlägigen arbeits- und industriesoziologischen Literatur der jüngsten Zeit umschrieben worden sind (vgl. Eberling et al. 2004). Mit der Vergrößerung der individuellen Zeitgestaltungspotenziale erhöhen sich zugleich die Anforderungen an Zeitdisziplin und der Zeitdruck in Familien steigt. Zeitareale am Abend und am Wochenende, die früher unangetastete Ruhezeiten bzw. Familienzeiten waren, werden öfter in Beschlag genommen. Jurczyk/Voß (2000) sprechen in dem Zusammenhang von einer „Verbetrieblichung der Lebensführung“.

Ob Arbeitszeitflexibilisierung mit Vor- oder Nachteilen für die Gestaltung des familialen Alltags verbunden ist, hängt wesentlich davon ab, wie frei gewählt sie ist. Die vorliegenden empirischen Befunde zeigen sehr deutlich, dass flexible Arbeitszeiten vor allem dann für Eltern zum Problem werden, wenn sie sich kurzfristig und gegen den Willen der Eltern ändern und bislang für die Familie reservierte Zeiträume besetzen. Zeitstress wird vor allem dann ausgelöst, wenn Arbeitszeiten in den späten Nachmittag, den frühen Abend oder das Wochenende eindringen, weil es neuer Abstimmung innerhalb der Familie, aber auch mit externen BetreuerInnen wie z.B. Großeltern, Verwandten bedarf (die nicht immer und auf Abruf verfügbar sind).

Zum Zeitdruck von Eltern trägt aber auch bei, dass sich die Ideologie des sensiblen, der elterlichen Sorge bedürftigen Kindes in Österreich hält und zu einem schlechten Gewissen beiträgt. Wie die Ergebnisse des jüngsten sozialen Surveys (Beham/Haller 2005) zeigen, ist nach wie vor die Mehrheit der befragten österreichischen Mütter und Väter (54 % der Mütter und 68 % der Väter) der Ansicht, dass ein Vorschulkind leidet, wenn seine Mutter berufstätig ist. Gleichzeitig sind zwischen sechs und sieben von zehn Frauen mit Kindern im Vorschulalter erwerbstätig (Familien- und Haushaltsstatistik zit. in Schipfer 2006).

Tabelle 1: Erwerbstätige Frauen nach dem Alter der Kinder (in Prozent)

Alter jüngstes Kind	insgesamt	davon in %	
		in Partnerschaft lebend	Allein-erziehende
0–2	62,6	62,6	63,3
3–5	68,5	67,7	74,0
6–14	77,0	75,5	85,1
15+	64,7	64,2	67,0

Quelle: Familien- und Haushaltsstatistik, zit. in Schipfer 2006

Eltern befinden sich heute vielfach im Konflikt zwischen dem Wunsch und/oder der Notwendigkeit erwerbstätig zu sein und den hohen Ansprüchen an die Zeit, die sie für und mit ihren Kindern verbringen möchten; dies vor allem dann, wenn sie nicht ausreichend Möglichkeiten haben, Betreuungszeit für Kinder flexibel auszulagern, wenn es die eigene Arbeitszeit erfordert, bzw. nicht auf private soziale Unterstützungsressourcen wie Großeltern in lokaler Nähe zurückgreifen können.

Betrachtet man Wünsche von Kindern in Bezug auf die Arbeits- und Anwesenheitszeiten der Eltern, wird deutlich: Wichtig ist (vor allem jüngeren) Kindern die Berechenbarkeit elterlicher Zeit. Sie wollen (und müssen) sich darauf verlassen können, dass Eltern sie zu den verabredeten Zeiten abholen oder zu den gewohnten Zeiten nach Hause kommen. Kindern ist einerseits wichtig, dass Eltern sich bei ausgewählten Ereignissen Zeit nehmen, etwa bei Veranstaltungen in Kindergarten und Schule, sowie in besonderen Situationen, z.B. wenn sie krank sind. Sie wünschen sich, dass Eltern dann da sind, wenn sie sie brauchen (Klenner et al. 2003, Roppelt 2003). Unsichere, nicht planbare Arbeitszeiten stellen aus Sicht von Kindern daher ein Problem dar.

Die veränderten Anforderungen an die Betreuung und Erziehung von Kindern, verbunden mit hohen Ansprüchen an die eigene Rolle als Mutter oder Vater, sowie Gesellschaftsstrukturen, die es schwierig machen, Beruf und Familie zu vereinbaren, tragen mit dazu bei, dass sich zunehmend weniger Paare für mehrere Kinder entscheiden (Kytir et al. 1999, Zeiher 2005). Folge ist:

Zunehmend mehr Kinder wachsen mit weniger Geschwistern auf

Die Realisierung des Kindeswunsches wird heute vielfach von spezifischen Bedingungen abhängig gemacht. Mangelnde berufliche Integration in den Arbeitsmarkt, fehlende Sicherheit im Beruf oder in der Partnerschaft, beengte Wohnverhältnisse, Vereinbarkeitsprobleme, ökonomische Belastungen durch Kinder u.a.m. werden zu Argumenten für einen Aufschub der Realisierung des Kinderwunsches bzw. gegen mehrere Kinder (Kytir et al. 1999, Beham 1998). Einem Teil der Kinder stehen heute innerhalb der Familie keine gleichrangigen Interaktions- und Spielpartner zur Verfügung, wenngleich derzeit der Großteil aller Kinder noch mit Geschwistern aufwächst. Von den unter 5-Jährigen wachsen zwei bis drei von zehn Kindern ohne Geschwister auf, im Grundschulalter sinkt der Anteil auf 14 % (siehe Tabelle 2).

Tabelle 2: Anzahl der Geschwister (in Prozent)

Alter	Keine Geschwister	Mindestens ein Bruder oder eine Schwester	1	2	3	4 und mehr	Durchschnitt
0–4	26,9	73,1	46,1	17,7	5,9	3,5	1,2
5–9	13,7	86,3	48,5	25,6	7,6	4,5	1,4

Quelle: Kytir et al. 2002

Geschwister zu haben bedeutet, im Alltag von Spiel- und Streitgefährten umgeben zu sein. Geschwister tragen zum einen Konflikte miteinander aus, ärgern sich, konkurrieren um die Gunst der Eltern. Zum anderen helfen sie einander und solidarisieren sich gegen die Eltern. Geschwister wirken – ob bewusst oder unbewusst – aufeinander ein und beeinflussen damit die Entwicklung des anderen, darüber sind sich SozialisationsforscherInnen einig (vgl. Zimmermann 2000, Hurrelmann/Ulich 1991).

Welche konkreten Folgen das Aufwachsen ohne bzw. mit Geschwistern hat, wird sowohl in der Öffentlichkeit als auch in der sozialwissenschaftlichen Literatur allerdings uneinheitlich gesehen (zusammenfassend Wilk 1999, Kasten 1995, 1998, Teubner 2005).

Forschungen der jüngeren Zeit unterscheiden mehrere Gruppen von Einflussgrößen: indirekte Einflüsse durch strukturelle Faktoren, zu denen der Altersabstand, das Geschlecht und die Stellung in der Geschwisterreihe zählen, sowie direkte Einflüsse, welche die Geschwister durch tatsächliche Interaktionen aufeinander ausüben. Der isolierte Einfluss eines jeweils spezifischen strukturellen Faktors ist, wie die meisten neueren Studien beweisen, schwer eindeutig feststellbar (vgl. zusammenschauend Teubner 2005). So scheint die Intensität der Beziehung vom Geschlecht der Geschwister und vom Altersabstand mitbestimmt und die Geschlechtszusammensetzung der Geschwister eine Reihe von Persönlichkeitsmerkmalen wie Intelligenz, Kreativität oder Leistungsorientierung zu beeinflussen (Kasten 1998, S. 73). Auch dürfte es durchaus (schwache) Effekte der Position in der Geschwisterreihe geben. Insgesamt aber wird heute ein komplexes Modell des Zusammenwirkens einer Vielzahl von Faktoren, zu denen neben den bereits erwähnten insbesondere das Geflecht und die Dynamik der familialen Beziehungen zählen, als das dem Verständnis der Geschwisterbeziehung am besten angepasste betrachtet.

Zunehmend mehr Kinder erleben eine Trennung/Scheidung ihrer Eltern

Dadurch kommt es zu Veränderungen und neuen Herausforderungen im Alltag von Familien. Zunehmende Ansprüche an Selbststeuerung und die Qualität einer Partnerschaft, verbesserte Bildungs- und Berufsmöglichkeiten, ein verändertes Rollenverständnis u.a.m. tragen dazu bei, dass die Aufrechterhaltung der Partnerbeziehung davon abhängig gemacht wird, ob der Partner/die Partnerin die an ihn/sie gestellten Erwartungen erfüllt oder nicht. Haben sich Partner nichts mehr zu sagen, werden ihre Bedürfnisse nach Nähe, Verständnis, Kommunikation oder ihre sexuellen Wünsche nicht erfüllt, erscheint die Beendigung der Paarbeziehung durch Trennung oder Scheidung heute als akzeptable Lösungsmöglichkeit.

2004 waren in Österreich 16.000 minderjährige Kinder mit der Scheidung der Eltern konfrontiert. Von diesen Kindern waren zum Zeitpunkt der Scheidung 2.800 im Kindergartenalter (zwischen drei und sechs Jahren), weitere 1.300 waren jünger als drei Jahre, als sich die Eltern scheiden ließen (Statistik Austria 2005). Trennung bzw. Scheidung der Eltern ist in der Regel für Kinder mit weitreichenden Veränderungen verbunden. Scheidung der Eltern bedeutet fast immer reduzierten Kontakt zum getrennt lebenden Elternteil, aber auch Veränderungen der Beziehung zum sorgeberechtigten Elternteil, zum Teil auch einen Wohnungs-, Kindergarten-, Schul- und Freundeswechsel. Veränderungen, die Kinder vielfach nicht beeinflussen können.

Ob und wie Kinder durch eine elterliche Scheidung oder Trennung in ihrer psychosozialen Entwicklung und ihrem Wohlbefinden beeinträchtigt werden, diese Frage ist nicht nur ein umstrittenes Thema der öffentlichen und medialen Diskussion, sondern wird auch in der wissenschaftlichen Literatur kontrovers diskutiert. Zur Einordnung der widersprüchlichen empirischen Ergebnisse der Scheidungsforschung ist es erforderlich, zwischen kurz-, mittel- und langfristigen Folgen, zwischen Anpassungsproblemen und pathologischen Entwicklungen, zwischen leidvollem Erleben, Gefühlen sowie Erinnerungen zu unterscheiden.

Anhand aktueller Forschungsbefunde (siehe Emery 1999, Walper 2002, Bien et al. 2002; Zartler et al. 2004) lässt sich festhalten: Es ist das komplexe Zusammenwirken einer Vielzahl von Faktoren, das es den Kindern erleichtert oder erschwert, die Trennung/Scheidung ihrer Eltern und die damit verknüpften Änderungen so zu bewältigen, dass sie sich wohl fühlen können und ihre psychosoziale Entwicklung nicht beeinträchtigt wird. Bedeutsam ist dabei u.a., dass Eltern auch nach Trennung/Scheidung einen wertschätzenden Umgang miteinander haben, in der Lage sind, Vereinbarungen, die Kinder betreffen, auszuhandeln und einzuhalten (z.B. bezüglich Besuchsrecht) bzw. punktuell, bei für das Kind wichtigen Ereignissen wie Kindergartenabschlussfest, Geburtagsfest u.Ä.m., gemeinsam als Eltern aufzutreten (Zartler et al. 2004).

In einer Gesamtschau geben die derzeitigen Entwicklungen, wie einleitend erwähnt, weder Anlass zu Krisenszenarien, noch dürfen sie negiert werden. Sie zeigen vielmehr, dass Veränderungen in den Familienstrukturen neue Herausforderungen mit sich bringen, nicht nur für die Familien selbst, sondern auch für die mit Familie kooperierenden Institutionen, aber auch für die Politik. Familienpolitisches Handeln, das sich heute – angesichts der vielfältigen gesellschaftlichen Veränderungen – ausschließlich auf ökonomische Interventionen konzentriert, würde die Herausforderungen verkennen. Neben familienpolitischen Interventionen, die auf eine Verbesserung der ökonomischen Situation der Familien abzielen, bedarf es auch Interventionen, die auf die sich im Lebenszyklus verändernden Bedürfnisse von Familien Bezug nehmen, zu einer familiengerechteren Infrastruktur beitragen sowie Initiativen und Maßnahmen, die Informations- und Orientierungshilfen zum Beispiel in Form von Beratungsangeboten bieten.

Literatur

Bauer, Frank (2000): Zeitbewirtschaftung in Familien. Konstitution und Konsolidierung familialer Lebenspraxis im Spannungsfeld von beruflichen und außerberuflichen Anforderungen. Opladen: Leske und Budrich

Beham, Martina/Haller, Roland (2005): Work-Life-Balance – Wie bringen Österreichs Familien Beruf und Familie in Einklang? In: Schulz, Wolfgang/Haller, Max/Grausgruber, Alfred (Hg.): Österreich zur Jahrhundertwende. Gesellschaftliche Werthaltungen und Lebensqualität 1986–2004. Wiesbaden: Verlag für Sozialwissenschaften, S. 401–433

Beham, Martina (1998): Lebenslanger Verzicht auf Kinder oder späte Mutterschaft. Dissertation. Linz

Bielenski, Harald/Bosch, Gerhard/Wagner, Alexandra (2002): Wie die Europäer arbeiten wollen. Erwerbs- und Arbeitszeitwünsche in 16 Ländern. Frankfurt, New York: Campus

Bien, Walter/Hartl, Angela/Teubner, Markus (Hg.) (2002): Stieffamilien in Deutschland. Eltern und Kinder zwischen Normalität und Konflikt. Opladen: Leske und Budrich

Bois-Reymond, Manuela (1994): Die moderne Familie als Verhandlungshaushalt. Eltern-Kind-Beziehungen in West- und Ostdeutschland und in den Niederlanden. In: Bois-Reymond, Manuela/Büchner, Peter/Krüger Heinz (Hg.): Kinderleben. Modernisierung von Kindheit im internationalen Vergleich. Opladen, S. 137–217

Brauner, Sonja (2006): Maßnahmen zur Väterförderung. In: Werneck, Harald/Beham, Martina/Palz, Doris (Hg.): Working father. Männer zwischen Familie und Beruf. Gießen: Psychosozial-Verlag, S. 20–32

Bucher, Anton (2001): Was Kinder glücklich macht. Historische, psychologische und empirische Annäherungen an das Kinderglück. Weinheim: Juventa

Dörfler, Sonja (2004): Die Wirksamkeit von Abhängigkeit zur besseren Vereinbarkeit von Familie und Erwerbsarbeit. Working paper Nr. 36. Wien: Österreichisches Institut für Familienforschung

Eberling, Matthias/Hielscher, Volker/Hildebrandt, Eckart/Jürgens, Kerstin (2004): Prekäre Balancen. Flexible Arbeitszeiten zwischen betrieblicher Regulierung und individuellen Ansprüchen. Berlin: edition sigma

Emery, Robert (1999): Marriage, Divorce and Children's adjustement. Thousands Oaks: Sage Publications

Feil, Christine (2003): Kinder, Geld und Konsum. Die Kommerzialisierung der Kindheit. Weinheim: Juventa

Heitkötter, Martina (2006): Sind Zeitkonflikte des Alltags gestaltbar? Prozesse und Gegenstände lokaler Zeitpolitik am Beispiel des Zeitbüro-Ansatzes. Frankfurt: Peter Lang

Hurrelmann, Klaus/Bründel, Heidrun (2003): Einführung in die Kindheitssoziologie. Weinheim: Beltz

Hurrelmann, Klaus/Ulich, Dieter (Hg.): Neues Handbuch der Sozialisationsforschung. Weinheim, Basel: Beltz

Jurczyk, Karin/Voß, Günther (2000): Entgrenzte Arbeitszeit – Reflexive Alltagszeit. Die Zeiten des Arbeitskraftunternehmers. In: Hildebrandt, Eckart (Hg.): Reflexive Lebensführung. Zu den sozialökologischen Folgen flexibler Arbeit. Berlin: sigma, S. 151–205

Kasten, Hartmut (1995): Einzelkinder – Aufwachsen ohne Geschwister. Heidelberg, Berlin, New York: Springer

Kasten, Hartmut (1998): Geschwister: Vorbilder, Rivalen, Vertraute. München: Ernst Reinhardt Verlag

Klenner, Christa/Pfahl, Svenja/Reuyß, Stefan (2003): Flexible Arbeitszeiten aus Sicht von Eltern und Kindern. In: Zeitschrift für Soziologie der Erziehung und Sozialisation 23 (3), S. 268–285

Kytir, Josef/Buber, Isabella/Bichlbauer, Dieter/Forster, Ute (1999): Bevölkerung und Familie in OÖ. Wien: Statistik Austria

Kytir, Josef/Stefou, Peter/Wiedenhofer-Galik, Beatrix (2002): Familiale Strukturen und Familienbildungsprozesse. Mikrozensus September 2001. In: Statistische Nachrichten 11, S. 824–840

Lange, Andreas (2000): Kindheitsrhetorik und die Befunde der empirischen Forschung. www.ub.uni-konstanz.de/v13/volltexte/2000/384/pdf/384_1.pdf

Qvortrup, Jens (2005): Kinder und Kindheit in der Sozialstruktur. In: Hengst, Heinz/Zeiher, Helga (Hg.): Kindheit soziologisch. Wiesbaden: Verlag für Sozialwissenschaften, S. 27–48

Roppelt, Ulrike (2003): Kinder – Experten ihres Alltags? Frankfurt am Main: Peter Lang

Schipfer, Rudolf (2006): Familien in Zahlen 2005. Statistische Informationen zu Familien in Österreich und der EU. Wien: Österreichisches Institut für Familienforschung

Statistik Austria (2005): Scheidungszahlen 2004. Wien

Teubner, Markus (2005): Brüderchen komm tanz mit mir ... Geschwister als Entwicklungsressource für Kinder? In: Alt, Christian (Hg.): Kinderleben – Aufwachsen zwischen Familie, Freunden und Institutionen, Band 1: Aufwachsen in Familien. Wiesbaden: VS Verlag für Sozialwissenschaften, S. 63–98

Walper, Sabine (2002): Einflüsse von Trennung und neuer Partnerschaft der Eltern. Ein Vergleich von Jungen und Mädchen in Ost- und Westdeutschland. In: Zeitschrift für Soziologie der Erziehung und Sozialisation 22 (1), S. 25–46

Wilk, Liselotte (1997): Koordination von Zeit, Organisation von Alltag und Verknüpfung individueller Biografien als familiale Gestaltungsaufgabe. In: Vaskovics, Laszlo A. (Hg.): Familienleitbilder und Familienrealitäten. Opladen: Leske und Budrich, S. 229–247

Wilk, Liselotte (1999): Geschwisterbeziehungen. In: Bundesministerium für Umwelt, Jugend und Familie (Hg.): Zur Situation von Familie und Familienpolitik in Österreich. 4. Österreichischer Familienbericht: Familie – zwischen Anspruch und Alltag. Wien, S. 224–232

Zartler, Ulrike/Wilk, Liselotte/Kränzl-Nagl, Renate (Hg.) (2004): Wenn Eltern sich trennen. Wie Kinder, Frauen und Männer Scheidung erleben. Frankfurt, New York: Campus

Zeiher, Helga (2005): Der Machtgewinn der Arbeitswelt über die Zeit der Kinder. In: Hengst, Heinz/Zeiher, Helga (Hg.): Kindheit soziologisch. Wiesbaden: Verlag für Sozialwissenschaften, S. 201–226

Zimmermann, Peter (2000): Grundwissen Sozialisation. Einführung zur Sozialisation im Kindes- und Jugendalter. Opladen: Leske und Budrich

Zinnecker, Jürgen/Werner, Georg/Strozda, Christiane (1996): Beziehungen zwischen Eltern und Kindern aus Kindersicht. In: Zinnecker, Jürgen/Silbereisen, Rainer K. (Hg.): Kindheit in Deutschland. Aktueller Survey über Kinder und ihre Eltern. Weinheim: Juventa, S. 213–228

Der Beitrag wurde erstmals in „Unsere Kinder" 4/2006 publiziert.

Liselotte Wilk

Stieffamilien

Eine Familienform im Licht der Forschung

Zunehmend haben KindergartenpädagogInnen im Kindergarten mit Kindern aus Stieffamilien zu tun. Die folgenden Informationen geben einen Überblick über das Auftreten und die Vielfältigkeit dieser Familienform und über die spezifischen Möglichkeiten und Probleme, die ihre Weise des Zusammenlebens in unserer Gesellschaft mit sich bringt.

1. Stieffamilien – eine so neue wie alte Familienform

Stieffamilien stellen heute eine Familienform dar, in der zunehmend mehr Menschen die ersten 20 Jahre ihres Lebens verbringen. Auch wenn wir es für ein Kennzeichen unserer Zeit halten, dass es sehr viele unterschiedliche Familienformen gibt, ist es wichtig zu wissen, dass eine Pluralität von Familienformen schon in der Vormoderne zu beobachten war. Lediglich etwa Mitte des 20. Jahrhunderts war eine einzige Familienform, nämlich die Kernfamilie, allgemein vorherrschend. Sie war es (in diesem Ausmaß) nie vorher und nie nachher in der Geschichte. Doch aus dieser Zeit stammt das Gros unserer Einstellungen und Vorstellungen, die Familie noch immer auf die Form der Kernfamilie eingrenzen.

Zuvor hat es eine hohe Anzahl von Stieffamilien gegeben, die nach dem Tod eines Elternteils entstanden sind. Die Stieffamilien früherer Zeiten allerdings waren eines Elternteiles beraubte („stief" bedeutete mittelhochdeutsch beraubt), elternarme Familien, bei denen ein Elternteil ersetzt werden musste, während die Stieffamilien der heutigen Zeit zum Großteil elternreiche Familien sind. Es gibt zunehmend mehr Kinder, die nicht einen Vater und eine Mutter haben, sondern zwei Väter und zwei Mütter, vier Großelternpaare etc. Obwohl Stieffamilien zunehmend häufiger auftreten, werden sie in der Politik bisher kaum diskutiert, sind sie im Recht nicht verankert und auch in der Wissenschaft relativ wenig beachtet.

2. Viele verschiedene (umstrittene) Bezeichnungen

Für die oben beschriebene Familienform gibt es unterschiedliche Bezeichnungen, die zum Teil sehr umstritten sind. Viele Begriffe entstammen dem Versuch, die negativen Assoziationen, die mit dem Begriff „Stief"familie verbunden sind, zu vermeiden. Man nennt diese Familien auch Fortsetzungsfamilien, wiederverheiratete Familien – was jedoch auf zirka die Hälfte nicht zutrifft, da sie

nichteheliche Lebensgemeinschaften sind –, zusammengesetzte Familien, gemischte Familien oder Patchworkfamilien. Weder im angloamerikanischen noch im deutschen Sprachraum hat sich einer dieser alternativen Begriffe durchgesetzt und daher wird auch im Folgenden der Begriff der Stieffamilie beibehalten.

3. Verbreitung von Stieffamilien in Österreich

Nicht nur, weil sich auch nach nichtehelichen Lebensgemeinschaften Stieffamilien entwickeln können und weil viele Stieffamilien nichteheliche Lebensgemeinschaften sind, weiß man nicht genau, wie viele Stieffamilien es in Österreich gibt. Stieffamilien werden statistisch nicht erhoben. Unsere Bevölkerungsstatistik unterteilt Familien in (Ehe-)Paare ohne Kinder, (Ehe-)Paare mit Kindern und Einelternfamilien (Mutter bzw. Vater und Kind/er). Es fehlen weitgehend statistische Berechnungen, die erkennen lassen, in wie vielen Familien, in denen zwei Elternteile mit Kindern leben, einer von ihnen ein nicht leiblicher Elternteil ist. Daher ist man auf Schätzungen angewiesen. Man kann (in Anlehnung an Zahlen für Deutschland) annehmen, dass 6 bis 8 % der Kinder in Österreich in Stieffamilien leben.

4. Stieffamilie ist nicht Stieffamilie

Schaut man genauer, so findet man eine Vielzahl unterschiedlicher Zusammensetzungen von Stieffamilien. In der Literatur gibt es Definitionen, die im einfachsten Fall zwei Formen unterscheiden: Familien, in denen das Kind den Großteil der Zeit verbringt bzw. mit dem sorgeberechtigten Elternteil und einem Stiefelternteil zusammenlebt, sogenannte primäre Stieffamilien, und Familien, in denen das Kind nur zeitweise bei seinem zweiten (nicht sorgeberechtigten) Elternteil – und möglicherweise auch dessen PartnerIn – lebt, sogenannte sekundäre Stieffamilien. Man kann auch nach der Geschichte der Familie vor der Stieffamiliengründung (nach unehelicher Mutterschaft, Lebensgemeinschaft, Scheidung, Verwitwung ...), nach der Zusammensetzung der Stieffamilie, nach der Zusammensetzung der Kinder (meine – deine – unsere) ... unterscheiden. Somit ist es nicht möglich, von **der** Stieffamilie zu sprechen. Es gibt eine Vielzahl unterschiedlicher Typen und jede dieser Familien ist ein bisschen anders. Stieffamilien umfassen oft mehr Personen als Kernfamilien und finden sich heute (anders als früher, als Stieffamilien meist nach Verwitwung gegründet wurden) vorwiegend im großstädtischen Raum.

5. Merkmale von Stieffamilien

Stieffamilien sind durch einige spezifische Merkmale gekennzeichnet: Jedes Stiefkind hat nur einen biologischen Elternteil in der neuen Familie. Die Eltern-Kind-Einheit besteht länger als die Partnerschaft, häufig sind die Beziehungen zwischen dem Kind und dem mit ihm zusammenlebenden biologischen Elternteil sehr eng. Meist haben mehrere Familienmitglieder bereits eine wichtige Bezugsperson (zumindest teilweise) verloren und die dadurch entstandenen Verlustängste können das Eingehen neuer Beziehungen erschweren. Die neue Familie hat noch keine gemeinsame Geschichte, sie muss ihre familiale Identität erst entwickeln. Der Stiefelternteil hat keine Rechte und Pflichten gegenüber den Kindern in der Familie, seine Rolle ist gesellschaftlich nicht definiert. Die Kinder haben in der Regel mehr als zwei Großelternpaare. Es ist darüber hinaus ein außerhalb des Familienverbandes lebender biologischer Elternteil vorhanden. Dieser ist in gewissem Ausmaß mitverantwortlich für das Kind, hat aber eine Reihe von Einflussmöglichkeiten an den sorgeberechtigten Elternteil (oder jenen, bei dem das Kind vorwiegend lebt) abgetreten. Kinder, die in Stieffamilien leben, sind häufig Mitglieder von mehr als einer Familiengemeinschaft.

Stieffamilien müssen ganz spezifische Probleme im alltäglichen Leben bewältigen, um ihre Aufgabe, Familie zu sein, erfüllen zu können. Über ihre Bemühungen und Erfolge bei der Bewältigung dieser Probleme gibt es in der Wissenschaft sehr widersprüchliche Aussagen. Da Familien niemals statisch sind, sondern immer einen dynamischen Prozess darstellen, können letztlich nur Langzeitstudien zuverlässige Aussagen machen.

6. Herausforderungen, mit denen Stieffamilien konfrontiert sind

6.1. Aufbau einer neuen abgegrenzten Interaktionseinheit Familie

Will Familie eine neue Gemeinschaft werden – verstanden als Einheit –, so muss sie die Klärung der Grenzen ihres speziellen Systems vornehmen. Wie mehrere Studien zeigen, werden die Grenzen des Familiensystems von den einzelnen Familienmitgliedern unterschiedlich gezogen. Es ist in Stieffamilien üblich, dass die einzelnen Mitglieder unterschiedliche Leute zu ihrer Familie zählen, wobei auffallend ist, dass Kinder am häufigsten auch den außerhalb lebenden Elternteil, die Großeltern, mitunter auch andere Verwandte einbeziehen. Die Problematik der Grenzziehung in Stieffamilien ist, dass diese Familien einerseits eine klare Grenze brauchen, insofern, als alle Beteiligten das Gefühl haben sollten, zur Familie zu gehören, dass diese Grenze aber andererseits so durchlässig sein muss, dass der außerhalb lebende leibliche Elternteil nicht aus der Familie ausgeschlossen wird, sondern Zugang und Kontakt zur Familie hat.

6.2. Neudefinition der familialen Rollen

Wenn ein weiterer Elternteil hinzutritt, so bedeutet das, dass die Rollen aller Personen in dieser Familie neu definiert werden müssen. Dasselbe gilt, wenn nicht nur ein Elternteil, sondern wenn auch Geschwister zu dieser Familie kommen. Es ist ein Unterschied, ob ein Kind bisher das älteste war und jetzt plötzlich das zweitälteste ist, ob es der einzige Sohn war und nun einer von zwei Söhnen ist etc. Es müssen alle Rollen neu miteinander bzw. aufeinander abgestimmt werden, nur so kann eine Stieffamilie funktionieren.

6.3. Konstruktive Beziehung des Kindes zum außerhalb lebenden Elternteil

Auch wenn ein neuer Elternteil hinzukommt, bleibt der außerhalb lebende leibliche Elternteil für das Kind gleich wichtig. Eine Reduktion der Kontakte zu diesem, ein In-Konkurrenz-Treten zu diesem durch den Stiefelternteil erschwert und belastet die Situation des Kindes. Ein Teil der Stieffamilien scheitert an dieser zentralen Herausforderung.

6.4. Verhinderung von starren Koalitionen

Es ist für eine Stieffamilie beinahe unmöglich, ein funktionierendes Ganzes zu werden, wenn eine symbiotische Mutter-Kind-Beziehung besteht, die aus früherer

Zeit übernommen und weiter aufrechterhalten wird. Eine solch enge Koalition macht es z.B. dem Stiefvater unmöglich, einen Platz in dieser Familie zu finden, und die Familie kann nicht als Einheit agieren, die alle Mitglieder umschließt.

6.5. Aufbau der neuen Partnerschaft

Dieser erfolgt unter anderen und schwierigeren Bedingungen als der Aufbau einer Paarbeziehung ohne bereits vorhandene Kinder. Der Aufbau einer Partnerbeziehung erfordert Zeit und Raum für exklusive Zweisamkeit, was in Stieffamilien schwer herstellbar ist. Die Ansprüche des Kindes können zudem im Widerspruch zu jenen des Partners/der Partnerin stehen. Wieweit die im Vergleich zu Erstehen höhere Instabilität von Zweitehen auch auf die spezifische Stiefsituation zurückgeführt werden kann, ist derzeit noch nicht geklärt.

6.6. Integration der Stieffamilie in das soziale Netzwerk

Hier stellen sich Stieffamilien oft Vorurteile oder Probleme in den Weg, nicht zuletzt auch von Seiten der Verwandtschaft, die möglicherweise Interesse an der Beibehaltung der ursprünglichen Familie gehabt hätte und der Stieffamilie negativ gegenübersteht.

7. Stieffamilientypen – verschiedene Problemlösungsversuche

Einem großen Teil der Stieffamilien gelingt es, die Aufgaben, vor die sie gestellt sind, einigermaßen zu meistern. Dabei orientieren sich Stieffamilien an unterschiedlichen Familienmodellen, wie im Folgenden (am Beispiel von Stiefvaterfamilien) gezeigt wird.

7.1. Modell der Kernfamilie

Eine Gruppe der Familien versucht, ihr Leben zu gestalten, indem sie sich am Modell der Kernfamilie orientiert. Das kann funktionieren, wenn die Kinder zum Zeitpunkt der Stieffamiliengründung sehr jung sind, wenn der Kontakt zum leiblichen Vater (aus unterschiedlichen Gründen) abgebrochen ist, ohne dass dabei ein negatives Bild von diesem entsteht, wenn die Kinder einen sehr hohen Stellenwert in der Familie haben – nicht allein für die Mutter, sondern auch für den Stiefvater – und wenn Stiefvater und Stiefkind sich spontan mögen. Meist haben die Kinder dann eine vertrauensvolle Beziehung zum leiblichen und zum Stiefelternteil und fühlen sich in ihrer Familie geborgen und sicher.

Einem Teil der Familien, die sich an diesem Modell orientieren, gelingt es nicht, eine Familie zu sein, in welcher sich alle Mitglieder wohl fühlen und entwickeln können. Hierfür sind vorwiegend zwei Faktoren verantwortlich: Entweder es besteht eine hasserfüllte Beziehung zwischen den leiblichen Elternteilen oder die Beziehung zwi-

schen Stiefvater und Kind ist von Anfang an problematisch. Wenn Stiefväter versuchen, zuerst Erzieher des Stiefkindes zu sein, bevor sie ganz langsam eine Beziehung zu ihm hergestellt haben, erschwert dies in hohem Maß, eine wirklich befriedigende, enge und emotional intensive Stiefvater-Kind-Beziehung aufzubauen. Es ist dann bestenfalls möglich, dass Stiefvater und Kind einander akzeptieren lernen.

7.2. Modell der bewussten Stieffamilie

Eine andere Gruppe von Stieffamilien orientiert sich an einem Modell, das man als jenes der bewussten Stieffamilie bezeichnen kann. In diesen Familien ist allen klar: Wir sind eine Familie, die anders ist, wir haben andere Probleme, wir haben andere Möglichkeiten – wir akzeptieren dies. Die Stiefväter in diesen Familien haben nicht vor, den Vater zu ersetzen. Sie sind zusätzliche Bezugspersonen und die Kinder sind mit diesen zusätzlichen Bezugspersonen zufrieden. Auch diese Stieffamilienform gelingt nicht, wenn es nicht möglich ist, eine positiv getönte Stiefvater-Kind-Beziehung herzustellen, und auch nicht, wenn Kinder mit einer sehr engen emotionalen Bindung an ihren leiblichen Vater die Ablösung von diesem nicht geschafft haben, also nur ihre Ursprungsfamilie wiederherstellen wollen.

7.3. Modell der bewussten Zweikernfamilie

Die letzte Gruppe stellen sogenannte Zweikernfamilien dar. Das ist jene Form, in der die Kinder in zwei Familien leben. In diesen Familien verstehen sich alle vier Elternteile sehr gut, die Verantwortung für die Kinder haben nach wie vor die leiblichen Eltern, die Kinder fühlen sich beiden Familien zugehörig und erleben keinen Loyalitätskonflikt. Diese Form stellt für alle Beteiligten eine sehr zufrieden stellende Lösung dar.

8. Stiefeltern-Stiefkind-Beziehung – eine große Herausforderung

Es besteht Übereinkunft darin, dass nicht nur die Rolle des Stiefvaters, sondern besonders jene der Stiefmutter eine überaus schwierige ist. Stiefelternrollen sind deswegen so schwierig, weil sie in unserer Gesellschaft nicht definiert sind. Stiefeltern sind sich daher ihrer Rolle oft sehr unsicher, wissen nicht, wie viel Zuneigung sie zeigen, wie viel Disziplin sie ausüben sollen etc. Zudem erleben Kinder einen Stiefelternteil häufig als Rivalen um die Gunst des leiblichen Elternteils. Ein klassisches Beispiel: Der Stiefvater wird vom Sohn als Konkurrent empfunden, also kämpft er gegen diesen um die Liebe der Mutter. Es ist auch deswegen so schwierig, weil Stiefelternteile sehr häufig mit anderen Gewohnheiten, Vorstellungen und Normen in die Familie kommen, als es in der Einelternfamilie bisher der Fall war. Trotzdem scheinen viele Familien mit zunehmender Dauer diese Problematik gut zu meistern. In unserer Untersuchung konnten wir vier markante Beziehungstypen von Stiefvätern und ihren Stiefkindern feststellen:

- **Enge und innige Beziehungen,** in denen sich die Stiefväter wie die leiblichen Väter der Kinder fühlten, alles für diese Kinder taten und die Beziehung als beglückend, harmonisch und konfliktarm empfanden.
- **Freundschaftliche Beziehungen,** in denen sich die Stiefväter von ihren Stiefkindern akzeptiert fühlten, gut mit ihnen kommunizieren konnten, ihre Beziehung als nicht sehr gefühlsbetont, aber auch als nicht sehr konfliktgeladen schilderten. Diese Väter sahen sich nicht in der Vaterrolle und wollten diese auch nicht übernehmen.
- **Beziehungen von gegenseitiger Akzeptanz** hatten sich in Stieffamilien entwickelt, in denen es überaus schwierig war, eine zufrieden stellende Stiefvater-Kind-Beziehung aufzubauen. Manchen Stiefvätern war es jedoch – meist in sehr harter Arbeit an sich selbst – gelungen, allmählich eine auf Akzeptanz beruhende, mitunter noch immer konfliktgeprägte Beziehung zum Stiefkind aufzubauen.
- **Konfliktreiche Beziehungen** bildeten eine letzte Gruppe. In diesen Beziehungen waren eindeutig Streitereien, Reibereien und Konflikte vorherrschend und die Beziehungspartner, also Kind und Stiefvater, waren nicht bereit oder nicht fähig, sich aufeinander einzulassen.

9. Die Beziehung zwischen Kind und außerhalb lebendem Elternteil

Auch in den Beziehungen zwischen den Kindern und ihren leiblichen Vätern konnten wir unterschiedliche Typen finden:

- **Emotional enge Beziehungen** zwischen Kind und leiblichem Vater, wobei die Kinder der Ansicht waren, sie könnten ihrem Vater alles anvertrauen. Es war ihnen sehr wichtig, mit ihm zusammen zu sein. Diese Kinder hatten den Eindruck, sie bekämen von ihrem Vater, was sie brauchen.
- **Kühl-distanzierende Beziehungen** beschrieben jene Kinder, die von ihren Vätern bedeutend mehr wollten, als sie von ihnen bekamen. Sie wollten mehr Kontakt, vor allem aber – und das war das Entscheidende – wollten sie das Gefühl haben, für ihren Vater wichtig zu sein. Wenn er ihnen dieses Gefühl nicht vermittelt – und das tut er dann nicht, wenn er Versprechungen macht, die er nicht einhält –, wird die Vater-Kind-Beziehung von den Kindern zumindest sehr ambivalent erlebt, häufig ist sie gekennzeichnet durch tiefe Enttäuschung.
- **Einen unbekannten Vater** erleben jene Kinder, die mit ihrem Vater nie Kontakt hatten, bei denen der Vater in ihrem Leben offensichtlich keine Rolle spielt.

10. Stieffamilie und Gesellschaft

Neben den komplexen Anforderungen, die Stieffamilien zu bewältigen haben, wird ihre Situation dadurch erschwert, dass sie nicht die gleiche gesellschaftliche Anerkennung als Familie bekommen wie andere Familien. Stieffamilien entsprechen in vieler Hinsicht nicht den Kriterien einer Kernfamilie und werden infolgedessen diskriminiert. Eines der Hauptprobleme liegt darin, dass in unserer Gesellschaft eine Norm noch immer tief verwurzelt ist, nämlich dass Elternschaft nur von leiblicher Mutter und leiblichem Vater erfüllt werden kann. Dies scheint vorwiegend die Einstellung der Erwachsenen zu sein, während es für Kinder (unter geeigneten Voraussetzungen) kein Problem darstellt, mehrere Elternpersonen als solche zu akzeptieren. Im Gegenteil, Kinder verstehen es auch, die Chancen, die ihnen damit gegeben werden, zu nutzen. Multiple Elternschaft, die in unserer Zeit immer häufiger wird, ist sozusagen im kollektiven Bewusstsein nicht existent, während verantwortete Elternschaft unumstößliche Norm ist. Mutter oder Vater zu werden bringt Verpflichtungen mit sich, die umfassender sind als je zuvor, wobei es von diesen kaum eine Dispensierung gibt. Die Vorstellung, dass Elternschaft einerseits von extrem hoher Bedeutung ist, und andererseits der gleichzeitige Anspruch, sie dürfe nur von **einer** Mutter und **einem** Vater getragen werden, bringt Familien, die nicht nach diesem Modell leben, in große gesellschaftliche Bedrängnis. Stiefelternteile haben keinerlei Rechte und

Pflichten. Sie sind mit dem Kind nicht verwandt, es gibt daher rechtlich keine Beziehung.

Diese gesellschaftlichen Faktoren setzen Stieffamilien unter den Druck, nach außen darzulegen, dass sie als Familie gut funktionieren. So wird ihnen die Zeit genommen, sich zu entwickeln. Nur wenn die Gesellschaft bereit ist, die unterschiedlichen familialen Wirklichkeiten als gleichrangig neben der kernfamilialen Wirklichkeit zu respektieren und zu unterstützen, werden die Mitglieder dieser Familienformen die gleichen Chancen haben wie die Mitglieder von Kernfamilien, ihre Lebenswelt Familie zufrieden stellend für alle zu gestalten.

Der Beitrag wurde erstmals in „Unsere Kinder" 3/2002 publiziert und basiert auf einem Vortrag, den die Autorin im Juni 1999 in Linz hielt; Überarbeitung 2006.

Inge Pröstler, Helmuth Figdor

Scheidungskinder – Sorgenkinder!

Kann der Kindergarten helfen?

„Scheidung ist ein Problem der Familie. Der Kindergarten soll sich da nicht einmischen!" – „Eltern sollten zuerst an ihre Kinder denken!" – „Bert hat die Trennung seiner Eltern vor zwei Monaten ganz gut verkraftet. Im Kindergarten ist er nach wie vor fröhlich." – Viele KindergartenpädagogInnen werden sich vielleicht schon öfter Gedanken wie diese gemacht haben, wenn sie sich mit Kindern konfrontiert sehen, deren Eltern sich gerade trennen bzw. getrennt haben.

Und doch werfen Aussagen wie diese mehr Fragen auf, als wir auf den ersten Blick vermuten würden: Ist Scheidung ein Problem, bei dessen Bewältigung nur die Eltern ihren Kindern helfen können? Könnte nicht auch die KindergartenpädagogIn Hilfe anbieten? Oder würde das einer Selbstüberschätzung des Kindergartens gleichkommen?

Wenn wir meinen, dass Eltern zuerst an ihre Kinder denken sollen, meinen wir dann, dass Scheidung im Hinblick auf das Wohl des Kindes nicht verantwortbar ist? Aber ist es verantwortbar, Kindern ein Aufwachsen in einer Konfliktfamilie zuzumuten?

Oft wissen KindergartenpädagogInnen nichts oder nur wenig über familiäre Veränderungen. Berts Eltern gaben die Information wohl weiter. Doch was bedeutet es, wenn ein Kind auf eine so einschneidende Veränderung in seinem Leben (noch) nicht reagiert? Müsste uns das nicht mehr alarmieren als die trotzigsten und aggressivsten Ausbrüche von Kindern, bei denen wir um familiäre Krisen wissen? Eins ist klar: Kinder leiden unter der Trennung ihrer Eltern. (Wir brauchen nur daran zu denken, wie es uns ginge, wenn uns ein Mensch, den wir über alles lieben, plötzlich verlässt.) Um Kindern, die Trennungen erleben, hilfreich zur Seite stehen und um ihre manchmal auch auffälligen Verhaltensweisen besser aushalten zu können, bedarf es eines umfassenden Blicks auf die Bedeutung von Scheidung und Trennung sowohl für Kinder als auch für Eltern.

1. Ist Scheidung Kindern gegenüber verantwortbar?

Angesichts all ihrer (wissenschaftlich nachgewiesenen) negativen Auswirkungen stellt sich die Frage, ob Scheidung verantwortbar ist. Kinder zeigen nach der Trennung ihrer Eltern Symptome wie allgemeine Unruhe und Schlaflosigkeit; viele beginnen wieder nachts ins Bett zu machen; oft kommt es zu Verhaltensauffälligkeiten, vor allem zu disziplinären Schwierigkeiten in Kindergarten oder Schule; manche entwickeln psychosomatische Symptome, wie Magenschmerzen, Kopfschmerzen o.Ä. Die meisten zeigen beträchtliche Irritationen des Gefühlsbereichs: Sie leiden unter Ängsten, Ruhelosigkeit und Trauer. Und bei fast allen ist ein deutlicher Anstieg des Aggressionspotenzials zu bemerken, das sich in Form von Ärger oder Wut an einem oder beiden Elternteilen oder auch an anderen Kindern entlädt. Einige reagieren mit verstärkter Abhängigkeit von erwachsenen Bezugspersonen und/oder sozialem und emotionalem Rückzug.

Daher ist es nicht weiter erstaunlich, wenn Eltern ihrer Kinder wegen vor Scheidung zurückschrecken bzw. wenn Fachleute, die das Wohl der Kinder im Auge haben, vor Trennung warnen. Letztlich münden diese Überlegungen in der Frage, ob man nicht der Kinder wegen zusammenbleiben sollte. (Eine Frage, die sich nicht alle Eltern stellen können, da ja viele Mütter/Väter ohne ihr Zutun vom Partner/von der Partnerin verlassen werden.)

Zudem erlaubt der wissenschaftliche Nachweis von Scheidungsfolgen nicht den Schluss, dass die betroffenen Kinder diese oder ähnliche Symptome nicht entwickelt hätten, wären ihre Eltern zusammengeblieben. Vielleicht würden Scheidungskinder bei einem Vergleich mit Kindern, deren Eltern sich nicht vertragen, sogar wesentlich besser abschneiden.

Kinder, die in den Kampf zwischen Mutter und Vater fast immer mit hineingezogen werden, geraten in schwere Loyalitätskonflikte, die sie überfordern und ihre seelische Entwicklung beeinträchtigen. Solche Loyalitätskonflikte sind kein Spezifikum von Scheidungsfamilien. Sie stellen sich auch bei Kindern von Eltern ein, die zusammenleben und bei ihren Auseinandersetzungen – bewusst oder unbewusst – von den Kindern eine Parteinahme erwarten. Es ist daher wichtig, dass Eltern sich um die Bewältigung ihrer Partnerschaftskonflikte bemühen, doch nur „den Kindern zuliebe" zusammenzubleiben ist keine gute Lösung. Für Kinder ist es zwar essenziell notwendig, dass ihnen Mama und Papa als primäre Liebesobjekte nicht verloren gehen, doch müssen intensive Eltern-Kind-Beziehungen durch Scheidung nicht zwingend enden. In der Erziehungsberatung zeigt sich immer wieder, dass Kinder, die „günstige Umstände" nach einer Scheidung erleben, weniger Loyalitätskonflikten ausgesetzt sind als Kinder in Konfliktfamilien.

Allerdings: Um „günstige Bedingungen" für Scheidungskinder zu schaffen, braucht es Mütter und Väter, die selbstlos, einfühlsam, geduldig und verwöhnend sind, wie sie es bisher noch nie sein mussten. Es braucht Eltern, die regressive und auch aggressive Gefühle ihrer Kinder gut aushalten, Eltern, die Schuldgefühle ertragen können. Kurz gesagt: Kinder bräuchten die perfektesten Eltern in dieser Situation. Umgekehrt würden jedoch Mütter und Väter ihrerseits in der Zeit vor, während und nach einer Trennung so komplikationslose und selbstständige Kinder wie nie zuvor benötigen. Denn Scheidung belastet auch Mütter und Väter ungemein. Perfekte Eltern und perfekte Kinder sind jedoch im Zuge von Trennungen kaum in Sicht. Es geht also darum, wie weit Eltern in dieser Krisenzeit imstande sind, die Nöte ihrer Kinder wahrzunehmen und ihnen beizustehen.

2. Scheidung aus der Perspektive von Müttern und Vätern

„Die Kinder leiden am meisten", sagen viele Eltern. Manchmal werden darüber die Verletzungen und Kränkungen der Eltern vergessen und es wird dabei verkannt, worum es gehen müsste: nämlich nicht nur darum, den am meisten zu bedauern, der am meisten leidet, sondern darum, was Scheidung für alle Betroffenen bedeutet und wo Hilfe ansetzen muss.

Eltern leiden im Zuge von Scheidung. Sich all ihrer Gefühle klar zu werden ist auch für Erwachsene eine große Herausforderung. Warum? Mit dem Scheitern einer Beziehung werden große Verlust- und Zukunftsängste aktiviert, begleitet von Versagensängsten und Schuldgefühlen wie z.B. „Ich habe es nicht geschafft, die Familie zusammenzuhalten", „Ich habe meinen Kindern das Lebensglück genommen." Hinzu kommt das Wissen, jetzt auch zu den „Geschiedenen" zu gehören und die eigenen Lebenswünsche nicht verwirklicht zu haben.

Für derlei Erfahrungen hat jeder/jede seine/ihre eigenen Verarbeitungsmechanismen, die in der individuellen Beziehungs- und Lebensgeschichte gewachsen sind. Trotzdem ist vielen eines gemeinsam: Die unangenehmen Gefühle sind oft so stark und quälend, dass sie unerträglich und unbewältigbar erscheinen. Das nun löst einen psychischen Mechanismus aus, der allen Menschen zur Verfügung steht und von dem wir oft Gebrauch machen: Die unangenehmen und unerträglichen Gefühle werden lieber nicht wahrgenommen, sie werden aus dem Bewusstsein verdrängt. Was ins Unbewusste verdrängt wird, ist natürlich nicht weg, sondern bahnt sich andere, subtilere Wege an die Oberfläche und wirkt somit unbemerkt.

Wenn Eltern verdrängen müssen, um ihr psychisches Gleichgewicht halten, die Trennung durchstehen und ihr weiteres Leben in Angriff nehmen zu können, fühlen sie sich durch Gefühle ihrer Kinder, wie Enttäuschung, Zorn, Hass, Aggression etc., bedroht. Denn all das, was sie sich durch Verdrängung mühsam vom Leib zu halten trachten, z.B. Schmerz und Schuldgefühle, kann durch die Emotionen der Kinder permanent aktiviert werden.

Eine (unbewusste) Möglichkeit damit umzugehen ist, das Leid der Kinder nicht wahrzunehmen, es nicht zu sehen oder auch auf andere Dinge zu schieben (schwieriges Alter, Launen der Kinder, Veränderungen in Kindergarten oder Schule etc.). Oder man redet sich ein, dass manche Kinder eben nicht auf die Scheidung reagieren. Das kann – von außen betrachtet – wie im Beispiel von Bert auch so sein. Die Tatsache, dass wir als Außenstehende nichts bemerken können, heißt allerdings nicht, dass die Scheidung dem Kind nichts ausmacht. Da Kinder spüren, wie sehr ihre Eltern hoffen, die Trennung möge ihnen nichts ausmachen, reagieren sie oft von außen kaum merkbar. Eltern wünschen sich „nicht leidende" Kinder, auch wegen des Leids, das sie selbst spüren und ihren Kindern gerne ersparen möchten. Immer wieder kommen Eltern und/oder Stiefeltern in Erziehungsberatung mit der Frage, wie sie die Scheidung und/oder den neuen Alltag so gestalten können, dass die Kinder nicht leiden, sich nicht auffällig verhalten, nicht abweisend auf neue PartnerInnen reagieren etc. Doch wo Eltern von Schmerz und Leid ihrer Kinder nichts sehen (können), sind sie kaum imstande, die Notwendigkeit von Hilfe zu erkennen und Unterstützung für sich und ihre Kinder in Anspruch zu nehmen.

Zur Verdrängung kommt noch ein anderer Abwehrmechanismus hinzu: Sich von jemandem zu trennen, den man noch liebt oder braucht, ist viel schwerer als von einer rücksichtslosen, egoistischen, asozialen, herrschsüchtigen Person. Eine Möglichkeit die Trennung zu vollziehen ist, den anderen zum Bösen zu machen, all seine negativen Eigenschaften in den Mittelpunkt zu rücken, um sich leichter lossagen zu können. Von einer so bösen Person muss man sich ja trennen! Bei diesem Mechanismus – in der Psychoanalyse wird er als „Spaltung" bezeichnet – werden dem Partner ausschließlich negative Eigenschaften zugesprochen. Es gibt eine klare Grenze zwischen Gut (Ich) und Böse (PartnerIn). Diese unbewussten Vorgänge zeigen sich meist im rationalen Kleid, äußere Anlässe finden sich allemal. Wenn z.B. Kinder von Besuchswochenenden „irritiert und aus der Ruhe gebracht" zurückkehren, wird dies oft so interpretiert, dass der Kontakt mit dem Expartner/der Expartnerin nicht gut für die Kinder sei, anstatt das Verhalten der Kinder als Trennungsreaktion zu deuten, die durchaus normal ist und umso wahrscheinlicher auftritt, je jünger das Kind ist.

3. Wie erleben Kinder die Trennung ihrer Eltern?

Kinder erleben Scheidung doppelt: Der Papa verlässt die Mama! Und: Der Papa verlässt **mich!** Dies löst nicht nur Trauer, sondern auch Angst aus. Angst, den Papa zu verlieren (speziell bei kleinen Kindern), aber auch Angst vor dem Verlust der Mama. Kinder haben in dieser Zeit oft die Panik alleine zurückzubleiben.

Das hängt zum einen mit ihrem Entwicklungsstadium zusammen: Kinder im Kindergartenalter haben ein egozentrisches Weltbild, d.h., sie fühlen sich als Mittelpunkt der Welt und können sich gar nicht vorstellen, dass irgendetwas ohne ihr Zutun geschieht. Zwar realisieren sie etwa ab dem dritten Lebensjahr, dass es neben ihren Liebesbeziehungen zu Vater und Mutter auch noch eine Beziehung zwischen den Eltern gibt, doch erhalten sie sich lange die Illusion, dass sie die wichtigsten Liebespartner der Eltern seien. Leben Kinder noch stark in dieser Vorstellung, interpretieren sie die Scheidung als ein Scheitern ihrer Beziehung zum verlassenden Elternteil – sie geben sich die Schuld am Scheitern der Beziehung ihrer Eltern. (Das passiert bei etwa 50 Prozent der betroffenen Kinder.) Je jünger Kinder sind, desto häufiger fühlen sie sich schuldig. Sie fragen sich: „War ich zu schlimm, zu böse ...?"

Kindliches Denken neigt auch dazu, Dinge in einen kausalen Zusammenhang zu bringen, die nichts miteinander zu tun haben. Alltägliche Streitereien, die manchmal auch Angelegenheiten der Kinder zum Inhalt haben, und aggressive Gefühle, wie sie ja zu jeder (Liebes-)Beziehung gehören, gewinnen mit dem Wissen „Meine Eltern lassen sich scheiden" eine völlig andere Dimension. „Böse Wünsche", wie sich z.B. Mama oder Papa wegzuwünschen, wenn sie schimpfen oder gemein sind, gehen auf einmal in Erfüllung! Schlechtes Gewissen und Angst vor Vergeltung sind die Folgen.

Bei vielen Kindern kommt die Scheidung ihrer Eltern einem teilweisen Identitätsverlust gleich. Trennungen rufen nicht bloß Enttäuschung, Trauer und Angst hervor, sie werden auch als eine Art Selbstverlust erlebt. Dies hängt damit zusammen, dass jede Liebesbeziehung uns verändert, weil wir ein Stück des geliebten Menschen „in uns hereinnehmen", indem wir uns mit ihm identifizieren. Kinder identifizieren sich größtenteils mit Mama und Papa. Die Trennung lässt das Kind nicht nur einsam zurück, sondern buchstäblich halbiert.

Diese massive Beeinträchtigung der Identität setzt eine Reihe von Gefühlen in Bewegung: Enttäuschung über den Elternteil, der weggeht, Angst vor dem Allein-gelassen-Werden. Aggressionen entstehen als Gegenreaktion auf die vielen Ängste oder weil sich die Kinder verlassen, verraten, in ihren Wünschen nicht respektiert fühlen.

Ein so radikaler Bruch in den Lebensverhältnissen muss Reaktionen nach sich ziehen, sofern das Kind beide Eltern liebt. Solche „Erlebnisreaktionen" sehen oft wie neurotische Symptome aus, verschwinden jedoch ersatzlos im Zuge eines neuen Schrittes der Ich-Entwicklung, etwa durch Gewöhnung, durch Älterwerden, durch eine neuerliche (angstreduzierende) Veränderung der äußeren Umstände oder durch eine pädagogische/therapeutische Stützung des Kindes.

Symptome wie erhöhte Aggressivität, übergroße Schüchternheit, Regredieren auf frühere Entwicklungsstufen, Einnässen usw. im Zusammenhang mit Scheidung sind zugleich als Fragen zu verstehen: Kann man denn jemanden liebhaben, den man verlässt? Kommt alles wieder in Ordnung? Geht die Mama jetzt auch weg? Ziehen wir woanders hin? Muss ich in einen anderen Kindergarten? ...

Dass Symptome als kindliche Reaktion auf elterliche Scheidung ganz normal sind, enthebt uns nicht der Aufgabe, die Auffälligkeiten der Kinder zu bemerken und entsprechend darauf zu reagieren. Das ist das Wichtigste in der kritischen Zeit der Wochen und Monate vor und nach einer Scheidung, in der viel aufgefangen werden kann. Tatsächlich nehmen die Angst und die Schwierigkeiten der Kinder in dieser Zeit meist zu. Unangemessene Reaktionen der Umwelt auf die (normalen) Irritationen der Kinder behindern nicht nur die Aufarbeitung des auslösenden Erlebnisses, sie beeinträchtigen auch mittel- und langfristig: Werden die Konflikte und Ängste des Kindes zu groß, kann dieser unerträgliche Zustand nur durch Verdrängung beendet werden. Die Gefühle und Gedanken kehren jedoch früher oder später als neurotische Symptome wieder. Diese müssen sich nicht sofort zeigen, sie können übersehen werden oder sich zunächst sogar in Verhaltensweisen äußern, die den Bezugspersonen als positive Veränderungen erscheinen (das Kind ist angepasster denn je; der Wunsch, den Papa zu sehen, wird endlich nicht mehr geäußert ...). Dies wird oft als Zeichen dafür missverstanden, dass das Kind nun alles „ganz gut überstanden" hat.

4. Symptome von Kindern im Kindergarten

Im Kindergarten haben wir es immer wieder mit Kindern zu tun, die auffallen. Verhaltensauffälligkeiten sind nichts Scheidungsspezifisches. Meist ahnen wir nicht, womit sie zusammenhängen könnten, ob es sich um familiäre Krisen handelt, ob es ein Problem im Kindergarten selbst ist oder ob es um Entwicklungsschwierigkeiten des Kindes geht. Wir sehen das Kind mit einer bestimmten Auffälligkeit, die es nicht unter Kontrolle hat. Das zeigt sich darin, dass es auf Beeinflussungsversuche der Kindergartenpädagogin nicht reagiert, etwa auf Aufforderungen wie „Hör auf zu schreien!" oder „Geh doch zu den anderen Kindern!".

Symptome sind eine psychodynamische Kompromissbildung, deren Ausgangspunkt immer eine innere Not der Kinder ist. Wenn wir hier von „Symptomen im Kindergarten" sprechen, dann meinen wir ein Verhalten, eine Persönlichkeitseigenschaft oder eine Eigenheit des Kindes, die es über einen längeren Zeitraum hinweg zeigt und nicht unter Kontrolle hat. Worin die innere Not besteht, lässt sich nicht am Symptom ablesen. Einige Kinder werden nach familiären Krisen braver, ruhiger, angepasster. Andere wiederum zeigen sich aggressiv und laut. Viele KindergartenpädagogInnen neigen dazu, Eltern zu raten, therapeutische Hilfe in Anspruch zu nehmen, wenn sie Symptome bei Kindern bemerken.

Wenn aber Kinder nicht auffällig werden, dann erhalten die Eltern oft die Information, dass alles in Ordnung sei.

Hier müssen wir uns drei grundlegende psychoanalytisch-pädagogische Erkenntnisse vor Augen halten:

- Seelische Gesundheit/Krankheit lässt sich nicht am Fehlen/Vorhandensein von Symptomen ablesen.
- Es ist am Symptom nicht erkennbar, welche innere Not des Kindes dahintersteckt.
- Selbst wenn wir wissen, dass sich Gabis Eltern getrennt haben, wissen wir nicht, ob die Trennung für ein bestimmtes Symptom verantwortlich ist, das das Kind zeigt.

5. Der Kindergarten kann helfen!

Eines sei hier vorausgeschickt: Wenn wir als PädagogInnen anstreben, dass die Kinder durch unser Zutun infolge der Scheidung nicht mehr leiden, dann werden wir scheitern. Wir können das Symptom eines Kindes nicht „wegtherapieren". Doch der Kindergarten kann Kindern und Eltern in Scheidungssituationen Unterstützung in unterschiedlichen Bereichen anbieten.

5.1. Angebote für die Eltern

Was Trennung für Kinder bedeutet, welche Unterstützungsmöglichkeiten es für Betroffene (Kinder/Eltern) gibt, darüber (ganz allgemein) zu informieren ist eine Aufgabe des Kindergartens. Das kann bei Elternabenden oder in persönlichen Gesprächen stattfinden.

Eine weitere Möglichkeit besteht darin, betroffenen Eltern mitzuteilen, wenn Ihnen als KindergartenpädagogIn etwas an deren Kindern auffällt: „Mir ist aufgefallen, dass Bert sich überhaupt nicht verändert hat, obwohl der Papa doch ausgezogen ist. Ich wollte es Ihnen sagen, aber es kann ja auch sein, dass das nur im Kindergarten so ist." Natürlich ist dies keine Diagnose, das ist im Rahmen des Kindergartenalltags auch gar nicht möglich. Es kann aber ein Anstoß für Eltern sein, ihr „Herz auszuschütten" und in weiterer Folge vielleicht auch professionelle Hilfe in Anspruch zu nehmen.

Nicht nur Kinder leiden, auch ihre Eltern stürzen durch Trennungen in tiefe Krisen und sie entwickeln eine Fülle an Schuldgefühlen. Auch wenn wir davon überzeugt sind, dass es legitim ist, in familiären Krisenzeiten Hilfe in Beratungsstellen zu holen, so ist doch die Hemmschwelle (noch) immer sehr hoch. Viel öfter wendet man sich an Personen des gewohnten Umfelds, denen aufgrund ihrer beruflichen Rolle die Kompetenz einer Vertrauensperson zugeschrieben wird (KindergartenpädagogInnen, LehrerInnen, ÄrztInnen etc.).

Das heißt natürlich nicht, dass KindergartenpädagogInnen nun plötzlich die Funktion von ErziehungsberaterInnen oder PsychotherapeutInnen übernehmen müssen. Aber vielleicht können sie als einfühlsame GesprächspartnerInnen so lange zur Verfügung stehen, bis die Mutter oder der Vater von ihnen den Rat annehmen

kann, eine Beratungsstelle aufzusuchen, mit der man gute Erfahrungen gemacht hat.

5.2. Hilfen für Kinder im Kindergarten

Vorausgeschickt sei: Scheidung ist eine familiäre Krise. Die entscheidende Hilfe muss durch die Eltern erfolgen bzw. von ihnen initiiert werden (z.B. durch Erziehungsberatung oder Elternberatung im Rahmen der Teilnahme an einer Scheidungskindergruppe). Vielleicht kann hier der Kindergarten, wie oben ausgeführt, den Weg bereiten.

Doch dies ist nicht die einzige Form der Hilfe, die der Kindergarten leisten kann. Welche Möglichkeiten hat die KindergartenpädagogIn in der direkten Interaktion mit den Kindern?

5.3. Keine zusätzlichen Probleme machen

Es mag bescheiden klingen, doch es ist für Kinder in Krisen überaus wichtig, dass wir ihnen keine zusätzlichen Probleme machen, indem wir Druck auf sie ausüben, unzufrieden mit ihnen oder böse auf sie sind. Natürlich bedeutet das nicht, alles zuzulassen und keine Grenzen mehr zu setzen. Aber das „Nein" kann dann, wenn wir die auffälligen Verhaltensweisen von Kindern als „innere Not" ansehen, vielleicht ohne Vorwurf erfolgen. Wir müssen uns vor Augen halten, dass sich der sechsjährige Thomas im Augenblick nicht anders verhalten kann als ein Dreijähriger.

5.4. Die Symptome der Kinder als Ausdruck von innerer Not verstehen

Wenn Gabi immer ruhiger wird und kaum mehr auf andere Kinder zugeht, dann kann das vielerlei Gründe haben. Wenn Sie ein Symptom als Ausdruck innerer Not verstehen, werden Sie nicht versuchen es „wegzubringen". Denn dies würde ja bedeuten, das innere Leiden des Kindes zuzudecken. Wichtig ist, Gabis Symptom zu bemerken und sie auch damit zu akzeptieren. Dies heißt im konkreten Gruppenalltag, dass wir Gabi als Kind wahrnehmen, das schüchtern ist und die Hilfe der KindergartenpädagogIn braucht, um Kontakt zu anderen zu knüpfen.

Oder Thomas. Er bekommt seit geraumer Zeit täglich mehrmals einen Wutanfall. Die Gründe sind für uns nicht nachvollziehbar. Und doch kann Thomas Hilfe erfahren. Wenn wir sein Symptom „Wutanfall" als Ausdruck innerer Not verstehen und nicht permanent fragen: „Was tun wir, damit Thomas endlich damit aufhört?", können wir helfen, indem wir uns sozial verträgliche Formen überlegen, wie Thomas seinen Affekt ausleben könnte. Sei dies nun in Form einer Wutecke, wo er toben darf, oder einer HelferIn, die sich immer dann um ihn kümmert, wenn er wütend ist, oder eines Kindes, das Thomas zur Seite gestellt wird und die KindergartenpädagogIn aufmerksam macht, wenn er kurz vor dem Explodieren ist.

Symptome als Ausdruck innerer Not zu verstehen oder als dauerndes Fragen, ob alles wieder in Ordnung kommt, hat nicht nur für Scheidungskinder eine wichtige Bedeutung: Denn so bemerken wir kindliche Not, die von Müttern oder Vätern aufgrund eigener Verstrickungen oft schwer wahrgenommen werden kann. Doch nur offenbarter Schmerz kann bewältigt werden! Bleibt er hingegen unterdrückt, wird er weggeschoben, dann kann er nicht verarbeitet werden und hinterlässt schließlich unübersehbare Narben in der Seele des Kindes.

5.5. Mit Veränderungen im Kindergarten achtsam umgehen

Wenn wir um die Trennung von Familien wissen, dann gilt es mit Veränderungen innerhalb des Kindergartens besonders achtsam umzugehen.

Es kann z.B. sein, dass eine Helferin weggeht oder eine Kindergartengruppe zusammengelegt werden muss. Doch alle Trennungen bzw. Beziehungsveränderungen aktivieren bei Kindern, deren Eltern sich getrennt haben, Verlustängste: „Jetzt geht die auch noch weg!" Oder: „Die Gruppe wird jetzt auch ganz anders – nichts bleibt, wie es mal war!" Dies initiiert in Kindern oft eine Neuauflage der Trennung von einem Elternteil.

Solche Situationen können für „geschiedene" Kinder entschärft werden, indem die Gruppe intensiv darauf vorbereitet wird, dass eine neue KindergartenpädagogIn kommt, wann und wie das sein wird, ob und wann sie die jetzige KindergartenpädagogIn wieder sehen werden ... – Die Zukunft gemein-sam mit Kindern „vorzudenken“ ist somit nicht nur im familiären Kontext wichtig (Wie wird es sein, wenn der Papa eine andere Wohnung hat? Wie oft werde ich ihn sehen? ...), sondern auch im Gruppenalltag. In der ohnehin unsicheren Zeit, in der es oft drunter und drüber geht, kann so Sicherheit vermittelt werden.

5.6. Sich-trennen-Können – ein zentrales Lernziel im Kindergarten

Trennung ist ein Schicksal, das Kinder ja nicht nur ereilt, wenn sich ihre Eltern scheiden lassen. Trennung bestimmt den Gang unserer Entwicklung: Trennung vom Mutterleib, Trennung von der Mutterbrust, Trennung von zu Hause, wenn die Kinder in den Kindergarten, in die Schule gehen, Trennung von Freunden bei einem Wohnortwechsel etc. – Und alle diese Trennungen haben zwei Seiten: Sie sind schmerzvoll und hinterlassen Narben; zugleich aber schaffen sie neue Freiräume, ermöglichen einen Zuwachs an Autonomie, ja, sie sind geradezu eine Bedingung für Entwicklung. (Dies gilt auch für Scheidung: Sie ist Krise und Chance.)

Da der Besuch des Kindergartens für die meisten Kinder und Eltern die erste regelmäßige Trennung voneinander darstellt, müsste ein entwicklungsförderlicher (nicht überfordernder!) Umgang mit Trennung ein zentrales Lernziel sein: Sich über einen längeren Zeitraum getrennt von Mama und Papa aufzuhalten ist eine enorme Herausforderung für Kinder, vor allem für die, die neu in den Kindergarten kommen. Vor allem Kinder mit negativen Trennungserfahrungen sind hier doppelt gefordert. Etwa so, als hätten wir als Erwachsene schlimme Reiseerfahrungen gemacht und müssten nun alleine in ein uns völlig fremdes Land reisen. Was würde uns dann helfen? Eine erfahrene Reisegefährtin? Eine herzliche Begrüßung am Flughafen? ... Hier gilt es sowohl für Kinder mit negativen Trennungserfahrungen als auch für neue Kindergartenkinder Rituale zu überlegen, die ihnen helfen, sich in der neuen Situation zurechtzufinden. Sei dies z.B. in Form eines älteren Kindergartenkindes, das einen Neuling durch die ersten Wochen begleitet, oder in Form einer persönlichen Begrüßung für jedes Kind oder ...

Sich-trennen-Können stellt eine wichtige Errungenschaft für die spätere psychische Gesundheit dar.

5.7. Sicherheit in der familiären Identität geben

Das Kindergartenalter ist geprägt von der Identitätssuche. Ist mit etwa drei Jahren die psychische Geburt eines Kindes vollbracht, weiß es sozusagen „Ich bin ich“, so macht sich das Kind in den folgenden Jahren auf die spannende Suche nach Antworten auf die Frage: „Wer und wie bin ich denn?“ Nicht nur die eigene Person, sondern ebenso die gesamte, u. a. auch die familiäre Lebensform ist damit gemeint: ob es mit Mama und Papa lebt, in einer Großfamilie, bei einem Elternteil etc. Kinder, deren Eltern sich trennen bzw. getrennt haben, empfinden neben den bereits genannten Schuldgefühlen oft auch Gefühle der Scham: „Bei mir ist etwas nicht in Ordnung.“

Bei der Suche nach familiärer Identität fällt dem Kindergarten eine bedeutende Rolle zu. Denn wie wir Menschen uns sehen, hängt wesentlich davon ab, wie wir von anderen gesehen werden. Die KindergartenpädagogIn gilt oft als erste „Bewertungsinstanz“ und kann durch ihre Unterstützung den Kindern Sicherheit in ihrer familiären Identität geben.

Dies bedeutet im Konkreten: Miriam lebt mit Mama und Papa in einem Mietshaus, Erol lebt mit seinem Vater in einem anderen Bezirk, der Kindergarten liegt in der Nähe des Arbeitsplatzes von Erols Vater. Gabis Mutter ist Alleinerzieherin, den Papa sieht Gabi alle 14 Tage ...

Wenn Kinder wissen, dass ihre Lebensform eine von der KindergartenpädagogIn akzeptierte ist, und wenn das auch ausgesprochen wird, dann können sie leichter Sicherheit in der (neuen) Familiensituation erhalten.

6. Supervision – eine Unterstützung für den Kindergartenalltag

Auffälligkeiten, Störungen, heftige Gefühle und innere Not von Kindern machen betroffen. Gerade durch die Trennungserfahrungen der Kinder werden auch eigene Trennungserfahrungen wiederbelebt, das führt zu Verunsicherung, Wut, Hilflosigkeit etc. Supervision bietet Unterstützung, sich mit den eigenen Gefühlen auseinanderzusetzen, und ist somit in pädagogischen Berufen notwendig, um sich die Freude an der Arbeit mit den Kindern zu erhalten. Sie kann uns helfen, für die inneren Nöte von Kindern auch langfristig ein offenes Ohr zu haben: Nicht, indem wir jedes Leiden heilen, sondern indem wir in der zur Verfügung stehenden Zeit auch innerlich für sie da sind.

Literatur

Figdor, Helmuth ([8]2005): Kinder aus geschiedenen Ehen. Zwischen Trauma und Hoffnung. Gießen: Psychosozial-Verlag

Figdor, Helmuth (2005): Psychoanalytische Pädagogik und Kindergarten: Die Arbeit mit der ganzen Gruppe. In: Jahrbuch für Psychoanalytische Pädagogik 15. Gießen: Psychosozial-Verlag

Figdor, Helmuth (1998): Scheidungskinder – Wege der Hilfe. Gießen: Psychosozial-Verlag

Leber, Aloys: Krisen im Kindergarten (vergriffen)

Wallerstein, J./Blakeslee, S. (1989): Gewinner und Verlierer. Frauen, Männer, Kinder nach der Scheidung. München: Droemer Knaur (vergriffen)

Der Beitrag wurde erstmals in „Unsere Kinder“ 3/2000 publiziert.

KATHARINA NOVY

Von Spielgefährten, Arbeitstieren, Sportlern und anderen Vätern

Wie Kinder ihre Väter erleben

Vater! – Woran denken wir dabei? Kommen uns Erinnerungen an gemeinsame Ausflüge oder Familienfeiern ins Gedächtnis, denken wir an Gespräch, Streit oder Bestrafung oder können wir uns – irritierenderweise – kaum daran erinnern, was wir als Kinder mit unseren Vätern erlebt haben?

Der Vater spielt als „erster Mann" im Leben seiner Kinder eine wesentliche Rolle für deren Geschlechtsentwicklung. Für Buben ist er Vorbild für „Männlichkeit". Für Mädchen ist er jenes Gegenüber, an dem diese den Dialog mit dem männlichen Geschlecht lernen.

Vatererfahrungen gehören für uns alle einerseits zu den individuellsten und persönlichsten Erlebnissen, sie sind jedoch gleichzeitig auch ganz wesentlich von den gesellschaftlichen Gegebenheiten geprägt. Denn es ist nicht zufällig, welchen Bildern eines „guten Vaters" der Einzelne nacheifert und welchen Rahmenbedingungen er unterliegt (etwa in der Arbeitswelt), die seine Möglichkeiten mitbeeinflussen, die Vaterrolle so zu leben, wie es ihm gefallen würde.

In einer Studie im Auftrag der Katholischen Jungschar Österreichs – aus der sich meine Dissertation entwickelte – gingen wir der Frage nach, wie Kinder ihre Väter erleben und wie Väter sich selbst sehen. Dabei ging es der Jungschar als Kinderorganisation im Wesentlichen auch darum, den bislang in der Debatte um die Vaterrolle vernachlässigten Blickwinkel der Mädchen und Buben einzubringen. Daher haben wir zehn Kinder sehr ausführlich zu ihrer Familie und zu ihren Erfahrungen mit dem Vater befragt und auch deren Väter motiviert, uns ihre Sicht der Dinge darzulegen. Die qualitative Vorgangsweise wurde gewählt, da wir meinen, dass gerade bei diesem sehr intimen Themenbereich größere Tiefe einer breiteren – und notgedrungen oberflächlicheren – Zugangsweise vorzuziehen ist.

Um nicht an glatten Aussagen wie etwa „Der Papa ist nett" hängen zu bleiben, wurden die Interviews in Expertengruppen einer intensiven Interpretation unterzogen – sowohl auf den offensichtlichen Sinn als auch auf das hin, was zwischen den Zeilen zu erkennen ist. Daraufhin erstellten wir detaillierte Fallanalysen, auf deren Grundlage wir Thesen zu den Vatererfahrungen der untersuchten Mädchen und Buben formuliert haben. Die Kinder stammen aus Familien, die sich hinsichtlich ihrer Lebenssituation (Wohnort, Berufstätigkeit und Bildungsstand der Eltern, Anzahl der Kinder) deutlich voneinander unterscheiden. Es ging uns nicht darum, „repräsentative" Aussagen über „die" Kinder oder „die" Väter zu treffen, sondern anhand von Einzelbeispielen konkrete Zusammenhänge anschaulich darzustellen. Wir wählten bewusst Kinder aus Mutter-Vater-Kind-Familien, da die öffentliche Debatte zur Zeit der Entwicklung der Studie vorrangig auf das Problem nicht präsenter „Scheidungsväter" ausgerichtet war. Uns ging es um die Frage, in welcher Weise Väter im Leben der Kinder dort präsent sind und welche Bedeutung sie dort haben, wo aus Sicht dieser Debatte (noch) kein Problem besteht.

Die interviewten Kinder waren zwischen zehn und zwölf Jahre alt. Die Erfahrungen, von denen sie erzählen, und ihre Sichtweisen haben jedoch bereits (Lebens-)Geschichte: Schon als Kleinkinder haben sie begonnen zu lernen, was ein Vater ist, wie er sich verhält, was von ihm zu erwarten bzw. zu erhoffen ist.

Als KindergartenpädagogInnen werden Sie zum Teil Erfahrungen und Sichtweisen der befragten Schulkinder schon bei den von Ihnen begleiteten Kleinkindern wiederfinden, zum Teil können Sie im Kontrast zu den Schulkindern die Besonderheiten des Umgangs von Kleinkindern mit dem Vaterthema verstehen. In jedem Fall eignen sich die interpretierten Erfahrungen der älteren Kinder als Anregung für eine genauere Betrachtung der eigenen Praxis.

Bedeutung des Vaters für Mädchen und Buben

Die Bedeutung des Vaters für das Kind wurde lange Zeit massiv unterschätzt. Die traditionelle Psychoanalyse nach Freud stellte die Mutter-Kind-Beziehung ins Zentrum der Aufmerksamkeit und sah für die ersten Lebensjahre vom Vater weitgehend ab. Die Bindungstheorie Bowlbys, wonach Kinder nur zu einer Betreuungsperson – in der Regel der Mutter – eine Bindung aufbauen können, legitimierte die Abwesenheit des Vaters. Zudem war die Auffassung weit verbreitet – und ist es zum Teil auch heute noch –, dass Männer aufgrund „biologischer" Gegebenheiten (fehlender „Mutterinstinkt") ein Kleinkind nicht adäquat betreuen und pflegen und keine bedeutende Beziehung zu ihm aufbauen können. Mittlerweile hat eine Reihe psychologischer Studien nachgewiesen, dass Väter ebenso kompetent auf Bedürfnisse der Kinder eingehen und Babys ebenso spezifische Bindungen an die Väter wie an die Mütter entwickeln können.

Die Theorie der Triangulierung hat auf die Bedeutung des Vaters bei der Autonomieentwicklung aufmerksam gemacht: Wenn das Kind sich von der ersten Bezugsperson (meist der Mutter) zu lösen beginnt, braucht es die Hilfe einer zweiten Bezugsperson als Anlaufstation, um die Loslösung mit weniger Angst und Hass bewerkstelligen zu können. Eine präsente dritte Person – vielfach der Vater – spielt hier eine wesentliche Rolle, wenn es gilt, die innerpsychische Macht der Mutter über das Kind zu reduzieren. Zwar bleibt auch diese Sichtweise noch dem Muster der geschlechtsspezifischen Arbeitsteilung verhaftet, wonach die Versorgung der Kleinkinder Sache der Mutter ist und der Vater erst später hinzutritt. Dennoch: Der Vater wird in dieser Theorie als Teil der Beziehungsdynamik ernst genommen.

Speziell bei Buben spielt die Unterstützung durch den Vater demnach bei der Autonomieentwicklung eine wesentliche Rolle. Denn je stärker die Beziehung zur Mutter – und damit auch die Macht der Mutter – empfunden wird und je weniger diese durch eine weitere verfügbare Person relativiert wird, desto größer wird auch das Bedürfnis nach Abgrenzung des Sohnes von der Mutter. Hier könnte der innerpsychische Grundstein für die Abwertung von Frauen und von allem „Weiblichem" liegen, die dem Buben auch abverlangt, sich von all jenen Persönlichkeitsseiten und Erfahrungsbereichen abzugrenzen, die als weiblich definiert werden (Schwäche, Abhängigkeit, Nähe, Gefühle ...).

Zudem könnten präsente Väter ihren Söhnen real vorleben, was Leben als Mann bedeutet – jenseits von Männlichkeitsklischees und unter Einbeziehung sogenannter „weiblicher" Anteile. Dann müssen Buben sich nicht über die Abgrenzung und Abwertung von Frauen definieren oder Bilder von traditioneller Männlichkeit („der einsame Held") aus Medien, Spielzeug usw. übernehmen. Durch ihre alltägliche Präsenz, indem sie Geborgenheit, Trost und Schutz bieten und als Gegenüber bei Konflikten verfügbar sind, erleichtern Väter es den Buben, sich mit beiden Elternteilen, auch der Mutter, partiell zu identifizieren und somit auch als weiblich geltende Anteile anzunehmen.

Mädchen hingegen erlernen am Vater den von Julia Onken (1993) so genannten „Grunddialog mit dem männlichen Geschlecht". Ob das Mädchen von diesem „ersten Mann" in seinem Leben wahrgenommen und angenommen wird oder ob es, da der Vater kaum präsent ist, von diesem kaum „beantwortet" wird, hat wesentliche Auswirkungen auf die Sicherheit seiner Geschlechtsidentität. Fehlt der bejahende Blick des Vaters, kann schwer ein positives Grundmuster der Weiblichkeit entwickelt werden.

Wie zeigt sich nun in den Erfahrungen und Sichtweisen der Mädchen und Buben je konkret das Zusammenwirken von Vatererfahrungen, Geschlechterrollen und Entwicklung von Geschlechteridentität der Kinder?*

Georg: Abwertung von Weiblichem

Georgs Vater ist aufgrund seiner Frühpensionierung infolge einer Krankheit zu Hause anwesend, übernimmt jedoch keine aktive Rolle im Familiengeschehen. Haushalt und Betreuung der vier Kinder bleiben gänzlich im Aufgabenbereich der Mutter, die zudem halbtags berufstätig ist. Die Mutter ist es, die den Sohn zum Lernen anhält, der Vater interessiert sich nicht dafür. In dieser Konstellation erfährt Georg die Mutter als sehr mächtig, den Vater als schwach.

Auf diese empfundene Macht der Mutter reagiert er mit massiver Abgrenzung und Abwertung von allem Weiblichen. Er präsentiert sich als kleiner Macho, wenn er etwa über die Hausarbeit der Mutter berichtet, die ihm dort lästig wird, wo sie die Mutter davon abhält, sich ihm zu widmen:

G: Wenn i mi wo net auskenn, und sie räumt grad das G'schirr weg, und sie kummt net glei, das is [seufzt] so sekkant.
I: Mhm, was is dann?
G: Dann hilft's ma net immer glei, muss i ihr öfter nachrennen, dann geht's wieder auße. Dann tut's wieder z'sammkehren und außewaschen, sekkant.
I: Mhm.
G: Beim Z'sammkehren, wenn i da sitz, und bemüh mi halt Aufgab machen, muss i immer die Füß aufhebn, sekkant.

In ähnlicher Weise erzählt er, wie er seiner Mutter Aufträge erteilt:

G: Schrei i aba zur Mama: Mama mach zwa Butterbrot mit, mit, mit Honig und was zum Trinken bring aufe.

Dementsprechend ordnet er Hausarbeit rein den Frauen zu. Zu den Aufgaben seiner zukünftigen Frau meint er:

Kochen, putzen, bügeln, z'sammkehren. Das muss' machen, das macht eh jede Frau.

Es wundert nicht, dass dieser Bub Anteile der Persönlichkeit, die in unserer Kultur als weiblich definiert werden, nicht zulassen will. Auf die Frage nach Sorgen oder Traurigkeit meint er:

G: So was hab i meistens nie. Und i weiß a keine (jetzt).
I: So was dich vielleicht, wenn du mit Freunden, am Spielplatz oder in der Schule bist, geärgert hat, oder?
G: Das macht mir nix.
I: Oder wenn du irgendwo traurig bist?
G: Bin i meistens nie.

Thomas: Männlichkeitsklischees aus den Medien

Anhand des elfjährigen Thomas kann gezeigt werden, wie Klischees von Männlichkeit aus den Medien für die Orientierung des Buben große Bedeutung erlangen können, wenn der Vater als reales männliches Vorbild aus Fleisch und Blut im Alltag ausfällt.

Thomas erlebt seinen Vater sehr selten. Morgens bricht dieser schon früh auf, abends verbringt er seine Zeit, wenn er nicht noch im Pfusch arbeitet, in seiner eigenen (Männer-)Welt: am Stammtisch, beim Sparverein. Auch am Wochenende scheint jeder seiner Wege zu gehen, der Vater steht ihm für Freizeitaktivitäten nicht zur Verfügung.

Thomas stellt seine Familie in Interview und Szene als System nebeneinander stehender Personen dar, die unbeeinflusst von den anderen ihren eigenen Weg gehen. Er selbst steht am Rande. Mit dem Vater, der am weitesten von ihm entfernt ist, ist Blickkontakt am allerschwersten möglich.

Es ist logisch, dass Thomas sich in dieser Situation an anderen Bildern von Männlichkeit orientiert – und die werden ihm auch prompt vom Vater geliefert. Der Vater nimmt ihm Actionfilme und Wrestlingsendungen auf Video auf. Die Gespräche über diese Aufzeichnungen stellen dann auch die einzige Kommunikation dar, die zwischen den beiden (abgesehen von Zurechtweisungen) deutlich wird. Indem der Vater Thomas die Filme aussucht und ihm anbietet, vermittelt er dem Sohn das dort gezeichnete Männerbild noch zusätzlich als Vorbild.

Thomas inszeniert sich dann auch selbst in diesem Kontext von Männlichkeit. Er stellt sich als gänzlich autonomes Wesen dar, unabhängig von anderen Menschen und Beziehungen. In seinen Erzählungen ist von einem autonomen „Ich“ die Rede, andere reale Personen kommen so gut wie nicht vor. Machtkämpfe und Machtfantasien spielen eine wesentliche Rolle, wobei er Realität und Fiktion immer wieder vermischt.

Auf die Frage, ob er die Handschellen, die er im Interview stolz präsentiert, auch runterbekommen könne, wenn er beide draufhabe, meint er, wohl eine Filmszene vor Augen:

Doch [5 Sekunden Pause], weil es weiß ja keiner mein Trick. Keiner weiß das. Mach ich so, dann mach ich so und so – „das war der größte Fehler“. Und stöhnt er, sagt er dann, stell ich mich auf ihn, nimm die Hände so am Rücken und gib ihm die Handschellen rauf.

In diesem Zusammenhang fantasiert er eine Szene, in der er den Freund der Schwester mit Handschellen überwältigt und abführt.

Männlichkeit heißt für ihn, da er keine reale Erfahrung mit Männeralltag machen kann, offensichtlich macht- und gewaltbetonte Männlichkeit, wie sie ihm von seinen Idolen wie Van Damme oder Bruce Willis vorgeführt wird.

Gefühle sind keine Männersache

Generell zeigt sich in den Interviews, dass es den Buben schwerfällt, über Gefühle wie Traurigkeit, Enttäuschung, Abhängigkeit zu sprechen. Bei entspechenden Fragen weichen sie gerne aus, so etwa auch der elfjährige Hans: *Na, meistens bin i eh net traurig.* Diese Unmöglichkeit, andere an ihrem Innenleben teilhaben zu lassen, hängt zweifellos mit ihren Vatererfahrungen zusammen. Denn Kommunikation ist in den Familien fast durchgängig nicht Sache der Väter – diese konzentrieren sich vielmehr auf Aktion (v.a. Freizeitaktivitäten). Über persönliche Erfahrungen, Gefühle, Kränkungen wird – wenn die Kinder überhaupt davon sprechen – mit der Mutter geredet. Innenleben ist anscheinend Frauensache. Insofern bestärken und tradieren die Väter durch ihre Praxis ein Männerbild, das einseitig auf äußere Sachwelt und Aktion orientiert ist.

Die Beziehung zum Vater beruht in Bernhards Augen auf gemeinsamen Aktivitäten, die sich auf Sachen und ihre Funktion richten – nicht auf Personen und Kommunikation. Das zeigt sich auch in Bernhards Szene: Vater und Sohn stehen einander gegenüber, beide haben den Blick auf das reparaturbedürftige Gerät in der Mitte gerichtet.

Hans' Vater widmet seinem Sohn große Teile seiner Freizeit. Sie spielen zusammen, besuchen gemeinsam Ausstellungen (in dieser Szene eine Autoausstellung) und sind auch über sportliche Aktivitäten verbunden. Wie in der Schule zählen Leistungen auch im Sport viel mehr als Spaß.

Enttäuschung der Mädchen über geringe Zuwendung

Bei den interviewten Mädchen wird die mangelnde Zuwendung des Vaters zu ihnen deutlich. Sie konnten weit weniger konkrete Erfahrungen mit dem Vater erzählen als die Buben. Zum Teil finden sie sich oberflächlich damit ab oder zeigen Ärger über den Vater, der nie da ist, spät heimkommt oder nur fernsieht *(Was er so macht? Arbeiten tut er manchmal zu Hause, was er für die Firma machen muss. Sonst eigentlich tut er immer fernsehen).* Dahinter ist jedoch klar die Enttäuschung zu spüren und damit die nicht erfüllte Hoffnung, die Väter könnten sich den Mädchen zuwenden, sich um sie kümmern, für sie da sein.

Besonders mangelt es den Mädchen an eindeutig auf sie gerichteter Zuwendung. Ob etwas „allein" mit dem Vater, „nur mit mir" erlebt wird, spielte wiederholt eine Rolle: Die Mädchen würden gerne über solche exklusiven Erfahrungen berichten können.

Man kann vermuten, dass diese Enttäuschung, für den „ersten Mann" nicht interessant zu sein, sich auf ihr Selbstwertgefühl als weibliches Wesen auswirken wird.

Freizeitväter

Bislang wurden Konsequenzen der mangelnden Präsenz von Vätern für die Entwicklung ihrer Söhne und Töchter dargestellt. Nun soll der Frage nachgegangen werden, wie und wo die Präsenz der Väter erlebt wird. Grob gesagt: Im Wesentlichen erleben die Kinder ihre Väter als „Freizeitväter".

Die untersuchten Familien unterscheiden sich nach Bildungsstand, Berufen, Ausmaß der Berufstätigkeit der Mutter, Wohnort und Familiengröße zum Teil erheblich. Doch die grundlegende Gestaltung der Vaterrolle blieb über diese äußeren Differenzen hinweg weitgehend einheitlich: Die geschlechtsspezifische Arbeitsteilung, wonach Familienarbeit weitgehend Sache der Frau ist, der Mann sich hingegen auf die Berufswelt konzentriert, blieb bis auf eine Familie aufrecht. Die Väter waren eindeutig nicht für den Alltag der Kinder zuständig, ihre Funktion beschränkte sich auf die Freizeit. Sie konzentrierten sich – soweit sie Aufgaben übernahmen – auf „projektförmige" Freizeitaktivitäten, für das „Ganze" des Alltags waren sie nicht zuständig. Sie spielten, machten Ausflüge, betrieben Sport – allerdings intensiver mit älteren Buben als mit Mädchen oder jüngeren Söhnen.

Bei Julia machen Erlebnisse im Schwimmbad die zuerst erzählten – und auch in ihrer Szene dargestellten – Aktivitäten mit dem Vater aus. Sie ist, wie sich im Interview herausstellt, darüber enttäuscht, dass dies der Vergangenheit angehört. „Ja, wenn wir schwimmen gehen, wie wir noch kleiner waren, da hat er uns immer auf seinem Rücken reiten lassen und ist untergetaucht und so (lachend), ja."

Anna symbolisiert in dieser Szene Wahrnehmungen, die sie auch im Interview zur Sprache bringt: Sie verbindet ihre Mutter mit reproduzierender Tätigkeit, dem Drinnen, ständiger Verfügbarkeit und dem Alltäglichen, während sie ihren Vater mit Freizeit, dem Draußen, beschränkter Zeit und dem Besonderen in Zusammenhang bringt.

Versorgung und Pflege konnten die Kinder von ihnen nicht erleben. Auch die beiden Väter, die zu Hause sind – aufgrund von Arbeitslosigkeit bzw. Frühpensionierung –, beteiligen sich nicht mehr als die anderen Väter an der anfallenden Familienarbeit. Nur ein Vater stellt hier eine Ausnahme dar: Er ist selbstständig berufstätig und hat sein Arbeitspensum massiv zurückgeschraubt, um sich zeitweise der Versorgung und Betreuung seiner Kinder zu widmen. Doch hier zeigt sich umgekehrt auch wieder die Hartnäckigkeit des gesellschaftlich dominanten Musters selbst bei bestem Willen der Beteiligten: Die prinzipielle Arbeitsteilung blieb auch hier insofern aufrecht, als die Mutter, bei gleicher Ausbildung, ihren Beruf für einige Jahre gänzlich aufgab, der Vater lediglich seine Arbeitszeit reduzierte.

Wie nehmen nun die Kinder diese Aufteilung der Verantwortung wahr? Dass Haushaltsarbeit passiert und dass die Mutter sie leistet, ist so unhinterfragt, dass darüber nicht viel geredet wird. Diese Arbeit wird von den Kindern im Gespräch entweder einfach ignoriert. Wie in der Gesellschaft wird auch von ihnen die Arbeit nicht wirklich wahrgenommen. Oder aber sie weisen die Arbeit dezidiert der Mutter zu und schreiben so die Arbeitsteilung fest – wie etwa schon anhand von Georg gezeigt wurde.

Auch Annas zweite Szeno-Darstellung weist auf die klassische Rollenteilung zwischen Frauen und Männern hin. Die Großmutter und die Mutter sind damit beschäftigt, die jüngsten Kinder ins Bett zu bringen, Anna lernt. Der Großvater, der Vater und ein Bruder entspannen sich währenddessen.

Bloß ein Mädchen setzt sich kritisch mit der Zuteilung der Hausarbeit an die „Frauen" der Familie auseinander.

Weil jetzt, meine Mutter war jetzt arbeiten (während der Ferien, Anmerkung der Autorin) und ich war mit meinem Bruder und meinem Vater allein hier und sie ist eben erst um drei nach Haus gekommen, und da musste ich alles alleine kochen, weil die Männer, die machen ja nix, Frauen müssen kochen.

Sie ärgert sich und weigert sich, weiter für ihren Bruder zu kochen.

Die Antworten auf die Frage nach den Vorstellungen von der eigenen Zukunft schmücken diese Sicht der Familienarbeit als Frauensache noch aus. Das, was die Buben selbst einmal tun werden bzw. was sich die Mädchen von ihren zukünftigen Partnern erwarten, bezieht sich größtenteils auf attraktive Freizeitaktivitäten. So werden Rad fahren, eislaufen, Schlitten fahren, Fußball spielen, Eis essen und manch anderes als Aktivitäten des Vaters mit dem Kind genannt. Die Buben erwähnen Versorgungsarbeiten für die Familie nicht, dies gehört zu ihrer Vorstellung von Vatersein anscheinend nicht dazu. Die Mädchen beziehen sich öfter auch auf die Beteiligung der Partner im Haushalt. Doch ihre Anforderungen bleiben dabei sehr moderat formuliert, viele „eher auch", „vielleicht", „ein bisschen" finden sich in den Antworten. Die reduzierten Erwartungen zeigt die elfjährige Doris, wenn sie meint, der Partner sollte *„mal auch helfen im Haushalt oder so"* und weiter: *„Ja entweder, das macht der Papa auch, äh, Geschirr abwaschen, also er halt abtrocknen oder so oder ... Also wenn ma ein Garten haben, auch im Garten helfen [10 Sekunden Pause] ... Oder auch wenn's ein Keller gibt, im Keller staubsaugen und so, wie der Papa."* Wie Doris erwarten auch andere Mädchen *etwas Mithilfe*. Dass der männliche Partner auch tatsächlich selbst für einen oder mehrere Bereiche im Haushalt verantwortlich sein könnte, kommt den Kindern nicht in den Sinn.

Die Aussagen der Kinder zeigen, wie dominant der Freizeitvater auch als vorherrschendes Leitbild wirkt: Ein guter Vater ist demnach vorrangig einer, der sich den Kindern in Freizeitaktivitäten zuwendet. An diesem Leitbild, das dem „offiziellen" Leitbild der Partnerschaftlichkeit in der Familie entgegensteht, orientieren sich offensichtlich Kinder und Väter aus den unterschiedlichsten Milieus. Die Unterschiede liegen stärker darin, wie weit dieses Leitbild in der Praxis tatsächlich umgesetzt wird, nicht darin, ob es als Modell angestrebt wird.

Der Beruf des Vaters bleibt fremd

Verwunderlich wenig Bedeutung messen die Kinder dem Beruf der Väter bei. Dies ist für Väter wohl insofern interessant, da sie kaum ahnen, dass sie mit diesem Bereich ihres Lebens, der den größten Teil ihrer Energien bindet, bei den Kindern nur wenig Widerhall finden. – Dieser Lebensbereich bleibt den Kindern fremd. Im Wesentlichen wird der Beruf des Vaters von den Kindern als Begrenzung seiner Anwesenheit präsentiert: Er gibt vor, wann der Vater für das Kind prinzipiell verfügbar ist und wann nicht.

Inhalt und Erfahrungsraum der Arbeit sind den Kindern kaum einsichtig, ihre Erklärungen dazu bleiben bruchstückhaft. Zum Teil kennen sie den Arbeitsplatz ihres Vaters so gut wie gar nicht. Im Vergleich dazu sind die Arbeitsplätze und Arbeitsinhalte der Mütter, obwohl diese dort eher weniger Zeit verbringen, noch eher bekannt. Teilweise zeigt sich darin wohl die selbstverständliche Verantwortung der Mütter für die Kinder und die Bereitschaft und vielleicht auch Notwendigkeit, diese öfter einmal in die Arbeit mitzunehmen. Ob die Mütter ihre Arbeitserfahrungen auch stärker zu Hause einbringen, bleibt eine ungeklärte Frage.

Überraschenderweise zeigte sich keine Idealisierung der Väter in Bezug auf ihren Beruf. Nachahmenswerte Eigenschaften des Vaters stehen mit Freizeitaktivitäten, aber nicht mit seinen beruflichen Qualifikationen in Zusammenhang. Seine Abwesenheit von zu Hause wird nicht durch seine Unabkömmlichkeit und besondere Wichtigkeit im Beruf erklärt.

Nur zwei Väter können mit ihren – jeweils ehemaligen – Berufen bei den Kindern punkten: Ein Lastwagenfahrer, der seinen Sohn öfter einmal mitnahm, und ein Koch, dessen Kochkünste die Tochter bewundert, bieten ihren Kindern die Gelegenheit, die Berufskompetenz des Vaters in ihrem eigenen Alltag erfahren zu können. Die Kinder erleben ihre Väter somit auch insofern als Freizeitväter: Sie sind nicht nur für Familienarbeit nicht zuständig, auch ihre Berufstätigkeit spielt für die Söhne und Töchter keine wesentliche Rolle, soweit sie nicht in ihren Alltag hineinreicht.

Konsequenzen für den Kindergarten

Was können nun diese Vatererfahrungen für den Kindergartenalltag bedeuten? Und: (Wie) können KindergartenpädagogInnen den Enttäuschungen und einseitigen Erfahrungen entgegenwirken?

Zunächst einmal sollte bei Elternaktivitäten darauf geachtet werden, sich nicht „unter der Hand" ohnehin nur an die Mütter zu wenden. Dies kann an unbedachten Formulierungen ebenso liegen wie an Terminen, die fast nur durch nicht vollerwerbstätige Menschen wahrgenommen werden können: Dazu gehören Väter jedoch sehr selten. Ein dezidiertes und explizites Ansprechen der Väter wird nötig sein, kann angesichts der vorhandenen Rollenbilder doch davon ausgegangen werden, dass für Kinderangelegenheiten sich zunächst einmal die Mütter zuständig fühlen.

Sicherlich haben auch Sie schon erlebt, welche Attraktivität Männer auf Kinder ausüben, wenn sie im Kindergarten auftauchen. Denn auch der Kindergarten ist großteils eine „Frauen- und Kinderwelt". Männer brauchen häufig noch gar nichts Besonderes zu leisten – allein ihre seltene Präsenz macht sie attraktiv. Eine stärkere, auch alltägliche Präsenz von Männern – als konkrete, fassbare Menschen, mit denen die Kinder kommunizieren können, von denen die Kinder wahrgenommen werden und die sie beobachten können – wäre wohl anzustreben, wenn dies auch nicht einfach machbar ist. Vielleicht kann der Kontakt zu Männern im unmittelbaren Umfeld der Kinder – etwa zum Briefträger, zum Handwerker, zum Lieferanten ... – gefördert werden. Mehr Männer zum Beruf des Kindergartenpädagogen zu motivieren ist ein wichtiges, allerdings schwieriges Unterfangen. Doch auch dieser Schritt würde m.E. nur dann wirkliche Veränderung mit sich bringen, wenn gleichzeitig auf Aufgabenverteilung und Dynamik zwischen Pädagogen und Pädagoginnen geachtet würde: Ein „Freizeitvater im Kindergarten", der für tolle Projekte und wilde Spiele, nicht aber für die kontinuierliche Versorgung, Beziehungsarbeit und den alltäglichen Ablauf verantwortlich ist, wäre kein tatsächlich neuer Erfahrungsbereich.

Wenn im Kindergarten Initiativen gesetzt werden Väter einzubeziehen, sollte bedacht werden, dass Kinder ihre Väter meist nur in der Rolle des Freizeitmenschen erleben – jedoch nicht als Versorgende in der Familie oder als Berufstätige. Kindern gerade zu den sonst nicht erlebbaren Seiten Zugang zu geben erscheint wesentlicher als „ein bisschen mehr desselben" zu ermöglichen.

Konkret ist Ihre Kreativität gefragt, Kindern Zugang zum Berufsalltag der Väter zu eröffnen – wie wäre es etwa mit einem Besuch am Arbeitsplatz? Wenn Väter mit den Kinder gemeinsam im Kindergarten backen oder ihnen andere häusliche Tätigkeiten beibringen, kann vielleicht vermittelt werden, dass diese Tätigkeiten nicht „unmännlich" sind und auch ein Vater für die Versorgung der Familie (waschen, putzen, kochen usw.) zuständig sein kann. Vielleicht noch wichtiger: dort, wo Eltern bei Ausflügen oder anderen Aktivitäten eingebunden werden, verstärkt Väter zu motivieren, einfach dabei zu sein, zu begleiten, mitzubetreuen, alltäglich präsent zu sein.

Wenn Versorgungstätigkeiten und alltägliche Verantwortung für die Kinder durch das dominante Muster des Freizeitvaters nicht abgedeckt werden: Könnte da nicht der Kindergarten mitunter ganz bewusst für ein Kontrastprogramm sorgen und dadurch den Mädchen und Buben neue Erfahrungen mit Vätern, Männern und Männlichkeit ermöglichen?

* Die Namen der interviewten Kinder wurden von der Autorin geändert. Alle Kinder wurden gebeten, ihre Familien bzw. ein Erlebnis mit ihrer Familie/ihrem Vater mit Hilfe des Szeno-Tests darzustellen. Fotos dieser Szenen sind zur Illustration in diesem Text eingefügt.

Literatur

Novy, Katharina/Adam, Georg (1998): Von Spielgefährten, Arbeitstieren, Sportlern und anderen Vätern. Wie Kinder ihre Väter erleben und wie Väter sich selbst sehen. Wien: Katholische Jungschar Österreichs (zu bestellen unter www.jungscharshop.at)

Novy, Katharina (2000): Vatererfahrungen und geschlechtsspezifische Sozialisation. Erleben und Wahrnehmen des Vaters durch 11- bis 12-jährige Mädchen und Buben. Dissertation an der Universität Wien. Wien

Onken, Julia (1993): Vatermänner. Ein Bericht über die Vater-Tochter-Beziehung und ihren Einfluss auf die Partnerschaft. Bonn

Der Beitrag wurde erstmals in „Unsere Kinder" 3/1999 publiziert und 2006 überarbeitet.

Waltraud Rametsteiner

Gewalt gegen Kinder

Was kann ich tun?

Gewalt gegen Kinder ist nicht immer leicht zu erkennen. Doch wenn KindergartenpädagogInnen in der alltäglichen Arbeit das vage Gefühl beschleicht, dass ein Kind familiärer Gewalt ausgesetzt ist, ist es wichtig, diesem Gefühl nachzugehen und genau hinzusehen, was das Kind mitteilen möchte. Wenn sich ein Verdacht auf Gewalt erhärtet, muss überlegt werden, was KindergartenpädagogInnen tun können. Dann dürfen, ja sollen sie sich in innerfamiliäre Angelegenheiten einmischen. Es ist nicht ihre Aufgabe, Strafen anzudrohen, es geht vielmehr darum, in Zusammenarbeit mit anderen Fachleuten Hilfe für das Kind und die misshandelnde Familie zu suchen.

1. Das Verständnis von Gewalt

Was unter Gewalt verstanden wird, hängt immer von gesellschaftlichen Wertvorstellungen ab. Gerade in Bezug auf das Phänomen der Gewalt gegen Kinder lassen sich große Unterschiede in den Bewertungsmaßstäben feststellen. Bis in die Mitte des letzten Jahrhunderts gehörten das Disziplinieren und das Züchtigen der Kinder zu den wesentlichen Erziehungsmitteln und es wäre wohl kaum jemandem in den Sinn gekommen, dies Gewalt gegen Kinder zu nennen. Auch wenn wir heute von Gewalt gegen Kinder sprechen, ist es nicht immer eindeutig, wo tolerierte Erziehungsmaßnahmen enden und wo Kindesmisshandlung beginnt.

1.1. Körperliche Misshandlung

Darunter fällt jede gewalttätige Handlung, die zu physischen Verletzungen führen und der Entwicklung des Kindes schaden kann. Im öffentlichen Bewusstsein ist der Begriff Kindesmisshandlung mit der Vorstellung eines körperlich schwer verletzten Kindes verknüpft. Dabei wird übersehen, dass Kindesmisshandlung oft mit leichteren Formen beginnt und dass der Übergang zur schweren Misshandlung fließend ist.

1.2. Psychische Misshandlung

Hierbei handelt es sich um eine Form der Kindesmisshandlung, die trotz des enormen Schädigungspotenzials schwer fassbar ist. Es ist nicht einfach, die Grenze zwischen üblichen und weitgehend tolerierten Erziehungspraktiken und schädigendem Elternverhalten zu ziehen. Psychische Misshandlung kann oft nur „zwischen den Zeilen" zu erkennen sein. Es geht dabei im Wesentlichen um wiederholte Verhaltensweisen, welche Kindern vermitteln, dass sie wertlos, ungeliebt und unerwünscht sind, oder einzig dazu dienen, Bedürfnisse der Erziehungsberechtigten zu erfüllen.

1.3. Vernachlässigung

Dabei handelt es sich um ein Versagen der Eltern, die nötige Obsorge zur Verfügung zu stellen: Fehlende emotionale Verfügbarkeit, Nichtbeachtung der entwicklungsadäquaten kindlichen Bedürfnisse, mangelnde Aufsicht, mangelnde Pflege und Missachtung der Gesundheit des Kindes zählen dazu.

Misshandelte Kinder sind meist von verschiedenen Misshandlungsformen betroffen und es ist oft schwer zu unterscheiden, welche Misshandlungsart im Vordergrund steht.

Gewaltsame Beeinträchtigungen wie ein Klaps, die „g'sunde Watschn", Drohen oder das Anschreien von Kindern werden teilweise noch als selbstverständliches Recht von Erziehenden angesehen und nicht als Kindesmisshandlung betrachtet. Es ist aber wichtig, gewalthaftes Erziehungshandeln schon in seinen Ansätzen zu erkennen. Denn Eltern, die leichte Gewaltformen in der Erziehung anwenden, sind viel stärker in Gefahr, ihre Kinder auch schwer zu misshandeln.

Kindesmisshandlungen haben gravierende Folgen. Die betroffenen Kinder können ein Leben lang beeinträchtigt sein. Es gibt aber kein konsistentes Verhaltensmuster, das ein misshandeltes Kind von einem nicht-misshandelten unterscheiden könnte. Wenn wir Erwachsene uns zurückerinnern an eigene Gewalterfahrungen, dann werden wir sehr unterschiedliche Empfindungen haben. Manche werden gekränkt sein, manche wütend, manche meinen vielleicht, es habe ihnen nicht geschadet. Nicht alle Kinder reagieren in gleicher Weise auf Misshandlungen. Die Symptome seelisch und körperlich misshandelter und vernachlässigter Kinder sind sehr vielfältig, unspezifisch und unterschiedlich stark. Neben der Häufigkeit und der Schwere der Misshandlung ist es noch wichtig, ob eine Misshandlung eine Affekthandlung oder eine gezielte Demütigung darstellt, wie die Beziehung zwischen Kind und Eltern ist, welche anderen Erfahrungen das Kind machen kann und so weiter.

1.4. Wie häufig kommt Kindesmisshandlung im Vorschulalter vor?

Es gibt in Österreich wenige Daten. Die Zahlen über die Häufigkeit schwanken stark, weil Misshandlung sehr unterschiedlich definiert wird. Bei einer Befragung von ÖsterreicherInnen zu ihrem Erziehungsverhalten aus den 1990er Jahren gaben fast fünf Prozent der Eltern an, schwere körperliche Gewaltformen als Erziehungsmaßnahme anzuwenden (Wimmer-Puchinger et al. 1991). Bezüglich psychischer Misshandlung und Vernachlässigung fehlen vergleichbare Daten. Wir müssen aber davon ausgehen, dass es sehr viele Kinder sind, deren Aufwachsen durch Misshandlungen beeinträchtigt ist. Meine Diplomarbeit, in der ich erhoben habe, wie viele Kinder nach Einschätzung ihrer KindergartenpädagogInnen in der Familie misshandelt werden, bringt folgende Ergebnisse:

	Leichte Form	Schwere Form
Körperliche Misshandlung*	17,6 %	1,1 %
Psychische Misshandlung**	19,4 %	1,9 %
Vernachlässigung***	15,8 %	2,2 %

* **Leichte körperliche Misshandlung:** gelegentliches Ohrfeigen oder Schlagen, das Kind stoßen oder schubsen, an den Haaren ziehen ...
Schwere körperliche Misshandlung: Ohrfeigen als ständiges Erziehungsmittel, das Kind treten oder prügeln, Schlagen mit Gegenständen (Stock), Zufügen von Verbrennungen, Verletzungen mit Messer ...

** **Leichte psychische Misshandlung:** Tendenzen, das Kind zu entwerten oder abzulehnen; Anbrüllen und Schimpfen als häufigeres Erziehungsmittel; am Kind herumnörgeln; Liebesentzug ...
Schwere psychische Misshandlung: ständige Entwertungen, Ablehnung, Bloßstellen und Lächerlichmachen des Kindes als ständiges Grundmuster der Interaktion; häufiger Liebesentzug; häufige schwere Bedrohungen wie „Ich prügle dich windelweich", „Ich stecke dich ins Heim" ...

*** **Leichte Vernachlässigung:** mangelhafte Zeit und Zuwendung für das Kind; Spuren von „Wohlstandsverwahrlosung"; mangelnde oder nicht altersgerechte Anregung für das Kind; das Kind gelegentlich sich selbst überlassen; Defizite in der Körperpflege und Ernährung des Kindes; unregelmäßiger Kindergartenbesuch ...
Schwere Vernachlässigung: Fehlen von Zeit und Zuwendung für das Kind; starke „Wohlstandsverwahrlosung"; Fehlen von altersgerechten Anregungen für das Kind; das Kind häufig sich selbst überlassen; Gleichgültigkeit gegenüber dem Kind; fehlende Körperpflege und Fehlen ausreichender Ernährung; sehr unregelmäßiger bis fehlender Kindergartenbesuch ...

Wenn 1,1 % der Vorschulkinder von schwerer körperlicher Misshandlung, 1,9 % von schwerer psychischer Misshandlung und 2,2 % von schwerer Vernachlässigung betroffen sind, bedeutet das hochgerechnet, dass österreichweit über 11.000 Kindergartenkinder in ihrer Familie schwer misshandelt werden.

Nur 5,2 % der KindergartenpädagogInnen geben an, dass ihrer Einschätzung nach im laufenden Kindergartenjahr kein Kind von familiärer Misshandlung betroffen ist. Noch 1994 gaben bei einer ähnlichen Befragung 60,6 % der KindergartenpädagogInnen an, noch nie mit dem Problem Kindesmisshandlung konfrontiert gewesen zu sein (Brunader 1995). Es ist sicher, dass nicht die Anzahl der Misshandlungen selbst so enorm angestiegen ist, sondern die Sensibilität und Aufmerksamkeit der KindergartenpädagogInnen zugenommen hat.

2. Was tun bei Vermutungen?

Was kann die KindergartenpädagogIn tun, wenn sie vermutet, dass ein Kind familiärer Gewalt ausgesetzt ist? KindergartenpädagogInnen sind im Berufsalltag häufig mit Kindern konfrontiert, die in ihrer Familie Gewalt erleben. Meine Untersuchung zeigte, dass sie theoretisch auch wissen, was sie im Fall einer vermuteten Kindesmisshandlung tun könnten: das Kind genauer beobachten, Informationen bei Fachleuten einholen, das Gespräch mit den Eltern suchen ... – 85 % der befragten KindergartenpädagogInnen gaben an, genügend Informationen und Fachwissen zum Thema Gewalt gegen Kinder zu haben. Aber in der Praxis ist es dann doch nicht so einfach, das zu tun, von dem man meint, dass es richtig/wichtig sei. Zwei von zehn KindergartenpädagogInnen, die ein schwer misshandeltes Kind in ihrer Gruppe vermuten, gaben an, dass sie nichts Spezielles tun. Eine Kollegin hat das im Interview so formuliert:

„Früher habe ich mich da viel mehr hineingelebt. Und jetzt – die Kinder kommen in die Gruppe, ich bin für die Kinder da, ich akzeptiere sie so, wie sie sind, und dann gehen sie bei der Tür wieder raus. Und ich belaste mich nicht mehr mit den Familiensituationen."

Ein Großteil der KollegInnen, die misshandelte Kinder in ihrer Gruppe haben, tun etwas sehr Wichtiges: Sie nehmen sich Zeit für das misshandelte Kind, beobachten es genau und geben ihm viel Zuwendung.

Im Umgang mit den misshandelnden Eltern tun sich die KindergartenpädagogInnen schwerer. Dazu einige Aussagen von befragten KollegInnen:

„... ich hab nicht gewusst, in welcher Form man mit den Eltern über so etwas reden kann. Man dringt ja da schon total in die Privatsphäre ein. Man kann ja nicht einfach den Eltern die Frage stellen: Wird Ihr Kind misshandelt? Das ist sehr schwer! ..."
„Aber um ein Gespräch mit der Familie zu führen, fehlt mir die Kompetenz, kann ich auch gar nicht umgehen damit.

In einem konkreten Fall habe ich auch überlegt, die Eltern einzuladen, aber ich hatte einfach Angst vor dem Vater, vor dem Alkoholiker, dass er mir etwas tun könnte, obwohl das real nicht wahrscheinlich ist ... Ich habe mir in diesem Fall schon gedacht, dass es für die Mutter gut wäre, wenn sie mit jemandem reden könnte, aber wenn sie mir dann die ganzen Probleme auflastet, kann ich damit nicht umgehen ... Davor habe ich Angst."

3. Umgang mit Unsicherheit und Angst

Die **persönliche Reflexion** stellt eine wesentliche Voraussetzung dafür dar, dass ich im Fall eines Misshandlungsverdachts ein Stück Hilfestellung für das Kind und die Familie anbieten kann. Verdichten sich die Vermutungen, ist es wichtig, zunächst innezuhalten und zu klären, was die Konfrontation mit der Misshandlung in mir selbst auslöst.

Denn Gefühle haben große Auswirkungen auf unser Handeln, besonders dann, wenn sie unbewusst ablaufen und daher unkontrolliert unser Tun beeinflussen.

Es können ganz massive Gefühle auftreten: Mitleid, Wut auf den Misshandler und Forderung nach Strafe, aber auch Angst und Hilflosigkeit. Auch unbewältigte eigene Misshandlungserfahrungen können in diesem Zusammenhang wieder erinnert werden. PädagogInnen sind oft hin- und hergerissen zwischen extremen Gefühlslagen, sie meinen aus Betroffenheit und Hilflosigkeit gar nichts tun zu können oder sofort etwas tun zu müssen. Hier ist es notwendig, für sich selbst **Hilfe und Unterstützung** in Anspruch zu nehmen, in Form von Beratung, Supervision und Teamarbeit. Denn es darf nicht übersehen werden, dass auch das professionelle Helferteam im Zuge der Aufdeckung einer Kindesmisshandlung schädigend auf das betroffene Kind einwirken kann.

Typische Fehler sind etwa Handlungen im Affekt, die aus Entrüstung und Betroffenheit heraus gesetzt werden. Schnelles und planloses Agieren der Personen, die eine Misshandlung „entdecken", führt immer zu einer neuerlichen Traumatisierung der Kinder, etwa durch mangelnde Information der Betroffenen, Planung über den Kopf der Betroffenen hinweg, vorschnelles Herausnehmen der Kinder aus der Familie und so weiter. Auf jeden Fall sollte vermieden werden, über den Kopf des Kindes hinweg zu agieren, denn die Hilfe muss vom Kind als solche empfunden werden! Ein Kind, das in der Familie misshandelt wird, ist ein Kind in Not, das mit Eltern in Not zusammenlebt, die ihre Probleme unter anderem damit zu lösen versuchen, dass sie ihre Kinder misshandeln.

Damit PädagogInnen einem misshandelten Kind zur Seite stehen können, brauchen sie selber einen Orientierungsrahmen. **Klare Richtlinien** zwischen LeiterIn und MitarbeiterInnen darüber, welches Vorgehen im Falle von vermuteter Kindesmisshandlung für sinnvoll erachtet wird, sind hilfreich. Es ist günstig, im Team schon vor einem konkreten Misshandlungsfall abzuklären, was man tun könnte. Spätestens aber dann, wenn ein konkreter Verdacht auftritt, ist es wichtig, mit der LeiterIn und den KollegInnen gemeinsam zu überlegen, welche Maßnahmen vom Kindergarten gesetzt werden können. Jetzt ist es auch angebracht, sich an spezifische Hilfseinrichtungen zu wenden, dazu zählen Kinderschutzzentren, Beratungs- und Therapieeinrichtungen, klinische Einrichtungen sowie staatliche Jugendwohlfahrtseinrichtungen (Jugendamt). Es ist kein Zeichen von Schwäche, sondern ein Zeichen von Verantwortungsbewusstsein, wenn man sich Unterstützung holt!

Die **interdisziplinäre Zusammenarbeit** mit einem Netzwerk an Hilfseinrichtungen ist außerordentlich wichtig, denn dem komplexen Problem der familiären Kindesmisshandlung kann nur in Zusammenarbeit begegnet werden. Je mehr Informationen, Beobachtungen und Ideen eingebracht werden, desto eher ist effiziente Hilfeleistung möglich. In Absprache mit anderen Fachleuten können die weiteren Handlungsschritte geplant und die Kompetenzen geklärt werden. Die Interventionsmöglichkeiten sind sehr vielfältig und müssen immer individuell auf die konkrete Situation abgestimmt sein. In manchen Fällen können Beratungsgespräche und pädagogische Ratschläge ausreichen, es können aber auch intensivere familienunterstützende Maßnahmen erforderlich sein oder konkrete Unterstützungen etwa bei der Wohnungssuche. Wenn kein Hilfsangebot erfolgreich ist, muss vielleicht sogar eine Fremdunterbringung des Kindes in Erwägung gezogen werden.

4. KindergartenpädagogInnen können sehr viel tun

Aufgrund der täglichen Anwesenheit der Kinder im Kindergarten und auch dadurch, dass die KindergartenpädagogIn die Kinder meist mehrere Jahre hindurch betreut, kennt sie die Kinder sehr gut. Sie hat die wichtige Aufgabe, dem Kind als Vertrauensperson zur Verfügung und in seiner Not zur Seite zu stehen.

Dem Kind soll die Möglichkeit gegeben werden, seine Gefühle auszudrücken: im Rollenspiel, Kleine-Welt-Spiel, durch kreatives Gestalten oder durch Gespräche, jedoch ohne dass es dazu gedrängt wird sich zu äußern. Es ist wichtig, auf die Gefühle des Kindes einzugehen, ohne Partei zu ergreifen und über die Eltern zu schimpfen. Auch misshandelte Kinder sind emotional an ihre Eltern gebunden und identifizieren sich mit diesen. Wenn man die Eltern abwertet, wertet man damit auch das Kind ab.

Hat ein Kind ausgesprochen, dass es misshandelt wird, ist es günstig – soweit dies möglich ist – mit dem Kind zu klären, wie weiter vorgegangen werden kann, damit die Hilfe vom Kind als solche empfunden wird.

Auf jeden Fall ist es wichtig, mit den Eltern zu sprechen. Im Kindergarten sind Kontakte zwischen KindergartenpädagogIn und Eltern selbstverständlich. Das sind gute Voraussetzungen, um im Falle einer vermuteten Kindesmisshandlung um ein Gespräch mit den Eltern zu bitten. Die Ergebnisse meiner Untersuchung zeigen allerdings, dass KindergartenpädagogInnen, wenn sie sich in der Praxis mit familiärer Gewalt konfrontiert sehen, im Umgang mit misshandelnden Eltern unsicher sind und sich scheuen, Interventionen zu setzen. Und das, obwohl sie theoretisch wissen, dass es wichtig ist, mit den Eltern zu sprechen.

Wenn Sie bei sich denken: „Mir geht es ähnlich“, dann scheuen Sie sich nicht, mit KollegInnen, LeiterInnen oder Personen aus Beratungsstellen darüber zu sprechen. Es kann hilfreich sein, in einer kleinen Gruppe, in der man sich wohl fühlt, mit KollegInnen oder FreundInnen eine solch heikle Gesprächssituation in einem Rollenspiel durchzuspielen. Darüber hinaus empfiehlt es sich, derartige Elterngespräche zusammen mit einer KollegIn oder der LeiterIn zu führen, die die Situation ebenfalls genau kennt.

Für das Gespräch ist es wichtig, dass die Eltern als Personen angesprochen werden, die verantwortlich sind für das Wohlergehen des Kindes. Auch Eltern, die ihr Kind misshandeln, empfinden Verantwortung für ihr Kind. Sie dürfen nicht mit Vorwürfen überhäuft werden. Das Gespräch soll dazu dienen Informationen einzuholen über die Situation in der Familie, über die Probleme, die die Eltern mit dem Kind haben, und wie sie mit den Schwierigkeiten umgehen. Etwa in folgender Form: „Ich habe Sie um ein Gespräch gebeten, weil ich mir Sorgen um ... mache. Er/Sie hat sich in letzter Zeit verändert. ... Ich habe in der vergangenen Zeit häufiger blaue Flecken beobachtet. ... Wie erleben Sie ihn/sie? ... Wenn Eltern mit einem Kind Schwierigkeiten haben, können Dinge passieren, die einem nachher leidtun. Darüber möchte ich mit Ihnen sprechen ... Vielleicht finden wir eine Möglichkeit, wie Ihnen geholfen werden kann.“

Derartige Interventionen der KindergartenpädagogIn können dazu dienen, Belastungsfaktoren bewusst zu machen und nach Hilfsmöglichkeiten für die Eltern zu suchen. Manches Mal können pädagogische Ratschläge den Eltern Alternativen zur Gewalthandlung aufzeigen und so eine Familiensituation fürs Erste entschärfen. In weiterer Folge sind Beratungsgespräche oder Therapiestunden bei professionellen Hilfseinrichtungen nötig.

Wenn die Eltern merken, dass es Ihnen darum geht, dem Kind zu helfen, dass Sie sie dabei aber nicht aburteilen, können sie Ihre Hilfsangebote viel eher annehmen.

Literatur

Brunader, S. (1995): Gewalt in der Familie. Diplomarbeit. Universität Graz

Rametsteiner, W. (2000): Wahrnehmung von Kindesmisshandlung und Umgangsmöglichkeiten von Kindergartenpädagoginnen im Problemfall familiäre Kindesmisshandlung. Diplomarbeit. Universität Wien

Wimmer-Puchinger, B. et al. (1991): Gewalt gegen Kinder. Studie des Ludwig-Boltzmann-Instituts für Gesundheitspsychologie der Frau. Wien: Bundesministerium für Umwelt, Jugend und Familie

Aktuelle Informationen und Kontaktadressen in ganz Österreich:

Homepage des Wiener Kinderschutzzentrums: http://www.kinderschutz-wien.at (von dort führen Links zu den Homepages der anderen Kinderschutzzentren in Österreich)

Der Beitrag wurde erstmals in „Unsere Kinder“ 6/2001 publiziert.

Jan-Uwe Rogge

Sexualität im Leben jüngerer Kinder

Es ist eine merkwürdig widersprüchliche Situation, in der sich Sexualerziehung – wieder oder noch – befindet: Manche Erwachsene, die beklagen, es werde zu viel von (Sexual-)Technik bei der Aufklärung geredet, zu wenig aber von Gefühl und Liebe, wollen keine oder nur ein Minimum an Sexualerziehung. Andere, die sich alltagsnah und kindorientiert geben und den (sexual-)pädagogischen Zeigefinger vermeiden möchten, übersehen dabei nicht selten zwischenmenschliche Beziehungen und Emotionalität.

Manche Eltern und ErzieherInnen sind wiederum froh über (Bilder-)Bücher und Broschüren, über Schule und Kindergarten, die Aufklärung übernehmen. Andere lesen Bücher, nehmen an Seminaren teil, um ihrem Kind die best- und frühestmögliche Aufklärung zukommen zu lassen.

Ich verkenne oder übersehe keineswegs die vielen guten Ansätze in Elternhaus, Kindergarten und Schule um eine angemessene Sexualaufklärung von Kindern. Aber ich bemerke zugleich auch Bemüht-Verkrampftes, Angestrengt-Verkopftes. Nach meinem Gefühl bleiben – als Quintessenz aus Beratung und Seminararbeit – Zeit und Gelassenheit, der Mut zum Fragmentarischen und zur Überraschung auf der Strecke, vermutlich deshalb, weil man es schließlich richtig machen will und weil keiner sagen soll, man habe etwas nicht bedacht.

Die Beziehung zum Kind sollte stimmen

Wenn Kinder etwas über Sexualität wissen wollen, dann geht es ihnen nicht allein um Sachfragen, sondern zugleich – oder sogar ausschließlich – um Beziehungen, Ängste und Unklarheiten. Je weniger Erziehende diese Mehrfachperspektive wahrnehmen, je mehr sie die Beziehungskomponente in ihren Antworten ausblenden, umso konflikthaltiger kann die Sexualaufklärung sein.

Sexualerziehung ist niemals abgeschlossen. Sie stellt sich als lebenslange Aufgabe dar: im Kindes-, im Jugendalter, später in den unterschiedlichsten Phasen der Partnerschaft bis hin in das hohe Alter. Jedes Lebensalter, jeder Lebensabschnitt bringt neue, veränderte Erfahrungen mit sich. Natürlich werden im Kindesalter wichtige Erfahrungen gewonnen, zweifelsohne ist die Pubertät ein zentraler, nachhaltiger Einschnitt – aber Sexualerziehung ist damit nicht abgeschlossen.

Dieses Wissen könnte Eltern und Erziehende entlasten und dazu führen, Kinder wie Kinder und nicht wie kleine Erwachsene aufzuklären, ihnen und sich bei den Antworten Zeit zu geben. Dies meint nicht, Kinder auf ein imaginäres „Später" zu vertrösten, sondern ihnen Antworten zu geben, die ihrem Erfahrungs- und Entwicklungsstand entsprechen. Weniger ist manchmal mehr und Gelassenheit ein besserer Begleiter als der Wille, es besonders gut zu machen. Gelassenheit bewahrt vor Erziehungsstress, Verkrampfung und Unverständnis auf beiden Seiten.

Wer mit Kindern zu tun hat, dem begegnen ständig zwei Personen: das Kind in mir und das Kind vor mir. Und je mehr ich Versäumnisse in der eigenen Kindheit am Kind vor mir gutmachen oder kompensieren will („Bloß nicht den sexualfeindlichen Mief des Elternhauses wiederholen!"), umso aufgesetzter sind die Ergebnisse, umso wahrscheinlicher ist, dass sich die Erziehungsbeziehung auf die Realisierung eines Lernzielkataloges beschränkt.

Wissensvermittlung gegenüber Kindern – gerade im Bereich der Sexualität – muss klar und offen sein, doch wichtiger als die Vermittlung allgemeiner Wahrsätze oder naturwissenschaftlicher Erkenntnisse ist Wahrhaftigkeit und Authentizität, ist Konkretheit und Anschaulichkeit, ist das Bemühen, den Sinn und den Hintersinn kindlicher Fragen zu erfassen, um auf die Sachfragen und Emotionen der Kinder eingehen zu können.

Manchmal ist eine wahrhaftige Antwort passender für das Kind als die absolut richtige und wissenschaftlich nachprüfbare. Und denken Sie daran: Es gibt auch schwierige Phasen im Zusammenleben mit Kindern, für die es keine allzeit gültigen Patentlösungen gibt. Ermutigung und Trost können sich aus der Einsicht ergeben: Auch diese schwierigen Phasen gehen vorbei!

Kinderfragen

Volker A., Vater der sechsjährigen Jessica, ist fast froh, als sie fragt, woher denn Kinder kommen. Er hatte sich schon seine Gedanken gemacht, warum sie niemals fragte, wo doch alle anderen Kinder ihre Eltern mit ihrem Wissensdurst nervten: „Hab ich was falsch gemacht? Waren wir zu prüde?" Dabei hatte er – wie beiläufig – Kinderbücher zum Thema Aufklärung „in der Wohnung herumliegen lassen". Jessica ignorierte diese, schien anders zu sein als jene Kinder, die in der Ratgeberliteratur vorkommen und Fragen formulieren, auf die die dort vorgestellten Eltern nur richtige Antworten haben.

Nun war die Gelegenheit da. Volker A. antwortete nicht auf Jessicas Fragen, er referierte über den Zeugungsakt, der natürlich kein technischer Vorgang sei, sondern ein Akt der Liebe. Er dozierte über Lust, über seinen Penis, die Feuchtigkeit der Mutter, seinen Samenerguss, über das Einnisten des Eies in der Gebärmutter. Er bemühte sich um eine kindgerechte Sprache. Doch bei allem Bemühen übersah er Jessica, die voller Erstaunen dasaß, den Redeschwall ihres Vaters nicht stoppen konnte, so sehr brach es aus ihm heraus – nach den vielen Seminaren zur Sexualaufklärung, den langen Seiten in Aufklärungsbroschüren. Volker A. redete und redete, erzählte vom Fötus, verbesserte sich dann, sprach vom kleinen Kind, das im Bauch wächst, davon, dass die Mutter dicker und dicker werde, dass sie ihr Kind spürt, bis es eines Tages, nach neun Monaten, manchmal früher, manchmal später das Licht der Welt erblickte.

„Tut das weh?"
„Was?"
„Wenn das Kind gemacht wird?"
„Was?"
„Wenn der Pippi in der Mama steckt?"
Diese Frage hatte er nicht erwartet. Seine Tochter war noch bei der Zeugung, er schon bei der Geburt. Er wirkte irritiert: „Ich glaub nicht, wenn es feucht ist ..."
„Wie wird es feucht?"

Volker A. referierte von Drüsen und Hormonen, von Lust und Empfindung – alles in einer „kindgerechten" Sprache. Als er am Ende war, nicht mehr weiterwusste, unterbrach Jessica ihren Vater, offenbar einen weiteren Referatsschwall befürchtend. Nun wisse sie es, meinte sie ganz bestimmt, sie wolle keine Kinder haben, weil alles nur wehtue – am Anfang, wenn keine Feuchtigkeit da sei, und am Ende bei der Geburt.

Kinderfragen nach Sexualität können sich aus verschiedenen Motiven ergeben: Bei vier-, fünfjährigen Kindern kann Wissensdurst ein zentrales Motiv sein. Das Kind kommt aufgrund der Erfahrungen, die es gemacht hat, mit dem vorhandenen Wissen nicht mehr aus.

Vielleicht hat es auf seine bisherigen Fragen Antworten bekommen, die seinem Altersstand entsprachen, sich aber nun als unzureichend erweisen. Vielleicht haben Erwachsene nicht aktiv genug zugehört, haben die Bedeutung, die hinter den Kinderfragen stand, nicht erkannt oder fehlinterpretiert.

Missverständnisse ergeben sich für Kinder häufig daraus, dass Erwachsene sehr intellektuell-rationalistisch antworten, sich nicht auf die Wahrnehmungs- und Erlebnisbesonderheiten von Kindern einlassen können. Nicht die sachrichtige ist die passende Antwort, vielmehr eine wahrhaftige, die sich an den Vorstellungen und Fantasien von Kindern orientiert.

Kinderfantasien

Eine Situation aus einem Kinderhort. Im Anschluss an ein sich spontan ergebendes Gespräch über Fragen der Empfängsnisverhütung bringt Jan-Peter, knapp sechs Jahre, am nächsten Tag seiner Horterzieherin Elisabeth ein buntes Kondom mit. Es entspinnt sich ein Gespräch zwischen Jan-Peter und der Erzieherin.

„Hier", sagt Jan-Peter und zeigt ihr ein Kondom, das er sich über den Finger gezogen hat. Die Erzieherin schluckt kurz, sie ist überrascht.
„Hier", insistiert Peter.
Die Erzieherin findet mühsam Worte: „Woher hast du denn das?"
„Aus Papas Schublade im Schrank neben dem Bett."
Die Erzieherin will etwas sagen, ihr fehlen aber die Worte, sie lächelt Jan-Peter an: „Und?"
„Rat mal, Elisabeth, warum schmeckt das nach Erdbeere?"
„Woher weißt du denn das?"
„Hab dran geleckt!"
Die Erzieherin schaut Jan-Peter an: „Hmh, hmh!"

Jan-Peter grinst: „Schmeckt gut! Wie Bonbons! – Warum müssen Kondome nach Erdbeeren schmecken?", fragt er nachdenklich.

Bevor er eine Antwort abwartet, meint er kopfschüttelnd: „Die sind doch da, dass keine Kinder kommen. Komisch!"

Während der letzten Worte ist Thomas, acht Jahre, hinzugekommen. Er baut sich vor dem Jüngeren auf: „Du hast keine Ahnung. Die schmecken nach Erdbeeren, weil Mama nimmt Papas Ding in den Mund. Und wenn das nach Erdbeeren schmeckt, mag Mama das lieber."

Jan-Peters Augen zucken, ein leichtes Kopfschütteln ist zu sehen. Jan-Peter runzelt die Stirn, sieht die Erzieherin an. Beide sind sprachlos.

„Und das war gut so", erinnert sie sich später, „sonst hätte ich nur Blödsinn erzählt." Während Thomas abgeht, schüttelt Jan-Peter den Kopf. Er klettert auf Elisabeths Schoß, sucht ihre Nähe, sieht sie mit einer Mischung aus Unsicherheit und Nachdenklichkeit an.

„Im Nachhinein", überlegt sie, „hat er mir, hat uns das geholfen. Jetzt konnte ich ihn annehmen und wirklich beobachten.

Nach einiger Bedenkzeit meint Jan-Peter: „Ich weiß, warum die nach Erdbeeren schmecken. Weil die Kinder, die dann nicht geboren werden, wegen dem Kon..., diesem Ding da", er zeigt mit seinem Kopf auf das Kondom auf dem Finger, „nicht so traurig sind, wenn sie keine Kinder werden."

Nach diesem Satz wirkt er, als habe er seine Lösung gefunden. Er scheint mit seiner Erklärung zufrieden. Die Erzieherin sagt nichts dazu, setzt ihn ab, geht und überlegt: „Hätte ich dazu nun etwas sagen sollen?"

Zwei Zusätze zu dieser Situation. Kurz darauf ging die Erzieherin zu Thomas. Als sie mit ihm alleine war, fragte sie: „Woher weißt du das mit dem Erdbeergeschmack?" Als er zu einem altväterlichen „Das weiß man doch!" ansetzen wollte, reagierte Elisabeth schroff: „Zieh nicht so eine Show ab!" Thomas wurde ernsthaft, berichtete von einer Aufklärungsbroschüre, in der er gelesen hatte. „Aber", meinte er zum Schluss des Gesprächs, „ich find das schon eklig. Also, ich würd doch lieber ein Erdbeerbonbon lutschen."

Zweiter Nachtrag – fast ein Jahr später: Jan-Peter teilte seiner Erzieherin mit, jetzt wisse er das mit „der Erdbeere auf dem Gummi ganz genau". Seine Mama habe ihm das erklärt: Sie „mag Papas Pippi und dann küsst sie ihn. Weil nur auf den Mund küssen sei so langweilig. Und sie mag ja auch Erdbeeren." Jan-Peter machte den Eindruck, als habe er Verständnis für die Erklärung seiner Mutter, als sei nun alles für ihn klar. Seine Augen gingen nach innen, als suchten sie Bilder für das, was die Mutter ihm erzählt hatte.

„Aber Elisabeth, warum tut sie dann nicht Erdbeermarmelade um seinen Pippi?"

„Ich musste lachen", berichtet die Erzieherin mir später. „Ja, was sollte ich sagen. Irgendwie habe ich dann gesagt: ‚Papas Pippi ist doch keine Semmel.' Da hat's ihn vor Lachen fast zerrissen."

So weit die Geschichte. Folgende Aspekte sind mir dabei wichtig: Sexualaufklärung funktioniert nicht allein über Sprache, ist nicht allein eine Frage der präzisen Information. Vertrauen und Beziehung sind die Voraussetzung für eine Aufklärung, die sich am Kind orientiert. Das Kind braucht das Gefühl des Angenommenseins.

Die Erzieherin hat an der spezifischen Entwicklungsphase, den Erfahrungen des Kindes angesetzt. Und da Jan-Peter und Thomas ganz spezifische Erfahrungen besitzen, hat sie entsprechend gehandelt.

Die Erzieherin hat ihrem Gefühl vertraut. Und sie hat den Kindern vertraut. Wenn Kinder nicht mit den Antworten auf ihre Fragen einverstanden sind, dann insistieren sie weiter, dann fordern sie Erwachsene weiter heraus. Und umgekehrt gilt auch dies: Wenn Kinder sich von Antworten überfordert fühlen, dann ziehen sie sich häufig zurück, dann schweigen sie.

Die Erzieherin hat den Erkenntnisstand beider Kinder berücksichtigt, sie hat beide für sich angenommen: Jan-Peter in seiner noch magischen Betrachtung von Wirklichkeit, Thomas in seinem schon authentisch-realistischen Herangehen.

Die Erzieherin hatte den Mut zum Fragmentarischen. Als die unterschiedlichen Erfahrungen von Thomas und Jan-Peter aufeinanderprallten, konnte sie beiden nicht zugleich gerecht werden. Sie hat sich in einem ersten Schritt für Jan-Peter entschieden, Thomas' Hinweis zunächst überhört. Dieses Überhören betraf Thomas' Einwand, als Person hat sie ihn wahrgenommen. Es war deshalb wichtig, dass sie später Kontakt zu Thomas aufgenommen hat. Noch wichtiger: Die Erzieherin besaß den Mut, Jan-Peters magische Deutung von Realität stehen zu lassen. Sie fühlte, diese Sichtweise passte momentan für ihn. Und noch wichtiger: Die magische Deutung wurde dem Kind nicht von außen auferlegt. Es war Jan-Peters ganz eigene Erklärung. Sie hatte für ihn im Augenblick Gültigkeit.

Die Erzieherin vertraute auf Jan-Peters Entwicklung, darauf, dass er zu ihr kommen würde, wenn es weitere Fragen, Probleme und Unsicherheiten geben sollte. Dies trat ein. Elisabeth blieb konsequent im Hier und Jetzt, orientierte sich am Hintersinn kindlicher Fragen – und nicht an ihrem Wissen oder gar daran, was man zu dieser Frage alles sagen könnte.

Sie hatte den Mut zu einem für Jan-Peter überraschenden Satz: „Aber Papas Pippi ist doch keine Semmel!" Dies konnte sie nur formulieren, diesen Satz vermochte Jan-Peter nur anzunehmen, weil die Vertrauensbasis, die emotionale Beziehung zwischen beiden Beteiligten gegeben war.

Kinder entdecken ihren Körper

Dorothea E. zögert, sie hat Schwierigkeiten, ihre Frage auf einem Elternseminar zu formulieren.

„Also", fängt sie an, „mein Sohn, der Benno, liegt häufig auf dem Bauch. Und dann geht es auf und ab ..." Sie sieht mich fragend an, ob ich sie denn wohl verstanden habe.
„... er onaniert", ergänze ich.
„Ja." Ihre Stimme ist sehr leise, sie klingt brüchig.
„Sein Kopf ist dabei ganz rot ... Ich will ihn dann ablenken. Aber nichts hilft." Ihr Blick geht nach oben. Sie schüttelt den Kopf. Dann schaut sie mich an: „Ich hab gelesen, Selbstbefriedigung hat mit sexuellem Missbrauch zu tun. Aber Benno ist nicht missbraucht worden. Dafür leg ich meine Hand ins Feuer, ehrlich nicht. Ich bin da völlig sicher."

Eine andere Situation: Sie habe Angst, erzählt mir Gisela B. mit stockender Stimme. Ihre Tochter Jasmin, sieben Jahre, masturbiere. Sie ist unsicher, wirkt verzweifelt.

„Sie haben Angst?"
„Ja. Man liest so viel. Kinder, die das machen, seien in Gefahr."
„Ist Jasmin in Gefahr?"
„Ich weiß nicht ... echt." Sie hat Tränen in den Augen.
„Ich hab Angst, Angst, dass Jasmin etwas passieren kann!"
„Was ist Ihnen passiert?"

Und dann erzählt Gisela B., wie sie als Kind gern und häufig masturbiert habe. Ihre Tante habe sie einmal „erwischt". Sie sei ganz freundlich gewesen. Abends musste „ich zu ihr ins Bett und dann hat sie mich verführt. Damals wusste ich nicht, was das war. Ich war ja erst fünf. Aber es war auch schön." Sie weint. „Aber irgendwann wollte ich das nicht mehr. Und sie hat dann gesagt, wenn ich nicht mehr komme, sagt sie es meiner Mutter ... Ich war froh, als sie wegzog ... Und später", es schüttelt Gisela B., „hatte ich sogar Mitleid mit ihr, weil sie so allein war." Sie sieht mich ernst an: „Und nun habe ich Angst, dass Jasmin Ähnliches passiert."

War es früher eine verquere Sexualmoral, die kindliche Selbstbefriedigung mit Strafe belegte, so wird Onanie heute (vor-)schnell unter der Perspektive des Missbrauchs gesehen.

Häufiges Onanieren kann ein (!) Hinweis auf sexuellen Missbrauch sein. Selbstbefriedigung wird vom Kind als auffälliges Verhalten inszeniert, um auf seine Situation aufmerksam zu machen. Dies mag bei Verdachtsmomenten tatsächlich wichtig werden. Doch hat Selbstbefriedigung aus der Sicht von Kindern ein sehr weites Bedeutungsspektrum: Onanie ist Bestandteil der körperlichen Selbstfindung und der emotional-sexuellen Entwicklung von Kindern. Solche Ausdrucksformen kommen häufiger vor, als Eltern meinen. Doch spielen sie sich in unbeobachteten Momenten ab. Onanie hat zu tun mit der Entdeckung des eigenen Körpers.

Dass die Berührung des Körpers mit lustvollen Momenten verbunden ist, erfährt das Kind eher beiläufig: durch die Reibung der Kleidung, durch das Liegen auf dem Bauch. Solche Gefühle werden durch Manipulation verstärkt: Die Jungen berühren den Penis, drücken ihn rhythmisch gegen weiche Unterlagen; die Mädchen reizen ihren Kitzler mit der Hand, legen sich Kissen oder Stofftiere zwischen die Schenkel, um die angenehmen Gefühle zu verstärken.

Onanie bedeutet für Kinder Lust, sie bringt keinen körperlichen oder seelischen Schaden mit sich. Ein sich durch die gefühlsmäßige Entwicklung ergebendes Bedürfnis nach Selbstbefriedigung braucht nicht unterbrochen zu werden. Die häufig zu beobachtende Wiederholung der Selbstbefriedigung hat zu tun mit den lustvollen Gefühlen, die auf ein Noch-Mehr drängen, sowie der Neugier, mit der ein Kind eigene Möglichkeiten entdeckt, den Körper spielerisch zu gebrauchen.

Aufmerksamkeit ist dann geboten, wenn Kinder ihre Geschlechtsorgane gegenseitig erkunden bzw. beginnen, sich gegenseitig zu stimulieren. Dies gilt insbesondere für kleine Kinder, die die Folgen ihres Tuns nicht abschätzen können. Doch Aufmerksamkeit bedeutet nicht Verbot oder Ausgrenzung. Verbot und Ausgrenzung führen nur zu Verdrängungen, zu Heimlichkeiten. Sie helfen Kindern kaum, ein sexuelles wie körperliches Selbstbewusstsein auszubilden.

Nur durch klare Regeln und Rituale können Grenzen gezogen werden: Sexuelle Spiele müssen von Gleichrangigkeit und Gleichwertigkeit – also nicht ältere Kinder gegen jüngere Kinder, Jungen gegen Mädchen und umgekehrt –, von Freiwilligkeit – also keine erzwungene und erpresste Teilnahme am Spiel – geprägt sein. Die Spiele dürfen nicht zu Verletzungen führen, z.B. dürfen keine Gegenstände in die Scheide eingeführt werden.

Und Kinder können lernen, dass nicht jede Situation des Alltags dafür geeignet ist, ihren Bedürfnissen nach Sexualität und Selbstbefriedigung nachzugeben. Bei allem Verständnis ist der vormittägliche Stuhlkreis im Kindergarten ein zwar subjektiv möglicher, objektiv aber wenig passender Ort für das Ausleben körperlich-sexueller Gefühle. Dies gilt gleichermaßen für die sonntägliche Kaffeerunde, wenn die Oma zu Besuch ist, um ihre Enkel zu sehen. Aufschieben des Bedürfnisses – nicht Verbot! –

kann ebenso hilfreich sein wie der Hinweis an das Kind, sich in eine ruhigere Ecke des Kindergartens oder in das eigene Zimmer zurückzuziehen.

Solche von Verständnis getragenen Hinweise können dem Kind im Grundschulalter dazu verhelfen, Bedürfnisse nach sexueller Stimulation nicht sofort und unmittelbar zu befriedigen, sondern aufzuschieben oder zu sublimieren, d.h., sich andere, aber adäquate Symbole zu suchen, um Lust zu spüren und auszuleben.

Marion W., Mutter der siebenjährigen Patrizia, erzählt: „Ich fand es irgendwann völlig unmöglich. Patrizia nuckelte und nuckelte. Immer ging der Daumen in den Mund. Ich hab's ihr verboten. Hab ihr die ganze Sache madig gemacht. ‚Pfui', hab ich gesagt. ‚Du siehst aus wie ein Affe ...' und so." „Hat's etwas genützt?", will ich wissen.

„Und wie!", meint sie resignierend. „Nun onaniert sie wie verrückt. Früher hatte sie den Daumen im Mund und nun hat sie ein Stofftier zwischen den Schenkeln." Sie wirkt nachdenklich: „Hätt' sie doch bloß noch ihren Daumen im Mund."

Kinder suchen Entspannung

Eine andere Situation. Katharina, fünf Jahre, geht zweibis dreimal am Vormittag zu ihrem Tisch, der in der Ecke des Kindergartenraumes steht. Sie stellt ihre Beine breit, schiebt die Tischkante zwischen ihre Schenkel, bewegt sich dann rhythmisch, versunken und gedankenverloren. Ihr Kopf wird rot, ihre Augen scheinen versonnen. Katharina ist in diesem Moment nicht ansprechbar. Nach zehn Minuten kommt sie wieder zu sich, steht auf, geht zu den anderen Kindern und spielt weiter.

Katharinas Verhalten fällt den Erzieherinnen auf, den Kindern nicht. Sie betrachten das offensichtlich als normal.

Katharinas Mutter, Julia R., ist besorgt: Auch zu Hause lege Julia ein ähnliches Verhalten an den Tag. Sie benutze dort die Stuhlkante zur Stimulation. Ihre Scheide sei schon stark gerötet, sie habe Schmerzen, könne aber von ihrem Tun nicht lassen.

„Wann onaniert Katharina?"
„Immer!" Ich runzle die Stirn.
Die Mutter überlegt, denkt angestrengt nach. Sie sucht nach Situationen, nach Anlässen, in denen sich ihre Tochter selbst befriedigt.
„Wenn sie zur Ruhe kommen will", entfährt es der Mutter spontan.
„Was war denn vorher?"
„Na ja, da stand sie irgendwie unter Strom. Sie nimmt sich aber auch verdammt viel vor!"
„Und wie ist es mit Ihren Forderungen an Ihre Tochter?"
„Na ja, ich will schon, dass aus ihr etwas wird!"

Um die subjektive Bedeutung der Selbstbefriedigung aus der Sicht des Kindes genauer einzuschätzen, ist es unabdingbar, Zeitpunkt und Tagesabläufe der Kinder genauer zu beobachten. Viele Kinder leben unter Stress, sie sind ohne eine selbst gestaltete Freizeit in fest verplante Tagesabläufe eingespannt. Viele Kinder fühlen sich unter Druck, den die Eltern ausüben oder ihren Kindern als Lebensmaxime vormachen.

Permanente Spannungszustände vermögen Kinder auf Dauer nicht auszuhalten. Gibt man ihnen keine Möglichkeiten, Spannungszustände zu reduzieren, fordert der kindliche Körper sein Recht: Das Kind nuckelt, es regrediert (fällt in frühkindliche Verhaltensweisen zurück, z.B. will es gewickelt werden oder es hat übertriebene Zärtlichkeitsbedürfnisse) oder es onaniert. Während der entwicklungsbedingten Selbstbefriedigung kaum mit Sublimationen – also durch die Verlagerung auf andere Objekte – beizukommen ist, gelingt das bei der Selbstbefriedigung als Ausdruck von Entspannung eher: Suchen Sie nach Möglichkeiten, den Stress, die Überforderung des Kindes generell zu reduzieren. Man kann Formen der Entspannung – z.B. Meditation, Yoga, autogenes Training, Sport – mit dem Kind entwickeln.

Wohlgemerkt: Sublimation der Selbstbefriedigung hat nichts zu tun mit Verbot. Vielmehr wird dem Kind eine Vielzahl an Techniken angeboten, damit es sich altersund situationsangemessen entspannen kann.

Kinder experimentieren mit Sprache – testen Erwachsene

Felix, viereinhalb Jahre, kommt aus dem Kindergarten nach Hause, geht mit einem fröhlichen Lächeln ins Wohnzimmer, sieht seine Mutter an, stellt dann kurz und trocken, aber freundlich lächelnd fest: „Hallo! Du Ficksau!" Die Mutter schluckt, das Kinn fällt herunter. Ein klassischer Knockout. Nach mehreren Schrecksekunden nimmt sie ihren Sohn bei der Hand, schaut ihn fest an: „Felix, so etwas sagt man nicht!" Felix ist nun seinerseits irritiert, er zuckt unmerklich mit den Schultern, dreht sich um und lässt mit den Worten „Ficksau sagt man nicht!" eine verstörte Mutter zurück. Sie hört ihn auch später mit dem Spruch „Felix, Ficksau sagt man nicht!" – mal laut, mal leise, mal fast singend, mal den Satz eher lang ziehend – durch das Haus toben.

Beim Mittagessen fasst die Mutter Mut und es entspinnt sich – wie sie mir danach berichtet – folgender Dialog: „Du, Felix, das ist ein schmutziges Wort, was du da immer sagst!"
„Was für ein Wort?"
„Das, was du da ständig sagst! Woher hast du das denn überhaupt?"
„Aus'm Kindergarten. Sagt Alex auch!"
Die Mutter ist entrüstet: „Da ruf ich sofort morgen an."
Und mehr zu sich, nach innen gekehrt: „Da gibt man sich Mühe und dann so etwas!"
„Warum ist Ficksau ein so komisches Wort?"
Die Mutter setzt an: „Ja, weißt du ..."
„Warum?"
Die Mutter überlegt, ihr fehlen die Worte. Felix lacht:

„Warum ist Fischsau ein komisches Wort?" Er lacht stärker: „Fischsau ... Saufisch ..." Es bricht aus ihm heraus: „Saufisch, Fischsau, Saufick." Er kann sich vor Lachen kaum halten.
„Felix!" Die Stimme der Mutter bekommt einen scharfen Klang.
„Hör sofort auf damit. Hörst du!" Sie sieht ihn an. Er dagegen scheint gelassen: „Warum?"
„Ich hab's dir gesagt: Das sagt man nicht!"
„Sagt Papa aber auch ...!"
Die Stimme der Mutter wird schrill, sie überschlägt sich fast: „Was sagt Papa?"
„Na, so schlimme Wörter." Er überlegt: „Arschloch! Verpiss dich! Und so!"
Die Mutter wirkt fast erleichtert, aber innerlich bebt sie: „Aber nicht ... Das nicht. Hörst du!"
Felix bohrt weiter, er spürt, wie sich die Mutter windet: „Was ist mit Ficksau?"
„Das ist ein schlimmes Wort!"
„Warum?"
Sie sucht nach Erklärungen, findet keine passenden Worte.

Später erzählt sie mir auf einer Bildungsveranstaltung, sie wollte Felix erklären, dass sie das verletzt hat.

„Und warum haben Sie das nicht gesagt?"
„Ich wollte Einsicht bei Felix wecken und es besonders gut machen. Er sollte es verstehen, dass man damit jemanden verletzt. Deshalb meine langen Erklärungen."
Sie denkt nach: „Die Situation war verflixt verfahren. Felix hat meine Unsicherheit gespürt."
„Und wie ging es weiter?", will ich wissen.
„Irgendwann hat er gemeint: ‚Ist schon gut, Mama, Ficksau sagt man nicht.' Dann ging er aus dem Zimmer, leise den Satz vor sich hin murmelnd ... Und mich hat er völlig ratlos zurückgelassen."

Kraftausdrücke faszinieren Kinder. Mit ihnen und über sie testen Kinder Grenzen, die Gültigkeit von Normen und Werten aus. In Kraftausdrücken, in Schimpfworten spiegeln sich nicht selten das Unmoralische und das Anarchische kindlicher Fantasien. Und dies ist – gemessen an der kindlichen Entwicklung – als normal zu bezeichnen. Über Wortspiele, über den Klang von Wörtern drücken sich kleinere und größere Kinder aus, sie geben ihren inneren Bildern, ihren Versuchen, sich zu finden, eine Form. Die Bedeutung von Kraftausdrücken, von Schimpfwörtern und Verballhornungen erschließt sich Kindern, wenn sie sie in verschiedenen Zusammenhängen benutzen und die Reaktion ihrer Umgebung erleben.

Kleinere Kinder nehmen Sprachwitze, Sprachspiele, das Ordinäre und das Gemeine der Sprache, aber auch verbale Aggressionen überall wahr – und da der Kindergarten zum Tagesablauf vieler Kinder gehört, eben auch dort. Hier hören sie die entsprechenden Ausdrücke, erfahren durch Beobachtung deren Wirkung, sie kennen aber nicht immer deren wirkliche Bedeutung, sind es doch meist ältere Kinder, die eine Art Vorreiterrolle einnehmen.

Begreifen geht über Greifen – dieser Grundsatz gilt auch, wenn es darum geht, die Bedeutung von Sprache auszutesten, ihren Gehalt möglichst konkret zu erfahren. Jüngere Kinder übernehmen – nicht: imitieren! – die aufgeschnappten Worte, stellen sie in einen ihnen vertrauten Zusammenhang und beobachten die Wirkung ihrer Worte: Je heftiger die Reaktion der Erwachsenen, umso mehr ahnen Kinder, einen „Volltreffer" gelandet zu haben. Und jedes Kind wird versuchen, diesen „Volltreffer" zu wiederholen. Wenn die Eltern ausgetestet sind, erscheint garantiert Oma an der Haustür, die mit einem zärtlichen „Tag, du liebes Arschloch" begrüßt wird. Und sollte die großmütterliche Kinnlade ebenfalls herunterklappen, macht das Kind weiter – so lange jedenfalls, bis Grenzen gesetzt werden, die für das Kind begreiflich sind.

Zurück zur eingangs geschilderten Situation. Felix' Mutter hat einige Aspekte übersehen, die es ihr erleichtert hätten, mit den Schimpfworten ihres Sohnes gekonnter umzugehen:

Hört man als Erwachsener einen bestimmten Kraftausdruck das erste oder zweite Mal, überhört man ihn am besten. Ganz im Sinne des Modell-Lernens kann dies auf Seiten des Kindes zur Überlegung führen: Was woanders gewirkt hat, kommt bei meinen Eltern oder zu Hause offensichtlich nicht an. Sie sollten auch nicht fragen: „Woher hast du das?" Damit bringen sie Kinder schnell in eine Verteidigungsposition und dazu, anderen die Schuld zu geben.

Hat das Überhören keinen Erfolg, sollten Sie handeln. Wer auch dann ignoriert, wenn das Kind seine Ausdrücke weiter verwendet, sie womöglich intensiviert, erreicht genau das Gegenteil. Das Kind muss geradezu mit seinen Regelverletzungen fortfahren, bis der scheinbar gleichgültige Erwachsene endlich reagiert und Grenzen setzt.

Von erheblicher Bedeutung ist die Art und Weise, wie man solche Grenzen artikuliert. Indem Felix' Mutter auf der „Man"-Ebene argumentiert, bietet sie ihrem Sohn die Gelegenheit, eigene Erfahrungen und Beobachtungen ins Spiel zu bringen: „Papa macht das auch!" Angemessener und für Felix begreiflicher, weil nachvollziehbar, wäre ein Satz gewesen wie: „Ich möchte/will das nicht hören!" Oder: „Ich bin keine Ficksau!" Auf Felix' mögliche Warum-Frage brauchen keine langatmigen Erklärungen zu folgen. Das Kind wünscht eindeutige und kurze Antworten, in denen sich die Haltung des Erwachsenen authentisch artikuliert. Felix' Mutter fühlt sich verletzt, also muss sie diesen Gefühlen auch Ausdruck verleihen und darf sie nicht durch „verkopfte" Antworten rationalisieren. „Ficksau verletzt mich! Ich mag das Wort nicht!", ist dann ausreichend, wenn das Kind das Wahrhaftige der Antwort spürt.

„Und wenn Felix immer noch auf einem ‚Warum' besteht?", fragt Felix' Mutter. „Dann geben Sie zwei- oder dreimal Ihre Antwort. Und dies fest und ganz freundlich. Mehr aber nicht."

Umständliche Erklärungen überfordern Kinder, da sie in der Regel mehr die Unsicherheit und die Bedürfnisse der Erwachsenen widerspiegeln, als sich an den Vorstellungen und Erfahrungen der Kinder zu orientieren.

Wichtig ist schließlich: Felix wird bezüglich seiner Wortwahl, nicht jedoch als Person – etwa „Du bist böse, weil du das sagst!"; „Du bist frech, wenn du das sagst!" – kritisiert. Felix muss das Gefühl erfahren, alle Persönlichkeitsanteile, eben auch die grenzüberschreitenden, austesten zu dürfen. Dann kann er es aushalten, wenn er Grenzen spürt und Konsequenzen erfährt.

Schlussgedanken

Aus den Geschichten lassen sich einige Grundsätze ableiten, die bei der Beantwortung von Kinderfragen zur Sexualität von Eltern und ErzieherInnen zu beachten sind:

- Es ist wichtig, den Sinn einer Frage zu erkennen. Kinder fragen in der Regel nicht abstrakt, sie fragen nicht wissenschaftlich. Sie sind als Mensch am Menschen interessiert. Deshalb muss auf kindliche Fragen kein sexualwissenschaftlicher Vortrag erfolgen. Zwar ist es wichtig, dass Eltern – wollen sie kompetent antworten – Bescheid über das wissen, was sie vermitteln wollen. Aber nicht alles, was sie beherrschen, müssen sie in ihren Antworten unterbringen. Sonst beherrscht man mit seiner Antwort das Kind. Ein langatmiger Wortschwall verkennt nicht nur den Sinn der Kinderfrage, er geht meist auch am Erkenntnisstand des Kindes vorbei.
- Je jünger das Kind, umso konkreter, klarer, knapper und anschaulicher können die Antworten sein. So wichtig es ist, Sachverhalte nicht zu verfälschen, so bedeutsam ist der Mut zum Fragmentarischen, zum Lückenhaften.
- Nur so können weitere Fragen der Kinder angeregt werden. Dies ist umso wahrscheinlicher, je intensiver sich ein Kind durch die Antworten angesprochen fühlt. Antworten haben deshalb die Empfindung des Kindes zu berücksichtigen.
- In den Antworten können durchaus Rückfragen an Kinder enthalten sein. Rückfragen können zu Assoziationen und Fantasien führen, die dem Erwachsenen zeigen, wo das Kind intellektuell und emotional steht. Jedes Kind hat Vorstellungen, Meinungen, Haltungen, an denen sich Erwachsene orientieren sollten. Antworten, die nicht am Hier und Jetzt des Kindes anknüpfen, überfordern es.
- Schließlich: Eine Sexualerziehung, die sich nicht als Prozess versteht, überfordert alle Beteiligten und bleibt letztlich unbefriedigend. Befriedigende sexuelle Beziehungen, eine erfüllte Sexualität zu leben ist eine Aufgabe, die sich in jeder Lebensphase neu stellt.

Literatur

Rogge, Jan-Uwe (2006): Von wegen aufgeklärt. Sexualität im Leben von Kindern und Jugendlichen. Reinbek: Rowohlt

Der Beitrag wurde erstmals in „Unsere Kinder" 4/1999 publiziert.

Christine Bodendorfer

Sexueller Missbrauch im Kindergartenalter

Sexueller Missbrauch ist ein Thema, das mehr und mehr öffentlich im Gespräch ist und dennoch immer noch Berührungsängste, Unsicherheit und den Gedanken auslöst: „Hoffentlich habe ich nie etwas damit zu tun." Doch in meiner langjährigen Arbeit hat sich gezeigt, dass theoretische und praktische Auseinandersetzung mit dem Thema seitens der Personen, die mit Kindern arbeiten, für betroffene Kinder von hohem Wert ist.

Die eigene Vorbereitung

Diese beginnt sinnvollerweise schon, **bevor** ein konkreter Verdacht auftritt. Es geht dabei um Fachwissen über die Problematik, die Dynamik und die Folgen des sexuellen Missbrauchs. Ebenso wichtig ist die Reflexion der eigenen Sexualität, der männlichen Gewalt und Sexualität sowie der männlichen und weiblichen Rolle in unserer Gesellschaft. Unerlässlich ist zudem die Auseinandersetzung mit eigenen Opfer- und Täteranteilen (Gewaltanteilen) und den Gefühlen, die durch sexuelle Gewalt ausgelöst werden. Schließlich ist auch die eigene Bereitschaft zu überdenken, sexuellen Missbrauch wahrzunehmen, Verantwortung zu übernehmen und Konsequenzen zu ziehen.

Was ist sexueller Missbrauch?

„Sexueller Missbrauch ist eine nicht zufällige, bewusste, gewaltsame psychische und physische Schädigung, die eine Person einem Kind, einer/einem Jugendlichen zufügt und die zu Verletzungen, Entwicklungshemmungen oder sogar bis zum Tode führt und die das Wohl und die Rechte des Mädchens/Buben beeinträchtigt", so V. Botens und G. Stanzel (1987). Kennzeichnend für sexuellen Missbrauch ist ein durch Hierachie geprägtes Abhängigkeitsverhältnis.

Bewusste Schädigung bedeutet, dass der Übergang von väterlicher Zärtlichkeit zum sexuellen Missbrauch nicht fließend ist. Sexueller Missbrauch beginnt, wenn ein Mann sich bewusst am Körper eines Kindes befriedigt oder sich von ihm befriedigen lässt. Dauer und Schweregrad der Schädigung hängen von verschiedensten Faktoren ab: Wie alt war das Kind bei Missbrauchsbeginn? Wer war der Täter? In welchem Nähe- und Abhängigkeitsverhältnis standen Täter und Opfer zueinander? Wie stand die Mutter zur Tat? Wie war die Reaktion der Umwelt nach erfolgter Aufdeckung?

Sexueller Missbrauch bedeutet nicht (immer) Vergewaltigung, sondern beginnt meistens mit Streicheln, „harmlosen" Kitzelspielen, dem Zwang Pornohefte/-filme anzuschauen, Berühren mit Finger oder Penis im Geschlechtsbereich usw. Die Intensität der Handlungen steigert sich im Lauf der Jahre je nach Nähe zwischen Täter und Opfer. In mehr als 60 % beginnt der Missbrauch im Vor- und Volksschulalter (Fürniss 1986). 90–95 % der Täter sind Männer (Bange 1992, Heyne 1993), 5–10 % sind Frauen. 85 % der Täter, die ein Mädchen missbrauchen, kommen aus der Familie oder ihrem Umfeld. Buben werden eher von Personen aus ihrem sozialen Umfeld missbraucht. Sexuelle Gewalt kommt in allen Schichten vor und stellt keinen „einmaligen" Ausrutscher dar, sondern dauert in 80 % der Fälle zwei Jahre und länger. Betroffen sind 25 % der Mädchen und 8 % der Buben unter 16 Jahren (Kienzel/Biebel 1993). So viel zu Zahlen und Fakten.

Angesichts der Tatsache, dass es sich bei sexuellem Missbrauch um ein geschlechterspezifisches Delikt handelt, werde ich in weiterer Folge von Tätern in der männlichen Form schreiben, wohl wissend, dass es auch weibliche gibt.

Abgrenzung zu Misshandlung

Körperliche Misshandlung von Kindern wird heute nicht mehr so tabuisiert wie das Thema sexuelle Gewalt. Betroffene haben ein Sprachrohr durch Erwachsene. Scham und Schuldgefühle prägen sich bei den Betroffenen daher auch nicht so ein, da es Öffentlichkeit und deklarierte Loyalität gibt. Die Tat an sich geschieht meist aus einer emotionalen Überforderungssituation heraus. Im Unterschied dazu ist sexueller Missbrauch geplant. Daraus folgt jedoch nicht, dass die eine Tat entschuldbarer als die andere sei! Bei körperlicher Gewalt gibt es deutliche Spuren, was die Glaubwürdigkeit des Opfers erhöht und die Beweisführung bei Gericht erleichtert.

Dynamik des sexuellen Missbrauchs

Der Täter plant die sexuelle Ausbeutung sorgfältig und probt in der Fantasie die Handlungen. Er manipuliert sein Umfeld, beispielsweise indem er bei einer Berichterstattung über Missbrauch gegenüber seiner Frau äußert, dass diese Schweine umgebracht gehören, oder indem er sich seine Frau emotional sehr abhängig macht usw. Er testet das Kind aus, ob es Stillschweigen bewahrt und ihn oder seine Tat nicht verraten wird. Deshalb geschehen die ersten Übergriffe meist so, dass es für das Kind sehr schwer ist, diese als solche wahrzunehmen. Der Missbraucher tarnt die Übergriffe in Form von Zauber-, Auszieh- und Kitzelspielen oder er berührt „zufällig" Geschlechtsteile des Kindes. Dies alles soll auch den Eindruck von Normalität bewirken. Aussagen wie „Wir machen es uns ganz fein", „Das machen Kinder, wenn sie den Papi lieb haben" verstärken diesen Eindruck.

Die Intensität des sexuellen Missbrauchs steigert sich im Laufe der Zeit. Fast immer werden Drohungen ausgesprochen, die von „Wenn du das nicht tust, hab ich dich nicht mehr lieb", „Du kommst ins Heim, wenn du was erzählst", „Die Mutti wird sehr traurig sein, wenn sie das erfährt" bis zu „Ich bring dich um", „Ich bring die Mutti um" reichen.

Betroffene haben Schuldgefühle, irgendetwas falsch gemacht zu haben, den Täter durch Kleidung, Aussehen oder allein durch die Tatsache ihres Geschlechts provoziert zu haben. Die Schuldgefühle werden durch Aussagen des Täters wie „Du erregst mich so", „Das gefällt dir doch auch" und das bekannte Lolita-Klischee (bei älteren Mädchen) verstärkt. Auf diese Weise projiziert der Täter seine eigene Scham und Schuld auf das Opfer und macht es zu seinem Komplizen.

Es gibt wissenschaftliche Thesen, die besagen, dass Schuldgefühle unter anderem auch deshalb produziert werden, um sich nicht gänzlich ohnmächtig zu fühlen. Etwa im Sinne von: Es ist für die eigene Psyche besser zu ertragen, aktiv daran beteiligt zu sein als gänzlich ohnmächtig. Das heißt aber nicht und darf niemals im sozialen oder gesellschaftlichen Umfeld zur Annahme führen, dass Opfer von sexueller Gewalt selbst schuld sind!

Zu der Angst und zum Schuldgefühl kommt noch die Scham. Missbrauchte Kinder schämen sich, dass gerade ihr Vater/Stiefvater „so etwas" macht, d.h., sie übernehmen die Verantwortung für den Täter, für die Tat und für die Familie, indem sie schweigen. Sie fühlen sich schmutzig und schämen sich ihres Körpers und dafür, dass sie sich nicht genug gewehrt haben. Wenn der Täter ihnen Geld oder Geschenke gibt und sie damit in seiner Fantasie zu Prostituierten macht, fühlen sie sich auch so. Durch die Scham wird es noch schwieriger, über Erlebtes zu sprechen, sich die so notwendige Hilfe während und nach der Zeit der Tat zu holen.

Das bedeutet: Zur sexuellen Gewalt gehört immer auch die Geheimhaltung. Dieses Schweigen impliziert Isolation und das Gefühl, der einzige Mensch zu sein, der missbraucht wird. Die Kinder fühlen sich meist nur mit dem Täter verbunden, und zwar durch dieses fatale gemeinsame Geheimnis. Sie geben die Hoffnung fast nie auf, es könnte eines Tages wieder gut werden.

Anfangs begreifen kleine Kinder nicht, was mit ihnen getan wird, und strengen sich an, den Missbrauch schön zu empfinden. Es ist ja oft ihr geliebter Vater/Stiefvater, dem sie vertrauen und von dem sie Zuneigung erwarten.

Ein Kind, das innerhalb der Familie missbraucht wird, sucht Urvertrauen und Geborgenheit bei Eltern, die nicht vertrauenswürdig sind, keinen Schutz bieten oder das Vertrauen aufs Brutalste missbrauchen. Es muss die eigenen Grenzen abstecken lernen in einer Umgebung, die seine Grenzen nicht akzeptiert. Es muss Kontrolle über seinen Körper lernen in einer Umgebung, in der in völliger Willkür über seinen Körper verfügt wird. In einer Umgebung, die keinen Trost bietet, muss es lernen, sich selbst zu trösten.

Absolute Verzweiflung kann kein Kind vertragen. So wird es alles tun, um eine Erklärung zu finden, die seine Eltern von Schuld und Verantwortung freispricht. Und es wird perfekte Strategien im Alltag entwickeln, um überleben zu können. All dies auch, um die lebensnotwendige Bindung zu den Bezugspersonen aufrechtzuerhalten.

Wie erkenne ich sexuellen Missbrauch

Es gibt keine „typischen Merkmale". Grundsätzlich kann jede Verhaltensauffälligkeit, jede Veränderung im Verhalten, jede psychosomatische Erkrankung auf einen zugrunde liegenden Missbrauch deuten. Dieser Tatbestand kann deshalb nie ausgeschlossen werden, wenn bei einem Kind etwas „komisch" erscheint. Es ist oft nur eine vage Vermutung, ein unbestimmtes Gefühl, denn selten spricht ein Kind den Missbrauch direkt an.

Problematisch ist das Deuten von Kinderzeichnungen. Denn die Deutung entspricht eher der Fantasie der Person, die das Bild deutet, und nicht der des Kindes. Hilfreich ist es, das Kind über die Zeichnung reden zu lassen oder ein Rollenspiel daraus zu gestalten.

Sprechen Sie mit KollegInnen, FreundInnen oder Personen, die das Kind kennen, über Ihre Vermutung und über deren Wahrnehmungen. Oft kommen eigene Ängste und Zweifel hoch, dass so etwas „Unfassbares" geschehen ist. Man möchte niemanden falsch verdächtigen, insbesondere, wenn der potenzielle Täter bekannt ist („So ein gut sorgender Vater, der holt seine Tochter immer ab"). Man hat Angst, als Hysterikerin oder Männerfeindin abgestempelt zu werden. Alle diese Zweifel sollten thematisiert werden, denn mit Bewusstem kann man besser umgehen als mit unterdrückten Gedanken.

Wenn als Täter jemand innerhalb des Familienverbandes in Frage kommt, sollte man in dieser Phase noch kein Familienmitglied mit Vermutungen konfrontieren. Man wendet sich am besten an MitarbeiterInnen von spezifischen Beratungsstellen, um die notwendige Beratung und Unterstützung zu bekommen. Denn: *Niemand kann sexuellen Missbrauch allein aufdecken!*

Sinnvoll ist es auch, die ersten Wahrnehmungen, Zeichen und Symptome des Kindes zu dokumentieren. Das hilft einerseits, mehr Klarheit und Bestätigung zu erhalten, und kann andererseits zu späterer Zeit bei Jugendamt oder Polizei verwendet werden.

Bei sexueller Gewalt gibt es leider oft auch Sekundärschäden, die durch eine übereilte, nicht gründlich vorbereitete Aufdeckung verursacht werden. Folgende Punkte sind daher zu beobachten, solange ein Verdacht besteht:

- Ruhe bewahren.
- Nichts Übereiltes unternehmen.
- Eine Therapie kann das Kind nicht vor Missbrauch schützen.
- Niemand kann in Fällen von sexuellem Missbrauch allein Hilfestellung geben.
- Es bedarf der Zusammenarbeit der einzelnen HelferInnen und Institutionen.
- Kinder brauchen meist viel Zeit, um über den Missbrauch sprechen zu können, und sagen selten alles auf einmal. Zu berücksichtigen ist, dass sie vom Täter abhängig sind, unter Druck gesetzt werden und ihm gegenüber loyal sein wollen.
- Weder die Erziehungsberechtigten noch der mögliche Täter sollten frühzeitig mit einem Verdacht konfrontiert werden. Anderenfalls kann es passieren, dass der Druck auf das Kind, nichts zu sagen, verstärkt und der Kontakt abgebrochen wird.
- Konfrontationsgespräche finden erst im Aufdeckungsprozess statt, der von professionellen HelferInnen geplant und durchgeführt werden muss.

Genauere Informationen finden Sie in Bodendorfer u.a. 1994 (besonders Kapitel 4).

Der Aufdeckungsprozess

Wichtig ist, diesen Prozess gemeinsam mit verschiedensten Berufsgruppen, die professionell mit dem Kind Kontakt haben (z.B. KindergartenpädagogInnen, ErzieherInnen, SozialarbeiterInnen, Fachleute einer spezifischen Beratungseinrichtung), vorzubereiten und – wenn sich der Verdacht erhärtet – auch durchzuführen.

Der Kontakt zu diesen verschiedenen Berufsgruppen wird durch „HelferInnen- oder Fallkonferenzen" hergestellt, die von der Jugendwohlfahrt oder einer spezifischen Beratungsstelle einberufen werden können. Sinnvoll ist es, dass möglichst viele Personen, die professionell mit dem Kind zu tun haben, anwesend sind, weil sich wie bei einem Puzzle ein vollständigeres Bild ergibt. (Je mehr Informationen, Beobachtungen, Wahrnehmungen, desto mehr Puzzleteile.) In den Konferenzen werden

- weitere Interventionsschritte geplant (Wie wird vorgegangen?) und
- Kompetenzen abgeklärt (Wer ist wofür zuständig?, Wer *möchte* was übernehmen?).

Möchte deshalb, weil gerade das Thema sexueller Missbrauch viele Berührungsängste, eigene Unsicherheiten, Ekel, Wut, Verzweiflung usw. auslöst. Es ist auch keine Frage von Inkompetenz oder des Versagens, wenn sich jemand nicht in der Lage fühlt, ein Konfrontationsgespräch zu führen. Im Gegenteil: Es ist sinnvoller für das betroffene Kind, die eigenen Grenzen wahrzunehmen und abzustecken. Denn das Kind spürt jedweden Unwillen und sagt dann auch nichts, denn es hat gelernt, fremde Bedürfnisse wahrzunehmen und sie auch zu erfüllen. Sexueller Missbrauch ist eine existenzielle Grenzverletzung, deshalb sollte – im Sinne einer Vorbildfunktion – genau auf die eigenen Grenzen geachtet werden.

Konfrontationsgespräche

Diese müssen einerseits mit dem betroffenen Kind, der Mutter, dem Vater – falls er der Täter ist – möglichst am selben Tag geführt werden. Falls er nicht Täter und das Kind geschützt ist, kann das Gespräch mit ihm auch ein wenig später geführt werden.

Oberstes Prinzip ist der Schutz des betroffenen Kindes bzw. der betroffenen Kinder! Das bedeutet, dass nach der Aufdeckung vorerst kein Kontakt zwischen Täter und Kind sein darf. Dies deshalb, weil viele Täter versuchen, die/den Betroffene/n mit verschiedensten Drohungen, sei es durch Worte, Taten oder Blicke, umzustimmen oder auf seine kindliche Liebe oder Loyalität zu pochen („Das kannst du dem Papa doch nicht antun ...").

Als Grundvoraussetzung sollte ein Klima von Vertrauen und Ruhe geschaffen werden. Für das Kind ist es die wichtigste Unterstützung, wenn man ihm glaubt!

Wichtig ist weiters, eine altersgemäße Sprache zu verwenden. Zum geeigneten Zeitpunkt sollte man auch fragen, welche Bezeichnungen das Kind für die Geschlechtsteile verwendet, um Missverständnisse zu vermeiden.

Klare und deutliche Fragen sind wichtig. Man kann das Gespräch auf die Begriffe des „guten Geheimnisses, das Freude macht wie ein Geburtstagsgeschenk" und des „schlechten Geheimnisses, das Bauchweh und Weinen macht" lenken, aber man sollte kein „Geständnis" erzwingen. Wichtig ist es, das Verständnis für Ängste und ambivalente Gefühle (Liebe *und* Hass) zu formulieren und das Kind nach Drohungen und Druckmitteln des Täters zu fragen. Es soll auch wissen, dass es nicht das einzige Kind ist, das missbraucht wird, und dass es nicht daran schuld ist, sondern der Erwachsene.

Direkte Anweisungen („Zeig mir einmal"), jedoch keine Suggestivfragen sind zielführend. Wenn über die Tat gesprochen wird, sollte man *nicht* fragen: „Hast du den Penis in den Mund genommen?", *sondern:* „Hat dein Vater dich gezwungen, seinen Penis (bzw. ein synonymes Wort, das dem Kind vertraut ist) in den Mund zu nehmen?"

Auf jeden Fall soll das Kind wissen, dass man ihm helfen möchte und – im Sinne von Transparenz – was man konkret vorhat. Man sollte aber nichts versprechen, was man nicht tun bzw. halten kann.

Zum Beispiel: Das Kind bittet Sie, sein „schlechtes Geheimnis" nicht weiterzusagen. Wenn Sie ihm das versprechen, dann sind Sie zur Geheimhaltung verpflichtet, sonst begehen Sie einen großen Vertrauensbruch gegenüber dem Kind. Halten Sie sich an Ihr Versprechen, werden Sie zur MitwisserIn einer Tat, hilflos sie zu beenden und damit auch zur KomplizIn des Täters.

Am Schluss soll dem Kind Lob ausgesprochen werden – für seinen großen Mut. Darüber hinaus braucht es klare Informationen über die weiteren Schritte: Was passiert jetzt?, Wo komme ich hin?, Was ist mit Mama und Papa? usw. – Diese Fragen müssen bereits im Vorfeld in den jeweiligen HelferInnenkonferenzen geklärt worden sein, damit die Person, die mit dem Kind spricht, klare Antworten geben kann.

Prävention

Prävention erfolgt immer mit nicht betroffenen, aber auch mit betroffenen Kindern und dies ohne zu wissen, um welche Kinder es sich handelt. Deshalb ist Prävention ein heikler Punkt. Betroffene Kinder werden in ihrem Schuldgefühl bestärkt, wenn sie im Kindergarten erfahren, dass Kinder sich bei Übergriffen wehren *müssen* (so nehmen diese unsere Ermunterungen sich zu wehren wahr). Tatsache ist aber, dass betroffene Kinder nicht die geringste Chance gegen Erwachsene haben, mit denen sie in Beziehung stehen. Diesem Umstand ist Rechnung zu tragen bei sogenannten „Ich-sag-Nein-" bzw. „Ich-wehre-mich-Übungen" in Form von Rollenspielen. Dass Kinder nicht über sexuelle Übergriffe sprechen wollen, oft, weil sie sich fürchten oder schämen oder glauben, dass sie selbst schuld sind, kann jedoch durchaus thematisiert werden, auch dass Täter fremde Personen, aber auch Verwandte oder Bekannte sein können.

Sinnvoll ist es, im Kindergarten Themen wie „Mein Körper", „Familie", „Grenzen", „Gewalt", „Sexualität", „Gefühle" und „Geheimnisse" zu bearbeiten. Ein spielerischer Umgang signalisiert Kindern Offenheit und gibt Vertrauen. Für die Aufbereitung dieser Themen gibt es viel Arbeitsmaterial, z.B. Braun (1989) oder M. Mebbes (1983, 1984).

Vorschläge zur Prävention:

- Geschichten vorlesen, in denen Kinder Hilfe suchen und auch finden.
- Situationen im Rollenspiel darstellen, in denen Kinder Angst hatten. Die Gruppe soll Lösungsmöglichkeiten finden.
- Alte und moderne Märchen nachzeichnen oder nachspielen lassen. Diese eignen sich Angst zu bewältigen, da sie bereits Lösungsmöglichkeiten anbieten.
- Anhand selbst oder vorgezeichneter Körperbilder lässt sich besprechen, wo, wie und von wem sich Kinder gern und von wem ungern berühren lassen.
- Thematisieren Sie „gute" und „schlechte Geheimnisse" (gute Geheimnisse: sie machen Freude; schlechte Geheimnisse: sie machen Bauchweh).
- Im Sesselkreis Wünsche und Bedürfnisse, Wahrheit und Lüge, Vertrauen und Misstrauen, typisches Mädchen- und typisches Bubenverhalten besprechen.
- Für die Arbeit kann es hilfreich sein, Buben und Mädchen zu trennen und sie anschließend wieder zusammenzuführen.

Beratungseinrichtungen

Nachstehende Beratungseinrichtungen (die Angaben stellen nur eine Auswahl dar) sollten im Verdachtsfall oder bei nachgewiesenem sexuellem Missbrauch zu Rate gezogen werden, denn niemand kann diese Tat alleine aufdecken und nachhaltig beenden. Hier bedarf es der Kooperation verschiedener Berufsgruppen.

Österreichweit

ORF Kinderservice „Rat auf Draht" (Tel. 147) sowie alle Einrichtungen der Jugendwohlfahrt

Kinder- und Jugendanwaltschaft: www.kija.at → Links zu den Homepages der einzelnen Bundesländer-Organisationen

Kinderschutzzentren: www.kinderschutz-wien.at → Links zu den Homepages der einzelnen Bundesländer-Organisationen

Institut für Sozialdienste: www.ifs.at → Links zu den Homepages der einzelnen Bundesländer-Organisationen

Burgenland

Kinder- und Jugendanwaltschaft, Hartlsteig 2, 7000 Eisenstadt, 02682/600 28 28

Kinderschutzzentrum, Joseph-Haydn-Gasse 2, 7000 Eisenstadt, 02682/64 214

Kärnten

Kinder- und Jugendanwaltschaft, 8.-Mai-Str. 2, 9020 Klagenfurt, 0800/22 17 08

Kinderschutzzentrum Kärnten, Kumpfg. 20, 9020 Klagenfurt, 0463/56 767

Niederösterreich

Kinder- und Jugendanwaltschaft, Rennbahnstraße 29, Im Würfel, 3109 St. Pölten, 02742/90 811

Kinderschutzzentrum Mostviertel, Rathausstr. 23, 3300 Amstetten, 07472/654 37

Kinderschutzzentrum Waldviertel, Schremserstr. 4, 3950 Gmünd, 02852/204 72

Oberösterreich

Kinder- und Jugendanwaltschaft, Promenade 37, 4021 Linz, 0732/77 97 77

Salzburg

Kinder- und Jugendanwaltschaft, Museumsplatz 4, 5020 Salzburg, 0662/43 05 50

Kinderschutzzentrum Salzburg, Rudolf-Biebl-Str. 50, 5020 Salzburg, 0662/449 11

Steiermark

Kinder- und Jugendanwaltschaft, Nikolaiplatz 4a, 8020 Graz, 0810/500 777

Kinderschutzzentrum Bruck/Kapfenberg, Wienerstr. 60, 8605 Kapfenberg, 03862/224 13

Kinderschutzzentrum Oberes Murtal, Gaalerstr. 2, 8720 Knittelfeld, 03512/75 741

Tirol

Kinder- und Jugendanwaltschaft, Sillg. 8, 6020 Innsbruck, 0512/508-37 92

Kinderschutzzentrum Osttirol, Rechter Iselweg 5, 9900 Lienz, 04852/714 40

Vorarlberg

Kinder- und Jugendanwaltschaft, Schießstätte 12, 6800 Feldkirch, 05522/84 900

IFS Bregenz, St.-Anna-Str. 2, 6900 Bregenz, 05574/428 90-22

Wien

Beratungsstelle für sexuell missbrauchte Mädchen und junge Frauen, Theobaldg. 20/9, 1060 Wien, 01/587 03 55; 01/587 10 89

Kinder- und Jugendanwaltschaft, Alserbachstr. 18, 1090 Wien, 01/17 08

Präventionsverein Selbstlaut, Berggasse 32, 1090 Wien, 01/810 90 31

Tamar, Beratungsstelle für misshandelte und sexuell missbrauchte Frauen und Mädchen, Wexstr. 22, 1200 Wien, 01/33 40 437

Literatur

Bange, D. (1992): Die dunkle Seite der Kindheit. Köln

Bodendorfer, Ch./Rupp, S./Wohlatz, S. (1994): Gegen sexuelle Gewalt an Mädchen und Buben handeln. Wien: BM für Frauenangelegenheiten

Botens, V./Stanzel, G. (1987): Narben aus der Kindheit. In: Sozial Extra 9

Braun, G. (1989): Ich sag Nein. Mülheim: Verlag an der Ruhr

Fürniss, T. (1986): Diagnostik und Folgen sexueller Kindesmisshandlung. In: Monatszeitschrift Kinderheilkunde 134, S. 335–340

Heyne, C. (1993): Täterinnen. Stuttgart

Kienzel, H./Biebel, W. (1993): Sexueller Missbrauch in der Kindheit und Jugend. Prävalenz und Risikofaktoren. Graz

Mebbes, M. (1983): Kein Küsschen auf Kommando. Ruhnmark: Donna Vita Verlag

Mebbes, M. (1984): Kein Angreifen auf Kommando. Ruhnmark: Donna Vita Verlag

Der Beitrag wurde erstmals in „Unsere Kinder" 4/1998 publiziert und 2006 aktualisiert.

Silvia Franke

Suchtprävention im Kindesalter

Suchtvorbeugung im Kindesalter erfreut sich in den letzten Jahren zunehmend großer Beachtung und entsprechender Professionalisierung der Fachkräfte im präventiven und pädagogischen Bereich. Da die pädagogische Arbeit mit Kindern in Kindergarten und Volksschule noch weniger von Leistungsansprüchen, sondern stärker von Zielen wie sozialem Lernen und der Förderung der Kreativität geprägt ist, bieten sich hier besonders gute Möglichkeiten zur Integration präventiver Ansätze. Auch Eltern kleinerer Kinder sind leichter motivierbar, sich z.B. im Rahmen von Elternabenden mit dieser Thematik zu befassen, vielleicht auch deshalb, weil zu diesem Zeitpunkt die pädagogischen Konflikte noch überschaubar sind und das angstbesetzte Thema „Drogen" noch nicht im Vordergrund steht.

Bezugspersonen von Kindern haben viele Möglichkeiten, den pädagogischen und familiären Alltag mit Kindern im Sinne umfassender Suchtvorbeugung zu gestalten, einige davon sind in den folgenden Ausführungen beschrieben. Dabei sollen jedoch keine Rezepte im Sinne eines aktionären „Machens" vermittelt werden. Suchtvorbeugende Erziehung „besteht nicht aus einer Aneinanderreihung von Einzelmaßnahmen, sondern drückt sich nicht zuletzt in einer Grundhaltung aus, die auch ohne den bewussten Einsatz einzelner Aktivitäten wirksam wird" (Ehmke/Schaller 1997) und deren Anliegen es ist, Kinder in ihrer Persönlichkeit zu respektieren und das tägliche Miteinander bezogen und liebevoll zu gestalten.

1. Wie entsteht Sucht?

Die Theorien zur Suchtentwicklung sind unterschiedlich und unterliegen wechselnden Modeströmungen. Die neueren Entwicklungsmodelle sind nicht monokausal, sondern multifunktionell und betrachten die Ursachentheorien der einzelnen therapeutischen Schulen als einander ergänzend. Sucht kann man z.B. unter dem Aspekt der Einengung des Verhaltensrepertoires auf ein permanentes und dauerhaftes Ausweichen sehen. So kann ein Handeln zur Sucht werden, das sich im Laufe der Zeit als geeignet erwiesen hat, einen inneren Zustand des Unglücklichseins, der Spannung, der Schmerzen, der Unruhe oder der qualvollen Leere kurzfristig zu verändern (Schiffer 2003). „Sucht ist vor allem die Störung der Gefühlsfähigkeit, der Kommunikations- und damit auch der Beziehungsfähigkeit" (Ehmke/Schaller 1997). Die derzeit aktuellen Theorien rücken vor allem neurophysiologische Aspekte in den Vordergrund und zeigen auf, dass frühkindliche Traumatisierungen nicht nur Bindungsstörungen, sondern strukturelle neuronale Veränderungen bewirken, die die Fähigkeit zur Stressverarbeitung und zum Umgang mit Gefühlen negativ beeinflussen und damit bei der Entwicklung einer suchtspezifischen Vulnerabilität eine zentrale Rolle spielen (Brisch 1999; Hüther 2001).

Festzuhalten ist, dass Sucht in alltäglichen Bezügen entsteht und etwas mit den Bedingungen zu tun hat, unter denen Menschen gleich welchen Alters ihre Beziehungen und ihren Alltag bewältigen. Die Suchtpersönlichkeit als solche gibt es dabei nicht, wohl aber zur Sucht disponierende Lebens- und Sozialisationserfahrungen.

2. Ansatzpunkte für Suchtprävention im Kindesalter

Waren frühere suchtpräventive Ansätze in erster Linie auf den Bereich der illegalen Suchtmittel konzentriert und oft mit abschreckenden Methoden verknüpft, so gilt heute eine derartige Einengung und Polarisierung zunehmend als überholt. Im Sinne der Primärprävention geht es vielmehr darum, kontinuierlich und möglichst früh durch eine präventive Haltung Schutzfaktoren gegen eine Suchtentwicklung zu stärken und Risikofaktoren zu minimieren. Im Folgenden seien vier Bereiche genannt, die als Ansatzpunkte dienen können:

2.1. Persönlichkeit

Die individuelle psychische und physische Grundausstattung kann man auch mit einem „Lebensrucksack" vergleichen. Eltern und andere nahe Bezugspersonen sorgen dafür, dass dieser Rucksack ausreichend und mit dem richtigen Proviant gefüllt ist, damit auch kritische Wegstrecken und Schlechtwettereinbrüche gut bewältigt werden können. Kinder, die mit einem guten Selbstwertgefühl, der notwendigen Ich-Stärke sowie einem positiven Bezug zu ihrem Körper ausgestattet sind und deren Fantasie und Kreativität ihnen ein breites Verhaltensspektrum bei der Bewältigung von Konflikten, aber auch zum Erleben von Genuss ermöglichen, werden später mit hoher Wahrscheinlichkeit in der Lage sein, ihr Leben und ihre Beziehungen weitgehend befriedigend und eigenständig zu gestalten.

2.2. Beziehungen und soziale Umgebung

Die Theorie, dass Süchtige eher aus „broken homes" und „unvollständigen" Familien stammen, gilt heute als überholt. Wesentlicher als die jeweilige Familienzusammensetzung ist die Qualität des sozialen Klimas, in dem ein Kind aufwächst. Je reichhaltiger und stabiler das soziale Netz eines Kindes gestaltet ist, desto besser wird es auch Umbrüche und Wechsel als Teil der normalen Entwicklung bewältigen können. Krisen, die zur normalen Entwicklung gehören, sind z.B. der Eintritt in die Kindergruppe oder den Kindergarten. Auch der Verlust der Großeltern, der Tod eines geliebten Haustiers oder ein Wohnungswechsel können als problematisch erlebt werden. In vulnerablen Phasen, wo Kinder eine neue Identität finden und neue Rollen erfüllen müssen, sind sie verstärkt gefordert und benötigen dabei liebevolle Unterstützung. Kinder brauchen Erwachsene als Bindungspartner, als Sicherheitsbasis, als Ansprechpartner, als Gefühlsbeantworter, als Informationsquelle, als Anbieter von Lebensraum, als Spielpartner, als Kontaktvermittler, als Konfliktmanager, als Vermittler von Akzeptanz (Haug-Schnabel/ Schmid-Steinbrunner 2000).

Ein Lebens- und Erziehungsangebot, das diese kindlichen Bedürfnisse beantwortet, fördert eine stabile Entwicklung und vermindert Suchtgefahr.

2.3. Umgang mit Suchtmitteln

Auch Kinder suchen Entspannung, Aktivierung und Entlastung, sie tun dies unter anderem mit alltäglichen Genuss- und Suchtmitteln sowie mit passiven Verhaltensweisen wie z.B. Fernsehen oder Gameboyspielen. Gelernt werden solche Entlastungsstrategien nicht zuletzt durch das Vorbild Erwachsener und durch das Angebot von Ersatzbefriedigungen anstelle von Zuwendung. Ist z.B. die Reaktion auf das Schreien des Säuglings immer ein Nahrungsangebot, so kann durch diese stereotypische Pauschalantwort beim Kind ein Lernprozess in Gang kommen, alle negativ besetzten Gefühle mit Nahrungsaufnahme zu beantworten. In der Folge dieses Abspeisens kann sich die Gewohnheit entwickeln, bei Stress zu essen.

Auch ein Überangebot an Spielzeug lässt dem Kind weniger Zeit für eine genussvolle Beschäftigung, die einzelnen Dinge verlieren damit an Wert. Kinder stehen heutzutage massiv unter Beschuss der Werbung und können sich diesem Einfluss selbstständig kaum entziehen. Die an Kinder gerichteten Werbebotschaften sagen viel aus über ihre Wünsche und Sehnsüchte. Über den entsprechenden Konsum werden bestimmte Erlebnisqualitäten versprochen, wie z.B. Abenteuer und Spaß zu erleben, einmal etwas ganz Besonderes zu leisten oder in einer Gruppe anerkannt zu sein. Kinder, deren Lebenssituation diesbezüglich starke Defizite aufweist, sind für diese Botschaften besonders empfänglich.

2.4. Gesellschaftliches Klima

Die Qualität eines gesellschaftlichen Klimas kann auch daran gemessen werden, wie viel Schutz und Spielraum eine Kultur Kindern bietet und wie partnerschaftlich, kinder- und familienfreundlich sie als Ganzes strukturiert ist. In unserer Kultur ist die Werteskala stark außenorientiert, individuelle Leistungs- und Konsumfähigkeit gilt als Gradmesser für sozialen Status. Darunter leiden vor allem Kinder, ältere Menschen und sozial Schwache. Die unreflektierte Übernahme dieser Werte erzeugt einen hohen Anpassungsdruck und Ansprüche, die real nicht mehr einlösbar sind. Daraus resultieren Minderwertigkeitsgefühle, Versagensängste und unbewusste Spannungen, die durch einfache, schnelle Entlastungsstrategien nur kurzfristig gelöst werden können.

Das gesellschaftliche Umfeld ist abhängig von so vielen einwirkenden Kräften, dass eine individuelle Mitgestaltung oft schwierig ist. Hier ist es notwendig, sich Verbündete zu suchen, um auf Gemeinwesenebene verstärktes Lobbying für Anliegen von Eltern und Kindern zu betreiben, wie z.B. leistbare Angebote der Kinderbetreuung, Möglichkeiten der Teilzeitarbeit, aber auch Maßnahmen für einen sicheren öffentlichen Raum wie z.B. Verkehrsberuhigung.

Auch im Zusammenhang mit geschlechtsspezifischer Suchtvorbeugung bedarf es dringend struktureller Veränderungen: So gilt der Mangel an geeigneten männlichen Rollenvorbildern als Risikofaktor für männliches Suchtverhalten und für Gewaltbereitschaft, ebenso ist ein mütterliches Rollenverhalten, das vor allem im Verzicht auf eine befriedigende Lebensgestaltung oder eine angemessene berufliche Laufbahn besteht, von zweifelhaftem Wert für die Entwicklung der Mädchen. Da in patriarchalischen Gesellschaften die Arbeit mit Kindern als typische Frauenaufgabe wenig Prestige genießt, kann hier eine Änderung nur durch Steuerungsmaßnahmen geleistet werden, die Kinderbetreuung auch für Männer attraktiver machen (Beispiele aus skandinavischen Ländern zeigen, dass dies möglich ist).

3. Lebenskompetenzen fördern

Die Fähigkeiten eines Menschen, Belastungen konstruktiv zu verarbeiten und für seine Entwicklung zu nutzen, bezeichnet man als Lebenskompetenzen. Sie werden in der frühen Kindheit, aber auch das ganze weitere Leben ausgebildet. Der Begriff umfasst u.a. die Fähigkeit, sich verständlich zu machen und andere zu verstehen, eigene Bedürfnisse bewusst wahrzunehmen, seine Stärken und Schwächen zu akzeptieren sowie Eigenverantwortung zu übernehmen. Widersprüche und Disharmonien sollten als unvermeidliche Bestandteile der eigenen Person und ihrer Entwicklung integriert werden können. Dazu gehört auch die Fertigkeit, Beziehungen aufzubauen, andere um Rat oder Hilfe bitten zu können und bei Problemen kollektive Lösungen anzustreben.

Bereits in der frühen Kindheit kann die Entwicklung von Lebenskompetenzen gefördert und spielerisch erlernt werden. Die Förderung der Lebenskompetenz ist eine wirksame präventive Maßnahme: Die Mehrheit der entsprechenden Studien zeigt deutlich positive Ergebnisse für präventive Maßnahmen auf Basis der Lebenskompetenzförderung im Hinblick auf eine Verhinderung bzw. Verzögerung des Konsumbeginns und eine Verhinderung des langfristigen Missbrauchsverhaltens (Künzel-Böhmer/Bühringer/Janik-Konecny 1993). Einige für die Suchtvorbeugung besonders grundlegende Fähigkeiten seien im Folgenden exemplarisch herausgegriffen:

3.1. Selbstwert, Selbstwirksamkeit und Selbstakzeptanz

Kinder brauchen für die Entwicklung ihres Selbstwerts das nötige Vertrauen in die Welt, d.h., sich von Geburt an willkommen und angenommen zu fühlen. Selbstwert hat aber auch etwas mit der Übertragung von Verantwortung zu tun und mit positiver Verstärkung durch die Umwelt. Alle, die mit SuchtpatientInnen gearbeitet haben, wissen um ihren äußerst brüchigen Selbstwert, den sie durch Kompensation verschiedenster Art zu schützen versuchen. Selbstwert wird auch über den Kommunikationsstil in Familien vermittelt. So zeichnen sich „Suchtfamilien" u.a. durch mehr negative als positive Verstärkung aus, d.h. wenig Lob und viel Zuwendung über Kritik (vgl. Arenz-Greiving 1994). Sätze wie „Das verstehst du nicht", „Musst du denn immer ..." oder „Du bringst mich noch ins Grab!" sind negative Etikettierungen, auf die Kinder sehr sensibel reagieren. Ihr Selbstwert ist nicht zuletzt davon abhängig, wie viel Respekt ihren physischen und psychischen Grenzen entgegengebracht wird. Die Überschreitungen dieser Grenzen können für Kinder sehr beschämend sein und Verletzungen verursachen, die später wieder kompensiert werden müssen.

Mit sich selbst und den anderen eins sein – so lautet ein grundlegendes Bedürfnis jedes Menschen. Diese Erfahrung, die natürlich nicht jederzeit möglich ist, bedarf entsprechender Erlebnisse in Familie und Gesellschaft, also auch im Kindergarten.

Selbstakzeptanz ist eine Qualität, die durch den Konsum bestimmter Substanzen verstärkt erlebt werden kann. EcstasykonsumentInnen beschreiben z.B. eine Steigerung der Selbstakzeptanz als **die** zentrale Erfahrung beim Konsum – endlich so sein können, wie man ist, sich und andere akzeptieren können, sich wortlos verstehen (Flüssmeier/Rakete 1995). Die Erlebnisqualität des Einsseins mit sich und anderen hat ihren Ursprung in präverbalen kindlichen Entwicklungsstadien, in denen Gemeinschaft mit anderen noch nicht sprachlich vermittelt, sondern gefühlsmäßig erfahren wurde. Das Bedürfnis danach, sich „richtig" zu fühlen, ist zutiefst menschlich und unsere Kultur vermittelt trotz ihres materiellen Wohlstands wenig von dieser essenziellen Seelennahrung.

Wenn Kleinkinder ihr Gegenüber durch ihre Aktivitäten erreichen können, empfinden sie Selbstwirksamkeit. Ist dies nicht ausreichend möglich, verursacht der Verlust des Gefühls, etwas bewirken zu können, tiefe Defekte in der Struktur des Ichs, Resignation ist die Folge. Spätere Grandiositätsvorstellungen dienen als Heilversuche, das Selbst als Ganzes bleibt aber brüchig. Bei SuchtpatientInnen, deren Fähigkeit zum Eingehen und Aufrechterhalten von Bindungen gestört ist, finden wir ein solches Persönlichkeitsmuster sehr häufig. Konfliktfähigkeit und Frustrationstoleranz als weitere wichtige Lebenskompetenzen hängen unmittelbar mit dieser seelischen Grundausstattung zusammen. Auf einer Basis von Wertschätzung und eines sicheren emotionalen Bezugs kann dann auch eine konflikthafte Auseinandersetzung zwischen Eltern und Kindern trotz aller Reibung gut verlaufen.

3.2. Sinnliche Erlebnis- und Genussfähigkeit

Kinder sind von Natur aus GenießerInnen. Unsere Lebensräume werden jedoch zunehmend eingeengt, der Verlust der sinnlichen Wahrnehmung und eine Überbetonung des Kognitiv-Rationalen werden immer mehr zur Norm. Das Entstehen von Sucht ist meist begleitet vom Verlust der differenzierten Körperwahrnehmung, nur so sind auch die diversen toxischen Schädigungen zumutbar. Bewusste und positive Körperwahrnehmung ist da-

Zum Leben gehört Angenehmes und Unangenehmes. Wahre Verbundenheit mit sich selbst kann nur dort entstehen, wo Kinder auch lernen, Gefühle wie Zorn, Wut oder Trauer wahrzunehmen und durchzustehen. In wahrhaftigen Beziehungen gibt es auch Raum für einen wertschätzenden Umgang mit Frustrationen und Konflikten.

her als Schutzfaktor anzusehen und kann signalisieren, dass etwas nicht in Ordnung ist (dies gilt auch für die Prävention von sexuellem Missbrauch).

Für die Entwicklung eines stabilen Körpergefühls und gut koordinierter Motorik brauchen Kinder Bewegungsspielraum und Anreiz für die Sinne durch eine relativ gefahrlose Nutzung ihres Lebensraums für ihre Abenteuerlust und Kreativität. Das sinnliche Aneignen der Welt durch zweckfreies Gestalten wie das Matschen mit Wasser und Sand, das Ausprobieren verschiedenster Materialien, das Ausloten eigener Grenzen an Lautstärke und Körperkraft sind sinnvolle und sinnstiftende Erfahrungen in der kindlichen Entwicklung.

Kinder nehmen die Welt noch ganzheitlich wahr, nicht über getrennte Sinneskanäle. Was sie sehen, wird betastet, in den Mund gesteckt, gekostet. Diese ganzheitliche Sinneserfahrung geht im Laufe der Entwicklung bei den meisten Menschen zunehmend verloren. Bestimmte Substanzen bewirken eine Rückkehr zur ganzheitlichen Empfindung, die wir aus unserer frühesten Kindheit kennen, dies macht einen Großteil ihrer Faszination aus.

Wenn auch die synästhetische Sinneserfahrung den meisten Erwachsenen nicht mehr in diesem Ausmaß möglich ist, so ist doch die volle Entfaltung und Wahrnehmung der Sinne eine wichtige Voraussetzung für das Erlernen von Genussfähigkeit. Als natürlicher Gegenpol zur Sucht verlangt sie Geduld, Muße sowie intensive Konzentration. Erwachsene sind dabei Vorbilder, Kinder erfassen intuitiv, wenn Ärger und Spannung mit diversen Mitteln kompensiert werden. Das Erlernen von Genussfähigkeit ist daher eine Voraussetzung für einen späteren nicht abhängigen Gebrauch von Substanzen und eine lustvolle Lebensgestaltung.

3.3. Gefühle wahrnehmen und verarbeiten

Kinder drücken Gefühle noch sehr spontan aus. Wie die Bezugspersonen damit umgehen, hängt auch mit ihrer eigenen Lebensgeschichte zusammen – wer als Kind z.B. selbst gelernt hat sich „durchzubeißen", dem wird es möglicherweise schwerer fallen, mit dem Weinen eines Kindes gut umzugehen. Der Ausdruck von Gefühlen unterliegt auch einer geschlechtsspezifischen Wertung, Buben und Mädchen werden darin unterschiedlich bestärkt oder zurechtgewiesen. Buben haben darüber hinaus noch den Nachteil, dass es im Kindergarten-, Vor- und Volksschulbereich für sie nur wenige kontinuierlich verfügbare männliche Bezugspersonen gibt, die als realistische Rollenvorbilder zur Verfügung stehen.

Beim Erleben und beim Ausdruck elementarer Gefühle wie Zorn, Wut oder Trauer bedürfen Kinder der Ermutigung und Unterstützung. Ein liebevolles Angenommensein kann hier die Fixierung auf andere, ungesunde Entlastungsstrategien verhindern. Den KindergartenpädagogInnen kommt hier eine wichtige Rolle bei der Verarbeitung von alltäglichen Emotionen und belastenden Lebensereignissen zu.

4. Früherkennung und -intervention

Suchtprävention mit Kindern ist überwiegend Beziehungsarbeit, Unterstützung bei Konfliktlösung und bei der Erweiterung des Spektrums von Reaktionsmöglichkeiten. Sie beinhaltet aber auch die Früherkennung von frühkindlichen Entwicklungsstörungen wie z.B. ADHS, laut deutschen Studien ein hoher Risikofaktor für die Entwicklung einer Suchterkrankung (Ohlmeier et al. 2005). KindergartenpädagogInnen können hier erste Anzeichen wahrnehmen und die Eltern dazu ermutigen, sich rechtzeitig professionelle Hilfe zu holen.

Kinder aus dysfunktionalen Familien brauchen die Unterstützung durch die KindergartenpädagogIn besonders dringend. Die Eltern werden bemüht sein, ihre Probleme zu verheimlichen, die Kinder werden ihre Nöte unterschiedlich ausdrücken: manche still und gehemmt, andere ruhelos und angetrieben. Auffallend ist, dass z.B. Kinder suchtkranker Eltern meist über ein geringeres Verhaltensrepertoire verfügen als andere Kinder. Häufig müssen sie auch ein Ausmaß an Verantwortung übernehmen, das ihrem Alter nicht entspricht. Für KindergartenpädagogInnen ist der Umgang mit diesen Familien ein Balanceakt, besteht doch beim Ansprechen der Problematik die Gefahr, dass die Eltern aus Scham ihr Kind aus dem Kindergarten nehmen und das Kind damit den strukturierten, zuverlässigen Gegenpol zur Familie verliert. Hier ist es für KindergartenpädagogInnen sinnvoll, sich fachlichen Rat zu holen und gegebenenfalls mit dem Jugendamt zusammenzuarbeiten, um den Kindern den notwendigen Schutz zu gewähren und eine negative Entwicklung zu verhindern.

5. Zur Glücksfähigkeit erziehen

Die Summe der Lebenskompetenzen lässt sich auch zusammenfassen als Glücksfähigkeit.

Jean Liedloff spricht in ihrem Buch „Auf der Suche nach dem verlorenen Glück" von der angeborenen Glücksfähigkeit des Menschen und ihrer Zerstörung in der frühen Kindheit. Mit Glück ist dabei die ursprüngliche Fähigkeit gemeint, sich „richtig" und in Verbundenheit mit sich und anderen zu fühlen, was dem altüberlieferten „Kontinuum" unserer Gattung entspricht. Das Kontinuum ist nach Liedloff eine Folge von Erfahrungen, die übereinstimmt mit unseren körperlich-seelischen Erwartungen und Bedürfnissen. Geht man wie Liedloff davon aus, dass wir als hochgradig individualisierte und beschleunigte Gesellschaft aus diesem Kontinuum herausgefallen und damit anhaltenem Stress ausgesetzt sind, wäre dies eine Erklärung für die Kompensation über verschiedenste Mittel.

Kinder faszinieren uns durch ihre Verbundenheit mit der Langsamkeit, auch wenn ihr grundlegend anderes Tempo das Leben mit ihnen oft nicht leicht macht. Im Interesse der individuellen und sozialen Glücksfähigkeit unserer Kinder sollten wir uns jedoch nach Kräften bemühen, ihr Einssein mit der eigenen Zeit zu bewahren.

Wir leben in einer Zeit, deren Tempo wenig übereinstimmt mit dieser ursprünglichen menschlichen Erwartungshaltung. So ist die Seele ihrer Natur nach eher konservativ, auch körperliche Veränderungsprozesse haben eigene, langsame Rhythmen. Bei kleinen Kinder und alten Menschen findet sich noch ein hohes Ausmaß an Verbundenheit mit dieser Langsamkeit und damit ein Einssein mit der eigenen Zeit, was aber von der Umwelt häufig als Störfaktor wahrgenommen wird. Der Kindergarten kann in diesem Zusammenhang ein soziales Biotop sein, in dem es gemeinschaftliche Rhythmen und auch „Aus-Zeiten" gibt, z.B. in Form einer spielzeugfreien Zeit. Auch im Volksschulbereich finden sich zunehmend Modelle, die sich am Lern- und Lebensrhythmus der Kinder orientieren.

Zum Glück gibt es beim Menschen keine abgeschlossenen Entwicklungsphasen. Alle Erfahrungen bleiben als Lebensthemen, die nach Ausprägung streben, lebenslang aktiv. Sie sind jederzeit zugänglich für Verletzung, aber auch für Heilung. Insbesondere Kinder verfügen über enorme Ressourcen und Selbstheilungskräfte, wenn ihnen angemessene Unterstützung gewährt wird und sie in ihrer Persönlichkeit erkannt und gefördert werden.

Literatur

Antonovsky, A. (1979): Health, stress and coping. San Francisco: Jossey & Bass

Arenz-Greiving, I. (1994): Elternsüchte – Kindernöte. Freiburg: Lambertus

Brisch, K. H. (1999): Bindungsstörungen. Stuttgart: Klett

Ehmke, I./Schaller, H. (1997): Kinder stark machen gegen die Sucht. Freiburg: Herder

Fellöcker K./Franke, S. (2000): Suchtprävention in Österreich. Wien, New York: Springer

Flüssmeier, U./Rakete, G. (1995): Wiener Zeitschrift f. Suchtforschung. Wien, 18. Jg., Nr. 3

Haug-Schnabel, E./Schmid-Steinbrunner, B. (2000): Suchtprävention im Kindergarten. Freiburg: Herder

Hüther, G. (2001): Biologie der Angst. Göttingen: Vandenhoek

Künzel-Böhmer, J./ Bühringer, G./Janik-Konecny, Th. (1993): Expertise zur Primärprävention des Substanzmissbrauchs. Köln: Bundeszentrale für gesundheitliche Aufklärung

Liedloff, J. (1980): Auf der Suche nach dem verlorenen Glück. München: Beck

Ohlmeier M. et al. (2005): AHDS und Sucht. In: Psychoneuro, Jg. 31/11, S. 554–562

Schiffer, E. (2003): Warum Huckleberry Finn nicht süchtig wurde. Weinheim: Beltz

Vogt, M. (1994): Sehn-Sucht. Lausanne: Ispa-Press

Der Beitrag wurde erstmals in „Unsere Kinder" 6/1999 publiziert und 2006 von der Autorin überarbeitet.

Judit Marte

Wir werden reicher und die Kinder ärmer

Weltweit kämpfen unvorstellbare 600 Millionen Kinder ums physische Überleben. Hunger, Perspektivenlosigkeit, Verwahrlosung, ein Leben auf der Straße, allein gelassen und oft ohne Familie – das ist ihr trauriges Los. 120 Millionen Kinder gehen nicht zur Grundschule, zwei Drittel davon sind Mädchen. Dazu kommen hohe Säuglingssterblichkeit und unzählige Krankheiten, die unter anderen Lebensumständen und bei einem Minimum an medizinischer Versorgung ohne weiteres zu heilen wären.

Die Armut dieser Kinder und ihre trostlose Lebenssituation wird zusätzlich noch schamlos ausgenutzt: von Militärs, die aus ihnen willige Soldaten machen (rund 300.000), von Sextouristen, die ihre Seelen und Körper ruinieren (rund 2 Mio.), und von Fabriken, die sie brutal ausbeuten (rund 246 Mio.). Hungerkatastrophen, bewaffnete Konflikte und bittere Armut machen vor allem die Kinder zu den ärmsten Opfern.

Beim Weltsozialgipfel „Kopenhagen plus 5" in Genf versuchte die UNICEF-Direktorin mit dem Aufruf „Der Kampf gegen die Armut beginnt bei den Kindern" die Staatengemeinschaft zum Handeln zu bewegen. Ausschlaggebend für das Wachstum und die Entwicklung eines Landes sei die sorgfältige Betreuung seiner Kinder von Anfang an. Um der Armut nachhaltig zu entkommen, müsse man daher bei diesen Kindern ansetzen. Der Millenniumsgipfel der UNO im Sommer 2000 hat sich zwar mit dieser Thematik auseinandergesetzt und beschlossen, die weltweite Armut zu halbieren und jedem Kind zumindest eine Grundausbildung zu ermöglichen, allerdings ohne für die Mittel zu sorgen, die nötig sind, um diese Ziele zu erreichen. Ein Skandal, wie die Lebensperspektiven von Kindern und ihr Lebensrecht missachtet werden!

1. Armut in Industrieländern

Angesichts dieser Dimensionen von Armut ist es nicht leicht, die richtigen Worte zur Beschreibung der Armut in den Ländern des Westens zu finden und gleichzeitig auch den sehr unterschiedlichen Lebenssituationen gerecht zu werden. In den Industriestaaten neigt man freilich dazu, die Probleme in den eigenen Ländern herunterzuspielen bzw. zu ignorieren. So galt jahrzehntelang Armut in unseren Breiten als Randproblem, das man für einigermaßen gelöst hielt. Und nicht zuletzt war man sich lange Zeit auch unschlüssig, wie Armut in industrialisierten Staaten überhaupt zu definieren sei. Auch wurde Kinderarmut nicht als eigenständiges Thema und Problem angesehen. Im Juni 2000 veröffentlichte die UNICEF, das Kinderhilfswerk der Vereinten Nationen, die Studie „Kinderarmut in reichen Ländern", aus der hervorgeht, dass in den reichen Staaten 47 Millionen Kinder in Armut leben. Die in dieser Studie gewählte Definition von Armut orientiert sich an jener der EU, die das jeweilige Einkommen in Relation zu den Einkommensverhältnissen der Bevölkerung des jeweiligen Landes setzt. Nicht alle OECD-Länder konnten in diesem Bericht Berücksichtigung finden, Österreich ist nicht dabei. Dennoch lassen sich viele Parallelen zur österreichischen Situation herstellen, die in anderen Forschungsberichten ihre Bestätigung finden.

Bevor Daten zur Beschreibung der Armutssituation von Kindern in Österreich genannt werden, sei hier ein kurzer Exkurs zu den Parametern der Armutsmessung angeführt. Die neueste Erhebung (2003) beruht auf der EU-SILC-Methode (Statistics on Income and Living Conditions), die auf Empfehlung des Europäischen Statistischen Zentralamtes eingeführt wurde und das Europäische Haushaltspanel (ECHP wurde letztmalig 2001 durchgeführt) ablöst. Ein Datenvergleich ist daher nur sehr eingeschränkt zulässig.

Die Armutsgefährdungsschwelle wird mit 60 % des Median-pro-Kopf-Einkommens (2003 waren das 785 Euro 12 Mal im Jahr) festgelegt. Von der Armutsgefährdung ist die verfestigte Armut, also ein Leben in akuter Armut zu unterscheiden. Die verfestigte Armut liegt dann vor, wenn zu dem geringen Einkommen noch weitere Einschränkungen hinzukommen (wahlweise, wobei jeweils mehrere Faktoren zutreffen müssen):

- Primäre Benachteiligung (z.B. man kann die Wohnung nicht angemessen warm halten, unerwartete Ausgaben können nicht getätigt werden, man ist mit Zahlungen im Rückstand)
- Sekundäre Benachteiligung (z.B. man kann sich bestimmte Gegenstände nicht leisten, wie Geschirrspülmaschine, PKW oder Handy)
- Gesundheitliche Beeinträchtigung (z.B. sehr schlechter Allgemeinzustand; chronisch krank)
- Wohnungsprobleme (z.B. ohne Bad, Dusche oder WC; Feuchtigkeit und Schimmel)
- Probleme im Wohnumfeld (z.B. Umweltverschmutzung, Kriminalität)

An der Auflistung dieser Kriterien wird die Erwachsenenzentriertheit der Armutsforschung deutlich. Auch wenn diese Faktoren für die Feststellung von Kinderarmut eine Rolle spielen, müssten aus dem Blickwinkel des Kindes ebenso seine Entwicklungsmöglichkeiten zentrale Berücksichtigung finden. Fragen nach der Erreichbarkeit von qualitativen Angeboten der Kinderbetreuung, nach Bewegungsfreiräumen wie Spiel- oder Sportplätzen, aber auch die Abfrage von Zeitressourcen der Eltern beispielsweise müssten bei einem Kinderfokus jedenfalls in den Erhebungsbogen aufgenommen werden.

Das für Erwachsene festgestellte Armutslimit wird – je nach Alter des Kindes – nach den gängigen Methoden der Armutsforschung gewichtet. Kinder bis zum 14. Lebensjahr werden mit 0,3 und Kinder darüber mit 0,5 gewichtet. Das heißt, dass einem Kind unter 14 Jahren weniger als ein Drittel der Ressourcen eines Erwachsenen zugestanden werden, um der Armut zu entgehen. Auch bei der Feststellung von Alimenten fallen die vom OGH festgestellten Regelbedarfssätze umso höher aus, je älter das Kind ist. Diese Berechnungsmethode geht davon aus, dass eine gemeinsame Haushaltsführung Ersparnisse bringt. Aber auch hier muss sehr kritisch angemerkt werden, dass diese Berechnungsart bei Kindern nur die Lebenserhaltungskosten berücksichtigt. Die Opportunitätskosten, die beispielsweise entstehen, weil ein Elternteil wegen der Betreuung des Kindes nur eingeschränkt oder gar nicht berufstätig sein kann oder weil externe Betreuung finanziert werden muss, werden nicht berücksichtigt.

2. Familienarmut – Kinderarmut

Das Bundesministerium für soziale Sicherheit, Generationen und Konsumentenschutz zeigt in seinem 2004 erschienenen Bericht über die soziale Lage auf, dass Kinder überdurchschnittlich von Armut betroffen sind. Die Armutsgefährdungsrate bei Kindern und Jugendlichen unter 19 Jahren liegt bei 14,7 % (im Vergleich dazu beträgt diese bei der Gesamtbevölkerung 13,2%). Von den insgesamt 1.044.000 (13,2 %) armutsgefährdeten Personen sind 278.000 Kinder und Jugendliche, also 27 %, obwohl bei knapp über 8 Millionen Einwohnern der Anteil der Kinder bis 19 Jahre nur 23 % beträgt (1971 waren es noch 31 %). Nach diesem Bericht gelten rund 5,9 % der Bevölkerung (rund 460.000) als armutsverfestigt, ein Viertel davon, d.h. 113.860, sind Kinder und Jugendliche bis 19 Jahre.

Die Armutsgefährdung erhöht sich mit der Kinderzahl. Sie beträgt 7 % bei Haushalten mit einem Kind, 15 % bei zwei Kindern und 21 % bei drei und mehr Kindern. Bei Haushalten ohne Kinder beträgt das Armutsgefährdungspotenzial lediglich 8 %. Aber auch die Familienform spielt eine entscheidende Rolle. So liegt die Armutsgefährdungsquote von Alleinerziehenden bei 31 %.

Aufschlussreich sind auch die Daten in dem alle zehn Jahre erscheinenden Familienbericht, zuletzt 1999 unter dem Titel „Familie zwischen Anspruch und Alltag". Er enthält sehr genaue Darstellungen über die soziale Lage österreichischer Familien, auf die hier zurückgegriffen wird, weil keine jüngeren Datums zur Verfügung stehen und eine Systematik aufgezeigt werden soll:

Mehrere Kinder im Haushalt bedeutet meist unterdurchschnittliches Pro-Kopf-Einkommen. Während 4 % der Personen in Haushalten mit mehr als zwei Kindern im obersten Einkommensviertel sind, sind 45 % im untersten Einkommensviertel.

In 50 % aller österreichischen Familien betrug das Netto-Äquivalenzeinkommen im Jahr 1995 weniger als 1.103 Euro, bei Haushalten ohne Kinder betrug der Vergleichswert 1.286 Euro, bei Familien mit drei und mehr Kindern betrug er nur 705 Euro. Neben dem Einkommen hat auch die Ausgabenstruktur bedeutende Auswirkungen auf die ökonomische Situation der Familie und damit auf das Kind. Kinder brauchen Lebensraum, höhere Wohnungskosten sind die Folge. Kostenbeiträge für die externe Kinderbetreuung, Ausgaben für den öffentlichen Verkehr oder Freizeitaktivitäten fallen ebenso an wie Ausgaben zur Schulausstattung. Dazu müssen noch Ausgaben für Bildungsaktivitäten (Nachhilfe), die Gesundheit, Kleidung und Nahrung berücksichtigt werden. Vor allem bei Familien von Alleinerziehenden ist die Infrastruktur von besonderer Bedeutung, weil sie auf externe Unterstützungen in umfangreicher Weise angewiesen sind. Fehlt ein Kindergartenplatz oder ist er teuer oder nicht bedarfsgerecht, geraten diese Familien unter erheblichen ökonomischen Druck, auch weil sie nur selten auf innerfamiliäre Ressourcen zurückgreifen können. Zudem ist die Möglichkeit der Erwerbsbeteiligung, vor allem wenn das Kind noch klein ist, deutlich reduziert. Und mit einem Einkommen beispielsweise aus einer Teilzeitbeschäftigung allein lässt sich kaum das Leben von Mutter und Kind finanzieren.

Darüber hinaus sind es auch biografische Faktoren wie eine Trennung oder Scheidung, eine schwere Erkrankung, Arbeitslosigkeit oder Verschuldung, die ökonomische Probleme auslösen und letztlich zur Armutsanfälligkeit führen.

Aufgrund ihres geringen Einkommens und der oft hohen Kinderanzahl werden auch Migrantenfamilien in einem erhöhten Ausmaß als armutsgefährdet ausgewiesen. Ihre Kinder sind von Armutslagen hartnäckig betroffen, weil sie den Anschluss an eine höhere Bildung und damit den Ausstieg aus der Armutsspirale nur sehr schwer schaffen. Von ganz zentraler Bedeutung sind hierbei die sprachliche Förderung und eine gelungene Integration. Der Handlungsbedarf in diesem Bereich ist erheblich, müssen wir doch feststellen, dass die bisherigen Zugänge zur Integration von MigrantInnen einfach nicht funktioniert haben.

Kinder sind, und das ist das Ergebnis aller Untersuchungen, eine Quelle wirtschaftlicher Benachteiligung. Und Elternarmut ist immer auch Kinderarmut. Die umfangreichen öffentlichen Transfers, die Familien mit Kindern erhalten, leisten ohne Zweifel einen großartigen Beitrag zur Armutsvermeidung. Ohne die Familienleistungen läge die Armutsgefährdung bei Alleinerziehenden bei 49 % und bei Familien mit drei und mehr Kindern bei 40 %. Dennoch bleibt die Grundproblematik bestehen, dass Kinder in den westlichen Industriestaaten ein „Armutsrisiko“ darstellen. Nicht von ungefähr hat die Armutsforschung daher auch den Begriff der „Infantilisierung der Armut“ geprägt.

3. Wie erklärt sich diese Entwicklung?

Wie konnte es dazu kommen, vor allem wenn man bedenkt, dass in früheren Jahrhunderten Kinder Reichtum und Wohlergehen symbolisierten, obwohl die allgemeinen Lebensumstände wesentlich schlechter waren als heute?

Folgende Gründe können dafür angeführt werden:

- Durch die demografische Entwicklung werden Kinder zunehmend zu einer Randgruppe. Während 1900 noch 39 % der Bevölkerung unter 19 Jahre alt waren, waren es 1998 nur mehr 23 %. Nach einer Prognose des ÖSTAT sollen es 2050 lediglich noch 17 % sein. Der Anteil der Personen über 65 Jahre wird im gleichen Zeitraum von 5,7 % auf 30,6 % ansteigen.
- Kinder spielen im demokratischen Entscheidungsprozess, wenn überhaupt, dann nur indirekt über ihre Eltern bzw. Erziehungsberechtigten eine Rolle. Sie selbst sind kein „Machtfaktor“ und ihre Eltern eine sehr indifferente Gruppe, die sich eher einem Berufszweig zugehörig fühlt.
- Kindheit wird von den Erwachsenen als Übergangsphase und nicht als eigenständiger Lebensabschnitt gesehen. Zudem verklären die eigenen Kindheitserlebnisse die Bedürfnisse der heutigen Kindergeneration. Es fehlt das Verständnis für die Probleme der Kinder, denn der allgemeine Tenor lautet: „Es geht den Kindern ja so gut wie nie zuvor.“
- Auch die Vereinbarkeit von Familie und Beruf ist historisch betrachtet ein völlig neues Thema. Die Trennung von Wohnort und Arbeitsplatz, der ökonomische Druck, dass nämlich beide Eltern für den Familienerhalt arbeiten müssen, sowie ein geändertes familiäres Rollenverständnis gelten als die Hauptursachen für diese Situation. Kinder zu haben gilt heute auf dem Arbeitsmarkt als Wettbewerbsnachteil. Das Sozialversicherungssystem schafft auf vielfältige Weise (z.B. Kindererziehungszeiten, Wochengeld, Unterstützung für Weiterbildung) einen Ausgleich, auch wenn die grundsätzliche Problematik bestehen bleibt.
- Geänderte familiäre Verhältnisse und neue nachbarschaftliche Rahmenbedingungen führen zur Überforderung von Eltern. Das afrikanische Sprichwort „Es braucht ein Dorf, um Kinder zu erziehen“ hat seine Berechtigung. Der Rückgriff auf innerfamiliäre Ressourcen ist wegen der kleiner werdenden Familien wesentlich schwieriger geworden. So fällt z.B. die viel beanspruchte Großmutter für die Kinderbetreuung aus, weil sie weit weg lebt. Auf der anderen Seite fehlen Geschwister, um die Pflege der betagten Mutter im „Radldienst“ zu organisieren. Und die Zunahme von Einpersonenhaushalten macht es in urbanen Zentren schwer, familiäre Netzwerke zu organisieren, die sich gegenseitig unterstützen und entlasten können und den Kindern SpielgefährtInnen sind.
- Weitere Problemsituationen ergeben sich aus der Zunahme der Migrantenfamilien und der Tatsache, dass deren Integration massiv zu wünschen übrig lässt, sei es, weil es an gezielter Unterstützung und Förderung seitens der öffentlichen Hand fehlt, sei es, weil die kulturelle und ethische Identität der Herkunftsländer keine Öffnung zur Aufnahmegesellschaft zulässt. Die Kinder wachsen in zwei Welten auf und müssen nicht nur den Spagat des Generationenkonflikts bewältigen, sondern auch den Spagat zwischen den Ansprüchen sehr unterschiedlicher Kulturen und Lebensweisen.
- Zudem hat das Bildungsniveau für den Arbeitsmarkt enorm an Bedeutung gewonnen. Eltern mit einem Lehrabschluss, einem Pflichtschulzeugnis oder gar keiner abgeschlossenen Qualifikation haben kaum mehr Chancen auf ein adäquates Erwerbseinkommen. Stu-

dien belegen nunmehr, dass der Bildungsabschluss der Eltern auf ihre Kinder ganz deutlich abfärbt. Haben die Eltern einen Pflichtschulabschluss, schaffen es nur 12 % ihrer Kinder in die AHS. Bei Eltern mit Matura sind 58 % der Kinder in der AHS.

- Ein weiterer Grund für kindliche Armut ist der Zerfall von Familien. Doppelte Haushaltsführung, organisatorischer Mehraufwand, geänderte familiäre Verpflichtungen bis hin zu den Scheidungs- und Übersiedlungskosten führen zu mitunter gravierenden finanziellen Einbußen. Auch dürfen die Folgekosten nicht übersehen werden, die z.B. durch die Traumatisierung der Kinder, Leistungseinbußen in der Schule, Verhaltensauffälligkeiten entstehen.

4. Die Auswirkungen von Armut und Armutsgefährdung

Über Armut wird nicht geredet. Arm sein ist peinlich, es gilt als Ausdruck des Versagens und ist daher ein Tabu. Eine Folge ist, dass Kinder zwar den innerfamiliären Druck verspüren und Fragen aufwerfen, darauf aber keine befriedigenden Antworten erhalten. Sie werden mit dem Problem allein gelassen. Sie sind verunsichert.

Armut stigmatisiert und mit der Stigmatisierung verliert das Kind Selbstvertrauen und Selbstwert. In unserer konsumorientierten Gesellschaft stiften Geld und Vermögen Identität, ideelle Werte hingegen werden sehr leicht übersehen. Geld zu haben oder nicht kann daher die Entwicklung des Kindes sehr bestimmend beeinflussen.

Armutsbedingt desolate Wohnverhältnisse und damit einhergehender Mangel an Rückzugsmöglichkeiten können Aggressivität fördern. Fragt man Kinder nach ihrer Wohnsituation, antworten sie nicht mit der Quadratmeterzahl, vielmehr bringen sie zum Ausdruck, ob sie sich wohl fühlen oder nicht.

Arm zu sein kann auch dazu führen, dass ein Kind zum Außenseiter wird, sei es, dass sich die anderen Kinder über das Outfit lustig machen, oder sei es, weil es keine „herzeigbaren" Eltern gibt, weil diese möglicherweise arbeitslos sind. Vom Außenseiter zum Kind mit Verhaltensauffälligkeiten, Lernschwächen oder Anpassungsproblemen ist es oft nicht weit. Diese negative Spirale zu durchbrechen erfordert hohes pädagogisches Geschick und ein großes Verständnis für all diese Zusammenhänge.

„Den Kindern soll es besser gehen." Diesen Anspruch erheben alle Eltern. Wird „Bessergehen" ausschließlich finanziell definiert, entstehen bei Eltern mit sehr geringem Einkommen enorme Schuldgefühle. Eine der Folgen ist zum Beispiel, dass Eltern sehr teures Spielzeug kaufen, um den Stellenwert des Kindes im Kindergarten anzuheben.

Die hier exemplarisch dargestellten Reaktionsmuster sind freilich nicht automatisch oder zwangsläufig gegeben. Es gibt auch empirische Befunde darüber, dass es armen Kindern sehr wohl gelingen kann, Strategien zu entwickeln, mit ihrer Situation positiv umzugehen. Sei es, dass sie einen besonderen Ehrgeiz entwickeln, sei es, dass sie ihr kreatives Potenzial wesentlich stärker ausprägen, sei es, dass sie wesentlich stärker gefordert sind, Schlüsselkompetenzen auszubauen. Und die Kinder können sogar positive Anreizwirkung auf die Eltern ausüben. Dies darf nicht dahingehend missverstanden werden, dass Armut idyllisch verklärt werden soll. Es geht vielmehr darum, auch in der Armutsproblematik Wege zu finden, von einer defizitorientierten Sichtweise wegzukommen. Das heißt, die Talente der Kinder anzusprechen, sie und ihre Fähigkeiten zu fördern und sie nicht auf ihre trostlose Situation durch Mitleid oder Bedauern zu fixieren. Dass es gelingen kann, im Kindergarten Situationen zu schaffen, wo auch die armen Kinder Selbstbestätigung und Selbstwert erleben, zeigen unter anderem die Erfahrungsberichte von Maria Montessori.

Sie sollte sich um die sehr kleinen Kinder der Arbeiter, der sehr armen Arbeiter, kümmern. Die Familienverhältnisse und Lebensumstände dieser Kinder waren katastrophal. Ihre Eltern waren zumeist Analphabeten und mussten jeden Tag aufs Neue Arbeit suchen, um die Familie am Leben zu erhalten. Die Kinder wuchsen in elenden Häusern mit finsteren Hinterhöfen auf und sie waren großteils sich selbst überlassen, ungepflegt, verschüchtert und unterernährt. Jemand musste sich um sie kümmern, um sie von den Straßen fernzuhalten, so das Anliegen der Behörden, nicht aber jenes von Maria Montessori. Ihr wurden die Kinder schließlich anvertraut und sie gründete 1907 das erste Kinderhaus. Sie begann in der ihr eigenen Art die Kinder zu beobachten, ihnen zuzuhören und mit ihnen zu spielen. Dabei begriff sie sehr rasch die Auswirkungen der bitteren Not, in der diese Kinder aufwachsen mussten, des Mangels an Fürsorge und an seelischem Halt. Sie versuchte die Reaktionen und das Verhalten der Kinder im Hinblick auf ihre bisherige Lebensgeschichte zu begreifen. Schließlich setzte sie das von ihr für geistig behinderte Kinder entwickelte Spielzeug ein und bemerkte, wie es auch bei den armen Kindern Anklang fand und sie anregte, sich zu öffnen. Die Kinder, so Maria Montessori, besitzen einen tiefen Sinn für persönliche Würde und zeigen enorme Dankbarkeit, wenn ihnen Gerechtigkeit zuteil wird und sie lernen dürfen, Gutes von Bösem zu unterscheiden.

5. Was kann der Kindergarten tun?

Die KindergartenpädagogInnen sind die ersten Ansprechpersonen in der pädagogischen und damit auch schulischen Laufbahn des Kindes. Sprachliche Defizite oder Auffälligkeiten bei Entwicklung und Verhalten der Kinder, auch aufgrund von Armutslagen, erkennen sie sehr früh und können diese gezielt bearbeiten. Dieses Potenzial der KindergartenpädagogInnen wird allerdings in der Öffentlichkeit noch viel zu wenig beachtet. Die Kindergärten sind mit vielfältigen Problemstellungen allein gelassen, anstelle dass die öffentliche Hand gezielt in Stützstrukturen und Förderprogramme investiert. Zudem sollte darüber nachgedacht werden, ob nicht auch mit betroffenen Eltern gearbeitet werden kann, um frühzeitig und damit rechtzeitig die Laufbahn der Kinder positiv zu beeinflussen.

Der Kindergarten kann die Armutsproblematik sicher nicht lösen. Er kann aber versuchen, einen Beitrag dazu zu leisten, dass die Kinder voneinander trotz ökonomischer Unterschiede und unterschiedlicher Herkunftsfamilien lernen. Aus diesem Grund gibt es mittlerweile schon zahlreiche Kindergärten, die spielzeugfreie Tage einführen, um die Kreativität und auch die Kommunikation der Kinder ganz bewusst vor neue Herausforderungen zu stellen. Dies könnte auch als Kontrastprogramm zur heutigen Konsumgesellschaft verstanden werden, bei dem ideelle Aspekte und das kreative Potenzial im Vordergrund stehen. Die versteckte Botschaft könnte sein: Der Freund/Die Freundin an sich und nicht sein/ihr Spielzeug (Besitz) ist wertvoll.

Gern gespielt wird auch das Fragespiel „Du hast drei Wünsche frei. Welche sind das?". Warum nicht hinzufügen: Es darf nur etwas sein, was man nicht kaufen kann. In allen Kindergärten wird viel gebastelt, gemalt und gesammelt. Ist nicht auch der Umgang mit Restbeständen bzw. das gemeinsame Reparieren von kaputtgegangenen Gegenständen eine Möglichkeit, schonend mit vorhandenen Ressourcen umzugehen?

„Nur das Beste ist für mein Kind gut genug!" Viele Eltern haben sich diesem Satz verschworen, ohne allerdings zu überlegen, dass das Beste nicht immer das Teuerste sein muss.

Eine Lieblingsbeschäftigung vieler Kinder im Kindergarten ist es, den anderen zu erzählen, was man am Wochenende oder auch in den Ferien alles gemacht hat. Flugzeugerlebnisse, große Geschenke, Besuche von Erlebnisparks rangieren meist an erster Stelle. Es fällt sehr schwer, Erlebnisse zu erfragen, die schön waren, ohne diese an materiellen Dingen festzumachen. Ein solches Beispiel wäre, dass die Mutter oder der Vater besonders viel Zeit hatte, um sich mit dem Kind zu beschäftigen.

Das Feiern von Geburtstagsfesten und die Frage, wer wann wo eingeladen ist, spielen natürlich für die Dynamik der Kindergartengruppe eine erhebliche Rolle. Möglicherweise gelingt es, gemeinsam mit den Eltern zu bewirken, dass Kinder mit Behinderungen eingeladen werden und ebenso jene Kinder, von denen man eine „Gegeneinladung" nicht erwarten kann.

Auch in den Kindergeschichten verbergen sich viele Anknüpfungspunkte. Ein klassisches Beispiel ist das Märchen „Des Kaisers neue Kleider". In die heutige Zeit übersetzt, wollte der Kaiser die beste Kleidung, also Markenware, und letztlich hat er sich lächerlich gemacht. Schon im Kindergartenalter wird heute eine Konzentration auf Markenware beobachtet, mit der Kinder Status und Image transportieren wollen. Doch des Kaisers Beispiel hat gezeigt, dass er sich ohne seinen Standesdünkel und seine Eitelkeit viel an Peinlichkeit erspart hätte.

Kinder sind heute Adressaten der Werbung geworden. Nicht nur, weil man weiß, dass Kaufentscheidungen innerhalb der Familie sehr wesentlich von Kindern mitgeprägt werden, sondern auch, weil die Kinder selbst als KonsumentInnen entdeckt wurden. Das bringt alle Eltern in Schwierigkeiten und stellt sie vor Probleme, die mitunter in Kämpfe („Das will ich haben!") ausarten. Bei Familien mit wenig Einkommen führt das zu zusätzlichen Problemen, weil damit immer die Konfrontation mit einem Mangel verbunden ist. Eine frühe Medienerziehung ist daher unumgänglich und es braucht sicher viel Fantasie, Kindern zu vermitteln, wie man echte Bedürfnisse von jenen unterscheidet, die durch die Werbung geweckt wurden. Freiheit ist nicht, dass man alles kaufen kann. Freiheit ist vielmehr, etwas nicht zu kaufen, obwohl man es im Moment unbedingt haben will.

Dass Erfahrungen und Erlebnisse im Kindergarten von erheblicher Bedeutung sind und auch Einflüsse auf das Elternhaus haben, illustriert folgende Begebenheit, die Maria Montessori (1998) darstellt:

Das Erleben der Kinder und ihre Erfahrungen im „ersten Kinderhaus" hatten auch Auswirkungen auf die Elternhäuser. Maria Montessori führt dafür ein sehr einfaches Beispiel an: Unter anderem lernten die Kinder, ihre Hände zu waschen, sich sauber zu halten und auf sich zu achten. Diese Neuheit in ihrem Leben trugen sie in ihre Familien hinein. „Es kam dahin", so schreibt Maria Montessori, „dass die einfachen Leute ordentlicher und sauberer wurden. Die zerbrochenen Kochtöpfe verschwanden von den Fensterbrettern, nach und nach begannen die Fensterscheiben zu glänzen und an den Hoffenstern erschienen da und dort Geranienstöcke." Ohne die Bedeutung von Sauberkeit, Pflege oder Geranienstöcken überschätzen zu wollen, hier sind sie Ausdruck von Selbstachtung und einer Kultur des Umgangs miteinander und der Wertschätzung füreinander. Diese historische Begebenheit zeigt auch die weit reichende Bedeutung von Kindergärten und ihren Einfluss auf das Kind, das Elternhaus und damit letztlich auf die gesamte Gesellschaft. Maria Montessori hat Kinder nicht aufbewahrt, sondern pädagogisch mit ihnen gearbeitet, auf ihre individuellen Bedürfnisse und Interessen geachtet. Im Kinderhaus gelang es auch, indirekt auf das Elternhaus einzuwirken, aufzuzeigen, dass es Sinn hat, das Beste aus der Situation zu machen.

Armut stellt ohne Zweifel eine Überforderung von Kindern dar, mit der sie allerdings umgehen lernen können, wenn die entsprechenden Rahmenbedingungen gegeben sind. Dazu gehören Sensibilität und auch ein Bewusstsein über die Zusammenhänge und die Auswirkungen von Armsein. Damit aus der Überforderung eine Herausforderung im positiven Sinne entstehen kann, braucht es eine behutsame Thematisierung von Armut auch in der Kindergruppe, einen Austausch von Erfahrungen mit anderen PädagogInnen und nicht zuletzt ein Zusammenwirken mit den Eltern. Ökonomische Armut darf aber nicht den Blick auf die seelische Not, die Einsamkeit und auch den Mangel an Geborgenheit und Liebe verstellen. In unserer Gesellschaft sind sehr rasch Verantwortlichkeiten benannt, bevor jede/r sich fragt, was sie/er selbst zur Verbesserung beitragen könnte und welche Prioritäten im eigenen Leben Vorrang haben. Fragen wie diese könnten auch Kinder für sich zufrieden stellend lösen, wenn sie hierfür Beispiele und Vorbilder in ihrem alltäglichen Leben haben.

Literatur

Montessori, Maria (¹³1998): Kinder sind anders. München: dtv

Der Beitrag wurde erstmals in „Unsere Kinder" 6/2000 publiziert und 2006 überarbeitet.

Zum Vertiefen, Wiederholen und Weiterdenken ...

1 Das Lebensumfeld eines Kindergartenkindes wird auch von folgenden Fakten bestimmt:

- Zusammenleben mit beiden Elternteilen oder nur Mutter oder Vater;
- Berufstätigkeit beider Elternteile bzw. des alleinerziehenden Elternteiles;
- (Anzahl der) Geschwister.

Stellen Sie nach Möglichkeit fest, was auf die Kinder in Ihrer Gruppe zutrifft, und vergleichen Sie das Ergebnis mit den statistischen Daten, die Martina Beham-Rabanser in ihrem Beitrag anführt. Stimmen Ihre punktuellen Ergebnisse mit den allgemeinen Zahlen überein oder gibt es Abweichungen?

2 Sie erfahren eher zufällig, dass sich die Eltern eines Kindes Ihrer Gruppe gerade getrennt haben; die Eltern selbst haben Sie davon nicht informiert. Auch das betroffene Kind hat darüber nichts erzählt. – Ignorieren Sie daher diese Veränderung in der Familie, weil es von den Betroffenen offensichtlich so gewünscht wird? Oder was ist für Sie als KindergartenpädagogIn in diesem Zusammenhang wichtig?

3 Welche Stieffamilientypen charakterisiert Liselotte Wilk in ihrem Beitrag und wo liegen deren mögliche Probleme bzw. Chancen?

Falls Sie selbst in einer Stieffamilie aufgewachsen sind, überlegen Sie, zu welchem Typ Ihre Herkunftsfamilie zu zählen ist.

4 Versuchen Sie zwei Stiefeltern-Stiefkind-Beziehungen und zwei Typen von Beziehung zwischen dem Kind und dem außerhalb lebenden Elternteil durch einfache Zeichnungen darzustellen, z.B. mit „Strichfiguren". Wichtig ist, dass durch die abgebildete Szene die Art der Beziehung zum Ausdruck kommt.

Überprüfen Sie, ob Sie das Wesentliche getroffen haben, indem Sie KollegInnen bitten, Ihre Zeichnung einem Typ zuzuordnen.

5 Wie verhalten sich Ihrer Erfahrung nach Eltern, die eine Stieffamilie gründen bzw. davon betroffen sind, im Kindergarten? Differenzieren Sie dabei nach „leibliche Mütter", „leibliche Väter" und „Stiefeltern".

Sollten Sie keine eigenen Erfahrungen in diesem Bereich haben, befragen Sie KollegInnen oder informieren Sie sich in Fachpublikationen.

6 Auf welche Art kann der Kindergarten Eltern und Kindern helfen, die eine Trennung zu bewältigen haben? Erörtern Sie die unterschiedlichen Möglichkeiten und führen Sie nach Möglichkeit konkrete Beispiele aus Ihrem Umfeld an!

7 Wie verhält es sich in Ihrer Gruppe mit dem „geschlechtstypischen" Rollenverständnis? Beobachten Sie bei einzelnen Kindern ausgeprägte Rollenklischees? Worin zeigt sich das konkret? Worauf führen Sie diese Vorstellungen zurück? Thematisieren Sie das, gehen Sie darauf ein, versuchen Sie es zu ignorieren oder ...?

8 in welcher Weise sind Väter in ihrem Kindergarten präsent? Bei welchen Gelegenheiten und in welchen Funktionen? – Sind Sie mit der gegenwärtigen Situation zufrieden oder möchten Sie daran etwas ändern? In welcher Hinsicht? Durch welche Aktionen oder Maßnahmen? ...

Schreiben Sie einen speziellen „Väterbrief" an die Väter der Kinder Ihrer Gruppe/Ihres Kindergartens, in dem Sie Ihre Vorstellungen, Wünsche und Anregungen darlegen.

9 Informieren Sie sich, welche Organisationen, Institutionen ... in Ihrer Nähe (Stadt/Bezirk) Unterstützung für misshandelte oder sexuell missbrauchte Kinder anbieten (mit Adresse, Telefon, Website ...)! Eine solche aktuelle (!) Zusammenstellung sollte in Ihrem Kindergarten stets aufliegen.

Halten Sie auch fest, was genau die Ziele der jeweiligen Hilfsstelle sind, in welcher Weise sie aktiv wird, wo ihre Grenzen sind.

10 Haben Sie selbst als Kind Erfahrung mit Gewalt (durch Erwachsene, Jugendliche, andere Kinder ...) gemacht? Wie konnten Sie diese Erlebnisse verarbeiten, wer hat Ihnen dabei geholfen? Hat das Ihre Einstellung zu Gewalt mitgeprägt? Inwiefern?

Sollten Sie keine eigenen Gewalterfahrungen haben, überlegen Sie, ob als Kind in Ihrem Freundes- oder Bekanntenkreis jemand war, der davon betroffen war. Können Sie sich noch an bestimmte Reaktionen dieses Kindes erinnern?

11 Ein Kind Ihrer Gruppe erzählt freudestrahlend, dass es eine Schwester oder einen Bruder bekommen wird. Sie wissen aus Erfahrung, dass durch diese aktuelle Situation bei den Kindern Fragen rund um das Thema „Kinderkriegen" auftauchen werden. Bereiten Sie sich darauf vor? Wenn ja: In welcher Weise?

Oder warten Sie ab, ob bzw. was gefragt wird, und vertrauen Sie darauf, dass Ihnen in der Situation das Richtige einfällt?

12 Beobachten Sie sich selbst: Wie reagieren Sie spontan darauf, wenn Kinder – im Kindergarten oder im Privatbereich – durch sexuelle Spiele ihren Körper erkunden?

Was tun Sie, wenn Kinder im Kindergarten ihre körperlich-sexuellen Gefühle ausleben möchten?

13 Woran können Sie erkennen, dass ein Kind Opfer von sexuellem Missbrauch wurde? Gibt es zuverlässige Indizien? Was können Sie tun, wenn Sie einen entsprechenden Verdacht haben?

14 In welcher Form ist Prävention vor sexuellem Missbrauch im Kindergarten möglich und sinnvoll? Zeigen Sie das nach Möglichkeit anhand eines selbst erlebten Beispiels (oder anhand eines Beispiels, das Ihnen eine KindergartenpädagogIn erzählt).

15 Sinnliche Erlebnisfähigkeit der Kinder und ihre Genussfähigkeit fördern sowie zur Glücksfähigkeit erziehen nennt Silvia Franke u.a. als Schutzfaktoren vor Sucht. In welcher Weise können Sie das im Kindergarten ermöglichen? Machen Sie gemeinsam mit drei KollegInnen ein Brainstorming zu diesem Thema. Sie können Ihre Ideen auf Kärtchen festhalten oder eine andere Methode wählen, die Ihnen zusagt.

16 Wo können Sie in Ihrem persönlichen Umfeld (auch bei Ihnen selbst) Suchtverhalten feststellen? Worauf führen Sie dieses Verhalten zurück? Beschränken Sie dabei „Sucht" nicht auf Nikotin, Drogen und Alkohol, sondern beziehen Sie weitere Varianten mit ein.

17 Sind in Ihrem Kindergarten/Ihrer Gruppe Kinder von Armut betroffen? Woran können Sie erkennen, dass möglicherweise „versteckte" Armut vorliegt? Beeinflusst Sie das in Ihrer Arbeit? Inwiefern? Oder wieso nicht?

18 Verhaltensauffälligkeiten bei Kindern treten immer häufiger auf, liest man in zahlreichen Medienberichten. Deckt sich das mit Ihrer Erfahrung?

Worauf könnte vermehrtes Auftreten zurückzuführen sein?

Welche Möglichkeiten haben Sie, an einer Verbesserung der Situation – für das entsprechende Kind und die anderen in der Gruppe – mitzuwirken? Wo sind Ihre Grenzen? Wie gehen Sie vor, wenn Sie sich durch ein verhaltensauffälliges Kind überfordert fühlen?

Informieren Sie sich in der Fachliteratur, beraten Sie sich mit KindergartenpädagogInnen, die bereits längere Zeit im Beruf stehen, und entwickeln Sie ein Szenario, das Ihnen im konkreten Fall weiterhelfen kann.

Erziehung zur Vielfalt

Gerade wenn vieles im Umbruch ist, in schnelllebigen Zeiten, in denen vieles – auch Beziehungen – oft nur kurzen Bestand hat, wächst die Sehnsucht nach Sicherheit. Menschen – kleine und große – suchen einen Halt, Zusammenhang und Sinn in den manchmal unüberschaubaren und sinnlos erscheinenden Lebens- und Welterfahrungen, was Friederike Lenzeder detailliert ausführt.

Zu den fundamentalen Werten zählt die Religion, auch wenn in unserer Gesellschaft die religiöse Praxis im Rahmen einer christlichen Kirchengemeinschaft an Stellenwert verliert. Darauf und auf die Problematik der Säkularisierung in unserer Gesellschaft geht Norbert Mette in seinem Beitrag ein, wobei er abschließend festhält, dass religiöse Erziehung ein „Beitrag zur Sanierung der Lebenswelten der Kinder und damit der Gesellschaft“ sei.

Dass Kinder im Rahmen religiöser Erziehung Subjekte und nicht Objekte sind, betont Silvia Habringer-Hagleitner, in ihrer Offenheit und Vorurteilsfreiheit können sie vielmehr Vorbilder für Erwachsene sein. Gerade diese Eigenschaften sind auch im Hinblick auf ein gelingendes Zusammenleben mit Menschen unterschiedlicher Glaubensrichtungen gefordert. Dazu beitragen kann, wenn man mehr über „die Anderen“ weiß, sich mit Gemeinsamkeiten und Unterschieden auseinandersetzt, wozu Stefan Schlager Informationen bereitstellt.

Eine Besonderheit von Kindern ist, dass sie viele Fragen stellen, die auch den Sinn des Lebens betreffen, die uns herausfordern, unsere eigenen Werthaltungen zu überdenken oder uns (wieder) darüber klar zu werden. Ein ernsthaftes Eingehen auf solche Fragen ist sowohl eine Chance für die Kinder als auch für uns Erwachsene. Ein Kind versucht durch Fragen die Welt zu entdecken, Zusammenhänge zu erforschen und Lebensereignisse bewusst wahrzunehmen, letzlich zu „philosophieren“. Else Dorostkar und Sabine Dawkins gehen auf dieses Phänomen ein.

Eine Abgrenzung zwischen religiösem Gespräch und Philosophieren ist oft nicht klar zu treffen, was auch nicht vorrangig ist. Schließlich geht es den Kindern um Lebensfragen, nicht um abgegrenzte Teilbereiche oder – etwas salopp ausgedrückt – „Schubladen“.

Erwachsene tendieren dazu, möglichst viel zu „schubladisieren“, zu „etikettieren“, in „normal“ und „abweichend“ einzuteilen. Dabei ist zu fragen – besonders, wenn es um Menschen geht –, wer jeweils definiert, was „die Norm“ ist. Wo wird z.B. die Grenze gezogen, ein Kind als „Kind mit Behinderung“ einzustufen? Zählen etwa alle Menschen, die eine Brille benötigen, um gut sehen zu können, als „Menschen mit Behinderung“?

Es ist oft eine Frage der Definition von Merkmalen, wie wir Menschen oder Sachverhalte wahrnehmen. Menschen, die vom Gewohnten abweichen und anders sind, können verunsichern. Natürlich ist es manchmal mühsam, nicht in vordefinierten Kategorien zu denken und zu agieren. Aber mit dem Blick auf den einzelnen Menschen eröffnet sich die Chance differenzierterer Wahrnehmung. So können Schwächen (auch die eigenen) angenommen und Stärken entdeckt werden.

Unter dem Begriff Integration verstehen viele den toleranten und wohl-wollenden (im wahrsten Sinn des Wortes) Umgang miteinander, wo Anderssein im Miteinander möglich ist. Seien es körperliche oder geistige Einschränkungen, hohe Begabungen oder die Wurzeln in anderen Kulturen, wie es die Beiträge von Peter Riedl, Petra Vollmann, Eva Maria Gattringer und Friederike Pruka-Chadim thematisieren.

Letztlich birgt auch die intergenerative Erziehung (Beiträge von Eva-Maria Lexa und Niklaus Nuspliger) den Aspekt der Integration – junge und alte Menschen verbringen Zeit mitsammen und bereichern dadurch einander. Eine Erziehung zur Vielfalt – nicht zur Beliebigkeit – bietet für alle große Chancen. Voraussetzung dafür sind ErzieherInnen – in der Familie, im Kindergarten ... –, die um die zentrale Bedeutung der Werte wissen und sich selbst immer wieder neu der Wertsuche stellen.

FRIEDERIKE LENZEDER

Wertepluralismus in der Kindergartenerziehung

Werte sind richtunggebende Stabilisierungs- und Sinnfaktoren im Leben der Einzelperson wie auch der Gesellschaft. In Normen und Regeln, in ethischen und moralischen Grundsätzen wie auch im Urteilen und Handeln spiegelt sich jeweils das Wertsystem, an dem sich ein Mensch oder eine Gruppe orientiert. Seit das einheitliche Werte- und Normensystem der früheren geschlossenen Gesellschaft seine absolute Gültigkeit verlor und die heutige offene Gesellschaft dem Individuum einen erweiterten Freiheitsspielraum für eigene Wertentscheidungen ermöglicht, bekam die Auseinandersetzung mit Wertfragen eine bisher nie gekannte Dynamik und Aktualität. Die Vielfalt unterschiedlicher Wertauffassungen, die Begegnung mit fremden kuturellen und religiösen Wertwelten, wesentlich verstärkt durch Migration, Tourismus und mediale Vernetzung, stellen das eigene Wertsystem immer wieder neu auf den Prüfstand und verändern es. Wertewandel hat es immer gegeben, er vollzog sich jedoch nie so beschleunigt wie heute. Die Kindergartengruppe als ein aktives System in unserer Gesellschaft ist mitten in diese Entwicklungen hineingestellt.

Im Folgenden werden nach einigen grundsätzlichen Überlegungen zum Wertepluralismus spezifische Schwerpunkte der Wertevermittlung im Kindergarten unter den heutigen Bedingungen erarbeitet.

1. Vielfalt – Bereicherung und Anspruch

Wertepluralismus ist die natürliche Folge des erweiterten Freiheitsspielraumes, den die demokratische Gesellschaft dem Individuum einräumt. Während in früheren Zeiten ein einheitliches Wertsystem mit festen Vorschriften, Geboten und Regeln für alle Gültigkeit hatte, die Verhaltensweisen bis ins Kleinste geregelt waren und Übertretungen von der Gemeinschaft geahndet wurden, steht in der pluralistischen Gesellschaft dem Individuum das Recht zu, aus einer Vielfalt von legitim nebeneinander existierenden Werten sein eigenes Wertkonzept aufzubauen und danach zu leben. Durch die Medien, durch Reisen in fremde Länder und durch Zuwanderung haben wir heute Einblick in und Kontakt mit einer Vielzahl von Religionen und Kulturen. Das erweitert den Horizont, relativiert den Ausschließlichkeitsanspruch der eigenen Werte und fordert dazu heraus, die eigene Werteskala zu reflektieren, gegebenenfalls zu verändern oder zu festigen. Die Konfrontation mit anderen Kulturen rückt unweigerlich auch die eigene Kultur neu ins Bewusstsein, sodass die Beschäftigung mit dem Fremden eine vertiefte Beziehung zu den eigenen kulturellen Wurzeln schafft, was eine wichtige Basis für ein dynamisches individuelles Wertkonzept ist. Eine fruchtbare Begegnung unterschiedlicher Wertwelten setzt kulturelle Identität der jeweiligen Partner voraus. Bei gegenseitiger Wertschätzung des je Eigenen kann das Zusammenleben der Menschen in einer multikulturellen Wertevielfalt zu einer Bereicherung für alle werden.

Der Wertepluralismus findet allerdings nicht ungeteilt Zustimmung, denn er weckt auch Ängste. Das Eigene könnte durch das Fremde übermachtet werden. Der Anspruch der demokratischen Gesellschaft, aus einer Vielfalt unterschiedlicher, oft gegenläufiger Wertvorstellungen selber ein eigenes Wertsystem aufbauen zu sollen, bedeutet Anstrengung, verlangt Urteils- und Entscheidungsfähigkeit. Das stellt für manche Menschen tatsächlich eine Überforderung dar. Fremdenangst und Fremdenhass sind oft irrationale Ventile von Ängsten, die aus der Überforderung kommen.

Manche besorgniserregende Entwicklungen in unserer Gesellschaft könnten als Gegenreaktionen auf eine wertepluralistische Überforderung gedeutet werden. Schließlich brachte das Abrücken von der festgefügten Wertordnung auch einen deutlichen Orientierungsverlust mit sich. Manche Jugendliche fliehen geradezu aus der Eigenverantwortung in die Geborgenheit von Gruppierungen mit strengen Regelsystemen (z.B. Sekten, radikale politische Gruppen). Andere wieder wählen Drogen, Alkohol, weltvergessene Innenschau oder illusionistische Träumereien, um der als unerträglich empfundenen Realität zu entfliehen. Man denke etwa auch an den Anstieg von Aggressivität und Gewalttätigkeit, an das Ausufern der Egozentrik oder an die Verdrossenheit vieler Jugendlicher.

2. Die Freiheit im Zwielicht

„Wächst uns die Freiheit über den Kopf?", hört man besorgte ZeitgenossInnen gelegentlich fragen. Die bekannte Schweizer Philosophin und Pädagogin Jeanne Hersch antwortet unmissverständlich: „Nicht die Freiheit ist in Frage zu stellen, sondern die Pervertierung der Freiheit zur Willkür, der Verlust einer tragenden Wertorientierung und die Überziehung des individuellen Freiheitsanspruchs." Sie verweist auf die Schuld der Erwachsenen am Unglück vieler Jugendlicher: „Wir müssen unsere Schuld anerkennen, die darin besteht, die Werte, die Formen, die Selbstverständlichkeiten, ohne die keine Gesellschaft bestehen kann, dem Zusammenbruch preisgegeben zu haben." (Dufour 1986, S. 95)

Bereits vor mehr als hundert Jahren prophezeite der Soziologe Max Weber (1864–1920) die „Entzauberung der Welt" durch den Verlust der transzendentalen Ethik und warnte vor der Sinnleere, die den Menschen bedrohe, wenn er sich von der Transzendenz abkopple. Die Leere werde dann mit wütender Aktivität und allerlei Ersatzwerten erfüllt (vgl. Weber 1986).

Freiheit ohne Ordnung führt ins Chaos. Eine Gesellschaft ohne verbindliche gemeinsame Werte verfällt der Anomie, d.h. einem Zustand der Normenlosigkeit, in dem die/der Einzelne keinerlei Orientierung hat und dadurch entscheidungsunfähig wird. Werte haben insofern sinngebende Wirkung, als sie Ziele schaffen, für die es wert ist sich einzusetzen. Die Anomie aber, so Durkheim, gibt „... jeder Illusion und damit jeder Enttäuschung dadurch Raum, dass sie die Bedürfnisse von allen ihren Schranken befreit" (Durkheim 1973, S. 329). Ohne Normen ist der Mensch seinen eigenen Bedürfnissen hilflos ausgeliefert.

Auch die Toleranz, der zentrale Wert der demokratischen Gesellschaft, kann Freiheit verunmöglichen, wenn sie in eine „laxe Toleranz" ausartet, in der alles und jedes geduldet wird. Dann besteht die Gefahr, dass in der Gesellschaft diejenigen ihre Ziele durchsetzen, die mehr Gewalt anwenden. Popper sieht als Ziel den „kritischen Pluralismus", der die/den Einzelne/n dazu befähigt, mit Hilfe der Vernunft zwischen den unterschiedlichen Qualitäten der einzelnen Wertangebote zu unterscheiden (vgl. Offene Gesellschaft 1983, S. 106).

Pluralismus anerkennen heißt den Traum von der Einheit aufgeben, so Jeanne Hersch. „Es kann zwischen Menschen mehr oder weniger Übereinstimmung geben, mehr oder weniger Frieden, mehr oder weniger gegenseitiges Verständnis, aber niemals Einheit." Das sei auch nicht bedauerlich, denn „wenn wir alle einig wären in unseren Zielen und in unserem Wesen, so würde das den Verlust der Freiheit bedeuten. Die Freiheit drängt uns stets zur Vielfalt, zum Plural" (Dufour 1986, S. 218f.). Der Plural eröffnet Möglichkeiten, durch Kennenlernen und Reflektieren unterschiedlicher Werteinstellungen, Normen und Regelsysteme zu einer eigenen Bewertung zu kommen und dadurch das eigene Wertkonzept zu festigen und zu bereichern.

Es kann also kein Ziel sein, zur Einheitlichkeit eines für alle vorgeschriebenen Wertkonzepts zurückzukehren, weil damit die Freiheit eliminiert wäre. Aber die Vielfalt braucht eine Stabilisierung in Form eines allgemein verbindlichen Grundkanons von unverzichtbaren gemeinsamen Werten, innerhalb derer die/der Einzelne und auch die Subgruppen der Gesellschaft ihre spezifischen Wertvorstellungen konkretisieren und verwirklichen können.

3. Werte im Wandel

An dieser Stelle soll ein kleiner Exkurs über Tendenzen des Wertewandels, wie sie jeweils verändernd auf Wertbewusstsein und Wertverhalten der Gesellschaft wirken, eingeschoben werden.

So sehr die methodologischen Probleme der Meinungsforschung bei der Eruierung von Wertetendenzen zur Vorsicht vor verallgemeinernden Schlussfolgerungen mahnen, so lässt sich doch aus den demoskopischen Trendbeobachtungen der Zeit zwischen etwa 1965 und 1975 ein geradezu krisenhafter Einschnitt als eindeutige Tendenz ablesen: Die alten Werte, wie z.B. Arbeitsethos, Leistungsfreude, Disziplin, Gehorsam, Selbstkontrolle, Bedürfnisaufschub, Bejahung der geltenden Normen, wurden auf breiter Basis aufgegeben. Stattdessen machten sich z.B. Arbeitsunlust, Ausweichen vor dem Risiko, Leistungsverweigerung, Egozentriertheit, Genuss und Konsum auf Vorschuss breit (Noelle-Neumann 1978). In dieser Zeit nahm die Autorität der katholischen Kirche geradezu „erdrutschartig" ab, während zugleich die Religiosität als Wert eine hohe Stabilität aufwies. Allerdings wurden auch neue Wertrichtungen als Alternativen in die Diskussion gebracht, z.B. eine Werteverschiebung vom Haben zum Sein (Fromm 1976), eine stärkere Betonung der Umweltwerte, ein Trend zu einer qualitativen Lebensgestaltung. Die Skepsis gegen Fortschritt, Wachstum, Wissenschaft und Technik nahm zu.

Aufwind bekamen etwa ab 1970 Werte wie Sparen, Maßhalten, Wiederverwertung, gesunde Lebensweise, Naturerhaltung und Umweltschutz, Mülltrennung und -entsorgung u.a. Ab 1980 registrierten MeinungsforscherInnen auch bei den Sozialwerten neue Akzente: stärkere Gemeinschaftsorientierung, Sensibilität für soziale Gerechtigkeit, Widerstand gegen Ungerechtigkeit, Streben nach Geborgenheit in der Gruppe und nach Freundeskontakt. Tugenden wie Verantwortung, Vertrauen, Hilfsbereitschaft, aber auch Ansätze für eine neue Arbeitsmoral (z.B. Fleiß, Leistung, Selbstdisziplin, Zuverlässigkeit und Genauigkeit) gewannen an Stellenwert, wie auch der Wunsch nach z.B. sinnvoller Tätigkeit, Selbst- und Mitverantwortung.

Neben Freiheit, Gerechtigkeit und Solidarität kletterten zunehmend auch die Werte des Überlebens der Menschheit, wie Umwelterhaltung, Abrüstung, Friedensfähigkeit, in die höheren Ränge.

Anzeichen einer „Wertemischung" in Form einer gegenseitigen Beeinflussung (= Interpenetration) von alten und neuen Wertdifferenzierungen (Hillmann 1986, S. 121ff.) waren in der Folge und sind bis heute unverkennbar zu beobachten: Die alten Tugenden wie Leistung, Zuverlässigkeit, gutes Benehmen, Anerkennung von Autorität u.a., von ihrem früheren Absolutheitsanspruch gereinigt, erfuhren in ihrer verbesserten Form einen Geltungszuwachs. Die Tugenden der Aufklärung wie Autonomie, Selbstbestimmung, Gleichberechtigung, Toleranz, formuliert in den Menschenrechten, gingen allmählich als selbstverständliche Forderungen ins allgemeine Bewusstsein ein, der Feminismus konnte seine kämpferische Note ablegen, denn seine gesellschaftliche Anerkennung war inzwischen gesichert. Die Umweltwerte fanden mehr und mehr Aufnahme in den allgemein akzeptierten Wertbestand. Werte, die über egozentrische, materialistische Ziele hinausweisen, z.B. religiöse, geistige und soziale Werte, wurden in ihrer sinnstiftenden Bedeutung neu entdeckt. Jede neue Wertvariante in der Gesellschaft provoziert immer auch Gegenströmungen, sodass das Werteprofil einer Gesellschaft in einem dauernden Wandel befindlich ist.

4. Der Kindergarten im pluralistischen Spannungsfeld

Im Kindergarten laufen gesellschaftliche, gruppenspezifische und individuelle Werteinstellungen zusammen. Wenn die Kinder in den Kindergarten kommen, bringen sie bereits ein Werterepertoire mit, das zwar vorwiegend familiär geprägt ist, in das aber bereits Einflüsse aus dem Sozialisationsumkreis der Familie (Nachbarschaft, Spielgruppe, Medien) integriert sind. Da jedes Familienmitglied jeweils in verschiedenen Gruppen lebt, ist zumeist auch familienintern eine pluralistische Wertstruktur gegeben. Das Kind erfährt schon vor dem Eintritt in den Kindergarten erste ethische Wertprägungen, indem es am Modell der Bezugspersonen Gut und Böse, Richtig und Falsch unterscheiden kann. Es übernimmt die in der Familie gebräuchlichen Verhaltensformen, macht Bekanntschaft mit der Wirksamkeit von Regeln und erlebt Wertdivergenzen. Diese ersten Formen der Gewissensbildung beruhen auf emotionaler Bindung und haben prägenden Charakter.

In der Kindergartengruppe sieht das Kind nun plötzlich das Gewohnte mit einer Vielfalt von unterschiedlichen Verhaltensweisen und Werteinstellungen konfrontiert, die beim Reden, beim Spielen, beim Essen, in Meinungsäußerungen, im Urteilen anderer Kinder zum Ausdruck kommen. Vor allem tragen Kinder aus Zuwanderer- und Gastfamilien zur kulturellen Vielfalt bei und ermöglichen damit das Bekanntwerden mit fremden Kulturen und Religionen. Die Kindergartengruppe ist somit bereits ein wichtiges Übungsfeld für kulturelle Horizonterweiterung und für einen konstruktiven Umgang mit dem Wertepluralismus in unserer zunehmend multikulturell vernetzten Gesellschaft.

Wie stehen nun die Kinder im Kindergartenalter zu diesem Pluralismus? Ist ihnen eine solche Vielfalt zumutbar? Hier sind die beiden Tendenzen der Entwicklung zu beobachten, die im Lauf der Persönlichkeitsentwicklung bei jedem Menschen immer wieder in Spannung zueinander treten, einmal mehr, einmal weniger, individuell stärker oder weniger stark ausgeprägt: einerseits das Bedürfnis nach Sicherheit und Geborgenheit, andererseits das Streben nach Autonomie, Selbstständigkeit und Entscheidungsfreiheit. Erstere Tendenz ist auf Eindeutigkeit ausgerichtet und widersetzt sich dem Wandel. Letztere ist offen für Veränderung, zielt hin auf Vielfalt, auf Neues und Unbekanntes.

Auf die Wertekonstellation in der Kindergartengruppe bezogen heißt das: Die Kinder wollen und brauchen beides. Sie wollen wissen, was sie tun dürfen und was nicht, brauchen Regelmäßigkeiten und eindeutige Anweisungen. Geben die Autoritäten einem Kind widersprüchliche Befehle, so geht die Sicherheit des Verhaltens verloren. Angst vor Eigenaktivität, Mangel an Initiative und Wertunsicherheit sind dann oft die Folge. Die Kinder wollen andererseits aber auch Wahl- und Handlungsfreiheit, wollen Neues und Unbekanntes erkunden und lieben ein breites Spektrum von Möglichkeiten zur Realisierung ihrer Pläne und persönlichen Interessen.

Die Sozialisationsforschung verweist darauf, dass Kinder im Kindergartenalter sehr schnell die Erwartungen und Wertmuster ihrer Umgebung auffassen und dass sie auch unterschiedliche Wertvorstellungen miteinander verknüpfen können. Man kann immer wieder beobachten, dass schon ganz kleine Kinder genau unterscheiden können, welches Verhalten die Mutter wünscht, was man bei der Oma tun darf und daheim nicht. Sie wissen sehr wohl, welche Ausdrücke sie nur in der Spielgruppe gebrauchen dürfen, weil sie zu Hause damit Anstoß erregen würden. Das Kind nimmt die Unterschiede wahr und zieht seine persönlichen Konsequenzen. Es ist den Sozialisationseinflüssen der Umwelt keineswegs passiv ausgeliefert, sondern es formt aus den Angeboten seine eigenen Ausdrucksweisen.

5. Vom Umgang mit Wertdissonanzen

Dissonanzen sind unumgänglich, wenn unterschiedliche Wertvorstellungen aufeinandertreffen. Es kommt auf den Umgang mit ihnen an, ob sie im Prozess der Werterziehung als Störfaktoren oder als Animatoren zu betrachten sind.

Piaget sieht im „kognitiven Ungleichgewicht", also dem Erleben von Wertdissonanzen, eine Chance, moralische Reife zu stimulieren und damit beim Kind den Weg von der „Moral der Heteronomie" zur „Moral der Autonomie" zu fördern. Diesen Ansatz kritisiert allerdings Bandura insofern, als er bezweifelt, dass kognitives Ungleichgewicht tatsächlich immer in Richtung auf moralische Reife zielt. Er meint, dass auch eine Beeinflussung in die andere Richtung möglich sein könnte (vgl. Bertram 1982).

Wertdissonanzen sind nach der Theorie der kognitiven Dissonanz (Leon Festinger) für das Kind jeweils eine starke Motivation, die Dissonanz zu reduzieren, etwa indem es die eigene Werteinstellung mit der anderer vergleicht und sie den aktuellen Notwendigkeiten anzupassen sucht. Insofern können Wertdissonanzen die Bereitschaft zu einer fälligen Änderung der eigenen Werthaltungen fördern. Das würde für den familiären Bereich etwa bedeuten, dass die Eltern gar nicht unbedingt in Erziehungsfragen immer eine einheitliche Meinung haben müssen. Vielmehr kann es dem Kind förderlich sein, wenn es an den Eltern ab und zu eine Konfrontation verschiedener Meinungen und eine konstruktive Konsensarbeit erlebt. Die Eltern dürfen nur nicht den Fehler machen, schließlich dem Kind die Entscheidung zuzuschieben, wenn sie selbst zu keiner Einigung finden. Das hieße, das Kind der Wertdissonanz hilflos zu überlassen.

Wertdissonanzen sind in Gruppen mit einem breiten Spektrum kultureller Verschiedenheiten stärker ausgeprägt als in eher homogenen Konstellationen, z.B. wenn die Kinder mehrheitlich aus einem ähnlichen Milieu kommen. Wenn unterschiedliche Wertvorstellungen aufeinanderprallen oder gegeneinander in Konkurrenz treten, stellt der Prozess der gemeinsamen Suche nach einem Konsens eine gute Möglichkeit für demokratisches Lernen dar. Ein konstruktiver Konsens ist dadurch gekennzeichnet, dass die Meinung der Minderheit respektiert und in die Verhandlungen einbezogen wird. Am Ende muss genau definiert sein, was nun zu tun ist bzw. was nicht geschehen darf.

Die Dissonanztoleranz ist individuell verschieden. Ein Kind, in dessen Familie unterschiedliche Meinungen oder Abweichungen von der Norm nicht geduldet werden und womöglich mit strengen Sanktionen belegt sind, wird sich zunächst schwertun, die Andersartigkeit anderer Kinder zu akzeptieren. Es wird entweder abweisend oder verächtlich auf abweichendes oder fremdartiges Verhalten reagieren, wird umso mehr auf seinen eigenen Wertpositionen beharren oder Dissonanzen zu vermeiden suchen. Hingegen sind Kinder aus Familien mit einer dynamischen Wertorientierung allem Andersartigen gegenüber offener und stimmen einer Wertveränderung leichter zu.

In jedem Fall ist ein sensibler Umgang mit unterschiedlichen Wertekonstellationen gefordert, denn Konfrontationen sind unvermeidlich, vor allem bei religiösen und kulturellen Verschiedenheiten. Da Wertüberzeugungen im emotionalen Bereich verwurzelt sind, lassen sich Irritationen nicht auf rationaler Ebene allein lösen. Wer sich wegen seiner Werte von anderen gering geschätzt oder abgewertet erlebt, fühlt sich in seiner Identität getroffen. Besonders sensibel reagieren Minderheiten oder Zuwanderer, wenn die Mehrheit ihre Andersartigkeit, ihre Sprache, ihre Bräuche oder Umgangsformen nicht achtet. Das trifft für Erwachsene wie für Kinder zu. Unterschiedliche Wertvorstellungen wurden in der Menschheitsgeschichte oft mit Kriegen auszutragen versucht. Absolutsetzung der eigenen Werte führt zu Spaltungen; Toleranz und gegenseitige Wertschätzung hingegen ermöglichen bereichernden Kultur- und Werteaustausch.

In einer differenzierten, dynamischen Gesellschaft wie der unseren ist die Sozialisation zwar komplizierter als in einer statischen Gesellschaft, aber durch das Einüben von Toleranz und Akzeptanz und auch durch das Verarbeiten von Wertdissonanzen kann sich ein größeres Maß an Offenheit gegenüber neuen und fremden Werten herausbilden.

Bei gesunder Identitätsentwicklung kann also die Konfrontation des Kindes mit Wertdissonanzen ein wichtiger Reifeimpuls sein. Das Kind wird sich seiner Eigenart besser bewusst, wenn es sich in der Relation zu anderen erlebt: So bin ich – so bist du; so ist es bei uns daheim – so ist es in der Gruppe. Diese Stärkung der Identität fördert die Bereitschaft und die Fähigkeit, aus den angebotenen Mitteln und Möglichkeiten allmählich ein tragfähiges eigenes Wertsystem aufzubauen, es zu sichern und den jeweiligen Lebensanforderungen entsprechend zu verändern. Wenn dies gelingt, ist die Gefahr, zum Objekt von Manipulationen zu werden, selbst in unserer außengeleiteten, sich rasant verändernden Gesellschaft wesentlich verringert.

Die Befähigung des Kindes zu einem individuellen Wertverhalten wie auch zum konstruktiven Umgang mit unterschiedlichen Wertvorstellungen in einer wertpluralistischen Gesellschaft kann im Kindergarten etwa auf folgende Weise geübt werden:

- Die Kinder spielen an konkreten Beispielen (Geschichten, Konflikten zwischen den Kindern) Einschätzungs- und Wahlmöglichkeiten durch und erleben, dass es meist mehrere akzeptable Möglichkeiten der Problemlösung gibt und nicht nur eine einzige.
- In der Gruppe wird Raum für individuelle Verhaltens- und Ausdrucksweisen gegeben.
- Möglichkeiten zum Kennenlernen von Bräuchen und kulturellen Schätzen von Kindern aus fremden Ländern werden gesucht bzw. genützt.
- Dosierte Wertdissonanzen werden geschaffen bzw. zugelassen und diese Dissonanzen werden thematisiert und bearbeitet.
- In der Konfliktarbeit wird streng darauf geachtet, dass Wertunterschiede, die sich in bestimmten Gewohnheiten, Ausdrucks- und Verhaltensweisen äußern, respektiert werden und kein Kind wegen bestimmter familiärer oder kultureller Besonderheiten ausgegrenzt oder gering geachtet wird.
- Gegensätzliche Ansprüche werden zu einem Konsens zu bringen versucht, der jedem Kind ermöglicht, seine Identität zu wahren.

6. Wertegrundkanon und individueller Freiheitsraum

Die Werterziehung im Kindergarten muss sich auf die oben besprochenen Schwerpunkte konzentrieren:

- Den Wertegrundkanon unserer Gesellschaft erleb- und erfahrbar machen.
- Dem einzelnen Kind beim Aufbau eines individuellen Wertsystems helfen.
- Interkulturelle Begegnungen fördern und einen konstruktiven Umgang mit Wertdissonanzen pflegen.

Da die genannten Schwerpunkte in der Art eines labilen Gleichgewichts gleichzeitig wahrgenommen werden müssen, geht es jeweils um die richtige Beziehung. Es muss gefragt werden: Wie viel an gemeinsamem Wertkonsens ist notwendig? – Wie viel individueller Freiheitsraum kann gegeben werden? – Wie kann die Integration von ausländischen Kindern zum Vorteil aller gestaltet werden?

Zum Wertegrundkanon, den jede Gesellschaft zur Aufrechterhaltung ihrer Ordnung braucht, zählen die unumstößlichen Selbstverständlichkeiten, über die Übereinstimmung herrscht (= „das gemeinsame Gewissen"), sowie die Sitten und Bräuche, Verhaltensnormen, Gebote und Verbote, die das Zusammenleben der jeweiligen Gruppe im Konkreten regeln.

Dieser Grundkanon erfährt in den einzelnen gesellschaftlichen Gruppierungen spezifische Ausdifferenzierungen. Er stellt den sicheren Bezugsrahmen zum Aufbau des individuellen Wertkonzepts der Einzelperson wie der verschiedenen Subgruppen (Familie, Freundeskreis, Altersgruppe etc.) dar.

Der Wertegrundkonsens demokratischer Gesellschaften wie der unseren ist definiert durch die Menschenrechte, wie sie von der Charta der Vereinten Nationen 1948 formuliert wurden. Sie basieren auf dem Grundwert der Freiheit und Würde eines jeden Menschen, gleich welcher Nation, Rasse oder Religion. Das christliche Grundgebot der Gottes- und Nächstenliebe und die Zehn Gebote Gottes gehen mit diesen Werten konform. Die Grundwerte sind allgemeine Formulierungen, die erst in der Konkretisierung handlungsrelevant werden. Es gibt jedoch weltweit Staaten, Religionen und Kulturen, die dieses Wertkonzept nicht oder nicht zur Gänze angenommen haben.

Die Werterziehung im Kindergarten muss mithelfen, die grundlegenden Werte und Normenerwartungen unserer Gesellschaft im praktischen Leben zu konkretisieren, sie also erfahrbar zu machen, sodass sie allmählich in das Verhalten der Kinder integriert werden.

Die Sensibilisierung für die Grundwerte kann in den verschiedenen Alltagssituationen des Kindergartens wahrgenommen werden. „Verstehen, was jemand sagen will, und seine Stimme nicht mit Lärm übertönen, ist der anfängliche Unterricht der Demokratie", so Jeanne Hersch (Dufour 1986, S. 130). Die Wahrung der Würde des einzelnen Menschen wird sich z.B. in folgenden Haltungen konkretisieren: im Respekt vor der Andersartigkeit eines anderen Kindes, in der gerechten Aufgabenverteilung, in der Rücksicht auf Schwächere, in der Empörung über ein Unrecht an sich selbst oder an einem anderen, im Eintreten für ein diskriminiertes Kind. In Konfliktsituationen und bei der Zusammenarbeit in der Gruppe können Toleranzhaltung und Konsensbereitschaft geübt werden. Die Kinder müssen aber auch Erfahrungen mit den Grenzen der Toleranz machen: Die Freiheit der/des Einzelnen erfährt dort ihre Grenze, wo die Freiheit einer/eines anderen gefährdet ist. Oder, nach Voltaire: Die Pflicht zur Toleranz kennt nur eine Ausnahme: die Intoleranz gegen die Intoleranz.

Die wichtigsten Konkretisierungen der Grundwerte werden in der Kindergartengruppe allmählich in einer Art Gruppennorm verbalisiert. Diese umfasst die wichtigsten Haltungen des Wertegrundkanons in ihrer kindgemäßen Ausprägung und beinhaltet auch die speziellen Regeln, die sich die Gruppe im Lauf der Zeit selbst erarbeitet hat.

Wie die Gesellschaft meist sehr streng über ihre lebenswichtigen Grundwerte wacht und Verstöße gegen dieselben mit Sanktionen belegt, sind auch Kinder auf die unbedingte Einhaltung ihrer Gruppenregeln bedacht, achten auf deren Kontrolle und verlangen Strafen für diejenigen, die sie missachten. Die Gruppennorm der Kindergartengruppe entwickelt sich zumeist wie selbstverständlich. Aufgabe der KindergartenpädagogIn ist es, darauf zu achten, dass der Wertegrundkanon unserer Gesellschaft tatsächlich in den Regeln thematisiert ist und dass die Regeln auch eingehalten werden.

Das individuelle Wertsystem ist der Orientierungsrahmen für die eigenverantworteten Wertentscheidungen, die jeder Mensch in den verschiedenen Situationen des Lebens zu treffen hat. Beim Kind beginnt dieser Aufbauprozess bereits mit den Prägungen in der primären Sozialisation. Die individuellen Wertkonkretisierungen werden von Kind zu Kind verschieden sein, sowohl vom Inhalt her, weil die einzelnen Kinder zu unterschiedlichen Werturteilen und Wertprioritäten kommen, als auch vom Ausmaß des Freiheitsspielraums her, den die einzelnen Kinder für ihre subjektiven Wertentscheidungen vorfinden bzw. beanspruchen.

Erleben die Kinder im Kindergarten, dass ihre Werthaltungen und -einstellungen von der KindergartenpädagogIn und der Gruppe respektiert werden, so wächst auch die Freude am Werten und Entscheiden. Wenn Andersartigkeit toleriert wird, bekommen die Kinder eher den Mut, auch dann nach eigenen Vorstellungen zu entscheiden, wenn sie nicht mit der Meinung der Mehrheit konform gehen. Wenn die Grundwerte der Gesellschaft als Orientierungsmarken im individuellen Wertsystem verankert sind, kann die Befürchtung, die individuelle Freiheit gefährde die Gemeinsamkeit, zurückgewiesen werden. „Je differenzierter eine Gesellschaft ist, desto besser können die Individuen je nach ihren Eignungen ihre Lage verändern und umso mehr wird die geistige und moralische Zusammenarbeit gefördert" (Piaget 1973, S. 452).

7. Wertevermittlung durch die KindergartenpädagogIn

Da in den Wertevermittlungsprozess im Kindergarten mehr affektive als kognitive Elemente einbezogen sind, kommt den Werterlebnissen und der Wertübernahme durch Identifikation und Internalisation eine besondere Bedeutung zu. Die Persönlichkeit der KindergartenpädagogIn ist also ein zentraler Beeinflussungsfaktor. Ihr Einfluss geht weit über die bewusste Vermittlung hinaus.

Die Vermittlung gesellschaftlicher Normen ist offizieller Auftrag an die Kindergärten. Aber als Vertrauens- und Identifikationsfigur der Kinder ist die KindergartenpädagogIn eine VermittlerIn solcher Normen mit persönlicher Brechung, d.h., dass immer auch ihre persönlichen Wertungen und Haltungen mitvermittelt werden. Es ist ja bekannt, dass Kinder Gefühlsqualitäten wahrnehmen können, auch wenn diese nicht verbalisiert werden.

Die KindergartenpädagogIn muss ihr eigenes Wertverhalten ständig nach zwei Richtungen überprüfen: einerseits, ob ihr Reden und Handeln dazu beiträgt, die wichtigsten Werte und Normen unserer Gesellschaft einsichtig zu machen und den individuellen Wertaufbau des einzelnen Kindes zu fördern, und andererseits, ob ihre unbewusste subjektive Einflussnahme in legitimen Grenzen bleibt. Sie muss nämlich immer auf der Hut sein, ihre „Macht" als Identifikationsfigur nicht zu missbrauchen, indem sie ihre eigenen Wertvorstellungen, z.B. ihre weltanschaulichen Ansichten oder ihre persönlichen Präferenzen, zu stark betont oder gar für diese wirbt.

Die ErzieherIn darf und soll natürlich Stellung nehmen und übt dadurch auch Einfluss auf das Wertbewusstsein der Kinder aus, aber es muss immer die Freiheit der Wahl, die Öffnung auf Alternativen und auf andere Interpretationsmöglichkeiten bestehen bleiben.

Gefährlich sind fundamentalistische Tendenzen bei der Wertevermittlung, etwa wenn die KindergartenpädagogIn einen ihr besonders wichtig erscheinenden Wert, der eigentlich der individuellen Entscheidung vorbehalten bleiben müsste, rigoristisch durchzusetzen versucht (z.B. Umwelt-, Ernährungs-, Gesundheitsfanatismus). Eine solche Einflussnahme kann die Wertentwicklung der Kinder einseitig blockieren und freie Wertentscheidungen verhindern.

Wo es um Werte geht, über die in der Gesellschaft noch kein Konsens herrscht, darf das Kind nicht auf eine bestimmte Interpretationsrichtung eingeengt werden. Mit Gewalt oder missionarischer Überredung aufgedrängte Wertrichtungen sind wie Korsette, die die moralische Reifung verhindern.

Durch ihre persönliche Reaktion auf bestimmte Verhaltensweisen kann die KindergartenpädagogIn das Werturteil und das Wertverständnis der Kinder schärfen. Das geschieht etwa, wenn sie Verletzungen von menschlichen Grundwerten sensibel registriert, wenn sie sich empören kann über Unrecht an anderen Menschen oder wenn sie echt betroffen ist über eine beleidigende Äußerung. Aus der Art und Weise, wie sie z.B. auf das Auslachen eines Kindes, auf eine Besitzstörung, auf das Überhören einer Meinungsäußerung oder auf eine körperliche Gewaltanwendung reagiert, wird für die Kinder spürbar, welchen Stellenwert sie dem betreffenden Wert oder Unwert beimisst.

In Bezug auf die persönliche Werthaltung der KindergartenpädagogIn ist etwa zu fragen:

- Tendiert sie zu einer Überbetonung der Ordnungswerte gegenüber den Freiheitswerten oder umgekehrt?
- Sind ihr die demokratischen Tugenden vordringliche Anliegen, z.B. Toleranz, Respekt vor anderen, Kritikfähigkeit, Konfliktfähigkeit, Konsensbereitschaft?
- Hat sie eine enge oder breite Dissonanztoleranz, wenn in der Gruppe unterschiedliche Wertpositionen in Spannung zueinander treten?
- Kann sie auch Meinungen und Wertauffassungen akzeptieren, die ihrem eigenen Wertsystem widersprechen?
- Hat sie ein eher statisches oder ein eher dynamisches Wertkonzept, d.h., hält sie unbedingt an den einmal übernommenen Werten fest oder ist sie aufgrund neuer Einsichten oder geänderter Bedingungen zum Überdenken und gegebenenfalls Verändern ihrer Werteinstellung bereit?
- Ist sie in Gefahr, ihre eigenen Ansichten absolut zu setzen und rigoristisch weiterzuvermitteln?

Der Kindergarten als öffentliche Institution ist sowohl den Eltern als auch der Gesellschaft rechenschaftspflichtig. Wenn es zwischen Eltern und KindergartenpädagogIn zu divergierenden Meinungen kommt, muss ein Konsens gesucht werden. Dabei muss die KindergartenpädagogIn ihre berufliche Kompetenz, insbesondere ihre Gebundenheit an den durch das Kindergartengesetz vorgegebenen Rahmen, einsetzen, zugleich aber auch auf die Wertvorstellungen der Familien ihrer Kinder Rücksicht nehmen.

Werterziehung in der pluralistischen Gesellschaft steht im Spannungsfeld von Kontinuität und Wandel der Wertvorstellungen. Um dem Kind inmitten der heutigen Wertunsicherheit Orientierungshilfen geben zu können, bedarf es ErzieherInnen, die um die zentrale Bedeutung der Werte wissen und sich selbst immer wieder neu der Wertsuche stellen.

Literatur

Bertram, Hans (1982): Moralische Sozialisation. In: Hurrelmann, Klaus/Ulrich, Dieter (Hg.): Sozialisationsforschung. Weinheim

Dufour, Gabrielle und Alfred (1986): Schwierige Freiheit. Gespräche mit Jeanne Hersch. Zürich

Durkheim, Emile (1973): Der Selbstmord. Neuwied

Fromm, Erich (1976): Haben oder Sein. Stuttgart

Hillmann, Karl-Heinz (1986): Wertwandel. Darmstadt

Noelle-Neumann, Elisabeth (1978): Werden wir alle Proletarier? Zürich

Offene Gesellschaft, offenes Universum (1983). Franz Kreuzer im Gespräch mit Karl Popper. Wien

Piaget, Jean (1973): Das moralische Urteil beim Kind. Olten

Weber, Max (1986): Die protestantische Ethik und der Geist des Kapitalismus. In: Gesammelte Schriften zur Religionssoziologie. Tübingen, S. 17–206

Der Beitrag wurde erstmals in „Unsere Kinder" 2/1988 publiziert und 2006 überarbeitet.

NORBERT METTE

Religiöse Kleinkinderziehung in einer säkularisierten Gesellschaft

Es ist nüchtern zu konstatieren: Binnen einer Generation haben sich im Bereich der religiösen Erziehung Veränderungen – genauer noch: Einbrüche – vollzogen, die nicht anders als erdrutschartig bezeichnet werden können. Im Alltag des Kindergartens ist es deutlich zu bemerken: Die Zahl der Kinder, die von ihren Elternhäusern her so gut wie keine religiöse Praxis mehr kennen, steigt von Jahrgang zu Jahrgang. Ein beachtlicher Teil unter den Eltern verzichtet nicht bloß auf religiöse Erziehung, sondern lässt die eigenen Kinder erst gar nicht taufen. Die langfristigen Konsequenzen liegen auf der Hand: Mittlerweile macht beispielsweise in Deutschland die Gruppe der konfessionslosen Menschen den drittgrößten Teil der Gesamtbevölkerung aus, nach den Angehörigen der beiden Großkirchen, gefolgt von den Muslimen.

1. Ende von Religion und religiöser Erziehung?

Bedeuten diese Tendenzen jedoch bereits, dass Religion überhaupt im Schwinden begriffen ist, wie es die Rede von der „säkularisierten Gesellschaft" nahe legt? Ein solches Globalurteil ist zumindest problematisch. Manifest ist der Trend der Entkirchlichung der Bevölkerung und damit des Bedeutungsverlustes der Kirchen sowohl für den Einzelnen als auch für die Gesellschaft insgesamt.

Aber bedeutet das bereits das Ende von Religion überhaupt? Nein! Die festzustellende Entkirchlichung braucht nicht einmal unbedingt auch Entchristlichung zu bedeuten, insofern das Christliche mehr umfasst als seine kirchlichen Erscheinungsformen. Und darüber hinaus ist gewissermaßen ein bunter Markt von Religion entstanden, auf dem sich viele Anbieter tummeln.

Was bedeutet diese Situation nun für die Chancen und Grenzen von religiöser Erziehung speziell im Kleinkindalter? Dass sie anders geworden ist, ist unbestritten. Aber ist sie damit per se schlechter geworden? Das zu behaupten könnte bedeuten, auch mancherlei Problematisches zu verherrlichen, das in der Vergangenheit unter dem Vorzeichen von religiöser Erziehung gelaufen ist. Das hat – Gott sei Dank – weitgehend ein Ende. In dieser Hinsicht ist das Verhalten vieler Eltern vielleicht ehrlicher, authentischer geworden; sie wollen ihren Kindern nicht zumuten, wozu sie nicht voll und ganz stehen können. Und im Übrigen, sind nicht auch originelle neue Ansätze von – impliziter oder expliziter – Erziehung zu verzeichnen? Man denke etwa an die intensive Zeit, die viele Mütter oder Väter abends anlässlich des Zu-Bett-Gehens mit ihren kleinen Kindern verbringen. Oder die Eltern, die selbst bewusst im Kontext einer (Basis-)Gemeinde ihr Christsein zu leben versuchen, lassen ihren Kindern eine viel bewusstere und „reifere" religiöse Erziehung zukommen, als sie möglicherweise selbst noch erfahren haben. Diese Hinweise sind deswegen wichtig, weil sie eben nicht nur auf Defizite und Ausfälle fixiert sind, sondern das, was sich möglicherweise auch positiv verändert hat und sich an Neuem entwickelt, differenzierter wahrnehmen lassen. Das bedeutet aber auch, dass man gut daran täte, von solchen Eltern oder gemeinsam mit ihnen zu lernen, was heute Erziehung – und darin religiöse Erziehung – heißt oder heißen kann.

Gerade in kirchlichen Kindergärten wird man zudem damit rechnen dürfen – jedenfalls wenn ein hinreichendes „Alternativangebot" vorhanden ist –, dass die Eltern eine gewisse Aufgeschlossenheit auch für Fragen der religiösen Erziehung mitbringen. Die wenigsten von ihnen dürften sie wohl gänzlich ablehnen.

Beim Großteil der Eltern wird man eher davon ausgehen dürfen, dass sie unsicher sind, wie sie ihre Kinder religiös erziehen sollen. Viele können es nur negativ angeben, indem sie beispielsweise sagen, dass sie so, wie sie religiös erzogen worden sind, es ihren Kindern nicht „antun" wollen. Wie man es „richtig" macht, erwarten sie darum von den ErzieherInnen, möglicherweise zusätzlich noch vom Pfarrer. Dieser Erwartungsdruck ist es, der umgekehrt häufig von den ErzieherInnen als Überforderung erlebt wird, sehen sie sich doch selbst eher als Fragende und Suchende, als dass sie sicher wüssten, welche Religion für die Kinder – und für sie selbst – gut sein soll.

2. Die Herausforderung der Erwachsenen

Zuallererst muss ernst genommen werden, dass nicht so sehr die kleinen Kinder es sind, die Probleme mit der religiösen Erziehung haben – im Gegenteil, sie sind in dieser Hinsicht sehr empfänglich –, sondern die Erwachsenen, seien es die Eltern der Kindergartenkinder, seien es die ErzieherInnen.

Das hängt damit zusammen, dass Religion oder Glaube nicht so wie Schreiben oder Rechnen beigebracht werden kann. Wer hier den Kindern etwas vermitteln will, ist selbst darin verstrickt, steht selbst vor der Frage, wie er oder sie es mit der Religion hält. Die Kinder spüren sehr schnell, wenn die Erwachsenen ihnen etwas sagen, wozu sie nicht stehen. Wenn Kinder etwa auf ihre Frage, wo Gott sei, mit der banalen Antwort abgespeist werden, er sei überall, merken sie, dass für die Erwachsenen diese Frage offensichtlich keine Frage ist oder aber mit aller Macht verdrängt wird.

Anders gewendet bedeutet das, dass, wer Erwachsene dazu befähigen will, auch die religiöse Dimension in ihre Erziehung einzubeziehen, sie zuerst dazu bringen muss, dass sie sich mit sich selbst auseinandersetzen und sich ihrer eigenen Einstellungen und Haltungen vergewissern. Vordringlich ist also eine entsprechende Elternarbeit und Weiterbildung der ErzieherInnen, und zwar so, dass sie nicht „von außen“ belehrt werden, sondern dass sie offen ihre Fragen und Zweifel, Ängste und Hoffnungen etc. untereinander austauschen können. Nicht was Religion, was Glaube ist, ist das Thema, sondern wie sie – in der eigenen Biografie – erlebt worden sind und werden.

Erst wenn beispielsweise offen darüber gesprochen werden konnte, wie sehr rückblickend gesehen die Religion, die in der Kindheit und Jugend vermittelt worden ist, als einengend und entfremdend empfunden worden ist, dass man sie hinter sich lassen musste, um wirklich leben zu können, kann möglicherweise ein neuer Zugang zur Religion gefunden werden, können überhaupt erst andere Erfahrungen in diesem Bereich vernommen werden.

3. Entwicklungsschritte des Lebens – und des Glaubens

Oft genug hat Religion in der Erziehung dazu herhalten müssen, die elementaren Bedürfnisse der Kinder zu beschneiden und ihre Affekte und Motivationen zurechtzustutzen, um sie in die von den Erwachsenen gewünschten Bahnen des Verhaltens und Denkens zu bringen. Nicht zufällig findet sich bei religiös erzogenen Menschen vielfach eine Unfähigkeit zu spontanen Gefühlsregungen; sie sind sehr früh schon auf eine gemäßigte und ausgewogene Gefühlslage eingestimmt. Demgegenüber bringen Kinder geradezu ein natürliches Verständnis für Gott als den Geber und Schöpfer mit, der die Menschen mit der Weiterführung seines Werkes betraut hat. Wer jedoch nie seine schöpferischen Kräfte hat erproben dürfen, dürfte kaum einen existenziellen Zugang zu dieser Glaubensaussage finden.

Dieses Beispiel zeigt stellvertretend für die verschiedenen Erfahrungsbereiche, in denen das Kind lebt, worauf es bei einer religiösen Erziehung in den ersten Lebensjahren vor allem ankommt: den Kindern den Raum zur Verfügung zu stellen, der ihren Entwicklungsbedürfnissen Rechnung trägt – in dem sie ihre geistigen und emotionalen Fähigkeiten entfalten können, in dem sie ihrem Drang nachkommen können, ihre Umwelt zu entdecken und sich anderen Menschen zuzuwenden. Außer diesem Raum muss es natürlich Menschen geben, mit denen die Kinder „ihre Erlebnisse durchsprechen können, denen sie ihre Ängste und Sorgen anzuvertrauen wagen und die ihre individuellen Fortschritte im Erkennen und Fühlen anerkennen“ (L. Krappmann). Nur in einem solchen Umgang mit Kindern, der ihre Neugier zum Zuge kommen lässt, der ihnen Zuversicht gibt, sich mit ihren Fragen nach dem Woher und Wohin aller Dinge an die Erwachsenen wenden zu können und in ihrem Anliegen verstanden zu werden, kann ein Gespür dafür entwickelt werden, was für ein Kind in dieser frühen Altersstufe Religion bedeuten kann.

Das beginnt bei scheinbaren Kleinigkeiten, die jedoch für die Kinder große Entwicklungsschritte darstellen und ihnen darüber hinaus von den Erwachsenen nicht immer leicht gemacht werden. Ein entscheidender Schritt für ihre Ich-Entwicklung besteht z.B. darin, dass sie Nein-Sagen lernen als Voraussetzung, um überhaupt Ja-Sagen zu können. Gerade dieses Nein kann, wenn es zugelassen wird, kreative Kräfte freisetzen, weil es zu Unterscheidungen nötigt, nicht einfach akzeptiert, dass etwas so ist, wie es ist, sondern Widerspruch und gegebenenfalls Widerstand anmeldet. Ein weiterer Schritt in der Genese einer autonomen Ich-Instanz ist die Fähigkeit, „Ich“ sagen zu können, ein Ich, das über einen eigenen Willen verfügt und von anderen unterschieden ist. Diese Entwicklungsschritte verlaufen keineswegs geradlinig; das Kind wird dabei von ambivalenten Gefühlen und Konflikten hin- und hergerissen: Es schwankt zwischen Allmachtsfantasien und Ohnmachtserlebnissen, zwischen Hilflosigkeit und Demonstration der Unabhängigkeit, zwischen Identifikation mit seinen Bezugspersonen und Aggressionen, zwischen Liebe und Hass. Es empfindet Angst in allen Intensitätsgraden – Angst ums Überleben und vor Verlusten. Selbstständig zu werden und dennoch zu den anderen gute, vertrauensvolle Beziehungen haben zu können erweist sich als eine höchst widersprüchliche und dennoch lebensnotwendige Aufgabe.

4. Aufgaben religiöser Erziehung

4.1. Gott als den tragenden Grund allen Seins erahnen

Es ist bemerkenswert, wie sehr das in den Religionen, gerade auch im Christentum, überlieferte Wissen an den Grunderfahrungen und -konflikten der frühen Kindheit anknüpft und diese in vielen ihrer Symbole aufbewahrt und zum Ausdruck bringt. Erwähnt seien etwa das Antlitz Gottes, das sich mütterlich dem an der Brust ruhenden Kind zuwendet, oder die Hand Gottes, die dem Kind Schutz und Geborgenheit gibt. Insofern ist von diesen Erfahrungen und Konflikten her bereits der Glauben tangiert. Das gilt insbesondere für die für die weiteren Entwicklungskrisen grundlegende Erfahrung, unbedingt angenommen und erwünscht zu sein. Wo diese Erfahrung des absoluten Bejaht- und Geliebtseins, die für ein Kind Voraussetzung ist für das lebenswichtige Vermögen, sich und anderen vertrauen und auf eine zuverlässige Hoffnung setzen zu können, praktisch vermittelt wird, vollzieht sich bereits Glaube in elementarer Weise; bildet diese Erfahrung doch seinen Kern. Auf dieser Basis kann dann eine entwicklungsgerechte Deutung dieser Praxis, eine Explikation des Glaubens an Gott als den tragenden Grund allen Seins angeboten und vermittelt werden. Hier hat dann das Erzählen von biblischen Geschichten seinen Ort, wenn es den Kindern ermöglicht wird, in ihnen auch sich selbst zu entdecken. Oder auch das Beten wird für Kinder nachvollziehbar, wenn darin die Erlebnisse des Tages hineingenommen und so das Leben elementar – mit seinen Ängsten, Freuden und Konflikten – vor Gott im Loben und Bitten, Danken und Klagen ausgesprochen werden kann.

4.2. Ein Gespür für die Vieldimensionalität der Wirklichkeit entwickeln

Eine gerade für kleine Kinder typische Eigenart ist, dass sie sich völlig in sich selbst hinein, in das, was sie gerade tun, z.B. spielen oder etwas anschauen, versenken können. Viel hängt für ihre Entwicklung – auch für ihre religiöse Entwicklung – davon ab, ob ihnen die Zeit gelassen wird und entsprechende Anregungen gegeben werden, um so mit dem „dritten Auge“ (H. Halbfas) sehen zu lernen. Auf diese Weise lernen sie, nicht nur das Gegebene als das Wirkliche zu nehmen, sondern ein Gespür für seine Vieldimensionalität zu bekommen und auch den Träumen und Sehnsüchten ihr Recht zuzuerkennen. Das Anregen von Fantasien und die Ermutigung zur eigenen Kreativität sind grundlegende Dimensionen auch religiöser Erziehung; heben sie doch darauf ab, sich nicht mit dem bloßen Rezipieren und Konsumieren von anderweitig Angebotenem zufrieden zu geben, sondern selbst etwas – gerade auch Neues – aus dem zu machen, was da ist.

4.3. Erfahrungswerte in Symbolen verdichten

Wie bereits angedeutet, besteht ein wichtiger Dienst, den weiterhin die religiöse Erziehung für die Identitätsbildung leisten kann, darin, dass sie die Symbolisierungsfähigkeit der Kinder anregt und fördert. Dabei kann es allerdings nicht darum gehen, die überlieferten religiösen Symbole möglichst vollständig an die Kinder weitergeben zu wollen, sondern sie ihrerseits zum Finden und Erfinden auch neuer, ihren originären Erfahrungen entsprungener und sie verdichtender Symbole zu animieren.

4.4. Anderen Gerechtigkeit widerfahren lassen

Es ist eine häufig antreffbare verhängnisvolle Verkürzung der religiösen Erziehung, wenn sie von klein an zwar zum „Beten“ anhält, aber das „Tun des Gerechten“ (D. Bonhoeffer) ausspart oder hintanstellt. Gerechtigkeit zu lernen und als Voraussetzung dafür allererst die Augen für die anderen zu öffnen muss demgegenüber als eine von der Einheit der Gottes- und Nächstenliebe her sich ergebende konstitutive religionspädagogische Aufgabe wahr- und ernst genommen werden. Auch hier kann der konkrete Umgang mit Kindern – nämlich ob diese in ihrer Verschiedenheit und Andersartigkeit anerkannt und ernst genommen und so befähigt werden, ihrerseits die anderen anzuerkennen – zum Testfall werden. Womöglich erweisen sie sich immer noch am ehesten als Lehrmeister, wenn es darum geht, anderen Gerechtigkeit widerfahren zu lassen.

Kinder verstehen es z.B. nicht, dass AltersgenossInnen von ihnen in Armut und Elend leben müssen, dass ihnen ihre Kindheit verwehrt wird, ja dass täglich weltweit 40.000 Kinder sterben. Fragend blicken sie uns Erwachsene an, was für eine Welt wir ihnen bereitet haben, und demonstrieren in ihrer spontanen Bereitschaft zu teilen, dass es auch anders, gerechter in dieser Welt zugehen könnte.

5. Sicherung der elementaren Kindheitserfahrungen

Setzt das, was hier zur religiösen Erziehung gesagt worden ist, nicht doch wieder so etwas wie eine „heile (Kinder-)Welt“ voraus, die faktisch so nicht (mehr) existiert? Ist sie nicht bereits im Ansatz illusorisch? Wenn man etwa an die Symbole denkt, die die christliche Botschaft aufgenommen hat, um das, worum es ihr geht, für die Menschen (der damaligen Zeit) verständlich, erfahrungsnah zu vermitteln – Licht und Dunkel, Wasser und Wind, Brot und Wein etc. –, muss nicht die Möglichkeit, sie überhaupt erst erfahren zu können, heute zunächst einmal künstlich arrangiert werden? Oder wo gehören etwa das Zusammenleben mit Geschwistern oder die kontinuierliche Beziehung zu einem Vater oder einer Mutter zum Erfahrungsumfeld heutiger Kinder? Bedingt das nicht, dass religiöse Erziehung, die das voraussetzt, unweigerlich doch zu einem möglichen Sonderbereich innerhalb eines ansonsten davon unbeeinflussten Umgangs mit den Kindern wird?

Doch – so ist umgekehrt zu fragen – wozu führt dann Erziehung? Verkommt sie nicht allzu leicht zu einer Dressur gemäß dem Bestehenden, zu einer eindimensionalen Reduktion des Menschen, wobei es darauf ankommt, die Fantasien und Sehnsüchte der Kindheit bereits im Keime zu ersticken? Wenn man sich nicht einfach dem Diktat der herrschenden Verhältnisse beugen will, dann bekommt die religiöse Erziehung eine eigenartige Brisanz: Sie kann sich weder in der bloßen Weiterführung traditioneller religiöser Lebensformen (in den dafür ausgesparten gesellschaftlichen Reservaten) erschöpfen, noch darf sie bloß – wie vielfach in der Geschichte – zur Reproduktion der für die gegenwärtigen gesellschaftlichen Lebensbedingungen benötigten Mitglieder beitragen. Sondern sie ist notwendige Unterbrechung und Transformation der bisherigen Selbstverständlichkeiten in Richtung auf eine Gesellschaft, in der die Erlebnismöglichkeiten der Menschen im Umgang mit sich selbst, miteinander, mit der Natur und in all dem mit Gott nicht länger unnötig eingeengt und in Entfremdung gehalten werden.

Eine solche Aufgabenbestimmung mag dem landläufigen religionspädagogischen Bewusstsein ungewöhnlich vorkommen. Und doch handelt es sich dabei um nichts anderes als die nahe liegende Konsequenz aus der Feststellung, dass das Untergraben der Voraussetzungen für religiöse Erziehung mit einer ernsten Gefährdung der Entwicklung der kindlichen Wahrnehmungsbereiche und Erlebnisfähigkeiten überhaupt einhergeht. Religiöse Erziehung bedeutet also, auch einen Beitrag zur Sanierung der Lebenswelten der Kinder – und damit der Gesellschaft insgesamt – zu leisten.

Literatur

Hull, J. M. (1997): Wie Kinder über Gott reden! Ein Ratgeber für Eltern und Erzieher. Gütersloh

Mette, N. (1983): Voraussetzungen christlicher Elementarerziehung. Vorbereitende Studien zu einer Religionspädagogik des Kleinkindalters. Düsseldorf

Scheilke, Chr. Th./Schweitzer, F. (1999ff.): Kinder brauchen Hoffnung. 5 Bde. Gütersloh/Lahr (demnächst: Münster)

Schweitzer, F. (2000): Das Recht des Kindes auf Religion. Gütersloh

Der Beitrag wurde erstmals in „Unsere Kinder“ 5/1992 publiziert und mehrfach aktualisiert.

Silvia Habringer-Hagleitner

Offen, berührt, ergriffen

Kinder als Regisseure ihrer spirituell-religiösen Entwicklung und als Lehrer für Erwachsene

„Die Kinder haben mit Gott kein Problem, die Erwachsenen haben das Problem." – Noch immer klingt mir dieser Ausspruch einer Kindergartenpädagogin bei einer Weiterbildungsveranstaltung im Ohr.

Über spirituell-religiöse Entwicklung in einer Zeit allgegenwärtiger Säkularisierung und massiver Kirchen- und Religionskritik nachzudenken ist nicht selbstverständlich. Zu viele Fragen, Unsicherheiten und Zweifel stehen im Raum und einem unbeschwerten Umgang mit der Thematik entgegen. In diesem Beitrag stelle ich einige Klärungen, Thesen und Ermutigungen in Sachen spirituell-religiöser Erziehung im Kindergarten vor.

1. „Regisseure spirituell-religiöser Entwicklung"

1.1. Zum Begriff „spirituell-religiöse Entwicklung"

Ich gehe im Folgenden von einem weiten Religionsbegriff aus, wie ihn der Theologe Paul Tillich geprägt hat. Er meinte: „Religiös sein heißt unbedingt Ergriffensein, mag sich dieses Ergriffensein nun in profanen Formen ausdrücken oder in Formen, die in engerem Sinne religiös sind." Immer dann, wenn wir in unserer Existenz berührt, betroffen, beglückt oder herausgefordert sind, kann Göttliches erfahrbar werden. Dann, wenn wir uns angesichts von Sinnfragen, angesichts von Freude, Glück, Schmerz und Leid, angesichts von Grenzerfahrungen an eine Transzendenz, eine uns überschreitende Wirklichkeit binden, haben wir es mit Religiosität zu tun. In der Theologie wird im Zusammenhang mit Religion immer wieder von „Rückbindung" an ein allumfassend-größeres Ganzes gesprochen. Martin Luther hat das einmal so ausgedrückt: „Woran du dein Herz hängst, dort ist auch dein Gott."

Es geht hier also zunächst noch nicht um eine spezifische Weltreligion, einen durch Traditionen überlieferten Glauben, sondern um eine Entwicklung von Kindern und Erwachsenen in Bezug auf ihre Leidenschaften, ihre Freuden, Ängste und Sorgen und damit verbunden in Bezug auf eine transzendente Wirklichkeit. Es geht um die Frage: Welches Verhältnis haben Kinder dazu, welche Bedeutung hat dieses Verhältnis für sie?

Der Begriff „spirituell" meint die je spezifische Ausdrucksform eines Glaubens, einer Religiosität. In unserer Spiritualität drückt sich das Geistliche, das uns bewegt, aus – wir finden dafür Rituale, setzen Handlungen, die unsere Wichtigkeiten oder, anders ausgedrückt, „Heiligtümer" sichtbar machen. Wesentlich im Zusammenhang mit religiöser Erziehung ist der Begriff der Entwicklung, der deutlich machen soll, dass wir Menschen uns auch in spirituell-religiösen Dingen ständig weiterentwickeln können, dass kleine Kinder anders glauben als große und diese wieder anders als Erwachsene.

1.2. Zum Begriff „Regisseur"

Der Begriff „Regisseur" soll das selbst gestaltende, eigensinnige Moment in der Entwicklung von Kindern betonen. Wie ein Regisseur findet das Kind in seiner Umwelt, seinen Bezugspersonen einen Stoff, einen Text vor, den es in Interaktion mit anderen auf ganz eigensinnige Weise interpretiert und neu ausgestaltet. Kinder sind weniger Produkte von Erziehung und Umwelt, sondern vielmehr aktive Gestalter ihrer selbst und also auch ihrer spirituell-religiösen Entwicklung. Sie sind kompetente Partner in der Konstruktion von Wirklichkeit.

So wie der Regisseur am Theater oder beim Film mit Dramaturgen, Schauspielern, Bühnen- und Kostümbildnern kooperiert und auf diese angewiesen ist, so kooperiert das Kind mit seiner Umwelt, seinen ErzieherInnen, seinen Eltern, seinen Geschwistern und KollegInnen in Kindergarten und Schule. Es ist auf diese angewiesen und gleichzeitig selbstständiges Subjekt – nicht ein nomadenhaft-egozentrisches, sondern ein prinzipiell soziales.

Mit dem Bild des Regisseurs soll einem alten Vorurteil begegnet werden, das da lautet: „Geben Kinder theologische Gedanken wieder, so reproduzieren sie bloß, was sie von den ErzieherInnen oder sonst wo gehört haben."

1.3. Kinder glauben anders

Wenn wir dem ureigenen Glauben, der originalen Spiritualität von Kindern auf der Spur sind, gleichen wir Religionswissenschaftlern, die sich einer ihnen fremden Religion anzunähern versuchen.

Ein endgültiges Verstehen und Erkennen bleibt aus, ein Teil bleibt immer unlösbares Rätsel. „Lass deinem Kind sein Geheimnis" – so betitelt Ulrich Steenberg sein Buch, in dem er versucht, religiöse Erziehung nach Maria Montessori neu durchzudenken.

Kinder denken und fühlen anders als Erwachsene und nicht immer fällt es uns leicht zu verstehen, was sie meinen. Im Geheimnis der Kinder sieht Montessori „das Prinzip ihres eigenen Werdens, das sie unmöglich jemandem erklären können".

Kinder denken unbeschwert konkret und bildhaft und befinden sich – so nennt es die Religionspädagogik – in der „ersten Naivität", die affektiv stark besetzt sein kann und in der Symbole noch nicht als Symbole durchschaut werden. Dass diese erste Naivität ihren Platz hat und von den Kindern gelebt werden können soll, erscheint in der gegenwärtigen Religionspädagogik als wichtiges Fundament für die weitere religiöse Entwicklung.

1.4. Ein intergenerativer Prozess

„Montessori-Pädagogik sieht in der Tat im Kind ein Wesen, das uns Erwachsenen helfen könnte, für uns die religiöse Dimension in unserem Leben zurückzugewinnen", schreibt Ulrich Steenberg. Diese Ansicht findet sich auch in der gegenwärtigen Religionspädagogik immer wieder. So schreibt etwa Norbert Mette zum Bericht einer Mutter, der ihre Unsicherheiten und Zweifel bezüglich der religiösen Erziehung ihres Kindes kundtut: Es lässt sich zeigen, dass die Besinnung der Mutter auf ihre eigene Religion nicht in einsamer Selbstreflexion geschieht, sondern im Zusammenhang mit der Erziehung des Kindes. Sie wird vom Kind her dazu veranlasst.

„Das weist darauf hin, dass das Kind nicht nur passiver Empfänger von Religion ist, sondern von Anfang an aktiv zu ihrer Vermittlung beiträgt" (Mette). Religiöse Erziehung ist demnach als wechselseitige Interaktion zu bestimmen, es sind also auch die Erwachsenen von diesem Prozess betroffen. Was und wie aber können nun ErzieherInnen von den Kindern für ihre Spiritualität, ihr Gottesbild bzw. für die Auseinandersetzung mit der christlichen Religion lernen? Zwei Beispiele aus einer Vielzahl von erlebten Situationen mit meinem Sohn möchte ich dazu nennen – gedacht als Ermutigung, Ihre eigenen Begegnungen mit Kindern daraufhin zu befragen, was Sie von den Kindern in spirituell-religiöser Hinsicht lernen.

In der Wahrnehmung von (Klein-)Kindern kann man sich, wie oben angedeutet, an folgendes Kriterium halten: Dort, wo sich Kinder besonders engagieren, wo ihre Faszination besonders spürbar, sichtbar, hörbar wird, dort schlägt auch ihr religiöses Herz, dort lässt sich ihre Spiritualität erahnen. Die Frage lautet dann: Was ist diesem und jenem Kind wirklich total, mit „Leib und Seele" wichtig, worin ist es leidenschaftlich?

Die Antwort kann – wie bei meinem Sohn – scheinbar sehr einfach ausfallen: Es ist das Fußballspiel in allen Variationen; sei es in der Wohnung mit einem Luftballon, mit kleinen Spielfiguren auf einem gebastelten Fußballplatz, draußen auf der Spielstraße oder auf dem Gemeindesportplatz, am Computer oder im Fernsehen. Die ersten Tore fallen am Morgen nach dem Aufstehen, die letzten am Abend vorm Bettgehen. In der puren Lebensfreude und der unermüdlichen Ausdauer beim Fußballspiel zeigt sich zweckfreie Sinnhaftigkeit. Er spielt, um zu spielen, nichts sonst ist wichtig. Und das lerne ich dabei von ihm: Das Leben bekommt Sinn, wenn ich meine Leidenschaft entdecke und lebe.

Das zweite Beispiel liegt auf der sprachlichen, theologisch ausdrücklichen Ebene: Mit vier Jahren beschäftigte ihn eines Abends wieder einmal die Frage, warum man „den Gott" nicht sehen könne. Ich meinte, man könne ihn zwar nicht sehen, aber vielleicht manchmal spüren – wenn wir uns sehr freuen zum Beispiel. Das schien ihn wenig zu beeindrucken, denn er meinte: „Ach, hättet ihr mich halt Gott getauft, dann könnte man ihn sehen in der Welt!" Gott wird von ihm hier also gedacht als einer wie du und ich, der sich unverständlicherweise nur nicht blicken lässt.

1.5. Würde, nicht Größenwahnsinn

Als theologisch aufgeklärte Frau könnte ich jetzt meinem Kind erklären, dass Gott eben nicht ist wie du und ich, sondern der ganz Andere, unaussprechlich Unvergleichbare, der über unsere menschliche Wirklichkeit Hinausweisende, Transzendente.

Ich tue es nicht, sondern suche nach der Lehre daraus für mich – nach einer anderen, sinnvollen Verbindung mit unserem christlichen Glauben und finde diese im Bild der Gottessohn- und Gottestochterschaft. Als getaufte Christen sind wir Gottes Söhne und Töchter. „Gott schuf den Menschen nach seinem Bilde", heißt es im Schöpfungsbericht der Bibel. Wir tragen also göttliche Würde in uns und wir sind nicht größenwahnsinnig, wenn wir das glauben. Ohne dieses christliche Selbstbewusstsein gäbe es beispielsweise die Texte der Mystikerin Mechthild von Magdeburg nicht, die immer wieder die Göttlichkeit ihrer Seele besingt. Als Christen kennen wir tatsächlich die Vorstellung, dass wir Gott im Mitmenschen sehen können. Daran hatte mich mein Sohn wieder erinnert.

2. Religionspädagogische Schlussfolgerungen

Für die Begleitung von Kindern in ihrer spirituell-religiösen Entwicklung sind folgende Punkte wichtig.

2.1. Offenheit für die andere, transzendente Dimension der Wirklichkeit

Wenn wir offen dafür sind, kann uns der Gott des Lebens und der Lebendigkeit im Zusammensein mit Kindern auf Schritt und Tritt begegnen, begleiten, in unserem eigenen Tun, aber auch in dem, was die Kinder tun.

Kinder können wir wohl dann am ehesten in ihrer spirituell-religiösen Entwicklung begleiten, wenn wir uns auch mit unserer eigenen Spiritualität und Religiosität, unseren Zweifeln und Hoffnungen auseinandersetzen und uns somit auch selber weiterentwickeln. Die Kinder in ihrer Unbefangenheit können mir als Erwachsene eine Hilfe sein bei der Suche nach einer religiösen Sprache – vor allem dann, wenn ich ihnen zuhöre und mich mit ihnen gemeinsam auf die Gottessuche begebe.

2.2. Vorurteilsfrei die Befindlichkeiten eines Kindes wahrnehmen

Die jeweilige Religiosität und Spiritualität eines Kindes können wir am ehesten dann entdecken und begleiten, wenn wir die Befindlichkeiten eines Kindes möglichst vorurteilsfrei wahrnehmen können. Montessori spricht vom „intelleto d'amore" – der Schaukraft der Liebe. Ignatius von Loyola, der Gründer des Jesuitenordens, spricht von der Liebe zur Wirklichkeit.

Diese liebende Wahrnehmung sieht die Realitäten, wie sie sind, und umspült sie gleichsam mit Wärme. So schafft und entdeckt sie Sinn ...

2.3. Offen sein für Neues und Überraschendes

Bei der sensiblen spirituell-religiösen Begleitung von Kindern habe ich die Chance, mit den Kindern Neues sehen und Überraschendes hören zu können. Wenn wir offen dafür sind, berührt uns die Lebendigkeit Gottes in der Begegnung mit den Kindern.

Der jüdisch-christliche Gott zeigt sich in unserem fröhlichen und mühsamen Miteinander – noch bevor wir daran denken, ihn anzubeten oder von ihm zu reden. Er ist dabei seiend, mit-fühlend, mit-freuend, mit-leidend.

Eine neue generationenübergreifende Religionspädagogik sieht Lebenlernen und Glaubenlernen als untrennbares Geschehen, das Kinder und Erwachsene wechselseitig verändert.

2.4. Gelassenheit, Zuversicht und Vertrauen

Wer sich auf das Zusammenleben mit Kindern einlässt, lässt sich verstärkt ein auf den Prozess des Lebens mit all seinen Facetten wie Leben und Tod, Gesundheit und Krankheit. Jede erzieherische Tätigkeit ist bedroht von der Gefahr des Scheiterns. Im Moment des erzieherischen Handelns wissen wir nicht, welche Früchte es letztlich nach sich ziehen wird. Man hat das Reich der Sicherheiten verlassen und lässt sich ein auf ein Geschehen mit offenem Ausgang. Die Hoffnung, es möge gut gehen, wird zum alltäglichen Begleiter.

Wichtig in diesem Zusammenhang erscheint mir eine spirituelle und religionspädagogische Gelassenheit angesichts der Entwicklung von Kindern. Diese Gelassenheit speist sich u.a. auch aus den Erkenntnissen der neueren Lebenslaufforschungen, welche zeigen, dass nicht alles endgültig und schicksalhaft in der Kindheit festgelegt wird, sondern dass Menschen sich zeit ihres Lebens verändern, folglich auch ihre spirituellen und religiösen Zugänge, Bedürfnisse, Fragen und Bekenntnisse. Wir sind die Regisseure unserer spirituell-religiösen Entwicklung auch in unserem Erwachsenenleben.

Daraus kann sich die Erkenntnis entwickeln, dass wir – anders als wir bislang oft in der Religionspädagogik angenommen haben – nicht perfekt werden müssen im Drillen und Verführen zu religiösen Handlungen, im Erzählen von biblischen Geschichten, im Vermitteln des guten, katholischen Glaubens.

Wir brauchen nur sensibel werden für die Ergriffenheiten der Kinder, mit denen wir zusammenleben, und für unsere eigenen Ergriffenheiten. Dann kann das Leben zu einem religiösen Abenteuer werden, bei dem sich göttliche Lebenslust und Lebensfreude ebenso einstellen wie die Sehnsucht nach neuer Gerechtigkeit, nach Zärtlichkeit und Frieden. Mitten in allen Konflikten und durch sie hindurch.

Literatur

Betz, Felicitas (1996): Die Seele atmen lassen. Mit Kindern Religion entdecken. München

Bucher, Anton A. u.a. (Hg.) (2002): Mittendrin ist Gott. Kinder denken nach über Gott, Leben und Tod. Jahrbuch für Kindertheologie, Band 1. Stuttgart

Esser, Wolfgang G./Kothen, Susanne (1998): Die Seele befreien. Spiritualität für Kinder. Ein Praxisbuch. München

Habringer-Hagleitner, Silvia (2006): Zusammenleben im Kindergarten. Modelle religionspädagogischer Praxis. Stuttgart

Scheilke, Christoph Th./Schweitzer, Friedrich (Hg.) (1999): Kinder brauchen Hoffnung. Religion im Alltag des Kindergartens. Band 1: Mit Geheimnissen leben. Gütersloh

Scheilke, Christoph Th./Schweitzer, Friedrich (Hg.) (2000a): Kinder brauchen Hoffnung. Religion im Alltag des Kindergartens. Band 2: Das ist aber ungerecht! Mit Kindern Gerechtigkeit erfahren. Lahr

Scheilke, Christoph Th./Schweitzer, Friedrich (Hg.) (2000b): Kinder brauchen Hoffnung. Religion im Alltag des Kindergartens. Band 3: Musst du auch sterben? Kinder begegnen dem Tod. Lahr

Scheilke, Christoph Th./Schweitzer, Friedrich (Hg.) (2002): Kinder brauchen Hoffnung. Religion im Alltag des Kindergartens. Band 4: Wie sieht Gott eigentlich aus? Wenn Kinder nach Gott fragen. Lahr

Schindler, Regine (1999): Zur Hoffnung erziehen. Gott im Kinderalltag. Zürich

Steenberg, Ulrich (1998): Lass deinem Kind sein Geheimnis. Religiöse Erziehung nach Maria Montessori. Freiburg/Basel/Wien

Der Beitrag wurde erstmals in „Unsere Kinder" 3/2004 publiziert.

Stefan Schlager

Was Menschen glauben

Basiswissen über wichtige Weltreligionen

Mose	Buddha	Lao-Tse	Christus	Muhammad
um 1200 v.Chr.	563–483 v.Chr.	um 300 v.Chr.	ca. 4 v.Chr. – ca. 30 n.Chr.	570–632 n.Chr.

Immer häufiger verbringen österreichische Kinder mit mehr oder weniger ausgeprägten christlichen Wurzeln den Kindergartenalltag mit Mädchen und Buben aus anderen Kulturkreisen bzw. mit anderen religiösen Bekenntnissen. Angesichts dieser Lage ist es hilfreich, sich in religiöser Hinsicht ein Basiswissen über die Weltreligionen anzueignen. Im Folgenden sollen vier in Österreich gesetzlich anerkannte Religionen (Judentum, Buddhismus, Christentum und Islam) skizziert werden. Ein kleiner Seitenblick gilt dem Daoismus, der durch seine Betonung der „Harmonie" bei nicht wenigen Menschen (Eltern, KindergartenpädagogInnen ...) immer mehr Interesse findet.

Leitfiguren und Lehren

Der deutsche Theologe Hans Küng hat ein „Koordinatenkreuz der Weltreligionen" gezeichnet, das die Weltreligionen in eine grafische Ordnung stellt. Ebenso gut lässt sich eine „Zeitleiste" zeichnen (siehe oben), die einige religiöse Leitfiguren und ihre Lehren in den Blick rückt.

Die Zeitleiste beginnt mit dem Namen **Mose** (um 1200 v.Chr.). Mose ist nach Hans Küng der „Prototyp des Propheten", der für die „unbedingte Geltung der geschriebenen Weisung Gottes" steht. Dementsprechend ist Mose Leitfigur für ein Leben nach der Weisung bzw. dem Gesetz Gottes in dieser Welt – und gerade so Aufruf zu einer sittlichen Weltgestaltung.

Die nächste Markierung steht beim Namen **Buddha** (wahrscheinlich 563–483 v.Chr). Er gilt in der Welt der Religionen als der Erleuchtete und Meister der Meditation. Er steht für geistige Versenkung, Verinnerlichung und mönchische Weltentsagung in Gemeinschaft. Buddha ist für die Seinen eine Leitfigur, die mit Hilfe von Einsicht, Meditation und richtigem Handeln zur Aufhebung des Leidens und zum Nirwana führen will.

Geschichtlich weitgehend unbekannt, aber möglicherweise um ca. 300 v. Chr. ist die Lebenszeit des **Lao-Tse** anzusetzen. Der „Alte Meister" gilt als Begründer des Daoismus. Er ist der Prototyp des fernöstlichen Weisen, der für ein harmonisches Leben mit der Natur steht. Sein Ideal ist das weise Sich-Einfügen in die vorgegebene, vermeintlich göttlich-kosmische Ordnung bzw. Natur. Lao-Tse ist dementsprechend Leitfigur für ein Leben in Harmonie mit der „großen Natur".

Die nächste Person auf der Zeitleiste ist **Jesus von Nazaret** (ca. 4 v.Chr. bis ca. 30 n.Chr.). Im erwähnten „Koordinatenkreuz" von Hans Küng steht – aus christlicher Sicht betrachtet – Jesus Christus in der Mitte, im Schnittpunkt der anderen Weltreligionen. Der nachstehende Vergleich mit den Weltreligionen erfolgt aus genau diesem Blickwinkel.

Muhammad (570/71–632 n.Chr.) ist die letzte Markierung der Zeitleiste. Er versteht sich als das bestätigende „Siegel" aller vorherigen Propheten und fühlt sich ganz in der Linie von Mose und Jesus. Muhammad steht für eine „Religion, die auch den Raum der Gesellschaft ganz durchdringen will" und auf die Einrichtung von Gottesstaaten ausgerichtet ist. Muhammad ist für die Muslime die Leitfigur für ein Leben nach dem Koran, Gottes ursprüngliche und endgültige Offenbarung auf dem Weg zu Weltgericht und Paradies.

Religionen im Vergleich

Es ist nicht zu übersehen, dass es viele Gemeinsamkeiten zwischen Christus und den anderen „Leitfiguren" gibt (auf der Ebene der Lebensweisheit, in dem Bemühen, nach dem Willen Gottes zu leben, in seinem prophetischen Einsatz für die Sache Gottes und die Sache der Menschen ...). Und dennoch fällt auf: Wer als Weg seines Lebens die Nachfolge Jesu Christi wählt, der wählt eine Gestalt, die von allen diesen verschieden ist. Anders als Buddha geht es Jesus nämlich nicht um das Durchschauen der Welt in ihrer Nichtigkeit und – damit verbunden – um das Aufgeben des „Lebenswillens" und der „Anhaftung an das Leben". Er ermutigt vielmehr – und lebt es selber vor –, sich ganz und gar vom Willen Gottes herausfordern, formen und wandeln zu lassen. Das zeigt sich vor allem in konkret gelebter Nächstenliebe.

Während Lao-Tse im Nicht-Handeln bzw. Nicht-Eingreifen in die Natur das Ideal sieht, hat Jesus gerade das heil-volle „Eingreifen" bzw. Gestalten dieser Welt im Blick. Dabei beruft er sich – anders als die großen Propheten Israels – nicht auf eine Sendung durch Gott. Stattdessen tritt er mit einer Vollmacht auf und handelt aus einer bis dahin unbekannten „Gottunmittelbarkeit" heraus. So lautet seine Botschaft: Mit mir ist das Reich Gottes im Ankommen. In meinem Tun und Reden wird die Liebe Gottes greifbar. Muhammad wiederum versteht sich als Sprachrohr des göttlich diktierten Wortes. Bei Jesus aber geht es nicht ums Zitieren und Aufschreibenlassen von ewig vorformulierten Weisheiten. Die Botschaft Jesu vom heilvollen Kommen und Wirken Gottes ist vielmehr mit seinem Leben, seinem Schicksal untrennbar verbunden.

Was den Glauben der Christen noch von allen anderen unterscheidet, ist, dass in seinem Zentrum ein Mann steht, der für seine gute Botschaft am eigenen Leib Leid, Schmerzen, Ohnmacht und einen brutalen Tod erfahren hat. Dieser Gekreuzigte ist jedoch – so das Bekenntnis der Jüngerinnen und Jünger Jesu – nicht im Tod geblieben, sondern von den Toten auferweckt worden. Ohne die Begegnungen der Osterzeugen mit dem Auferweckten würde es kein Christentum geben.

Grundanliegen der Religionen

Ein weiterer Zugang zu den Grundanliegen der Religionen ist über „Kernsätze" (wie Gebete, Bekenntnisse ...) möglich. Im **Judentum** lautet einer dieser Kernsätze:

Höre, Israel, der Herr, unser Gott, der Herr ist einzig. Darum sollst du den Herrn, deinen Gott, lieben mit ganzem Herzen, mit ganzer Seele und mit ganzer Kraft. (Deuteronomium 6,4–5)

Im Zentrum der jüdischen Religion steht das Leben mit Gott, der als der „Ich-bin-da" (= Jahwe) Interesse am Wohl der Menschen hat. Im Besonderen soll mit Hilfe der Tora – der fünf Bücher Mose – ein gottgemäßes und dadurch zugleich menschengemäßes Leben ermöglicht werden. Die Tora gilt als Gesetz Gottes und wird im Judentum besonders verehrt.

Im **Buddhismus** und seinen zahlreichen Spielformen drückt die dreifache Zufluchtsformel die Zugehörigkeit zum Buddhismus aus:

Zu Buddha nehme ich meine Zuflucht,
zur Lehre nehme ich meine Zuflucht,
zur Mönchsgemeinde nehme ich meine Zuflucht.

Diese Formel zeigt, dass im Zentrum des buddhistischen Lebens – trotz seiner verschiedenen Ausformungen – die Lehre Buddhas steht. Diese Lehre ist vor allem in den vier heiligen Wahrheiten überliefert. Diese Wahrheiten reichen vom Erkennen, dass alles leidvoll (weil vergänglich) ist, bis hin zum Wissen, wie ein Ausstieg aus dem Leid schaffenden Rad der Wiedergeburten gelingen kann.

Schwierig ist es, für das **Christentum** eine Kurzformel zu finden. Im Zentrum des Christentums steht nämlich nicht eine Lehre oder bestimmte göttliche Gesetze, sondern eine Person. Christen sind überzeugt, dass über den konkreten Menschen Jesus von Nazaret ein neuer Zugang zu Gott ermöglicht wurde, ja dass von Gott niemals mehr anders als mit Blick auf diesen Menschen gesprochen werden kann (daher die Titel „Gottessohn" oder „Herr" für Jesus). Eine christliche Kurzformel des Glaubens, die diese Bedeutung des Mannes aus Nazaret gut ausdrückt, findet sich im 1. Timotheus-Brief:

Einer ist Gott, Einer auch Mittler zwischen Gott und den Menschen: der Mensch Christus Jesus. (1 Tim 2,6)

Ein Christ ist demnach ein Mensch, der nach dem Maßstab und Geist Jesu zu leben versucht, beginnend mit der Taufe.

Maßgeblich für **Muslime** ist der Gehorsam gegenüber dem Willen Gottes, wie er im Koran zum Ausdruck kommt. Der Koran gilt als Abschrift des himmlischen Ur-Koran. Richtlinie für ein korangemäßes Leben sind die fünf Säulen: die Bezeugung des Glaubens, das fünfmalige Gebet, die Sozialabgabe, das Fasten im Monat Ramadan und die Pilgerfahrt nach Mekka. Als ein besonderer Kernsatz des Islam gilt:

Es gibt keinen Gott außer Allah,
und Muhammad ist sein Prophet.
(Schahada/Glaubensbekenntnis)

Feste

In allen großen Religionen gibt es Feste. Im Folgenden sollen die „Hauptfeste" kurz erörtert werden:

Als Hauptfest im Judentum gilt das **Pessach-Fest,** die Feier der Befreiung der Israeliten aus der ägyptischen Fronarbeit. Pessach beginnt laut jüdischem Kalender am 15. Nissan (Vollmond im März/April) und dauert in Israel sieben, in anderen Gegenden acht Tage. Als volle Feiertage gelten jedoch nur der erste Tag – der Tag des Auszugs – und der letzte Tag – der Tag der Spaltung des Schilfmeeres. Dazwischen liegen die sogenannten Halbfeiertage. An ihnen sollen Werktätigkeiten möglichst eingeschränkt werden.

Ein wichtiges Fest bei Buddhisten ist **Vesakh,** das immer auf den Vollmondtag im Mai fällt. Bei diesem Fest wird der Geburt, der Erleuchtung und des Eingehens Buddhas ins Nirwana gedacht.

Das wichtigste Fest im Christentum ist **Ostern:** die Feier der Auferweckung Jesu von den Toten. Es wird am ersten Sonntag nach dem ersten Frühlingsvollmond gefeiert. Bedeutung haben darüber hinaus noch die Feier der Kartage (Palmsonntag, Gründonnerstag, Karfreitag und Karsamstag). Christliche Hochfeste sind weiters Pfingsten (50 Tage nach Ostern: Herabkunft des Heiligen Geistes) und Weihnachten (25. Dezember: Geburt Jesu).

Der Höhepunkt des islamischen Fastenmonats Ramadan ist die **Nacht der Bestimmung** (Lailaat-ul Qadr), in welcher Muhammad aus Sicht der Muslime die erste Sure des Koran herabgesandt wurde. Die einmonatige Fastenzeit Ramadan endet mit dem dreitägigen Fest des Fastenbrechens (idu-l-fitr) – mit köstlichen Speisen. Die folgenden beiden Tage werden vorwiegend zum Besuch von Verwandten und Freunden genutzt. Da man den Kindern in diesen Tagen Süßigkeiten schenkt, nennt man das Fest Zuckerfest. Zwei Monate und zehn Tage später feiern Muslime dann das Opferfest. Es erinnert an die Bereitschaft Abrahams, seinen Sohn (Ismael) auf Gottes Befehl hin zu opfern, und an die Errettung des Sohnes. Der Höhepunkt des viertägigen Festes ist die Opferung eines Tieres.

	Zentrale Feste	
Judentum	Pessach: Feier der Befreiung der Israeliten aus der ägyptischen Gefangenschaft	im Frühling, Vollmond im März/April (15. Nissan)
Buddhismus	Vesakh: Feier der Geburt Buddhas, dessen Erleuchtung und Eingehen ins Nirwana	Vollmondtag im Mai
Christentum	Ostern: Feier der Auferweckung Jesu von den Toten, davor die Kartage (Letztes Abendmahl, Kreuzigung und Grablegung) Pfingsten: Sendung des Heiligen Geistes Weihnachten: Fest der Geburt Jesu (Menschwerdung)	erster Sonntag nach dem ersten Frühlingsvollmond 50 Tage nach Ostern 25. Dezember
Islam	Ramadan und anschließendes Fastenbrechen Opferfest: Bereitschaft Abrahams, seinen Sohn (Ismael) auf den Befehl Gottes hin zu opfern, und Errettung Ismaels	Da das islamische Jahr ein Mondjahr ist und nur 354 oder 355 Tage umfasst, verschieben sich die Feste in Bezug auf unsere Jahreseinteilung jedes Jahr.

Kinderfeste

Besondere „Kinderfeste" sind neben dem genannten islamischen Zuckerfest die beiden jüdischen Feste **Chanukka** – mit dem Anzünden von Kerzen und dem Erhalten von Geschenken – und **Purim**. Bei diesem Fest kann man sich verkleiden, ordentlich Lärm machen, gut essen und sich beschenken. An Chanukka wird an die Befreiung des Tempels und die Wiedereinweihung im Jahr 164 v.Chr. gedacht. Purim hingegen ist das Erinnerungsfest an die Errettung persischer Juden vor einer Judenverfolgung. Im Christentum gibt es neben dem Weihnachts- und Osterfest noch das **Nikolaus-** und das **Martinsfest** mit kinderspezifischen Elementen. Zu Vesakh werden Lichter- und Fahnenfeste veranstaltet, es werden Vögel freigelassen und Glückwunschkarten verschenkt.

Der Beitrag wurde erstmals in „Unsere Kinder" 3/2004 publiziert.

ELSE DOROSTKAR

Philosophieren mit Kindern

Der Anfang der Philosophie ist das Staunen (Platon). – Philosophieren ist eine zutiefst menschliche Angelegenheit. Es hängt mit unserer offenbar exklusiv menschlichen, geistigen Fähigkeit zusammen, Dinge, Ereignisse, sogar uns selbst gleichsam mit Abstand zu betrachten. Diese **Selbstdistanzierung** ist ein wesentliches Merkmal des Personseins (Frankl). Tiere sind ihr Leben lang damit beschäftigt, ihr Leben zu leben. Wir Menschen dagegen haben die Möglichkeit, über die Dinge und uns selbst nachzudenken und zu sprechen. Wir brauchen unser Leben nicht nur geschehen zu lassen, wir können es auch führen.

Mit dem ersten „Warum?" des Kindes ist das Philosophieren erwacht. Staunen und Wundern sind spezifische Arten des Anstoßnehmens an bisherigen Selbstverständlichkeiten. Sie sind Ausdruck einer lebendigen Begegnung mit dem Wissbaren und Anfang jeglicher Bildungsbemühung. Für die Bildung ist entscheidend, dass das Staunen sich nicht in naiver Faszination erschöpft, sondern den Beginn einer ernsthaften geistigen Beschäftigung darstellt, als Motor für Wissensdurst – und als Grundbedingung des Zweifelns.

1. Philosophie heißt Liebe zur Weisheit

Um diese Liebe pflegen zu können, haben wir u.a. drei nützliche Werkzeuge mitbekommen: den Verstand, um zu verstehen, die Augen, um einzusehen, sowie die Hände, um handelnd zu begreifen.

In unserer Gesellschaft wird die intellektuelle Ebene oft sehr bevorzugt. Der Erwerb von Wissen steht im Vordergrund. Erich Fromm verglich unsere Konsumwelt mit einer „Haben-Gesellschaft", die das Sein, das Gefühl für sich selbst, verloren hat. Es kann uns nicht allein um Wissensvermittlung gehen, sondern darum, dass Kinder

- Antworten selbst finden, kreative Lösungsmöglichkeiten sowie alternative Denkmodelle erarbeiten;
- Fragen stellen, Meinungen und Auffassungen hinterfragen;
- sich Kenntnisse und Fähigkeiten aneignen, die ihnen helfen, sich schnell auf neue Situationen einzustellen;
- Zusammenhänge selbstständig entdecken und erkennen;
- aus der Informationsflut Widersprüchliches aufdecken;
- selbstständig und selbstverantwortlich handeln lernen;
- ihre Wahrnehmungsfähigkeit schärfen, was ihre Person, ihr Denken, Fühlen und Handeln betrifft;
- das Eigene, sich selbst, erkennen und verwirklichen.

Beim Philosophieren wird kein konkretes Ziel angestrebt, es geht nicht um ein Endergebnis! Es geht vielmehr um den Prozess, um die Chance, sich selbst ein Stück näher zu kommen. Macht, Autorität und Manipulation haben hier keinen Platz.

2. Mäeutik, die Kunst, im richtigen Moment die richtige Frage zu stellen

Diese Methode geht auf den berühmten griechischen Philosophen Sokrates zurück. Seine Mutter war Hebamme und Sokrates wusste, was es bedeutet zu helfen, etwas Lebendiges zu gebären. Auch er half, allerdings bei einer anderen Art von Gebären: Er tat dies durch geschickte Fragen an seine Mitbürger, an Junge und Alte, an Handwerker und Politiker. Keiner war vor seinen unerbittlichen Fragen sicher, aber so manchem gelang es, dadurch die eigene Weisheit hervorzubringen.

Beim Philosophieren mit Kindern und Jugendlichen sollten **wir** versuchen, „sokratische Hebammen" zu sein, zum Entwickeln eigenständiger Ansichten und Meinungen zu ermutigen. Durch gezielte Fragen können wir Kindern und Jugendlichen helfen, ihre Gedanken in geordneter, vertiefender und kreativer Weise weiterzuspinnen. Im partnerschaftlichen Dialog kann gemeinsam eine Sache erhellt werden (Jaspers).

Um mit Kindern ins philosophische Gespräch zu kommen, gibt es mehrere methodische Möglichkeiten, z.B.:

- Kinderfragen aufgreifen und zurückfragen
- Kinderbücher, -texte, frei erfundene Geschichten als Impulse verwenden
- Geschichten weiterspinnen, unterstützt durch Anschauungsobjekte z.B. aus der Kramurikiste, aus dem vorhandenen Spielmaterial
- Geschichten malen, zeichnen, schreiben, collagieren
- Bildnerisches Gestalten
- Tag- und Nachtträume, Fantasiereisen, Stilleübungen
- Rollen- und Bewegungsspiele
- Brain- und Heart-Stormings
- Rhythmik mit Luftballons oder Seidentüchern

3. Fragen zur Sinnfindung

Das philosophische Staunen erleben wir schon bei jungen Kindern in jenen berühmt-berüchtigten „Warum-Wieso-Weshalb-Fragen":

- „Warum können Hunde besser riechen als Menschen?"
- „Weshalb kann ich kein Hund sein?"
- „Warum fressen manche Tiere andere auf?"
- „Wieso bin ich ein Bub und kein Mädchen?"

In all diesen Fragen steckt das verborgene Ahnen und Hoffen, dass zu jedem Warum ein Darum gehören muss, eine Antwort, die den **Sinn** einer Sache erhellt. Solche Antworten sind meist schwieriger zu finden als rein technische Erklärungen eines Sachverhalts.

Wer mit Kindern philosophieren will, muss bereit sein, selbst einzutauchen in die Welt der ungelösten Fragen, muss versuchen, viele – scheinbare – Selbstverständlichkeiten mit kindlich unverbrauchten Augen nochmals neu anzusehen, keinesfalls geht es ohne die Überzeugung, dass Kinder ernst zu nehmende Gesprächspartner sind.

Während wir Erwachsene oft mühsam unser Wissen zusammensuchen, weil wir meinen, keine guten ErzieherInnen zu sein, wenn wir die „richtige" Antwort schuldig bleiben, sind Kinder selten um eine Auskunft verlegen. So können wir über die Antworten der Kinder staunen, wenn wir offenen Ohres zurückfragen: „Was meinst denn du, wieso Hunde bessere Nasen haben?" Ob die Antwort dann vom wissenschaftlichen Standpunkt aus gesehen absolut richtig ist, spielt dabei eine unbedeutende Rolle. Wesentlich dagegen ist, dass ein Kind durch seine eigene (vorläufige) Erklärung einen **Sinn** in die Sache legt – das braucht man, um sich im Leben zurechtzufinden.

„Warum regnet es?" könnte z.B. eine solche Sinnfrage sein. Oft reagiert der Erwachsene mit Erklärungen über Luftfeuchtigkeit, Temperatur, Wind und Kondensation und ist erstaunt oder verärgert, wenn das Kind die Frage einfach wiederholt. Dies zeigt jedoch, dass der Erwachsene übersehen hat, dass das Kind eine ganz andere Frage beschäftigt, nämlich: „Wo liegt der Sinn darin, dass es ausgerechnet jetzt regnet, wo ich doch draußen spielen möchte?"

4. Fragen zur Begriffsklärung

Kinder fragen oft nach Dingen, die sich scheinbar von selbst verstehen, aber gar nicht so selbstverständlich sind.

- „Was ist **eigentlich** ein Stern?"
- „Was ist **überhaupt** ein Vogel?"

Dabei geht es ihnen um das Wesentliche und nicht um reines Faktenwissen. Solche Fragen bedeuten: „Ich will nicht wissen, wie es sich mit diesem oder jenem Stern verhält, sondern was es mit Sternen überhaupt auf sich hat."

Abzuklären, wie sich eine Sache nicht nur im Einzelfall, sondern im Allgemeinen verhält, ist eine philosophische Angelegenheit. Die gelungene Klärung hilft Orientierung zu finden und dies dürfte wohl ein Grund sein, weshalb selbstbewusste Kinder diese Fragen so oft stellen.

„Eigentlich" oder „überhaupt" zielen auf das hin, was zum Wesen einer Sache gehört oder auch auf das, was unter ihren Begriff fällt.

Was ist eigentlich ein Baum? – Zeichnen wir doch einmal einen Baum oder stellen wir ihn uns mit allen inneren Sinnen vor! Welche ähnlichen oder gar gleichen Merkmale haben Bäume, die wir kennen? – Stamm, Zweige, Rinde, Holz, Blätter, Farbe, Blüten, Früchte, Wurzeln, Geruch, einen Standort, ein Alter, einen Zweck ... Aber es gibt ja auch noch Nadelbäume, wurzellose Bäume, Bäume ohne Holz oder Geruch, den Lebensbaum, den Stammbaum! Von welchem Baum also suchen wir Merkmale?

Im Laufe dieses Spiels können Kinder und Erwachsene bestimmt eine ganze Menge über Bäume ins Bewusstsein holen. Gemeinsam wird auf diese Weise eine Klärung des Begriffes „Baum“ erfahren und man kommt seinem **Wesen** ein Stückchen näher:

- **dem Begriffsinhalt,** indem jene Merkmale genannt werden, die ein Ding ganz bestimmt haben muss, damit man es als Baum erkennt (notwendige Bestandteile: Stamm, Verzweigungen ...), und indem jene Merkmale gesucht werden, die ein Baum haben kann, ohne die er aber dennoch als Baum erkannt werden würde (zufällige oder partikuläre Merkmale: Blätter, Zapfen, Nadeln ...).
- **dem Begriffsumfang,** indem alle Begriffe, die mit „Baum“ zu tun haben, aufgezählt werden: Oster-, Zier-, Plastik-, Lebensbaum, baumstarker Mann ...

Beim Philosophieren findet man höchst selten eine einzige endgültige Antwort. Begriffserklärungen führen aber dazu, **mehr** – nie alles – von einer Sache zu verstehen als zuvor. Und manche Fragen (z.B. Glaubensfragen) bleiben immer offen, da persönliche Antworten gesucht werden müssen.

Nun gibt es immer wieder Erwachsene, die bei der Methode des Rückfragens nur zu hören bekommen: „Weiß ich nicht!“ Die Gründe können unterschiedlich sein:

- Das Kind hat die Antwort schon allzu oft selber hören müssen.
- Das Kind will nicht sein Wissen erweitern, sondern es versucht einfach Kontakt herzustellen, um Zuwendung zu erfahren.
- „Weiß ich nicht“ kann auch Ausdruck einer bequemen Konsumhaltung sein, wenn Kinder zu oft erleben, dass man ihnen die eigene Denkarbeit abnimmt.
- „Weiß ich nicht“ kann auch heißen: „Ich habe resigniert, die Großen wissen sowieso immer alles besser.“

Mit Kindern zu philosophieren kann dem „Weiß ich nicht“ abhelfen, indem die Fantasie und der Mut zu eigenen Ideen gefördert werden.

5. Die philosophische Denkbewegung

Wenn wir mit Kindern philosophieren, beginnen wir bei etwas Konkretem, einer Frage des Kindes oder einer (Bilderbuch-)Geschichte mit spezieller Problematik. Dann versuchen wir vom einzelnen Gedanken auf eine allgemeinere Ebene vorzudringen.

- Vom eigenen Namen bis hin zu dem, was ein Name überhaupt ist.
- Von einzelnen Menschennamen bis zur Frage, ob alle Wesen/Dinge einen Namen tragen – von mir als Individuum bis hin zur Gattung Mensch.

Schon sehr junge Kinder zeigen durch bestimmte Fragen auf, dass sie auf der Suche nach ihrer Identität sind:

- Was unterscheidet mich von anderen?
- Was kann ich?
- Was passt zu mir?
- Was will ich?
- Was darf ich?

Der induktive Denkprozess, der Kleinkindern eher entspricht, verläuft vom Einzelnen und Konkreten zum Allgemeinen und Abstrakten. Ist dies gefunden, können in der Umkehrrichtung vom Abstrakten zum Konkreten – in der deduktiven Denkweise – wiederum Schlüsse vom Allgemeinfall für den Einzelfall abgeleitet werden. Eine in Summe typische philosophische Denkbewegung!

Nicht jede Frage ist schon eine philosophische. Kinder lernen sehr früh, „nützliche“ Fragen zu stellen, weil sie von Erwachsenen als „gescheite“ Fragen anerkannt sind. Um aus Informationsfragen philosophische zu machen, kann man Zusatzfragen stellen – z.B. auf die Frage „Wie spät ist es?“ gegenfragen: „Was ist eigentlich Zeit? Wohin geht sie?“

6. Werkzeuge und Techniken des Philosophierens

Philosophieren bedeutet Erkenntnisse erweitern, und zwar mit allen uns zur Verfügung stehenden Werkzeugen. Durch den differenzierten Gebrauch unseres Verstandes und aller unserer Sinne können wir viel verstehen und begreifen. Durch Veranschaulichungen aber können wir mitunter zusätzliche Ein-**Sichten** gewinnen, die der Logik zuvor nur schwer zugänglich waren.

Eine der grundlegendsten Techniken allen Philosophierens ist es, vorhandene Unterschiede zu erkennen. Dies geschieht sowohl auf der Ebene der inneren und äußeren Sinneserfahrung als auch auf der Ebene der Sprache und des Denkens. Wenn wir auf Klarheit im Denken und Differenziertheit im Ausdruck achten möchten, können wir unser Vorbild geltend machen: Wir überlegen unsere Wortwahl sorgfältig und versuchen, genau zu formulieren. Mit den Kindern üben wir eine differenzierte Ausdrucksweise, indem wir folgende kleine Spiele in den Alltag einflechten:

6.1. Mein Löffel und dein Löffel

In einem Haushalt gibt es meist lauter gleiche Löffel. Doch schauen wir uns die Löffel einmal genauer an! Lassen sich da nicht Unterschiede entdecken? Sehen sie wirklich alle gleich aus? Ist da nicht ein kleines Fleckchen auf meinem? Und deiner riecht anders als meiner! Hast du etwa schon im Kakao damit umgerührt? Wie klingt es, wenn man mit dem Löffel auf die Hand klopft? Auch andere Unterschiede werden wir feststellen: „Mein Löffel wurde schon vor mir benützt." „Mein Löffel gehört mir gar nicht, aber der von der Mama gehört mir wirklich." „Mit meinem wurde schon im Sandhaufen gespielt." (Dieses Spiel kann man natürlich mit beliebigen Gegenständen variieren.)

6.2. Das Bilderbuch „Warum kann ich nicht fliegen" von Ken Brown

Hier gibt es so viele Vögel, die man vergleichen kann: Störche, Flamingos, Spatz und Strauß ... – Spatz und Strauß haben beide kurze Flügel, aber warum kann nur der Spatz fliegen? Wenn wir alle fliegenden Bilderbuch-Vögel beobachten, so werden wir Dutzende von verschiedenen Flügelstellungen entdecken. Kinder können diese nachspielen. So erfahren sie durch die Körperbewegung, wie vielfältig Vögel fliegen, und wenn sie das nächste Mal fliegende Vögel zeichnen, dann wird es vielleicht nicht mehr in der üblichen oft recht stereotypen Weise geschehen.

Bei Unterscheidungsübungen achten wir darauf, Sinne, Verstand, Gedächtnis, Gefühle, Körper, Bewegung möglichst vielfältig miteinzubeziehen. Was die Kinder dabei herausfinden, kann ebenso vielfältig ausgedrückt werden: sprachlich, bildhaft oder durch Mimik und Gestik.

Die Gegenübung zum Unterscheiden besteht im Feststellen von Ähnlichkeiten oder Gleichheiten von Dingen. Auf diese Weise kann dem Wesen bzw. dem Wesentlichen einer Sache nachgegangen und Zusammenhänge können entdeckt werden – auch dort, wo sie nicht so leicht erkennbar sind, wo man zuerst gar keine vermuten würde.

6.3. Die Löffel

Alle unsere Löffel haben einen Griff. Alle Löffel gehören in diesen Haushalt, alle befinden sich zurzeit in diesem Raum, alle gefallen mir (nicht) ... – Wieder suchen wir nach sinnlich Erkennbarem, nach mit dem Verstand Begreifbarem, nach aus der Erfahrung Abrufbarem. Erst ganz zum Schluss versuchen wir die Frage zu beantworten: Und was macht einen Löffel zum Löffel?

6.4. Vögel und Löffel

Was haben diese unterschiedlichen Dinge an Gleichem oder Ähnlichem? Dieses Spiel ist schwieriger.

Wer seine Erkenntnis erweitern will, braucht eine exakte, feine Wahrnehmung. Daher versuchen wir, alle unsere Sinne zu schärfen – nicht nur Sehen und Hören, Sinne, die wir im Allgemeinen viel ausgiebiger benützen als Tasten, Riechen und Schmecken:

6.5. Schauen statt sehen

Jedes Kind wählt einen Gegenstand mit einer bestimmten Farbe, Form etc. aus, den alle sehen können, verrät ihn aber nicht. Nun beschreibt jeder reihum seinen Gegenstand, pro Runde mit jeweils einer zusätzlichen Aussage.

6.6. Horchen statt hören

Wir hören uns ein Musikstück an, das wir schon gut kennen. Nun versuchen wir herauszuhorchen, welche Instrumente mitspielen. Nachdem sich jeder ein Instrument ausgesucht hat, legen wir ein großes Zeichenpapier auf den Tisch und jeder bekommt eine Farbe für „sein" Instrument. Wir legen die Musik nochmals auf und jedes Mal, wenn ein bestimmtes Instrument spielt, malt das betreffende Kind mit seiner Klangfarbe Spuren aufs Papier. Diese Spuren können einfach und gerade sein oder aber zugleich die Bewegtheit eines Tones anzeigen. Manchmal werden die Farben sich ineinander verknäulen, dann vielleicht wieder parallel schwingen. Statt zu malen, könnte man den Klang des gewählten Instrumentes auch mit dem Körper nachahmen, wenn der betreffende Klang zu hören ist.

6.7. Riechen, schmecken, tasten

- *Wie riecht es in diesem Zimmer?*
- *Wie riecht es im Freien? – Wenn Schnee liegt?*
- *Mit verbundenen Augen durch das Haus oder den Garten geführt werden. Welche Gegenstände sind dabei zu erriechen?*

- *Mit der Nase einkaufen: In welchem Geschäft kann man vieles erschnuppern?*
- *Welchen Geschmack hast du gerade auf deiner Zunge?*
- *Welche Obstsorte schmeckt wie? Welche Farbe, welcher Klang passt zu jeder Sorte?*
- *Was kann deine Zunge alles feststellen – außer dem Geschmack?*
- *Kannst du die Form eines Apfels mit deiner Zunge ertasten?*
- *Ertaste mit geschlossenen Augen einen Gegenstand. Zuerst mit der Innenseite deiner Hände, dann mit der Außenseite. Oder einmal mit den Zehen. Wie ist das?*

7. Techniken der inneren Wahrnehmung

„Kopfkino", Tagträume, Fantasiereisen sind ebenso beliebte wie wirksame Mittel, um unsere (innere) Wahrnehmungsfähigkeit zu erweitern. Unsere Sinne funktionieren auch in unserer Vorstellung bestens:

Entdeckungsreise zu den Gefühlen im Bauch

- *Hängt ein dicker Nebel drin, wenn wir uns missgelaunt fühlen?*
- *Wie sähe wohl meine Freude aus?*
- *Oder meine Wut im Bauch?*

Je öfter man solche Spiele spielt, desto „blühender" wird die Fantasie und dies bedeutet, dass wir auf mehr Ideen kommen, wenn es darum geht, irgendein Problem anzupacken. Zudem machen Fantasiereisen, „Kopfkino", Tagträume etc. Kindern großen Spaß. Denn es wachsen Bilder, Ideen, Worte und sogar ganze Geschichten, die man einander erzählen kann.

Kindern ist die Vielfalt der Wahrnehmungsmöglichkeiten noch viel zugänglicher. Erwachsene tendieren dazu, sich neben ihrem Verstand vor allem auf Augen und Ohren zu beschränken, um sich im Leben zurechtzufinden. Wer sein Bewusstsein auch auf alle anderen Sinne sowie seine inneren Empfindungen und Gefühle lenkt, erlebt ein Vielfaches an Erfahrungs- und Orientierungsmöglichkeiten.

8. Ethik als Teilbereich der Philosophie

Damit sind Fragen von Moral und Ethik angesprochen. Moralisch handeln heißt, sich an einen bestimmten Regelkatalog zu halten, ohne diesen in Frage zu stellen. Ethisch handeln bedeutet, sich über die vorliegende Moral, die Regeln also, selbst Gedanken zu machen, Vorschriften und Verbote zu hinterfragen und nur dann zu befolgen, wenn sie mit den eigenen und begründbaren Prinzipien zu vereinbaren sind.

Ethik hinterfragt, begründet und klärt Fragen wie:

- Was darf oder muss ich tun?
- Weshalb?
- Was ist gut und unter welchen Bedingungen?
- Wie soll ich mich entscheiden und wie richtig handeln?

Philosophische Ethik beruht auf der Grundidee eines sinnvollen Lebens des Einzelnen und der Gesellschaft, das auf freie Einsicht und Entscheidung baut. Sie ist Teil der praktischen Philosophie und hat ein Erkennen zum Ziel, auf das konkretes Handeln folgt. Ethik beruft sich nicht auf letzte politische, wirtschaftliche, religiöse ... Instanzen und kann daher keinen Leitfaden zum „richtigen Handeln" anbieten.

Erziehung zu ethischem Verhalten verlangt Gesprächsbereitschaft und Raum zur Reflexion über unser Handeln. Dies bedeutet, dass wir versuchen, gemeinsam mit den Kindern unsere Wertvorstellungen und Normen im partnerschaftlichen Dialog zu erarbeiten, wobei jeder von uns als Person wertgeschätzt wird.

Zum ethischen Philosophieren gehört es darüber nachzudenken, wie wir mit dem Du, mit dem Fremden umgehen sollen. Das nicht-wertende Verstehen hilft uns, die Ideen unserer Mitmenschen ernst zu nehmen, was natürlich nicht heißt, dass wir ihre Werte übernehmen müssen. Es bedeutet aber, sich mit ihnen auseinanderzusetzen.

Philosophieren bedeutet auch, von einem bestimmten Objekt im Vordergrund ausgehend größere Zusammenhänge von allgemeiner Gültigkeit zu entdecken.

Wer sein Leben bewusst und selbstverantwortlich führen will, muss fähig sein, in dieser schnelllebigen Zeit kritisch und kreativ immer neue, eigene Wege zu finden. Das Philosophieren mit Kopf, Herz und Hand bietet Kindern und Erwachsenen eine Möglichkeit, sich selbst besser wahrzunehmen, den Prozess des „Selbst-Werdens“ und des „Selbst-bewusst-Werdens“ zu unterstützen. Wir helfen den Kindern, ihre eigenen Fähigkeiten und Möglichkeiten zu erkennen, um gleichzeitig denselben Prozess immer wieder bei uns selbst anzustreben. Philosophieren macht Spaß und fördert den Mut, auf sich selbst und das große uns alle umgreifende Ordnungsgefüge zu vertrauen. Es wirkt der Spracharmut entgegen und fördert die Toleranz gegenüber Andersdenkenden, was wiederum eine Voraussetzung für den Dialog ist.

Wenn wir bereit sind, uns auf die Welt der ungelösten Fragen einzulassen und Kinder als ernst zu nehmende Gesprächspartner zu akzeptieren, steht unseren ersten Versuchen, mit Kindern zu philosophieren, nichts im Weg!

Literatur

Bencivenga, Ermanno (1992): Spiele mit der Philosophie. Berlin: Freese Verlag

Brinek, Gertrude (1991): Erziehung des Staunens. Wien: Wiener Universitätsverlag (vergriffen)

Brüning, Barbara (2001): Philosophieren in der Grundschule. Berlin: Cornelsen Scriptor

Calvert, Charles/Calvert, Kristina (2005): Philosophieren mit Fabeln über Freundschaft. Heinsberg: Dieck-Verlag

Calvert, Charles/Calvert, Kristina/Kowanz, Stefanie (Hg.) (2005): Kinder philosophieren mit „Frosch und Kröte“. Heinsberg: Dieck-Verlag

Cam, Philip (1997): Können Augen sehen? – Arbeitsmappe. Mülheim: Verlag an der Ruhr

Cam, Philip (1996): Sterben Äpfel auch? – Arbeitsmappe. Mülheim: Verlag an der Ruhr

Cam, Philip (1996): Zusammen nachdenken. Mülheim: Verlag an der Ruhr

Dorostkar, Else (2005): Philosophieren mit Kindern – eine Standortbestimmung. Abschlussarbeit des Lehrganges „Philosophieren und Theologisieren mit Kindern“. Wien: Evangelische Religionspädagogische Akademie

Ebers, Thomas (2001): Wie kommen die Bäume in den Wald? Freiburg: Herder

Englhart, Stephan (1997): Modelle und Perspektiven der Kinderphilosophie. Heinsberg: Agentur Dieck

Freese, Hans-Ludwig (⁵1994): Kinder sind Philosophen. Berlin: Quadriga Verlag

Matthews, Gareth (²1993): Philosophische Gespräche mit Kindern. Berlin: Freese Verlag

Schreier, Helmut (1993): Himmel, Erde und ich. Geschichten zum Nachdenken über den Sinn des Lebens, den Wert der Dinge und die Erkenntnis der Welt. Heinsberg: Agentur Dieck

Wittschier, Michael (1994): Erkenne dich selbst. Kleine Einführung in das philosophische Denken, in die Erkenntnistheorie und in die Moralphilosophie. Düsseldorf: Patmos

Zoller, Eva (⁴2000): Die kleinen Philosophen. Freiburg: Herder Spektrum

Der Beitrag wurde erstmals in „Unsere Kinder“ 6/2001 publiziert.

SABINE DAWKINS

Gespräche mit Kindern

Erste Schritte in Richtung Philosophieren im Kindergarten

Während meines Pädagogikstudiums meldete ich mich für das Seminar „Kinderphilosophie – Begründungen, Modelle und Praxiszugänge" an. Voller Freude, endlich etwas sofort „Brauchbares" zu lernen, begann ich das Seminar. Mit großem Respekt machte ich mich daran, die Grundlagen des Philosophierens, so gut es ging, zu erfahren und zu lernen. Durch unser eigenes Philosophieren in der Seminargruppe, das jede/r von uns auch einmal selbst leiten durfte, wurden mir die Unterschiede zum „normalen" Gespräch sehr bald klar.

Wichtige Grundlageninformationen

Meine bisherige Vorstellung von interessanten Gesprächen mit meinen Kindergartenkindern deckten sich nicht mit den Gesprächsregeln der Philosophie. Trotzdem wollte ich es im Kindergarten probieren. Es half mir zu wissen, dass mich ja keiner sehen und hören würde, dass ja keiner da sei, der alles analysieren und bewerten könnte.

Hilfestellung habe ich in Büchern gefunden wie zum Beispiel in Matthews' „Philosophische Gespräche mit Kindern" (1993). Ein Jahr lang hatte sich Matthews wöchentlich in Edinburgh mit einer Klasse Acht- bis Elfjähriger getroffen, um mit ihnen Geschichten über Probleme zu schreiben, die Philosophen seit Jahrtausenden nicht loslassen.

In der Entwicklungspsychologie kommt dieses philosophische Denken nicht vor und auch in unserer Gesellschaft wird dem Nachdenken oft kein besonderer Wert beigemessen. Wichtige Fähigkeiten der Kinder werden so übersehen und viele weigern sich, diese Fähigkeiten anzuerkennen. Matthews fordert alle Erwachsenen (besonders Eltern und PädagogInnen) auf, eine neue Beziehung zu unseren Kindern herzustellen und ein Klima zu schaffen, in dem Fragen und Nachdenken erlaubt sind und gefördert werden. – Einige Fragenbeispiele aus dem Buch:

- *Können Blumen glücklich sein?*
- *Was ist Mut?*
- *Ist Käse aus Gras gemacht?*
- *Können wir sicher sein, dass in einem Säckchen Kopfsalatsamen auch wirklich dieser enthalten ist?*
- *Warum ist es besser, wenn drei Leute egoistisch sind, als wenn es nur einer ist?*

Philosophieren in der Praxis

Mit Hilfe ähnlicher – besser auf das Vorschulalter abgestimmter – Fragen konnte ich im Kindergarten hochinteressante philosophische Gespräche mit den Kindern führen und ich war erstaunt über ihre Gedanken.

Ich trachtete danach, die angebotenen Fragen mit aktuellen Gruppenthemen in Zusammenhang zu bringen. So philosophierten wir z.B., unterstützt durch eine Geschichte aus dem Kleinen Prinzen, über Freundschaft, als ein Bub, der im Begriff war umzuziehen, seine Angst vor der bevorstehenden Trennung zum Ausdruck brachte.

Auch viele andere Bilderbücher warfen spannende Fragen auf. So regte uns z.B. das Buch „Weißt du eigentlich, wie lieb ich dich hab'!" an, darüber nachzudenken, wie man zeigen kann, dass man jemanden lieb hat. Ich versuchte es mit einigen von meinen Lieblingsbüchern, die jedoch die Kinder oft weit weniger zum Nachdenken anregten als Bücher, deren philosophischer Wert mir bis dahin verborgen geblieben war. – Meine Neugierde auf die Reaktionen der Kinder wuchs zusehends.

Auch mit dem Lauf des Kindergartenjahres verband ich meine Fragen. So stellte ich z.B. anlässlich des Martinsfests die Frage „Was ist Licht?" und in der Vorbereitung auf den Nikolaus warf ich die Frage „Was ist Teilen?" auf.

Immer wieder war ich versucht in meine alten Verhaltensmuster zurückzufallen und den Kindern meine wohlüberlegten Antworten „beizubringen", vor allem dann, wenn ich sie mit meinen Fragen nicht erreichen konnte (und das ist beim Philosophieren immer möglich), wenn sie sich auf ganz andere Aspekte der Frage konzentrierten oder auf ganz andere Antworten kamen, als ich angenommen hatte. Meine Montessori-Seminare, in denen ich gelernt habe, wie wichtig es ist, sich selbst zurückzunehmen, halfen mir bei der Begleitung dieser Gespräche. Beim Philosophieren mit Kindern steht nicht meine Meinung im Mittelpunkt – nicht ich erkläre den Kindern etwas, sondern ich gebe ihnen durch meine Fragen Hilfestellung, um ihre Gedanken zu ergründen und zu formulieren, um ihre eigenen Argumente zu finden.

Wir brauchen nicht bewirken, dass Kinder philosophieren. Es reicht aus, wenn wir sie darin achten und stützen. Nach wie vor stellen sie von sich aus Fragen über das Leben, die Welt und die Dinge. Aufmerksam nehmen sie wahr, was in ihnen und um sie geschieht – und sie denken auch intensiv darüber nach.

Besonders freuten mich Gespräche, die sich einfach so ergeben haben. Als wir z.B. einmal vom nahe gelegenen Friedhof Musik hörten, die anlässlich eines Begräbnisses gespielt wurde, erzählte uns ein Kind, dass es die Friedhofs-Blasmusik kennt, da vor einer Woche seine Oma begraben worden ist. Daraus entspann sich eine Diskussion, die vom Berichten der Erlebnisse über die Feststellung, dass jemand, der gestorben ist, keine Schmerzen mehr hat und daher auch nicht mehr leiden muss, hin zur Frage führte, ob es dem/der begrabenen Verstorbenen denn nicht kalt sei, wenn er/sie unter der Erde liegen muss. Auf die Antwort, dass man dann nichts mehr spürt, weil man selber nicht mehr da ist, folgte die Frage, wo man selber denn dann sei. „Beim lieben Gott", lautete die Antwort der Kinder, doch sie betonten auch, dass Verstorbene im Herzen jener weiterleben können, mit denen sie zu Lebzeiten verbunden waren. Als sich das Gespräch der Kinder nach der Feststellung, dass die meisten Leute alt sterben, weil ihr Körper dann nicht mehr so gut funktioniert, der Frage zuwandte, wieso auch junge Leute und sogar (ganz kleine) Kinder sterben, bemerkte ich meine (und mancher Kinder) große Betroffenheit und begann, für einen guten Abschluss zu sorgen, denn ich fürchtete, die Kinder könnten sich übernehmen und ängstigen. – Nicht immer führte uns der Zufall zu so ernsten Themen: Als ich einmal zu einem Buben, der sich bei mir abmeldete, um aufs Klo zu gehen, scherzhaft sagte, er möge viel Spaß haben und solle aufpassen, dass er nicht hineinfalle, fragte mich dieser – nach einer ganzen Woche des Nachdenkens –, wie ich denn das wohl gemeint habe, er passe doch gar nicht durch. Daraus entspann sich zwischen uns eine hochinteressante Diskussion über Ernst und Spaß.

Kinder wissen heute viele wissenschaftlich korrekte Antworten. Das ist für mich ein Anzeichen dafür, dass sie zwar viele Belehrungen, nicht jedoch die Ermunterung zu philosophischen Fragen erhalten, auf die sie dann oft gar nicht mehr einsteigen wollen. Wenn wir ihnen, in aller gebotenen Vorsicht, wieder zum Fragen verhelfen möchten, ist es wichtig, uns über verschiedene Fragearten im Klaren zu sein:

- Fragen, die zur Klärung führen: Was meinst du damit? Kannst du das näher erklären? etc.
- Fragen, die Voraussetzungen aufspüren: Habe ich dich richtig verstanden? etc.
- Fragen, die Begründungen und Wahrheiten aufspüren: Kennst du ein Beispiel? Warum glaubst du, dass das wahr ist? etc.

Den Kindern machte es großen Spaß und es war schön zu beobachten, wie ihre Ausdrucksweise sich veränderte, wie sie lernten einander ausreden zu lassen, wie sie Respekt vor der Meinung anderer übten und wie manche von ihnen ihre anfängliche Scheu überwanden. Das gab mir den Mut weiterzuüben. Da ich bei unseren Gesprächen den Kassettenrekorder mitlaufen ließ, hatte ich danach die Möglichkeit, meine Fragen zu reflektieren und die Argumente der Kinder aufzuschreiben. Manchmal zeichneten die Kinder abschließend Bilder zu unseren Themen und zusammen mit den Zitaten gestaltete ich Plakate für die Eltern.

An einem Pfarrprojekt zum Thema „Familie" beteiligte sich unser Kindergarten in Form von „Kinderphilosophie". Hier kam uns Dr. Daniela Camhy zu Hilfe, die Leiterin des Instituts für Kinderphilosophie in Graz. Sie selbst philosophierte mit den Kindern und half uns auch bei der Auswahl und Aufbereitung ihrer Aussagen. Auf unsere Frage „Was ist überhaupt eine Familie" erhielten wir als erste Antwort: „Mama, Papa und Kind/er." Doch es dauerte nicht lange, bis den Kindern auffiel, dass manche von ihnen auf einen Elternteil (meist ist es der Papa) verzichten müssen, weil dieser die Familie verlassen hat. Während sie noch überlegten, ob wohl eine Familie auch aus einer Mama und einem Kind bestehen könne, fiel ihnen ein, dass ein Mädchen zwar nicht mit Mama und Papa, dafür aber mit Mama und Onkel zusammenlebt. Da auch diese drei einander sehr lieb haben, waren die Kinder geneigt,

diese Konstellation ebenfalls als Familie anzuerkennen.

Daraufhin brachten sich andere Kinder ein, die ihre Großeltern oder ihre Haustiere sehr mochten und sie daher zu ihrer Familie gezählt haben wollten. Aber auch unsere Freunde haben wir sehr lieb, wurde dann argumentiert, doch die gehören nicht zur Familie. Also wurde das In-einem-Haus-Wohnen als Kriterium eingeführt, welches jedoch nicht standhielt, da manche Kinder darauf hinwiesen, dass sie in großen Häusern mit verschiedenen Wohnungen wohnen und nicht alle Hausparteien als Teil ihrer Familie betrachten. Auch die Kinder, die mit ihren Müttern und deren neuen Lebensgefährten – nicht jedoch mit ihren Vätern – zusammenwohnen, bestanden auf einem Familienbegriff, der sich nicht allein aus dem Zusammenwohnen bestimmt. – So ähnlich verlief diese Diskussion, in der wir Familie als von Fall zu Fall unterschiedliche Gewichtung von leiblicher Verwandtschaft, Lebensgemeinschaft und Liebe erkannten. Was mich am meisten freute, war, dass sich die Kinder gegenseitig stärkten und ermunterten und am Ende jedes von ihnen Stolz auf seine Familie empfand.

Durch dieses Seminar habe ich erkannt, wie wertvoll die Kinderphilosophie schon im Kindergarten ist, wie sie die Kinder und auch mich selbst bereichert. Obwohl ich von mir niemals behaupten würde, die Grundregeln eines philosophischen Gesprächs (z.B. sokratischer Dialog) ganz zu beherrschen und zu verstehen, bin ich froh, trotzdem mit meinen Kindergartenkindern einen Versuch in diese Richtung gestartet zu haben. Die Reaktionen der Kinder (vor allem ihre Freude beim Argumentieren) spornen mich an, es weiter zu versuchen und auch weiterzudenken. Immer wieder staune ich über die Gedanken meiner Kinder – und wir lernen einander so besser kennen und verstehen.

Literatur

Matthews, Gareth B. (²1993): Philosophische Gespräche mit Kindern. Berlin: Freese Verlag

Der Beitrag wurde erstmals in „Unsere Kinder" 6/2001 publiziert.

PETER RIEDL

Was bedeutet Integration?

Kinder mit Behinderung in Kinderbetreuungseinrichtungen

1. Integration – Assimilation

Integration (das Wort stammt vom lateinischen integer – „unberührt, unversehrt, ganz") meint die Wiederherstellung eines Ganzen, die Herstellung einer Einheit aus Differenziertem. Assimilation (das Wort stammt vom lateinischen assimilare – „anpassen, ähnlich machen, angleichen") deutet auf Angleichung hin, z.B. eines Menschen an einen anderen oder mehrere andere Menschen.

Bei der Betrachtung des Themas „Integration von Menschen mit Behinderung" müssen wir aufpassen, die Begriffe Integration und Assimilation nicht zu verwechseln. Damit meine ich, dass es schnell passieren kann, sehr wohl aus einer gut gemeinten Grundhaltung heraus, dass wir bei der Integration von Menschen mit Behinderung bzw. Menschen, die von Behinderung bedroht sind, den Fehler der Angleichung, d.h. der Ähnlichmachung dieser Menschen mit der Gruppe der Menschen ohne Behinderung, begehen – also Assimilation betreiben. Nach dem Motto: Der/Die Neue muss sich natürlich an die Vorgaben der Gruppe halten, sonst passt er/sie nicht dazu.

Integration meint jedoch etwas völlig anderes: Bei genauerer Betrachtung sehen wir, dass hier vorher aufgrund ihrer Behinderung, ihres Andersseins segregierte – also abgesonderte – Menschen (oft) wieder mit den anderen zusammengeführt werden, sodass das Gruppengefüge wiederhergestellt ist. Integration erlaubt die Differenziertheit innerhalb von Gruppen, also auch die Unterschiedlichkeit. Sie ermöglicht individuelle Entwicklung und gleichwertige Zugehörigkeit zu einer Gruppe.

So teile ich uneingeschränkt die Meinung von Kerschbaumer (1999, 31), welcher eine Gefahr in den immer differenzierter werdenden Ausgrenzungen schon im Kleinkindalter erkennt.

2. Einbeziehen – nicht ausgrenzen

Integration ist nichts, was besonders herausgehoben werden sollte, sie passiert ständig (in äußerlichen und innerlichen, also sichtbaren und unsichtbaren Prozessen), willentlich und unwillentlich ein Leben lang. Es ist wichtig, dabei sensibel zu bleiben, dem eigenen Gespür Raum zu lassen. Dieser lebenslange Prozess macht nicht gleich, sondern wertet gleich; er lässt zu, um Entwicklung überhaupt möglich zu machen; er führt Kinder zusammen, die am gleichen Ort geboren sind.

Daraus ergeben sich Grundsätze in der täglichen Arbeit mit Kindern, die beim ersten Hinschauen als längst bekannte pädagogische Leitlinien erscheinen. Bei genauerer Betrachtung und gleichzeitiger Reflexion des eigenen pädagogischen Handelns merkt man jedoch, dass sich hinter dem Begriff Integration eine Fülle von Werthaltungen und Qualitätsansprüchen verbirgt, wobei es gar nicht so einfach ist, diesen allen gerecht zu werden. Es ist wichtig, sich die Zeit zu nehmen, um in die tägliche Arbeit alle Qualitäten nicht nur einfließen zu lassen, sondern sie jede Minute auch (so weit wie möglich) zu leben.

2.1. Qualitäten einer gelungenen Integration

Wertschätzung individueller Persönlichkeiten: Sehr viele Menschen behaupten von sich selbst, tolerant zu sein. Oft hat die Toleranz jedoch auch ihre Grenzen, z.B. beim Umgang mit verhaltensschwierigen Kindern – im Unterschied zu Kindern mit Gehschwierigkeiten.

Berücksichtigen von menschlichen Grundbedürfnissen, wie Gleichwertigkeit, Achtung, Respekt, Anerkennung, Zuwendung, Wohlgefallen, Zugetanheit, Liebe, Begegnung ...

Gleichwertige Zugehörigkeit zur Gruppe: Jede/r hat einen guten Platz in der Gruppe, auf dem sie/er sich wohl fühlt. Dort ist gesunde und individuelle Entwicklung möglich. Erwachsene sind Vorbilder – eine alte und richtige Weisheit: So wie die Erwachsenen miteinander umgehen, indem sie verschiedene Bedürfnisse von KollegInnen in die Arbeit zu integrieren versuchen, so sehen auch die Kinder, wie mit Integrationskindern umgegangen werden kann.

2.2. Der Weg ist das Ziel

Integration kann nur gelingen bei ...

- tatsächlicher Bereitschaft und Offenheit für Neues und Ungewöhnliches.
- einem Einlassen auf das Thema Integration mit all seinen Konsequenzen.
- Akzeptanz von Andersartigkeiten.
- einem Einlassen auf die einzigartige Entwicklung jedes Kindes (beobachten, hineinspüren, unterstützen – dafür muss man sich Zeit nehmen).
- einem Reflektieren eigener Wahrnehmungen, persönlicher Werthaltungen und pädagogischer Grundannahmen.
- Kooperation mit anderen Fachleuten auf dem Gebiet der Pädagogik, Medizin, Psychologie, Ergotherapie, Physiotherapie, Musikpädagogik usw.

Josef Fragner, ein Integrationspionier in Oberösterreich, zeigt einen Weg auf, indem er G. Feuser zitiert: „Eine integrative Pädagogik ist insofern demokratisch, als alle Kinder alles lernen dürfen, und insofern human, als dies auf die einem jeden Kind mögliche Art und Weise ohne sozialen Ausschluss erfolgen kann“ (Fragner 1998, S. 82). – Genau diese Form der Integration braucht das österreichische Bildungssystem im Bereich der Kleinkindpädagogik, ja – ich bin überzeugt – in der gesamten Pädagogik bis ins Erwachsenenalter hinein.

Fragner betont immer wieder (Fragner 2001), wie wichtig es ist, beim Kind und seinen Bedürfnissen zu bleiben – ihm „ins Antlitz zu schauen“, um so erkennen zu können, was es wirklich braucht. Diesen Gedanken möchte ich weiterspinnen. Es ist wichtig, sich im Umgang mit Themen wie Behinderung nicht zu weit von den Kindern wegzubewegen, weg von ihrem Antlitz, ihrem Sein. Therapie und Förderung nicht zur „Herstellung“ assimilierter Kinder zu gebrauchen ist demnach unabdingbar. Doch die Gefahr, dass dies passiert, ist immens groß in unserem täglichen Arbeiten. Bei einem Kind mit besonderen Bedürfnissen muss immer wieder erneut abgewogen werden, ob diese Förderung, diese Therapie, dieser Kindergarten, dieser Hort und auch diese Schule derzeit das Optimale darstellen. Denn das Kind soll trotzdem oder auch weil es eine Behinderung hat, ein ganz normales Kinderleben führen können. Und das beinhaltet eben nicht nur Therapie und Förderung, sondern auch Spaß und Umgang mit Kindern ohne Behinderung, eben alles Ach und Weh eines Kinderlebens.

Die soziale Integration ist der Grundstein, auf dem alle anderen Entwicklungsbereiche aufbauen. Wenn dieses Fundament nicht vorhanden ist oder wackelt, ist auch die Entwicklung von anderen Teilbereichen wackelig.

3. Integration im Kindergarten-/Hortalltag

Die Verantwortung für Integration obliegt der gruppenführenden Kindergarten-/HortpädagogIn. Alle (Kinder, Eltern, Stützkraft, HelferIn ...) tragen wesentlich zum Gelingen der Integration bei.

In der Anfangsphase steht der Beziehungsaufbau im Vordergrund – daher gilt es, Kontaktaufnahmen der Kinder untereinander bzw. aller Erwachsenen mit dem Integrationskind möglichst zu unterstützen. Alle Kinder, besonders jedoch Integrationskinder, brauchen genug Zeit für ein behutsames Hineinwachsen in die Gruppe. Ein Eintauchen in die Welt jedes Integrationskindes („ihm ins Antlitz sehen“) wird notwendig, das heißt, es gilt seine individuelle Entwicklung wahrzunehmen – vor allem jedoch abzuwarten, wann das Kind auch von sich aus bereit ist Kontakt aufzunehmen.

Wenn ich aus meinen Wahrnehmungen der mir anvertrauten Kinder Angebote entwickle, d.h. auf ihre individuellen Bedürfnisse achte (nach Ruhe oder Bewegung, nach Wiederholungen oder Neuigkeiten, nach der Großgruppe oder Kleinstgruppen), kann ich auch meine Förderangebote für spezielle Kinder in das Gruppengeschehen integrieren. Dies bedeutet, dass ich das integrative Angebot nicht auf das Integrationskind alleine ausrichte,

sondern die gesamte Kinder-/Hortgruppe mit einbeziehe, sodass sie sich mit dem Thema Integration von Bedürfnissen verschiedenster Kinder in das Gruppengeschehen auseinandersetzen kann. Ich sorge z.B. dafür, dass alle Kinder an Angeboten (Festen, Ausflügen ...) teilnehmen können.

Einen Weg des Miteinanders schlage ich ebenfalls ein, wenn ich meine Angebote für die Gesamtgruppe so gestalte, dass auch Integrationskinder ihrer Entwicklung entsprechend profitieren können (durch Verändern und Erweitern von Spiel- und Therapiematerialien, wie z.B. vergrößerte Malflächen unter Ausnützung von Spiegeln, Wänden und Böden; große Bodenspielflächen; Material wie Schaukeln, Hängematten ...).

Zum Miteinander – von Erwachsenen und (Integrations-)Kindern – gehören logischerweise auch pflegerische Situationen, sie sind eine Chance, mit dem Kind Kommunikation zu genießen – sie fördern den Beziehungsaufbau.

Doch auch die Selbstständigkeit sollte nach Maßgabe gefördert werden. Also stellt sich uns (besonders bei Kindern mit Entwicklungsdefiziten) stets die Frage: Wann und wo braucht das Kind Hilfe? Wann gilt es für mich als PädagogIn mich zurückzuziehen?

Nur durch Kooperation und Erfahrungsaustausch mit allen KollegInnen in der Gruppe (Beobachtungen, Planung, Durchführung und Reflexion), mit Eltern, TherapeutInnen, ÄrztInnen, mobiler SonderkindergartenpädagogIn/SonderhortpädagogIn, durch spezifische Weiterbildung und Lesen von Fachliteratur und durch geeignete Reflexion (Beobachtungen, Vor- und Nachbereitungen) ist diese komplexe Arbeit gut zu bewältigen.

4. Integration ist nichts Besonderes

Pädagogisch geschulten Menschen, die diese Zeilen lesen, fällt auf, dass dies alles nichts Neues und eben nichts Besonderes auf dem Gebiet der (Kleinkind-)Pädagogik ist. Ja: Integration ist nichts Be-sonderes! Genauso sieht es Maria Brandl, Vorsitzende von „Integration:Österreich“: „Habe zwei besondere Kinder, 21 und 14 Jahre alt. Gesellschaftlich gesehen wird eines als sogenanntes nichtbehindertes und das andere als behindertes Kind bezeichnet. Für mich haben sich die Grenzen derartiger Einteilungen im Laufe unseres gemeinsamen Lebens völlig aufgehoben“ (Huainigg 2000, S. 2).

Leider sind wir in vielen Bereichen unserer Gesellschaft – und damit auch in den Kinderbetreuungseinrichtungen – noch nicht so weit, nicht mehr zu be-sondern, d.h. abzusondern. Doch seit einigen Jahren bemerkt man österreichweit ein Integrationsbestreben in vielfältigster Art und Weise (Mensch mit Behinderung, AusländerIn etc.).

Es darf allerdings nicht übersehen werden, dass die in den vergangenen Jahrzehnten vorherrschenden Strukturen der Segregation von Menschen mit Behinderung in speziellen (sicherlich hochqualifizierten und engagierten) Betreuungseinrichtigungen meist abseits des täglichen Lebens und Erlebens immer noch vorhanden und eventuell erst im Wandel begriffen sind. Wenn wir also hier etwas verändern, dann müssen wir gemeinsam die Erkenntnis von Spitzer (2003) zum Thema Lernen in die Tat umsetzen: „Das Allgemeine, das wir gelernt haben, ist abhängig von den Erfahrungen, die wir in der Welt machen. Dies wiederum mahnt zur Verantwortung, denn ganz offensichtlich sind wir für einen großen Teil dessen, womit wir uns täglich beschäftigen, selbst verantwortlich.“

Doch heute sehen viele Eltern eine neue Lebensqualität für ihre Kinder mit Behinderung in der Ermöglichung eines „normalen“ Lebens unter all den anderen Menschen in Kindergarten, Schule und am Arbeitsplatz – eine Chance, die sich durch Integration eröffnet.

5. Integrationspraxis im europäischen Vergleich

Derzeit gibt es in Österreich in den einzelnen Bundesländern einen Regelkindergarten-(Hort-)bereich, einen Bereich der heilpädagogischen Kindergärten (Horte) und sehr oft auch Therapiezentren, Förderzentren oder Ambulanzen.

Zur Integration gibt es die verschiedensten Zugänge über mehr oder weniger detaillierte Kindergarten- und Hortgesetze. Beim Vergleich der einzelnen Regelungen ist nicht nur Integration in die Regelkindergärten (Horte) zu betrachten, sondern auch das jeweilige Gesamtsystem im Umgang mit Kindern mit Behinderung. Das heißt, es stellt sich darüber hinaus auch die Frage: Gibt es Ambulanzen, heilpädagogische Kindergärten (Horte), Förderzentren etc. und wie kooperieren diese miteinander? Stellt jede Institution einen Betreuungszugang für sich dar oder ist sie Teil eines guten Gesamtsystems?

Die meisten dieser Systeme der (Kleinkind-)Pädagogik haben eine jahre- oder oft jahrzehntelange Tradition. Immer wieder wurde ein Gesetz novelliert, eine Verordnung erlassen, ein Projekt gestartet.

Unsere Gesellschaft ist einer Wandlung unterworfen. Und so ist es oft sehr ratsam innezuhalten und nachzudenken, welcher Weg in Zukunft eingeschlagen werden soll, und gleichzeitig zu schauen, ob dieser Weg mit dem System, das in der Vergangenheit seine legitime Berechtigung hatte, überhaupt zu schaffen ist. Oder ob ein neues System – ein Gesamtsystem, welches alle derzeitigen Strömungen, Erfahrungen und Prognosen integriert hat – näher am „Anlitz der Kinder“ wäre.

Die Durchlässigkeit der verschiedenen Betreuungsmodalitäten muss gewährleistet werden, da sonst Separations- und Konkurrenzgedanken und -handlungen vorherbestimmt sind und in diesem Fall sicherlich nicht befruchtend oder förderlich wirken.

Knapp und Salzmann (1998, S. 27ff.) geben einen Überblick über die Integrationsbestrebungen in den verschiedenen europäischen Kindergärten – und vermitteln damit viel Zuversicht.

In der Bundesrepublik **Deutschland** gibt es demnach Einzelintegration im Regelkindergarten und integrative

Kindergärten, wo ein bzw. mehrere Kinder mit Behinderung oder von Behinderung bedrohte Kinder aufgenommen und in einer Gruppe mit Kindern ohne Behinderung betreut werden.

Die **Schweiz** entwickelt sich ebenfalls, so die Autoren, weg von Sondereinrichtungen hin zu Regelkindergärten mit Integration und externer Unterstützung durch pädagogisch-psychologische bzw. medizinische Beratungs- und Therapiestellen.

In **Dänemark** können Kinder mit einer Beeinträchtigung oder von einer Behinderung bedrohte Kinder eine Regeleinrichtung (Regelkindergarten) besuchen. Diese Institutionen nehmen zehn Prozent ihrer Fassungskapazität in Form von Kindern mit einer Behinderung auf (Knapp/Salzmann 1998, S. 41f.). (Das Land Dänemark war mit seinen Integrationsbemühungen in den vergangenen Jahren beispielgebend für die anderen europäischen Länder.)

In **Norwegen** wurden am Beginn der 1990er Jahre alle staatlichen Sondereinrichtungen für Menschen mit einer geistigen Behinderung geschlossen und sogenannte Entlastungsdienste angeboten. Dadurch wird auch im Vorschulbereich nach Möglichkeit die gemeinsame Bildung von Kindern mit und ohne Behinderung angestrebt.

Frankreich lässt sich im Vorschulbereich noch Zeit, die gemeinsame Erziehung von Kindern mit und ohne Behinderung umzusetzen.

In **Italien** ist bereits seit 1982 ein Gesetz in Kraft, das die Kindergartengruppengröße regelt. Statt 30 Kinder in der „Normalgruppe" sind in einer Integrationsgruppe nur 10 bis 20 Kinder, die anstelle von KindergartenpädagogIn und HelferIn von zwei KindergartenpädagogInnen betreut werden (Knapp/Salzmann 1998, S. 43f.).

Alleine diese kurze Übersicht zeigt, dass wir in Österreich mit unserem Integrationsaufbruch nicht alleine und auch nicht die Ersten sind.

Die Erfahrungen der letzten Jahre zeigen, wie wichtig eine bundesweite Regelung, eine Schaffung eines gesamtösterreichischen „Kinderbegleit"-Gesetzes ist – der vielzitierte Begriff Kinderbetreuung in Zusammenhang mit Gesetzen impliziert laut der Bremer Integrationspionierin Ilse Wehrmann (2005), dass hier fast keine Pädagogik am Werk ist. Kinder und Jugendliche mit Behinderung haben laut dem österreichischen Bundesverfassungsgesetz (1997) die gleichen Rechte wie alle anderen Kinder und Jugendlichen auch. In der Praxis ist dies leider oft nicht so – und auch schwierig umzusetzen, da in jedem österreichischen Bundesland ein anderes Landesgesetz diesbezüglich Geltung hat.

Für die Begleitung der Kinder und Jugendlichen mit Behinderung braucht es Fachleute der Heilpädagogik, nach deren Anleitung und mit deren Unterstützung die Fachleute der Kleinkind-, Kindergarten- und Hortpädagogik die Integrationspädagogik leben können. Nur diese Kooperation ist sinnvoll und wird die vielbesprochene Qualität in der Pädagogik nicht nur erhalten, sondern auch steigern.

Durch die Lust auf Integration kommt die Motivation, durch die Motivation das Tun und durch das Tun kommt das Schaffen von neuen Realitäten. Wenn wir gemeinsam die Realität der integrierenden Gesellschaft ein Stück weiter vorantreiben, so werden irgendwann einmal Kinder mit besonderen Bedürfnissen auf die Welt kommen und nicht mehr integriert werden müssen – weil sie vorher nicht separiert (ausgegrenzt) wurden.

Literatur

Bundesverfassung Ergänzung zum Artikel 7 (BGBl 1997/87): „Niemand darf wegen seiner Behinderung benachteiligt werden: Die Republik (Bund, Länder und Gemeinden) bekennt sich dazu, die Gleichbehandlung von behinderten und nichtbehinderten Menschen in allen Bereichen des täglichen Lebens zu gewährleisten."

Fragner, Josef (1998): Gleichwertige Lern- und Lebensmöglichkeiten für jede(n)! In: Mattmüller, Felix/Fragner, Josef: Integration als Projekt der Gleichwertigkeit. Innsbruck: Studienverlag

Fragner, Josef (2001): Enquete zur Integration in Oberösterreichs Kindergärten. Linz: Pädagogische Akademie der Diözese Linz (15.03.2001)

Huainigg, Franz-Joseph (2000). In: Integration Österreich 2

Kerschbaumer, Franz-Xaver (1999): Gemeinsame Erziehung von behinderten und nichtbehinderten Kindern im Kindergarten. NÖ Schriften 110 Wissenschaft, St. Pölten

Knapp, Gerald/Salzmann, Gerald (Hg.) (1998): Integration im Kindergarten. Fördernde und hemmende Bedingungen integrativer Erziehung. Klagenfurt: Neuer Kaiser Verlag

Spitzer, Manfred (2003): Lernen. Heidelberg: Spektrum Akademischer Verlag

Wehrmann, Ilse (2005): Vortrag beim Symposium: Meinem Kind geht's gut – mir auch!, 7. Juni 2005, Linz Altes Rathaus

Die Fotos dieses Beitrages stammen aus dem heilpädagogisch-integrativen Kindergarten „Mosaik" in Graz, den auch Kinder mit motorischen Beeinträchtigungen besuchen. Es werden dort nach Möglichkeit Angebote gemacht, an denen viele Kinder (mit und ohne Behinderungen, in auf sie abgestimmer Weise) teilhaben. können.

Der Beitrag wurde erstmals in „Unsere Kinder" 5/2001 publiziert.

Petra Vollmann

Leben mit Ariana

Integration – ein Lernprozess für alle Beteiligten

Ariana ist sieben Jahre alt. Seit vier Jahren besucht sie unsere Kindergartengruppe. In diesen vier Jahren standen für Ariana, Kindergartenkinder, KindergartenpädagogInnen, PraktikantInnen und Eltern gemeinsames Leben, gemeinsames Lernen und Voneinanderlernen im Vordergrund.

Ariana kommt in unseren Kindergarten

Die Aufnahme von Ariana erfolgte auf Wunsch der Eltern. Ariana war bereits in einem Kindergarten untergebracht, mit dessen Betreuung die Eltern sehr zufrieden waren. Allerdings war die tägliche Fahrtroute vom Wohnort zum Kindergarten und zum elterlichen Arbeitsplatz mit sehr vielen Umwegen verbunden.

Da die Mutter gehört hatte, dass es in unserem Kindergarten Sonderkindergartenpädagoginnen gibt, ging sie davon aus, dass behinderte Kinder aufgenommen würden und ihre Tochter auch gezielter betreut werden würde. Zusätzlich hätte Ariana die Chance, einen dem Wohnort näheren Kindergarten zu besuchen, der zudem auf dem Weg zur Arbeit liegt.

Ariana wurde bei uns angemeldet

Als gruppenführende Kindergartenpädagogin mit Zusatzausbildung Heil- und Sonderpädagogik wurde ich darüber informiert, dass ein Kind mit Behinderung angemeldet wurde. Bald folgte ein Gespräch, an dem die Abteilungsvorständin des Kindergartens, die Eltern und ich teilnahmen, um Informationen auszutauschen: über die Art und den Grad der Behinderung von Ariana, in welchen Kindergarten sie derzeit geht, wie gut sie dort integriert ist und welchen Einfluss ein möglicher Kindergartenwechsel auf die Entwicklung von Ariana haben könnte.

Die Eltern erhielten genaue Informationen über unseren Kindergarten, dass wir zugleich ein Übungskindergarten und somit für die Ausbildung zukünftiger KindergartenpädagogInnen zuständig sind, was konkret bedeutet, dass eine große Anzahl von PraktikantInnen in unserer Gruppe mitarbeitet. Die damit verbundene Frage war, welchen Einfluss die wechselnden PraktikantInnen auf Ariana haben würden.

Wir einigten uns auf folgende Schritte, bevor wir gemeinsam entscheiden wollten, ob Ariana aufgenommen werden sollte:

- Information an die Direktion unserer Schule über die Anmeldung von Ariana.
- Kontaktaufnahme des Übungskindergartens mit der Leiterin und der gruppenführenden Kindergartenpädagogin des Kindergartens, den Ariana noch besuchte, um zu erfahren, wie gut Ariana integriert war, wie ein Alltag mit Ariana aussah, und um deren Sichtweise in Bezug auf einen Kindergartenwechsel kennen zu lernen.
- Absprache im Team, um bestmögliche personelle, räumliche und organisatorische Rahmenbedingungen für eine Einzelintegration zu schaffen. Besprochen wurden der Einsatz der Sonderkindergartenpädagogin unseres Hauses, die Umstrukturierung der Aufgaben der Helferin, die Gruppengröße im folgenden Kindergartenjahr.
- Schnuppertreffen von Ariana und der gruppenführenden Kindergartenpädagogin.
- Schnupperstunde in der Gruppe.
- Schnupperstunde an PraktikantInnentagen.
- Treffen mit den Eltern für einen gemeinsamen Beschluss, ob eine Aufnahme für das folgende Kindergartenjahr im Interesse von Ariana sein könnte.

Nachdem im Vorfeld eine gründliche Abklärung stattgefunden hatte, wurde gemeinsam beschlossen, dass Ariana ab dem folgenden Herbst unseren Kindergarten besucht.

Eine neue Situation

Ariana war vier Jahre alt, als sie zu uns in die Gruppe kam. Die Behinderung wurde mit generalisiertem Entwicklungsrückstand, Hydrocephalus und zerebralen Anfällen beschrieben.

Die Kinderanzahl in meiner Gruppe wurde auf 17 reduziert. Zu Beginn des Kindergartenjahres einigten wir uns auf einen Beobachtungszeitraum von zwei Wochen, um die Bedürfnisse der Kinder, insbesondere von Ariana, die Kontaktaufnahme der Kinder untereinander und zu mir, das Spielverhalten, den Alltag und die damit verbundene Alltagsroutine zu beobachten, um den Einsatz von Helferin und Sonderkindergartenpädagogin der Situation entsprechend abzuklären zu können.

In diesem Beobachtungszeitraum lernte ich Ariana als auffallend fröhliches und neugieriges Mädchen kennen, das Kinder, Erwachsene, deren Spiel und Tun intensiv beobachtet und Gesprächen aufmerksam zuhört. Ich selber wurde zu einer sehr wichtigen Bezugsperson. Wie ein kleiner Schatten folgte sie mir auf Schritt und Tritt. Wo ich hinging, wo ich mitspielte, sie begleitete mich überall, beobachtete das Geschehen und hörte zu. Bei allen anderen Erwachsenen blieb sie auf Distanz.

Nach diesen zwei Wochen klärten wir den Einsatz von Helferin und Sonderkindergartenpädagogin ab. Da Ariana sich sehr stark an mir orientierte und andere Erwachsene auf Distanz hielt, war es der Schwerpunkt der Sonderkindergartenpädagogin, zunächst eine Vertrauensbasis zu schaffen. Weiters versuchte sie mich in der Gruppenführung zu unterstützen, indem sie an Bewegungseinheiten, Spielen im Garten, bei Spaziergängen und am Herbstausflug teilnahm. Im Bereich der Alltagsroutine wie An- und Ausziehen, Jause, WC-Gehen wurde Ariana begleitet – zunächst von mir, später von der Helferin und Praktikantinnen, manchmal auch von einem Kind –, da sie aufgrund ihrer intensiven Beobachtungen ohne persönliche Zuwendung und Anrede selbst nicht aktiv werden konnte.

Für die Kindergartenkinder war Ariana ein Kind wie jedes andere, das Stärken und Schwächen hat. Ich wurde kein einziges Mal von den Kindern angesprochen, warum Ariana noch nicht alleine aufs Klo gehen oder warum sie nicht sprechen könne. Sie wurde zunächst weder bemuttert noch ausgeschlossen, sondern sie war dabei.

Einen gewissen Schreckmoment gab es für mich, als mir klar wurde, dass ich die Kindergarteneltern nicht offiziell über Arianas Aufnahme informiert hatte. Diese Tatsache wurde mir erst am ersten gemeinsamen Elternabend bewusst, als Arianas Mutter einige Fragen stellte, die manche Eltern verwirrten. Eine Mutter fragte nach und Arianas Mutter berichtete über die Behinderung ihrer Tochter und ihre Sorge, wie andere Kinder mit ihr umgehen und auf sie reagieren. Darauf kamen von Seiten der Eltern Reaktionen wie „Aha, in der Gruppe gibt es ein behindertes Kind, das ist mir gar nicht aufgefallen“ oder „Davon hat mir mein Kind gar nichts gesagt“. Mit diesen Reaktionen war auch für die Eltern das Thema abgeschlossen.

Im Nachhinein überlegte ich, warum für mich die Einzelintegration mit keiner offiziellen Information an die Eltern einhergegangen ist. Aus meiner Sicht gibt es zwei Gründe: Zum einen war ich überzeugt, dass zuerst der Mensch und dann erst die Behinderung gesehen werden sollte, und andererseits beschäftigte mich damals die Frage „Kann ich von Integration sprechen, wenn ich immer wieder sage ‚Wir haben ein Integrationskind‘?“.

Viel Sensibilität für Ariana

Zu Beginn des zweiten Kindergartenjahres war ich nach wie vor die Bezugsperson, der Ariana auf Schritt und Tritt folgte. Diese intensive Beziehung lockerte sich in dem Moment, als eine Gruppe von Schulanfängermädchen mit Ariana vermehrt in Kontakt trat und sie immer wieder in ihr Spiel einbezog.

Ein Kind aus dieser Gruppe wurde von Ariana zum Lieblingskind erkoren, was sich darin zeigte, dass sie diesem Mädchen auf Schritt und Tritt folgte, dass sie bereits am Morgen anstelle der Begrüßung nach diesem Kind fragte. Diese Freundschaft war auch der Auslöser für Arianas erste sprachliche Äußerungen im Kindergarten. Sie konnte den Namen des Kindes in unterschiedlichen Stimmlagen – fragend, traurig, zornig ... – ausdrücken und lernte auch die Namen der anderen Kinder. Die Freundschaften wurden nicht nur in der Gruppe gepflegt, sondern auch außerhalb des Kindergartens.

In diesem Kindergartenjahr veränderte sich auch die Haltung der Kinder gegenüber Ariana. War sie bisher ein Kind wie jedes andere, so wurden die Kinder plötzlich sehr sensibel und aufmerksam Ariana gegenüber. Sie bemerkten die Fortschritte, die Ariana machte, die sie sowohl mir als auch den Eltern zu Hause mitteilten. So kann ich mich noch erinnern, dass ein Bub sagte: „Horch, sie kann schon zwei Wörter sagen“, oder ein anderes Kind feststellte: „Die Ariana lacht immer.“ Das führte auch dazu, dass Ariana von den Kindern sehr bemuttert wurde. Ein hilfesuchender Blick und die Kinder schienen zu ahnen, was sie wollte. Es wurde der Teller für sie abgewaschen, ihre Jausentasche hinausgetragen, ihr Spielzeug eingeräumt usw. In einem Gespräch sagte ich den Kindern, dass sie sehr stolz auf sich sein können, weil sie so gut sehen, hören und spüren können, wenn Ariana etwas braucht, und dass es wichtig ist, für jemanden da zu sein. Mit den Kindern wurde auch erarbeitet, wie wichtig es ist, dass Ariana lernt, etwas selbst zu machen, auch wenn es am Anfang nicht so gut gelingt.

Gegen Ende des zweiten Kindergartenjahres nahm sie erstmals von sich aus Kontakt zu den Praktikantinnen auf und reduzierte die Distanz zu den Erwachsenen.

Wichtige Erfahrungen im Zusammenleben

Zu Beginn des dritten Kindergartenjahres litt Ariana sehr, als sie feststellen musste, dass ihre Freundinnen nicht mehr in den Kindergarten, sondern in die Schule gingen. Zum ersten Mal entdeckten die Kinder, dass Ariana traurig sein und weinen kann. Ariana war es gewohnt, von den Kindern zum Spielen mitgenommen zu werden. Nun erlebte sie gerade zu Beginn, dass kein Kind sie zum Spielen holte. In dieser Situation lernte Ariana, bewusst

auf andere zuzugehen, von sich aus in Kontakt zu treten und mit jemandem zu spielen. Erstaunlich war, dass ihr erster Schritt bei der Kontaktaufnahme sie zu den PraktikantInnen führte. Sie fand für sich Wege und eine Sprache, um den PraktikantInnen zu vermitteln, dass sie mit ihnen spielen wolle – vor allem was und wo. Einige Zeit wurden die PraktikantInnen in Beschlag genommen. Die Kontaktaufnahme in Richtung Kinder fand kaum statt.

Um dem entgegenzuwirken, vereinbarten Kindergartenpädagogin, Sonderkindergartenpädagogin, PraktikantInnen und Helferin, darauf zu achten, mit Ariana immer in unmittelbarer Nähe von Kindern zu spielen und gemeinsam mit Ariana zu überlegen, welche Kinder ihrer Meinung nach mitspielen sollen, um dann diese Kinder zum Mitspielen einzuladen. Gegen Ende des Kindergartenjahres gelang Ariana auch die Kontaktaufnahme mit den Kindern und sie konnte ihre Wünsche und Gefühle mit einem durchdringenden Ja oder Nein zum Ausdruck bringen. Zum ersten Mal wollte sie unser offenes Haus von sich aus nutzen und suchte die Nähe und den Kontakt zu den Kindern. Das Miteinander hat Ariana ermöglicht, sich am Handeln und am Verhalten der anderen Kinder zu orientieren. Durch ihre Offenheit und das Anliegen mit anderen zusammenzuleben und aktiv zu sein hat sie viele Fähigkeiten erworben, wie das Mitteilen ihrer Bedürfnisse und Wünsche. Sie wurde unabhängiger von den Erwachsenen, selbstständiger und mobiler, auch bei den täglichen Routinen.

Für die anderen Kinder war die Anwesenheit von Ariana ebenfalls ein großer Gewinn. Gerade in diesem Kindergartenjahr konnte ich beobachten, dass der „bemutternde Umgang" immer mehr zurückging. Das Akzeptieren der Individualität jedes Kindes, das Einfühlungsvermögen, die Rücksichtnahme und die fantasievollen Ideen der Kinder, wie sie Ariana etwas mitteilen oder sie in ihr Spiel einbeziehen konnten, führten zu einem partnerschaftlichen Miteinander. Arianas Schuleintritt wurde um ein Jahr verschoben.

Der eigene Standpunkt zeigt sich deutlich

Im letzten Kindergartenjahr gab es viele Veränderungen der Gruppenstruktur. Aus innerbetrieblichen Gründen wurde in dieser Gruppe das Pilotprojekt „Erweiterte Familiengruppe" gestartet. Das heißt, dass es 16 Kinder im Alter von zwei bis sechs Jahren gibt. Das Personal besteht aus einer gruppenführenden Kindergartenpädagogin, einer Früherzieherin und einer Helferin. Im Vorfeld wurde überlegt, welchen Einfluss die jungen Kinder und die neue Gruppenstruktur auf die Entwicklung von Ariana haben könnten. Grundsätzlich wussten wir aus Beobachtungen während der Bring- und Abholzeit, dass Ariana auf junge Kinder sehr positiv reagiert und sofort mit ihnen in Kontakt tritt.

Der Kindergartenbeginn bestätigte, dass Ariana sehr kontaktfreudig war, sowohl gegenüber den älteren Kindern der Gruppe als auch gegenüber den jüngsten.

Gegen Ende des Herbstes machte ich mir Gedanken, ob Ariana zu sehr die Verhaltensweisen der jungen Kinder übernahm. Sie konnte sich auf nichts konzentrieren, beobachtete immer, was die Jüngsten taten, rannte ihnen hinterher, übernahm deren fluktuierendes Spielverhalten und tat viele Dinge nicht mehr, die sie bereits konnte. Im Nachhinein kann ich sagen, dass dies eine Phase war, in der sie sich in ihrer Form mit den jungen Kindern auseinandergesetzt hat, um sie kennen zu lernen, zu erfahren, was sie im Gegensatz zu ihr können und dürfen.

Ihr nächster Schritt war das Spiel mit den jungen Kindern, das „Beaufsichtigen" der jungen Kinder und das Helfen. Sie konnte sich in der Rolle erleben, etwas besser zu können als andere, sodass jemand auf sie hört. Dies hat ihr Selbstbewusstsein erheblich gesteigert und dazu geführt, dass sie auch bei den älteren Kindern ihren Standpunkt vertrat, Spielinhalte mitbestimmte, ihr Spielrevier verteidigte. Oft habe ich gehört: „Ariana lässt uns nicht mitspielen" oder „Ariana braucht den ganzen Platz in der Bauecke". Ein neuer Auseinandersetzungsprozess hatte begonnen – das Arrangieren mit Kindern.

Integration als Prozess sozialer Lernerfahrungen

In diesen dreieinhalb Jahren stand die soziale Integration im Mittelpunkt – das gemeinsame Leben, das gemeinsame und das Voneinanderlernen. Anstelle von Defiziten und Behinderungen wurde die Individualität der Kinder gesehen. Die damit verbundenen unterschiedlichen Wesensmerkmale, Fähigkeiten, Stärken, liebenswerten Eigenschaften haben den pädagogischen Prozess bereichert und angeregt und viele Erfahrungen und Lernprozesse ermöglicht.

Der Schwerpunkt der sozialen Integration war deshalb möglich, weil Ariana außerhalb des Kindergartens therapeutisch gut betreut wurde. Jedoch waren Elternarbeit, interdisziplinäre Zusammenarbeit, Elterngespräche, Beobachtung der Entwicklungsschritte und Entwicklungsbegleitung ein Teil meiner Arbeit und der Arbeit der Sonderkindergartenpädagogin.

Einzelintegration ist eine Bereicherung! Meine Beschreibung unseres Zusammenlebens soll zeigen, dass es für Einzelintegration kein Patentrezept gibt, kein Modell, wie es gelingen kann. Es gibt meiner Meinung nach wichtige Faktoren, die im Vorfeld individuell vor jeder Einzelintegration im Sinne des Kindes abzuklären sind, aber in weiterer Folge stehen die Beobachtung und das Immer-wieder-Eingehen auf die beobachtbaren Bedürfnisse im Mittelpunkt.

Der Beitrag wurde erstmals in „Unsere Kinder" 5/2001 publiziert.

Als mein Sohn Christian mit vollendetem drittem Lebensjahr in den Kindergarten kam, konnte er bereits alle Buchstaben erkennen und benennen, zum Teil konnte

Eva Maria Gattringer

Kleine Kinder – große Begabung

Hochbegabte Kinder erkennen und integrieren

er sogar schon Wörter richtig lesen. Er interessierte sich für Autos, aber auch für fremde Länder, er sang sehr gerne und spielte mit anderen Kindern. In den folgenden Monaten perfektionierte er selbstständig das Lesen, wodurch die intellektuelle Diskrepanz zwischen ihm und seinen AlterskollegInnen immer größer wurde. Die Situation war sehr schwierig, nicht nur für Christian und mich, sondern auch für die gruppenführende Kindergartenpädagogin. Der Kindergarten stand am Beginn eines Bildungsweges, der im Laufe der Schulzeit immer schwieriger wurde und mich dazu führte, dass ich mich nunmehr intensiv mit dem Bereich der Begabten- und Begabungsförderung beschäftige.

Im Gespräch mit KollegInnen fiel mir auf, dass zwar vom besonderen Können einzelner Kinder berichtet wurde, meist jedoch mit kleinen Beisätzen wie: „... aber sonst ist er sehr schlampig", oder : „... aber sie ist auffällig im Sozialverhalten, weil sie oft alleine spielt". Je mehr ich mich in die Thematik vertiefte, umso deutlicher wurde, dass im Kindergarten ein großes Informationsdefizit über Hochbegabung herrscht.

Musikalische Begabungen und Talente im Sport werden auch im Kindergarten relativ leicht erkannt und gefördert. In unserer Gesellschaft finden diese Begabungen Anerkennung und Förderung in Musikschulen und Sportvereinen. Problematisch wird es erst, wenn Kinder kognitiv besonders begabt sind, denn dann brauchen sie besondere intellektuelle Herausforderungen.

1. Wie viele hochbegabte Kinder gibt es?

Die Annahme, dass es nur sehr wenige hochbegabte Kinder gibt, lässt sich durch die Statistik widerlegen: Zwei bis drei Prozent aller Kinder eines Jahrgangs sind hochbegabt; das heißt, in einem Kindergarten mit zirka hundert Kindern sind zwei bis drei Kinder mit Hochbegabung. Wir finden aber noch etwa zehn Prozent an Kindern, die sehr gut begabt sind. Die Übergänge von Begabung zur Hochbegabung sind fließend, das bedeutet, unter hundert Kindern befinden sich weit mehr als zwei oder drei Kinder mit überdurchschnittlicher Begabung.

Im Allgemeinen spricht man von Hochbegabung ab einem IQ (Intelligenzquotient) von 130. Erreicht ein Kind in einem standardisierten und normierten Testverfahren einen IQ von 130, so bedeutet das (im Regelfall), dass 98 % der Gleichaltrigen im jeweiligen Testverfahren schlechter und nur mehr 2 % der Gleichaltrigen besser abschneiden. Da der IQ ein Durchschnittswert ist, sagt er wenig über spezielle Begabungen aus, wie etwa eine mathematisch-logische oder sprachliche Begabung, nur die genaue Auswertung eines aus mehreren Subtests bestehenden Testwertes gibt hier Auskunft.

2. Wie erkennt man ein hochbegabtes Kind?

Testverfahren sind nur eine Möglichkeit, Begabungen zu identifizieren. In der Kindergartenpraxis wird man auch durch gezieltes Beobachten der Kinder sowie Elterngespräche zu einem guten Ergebnis kommen.

Im Allgemeinen zeigen sich folgende Merkmale bei Kindern mit hoher Begabung:

- **Allgemeiner Entwicklungsvorsprung, großes Interesse an Zahlen und Buchstaben:** Versucht ein Kindergartenkind aus eigenem Antrieb zu lesen oder zu rechnen oder kann es dies schon, ist das nach den letzten Untersuchungen ein eindeutiges Zeichen für eine überdurchschnittliche Begabung. Können Kinder das noch nicht, schließt dies eine Hochbegabung jedoch nicht aus. Unter Lesen und Rechnen ist hier nicht das Interesse der SchulanfängerInnen an Schulinhalten gemeint, sondern der selbstständige Erwerb vor dem Schuleintritt: das Lesen von einfachen, manchmal auch schwierigen Texten und der Versuch, selbstständig Rechenlösungen zu finden, z.B. beim Wechselgeld im Kaufladen, nicht aber das Buchstabieren und das Rechnen mit den Fingern.

- **Neugierde und schnelle Auffassungsgabe:** Das Kind ist an allem Neuen interessiert und versteht Zusammenhänge auffallend schnell. Es ist offenkundig sehr neugierig.
- **Verblüffende Gedächtnisfähigkeit:** Es besitzt ein ausgesprochen gutes Lang- und Kurzzeitgedächtnis, kann sich kleine Details über lange Zeit merken.
- **Hohe Konzentrationsfähigkeit:** Durch die Konzentration auf interessante Inhalte kann aber leicht Uninteressantes wie Arbeitsplatzaufräumen vergessen werden, es entsteht der Eindruck, das Kind könne Aufträge nicht durchführen.
- **Kritische Einstellung zur eigenen Leistung:** Das Kind stellt sehr hohe Ansprüche an sich selbst. Dieser sogenannte Perfektionismus kann für das Kind mitunter zum Problem werden, da es sich unter starken Leistungsdruck stellt.
- **Forderung nach Erklärung:** Anweisungen werden hinterfragt und müssen vom Erwachsenen immer erklärt werden, geschieht das nicht, kann das Kind bockig werden.
- **Auffallend gute verbale Ausdrucksfähigkeit:** Die Sprache wird sehr gut beherrscht, diese Kinder können gut Witze erzählen, manche erscheinen dadurch altklug.

Hochbegabte Kinder können auch auf diese Weise auffallen:

- **Durch aggressives Verhalten:** Wird ein sehr begabtes Kind längere Zeit massiv unterfordert, kommt es zu unangenehmen Verhaltensweisen, z.B. Raufereien mit anderen Kindern, freche oder provozierende Antworten.
- **Durch Rückzug:** Das Kind nimmt am Gruppengeschehen nicht mehr aktiv teil, es macht bei keinem Angebot der KindergartenpädagogIn mit.
- **Durch anscheinend hyperaktives Verhalten:** Diese Kinder sind ständig in Bewegung, sie können keinen Augenblick körperlich oder verbal ruhig sein, wodurch in der Gruppe Unruhe entsteht.

Hochbegabte Kinder empfinden sich selbst oft als anders, zum Teil sogar als behindert. Diese Erkenntnis wirkt sich auf jedes Kind unterschiedlich aus: Der Bogen reicht von depressiv bis aggressiv. Von der Umwelt wird das hochbegabte Kind allerdings mitunter als überheblich, eingebildet, altklug oder als Besserwisser empfunden. Diese Einstellung kann vom Kind als Ausgrenzung und Abwertung erlebt werden und ein gewisses Misstrauen anderen Menschen gegenüber bewirken. Hochbegabung kann Kinder belasten, sie sind auf die Hilfe ihrer Eltern und PädagogInnen angewiesen.

3. Akzeptanz eines hochbegabten Kindes

Warum fällt es uns manchmal schwer, ein hochbegabtes Kind anzunehmen? Im Hintergrund steht immer die eigene Lebenserfahrung. Für Menschen, die ihre Bildung mit viel Mühe erarbeiten mussten, ist es oft unvorstellbar, dass sich jemand ohne viel Zutun alles merken kann. Besondere Fähigkeiten erzeugen häufig Neid, ein Phänomen, mit dem begabte Kinder und ihre Eltern schon früh konfrontiert werden. In unserer Gesellschaft finden Menschen, die – in welcher Weise auch immer – aus der Norm fallen, wenig Verständnis, im Gegenteil, sie werden misstrauisch und kritisch angesehen. Sich jener anzunehmen, die anders sind, ist niemals leicht. Eher gelingt es uns, jene Kinder zu unterstützen, die schwach sind, weil wir uns dabei als starke Geber erleben können. Identifizieren wir uns nicht manchmal mit den Schwachen, für die wir uns engagieren, weil wir dabei den Wunsch spüren, um uns hätte sich jemand in der Weise gekümmert, wie wir das nun für andere tun? In unserer stark leistungsorientierten Welt ist es verpönt, schwach zu sein, doch auch Stärke wird vor allem von denen, die Angst haben schwach zu sein, nicht immer gern gesehen. Hochbegabte können in uns die Angst auslösen, diesen Kindern nicht gewachsen zu sein. Dabei können wir leicht übersehen, dass begabte Kinder zwar intellektuelle Höchstleistungen vollbringen, andererseits jedoch genauso liebes- und unterstützungsbedürftig – und vor allem auch genauso Kind – sind wie alle anderen in ihrer jeweiligen Altersgruppe.

4. Wie entsteht (Hoch-)Begabung?

Oft wird angenommen, Begabung entstehe durch erbliche Veranlagung oder durch übertriebene Förderung durch das Elternhaus. Prof. Franz Mönks (Holland) erklärt in seinem sogenannten Mehr-Faktoren-Modell, dass sowohl Veranlagung als auch Förderung zutreffen müssen, also

- innere Faktoren (Intelligenz, Kreativität, Motivation)
- und äußere Faktoren (Familie, Kindergarten, Freunde).

Nur durch das Zusammenspiel aller Faktoren kann sich eine Hochbegabung optimal entfalten. Was geschieht, wenn Familie und Lebensumwelt die Begabung nicht bemerken? Es kann zu Leistungsverweigerung kommen, das Kind nimmt seine Fähigkeiten als unerwünscht wahr und will nicht mehr lernen. Passiert diese Frustration schon im Kindergartenalter, weigern sich die Kinder in der Schule Lesen, Schreiben und Rechnen zu lernen. Hochbegabung ist nicht erst ein Fall für die Schule!

Univ.-Prof. Dr. Brigitte Rollett, Ordinaria für Entwicklungs- und Pädagogische Psychologie an der Universität Wien, spricht in ihrem Artikel „Frühförderung vielfältiger

Begabungen: Kleinstkind- und Kindergartenalter" von der besonderen Bedeutung des Umgangs von Eltern mit ihren Kindern beim gemeinsamen Lösen von Aufgaben.

Erwachsene, die ihrem Kind helfen, indem sie ihm Anreize zur Eigenaktivität geben, indem sie es auf seinem Lösungsweg zum Durchhalten ermuntern, indem sie ihm helfen, sein Ziel im Auge zu behalten, und mit ihm die Konsequenzen versuchter Lösungsschritte durchdenken, dem Kind die Arbeit aber nicht abnehmen, unterstützen die intellektuelle Entwicklung ihrer Kinder weit mehr als Erwachsene, die direkte Anweisungen geben, dem Kind die Lösung vorzeigen und es vielleicht sogar tadeln.

Das oben beschriebene förderliche Lernklima findet sich bei Eltern mit hochbegabten Kindern wesentlich häufiger als bei Kindern mit geringeren kognitiven Kompetenzen, kann jedoch bei jedem Kind (unabhängig von seinem Alter und seinem intellektuellen Potenzial) als wichtige Grundlage für eine wirksame Frühförderung in Elternhaus und Kindergarten angesehen werden.

5. Projekt „Begabungen aufspüren"

Im Jahr 1999 wurde mir die Teilnahme an der ECHA-Ausbildung (**E**uropean **C**ouncil of **H**igh **A**bilities) ermöglicht. Im Rahmen dieser Ausbildung führte ich ein Projekt in einem städtischen Kindergarten in einem typischen Arbeiterwohngebiet und mit relativ hohem Ausländeranteil durch. Ich wollte nachweisen, dass in jedem Kindergarten begabte oder sogar hochbegabte Kinder zu finden sind. In weiterer Folge plante ich einen Videofilm, in dem ich diese Kinder bei speziellen Spielangeboten im Vergleich mit durchschnittlich begabten Kindern zeigen wollte.

Bildungsarbeit im Kindergarten soll transparent sein. Eltern müssen wissen, was geplant ist. Besonders bei der Begabtenförderung können sehr schnell Vorurteile entstehen, die begabte Kinder zu Außenseitern abstempeln und diese in ihrer Entwicklung hemmen. Zur Information über Begabung schien mir das Modell von Howard Gardner sehr gut geeignet. Er spricht von:

- sprachlicher Intelligenz – kann sich besonders gut ausdrücken, Erfinden von Geschichten, Lernen einer Fremdsprache (DichterIn, SchriftstellerIn)
- musikalischer Intelligenz – gutes Gehör, singt Melodien richtig, erlernt schnell ein Instrument, gutes Taktgefühl (KomponistIn, MusikerIn)
- logisch-mathematischer Intelligenz – findet eigenständig Lösungen für mathematische Probleme, Freude am Umgang mit Zahlen (MathematikerIn, PhysikerIn)
- räumlicher Intelligenz – gutes räumliches Vorstellungsvermögen, kann sehr gut zeichnen (ArchitektIn, BildhauerIn)
- körperlich-kinästhetischer Intelligenz – sehr gute Körperbeherrschung, begabt beim Turnen, Tanzen, Spielen eines Instrumentes, besondere Geschicklichkeit (TänzerIn, MusikerIn, ChirurgIn)
- intrapersonaler Intelligenz – versteht die Gefühle anderer Menschen, kann sich in diese versetzen, verständnisvoll (PsychologIn)
- interpersonaler Intelligenz – kann Beziehungen zwischen Menschen herstellen, Sozialverhalten (SozialarbeiterIn, helfende Berufe)
- naturalistischer Intelligenz – Verstehen der Vorgänge der Natur, Zugang zu Tieren (NaturforscherIn, „PferdeflüsterIn")
- existenzieller Intelligenz – kann Bedürfnisse der Menschen auf spiritueller Ebene erkennen und steuern (PriesterIn, SchamanIn)

Ein Informationsabend für KindergartenpädagogInnen und Eltern sollte Grundlage für eine Diskussion über begabte Kinder im Kindergarten sein. Ziel des Abends war das Erkennen eigener Begabungen. Nur wer seine eigenen Fähigkeiten erkennt, kann die der anderen Menschen zulassen. „Ich habe selber keine Begabungen", wird häufig von Eltern und PädagogInnen gesagt, wenn sie über Begabtenförderung sprechen. Gerade im Kindergarten ist es wichtig, Begabung ganzheitlich zu sehen, dadurch können keine Ängste entstehen, diesen Kindern nicht gewachsen zu sein. Nicht die Förderung steht an erster Stelle, sondern das Erkennen und Annehmen von Kindern mit besonderen Begabungen. Nimmt man das Kind, wie es ist, ist dies schon ein wichtiger Schritt in die richtige Richtung. Begabtenförderung hat im Kindergarten nichts mit Lernen und Vorwegnahme der Schule zu tun!

Unser Projekt sollte sich – in spielerischer Weise – konzentrieren auf:

- Sprache und Beobachtungsgabe
- Logisches Denken und Bilden von Reihen
- Merkfähigkeit und Reaktionsgeschwindigkeit

Aus der Gesamtzahl aller 50 Kinder konnten sieben Kinder, die uns im Lauf des viermonatigen Beobachtungszeitraumes durch besondere Leistungen aufgefallen waren, ausgewählt werden.

5.1. Sprache und Beobachtungsgabe

Die Verwendung eines Bilderbuches, das die Kinder noch nicht kannten, sollte ihre Neugierde wecken. Das Buch war so gewählt, dass mehrere Ansätze möglich waren: eine Geschichte erzählen, Verschiedenes entdecken, Mengen wahrnehmen, Zahlen erkennen. Dadurch bekam man einen guten Einblick in die sprachlichen Fähigkeiten, man sah, welche interessanten Details beobachtet und beschrieben werden konnten, oder erkannte, wer schon Interesse an bzw. Kenntnis von Zahlen hatte.

Unter den ausgewählten Kindern befanden sich auch drei Kinder mit türkischer Muttersprache. Diese Kinder hatten es natürlich schwerer, da ihre sprachliche Ausdrucksfähigkeit eingeschränkt war. Kinder mit nichtdeutscher Muttersprache sind in der Begabungserkennung eindeutig benachteiligt, da ein großer Teil unserer Fähigkeiten über die Sprache erlernt wird. Wenn jedoch Zeit zum Erklären und Helfen ist, machen auch sie mit Freude und Ausdauer mit.

Besonders begabte Kinder zeigten deutlich längere Ausdauer und (bei interessanten Dingen) genauere Beobachtungen. Die Ausdrucksfähigkeit fiel bei sprachbegabten Kindern besonders auf, sie konnten die Bilder in ganzen Sätzen beschreiben und zeichneten sich durch einen größeren Wortschatz aus.

5.2. Logisches Denken und Bilden von Reihen

Die Kinder wurden aufgefordert, Holzbausteine irgendwie zu ordnen. Die Bausteine hatten verschiedene geometrische Formen in den vier Grundfarben. Diese Aufgabe erforderte weniger sprachliche als logisch-abstrakte Fähigkeiten und sollte speziell den anderssprachigen Kindern gleiche Bedingungen bieten.

Im Verlauf dieses Angebotes konnte ich einige sehr interessante Beobachtungen machen. Im Allgemeinen zeigten sich die Kinder sehr motiviert durch das Material, die Lösungsideen ließen bis auf eine Ausnahme einen guten Rückschluss auf die Kreativität, das logische Denken, Erkennen von Ordnungssystemen und räumliches Vorstellungsvermögen zu. Je höher die Begabung war, umso kreativer und ungewöhnlicher waren die Lösungen. Begabte Kinder konnten nicht nur die Farbe oder die Form als Ordnungskriterium erkennen, sondern waren imstande, eigene Reihen oder Konstruktionen zu bilden. Ihre Lösungsstrategien könnten als mehrdimensional bezeichnet werden.

Einzige Ausnahme war Halid (sechs Jahre), ein Bub türkischer Abstammung, der höchstwahrscheinlich hochbegabt ist, denn er lernte sich selbstständig durch das Fernsehen die deutsche Sprache und auch das Lesen. Leider besuchte er nur wenige Monate vor Schulbeginn den Kindergarten. Der Umgang mit Bausteinen war ihm vollkommen fremd. Ihm machte die Aufgabe wenig Spaß, er löste sie ohne besondere Anstrengung und ohne jegliche originelle Idee. Auch hochbegabte Kinder können nur das wiedergeben, was sie schon gelernt haben.

5.3. Merkfähigkeit und Reaktionsgeschwindigkeit

Das Gedächtnis ist Voraussetzung für überdurchschnittliche kognitive Leistungen. Begabte Kinder haben Freude am Denken, sie suchen Herausforderungen. Ein aus 60 Teilen bestehendes Tastspiel wurde zu einem Gedächtnisspiel umgeändert.

Die Formen waren originell und entsprachen dem Wissen der Kinder, die in Gruppen gleichaltriger Kinder spielen konnten. Die Spielgeschwindigkeit konnten die Kinder selber steuern, ebenso den Schwierigkeitsgrad durch die Anzahl der verwendeten Gegenstände. Zuerst wurde eine von den Kindern bestimmte Anzahl von Gegenständen besprochen (um die Begriffe zu festigen), anschließend schlossen die Kinder die Augen, ich entfernte einen Gegenstand und die Kinder sollten – nachdem sie die Augen wieder geöffnet hatten – (so schnell wie möglich) sagen, welcher Gegenstand fehlte. Begabte Kinder arbeiteten hier mit größter Konzentration, reagierten rascher, die Fehlerquote war sehr gering. Dieses Spiel war besonders für Ältere ein großes Vergnügen, wahrscheinlich auch deshalb, weil sie keine Rücksicht auf Kleinere nehmen mussten.

5.4. Resümee

Diese alltäglichen Spielangebote gaben einen guten Einblick in die verschiedenartigen kognitiven Fähigkeiten der Kinder.

Da jedes Kind, auch das begabte, entsprechend seinen Anlagen Anspruch und Recht auf Förderung hat, ist es nur zu nahe liegend, diese Fähigkeiten in der Bildungsarbeit zu berücksichtigen. Der Bildungsplan im Kindergarten eröffnet viele Möglichkeiten, Begabungen zu fördern, ohne sich den schulischen Angeboten zu nähern. Fördern bedeutet nicht, nach irgendwelchen Schwächen zu suchen, sondern sollte grundsätzlich die Stärken der Kinder betreffen. Fähigkeiten, die das Kind bereits mitbringt, werden in den Alltag eingebaut. Jedes Kind sollte mit seinen Fähigkeiten zum Gruppengeschehen beitragen können,

Diese Ordnung – gleichförmige, unterschiedlich färbige Paare – hat ein fünfjähriger (wahrscheinlich hochbegabter) Bub gefunden. Er ist auf viele verschiedene Ordnungen gekommen.

Viele haben versucht, auch dem Bedürfnis zu bauen nachzukommen. – So entstanden oft idente Bauwerke in den vier Grundfarben.

Auch diese Ordnung ist als Bauwerk zu verstehen, in dem die gleich geformten Bausteine beisammen bleiben. – Was uns wohl eingefallen wäre?

vom behinderten bis zum hochbegabten. Sie alle fühlen sich am wohlsten, wenn sie in die Gruppe integriert sind.

6. Wie kann Unterforderung vermieden werden?

In den ersten Kindergartenjahren ist Begabtenförderung noch relativ leicht, da begabte Kinder ähnlich dem Überspringen in der Schule schon bei den Aktivitäten der älteren mitmachen können. Probleme können im letzten Kindergartenjahr auftreten, weil die Gefahr besteht, dass das Kind sich langweilt. Brigitte Rollett empfiehlt die Projektmethode als Fördermaßnahme, in deren Rahmen unterschiedlichste Talente und Interessen angemessen zum Zuge kommen können. Der neue Bildungsplan für den Kindergarten schafft genügend Freiräume für alle Kinder, nicht nur die begabten. Das transaktionale Bildungskonzept ermuntert die KindergartenpädagogIn zu Angeboten, die aus der Situation kommen und von den Kindern entsprechend ihren Bedürfnissen vertieft werden können. Je offener die Gruppenführung, umso besser kann Förderung greifen.

Häufig wird in der Begabtenförderung (v.a. in den USA) die Forderung gestellt, hochbegabte Kinder in ihrem Lerntempo zu beschleunigen. Ich persönlich rate davon ab, denn Beschleunigung bedeutet nur Übliches schneller zu durchlaufen. Hochbegabte aber neigen dazu, vieles zu vertiefen, Dingen auf den Grund zu gehen. Schon im Kindergarten sollte dazu die Möglichkeit bestehen. Denkbar ist auch ein breiteres Angebot, wie Fremdsprachen oder der Einsatz des Computers.

Die vorzeitige Einschulung ist auch eine Frage, mit der die KindergartenpädagogIn konfrontiert werden kann. „Schenken Sie Ihrem Kind doch ein Jahr Kindheit", ist ein häufiges Argument gegen diesen Schritt. Sicher muss er wohl überlegt sein, doch sollte man ein Kind, das geistig für die Schule bereit ist, unter Berücksichtigung seiner physischen und psychischen Belastungsfähigkeit nicht bremsen, vor allem dann, wenn die Gefahr besteht, dass die Kinder sich autodidaktisch falsche Lese- oder Rechengewohnheiten einüben.

Fallweise kommen noch andere Argumente gegen einen vorzeitigen Schuleintritt, wenn etwa das Kind den Stift noch nicht ganz richtig halten kann oder Buchstaben falsch schreibt (z.B. in Spiegelschrift). Ein Phänomen, das bei vielen Hochbegabten zu beobachten ist: Sie können schon lesen und rechnen, aber die Entwicklung der Fein- und somit auch der Graphomotorik, die wesentlich stärker reifungsbedingt ist, ist noch nicht im gleichen Maß vorangeschritten. Doch die Schule muss die zukünftigen SchülerInnen ja auch noch etwas lehren können, üben die einen das Lesen, üben die anderen eben das Schreiben.

Kritischer sollte man dem Vorwurf begegnen, hochbegabte Kinder seien in der sozialen Entwicklung zurückgeblieben, weil sie gerne alleine spielen oder sich von der Gruppe zurückziehen. Es stellt sich auch die Frage: Wie reagiert die Umwelt auf das Kind? Wird es angenommen, wie es ist? Mitunter erleben hochbegabte schon früh, dass ihr Anderssein nicht erwünscht ist, dass Erwachsene und Gleichaltrige ihnen mit Unverständnis gegenüberstehen. Gerade diese Problematik führt besonders bei Mädchen dazu, ihre Begabungen zu verstecken; die soziale Anerkennung ist ihnen wichtiger. Die Aufmerksamkeit der KindergartenpädagogIn ist in so einem Fall besonders bedeutsam, damit sie die Signale der Begabung erkennen, diese wertschätzen und unterstützen kann.

7. Blick in die Zukunft

Begabtenförderung ist kein neuer Trend, sondern notwendig, um allen Kindern einer Gruppe gerecht zu werden. Um aber mit begabten Kindern gezielt arbeiten zu können, bedarf es einer genauen Diagnose. Dazu sind Unterstützung durch geschulte Fachkräfte (Beratung im Kindergarten) und Informationen unumgänglich. In Ausbildung und Fortbildung muss auch Hochbegabung zum Thema werden. Die Bildung von Projektgruppen wäre ein Weg, spezielle Praxismodelle zu entwickeln.

Literatur

Gardner, Howard ([2]1998): Abschied vom IQ. Stuttgart: Klett-Cotta

Huser, Joelle (1999): Lichtblick für helle Köpfe. Zürich: Lehrmittelverlag des Kantons Zürich

Mönks, Franz/Ypenburg, Irene ([3]2000): Unser Kind ist hochbegabt. München: Ernst Reinhardt Verlag

Rollett, Brigitte (1994): Frühförderung vielfältiger Begabungen: Kleinstkind- und Kindergartenalter. In: Oswald, Friedrich u.a. (Hsg.): Begabungen entdecken – Begabte fördern. Wien: Jugend&Volk, S. 143–157

Stamm, Margit (1998): Frühlesen und Frührechnen als soziale Tatsachen? Leistungen, Interessen und Schulerfolg bei Kindern, die bei Schuleintritt bereits lesen und/oder rechnen konnten. Werkstattbericht III. Aarau: Institut für Bildungs- und Forschungsfragen im Schulbereich

Der Beitrag wurde erstmals in „Unsere Kinder" 5/2001 publiziert.

FRIEDERIKE PRUKA-CHADIM

Multikulturell – Lust oder Frust?

Erfahrungsbericht aus einer sehr bunten Kindergartengruppe

Wer in unsere Kindergartengruppe kommt, wird aufs erste Hinsehen oder -hören kaum einen Unterschied zu anderen Gruppen erkennen. Und doch gibt es einen: Denn 21 der insgesamt 25 Kinder sprechen mindestens zwei Sprachen. Die Hautfarben unterscheiden sich kaum.

25 verschiedene Familienkulturen, die von ihrer ausländischen Herkunft geprägt sind, werden mit unserer Kindergartenkultur konfrontiert. Neun Kinder bzw. deren Familien sind aus der Türkei zugezogen, drei aus dem ehemaligen Jugoslawien, drei aus Polen, zwei Mädchen haben ihren Ursprung in Albanien. Zwei Kinder werden deutsch/spanisch, ein Bub englisch/serbisch und ein Mädchen deutsch/japanisch aufgezogen. Österreichische Wurzeln mit deutscher Muttersprache haben vier Kinder unserer Gruppe. Insgesamt besteht die Gruppe aus dreizehn Buben und zwölf Mädchen. Siebzehn von ihnen sind bereits länger in der Gruppe, acht seit dem letzten Herbst.

Zwei Teilzeit-Kindergartenpädagoginnen, eine Assistentin und ich betreuen regelmäßig die Kindergartengruppe. Da in unserem Haus noch drei Hortgruppen mit je fünfundzwanzig Kindern untergebracht sind, arbeiten auch drei Hortpädagoginnen, drei Assistentinnen und eine muttersprachliche Betreuerin mit, die Serbokroatisch spricht.

Weil bei uns offen gearbeitet wird, kennen die Kinder alle Mitarbeiterinnen, aber auch viele Hortkinder. Ebenso beobachten die Eltern die gleichberechtigte Teamarbeit, sehen keinen Unterschied zwischen den Kolleginnen mit deutscher bzw. anderer Muttersprache und bemerken die Einhaltung der demokratischen Grundregel und den humor- und respektvollen Umgang miteinander.

1. Schwerpunkte des Hauses

Bei unserer Erziehungs- und Bildungsarbeit haben wir uns für vier Schwerpunkte entschieden, die von allen Mitarbeiterinnen in unserem Haus mitgetragen werden.

1.1. Demokratische Erziehung

Der partnerschaftliche Umgang mit den Mitmenschen. Unsere Kinder müssen auf das pluralistische Leben in einer Demokratie vorbereitet werden. Der junge Mensch lernt, dass er Rechte und Pflichten hat und seine persönliche Freiheit dort aufhört, wo die des Nächsten anfängt. Das Demokratiebewusstsein der Kinder, die wir betreuen, muss gepflegt werden.

1.2. Lernen über die Sinne

Alles, was an die Kinder herangebracht wird, soll über mehrere Sinne aufgenommen werden können. Wir nehmen auf das Alter und die Aufnahmefähigkeit des Kindes Rücksicht. Mit allen Sinnen das Leben begreifen, besonders dann, wenn die deutsche Sprache noch nicht oder nicht gut verstanden wird, das ist ein wichtiger Grundsatz in unserer Planung. Durch das Prinzip der Wiederholung können wir ein Thema auf verschiedene Weise an die Kinder heranbringen und festigen.

1.3. Die deutsche Sprache

Jede Muttersprache ist wichtig und erlaubt, sie ist die Erstsprache jedes Kindes und der notwendige Grundbaustein für das Erlernen jeder weiteren Sprache. Da wir verschiedene Nationalitäten betreuen, einigt man sich ganz natürlich auf eine Verbindungssprache. Wir achten besonders darauf, dass die Muttersprache perfekt gesprochen wird. Einerseits mit beratenden Elterngesprächen, andererseits mit Hilfe von muttersprachlichen Betreuerinnen. Leider passiert es immer wieder, dass die Kinder keine Notwendigkeit sehen, die deutsche Sprache zu erlernen, da auch die Mütter nicht Deutsch sprechen. Diesen Kindern fehlt es an Motivation, die Sprache schnell zu erlernen, und daher dauert der Spracherwerb etwas länger.

1.4. Multikultureller Betrieb

Er definiert sich als gemeinsamer Betrieb mit vielen Nationalitäten, Talenten und Persönlichkeiten und vor allem dem Bewusstsein, dass es keine wichtige und unwichtige Sprache gibt. Die Verschiedenheit der Kulturen und Persönlichkeiten ist ein Gewinn, der für die Kinder sehr positiv genützt wird.

2. Aufbauarbeit

Idealerweise beginnen die Kinder bei uns mit zirka drei Jahren das Kindergartenjahr, leider wird diese Chance von nur wenigen Zuwanderern genützt. Der Großteil der Kinder tritt mit zirka vier Jahren ein. Die Einschreibung ist der Beginn, das erste Kennenlernen. Sorgen und Ängste der Eltern sollen abgebaut, die Vorfreude gesteigert werden. In kürzester Zeit stellen wir unsere Arbeit, den Betrieb und die Kindergartenkultur im Elterngespräch vor.

Oft müssen beide Parteien heftig gestikulieren oder auf die englische Sprache ausweichen, manchmal hilft eine mitgebrachte Freundin. Für mich ist am wichtigsten, den zukünftigen Mitgliedern unserer Gemeinschaft das Gefühl des Willkommenseins zu vermitteln.

Naturgemäß ist der Beginn des Kindergartenjahres eine sehr anstrengende Zeit. Im letzten Herbst arbeiteten die beiden erfahrenen Pädagoginnen mit intensiver Mimik. Sie scheuten sich nicht, ganz einfaches Lied- und Sprachgut zu verwenden. Kinder, die noch nicht verstanden, nahmen diese Dinge dankbar an und für die anderen gab es auch Anspruchsvolleres. An einem kleinen Beispiel erkannten wir, wie wichtig (und manchmal unbemerkt) kleine, verstärkende Handbewegungen sind: Bei einem Feedback-Gespräch bemerkte eine Pädagogin, dass bei ihr die Kinder die deutsche Sprache nicht so schnell verstehen wie bei ihrer Kollegin. Nach einer Beobachtungsphase fielen uns die begleitenden Handbewegungen auf, mit denen die eine Mitarbeiterin ihr Sprechen begleitete, die aber für Außenstehende nicht sehr auffällig waren. Kinder aber, die die Sprache nicht verstehen, achten sehr wohl auf diese kleine Hilfe.

Es gibt immer etwas zu lachen, die Kinder haben Spaß, freuen sich über die didaktischen Einheiten und lernen ganz nebenbei die wichtigen Regeln, die zu einem Tagesablauf gehören, um das Leben mit so vielen Menschen in einem Raum zu ermöglichen. Eine große Hilfe während der Phase der Orientierung ist die Assistentin, die fast immer im selben Raum arbeitet. Es ist somit eine zweite Erwachsene da, die tröstet und versteht, Sorgen anhört, mitlacht und auch Spaß macht, hilft oder einfach nur da ist.

3. Unterschiede zulassen

Da wir eine große internationale Mischung haben, ist für uns klar, dass sich alle auf die deutsche Sprache einigen. Trotzdem ist es für uns kein Problem, wenn Kinder zur Entspannung oder in kleinen Gruppen miteinander in ihrer eigenen Sprache reden.

Durch die verschiedenen Nationalitäten und die Kulturunterschiede ist vieles für manche Kinder neu. Der Tagesablauf mit seinen Regeln, das Leben in der großen Kindergruppe und die Kindergartenkultur bedeuten nicht selten eine gewaltige Umstellung. Die Grenzen in der Erziehung sind in den Familien individuell verschieden. Manchmal sind die Unterschiede besonders groß. Die Regeln, die von den Pädagoginnen aufgestellt werden, müssen sinnvoll sein und sind nur dazu da, das Zusammenleben in der Gruppe zu ermöglichen.

Im Tagesablauf ergeben die Mahlzeiten die Möglichkeit, auf unsere Kinder individuell einzugehen. Gerade beim Essen gibt es so viele Unterschiede bei Vorlieben und Geschmack, aber auch kulturell-religiöse Gepflogenheiten, dass man sehr sensibel mit diesem Bereich umgehen muss. Es darf beispielsweise keine Angst entstehen, versehentlich Schweinefleisch zu essen. Essen soll Spaß

machen, die Gesundheit erhalten und eine angenehme Tätigkeit sein, außerdem geht es uns um einen möglichst natürlichen Umgang mit Lebensmitteln, die vielleicht nicht allen gleich bekannt sind. So weit wie möglich gehen wir auf die Speisenvorlieben der Kinder ein und servieren eine Vielfalt an Lebensmitteln, aber kein Schweinefleisch.

4. Feste, Feiern, Religionen

Nach dem ersten Kennenlernen, der Orientierung aller Beteiligten, dem Erlernen der Regeln und des Tagesablaufes feiert man die ersten Feste. Es gibt kleine Feste, die der Höhepunkt von erarbeiteten Themen sind, und Brauchtumsfeiern unseres Landes. Eine weitere Möglichkeit ist Brauchtum aus anderen Kulturen zu übernehmen.

Das religiöse Bekenntnis der Kinder und ihrer Familien erkennen wir beim Eintritt in den Kindergarten nur an äußeren Dingen, etwa am Verbot von Schweinefleisch oder am Tragen des Kopftuches. Es ist bei uns unüblich, nach der Religion zu fragen oder Feste mit sakralen Riten zu feiern. Aber natürlich erfährt man viel über die Kultur der einzelnen Familien. Wir haben heuer beschlossen, kein Herkunftsland der Kinder als besonderes Thema einzubringen (es wären bei der Menge an Nationalitäten zu viele geworden). Trotzdem haben wir einen Weg gefunden, die Verschiedenartigkeit und Vielfalt anderer Länder und Menschen aufzuzeigen.

5. Wertschätzung und Interesse

Es ist uns sehr wichtig, Eltern und Kindern ehrliches Interesse entgegenzubringen. Eine gute Gelegenheit ergab sich im Ramadan und dem Fest danach (Bairam). Gespräche, wie es den Fastenden gehe, Informationen über die Fastenzeit und schriftliche Glückwünsche zeigten jene Wertschätzung, die christliche Eltern zu Weihnachten erfahren. Interessiertes Erzählen und Zuhören waren in dieser Zeit ganz wichtig.

6. Eltern tragen Ziele mit

Eltern und Kinder sind mit unseren Zielen einverstanden, haben Vertrauen in unsere Arbeit, sind mitteilsam und unterstützen die Pädagoginnen. Das Ziel des zweiten Elternabends war, mehr von den Eltern zu erfahren, aber auch das Kennenlernen untereinander zu ermöglichen. Die Pädagoginnen wählten das Thema „Feste und Feiern im Kindergarten und zu Hause". Jede/r sollte eine Festtagsspeise aus seiner Religion/Kultur mitbringen und über den Festhergang berichten. Es wurde ein interessanter, gemütlicher und erfolgreicher Abend mit viel Informationen über die einzelnen Kulturen. Die Eltern, die zahlreich erschienen, waren stolz, über ihre Traditionen berichten zu können, und gleichzeitig gelang es den Kolleginnen, die pädagogischen Schwerpunkte und den Wert der Kindergartenfeste zu vermitteln.

In dieser Kindergartengruppe erlernen, wie in anderen Gruppen auch, die Kinder Selbst-, Sach- und Sozialkompetenz. Das Training der deutschen Sprache steht im Vordergrund. Die Methoden unterscheiden sich sicher von Bildungsangeboten in rein deutschsprachigen Gruppen. Meine Mitarbeiterinnen lösen diese Schwierigkeit mit Mut, Kreativität, Flexibilität, Ideenreichtum und Freude an der Arbeit. Über allem aber stehen Humor, Verständnis und Respekt. In diesem Klima fühlen sich alle wohl und sind bereit dazuzulernen. Mit dieser Grundhaltung lassen sich auch Probleme leichter lösen.

Der Beitrag wurde erstmals in „Unsere Kinder" 3/2004 publiziert.

Eva-Maria Lexa

Alt und Jung unter einem Dach

Begegnungen zwischen den Generationen

Am Anfang stand die Idee, ein Pflegezentrum und einen Kindergarten unter einem Dach zu vereinen. Bald zeigte sich, dass dies keine Vision, sondern ideale Kombination ist. Im November 2000 wurde der Kindergarten „Wie daham" im Klagenfurter Stadtteil Welzenegg eröffnet. Damals wurde ein österreichweit einzigartiges Projekt verwirklicht. In das bereits bestehende Pflegezentrum wurde der Kindergarten integriert.

Gemeinsam (er-)leben

„Wie daham" gliedert sich in drei Pflegestationen, eine Tagesstätte und einen Kindergarten – Jung und Alt, sprich 25 Kinder und 160 SeniorInnen, leben Tür an Tür. Die Kindergartengruppe wird von vier Kindergartenpädagoginnen betreut. Intergenerative Begegnungen gehören zum Alltag. Sei es auf dem Gang, im Garten, beim Spazierengehen oder im Rahmen von Festen im Jahreskreis. SeniorInnen und Kinder werden eingeladen gemeinsam zu kochen, zu backen und zu werken. Sie feiern Geburtstage, unternehmen Ausflüge, spielen und tanzen.

Der jüngste Bewohner ist drei, die älteste Bewohnerin 103 Jahre alt. Den Kindern wird Raum gegeben für individuelle Begegnungen, die kontinuierlich stattfinden. Durch das gemeinsame Tun erleben sie sowohl Unterschiede als auch Gemeinsamkeiten. Die Kinder erfahren, respekt- und würdevoll mit alten Menschen umzugehen. Und sie machen sich ihr eigenes Bild vom Altsein. So glaubt Helena: „Wenn ich einmal alt bin, brauche ich eine Brille." Oder Fabian: „Dann kann ich den ganzen Tag sitzen und hab viel mehr Zeit." Stefan meint, nicht mehr alles angreifen zu können, „weil meine Finger verbogen sein werden".

Vorbildwirkung

Allein durch ihre Anwesenheit und ihre Natürlichkeit bereichern die Kleinen den Lebensabend der SeniorInnen. Sie lachen, singen und toben durchs Haus, haben sich dabei aber an Regeln zu halten, etwa was Grüßen, Höflichsein oder die Hilfsbereitschaft betrifft. Kinder erfahren den respektvollen Umgang durchs Beob-

achten im Alltag. Hier sind die Pädagoginnen, das Pflegepersonal und die Eltern gefordert, ein positives Vorbild zu sein.

Die flexiblen Öffnungszeiten im „Wie daham" (geöffnet von 7 bis 19 Uhr) ermöglichen es auch den Angestellten des Pflegezentrums, ihre Kinder während ihrer Dienstzeit gut betreut zu wissen. Und sie können ihnen fachliches Wissen und Erfahrung weitergeben. Elisabeth Zaminer, Pflegedirektorin des Pflegezentrums: „Es war die beste Idee, Alt und Jung unter einem Dach zu vereinen. Die Atmosphäre im Haus ist durch die Kinder freundlicher und netter geworden."

„Die Kinder gehören hierher"

Altwerden gehört zum Leben und ist ein natürlicher Prozess, den jeder Mensch durchleben muss. Auch die Konfrontation mit den Themen Tod, Sterben, Krankheit, Schwäche und Beeinträchtigung verleiht den Kindern eine ganz andere, realistische Vorstellung vom Leben. Ihr Maß an Verantwortung steigt allein schon durch Tätigkeiten, etwa einen alten Menschen im Rollstuhl zu chauffieren. Durch Rücksichtnahme auf langsamere, immobilere Menschen im Alltag erhalten die Kinder eine gewisse Sensibilisierung für alte Menschen und ihre Einschränkungen im Alltag. Für Martin (5) ist Hilfsbereitschaft inzwischen eine Selbstverständlichkeit: „Ich halte gerne die Türe auf."

Gelegentlich empfinden es SeniorInnen als bedauerlich, dass die Kinder am Wochenende nicht anwesend sind. Es sei dann so still und langweilig. Was auch in den Aussagen der HeimbewohnerInnen zum Ausdruck kommt: Frau Springschitz (90) gefallen die gemeinsamen Aktivitäten, Frau Leitl (91) sagt schlicht: „Die Kinder gehören schon hierher."

Herr Thaler (85) empfindet die Kinder als „keinesfalls störend". Für Frau Reinsdorf (79) „gibt es nichts Schöneres, als wenn die Kleinen da sind und ich ihnen beim Spielen zusehen kann. Manchmal bringen sie auch einen Sandkuchen, da muss man halt sagen, dass er gut schmeckt. Frau Ofner (79) mag die Kinder sehr, „doch ich brauche auch meine Ruhephasen".

Umgekehrt schätzen die Kinder die Anwesenheit der SeniorInnen. Und halten sie auf Trab: „Wir räumen die ganzen Spiele heraus, dann erklären wir es den Leuten", sagt Vanessa (4). „Aber leise, damit die alten Leute sich nicht erschrecken. Dann müssen sie es nachmachen, wie wir es gesagt haben, und wir können mit ihnen schön spielen." Doch die Jungen zeigen sich, wenn es sein muss, auch hilfsbereit: „Wenn uns die Frau Mikula besuchen kommt und dann nicht mehr zurückfindet, bringen wir sie hin", erzählt die dreijährige Nicola.

Entspanntes Miteinander

Die baulichen Voraussetzungen im „Wie daham" erwiesen sich als maßgebend für die praktische Umsetzung: Ein großer Garten mit Spielplatz, gepflasterte, leicht zugängliche Spazierwege (auch für RollstuhlfahrerInnen geeignet), Sitzgelegenheiten, im Sommer Schattenplätze, Gruppenräume für gemeinsame Feierlichkeiten, Plätze für Entspannung und Erholung, ausreichend sanitäre Anlagen und keine großen räumlichen Entfernungen zwischen SeniorInnen und Kindern unterstützen ein entspanntes Miteinander.

Ziel ist die soziale Integration, die dem Kind, aber auch dem älteren Menschen zu mehr Lebensqualität durch intergenerative Erlebnisse und Begegnungen verhelfen soll. Wobei stets das Prinzip der Freiwilligkeit gilt: Kindern wie SeniorInnen wird es selbst überlassen, ob sie überhaupt mit dem jeweiligen Gegenüber Kontakt aufnehmen bzw. an den jeweiligen Aktivitäten teilnehmen wollen. „Vielen älteren Bewohnern, die selbst nie Kinder hatten, fällt es schwer zu akzeptieren, dass in ihrer näheren Umgebung plötzlich Kinder sind, die schreien, lachen, toben, eben Lärm machen", sagt Brigitte Tauschitz, Mitarbeiterin der Tagesstätte.

Das Projekt will Isolations- und Einsamkeitsgefühlen der SeniorInnen entgegenwirken. „Durch den Wandel der Generationsbeziehungen und Familienformen in unserer Gesellschaft haben Kinder immer weniger die Möglichkeit, regelmäßige Kontakte zu alten Menschen zu pflegen", weiß Kindergartenpädagogin Kerstin Mayer. Durch intergenerative sozialpädagogische Arbeit können für Kinder fehlende alltägliche Erfahrungen mit alten Menschen zumindest ein Stück weit kompensiert werden. Im Umgang miteinander stellen sie fest, dass ihr Leben bereichert wird. Sie erkennen, dass sie auch das verbindet, was sie unterscheidet.

Der Beitrag wurde erstmals in „Unsere Kinder" 3/2005 publiziert.

Niklaus Nuspliger

Frischer Wind im Altersheim

Besuch in einer Schweizer Seniorenresidenz

Begegnungen zwischen Kindern und alten Menschen gehören in der Seniorenresidenz Schönegg in Bern zum Alltag. Das zeigt ein Augenschein in der ersten integrierten Krippe der Schweiz, die erfolgreich gegen die „gesellschaftliche Ghettoisierung" kämpft.

Das Domicil für Senioren Schönegg im Südwesten Berns: Kleine Eckzimmer und Terrassen schmücken den einfachen, aber mit seinen rund zweihundert Metern Länge doch stattlichen Bau. Die großen Fenster geben den Blick frei auf die Postkartenansicht der Stadt Bern und die Laub- und Obstbäume im herbstlichen Garten.

Seit dem 19. Jahrhundert verbringen SeniorInnen in der Schönegg ihren Lebensabend. Das ehemalige Greisenheim hat sich im Lauf der Jahrzehnte in ein modernes Alters- und Pflegeheim gewandelt. Dennoch vermischt sich die fühlbare Geschichte des Heims mit den langen Lebensgeschichten seiner BewohnerInnen zu einer Stimmung ehrwürdiger Altertümlichkeit.

Begegnungsraum

Umso überraschender mutet es an, dass aus dem Begegnungsraum des Domicils Schönegg Kinderstimmen zu vernehmen sind. „Jetzt fallen die Blätter wieder, der Sommer ist vorbei", dringt das Herbstlied in den Garten. Und wer genau hinhört, glaubt aus dem Chor der hellen Kinderstimmen den Gesang alter Menschen rauszuhören.

Die Kinderstimmen gehören dem knapp zweijährigen Kaspar, seinem sechsjährigen Bruder Balz, der viereinhalbjährigen Elin und ihrer dreijährigen Schwester Lia. Mit ihnen singen Frau Nacht, Frau Bosshard, Frau Peyer und Frau Marthaler, alle Bewohnerinnen des Alters- und Pflegeheims. Die Kinder und die Seniorinnen sind bereits alte Bekannte. „Komm zu mir, mein Schätzeli", ruft Frau Marthaler dem kleinen Kaspar zu, der mit einem breiten Grinsen neben die Seniorin auf den Stuhl hüpft. Für ihren heutigen Besuch haben die Kinder im Garten farbiges Laub gesammelt, das sie nun zusammen mit den vier Seniorinnen zu Herbstcollagen verarbeiten wollen.

Seit die Kindertagesstätte mixmax in die Räumlichkeiten des Domicils Schönegg eingezogen ist, sind gemeinsame Aktivitäten zwischen Kindern und SeniorInnen Teil des Lebens im Schönegg. „Es hat einfach alles gut zusammengepasst", meint die Leiterin der Kindertagesstätte, Marie-Jeanne Metz, im Rückblick auf die Entstehungsgeschichte des Projekts einer im Altersheim integrierten Kita. Die Kleinkinderzieherin und Bewegungspädagogin ist Mitinitiatorin des Projekts und Gründungsmitglied des Vereins mixmax, der heute als Träger der Kita fungiert.

„Unser Grundanliegen war es, der Ghettoisierung innerhalb unserer Gesellschaft entgegenzutreten", erklärt sie, „und den ältesten und jüngsten Mitgliedern der Gesellschaft ein Zusammenleben im Alltag zu ermöglichen." Bei der Seniorenresidenz Domicil stieß der Verein mix-

max mit diesem Anliegen auf offene Ohren, im Juni 2002 konnte die Kita in der Schönegg ihren Betrieb aufnehmen. Seither bietet die Kindertagesstätte elf Plätze an, die sich auf 21 Kinder verteilen. Und seither pflegen die zwischen sechs Monate und acht Jahre alten Kinder Kontakte mit den durchschnittlich fast 90 Jahre älteren SeniorInnen des Domicils.

Im Begegnungsraum sitzt der sechsjährige Balz neben Frau Bosshard. Gemeinsam kleben sie Laubblätter auf die Papierbogen. Sie sei Künstlerin gewesen, erzählt Frau Bosshard, doch heute sei sie fast blind, könne das Laub auf dem Papier kaum mehr richtig erkennen. Sie ist zum ersten Mal bei einer Aktivität mit den Kindern dabei und braucht ihre Zeit, bis sie sich mit dem ungewohnten Umfeld vertraut gemacht hat. Frau Peyer und Frau Marthaler hingegen gehören zum Kern der rund 15 SeniorInnen, die regelmäßig mit den Kindern im Kontakt stehen. Und während sich Frau Peyer zur „Laub-Verteil-Zentrale" erklärt hat und munter Herbstblätter über den Tisch reicht, versucht Frau Marthaler die Zusammenarbeit mit ihrem eigenwilligen „Schätzeli" Kaspar in geordnete Bahnen – sprich Leim und Laub aufs Papier – zu lenken. Frau Nacht, die vierte Seniorin im Bunde, sitzt in ihrem Rollstuhl, nippt an ihrem Kaffee und schaut dem Treiben am Tisch mit interessiertem Blick zu.

Gezielte und spontane Kontakte

Die Kontakte zwischen SeniorInnen und Kindern gliedern sich einerseits in „gezielte und geplante Aktivitäten", erklärt Marie-Jeanne Metz. Wenn die SeniorInnen Lust haben, werden sie in der Kita zum Kochen und Mittagessen eingeladen, steht ein Geburtstag an, warten sich die Kinder und die SeniorInnen gegenseitig mit einem Ständchen auf, daneben stehen thematische Aktivitäten oder solche zu den Jahreszeiten und zu Festen wie der Fasnacht an.

„Ein wichtiger Bestandteil am Generationenprojekt sind andererseits die spontanen Kontakte im Alltag", meint Marie-Jeanne Metz. Nicht nur die Kinder besuchen die SeniorInnen in den Wohngruppen, auch die Türen der Kita sind stets für HeimbewohnerInnen geöffnet, die den Kindern beim Spielen zusehen oder ihnen eine Geschichte erzählen wollen. Viele betagte HeimbewohnerInnen reagierten aber kaum mehr auf den Kontakt mit den Kindern, sagt Frau Metz. Dennoch wolle man im Alltag sichtbar sein. Es gebe SeniorInnen, die direkten Kontakt ablehnten, sich aber freuten, den Kindern im Garten beim Spielen zuzuschauen. Deshalb habe man auch die Rutschbahn so angelegt, dass sie vom Heim aus gut sichtbar ist.

Sechs Collagen sind inzwischen im Begegnungsraum entstanden. Balz, Lia, Elin und Kaspar sitzen immer noch ruhig und konzentriert am Tisch. Lia, die ihre Collage allein anfertigen wollte, schaut Frau Bosshard mit großen Augen an. Die Seniorinnen freuen sich sichtlich über den Besuch aus der Kita. Sie fragen die Kinder nach Alter, Interessen und Familie. Den Kindern scheint die große Aufmerksamkeit, die ihnen die Frauen entgegenbringen, zu behagen. Balz erzählt, er gehe mit seiner Familie für zwei Monate nach Südamerika. Früher sei auch sie viel gereist, sagt Frau Peyer, während des Krieges, „als man nicht rauskonnte", sei sie mit dem Fahrrad durch die ganze Schweiz gefahren. „Doch der Amazonas", meint sie lachend, „zum Glück muss ich da nicht mehr hin."

Für Marie-Jeanne Metz ist die Beziehung zwischen Kindern und SeniorInnen ein Geben und Nehmen. Die Begegnungen mit den Kindern könnten die alten Herzen schneller schlagen lassen, Erinnerungen hervorrufen, zum Erzählen anregen. „Die Kinder genießen es im Gegenzug, Aufmerksamkeit zu erhalten, und sie hören den alten Leuten gerne beim Erzählen zu", meint sie. Im Umgang mit den SeniorInnen lernten die Kinder nicht nur Rücksichtnehmen auf die Langsamkeit oder auf die Empfindlichkeit der alten Leute. Das Generationenprojekt ermögliche es ihnen auch, früh und auf natürliche Weise Themen wie Alter, Krankheit oder Tod zu begegnen. „Die Kinder sprechen die SeniorInnen sehr direkt auf ihre körperlichen Gebrechen an, was diesen die Möglichkeit gibt, ebenso direkt zu antworten", erklärt Frau Metz.

Die Kindertagesstätte mixmax ist die erste in einem Altersheim integrierte Kita der Schweiz. In den Niederlanden bewährt sich die Idee, Betreuungsinstitutionen für Kinder und für alte Menschen zu verknüpfen, bereits seit Anfang der 1990er Jahre. Marie-Jeanne Metz hofft, dass das Pilotprojekt in der Schönegg auch in der Schweiz Schule machen wird.

Voraussetzungen für den Erfolg

Für den Erfolg eines solchen Generationenhauses ist laut Marie-Jeanne Metz der Dialog mit Heimleitung, Personal und BewohnerInnen entscheidend. Die Modalitäten des künftigen Nebeneinanders zweier Institutionen unter einem Dach und die Bedürfnisse der SeniorInnen müssten bereits im Vorfeld sorgfältig abgeklärt werden. Zudem seien genügend Kapazitäten für die Betreuung einzuplanen.

Im Begegnungsraum sind die sechs Herbstbilder nun auf der Fensterbank ausgestellt, Marie-Jeanne Metz und Doris Güdel servieren Kastanienreis mit Windbäckerei und Schlagobers. Frau Marthaler führt Kaspar den Löffel zum Mund. Frau Bosshard hatte Husten und hat sich bereits zurückgezogen. Frau Peyer ist in ein Gespräch mit Lia und Elin vertieft und auch Frau Nacht fühlt sich wohl und beobachtet die Tischgesellschaft mit einem Lächeln. Ein gelungener Herbstnachmittag. „Es ist halt einfach schön mit den Kindern", meint Frau Peyer und in ihrer Stimme schwingt ein Hauch von Melancholie mit.

Über eine Stunde sind die Kinder nun konzentriert am Tisch gesessen, jetzt verspüren sie den Drang sich zu bewegen. Lachend begleiten sie die Seniorinnen auf ihre Zimmer und machen sich auf den Weg zurück zur Tagesstätte. In den Korridoren treffen sich die Blicke der Kinder mit jenen der alten Menschen. Und es scheint, als wehe ein frischer Wind durchs altehrwürdige Domicil.

Der Beitrag wurde in Österreich erstmals in „Unsere Kinder" 3/2005 publiziert und erschien zuvor in der Zeitschrift „4bis8" (10/2004).

Zum Vertiefen, Wiederholen und Weiterdenken ...

1 Im Zusammenhang mit der Wertediskussion zitiert Friederike Lenzeder den Ausspruch von Jeanne Hersch: „Pluralismus anerkennen heißt den Traum von der Einheit aufgeben.“ – Was verstehen Sie unter dem „Traum von der Einheit“ in Bezug auf unsere (mittel-)europäische Gesellschaft? Ist diese Einheit erstrebenswert? Diskutieren Sie mit KollegInnen.

2 Erstellen Sie eine Mindmap zum Thema Wertvorstellungen im Kindergarten.

3 Halten Sie es für besser, wenn in einer Kindergartengruppe die Kinder mehrheitlich aus einem ähnlichen Milieu kommen? Oder meinen Sie, dass es auch in Bezug auf die Wertvorstellungen besser sei, Kinder unterschiedlicher Herkunft in einer Gruppe zu vereinen? Begründen Sie Ihre Meinung mit konkreten Beispielen.

4 Nur für Sie persönlich:
Können Sie klar definieren, was Ihre vorrangigen persönlichen Werte sind? Versuchen Sie eine Selbstcharakteristik in Bezug darauf, wie Sie Ihre persönlichen Werthaltungen im Freundeskreis und im Kindergarten leben.

5 „Religion ist Privatsache und hat nur in den Kindergärten Platz, die kirchliche Träger haben.“ – „Die UNO zählt Religionsausübung zu den grundlegenden Menschenrechten, daher darf sie auch Kindern im Kindergarten nicht vorenthalten werden.“

Können Sie einer dieser Aussagen vollinhaltlich zustimmen oder vertreten Sie eine modifizierte Position zu diesem Thema? Worauf gründen Sie Ihre Meinung? Wird religiöse Erziehung in Ihrem Kindergarten/Ihrer Gruppe praktiziert? Wenn ja: In welcher Form? Wenn nein: Aus welchen Gründen nicht?

6 Silvia Habringer-Hagleitner bezeichnet Religion als „intergenerativen Prozess“. – Erläutern Sie diesen Begriff und das damit Gemeinte in eigenen Worten!

7 Haben Sie mit Angehörigen einer anderen Glaubensgemeinschaft schon einmal ein religiöses Fest gefeiert? Haben Sie eine Moschee, eine Synagoge ... besucht?

Wenn ja: Erzählen Sie von Ihren Eindrücken.

Wenn nein: Erkundigen Sie sich, wo es in Ihrer Umgebung eine Möglichkeit gibt, direkte Erfahrungen mit der religiösen Praxis anderer Glaubensgemeinschaften zu machen (und nehmen Sie die entsprechende Gelegenheit auch wahr).

8 Deutsch wird von Friederike Pruka-Chadim als „Verbindungssprache“ bezeichnet, weil so die Kinder aus unterschiedlichen Ländern eine gemeinsame Sprachbasis erhalten. – Wie schätzen Sie den Wert der Muttersprache und des Deutschlernens ein? Worauf kann die Muttersprache bzw. eine gemeinsame Sprachbasis Auswirkungen haben?

Wenn Sie Erfahrungen mit Kindern mit nichtdeutscher Muttersprache im Kindergarten haben, führen Sie das an Beispielen aus, und zwar sowohl im Hinblick auf Kinder mit nichtdeutscher Muttersprache als auch auf Kinder mit deutscher Muttersprache in einer gemeinsamen Gruppe.

9 Sind Sie mit den Grundlagen der Philosophie vertraut? Wenn Sie sich abseits von Fachliteratur damit beschäftigen möchten, können Sie im Roman „Sofies Welt“ von Jostein Gaarder eine spannende und faszinierende Reise in die Welt der Philosophie unternehmen.

10 Worin sieht Else Dorostkar die Bedeutung des Philosophierens mit Kindern? Nennen Sie mindestens vier Aspekte und dazupassende Alltagssituationen aus dem Kindergarten.

11 Sabine Dawkins zitiert im Abschnitt „Wichtige Grundlageninformationen“ fünf Beispiele von Fragen aus dem Buch „Philosophische Gespräche mit Kindern“. Wählen Sie eine dieser Fragen aus und lassen Sie sich mit KollegInnen in eine Diskussion über dieses Thema ein. Versuchen Sie dabei Ihren Gedanken freien Lauf zu lassen.

12 Was nennt Peter Riedl als Bedingungen, damit Integration von Kindern mit Behinderung gelingen kann? Deckt sich das mit Ihren Erfahrungen im Umgang mit Kindern mit Behinderung? Was sehen Sie in der Kindergarten-/Hortpraxis als die wichtigsten Voraussetzungen für erfolgreiche Integration an?

Sollten Sie keine persönlichen Erfahrungen mit Kindern mit Behinderung haben, versuchen Sie diese Punkte im Gespräch mit einer anderen KindergartenpädagogIn zu klären.

13 Versuchen Sie sich in ein Kindergartenkind hineinzudenken, in dessen Gruppe ein Kind mit Behinderung aufgenommen wird. (Sie können auch den Beitrag „Leben mit Ariana“ von Petra Vollmann als Grundlage nehmen.) Schreiben Sie als „Blitzlichter“ nieder, was dieses Kind ohne Behinderung empfinden, überlegen ... könnte, welche Gedanken ihm während des Kindergartenalltags kommen könnten.

14 Bei einer Diskussion über Hochbegabte werden Sie als KindergartenpädagogIn mit folgender Aussage konfrontiert: „Ich halte es nicht für richtig, wenn bereits im Kindergarten versucht wird, Hochbegabte aufzuspüren und sie dann besonders zu fördern. Damit raubt man den Kindern einen Teil ihrer Kindheit, das Lernen und die Leistungsanforderungen kommen noch früh genug!“ – Was antworten Sie?

15 Informieren Sie sich, ob es in Ihrer Region einen Kindergarten gibt, der mit einem SeniorInnenheim kombiniert ist. Sollten Sie fündig werden, machen Sie sich nach Möglichkeit selbst ein Bild davon, ob bzw. wie dieses Zusammenleben von Alt und Jung funktioniert.

16 Erstellen Sie gemeinsam mit einer Kollegin/einem Kollegen eine Liste mit Plus- und Minuspunkten, die dafür bzw. dagegen sprechen, einen Kindergarten und ein SeniorInnenheim unter einem Dach zu führen.

Unterteilen Sie dabei die Liste nach den Gesichtspunkten der Kinder, der SeniorInnen, der KindergartenpädagogInnen und der BetreuerInnen der SeniorInnen!

17 Welchen Wert messen Sie der „Umwelterziehung“ im Kindergarten bei?

War das nur eine Modewelle in den letzten Jahrzehnten des 20. Jahrhunderts? Wenn ja: Begründen Sie Ihre Meinung und führen Sie aus, weswegen sich diese „Mode“ geändert hat.

Oder ist das Thema „Umwelterziehung“ weiterhin aktuell? Wenn ja: Welche praktischen Konsequenzen hat das in Ihrem Kindergarten? Welche konkreten Auswirkungen hat das auf Sie selbst?

Medienerziehung

„Die Lebenswelt von Kindern ist angefüllt mit Medien", beginnt Ben Bachmair seinen Beitrag, der sich mit grundlegenden Aspekten der Medienerziehung – im Besonderen im Kindergarten – beschäftigt. Noch deutlicher streicht Charmaine Liebertz die Problembereiche der Reizüberflutung hervor, der viele Kinder heutzutage ausgesetzt sind. Doch sie bleibt nicht beim Aufzeigen und der Problemdarstellung stehen, sondern zeigt Wege auf, wie der Kindergarten einen Beitrag leisten kann, dass Kinder nicht von Medien „überrollt" werden, sondern zu einem ganzheitlichen, sinn-vollen Leben finden.

Einem allgegenwärtigen Medium widmen sich vier Beiträge dieses Kapitels: dem Computer. Dieser Schwerpunkt soll zur intensiven Auseinandersetzung führen, da gerade beim Thema Computer sehr unterschiedliche Meinungen aufeinanderprallen – sowohl seitens der Eltern als auch seitens der KindergartenpädagogInnen.

Da Computer aus der Lebenswelt der Kinder kaum mehr herauszuhalten sind, ist es besonders wichtig, sich damit möglichst vorurteilsfrei zu beschäftigen, ohne eigene Überzeugungen und Werthaltungen hintanzustellen. Es geht nicht darum, Fortschritt im Kindergarten mit Computer gleichzusetzen oder Computer zu dämonisieren. Das Wohl der Kinder ist auch hier das maßgebliche Kriterium und dazu ist es notwendig, sich möglichst umfassend zu informieren, um auf dieser Basis Entscheidungen treffen zu können.

Dass nur ein Beitrag den Büchern gewidmet ist, zeugt nicht von einer Geringschätzung dieser Medien, vielmehr sind Bücher bereits in Band 2 (EntwicklungsRaum Kindergarten) thematisiert. Dass im Zusammenhang mit Büchern gerade das Projekt der Lesepatenschaften (Barbara und Hermann Pitzer) vorgestellt wird, hängt mit der so zugkräftigen und motivierenden Idee hinter diesem Modell zusammen. Neben der Leseerziehung zeigt nämlich das Mit- und Füreinandertun der Kinder sehr positive Auswirkungen. Zudem kündigt das Projekt auch das Thema des letzten Kapitels dieses Buches an: die Verschränkung von Kindergarten und Schule.

Ben Bachmair

Medienerziehung im Kindergarten: Zehn Antworten

Die Lebenswelt von Kindern ist angefüllt mit Medien – mit alten, zurückhaltenden wie dem Bilderbuch, mit neuen, aber oft auch dominanten wie dem Fernsehen oder dem Videorekorder. Es wird sicher nicht allzu lange dauern, dann werden sich schon die Vierjährigen ihre Märchenoma oder ihre Zeichentrickserie aus dem Internet klicken.

Wie damit umgehen? Klare Maßstäbe für den Medienumgang der Kinder festlegen? Die Neugier auf die weite und interessante Welt im Spiegel des Fernsehens unterstützen und gleichzeitig ein Zuviel und Überforderung verhindern?

Die unterschiedlichen Lebenswelten und die breite Palette an Mediengewohnheiten in den Familien, die Erziehungsziele des Kindergartens und der ErzieherInnen, die Einflüsse der Gleichaltrigen – all dies gilt es bei der Medienerziehung zu bedenken, zu verstehen und zu gestalten.

1. Brauchen Kinder Medien?

Sicherlich können Kinder ohne Fernseher, Comic oder Internet aufwachsen; immer mehr leben jedoch in einer ungefilterten Medienflut. Ein Kindergarten hat darum die Aufgabe, die recht verschiedenen Lebenswelten der Kinder und deren typische Medien ernst zu nehmen und in das Erziehungskonzept des Kindergartens einzubinden. Auf welche Medien Kinder vorrangig treffen, ob auf Bücher, Hörspielkassetten oder Videos, das hängt im Wesentlichen vom Medienarrangement der jeweiligen Familie ab. Kinder brauchen aber Unterstützung, um Medien zu eigenen Instrumenten ihres persönlichen Hörens, Sehens, Fühlens und ihres persönlichen Ausdrucks zu machen.

2. Wozu brauchen Kinder Medien?

Medien helfen, die Welt der Dinge und die soziale Welt der Menschen zu ordnen, zu deuten und zu bewerten. Das Bilderbuch vom Bauernhof tut das in völlig anderer Weise als die lila gefärbte Kuh des Fernsehwerbespots. Im Gegensatz zur Werbung ordnet das Bilderbuch beispielsweise nach Tierarten und bietet einen neuen Wortschatz.

Weiterhin helfen Medien Kindern, ihre „innere" Welt mit heftigen Gefühlen, übersprudelnden Fantasien und Wünschen kindgerecht wahrzunehmen und zu ordnen. Schließlich sind Medien auch ein integratives Band zwischen den Menschen. Ihre Inhalte und Figuren bieten gemeinsame Grundlage für Spiel, Spaß und Unterhaltung – mit anderen Kindern und Erwachsenen.

3. Was sind kindgerechte Medien, was heißt Qualität?

Allgemein gültige Kriterien gehen an der Vielfalt der konkreten Kinder und ihren verschiedenen Lebenswelten vorbei. Hilfreich sind bei der Beurteilung aber folgende Fragen: Wie geht es dem jeweiligen Kind in seiner Altersentwicklung, seinen Lebensumständen, seiner Familie? Welche kleinen Alltags- und großen Lebensthemen bewegen dieses Kind und welches Medium, welche Geschichte oder Figur greift dieses Thema auf? Passt ein Medium in die Lebenswelt dieses Kindes und auch zu den Medienvorlieben der jeweiligen Familie? Gibt ein Medium diesem Kind Anstöße und ästhetische Anregungen, die den Blick über den vertrauten „Tellerrand" hinaus ermöglichen?

4. Ist ein bildschirmfreier Kindergarten sinnvoll?

Jeder Kindergarten braucht Medien, die jedoch sowohl in das Konzept des Kindergartens als auch in die Lebens- bzw. Familienwelt der Kinder passen sollten. Die Entscheidung für ein Fernsehgerät im Kindergarten hängt von den Familien und ihrem Fernsehkonsum ab, darf aber weder den Erziehungsgrundsätzen der ErzieherInnen noch denen der Eltern widersprechen. Der Kindergarten kann ergänzend zu den üblichen Fernsehvorlieben an Qualitätsfernsehen heranführen. Nicht jede Verzichterziehung ist schon kindgerecht, insbesondere wenn einzelne Eltern und ErzieherInnen sich damit ihre persönliche heile Welt schaffen wollen.

5. Worum geht es bei der Medienerziehung im Kindergarten?

Medienerziehung soll Kinder unterstützen, mit ihren Medienerlebnissen und ihrem Medienalltag zurechtzukommen. Auch sollen Kinder in der vielfältigen Welt der Medien eigene Erfahrungen machen und Medien – vom Bilderbuch bis zum Camcorder – als Möglichkeit eigener Gestaltung erproben. Je nach Lebenswelt (mit älteren Geschwistern, die am liebsten Jugendserien oder „Action" sehen, vielsehenden Nachbarskindern, die mit Produkten aus der Fernsehwerbung prahlen, oder mit Eltern, die nur Bücher als Medien akzeptieren) brauchen Kinder verstehende Förderung. Schauen und hören Sie zu, wie sie ihre Medienerlebnisse darstellen und verarbeiten. Ein ausgleichendes und ergänzendes Medienangebot ist wichtig, das alle Sinne und Ausdrucksformen der Kinder anspricht und anregt.

6. Gibt es einen Königsweg der Medienerziehung?

Es gilt die Spuren, die Medien bei den Kindern hinterlassen haben, im Kindergarten zu entdecken. Oft steckt in Tobespielen, Bildern, in beiläufigen Gesprächen etwas von dem, was sie gesehen oder gehört haben, was sie interessiert und was sie überfordert oder geängstigt hat. Um Medienspuren zu „lesen", braucht es nicht nur die Sensibilität, versteckte Botschaften wahrzunehmen und zu entschlüsseln, ErzieherInnen brauchen dazu auch eine Menge Wissen, was denn gerade auf dem Hörkassettenmarkt oder auf dem Bildschirm „in" ist. Zudem empfiehlt es sich, den Kindern Spiel-, Mal- oder Erzählsituationen anzubieten, in denen sie assoziativ ihre Medienerlebnisse wiederentdecken und mitteilen dürfen. Jede Art von vorschneller Bewertung sollte dabei vermieden werden.

7. Wie können Kinder ihre Medienerlebnisse verarbeiten?

Vor aller Förderung des Medienumgangs geht es im Kindergarten um die Verarbeitung der persönlichen Medienerlebnisse der Kinder. So erleben Kinder Filme perspektivisch durch die Brille der Themen, die sie zurzeit beschäftigen. „Vom Eindruck zu Ausdruck!", nach diesem immer noch gültigen didaktischen Grundsatz sollte der Kindergarten viele Situationen anbieten, in denen Kinder all das ausdrücken können, was sie bewegt. Gelegentlich braucht es dazu auch sehr konkrete „Brücken" zu einem dominanten Medium wie dem Fernsehen. Solche Brücken können Filme selbst sein oder Comics zu aktuellen Fernsehserien, die die Kinder von zu Hause mitbringen.

8. Wie kann der Kindergarten zur Medienkompetenz beitragen?

Im Kindergarten heißt Medienkompetenz im Wesentlichen, den Erfahrungsbereich der Kinder mit verschiedenen Genres und Darstellungsformen der Medien auszuweiten. So ist die „Sendung mit der Maus" bei den Kindergartenkindern der Hit Nummer 1. Das heißt, sie können mit dieser Art von Witz und Sachgeschichten schon umgehen. Was ist jedoch mit der Werbung? Erst im Grundschulalter beginnen Kinder sich mit dem für Werbung typischen Verhältnis von Wunsch und Wirklichkeit vertraut zu machen. „Action", auch im Cartoon, bereitet Kindern so lange Verständnisschwierigkeiten oder gar Angst, bis sie das Muster erahnen und durchschauen. Auch hier gilt, dass sich Kinder vorrangig assoziativ, nicht gezielt lernend an Neues herantasten. Die entsprechenden Medienspuren im Kindergarten verweisen auf die für Kinder relevanten Genres.

9. Wie muss die Beziehung zwischen Kindergarten und Familie gestaltet werden?

In Sachen Medienerziehung spielen sich Eltern und ErzieherInnen leicht gegenseitig etwas vor. Welche Familie diskutiert gerne offen, was und wie lange wirklich ferngesehen wird? Zugleich betonen viele Eltern und ErzieherInnen, wie offen sie z.B. gegenüber Büchern sind und wie aktiv sie Kindern Alternativen zum Fernsehen bieten. Hier gilt es, weniger zu fordern und mehr zu akzeptieren. Wichtig sind regelmäßige Elternabende, die nicht durch anspruchsvolle Erziehungsstandards „abschrecken". Besser ist es, einfache und konkrete Fallbeispiele zu besprechen, wie Kinder mit Medien – insbesondere mit dem Fernsehen – typischerweise und erfolgreich umgehen. Medienpädagogische Profis als Gäste sind dabei sehr hilfreich.

10. Gibt es Problemgruppen in Sachen Fernsehen?

Üblicherweise sieht fast die Hälfte der Kindergartenkinder wenig fern, das heißt, gar nicht oder nur bis zu 30 Minuten am Tag. Fast ein Fünftel sieht aber auch mehr als zwei Stunden täglich. Unter diesen Vielsehern sind mehr Jungen als Mädchen, außerdem sieht diese Gruppe auch an mehr Tagen der Woche fern. Väter sehen übrigens mehr fern als Mütter und bevorzugen zudem Programme mit Werbung und Actionfilmen, die Kinder schnell überfordern. Diese Kinder kommen dann mit einer Überfülle an Fernseherlebnissen in den Kindergarten, die sie, im günstigen Fall, aus sich „heraussprudeln". Sie brauchen deshalb Erwachsene, die ihnen geduldig zuhören, obwohl sie auf den ersten Blick die Spiele der anderen stören oder dominieren. Meist finden sie kaum eine andere Chance, ihre Fernsehüberforderung zu verarbeiten.

Literatur

Ben Bachmair (1994): Handlungsleitende Themen: Schlüssel zur Bedeutung der bewegten Bilder für Kinder. In: Deutsches Jugendinstitut (Hg.): Handbuch der Medienerziehung im Kindergarten. München, S. 171–185

Der Text wird in der Reihe „Medienkompetenz und Medienpädagogik in einer sich wandelnden Welt" des Medienpädagogischen Forschungsverbundes Südwest (mpfs) publiziert (Download unter http://www.mpfs.de/fileadmin/Infoset/10Kindergarten.pdf). Die Informationsbroschüren richten sich an Eltern und PädagogInnen. Das einzelne Heft sowie das gesamte Infoset mit weiteren Medienthemen können unter www.mpfs.de bestellt werden.

Charmaine Liebertz

Ganzheitlich lernen mit dem Herzen und mit allen Sinnen

Wir stehen im 21. Jahrhundert vor entscheidenden Fragen: Wann ist der Siedepunkt der Informationsmenge erreicht? Wie lange noch können unsere Emotionen die Spirale des Immer-noch-Mehr verkraften? Wann schlägt die emotionale Kälte in Gewalt um? Werden wir rechtzeitig erkennen, dass nicht die Aneignung von Wissensmengen unsere Zukunft gewährleistet, sondern unsere Fähigkeit, Körper, Geist und Psyche ganzheitlich zu integrieren? Welche Pädagogik setzt sich gegen laute Reize durch?

Die Kinder unserer Wissensgesellschaft beziehen ihr Wahrnehmungsrepertoire immer weniger aus dem eigenen, sinnlichen Erleben als vielmehr aus der Medien- und Computerwelt. Kindliche Sinnesentwicklung ist zunehmend der Unterhaltungsindustrie der Medienmultis ausgesetzt. Sie gaukeln den Kindern eine Welt vor – ein Leben aus zweiter Hand –, in der es passiv zu konsumieren gilt. Schon ab sechs Uhr in der Früh schwirren Monster durch den Luftraum, um sich mittels Laser in eine neue Galaxie zu beamen. Oder aggressive Dinosaurier zertrampeln laut brüllend und schnaubend jegliches Leben auf der Erde. Mittendrin lernt das Kinderherz das sinnliche Begehren kennen: den neuen Schokoriegel mit der Superkraft oder die gestylte Barbiepuppe. Hässliche Monster, dümmliche Mutanten und arrogante Helden spielen die Hauptrollen im privaten Frühstücksfernsehen.

Trügerische Fastfood-Wahrnehmung

Unsere Kinder neigen zunehmend dazu, die Wirklichkeit mit den Trugbildern der Medien gleichzusetzen. Wer kennt sie nicht, die lila Kuh, die schon in Kinderhirnen spukt, lange bevor sie eine echte Kuh gesehen haben. Wo lila Kühe brav weiden, wo schöne Menschen glücklich leben, wo Kraftmeier alle Probleme mit Geld und Gewalt lösen, da bleibt wenig Platz für die wahre sinnliche Realität. Erfahrene Erwachsene halten diese Gaukel-Welt vielleicht aus. Kindern fehlt jedoch der Vergleich mit eigenen sinnlichen Erlebnissen. Sie glauben den Bildern und halten sie für die Realität. Wer mag es ihnen verübeln? Schließlich präsentiert sich die Welt in Filmen so echt und „easy". Die Fastfood-Wahrnehmung funktioniert frei nach dem Motto: „Das habe ich im Fernsehen gesehen, also stimmt's!"

Das Berauschtsein durch Bilder, die von Fachleuten bezeichnete „Ikomanie" (zusammengesetzt aus „eikon" = Bild und „mania" = Berauschtsein), ist ein historisch neuer Tatbestand unserer Informationsgesellschaft. Die kindliche Sinnesentwicklung droht sich darin zu verlieren: Immer mehr Kinder haben Wahrnehmungsprobleme, deren Ursachen in gestörten organischen Funktionen liegen oder in ihren veränderten Lebens- und Umweltbedingungen. Zu den organischen Ursachen zählen Hirnfunktionsstörungen, die während der Schwangerschaft (z.B. Infektionen der Mutter, Einnahme von toxischen Stoffen), bei der Geburt (z.B. mangelhafte Sauerstoffversorgung) oder in der frühen Kindheit (z.B. schwere, entzündliche Erkrankungen) entstanden sind. Hier können nur ÄrztInnen und erfahrene TherapeutInnen helfen.

Reizüberflutung kontra Sinneswahrnehmung

Die meisten Sinnesstörungen sind jedoch umweltbedingt. Viele Kinder leiden unter einem Mangel an Entwicklungsreizen in ihrer Umwelt, die ihnen zu wenig sinnliche Erfahrungen, Körperkontakt und Bewegungsfreiraum bietet. Mit dieser Unterversorgung paart sich meist eine Überversorgung mit visuellen und akustischen Reizen. Augen und Ohren sind überstimuliert, während Tast-, Riech-, Schmeck- und Gleichgewichtssinn unterversorgt zu verkümmern drohen. Viele Forschungsarbeiten belegen, dass eine bestimmte Menge von Umweltreizen vorhanden sein muss, um ein erfolgreiches Wechselspiel aus äußeren und inneren Impulsen, d.h. eine gesunde Gehirnentwicklung, zu gewährleisten.

Welche Bedeutung haben eigentlich hierbei die Sinne? Sie sind lebenswichtige, hochsensible Schlüssel zur Umwelt. Das Kind begegnet den Lebewesen und Gegenständen zunächst durch seine Sinne. Es kann das Neue sehen, hören, schmecken, riechen, fühlen und ertasten. Auf diesem sensorischen Weg sammelt es wichtige Eindrücke über seine Umwelt, sich selbst und seine Mitmenschen. Es begibt sich lustvoll auf eine spannende Lernreise, bei der das Begreifen mit dem Greifen beginnt. Das Kind erwirbt noch vor der Sprachaneignung ein sinnliches Wissen. Allmählich wächst sein sinnlicher Erfahrungsschatz, auf den es in Zukunft zurückgreifen kann. Es hat gespürt, wie sich ein Regentropfen oder ein Mückenstich auf der Haut anfühlt, und kann blitzschnell adäquat darauf reagieren. Dies ist sehr wichtig, denn nur das Selbsterfahrene – erworben aus dem praktischen Handeln mit richtigen Menschen und mit echten Dingen – setzt sich nachhaltig und ganzheitlich, das heißt mit allen Sinnen, im Gedächtnis fest. Es entstehen neue Denkwerkzeuge, die dem Kind die Sicherheit für weitere Lernschritte geben.

Unsere Sinne funktionieren also wie Schwämme, die unzählige Reize der Umwelt aufsaugen. Sie sind Datenautobahnen, die lebenswichtige Informationen zum Hirn transportieren. Zuständig für die biochemische Speicherung der einlaufenden Sinneseindrücke ist unser Gedächtnis. Je mehr Sinne den Informationstransport vornehmen, umso nachhaltiger speichert unser Hirn. Dies birgt für den kindlichen Reifungsprozess ungeheure Chancen, aber auch große Gefahren.

Die alltägliche Reizüberflutung – immerhin beträgt der durchschnittliche Fernsehkonsum von 4- bis 14-Jährigen viereinhalb Stunden täglich! – ist folgenschwer: Seh- und Hörsinne der Kinder sind überreizt, andere elementare Sinne sind unterentwickelt. Immer mehr Kinder geraten durch diese einseitige Sinneskost aus dem Gleichgewicht. Selten ist nur ein Wahrnehmungsbereich gestört oder ein isoliertes Sinnesorgan funktionsunfähig. Viele Kinder stecken in einem Leidensgeflecht von kombinierten Ausfällen des Sinnessystems. Ihr Gehirn hat die für die Verarbeitung der Sinneseindrücke erforderlichen Strukturen nicht oder unzureichend entwickelt. Sie tun sich schwer, unter der Vielzahl der Reize die wichtigen von den unwichtigen zu unterscheiden, die Informationen richtig einzuordnen und mit Erfahrungen zu verbinden. Sie können die räumliche und zeitliche Abfolge von Reizen nicht richtig einschätzen, somit auch nicht behalten und darauf adäquat reagieren. Kurzum: Die Integration der Sinnesreize ins Zentralnervensystem ist gestört.

(Un-)Gestörte Wahrnehmung

Kinder mit auditiven Wahrnehmungsstörungen nehmen einen akustischen Reiz, einen Laut, zwar korrekt auf, aber sie erkennen seine Bedeutung nicht oder falsch. Sie vermögen aus Einzellauten kein Wort zu bilden. Kinder mit taktilen Wahrnehmungsstörungen sind entweder schmerzunempfindlich, überschreiten gerne Körpergrenzen und suchen ständig massive Berührungsreize. Oder aber sie sind überempfindlich, fliehen vor Zärtlichkeiten, berühren ungern z.B. Matsch oder Fingerfarben und bauen eine taktile Abwehr auf.

Mit solchen und anderen Wahrnehmungsstörungen gehen immer Entwicklungs- und Lernstörungen einher, wie Konzentrationsschwäche, schlechte Gedächtnisleistung, hohe Ablenkungs- und Störbereitschaft. All dies löst psychischen Stress aus. Wahrnehmungsgestörte Kinder können sich nur unter großen Anstrengungen situationsgerecht und ausgeglichen in ihre Umgebung einfügen. Sie fallen oft hin, rempeln andere an, lassen ständig Dinge fallen oder stoßen sie um. Dieses „Anecken und Auffallen" erhöht ihre Unsicherheit und senkt ihre psychische Belastbarkeit. Sie leiden permanent unter der Angst, den Anforderungen nicht gerecht zu werden.

Wenn die eigene sinnliche Erfahrung mit der Umwelt ausbleibt, dann können unsere Kinder nur in den Bildern das Maß aller Dinge suchen. Aber das Greifen, das allem Begreifen unabdingbar vorausgeht, kann nicht durch Medienkonsum ersetzt werden: Der Regenwurm fühlt sich nur in der Hand feucht und geschmeidig an und nicht im Fernsehen oder beim Computerspiel!

In ihrer Lernlaufbahn nehmen Kinder heute viel Wissen auf, aber ihre Bewusstseinsentfaltung, Persönlichkeitsentwicklung und Herzensbildung bleiben oft auf der Strecke. Wo lernt ein Kind, was zum eigenen Wohlbefinden und dem der anderen erforderlich ist, wie man seinen Beruf findet und ausfüllt, wie man seine Probleme löst und seine Ziele erreicht, wie man eine harmonische Partnerschaft aufbaut?

Sinneserziehung liebevoll fördern

Zur Bildung im 21. Jahrhundert gehört vor allem der souveräne Umgang mit den Schlüsselqualifikationen der Zukunft: soziale Kompetenz und emotionale Intelligenz. Ihre Förderung sollte fester Bestandteil einer jeden Bildungs- und Erziehungskonzeption sein.

Kinder brauchen ein verständiges Erziehungsumfeld, das der permanenten Reizüberflutung und der puren Wissensvermittlung mit Sachverstand zu begegnen weiß.

Sie brauchen Eltern und Erziehende, die sie so oft wie möglich nach Herzenslust im Freien toben und matschen lassen, die ihnen den Spaß am Entdecken und Erkunden erhalten. Um die Sensibilität der Sinne auszuprägen, müssen Kinder selbstständig Primärerfahrungen machen. Kinder brennen darauf, möglichst viele unterschiedliche Dinge ihrer Umwelt mit allen Sinnen zu erleben, Erfahrungen mit sich und ihren SpielkameradInnen zu machen. Sie wollen ihre Fragen und Interessen durch eigenes Entdecken, Erforschen und Untersuchen vertiefen und anderen mitteilen. Aber sie brauchen Gelegenheiten und Orte dazu. So oft wie möglich sollten sie Gelegenheit erhalten, das Leben dort aufzusuchen, wo es sich konkret zeigt: am Bach und auf der Wiese, auf der Straße und im Supermarkt, beim Bäcker und am Bahnhof. Je häufiger und öfter solche Primärerfahrungen möglich sind, Kinder also mit Menschen und Dingen persönlich und konkret umgehen, umso ganzheitlicher erschließen sie sich die Welt in ihrer sinnlichen Gestalt.

Je liebevoller und kompetenter wir die Sinneserziehung fördern, umso besser können die Kinder der Informationsgesellschaft den neuen Anforderungen gerecht werden. Je früher wahrnehmungsgestörte Kinder Hilfe erhalten, desto nachhaltiger kann ihnen im Sinne einer echten Nachreifung geholfen werden. Unsere Kinder können mehr als nur hören und sehen! Sie können Menschen spüren, Neues ertasten, Dinge schmecken, die Natur riechen und Lebensgefühl entwickeln.

Literatur

Gebauer, Karl/Hüther, Gerald (Hg.) (2004): Kinder brauchen Vertrauen. Erfolgreiches Lernen durch starke Beziehungen. Düsseldorf: Patmos-Verlag

Liebertz, Charmaine (^{6}2005): Das Schatzbuch ganzheitlichen Lernens. Grundlagen, Methoden und Spiele für eine zukunftsweisende Erziehung. München: Don Bosco Verlag/Spectra Verlag

Liebertz, Charmaine (^{3}2004): Spiele zum ganzheitlichen Lernen. München: Don Bosco Verlag

Liebertz, Charmaine (^{2}2005): Das Schatzbuch der Herzensbildung. Grundlagen, Methoden und Spiele zur emotionalen Intelligenz. München: Don Bosco Verlag

Gesellschaft für ganzheitliches Lernen e.V.: www.ganzheitlichlernen.de

Der Beitrag wurde erstmals in „Unsere Kinder" 1/2005 publiziert.

Manfred Pils, Elisabeth Pils

Spielend lernen mit neuen Medien – ein Ansatz des Blended Learnings

Der iMac gewinnt neue Freunde: KidSmart und Schlaumäuse

Aus einem Bericht der Autoren: Den Anstoß zu diesem Projekt gab unsere damals vierjährige Tochter Johanna, die mit großer Neugierde ihren Vater bei der Arbeit am Computer beobachtete. Daher kam ihm die Idee, das Softwarepaket „König der Löwen“ zu installieren und sie nach einer nur kurzen Einführung damit experimentieren zu lassen. Sie erprobte Tastatur und Maus, bis sie schließlich nach kurzer Zeit gut mit dem Spiel umgehen konnte. Sichtlichen Spaß bereitete ihr das virtuelle Puzzle, für dessen Lösung ihr das Programm in Form einer Computerstimme Anerkennung zollte, die sie anspornte, auch andere Spiele zu entdecken. Die Mutter war anfangs nur stille Beobachterin, ließ sich aber von der Begeisterung ihrer Tochter anstecken.

„Mein Freund, der iMac.“

1. Projektidee und -vorbereitung

So entstand die Idee, auch den Kindern im Kindergarten diese Erfahrungen zu ermöglichen. Anfang 1999 erstellten wir das Konzept zu unserem Langzeitprojekt „Computerunterstütztes Lernen im Kindergarten“, das von den Kindergartenpädagoginnen des Magistratskindergartens Linz-Posthofstraße und den Experten des Instituts für Datenverarbeitung in den Sozial- und Wirtschaftswissenschaften der Johannes Kepler Universität (JKU) Linz in enger Zusammenarbeit betreut wurde. Gemeinsam sollten Erfahrungen mit dem Einsatz dieses Mediums im Vorschulalter gewonnen und Ideen für die Zukunft (z.B. Internet im Kindergarten) erarbeitet werden. Dies auch deshalb, weil das Projektteam der Ansicht ist, dass die Auswirkungen des computerunterstützten Lernens im Kindergarten weit über die Kindergartenzeit der Kinder hinausreichen, wenn man nur an die sich im rasanten Umbau befindliche Landschaft von Bildung, Wirtschaft und Gesellschaft, an Entwicklungen wie E-Learning und E-Business denkt.

Mit großer Sorgfalt wurde an die Auswahl von Hardware und Software herangegangen. Kinderfreundlichkeit war das wichtigste Auswahlkriterium, natürlich wurde auch auf Gewaltfreiheit geachtet. Wichtig war nicht nur eine der kindlichen Hand angemessene Maus, sondern auch ein ansprechendes Design des Gerätes selbst. Wir entschieden uns für den iMac, ein Computersystem, das in einem einzigen geschlossenen Gehäuse untergebracht ist und daher nur wenige Kabel erfordert.

2. Phase 1: Start

In der Zeit von März bis Juni 1999 wurden die fünf Vorschulkinder ins Projekt einbezogen. Zunächst sollten sie in spielerischer Weise elementare Grundlagen erlernen. Es ist nicht nur wichtig, die einzelnen Teile des Computers (z.B. Bildschirm, Tastatur, Maus) zu kennen und benennen zu können, auf lustbetonte Weise sollte auch der Umgang mit der Maus geübt werden, der erheblicher motorischer Kompetenz bedarf.

Auch das Identifizieren von und der Umgang mit Objekten (z.B. Symbole, Farben, Schaltflächen) sind von Bedeutung, ebenso das Bearbeiten einfacher Arbeitsaufträge (z.B. Ausfüllen von Flächen mit Farben) und der Umgang mit akustischen Signalen (z.B. Klangfolgen). Schließlich gilt es auch die Kreativität zu fördern, zumal der Computer ein wichtiges Werkzeug kreativen Arbeitens ist.

Im ersten Jahr des Projektes stand die Geschichte „König der Löwen“ im Mittelpunkt, von der das Projektteam weiß, dass sie einem Großteil der Kinder vertraut ist. Unter Mitwirkung mehrerer StudentInnen der JKU Linz wurden die Kinder zumeist in Zweiergruppen mit System und Programm vertraut gemacht. In weiterer Folge gab die Kindergartenpädagogin Hilfestellungen, die individuell auf die einzelnen Kinder abgestimmt waren.

In den ersten Wochen nach der erstmaligen Aufstellung des Computers war dieser Gesprächsthema Nummer 1 und stand im Mittelpunkt des Tagesgeschehens. Ein Kind erzählte seinem Vater auf die Frage, womit es im Kindergarten am liebsten spiele, begeistert vom iMac. Dieser dachte zunächst, dies sei ein neuer Freund. Erst später erfuhr er, dass es sich um einen Computer handelte. Dessen herausragende Attraktivität ist mittlerweile abgeklungen und der Computer ist als ein Element unseres Angebots in den Kindergartenalltag integriert.

Schon in der ersten Phase bestätigte sich, dass Kindergartenkinder rasch lernen, sich am Computer zu orientieren, und Spaß am interaktiven Spiel haben, vorausgesetzt, dass die Kinder auch Erfahrungen im realen Umfeld machen.

3. Phase 2: Einbeziehen jüngerer Kinder

Von November 1999 bis Sommer 2000 wurden auch jüngere Kinder einbezogen, soweit sie Interesse zeigten. Alle, auch jene, die zu Hause nicht die Möglichkeit dazu haben, sollten die Chance erhalten, erste Erfahrungen am Computer zu machen. Durch die langsame Vergrößerung des Angebots an Anregungen (Programmen) versprachen wir uns eine Hilfe beim Entdecken individueller Begabungen, da wir annehmen, dass die meisten Kinder sich aus den Programmen jene Aufgaben heraussuchen, die ihren Begabungen entsprechen.

Im Dezember wurde der Computer gestohlen. Dieses Ereignis beeindruckte die Kinder und regte sie an nachzudenken, wie sie den Dieb fangen könnten, und sie verarbeiteten dieses Geschehen auch im Rollenspiel, so wurden z.B. Fallen für den Dieb gebaut. Wir hatten die Wahl, das Projekt abzubrechen oder ein Ersatzgerät zu organisieren. Von der Bedeutung unseres Projektes überzeugt, gaben wir nicht auf. Der neue iMac wurde von nun an mit Kette und Vorhängeschloss abgesperrt. Ein Bub brachte von sich aus ein weiteres Vorhängeschloss an der Kette an und bekundete damit die Bedeutung, die der Computer inzwischen gewonnen hatte.

Positives Echo kam auch in hohem Ausmaß von Seiten der Eltern, die genau über das Projekt informiert wurden und auch ihre Meinungen und Erfahrungen einbringen konnten: In Elternfragebögen zum Projekt erhielten wir viele positive Rückmeldungen. Alle Eltern befürworteten das Projekt und sahen es auch als Entlastung für zu Hause an. Manche fragten uns nach empfehlenswerten Softwarepaketen, für die zwar große Auswahl, jedoch kaum Beratung besteht.

Ein Elternabend wurde nach der Idee eines Kind zur „Computerparty" erklärt, bei der mehrere iMacs aufgestellt wurden, sodass die Eltern Gelegenheit hatten, die Spiele ihrer Sprösslinge auszuprobieren. Die bisherigen Beobachtungen und Erkenntnisse wurden mit einem interessierten Elternpublikum diskutiert. Die häufig geäußerten Bedenken wie Kreativitätsverlust, Isolierung, Suchtgefahr, Überforderung, Unterschiede zwischen Jungen und Mädchen, Wirklichkeitsverlust, Aggressionssteigerung ... fanden weder bei uns noch bei den Eltern Bestätigung. – Letztendlich waren wir darüber einig: Jedes vom Menschen geschaffene Werkzeug (also auch der Computer, aber ebenso ein Stück Holz) kann missbraucht werden. Das Werkzeug Computer ist jedoch grundsätzlich neutral. Nur **wie** der Einsatz im Einzelfall erfolgt, ist entscheidend für eine moralische bzw. gesellschaftliche Bewertung. Menschen, die frühzeitig erlernen, mit einem Werkzeug umzugehen, können dieses positiv für sich und die Gesellschaft einsetzen und auch mit guten Argumenten gegen Missbräuche auftreten.

Die positive Einstellung der Kinder und Eltern zeigte sich unter anderem auch darin, dass die Eltern zu Weihnachten für die Anschaffung eines Tintenstrahldruckers sammelten, den wir dann in der nächsten Projektphase einsetzen konnten. Keinem Kind ging der Weihnachtswunsch nach einem iMac in Erfüllung, obwohl viele ihn geäußert hatten, doch das machte nichts, sie hatten ja den iMac und vor allem ihre FreundInnen im Kindergarten!

4. Phase 3: Übergang zum Routinebetrieb

Ab Herbst 2000 wurde der Computer zum alltäglichen Werkzeug für die Kinder. Bereits die 3-Jährigen beobachteten ihre älteren FreundInnen und lernten dabei, auch wenn sie selbst noch nicht aktiv mit dem Computer spielten. Heute steht den Kindern eine größere Anzahl von Spielen zur Verfügung. Viele Grundfunktionen (Zeichnen, Ausfüllen mit Farben, Reihenfolgen, Tonfolgen, Memory usw.) sind in mehreren Spielen in ähnlicher Weise vertreten. Einzelne Spiele bieten darüber hinaus auch kleinere multimediale Aufgabenstellungen, so sollen etwa Videoclips in eine richtige Reihenfolge gebracht werden, in der sie eine Bildgeschichte (visuell und akustisch) ergeben. Manche Spiele (z.B. „Bub & Bob") werden gerne von jeweils zwei Kindern (mit einer einzigen Tastatur) gleichzeitig gespielt.

Besonders beliebt sind:

- König der Löwen
- Kid Pix Studio de Luxe
- Sammy's Science House
- Alex
- Denkspiele Teil 2
- Bub & Bob

Es gab auch Wochen, in denen der Computer ganz bewusst aus dem Kindergartenalltag entfernt wurde (z.B. im Jänner 2001), um die Reaktion der Kinder beobachten zu können. Anfangs fragten die Kinder häufig, wann er wieder aufgestellt werden würde. Später wurden die Fragen nach dem Computer seltener, nur ein Bub fragte täglich. Als der iMac wieder zum Einsatz kam, war die Begeisterung groß. Die neu installierten Spiele wurden natürlich sofort ausprobiert. Die Kenntnisse und auch die vereinbarten Regeln und Grenzen (siehe 6.5.) waren trotz der längeren Pause nicht in Vergessenheit geraten. Die Benutzung des Computers beeinträchtigte den normalen Kindergartenalltag in keiner Weise.

5. Weiterentwicklung des Projektes

Im Kindergarten Linz-Posthofstraße zeichnen sich bisher insgesamt sechs Phasen ab, die auch die Entwicklung des Projektes verdeutlichen. Im Juli 2002 verabschiedeten sich erstmals Kinder, die bereits drei Jahre Computererfahrung im Kindergarten gehabt hatten.

Im Jahr 2003 wurde das bisherige Konzept vom Linzer Kindergarten Leonfeldner Straße 99d übernommen und ein Jahr darauf um das KidSmart Early Learning Program ergänzt, das als weiteres alternatives und in den meisten anderen österreichischen Kindergärten einziges computerunterstütztes Lernangebot anzusehen ist. Dieses Förderprogramm kam in den Jahren 2002 bis 2004 erstmals in oberösterreichischen Kindergärten zum Einsatz. Inzwischen wurden zahlreiche KidSmart-Systeme in europäischen Kindergärten installiert. Im Kindergarten Leonfeldner Straße können derzeit vier Kindergruppen das von idv konzipierte Lernsystem nutzen; zwei dieser Gruppen stehen jeweils zusätzlich die KidSmarts im gleichen Raum zur Verfügung. Ein unmittelbarer Systemvergleich wird daher möglich.

Gleichzeitig erfolgte im Jahre 2003 die Erweiterung zum Langzeitprojekt BLIK (Blended Learning im Kindergarten). Dieses umfasst auch die betriebswirtschaftlich-organisatorische sowie informationstechnologische Infrastruktur des E-Learnings im Vorschulalter sowie die Erforschung und Evaluierung der Konzeptionen

- KidSmart,
- Schlaumäuse und
- des vom idv entwickelten Blended-Learning-Konzeptes.

Ziel dieses Projektes ist die Gewinnung neuer Erkenntnisse über das computerunterstützte Lernen im Vorschulalter. Beteiligt sind derzeit zwei Linzer Kindergärten.

Beim Forschungsprojekt BLIK wird von der Hypothese ausgegangen, dass der Einsatz neuer Medien bereits im Kindergarten beginnen sollte, da ein früh und spielerisch erlernter Umgang mit den neuen Medien soziale und berufliche Sicherheit für die Betroffenen sowie für die gesamte Volkswirtschaft mit sich bringt. Es handelt sich um ein sehr praxisnah angelegtes Projekt, das in einer Veränderung der Realität durch Handeln – in Kombination mit einer Begleitforschung – besteht, im Sinne des auf Lewin zurückgehenden Action-Research-Ansatzes.

Der hier verfolgte Ansatz geht davon aus, dass der Computer als ein zusätzliches Lernangebot in Ergänzung zu den im Kindergarten bereits bestehenden Angeboten und Schwerpunkten (z.B. Umwelterziehung) angesehen wird. Das computerunterstützte Lernen sollte ohne Zeitdruck, ohne Verpflichtung irgendeinem Auftraggeber gegenüber und in kleinen Schritten eingeführt werden. Es wurde laufend an die jeweilige reale Situation in den betroffenen Kindergärten bzw. deren bestehende Low-cost-Ressourcenlage angepasst und weiterentwickelt.

Die Entwicklung sprachlicher Fähigkeiten steht im Mittelpunkt des Projektes „Schlaumäuse – Kinder entdecken Sprache", an dem u.a. die ComputerLernWerkstatt der TU Berlin als wichtiger Partner teilnimmt. Die Schlaumäuse-Software wurde von Mai 2004 bis Juni 2005 in einer modifizierten Sonderedition, seit Juli 2005 in der Vollversion erstmals in Österreich im Rahmen des Projektes BLIK auf den KidSmarts installiert und eingesetzt.

Das aktuelle Forschungsdesign des Projektes BLIK sieht in den Kindergruppen unterschiedlich kombinierte Lernangebote (Hardware, Systemsoftware, Spiel- bzw. Lernsoftware, Nutzungsbedingungen) vor. Die methodische Herausforderung besteht unter anderem darin, dass die Beobachtungen und sonstigen Aktivitäten hauptsächlich in der realen räumlichen und sozialen Umgebung eines städtischen Kindergartens vorgenommen werden. Die beteiligten Akteure (einschließlich des beobachtenden und gestaltenden Forschers) werden Teil des zu beobachteten Systems. Die Kinder sollen (z.B. für Beobachtungen bzw. Experimente in Labors) nicht aus der gewohnten Umgebung genommen werden.

6. Auswirkungen auf die Kinder und den Kindergartenalltag

Nach mehreren Jahren Computereinsatz im Kindergarten sind alle Kinder eingebunden, soweit sie Interesse zeigten, und das traf eigentlich auf fast alle Kinder zu. Die Erfahrung zeigt eindeutig, dass die Kinder großen Spaß am Lernen beim Spiel mit Computern haben.

6.1. Das Spiel am Computer fördert Selbstständigkeit und individuelle Begabungen

Kinder können nach zirka einem Jahr (manche bereits früher) weitgehend selbstständig arbeiten, z.B. Programme selbstständig durch Aufruf des entsprechenden Pull-

down-Menüs beenden. Durch das Spielen mit dem Computer erfahren sie viele neue Anregungen. Individuelle Begabungen können daher besser gefördert werden.

Wie erwartet, zeigt sich, dass sich die Kinder im Spiel mit dem Computer jene Aufgaben heraussuchen, die ihren Begabungen entsprechen. So beschäftigte sich z.B. ein vierjähriger, besonders musikalischer Bub, der bereits Kindermelodien auf einem echten Xylophon spielen konnte, am Computer gerne mit dem „Klapperknochen-Xylophon", bei dem es darum geht, bestimmte Klangfolgen nachzuspielen. Ein anderes Kind, dessen Begabungen im bildnerischen Ausdruck liegen, wählte mit Vorliebe das Zeichenprogramm und füllte Flächen mit Farben aus. Diese Beobachtungen entsprechen dem handlungsorientierten Bildungskonzept, das die Kompetenz und die Selbstständigkeit des Kindes in den Mittelpunkt stellt.

6.2. Das Spiel am Computer spornt an, Schwächen zu überwinden

Doch auch eine kompensatorische Wirkung wurde beobachtet. Ein Kind, das eine grobmotorische Schwäche zeigte, die sich auch in anderen Bereichen (z.B. Klettern, großflächiges Malen, Ballspielen) auswirkte, hatte anfangs auch bei den Bewegungen mit der Maus Probleme. Doch die Begeisterung des Buben für den Computer war ihm ein so wichtiger motivationaler Anreiz, dass nach der Übung gut koordinierter Bewegungen mit der Maus auch in anderen motorischen Funktionen eine Verbesserung erkannt werden konnte.

6.3. Computerspiele geben klare Rückmeldungen und erfordern gute Selbsteinschätzung

Es ist wichtig, den Kindern mehrere Schwierigkeitsgrade zur Verfügung zu stellen. Eine individuelle Anpassung an den Entwicklungsstand der Kinder ist durch entsprechende Software möglich. Es zeigte sich, dass Kinder eine gute Selbsteinschätzung haben, sich nicht überfordern, sondern laufend neue Ziele setzen. Kein Kind hat beim Lernen mit dem Computer je versagt. Eine bestimmte Ordnung, die im Umgang mit dem Computer einzuhalten ist, kommt den Kindern sehr entgegen, denn Rückmeldungen, z.B. ein Lob durch eine freundliche Stimme, erhalten sie unverzüglich. Erfolgserlebnisse waren stets unmittelbar und standen daher im Vordergrund.

6.4. Die experimentelle Lernform beim Computerspiel kommt Kindern entgegen

Beim Spiel am Computer soll keinerlei Druck oder Zwang ausgeübt werden. Spaß und Freude am Experimentieren sollen im Vordergrund stehen. Es fiel auf, dass die Kinder auch im Umgang mit dem Computer durch Versuch und Irrtum lernten. Besonders Neugierige klickten alle grafischen Elemente an, um zu erfahren, was geschieht. Manche Kinder beobachteten den Computer genau und effizient. Das erfuhr das Projektteam, als es den Drucker für das Erstellen von „Urkunden" einsetzte. Es überraschte, dass bereits nach einigen Minuten ein Kind den richtigen Druckbefehl erteilen konnte. Von besonderem Interesse für einige Buben sind auch die vom Projektteam durchgeführten Administrationsarbeiten am System. Da sich hier der Computer in einer für die Kinder ungewöhnlichen Weise zeigt, wird deren Neugierde geweckt.

6.5. Auch das Spiel am Computer braucht Regeln und Grenzen

Die Kinder lernten, dass auch im spielerischen Umgang mit dem Computer die vereinbarten Regeln und Grenzen einzuhalten sind. Im Lauf der Zeit haben sich verschiedene Regeln entwickelt und bewährt. So hat z.B. ein Kind maximal 15 bis 20 Minuten pro Tag zur Verfügung. Die Sechsährigen arbeiten bis zu einer halben Stunde. Eine Eieruhr hilft bei der Einteilung. Bei den iMacs hat sich bewährt, viertelstündlich eine Erinnerung zum Aufhören in Form einer Computerstimme ertönen zu lassen.

6.6. Das Spiel am Computer (im Kontext des Kindergartens) fördert die Kommunikation

Dass Arbeit am Computer zur Vereinsamung führt, zeigte sich im vorliegenden Projekt in keiner Weise. Das Gegenteil war der Fall: Das gewohnte gute soziale Zusammenspiel im Kindergarten bestätigte sich auch beim computerunterstützten Lernen. So konnte man z.B. beobachten, dass sich Kinder auch gemeinsam freuen, wenn ein Kind eine Aufgabe richtig löst. In manchen Situationen verfiel die gesamte Gruppe in schallendes Gelächter, so z.B. bei einer Szene, bei der ein Wildschwein aus einer Hängematte ins Wasser fällt. Der Computer ist zu einem Kommunikationsmittelpunkt geworden, an dem zwischen den Kindern rege Diskussionen entstehen, etwa zum Thema, wie Aufgaben einzelner Spiele gelöst werden können. Ältere und erfahrenere Kinder sind bereit, konstruktive Hilfestellung für die jüngeren zu leisten.

6.7. Computererfahrungen können generationsübergreifend sein

Ein Bub lud seine Großmutter, die keinerlei Erfahrungen mit dem Computer hat, zum Computerspielen ein. Diese zeigte anfangs Hemmungen, kam aber ihrem Enkel zuliebe, sah diesem beim Spielen zu – und probierte auch selbst. Nach einer halben Stunde kam sie mit lachendem Gesicht und sagte: „Toll, was die Kinder alles ausprobieren können! Das ist doch viel besser als Fernsehen!" Auch die Tochter der Autoren versuchte oft, ihren Großeltern die Bedienung des Computers zu erklären. Allerdings gelang es nicht, deren Hemmschwellen zu überwinden.

6.8. Computer sind Bereicherung, nicht Konkurrenz unseres vielfältigen Bildungsangebots

Es wurde beobachtet, dass die klassischen Betätigungsfelder im Kindergartenalltag (z.B. kreatives Gestalten, Bewegung im Freien, Darstellen von Geschichten, klassische Lernspiele, Sinneserfahrungen, Geburtstagsfeiern, Projekte in der Natur) mit gleicher Begeisterung genutzt werden. Der Computer schließt diese keineswegs aus. Er stellt vielmehr eine Bereicherung des Lernangebotes dar und erhöht somit die Bildungsqualität des Kindergartens.

6.9. Spielerische Computererfahrungen verhelfen zur Offenheit für neue Technologien

Es ist besser, die ersten Computererfahrungen im Kindergarten zu erwerben als in einer späteren Lebensphase, in der Konkurrenzdenken, Leistungsdruck usw. an der Tagesordnung sind. Positive Erfahrungen mit dem Computer im Vorschulalter lassen Ängste erst gar nicht entstehen. Interessant in diesem Zusammenhang sind folgende Erfahrungen: Vorbehalte gegenüber dem Projekt wurden fast ausschließlich von Personen vorgebracht, die in das Projekt nicht einbezogen waren und die selbst über keine/geringe Computererfahrung verfügen. Die Kinder machten uns in keiner der Projektphasen irgendein Problem, eher waren es die Berührungsängste mancher Erwachsener, die dem Projekt mit Vorurteilen begegneten.

6.10. Der Computereinsatz beugt der Kindergartenmüdigkeit von SchulanfängerInnen vor

Bei Kindern in den letzten Monaten vor Schulbeginn konnten keine Anzeichen einer „Kindergartenmüdigkeit" bzw. Langeweile beobachtet werden. Durch das spielerische Lernen am Computer konnten sie sich offensichtlich immer wieder neuen Herausforderungen stellen.

7. Übergreifende Erkenntnisse aus dem Projekt BLIK

Auf Erfahrungen beruhende Erkenntnisse liegen vor zum Vorgehensmodell, zu den kritischen Erfolgsfaktoren von E-Learning-Projekten im Vorschulbereich, zum didaktischen Konzept sowie zur Technikauswahl und -betreuung. Zum System- und Nutzungsvergleich zwischen den drei alternativen Lernangeboten sind umfangreiche Detailergebnisse vorhanden, z.B. zu Themen wie Nutzungshäufigkeiten, Spieldauer, gewählte Lernobjekte und Schwierigkeitsgrade. Nachfolgend einige Beispiele dazu:

- Die Nutzungshäufigkeit und -zeiten der Systeme sind u.a. abhängig von der Kindergartengruppe, der räumlichen Anordnung, den verfügbaren Spielen und der jeweiligen täglichen Situation und schwanken teilweise stark. An den fünf Tagen einer einzigen Woche schwankten beispielsweise die Nutzungszeiten in den vier Gruppen von 0 bis 216 Minuten pro Tag.
- Identifiziert man die einzelnen Spielelemente bzw. Lernobjekte der Spiele, so gibt es auch binnen weniger Wochen stärkere Veränderungen im Interesse und bei der Inanspruchnahme dieser Lernobjekte.
- Trotz neuer Spiele bleiben die Favoriten bei den Spielelementen bzw. Lernobjekten über einen längeren Zeitraum bestehen.
- Standen mehrere Schwierigkeitsgrade zur Auswahl, so wurden die mittleren Schwierigkeitsgrade seltener gewählt.
- Als Aufstellungsorte haben sich (in Übereinstimmung mit Aufenanger/Gerlach 2005, S. 4) Nebenräume der Gruppenräume bewährt.

Im Rahmen einer kleinen, nicht repräsentativen und nicht veröffentlichten explorativen Umfrage im Jahr 2004 wurden erste Hinweise auf die näheren Umstände der Nutzung der KidSmarts im Raum Linz bekannt. Als geförderte Kompetenzen werden insbesondere genannt: Selbstständigkeit, Konzentration, Regelverhalten, Reaktionsfähigkeit, logisches Denken, richtiger Umgang mit dem Computer, Sozialverhalten, Sprache, räumliche Wahrnehmung. Größtenteils werden die KidSmarts von den fünf- bis sechsjährigen Kindern benutzt; es werden keine geschlechterspezifischen Vorlieben für bestimmte Spiele beobachtet. Insgesamt überwiegen in den Linzer Kindergärten die positiven Erfahrungen mit den KidSmarts, die als Bereicherung des Kindergartenalltags angesehen werden.

Weitere im Projekt BLIK bearbeitete Themen betreffen das Spielverhalten zu Hause sowie die Einstellung der Eltern zum computerunterstützten Lernen. Nach Angaben der Eltern im Rahmen einer Ende 2003 durchgeführten Umfrage gibt es bei ca. 90 % der Kinder einen Computer zu Hause; 57 % der Kinder dürfen zu Hause mit dem Computer spielen, weitere 13 % unter bestimmten Bedingungen. Bereits 41 % der Kinder spielen alleine, 27 % mit Geschwistern oder FreundInnen und 30 % mit den Eltern.

69 % der Eltern geben an, eine positive Einstellung zum computerunterstützten Lernen im Kindergarten zu besitzen. Weitere 29 % deklarieren sich als bedingt positiv, wobei befürchtet wurde, dass die Kinder zu lange vor dem Computer sitzen und dass die Bewegung und andere Betätigungsfelder zu kurz kommen würden. Keine einzige Antwort zeugte von einer negativen Einstellung. Die Eltern wurden auch gefragt, was die Kinder über das Spielen und Lernen mit dem Computer im Kindergarten berichten. Die Antworten lassen sich in zwei Kategorien teilen: Entweder das Kind berichtete nichts oder wenig oder es gab überwiegend positive Berichte.

Die Erfahrung mit dem im Projekt gewählten Vorgehensmodell bei der Implementierung des idv-Lernkonzeptes zeigt unter anderem, dass der Computer in „kleinen Portionen" eingeführt werden soll, damit er in den Kindergartenalltag integriert ist. Es scheint nicht empfehlenswert zu sein, Kindern in einem „Computer-Schnellsiederkurs" alles Mögliche anzubieten. Kinder brauchen vertraute Personen um sich, ihre gewohnte Umgebung und die immer wiederkehrenden Rituale. Eine wesentliche Bedeutung kommt beim computerunterstützten Lernen im Kindergarten dem Vertrauen zu, das dem Kindergarten bzw. der KindergartenpädagogIn durch Eltern und Kinder entgegengebracht wird. Ist das Vertrauen nicht gegeben, besteht (wie bei allen neuen Projekten) die Gefahr ablehnender Stimmen durch die Eltern.

Es gibt keinerlei Hinweise, dass es zu einer Überforderung oder zur Vereinsamung der Kinder gekommen ist (vgl. Pils 2005c) oder dass konventionelle Betätigungsfelder der Kinder (wie z.B. kreatives Gestalten, Bewegung im Freien, Sinneserfahrungen, Projekte in der Natur, klassische Lernspiele) mit verminderter Intensität genutzt werden.

Diese Zeichnung zeigt, dass Kinder den Computer in allen Details (z.B. Kabel) wahrnehmen und dass ihnen auch der kommunikative Aspekt des Arbeitens am Computer im Kindergarten voll und ganz bewusst ist.

Die im Projekt BLIK gewonnenen Erfahrungen stimmen mit den Erkenntnissen und Empfehlungen anderer praxisnaher Projekte (z.B. Aufenanger/Gerlach 2005) weitgehend überein. Zu den wesentlichen Erfolgsfaktoren für das Blended Learning im Kindergarten zählen u.a. personelle Ressourcen (die entsprechend mit Medienkompetenz ausgestattet sind), ein IT- bzw. Netzwerk-Support sowie last not least regionale Kompetenzzentren, die den PädagogInnen ein aktuelles Angebot moderner Medien aller Art zur Verfügung stellen.

8. Zusammenfassung und Ausblick

Die optimale Gestaltung und das Kennenlernen etwaiger Auswirkungen des Einsatzes von Blended Learning im Kindergarten erfordern eine Fülle von Beobachtungen, Erfahrungen und auch alternative Konzepte. Die kognitive Entwicklung des Kindes wird in Kombination mit zahlreichen anderen Aktivitäten auch durch Computer gefördert, die das Lernen insoferne intensivieren, als sie durch Text, Bild und Ton mehrere Sinne ansprechen, das häufige Wiederholen ähnlicher Aufgaben erleichtern, den Entwicklungsstand des Kindes berücksichtigen sowie auch die Kreativität fördern (vgl. Textor 2005, S. 17). Darüber hinaus kann auch die motivationale und soziale Entwicklung des Kindes positiv beeinflusst werden (vgl. dazu Sheridan/Samuelsson 2003).

Standen einander die drei eingangs erwähnten Lernkonzepte zunächst als Konkurrenten gegenüber, so hat die Praxis gezeigt, dass sich diese in einem Blended-Learning-Ansatz durchaus sinnvoll ergänzen können und auch von den Kindern entsprechend angenommen werden.

Es kann davon ausgegangen werden, dass Blended Learning in der im Projekt vorliegenden Form als eine Bereicherung des Bildungsangebotes anzusehen ist, die als praxistaugliche Methode auch in Einklang mit dem Transaktionsansatz (vgl. Hartmann et al. 2000, S. 74ff.) bzw. dem handlungsorientierten Bildungskonzept (vgl. Bäck et al. 2001) steht, die Kompetenz und Selbstständigkeit des Kindes in den Mittelpunkt stellen. Mittlerweile haben mehrere „Generationen" von Kindern die zirka dreijährige Lernphase absolviert. Derzeit sind Aktivitäten im Gange, einerseits das Blended Learning künftig verstärkt für die Phase der Schulvorbereitung einzusetzen, andererseits auch über das Web direkt nutzbare Spiele zu evaluieren. Blended Learning im Kindergarten sollte künftig verstärkt mit der Vision gestaltet werden, dass über Desktop-PCs hinausgehend auch andere aktuelle Informations- und Kommunikationstechnologien (Kameras, Videos, mobile Geräte usw.) einbezogen werden. Sie sollten als multifunktionale und -mediale Werkzeuge für die Kinder angesehen und – als solche in vielfältige Aktivitäten und Themen integriert – eingesetzt werden.

Literatur

Aufenanger, S./Gerlach, F. (2005): Vorschulkinder und Computer. Sozialisationseffekte und pädagogische Handlungsmöglichkeiten in Tageseinrichtungen für Kinder, http://www.lpr-hessen.de/Presse/pmlpro5/130105.pdf, letzter Abruf: 19.07.2005

Bäck, G./Hajszan, M./Hartmann, W. (2001): Bildungsqualität im Kindergarten. Ein handlungsorientiertes Konzept – Teil 1. In: Unsere Kinder 1, S. 2–7

Computer im Kindergarten (2005). Über erwünschte Nebenwirkungen informiert BLIK ... (Kurzbericht). In: News vom Campus, Die Zeitschrift der Johannes Kepler Universität Linz. Ausgabe 30. Oktober 2005, S. 7

Hartmann, W./Stoll, M./Chisté, N./Hajszan, M. (2000): Bildungsqualität im Kindergarten. Wien: öbv & hpt

http://www.kidsmartearlylearning.org/DE/index.html, letzter Abruf: 25.07.2005

Palme, H.-J. (1999): Computern im Kindergarten. München

Pils, E./Pils, M. (2005a): Blended Learning im Kindergarten. In: Auinger, A. (Hg.): Workshop-Proceedings der 5. fachübergreifenden Konferenz Mensch und Computer, Oesterreichische Computer Gesellschaft Wien, Bd. 197, S. 119–126

Pils, E./Pils, M. (2005b): Computerunterstütztes Lernen im Kindergarten (Abstract), http://www.ooe-kindernet.at/pinwand/Fachtagung%20Medienpaed/computerunterstuetztes%20Lernen%20Pils.pdf (Stand: 18.10.2005)

Pils, M. (2005c): Blended Learning im Kindergarten – Aspekte des Spielverhaltens, in: Auinger, A. (Hg.): Workshop-Proceedings der 5. fachübergreifenden Konferenz Mensch und Computer, Oesterreichische Computer Gesellschaft Wien, Bd. 197, S. 127–134

Sheridan, S./Samuelsson, I. P. (2003): The role of ICT in the cognitive, social an emotional development of young children. In: Early learning in the knowledge society: A European Conference, Proceedings des Workshops 2A. Brüssel, S. 1–5

Textor, M. R. (2005): Eltern und Pädagogen – „natürliche" Partner bei Erziehung und Bildung. www.interessen-noefamilien.at/content/textor.pdf, letzter Abruf: 28.07.2005

Webb, C./Rowe, W. (1996): Kinder entdecken den Computer. München

Der Beitrag wurde erstmals in „Unsere Kinder" 3/2001 publiziert und 2006 überarbeitet.

Luise Hosp-Hermann

„Da laufen sie ihr nicht davon ..."

... dachte ich, als ich sah, wie ein 6-jähriges Mädchen, das motorisch benachteiligt ist, umringt von neugierigen Kindern am Computer mit „KidPix" arbeitete. Sie konnte den Computer wie jedes andere Kind bedienen und kannte sich mit „KidPix" gut aus.

Besonders gerne experimentierte sie gemeinsam mit anderen Kindern mit den Möglichkeiten des Grafikprogramms und sie freute sich über die Anerkennung, die sie von ihren FreundInnen und mir für ihre beeindruckenden, unkonventionellen Bildkompositionen erhielt.

Ein anderes Integrationskind brachte von zu Hause viel an Computererfahrung mit und stand Computerneulingen hilfreich zur Seite. Das Mädchen genoss es sichtlich, persönliche Fähigkeiten und Stärken in die Gruppe einbringen zu können und in diesem Bereich kompetente Partnerin für andere Kinder sein zu dürfen.

Ein Bub zeigte besonderes Interesse an Computeraktivitäten und besuchte oft den Multimediaraum. Seine Freunde waren viel in Bewegung – sie konnten den Bewegungsraum in ihr Spiel miteinbeziehen, schufen große Bauwerke und liebten es, im Garten auf Bäume zu klettern. Das waren Tätigkeiten, bei denen er aufgrund seiner motorischen Beeinträchtigung nicht mithalten konnte. „Gelt, du hast gesagt, ich bin ein Computerprofi", meinte er eines Tages zu mir. Und das stimmte auch. Er war geschickt im Umgang mit dem Computer und nützte das Grafikprogramm als Ausdrucksmittel für seine Gedanken und Gefühle. Für ihn war es einfacher, sich mittels Computer zu artikulieren als mit traditionellen Zeichen- und Malwerkzeugen.

Am Computer waren die Kinder – u.a. zur Erstellung von Gemeinschaftsarbeiten – auch in Kleingruppen aktiv usw.

Diese Beobachtungen machte ich u.a. in den Integrationsgruppen des Heilpädagogischen Kindergartens „Mosaik" im Rahmen meines Projektes „Abenteuer Computerwelt". Die Bilder stammen aus dieser Zeit.

Der Beitrag wurde erstmals in „Unsere Kinder" 5/2001 publiziert.

ANJA KIEBERGER

Computererfahrungen und noch mehr …

Wie Kinder sich und ihre Wünsche selbst organisieren

„Zu Hause kann ich, so lange ich will, mit meinen Star-Wars-Figuren spielen oder mir den Videofilm ansehen!" – „Wenn ich zu Hause spiele, ist es viel schöner, da kann ich mit meinem Gameboy spielen und der ist nie langweilig!" – „Zu Hause spielen ist überhaupt fast nie langweilig! Wenn mir fad ist, kann ich immer Computerspiele spielen."

Immer öfter beobachtete ich, dass unsere Spielmaterialien von den älteren Kindern lustloser genützt wurden. Durch Gespräche versuchte ich herauszufinden, wo für diese Kinder momentan das größte Interesse lag. Dabei fiel mir auf, dass die Spielmöglichkeiten von zu Hause immer wieder mit jenen des Kindergartens verglichen wurden.

Fernsehen, Video- oder Computerspiele erregten bei einigen älteren Buben anscheinend das größte Interesse. Sie formulierten an mich auch die Bitte, einmal ihren Gameboy oder ähnliche Computerspiele in den Kindergarten mitbringen zu dürfen.

Ich ging auf diesen Wunsch der Kinder ein, doch das Einbeziehen von Computerspielen sollte in unserer Gruppe weiterhin eine Besonderheit und Ausnahmesituation bleiben. Nur wenige Kinder hatten dann auch tatsächlich am vereinbarten Tag ihre Gameboys etc. mitgebracht.

Zu meinem Erstaunen stellte ich fest, dass doch nur einzelne Kinder wirklich Erfahrung mit Computerspielen hatten. Die restlichen Kinder hatten kaum oder im Rollenspiel „angeeignete" Erfahrungen. Mir persönlich erschien es wichtig, den Kindern genügend Freiraum zum Ausspielen ihrer Erlebnisse zu lassen und sie ins Gruppengeschehen und den Kindergartenalltag aktiv einzubeziehen.

Da ich bestrebt war, auch den „Computerfreaks" eine anregende, für sie interessante Umgebung zu schaffen, suchten wir gemeinsam nach Lösungen und Möglichkeiten, damit sie sich wieder wohl fühlen konnten. Nach weiteren Gesprächen einigten wir uns, in der Spielothek des Kindergartens gemeinsam nach neuen, interessanten und schwereren Spielen zu suchen. Beim Auswählen der Spiele waren die Kinder begeistert und motiviert, doch schon nach einigen Tagen verloren auch diese Materialien ihren Anreiz.

Wunschobjekt: Computer

Vor allem die älteren Buben haben sich zu diesem Zeitpunkt vermehrt in den „freien Spiel- und Beschäftigungsphasen" zurückgezogen. Sie versammelten sich regelmäßig im Mal- und Zeichenbereich, um dort scheinbar „zwanglose" Gespräche zu führen, deren Inhalt meist Videos und Computerspiele waren. Erst viel später erkannte ich, dass diese Gespräche bereits intensive Diskussionen über die Möglichkeit eines Computers im Kindergarten darstellten. Im Mal- und Zeichenbereich hatten die Buben auch eine Lösung für ihren Wunsch gefunden. Sie setzten sich zum Fenster, falteten ein Zeichenblatt, das, an die Mauer gelehnt, einen Computer mit Bildschirm darstellte.

Ausdauernd und sehr kreativ wurden die Blätter immer wieder mit Bunt- oder Filzstiften umgestaltet oder erweitert. Für neue Spielvariationen wurden sie detailreich verziert und individuell abgeändert.

Die gefalteten Computer dienten vorwiegend dem Ausspielen von Kino- oder Videoerlebnissen. Mit der Zeit wurden sie vermehrt für Rollenspiele genützt, deren Inhalt die Handhabung und Benützung eines Computers war. Am Spielverhalten der Kinder beobachtete ich das steigende Interesse für den Computer. Immer mehr Kinder beschäftigten sich mit dessen Bauen und Bespielen. Sogar jene Kinder, die nach eigener Aussage (bzw. Angaben der Eltern) noch nie Erfahrungen mit diesem Gerät gemacht hatten, wurden bald zu „Computerexperten". Sie beobachteten, ahmten nach und ließen sich geduldig von den älteren, „erfahrenen" Buben belehren. Ob gezeichnet oder konstruiert – Computer der verschiedensten Art entstanden.

Während des Konstruierens oder Bespielens eines „Computers" hörte ich öfter Aussagen wie folgende:

„Schade, dass der nicht wie mein Computer zu Hause geht!“ Eines Tages formulierten die älteren Buben ihren Wunsch konkret: „Wir wünschen uns einen echten Computer für die Gruppe. – Schade, dass wir keinen bekommen können!“

Über diesen Wunsch habe ich lange nachgedacht. Da unser Kindergarten der Bildungsanstalt für Kindergartenpädagogik angeschlossen ist, hätten wir die Möglichkeit gehabt, uns für einige Zeit von der Schule einen Computer auszuborgen. Daraus hätte sich ein interessantes Projekt ergeben können.

Aber auch wenn ich Medienerziehung im Kindergarten für wichtig erachte, habe ich mich aus folgenden Gründen gegen einen echten Computer in unserer Gruppe entschieden:

- Viele Kinder nannten Fernsehen und Computerspielen als überwiegende Freizeitbeschäftigung. Sowohl vor als auch nach dem Kindergartenbesuch.
- Beobachtungen zunehmender Verhaltensänderungen einiger Kinder: z.B. vermehrt fluktuierendes Spielverhalten, sinkendes Neugierdeverhalten, lustloseres Auseinandersetzen mit Spiel- und Beschäftigungsangeboten. Diese Beobachtungen bezogen sich vorwiegend auf jene Kinder, die nach eigener Aussage häufig und intensiv Zeit für die Benützung des Computers verwendeten.
- Beobachtungen von steigender Gewaltbereitschaft und zunehmendem aggressivem Verhalten bei Kindern, für die Medienkonsum vorrangige Freizeitbeschäftigung war.

Mir lag fern, den Computer, den ich als durchwegs hilfreiches und nützliches Gerät ansehe, negativ darzustellen. Ich hatte aber auch nicht die Absicht, den Kindern den richtigen Umgang mit diesem Gerät zu vermitteln oder Computerspiele auf ihre pädagogische Einsatzmöglichkeiten zu überprüfen. Dazu fühlte ich mich, weil mir das Fachwissen zur Benützung eines Computers fehlte, einfach nicht kompetent genug.

Meine pädagogischen Überlegungen zu diesem Projekt hatten daher andere Zielsetzungen. Ich wollte den Medienkonsum vormittags im Kindergarten nicht zusätzlich unterstützen, sondern Möglichkeiten zu einem eigenständigen und kreativen Tun bieten.

Ein „Kindergarten-Computer“

Als zwei Buben wieder einmal frustriert bemerkten, dass es in unserer Gruppe ja nicht einmal einen Computer gäbe, reagierte ich spontan: „Ja, leider! Wir haben keinen – nicht einmal einen Kindergarten-Computer!“
Daniel: „Was ist ein Kindergarten-Computer?“
Ich: „Ein ganz besonderer Computer – den es nur im Kindergarten geben kann.“
Simon: „Kannst du uns so einen kaufen?“
Ich: „Nein, so einen gibt es nicht zu kaufen!“
Andreas: „Und wie schaut so ein Computer aus?“

Kein fertig gekaufter, sondern ein selbst erdachter und gemachter Computer fesselte das Interesse der Kinder, vor allem jener, die noch kurz zuvor geklagt hatten, dass es im Kindergarten langweilig sei, weil sie hier auf Fernsehen, Video und Computer verzichten müssten.

Ich: „Das kann ich nicht genau sagen, denn ich habe auch noch nie so einen besonderen Computer gesehen.“
Simon: „Wieso heißt er dann Kindergarten-Computer?“
Ich: „Vielleicht, weil er nur von Kindern im Kindergarten gebaut werden kann!“
Andreas: „Und wie baut man den?“
Ich: „Ich weiß es leider nicht. Aber wäre es nicht interessant, für unsere Gruppe einen zu erfinden?“
Andreas: „Aber wir haben doch schon so viele Computer gefaltet oder gebaut!“
Daniel: „Nein! Ein Kindergarten-Computer muss doch viel größer sein – so einen haben wir noch nie gebaut!“
Simon: „Ja, der braucht einen echten Bildschirm, eine Maus und echte Spiele und ein ...“

Plötzlich waren die drei Buben in ein Gespräch über den Bau eines Kindergarten-Computers vertieft. Erste Pläne und Ideen wurden ausgetauscht und mit anderen Kindern besprochen. Ich freute mich über den offensichtlich gut angekommenen Impuls und wartete ab, ob das Interesse anhalten und sich aus dem Gespräch etwas ergeben würde.

Es dauerte nicht lange, da erzählten die Buben immer mehr Kindern von ihrem besonderen Vorhaben: „Wir bauen einen echten Computer, einen ganz besonderen, den ersten Kindergarten-Computer für unseren Kindergarten!“ Eifrig diskutierten die Kinder über Aussehen, Beschaffenheit, Größe und Leistung dieses Geräts. Schließlich kam der älteste und erfahrenste Computerspieler zu mir und meinte: „Wirst sehen, wir schaffen das bestimmt! Wir bauen den ersten Kindergarten-Computer.“

Schon am nächsten Tag versammelte sich eine Gruppe interessierter Kinder zu einer – bei uns üblichen – Kinderkonferenz. Dabei wurden Vorgehensweise bei der Gestaltung und Organisation des Projektes besprochen. Ich leitete das Gespräch, um die Kinder beim Einhalten unserer Gesprächsregeln zu unterstützen und um als Schriftführerin die Gruppenentscheidungen festzuhalten.

Unser Computer sollte nach folgenden Gesichtspunkten entstehen:

- **Freiwilliges Mittun:** Jedes Kind, das Interesse hat, darf seinem Alter und Können entsprechend mitgestalten, solange es das selber möchte.
- **Der Kindergarten-Computer bleibt im Kindergarten:** Da mehrere Kinder am Projekt beteiligt sein wollten, wurde von Beginn an entschieden, dass der Computer allen gehören sollte, jeder damit spielen darf und er daher nach Fertigstellung im Kindergarten bleiben sollte.
- **Selbsttätigkeit der Kinder:** Der Kindergarten-Computer sollte wirklich ein von Kindern gestalteter „Computer" werden! Erfinden, Planen und Umsetzen sollte nach Möglichkeit weitgehend ohne meine Hilfe erfolgen.

In den nachfolgenden Tagen waren die Kinder eifrig mit dem Erfinden und Planen beschäftigt. Die älteren Buben bemühten sich, durch intensive Gespräche immer wieder neue, jüngere „HelferInnen" für ihr Projekt zu begeistern. Dabei wurden Gespräche über die Gestaltung ebenso geführt wie heftige Diskussionen über die Rollen- und Aufgabenverteilung bei der Durchführung. Die Kinder stellten bald fest, dass jeder Mitwirkende seine eigenen Vorstellungen von diesem Computer hatte und diese auch umsetzen wollte. Aus den Konflikten, die bei der Planung und später auch bei der Durchführung entstanden, versuchte ich mich weitgehend zurückzuziehen. – Und siehe da, die Kinder fanden ihre eigene Lösung: Die Gestaltungsart sollte von allen Mitwirkenden befürwortet und von jedem Kind sollte eine Idee verwirklicht werden.

Die Konstruktion, eine Herausforderung

Die Kinder einigten sich auf einen Computer aus Karton und Papier (weiße und bunte, große und kleine Papier- und Kartonreste, Schachteln, Schnüre ... standen ihnen zur Verfügung). Die „Technik" (d.h. die Tastatur) sollte mit Mustermalerei gestaltet werden.

Ähnlich wie bei der Herstellung der gefalteten Computer zogen sich die werkenden Kinder wieder in den Mal- und Zeichenbereich zurück. Dort nutzten sie jede freie Möglichkeit im Tagesablauf aus, um ihre Ideen zu verwirklichen.

Ich versuchte mich als Beobachterin im Hintergrund zu halten. Dies war für mich persönlich die größte Herausforderung des Projekts. Nicht immer ist es mir leicht gefallen, meine Ideen und Vorstellungen zurückzunehmen. Trotzdem versuchte ich, wenn mich Kinder um Rat fragten oder um Hilfe baten, sie zu motivieren, ihr eigenständiges Tun fortzusetzen. Zum Beispiel:

Daniel: „Ein Kindergarten-Computer hat doch sicher auch ein Kabel und einen Stecker, oder?"
Ich: „Schon möglich, das kannst du entscheiden!"
Daniel: „Aber wie soll ich den machen? Kannst du mir helfen oder mir einen machen?"
Ich: „Wie ein Stecker von so einem besonderen Computer aussieht, weiß ich leider auch nicht. Aber wenn du willst, kannst du dir unseren Radiostecker einmal genau ansehen."
Daniel: „Ja, ich denke, der schaut ähnlich aus!"
Nachdem er den Stecker genau angesehen hatte, meinte Daniel: „Da brauch ich ja nur die Ansteckseite zeichnen und ausschneiden! Dann brauch ich nur mehr das Kabel dranhängen!"
Ich: „Und wie machst du das Kabel?"
Daniel: „Na mit einer dicken Schnur. Die muss ich dann nur mit dem Computer und der Ansteckseite verbinden!"

Daniel hatte die Chance bekommen, für die Umsetzung seiner Ideen nach eigenständigen Lösungen zu suchen und diese dann zu erproben. Als er später nochmals um Hilfe bat, weil mehrere Versuche der „Kabelmontage" gescheitert waren, habe ich selbst Hand angelegt und geholfen, die Schachtel zu durchbohren. (Schere und Feile hatten bei diesem harten Karton ihren Dienst versagt.) – In Fällen wie diesem war es aus meiner Sicht wichtig, den Kindern tatkräftige Hilfestellungen zu bieten.

Viele der einzelnen Arbeitsschritte verliefen parallel, d.h., es beteiligten sich mehrere Kinder gleichzeitig an einer oder verschiedenen Tätigkeiten. Die Aufgabenverteilung erfolgte durch die Kinder selbst: Jeder, der Zeit und Freude am Mitgestalten hatte, konnte mithelfen, wo er wollte (z.B. „Ich kann schon gut mit dem Kleister kleben. Ich möchte beim Verkleben der Schachtel helfen."), oder die älteren Kinder baten die jüngeren je nach ihrem Können um Unterstützung (z.B. „Du kannst schon so gut Muster zeichnen, magst du uns beim Zeichnen der Technik helfen?").

Während der Arbeiten für die Herstellung des Computers gruppierten sich die Kinder eigenständig, nach Interesse und Können, zu kleinen Teams, in denen sie voneinander wertvolle Erfahrungen in vielen unterschiedlichen Bereichen sammelten. Vor allem im Sozialverhalten haben sich einige Kinder sehr positiv

Die „Computermaus"

verändert. Ihre Einstellung gegenüber der Institution Kindergarten ist wieder aufgewertet worden und ich hatte den Eindruck, dass diese Kinder wieder gern an unseren anderen Angeboten und Aktivitäten teilnahmen. Auch die Kontakte zu jüngeren Kindern hatten sich durch das Projekt intensiviert und sind viel partnerschaftlicher geworden.

Es dauerte nicht lange, da stellten mir einige Kinder bereits stolz ihre ersten Produkte vor:

- **Der Computer:** mit großem Monitor, der Platz für Computerspiele bieten sollte.
- **Das Mousepad:** mit dazupassender Maus, einer überzogenen Schachtel, die ebenfalls mit dem Computer „verkabelt" war.
- **Die Tastatur** (von Kindern „Technik" genannt): detailreich mit Mustermalerei und verschiedenen Buchstaben verziert.

Schon beim Präsentieren bemerkten die Kinder, dass noch einiges für einen „echten" Computer fehlte: Diskettenlaufwerk, Disketten, Spiele ... – Daher gingen sie ins Büro unseres Abteilungsvorstands, um sich dort den Computer nochmals genau anzusehen. Er wurde von allen Seiten betrachtet und Ideen, wie Diskettenlaufwerk, Disketten und Computerspiele gestaltet werden könnten, wurden gleich vor Ort besprochen.

Bei der Gestaltung und Auswahl der Computerspiele war es den Kindern wichtig, jene Spiele zu zeichnen, die vielen Kindern bekannt waren. Ich achtete darauf, zu gewaltfreien Spielen anzuregen. Erstaunt stellte eines der Kinder fest: „Da bleiben ja fast keine Spiele übrig, wenn wir alle, wo man kämpfen kann, weglassen!" Schließlich haben die Kinder dann doch zehn Spiele gefunden, die vielen bekannt und die gewaltfrei waren.

Nachdem zu jedem Spiel eine Zeichnung für den Bildschirm gestaltet worden war, meinte Daniel: „Wenn wir die mit Tixo an den Bildschirm kleben, halten sie sicher nicht lange! Die zerreißen bald!" Simon entgegnete: „Wir könnten es aber so wie bei den Spielen der ‚Tante' machen und unsere Bilder in eine Folie einschmelzen! Dann können wir lange spielen, ohne dass sie kaputt gehen!" Diesen Wunsch konnte ich den Kindern erfüllen und so wurden die gezeichneten Computerspiele mit einem Foliergerät für unseren „Computer" haltbarer gemacht. Dabei entdeckten die Kinder das Kopiergerät und meinten: „Wenn wir unsere Spiele kopieren, müssen wir uns nicht mit dem Abzeichnen für die Disketten plagen!" Gesagt, getan! Das eigenständige Kopieren war für die Kinder ein besonderes Erlebnis und sie lernten ein technisches Gerät als wertvolle Hilfe kennen.

Wer darf spielen?

Schon während der Gestaltung diskutierten die Kinder immer wieder über die spätere Benützung ihres PC. Als er fertig war, ging es um die Fragen:

- Wer darf mit dem Computer spielen?
- Wie lange darf ein Kind spielen?
- Was machen wir, wenn mehrere Kinder gleichzeitig spielen wollen?
- Wer entscheidet über die Verwendung des Computers?

Die Kinder vereinbarten, dass der Computer so lange nicht benützt werden durfte, bis eine für alle zufrieden stellende Lösung gefunden wurde. Diese Zeit war für mich besonders schwierig, denn ich meinte ja viele Lösungsmöglichkeiten zu kennen, und dennoch wollte ich meine Beobachterrolle nicht aufgeben.

Der Computer ruhte eine Woche, bis eines der Kinder eine bemerkenswerte Idee aussprach, die plötzlich allen gefiel und von allen akzeptiert wurde: „Wir erfinden ein Spiel und wer Sieger ist, darf als Erster mit dem Computer spielen und seine MitspielerInnen aussuchen!" Während dieses Spiel hergestellt wurde, hatte ich den Eindruck, dass nur ein Kind genaue Vorstellungen davon hatte und sich die restlichen Kinder mit spontanen Ideen beteiligten.

Bis zur Fertigstellung des Spieles konnten die Kinder keine Spielregeln nennen und so nahm ich an, dass diese erst während des Gestaltens entstanden sind. Umso mehr erstaunten mich die klaren und sehr fairen Regeln. Bei einer Kinderkonferenz wurden das Spiel, die

Spielregeln und der Computer der Gesamtgruppe präsentiert. Gemeinsam wurden nochmals Wünsche und Regeln im Umgang mit dem PC festgehalten:

- Wenn der Computer frei ist, darf jeder spielen, der Lust dazu hat.
- Jeder kann spielen, so lange er möchte. Wenn jedoch viele Kinder warten, wird die Sanduhr als Zeitbegrenzung eingesetzt.
- Der Computer kann von einem oder mehreren Kindern bespielt werden. (So, dass sich jede/r MitspielerIn wohl fühlt, und wenn sie/er möchte, aktiv werden kann.)
- Wenn mehrere Kinder gleichzeitig spielen wollen und sich nicht einigen können, wer beginnen darf, soll vorerst mit dem Kindergarten-Computer-Spiel der Sieger ermittelt werden. Er darf den Computer als Erster nützen und seine MitspielerInnen auswählen.
- Die „Hersteller" wünschten sich einen sorgsamen Umgang mit dem Computer. Sie würden das Gerät „abschalten", wenn die Regeln nicht eingehalten würden.
- Für die erste Zeit sollte der Computer einen Ehrenplatz im Gruppenraum bekommen (eigener Tisch, Tischtuch, ausreichend Platz zum Spielen).

Die Regeln wurden meist ohne meine Hilfe eingehalten. Die älteren Buben waren nun nicht nur mit dem Bespielen des Computers beschäftigt, sondern waren als Experten bestrebt, möglichst vielen Kindern den Umgang mit dem Gerät zu erklären.

Die Benützung des Computers

Der Kindergarten-Computer war das gesamte Kindergartenjahr in unserer Gruppe, auch als ab und zu das Interesse nachließ. Denn immer, wenn ich den Computer aus Platzgründen wegräumen wollte, wurde die Begeisterung von neuem entfacht.

Interessant war für mich die Beobachtung, dass der Computer anfangs von den älteren Buben, die auch vorwiegend an der Herstellung beteiligt gewesen waren, genützt wurde.

Gegen Ende des Kindergartenjahres waren es aber vermehrt jüngere Kinder und Mädchen, die mit dem Computer spielten. Auch eine weitere Beobachtung erstaunte mich: Jene Kinder, die keine Erfahrungen mit einem echten Computer hatten, interessierten sich am längsten und meisten für unseren Kindergarten-Computer.

Gedanken zu den Zielen des Projekts

Der Computer ist für mich persönlich ein Medium, das vielleicht in Zukunft ein fixer Bestandteil des Kindergartens werden könnte. Trotz dieses technischen Fortschritts bin ich weiterhin bestrebt, die Kinder in herkömmlicher Weise zu einem eigenständigen, fantasievollen und kreativen Tun zu ermutigen. Ich denke, dass in unserem Projekt beides ermöglicht wurde. Einerseits setzten sich die Kinder mit der „Technik" des Computers auseinander und andererseits hatten sie Möglichkeiten, kreatives Tun voll auszuschöpfen. In vielen Bereichen haben die Kinder Erfahrungen gesammelt, die für ihre Zukunft sehr wertvoll sein können, einige davon sehe ich als Vorbereitung auf den Schuleintritt.

Auch wenn es für mich persönlich nicht immer einfach war, mich bei den Aktivitäten der Kinder zurückzuhalten und wirklich nur als Beobachterin zu agieren – am Ende des Projektes hatte ich mich sehr gefreut, dass ich mich darauf eingelassen hatte. Erst beim Reflektieren (teilweise auch mit den Kindern) habe ich erkannt, wie wertvoll unser Computer für die Entwicklung der Gesamtpersönlichkeit einiger Kinder war und wie positiv sich das Projekt auf die Gruppengemeinschaft auswirkte.

Der Beitrag wurde erstmals in „Unsere Kinder" 1/2001 publiziert.

Luise Hosp-Hermann

Abenteuer Computerwelt

Computer schon im Kindergarten? Droht den Kindern dadurch nicht Kreativitätsverlust, soziale Vereinsamung und Mangel an elementaren Spiel- und Lernerfahrungen?

Tatsache ist: Computer sind für viele Kinder bereits ein wesentlicher Bestandteil ihrer Lebenswirklichkeit. Ob sie vom Umgang mit diesem neuen Medium profitieren oder nicht, hängt davon ab, welchen Einfluss Eltern, aber auch pädagogische Einrichtungen auf das computerbezogene Handeln der Kinder nehmen.

1. Ein Blick in einen amerikanischen Kindergarten

Als ich im Kindergarten, den mein Sohn in den USA besuchte, sah, dass den Kindern neben anderen Spielangeboten auch drei Computer zur Verfügung standen, war ich zunächst sehr skeptisch. Vielfältige sinnliche Erfahrungen schienen mir für Vorschulkinder wesentlich wichtiger zu sein als „virtuelle Erfahrungen", vor allem für amerikanische Kinder, die ja auch viel „Freizeit" vor Fernseher und Computer verbringen.

Mein Sohn Felician sah das wesentlich unbefangener und vorurteilsfreier als ich, er freute sich darüber, dass Computer im Gruppenraum standen. Der Umgang mit dem PC und mit Lernprogrammen war ihm durch gemeinsame Computeraktivitäten mit seinem Vater vertraut und er stellte erleichtert fest, dass Computer in den USA, wo alles so anders war als in Österreich, gleich funktionierten wie daheim. Die „verlässliche Maschine" gab ihm Sicherheit – er verlor die Scheu vor den andersartigen (Englisch sprechenden) Kindern und es entstanden erste Kontakte mit Buben, die sich zu ihm gesellten, um ihm Tipps zu geben. Diese Kontakte am PC halfen ihm dabei, Freundschaften zu schließen und sich in der Gruppe einzuleben.

Ich war neugierig auf den Computereinsatz im Kindergarten geworden, suchte den Erfahrungsaustausch mit amerikanischen KollegInnen und lernte verschiedene Arten kennen, durch die „neuen Medien" in die pädagogische Arbeit integriert wurden.

2. Das „Ameisenprojekt von University Hills"

Ein für mich sehr interessantes medienpädagogisches Modell lernte ich in der University Hills Elementary School (Michigan/USA) kennen: Alle Kinder vom Kindergarten (fünf und sechs Jahre) bis zur fünften Schulstufe hatten zusätzlich zum PC im Gruppenraum bzw. Klassenzimmer Zugang zu einem „Mediencenter", das das Herzstück der Schule bildete.

Dem Alter der Kinder entsprechend lernten die Kinder, aktiv mit Medien umzugehen und sie sinnvoll zu nützen. So stand z.B. die TV-Station UHNN nur den ältesten Kindern zur Verfügung – sie produzierten zu bestimmten Anlässen Informationssendungen oder Festbeiträge, die dann für die jüngeren Kinder übertragen wurden.

Die jüngeren Kinder (auch die Kindergartenkinder) lernten, eine Bibliothek zu nützen, Grafik- bzw. Schreibprogramme zu verwenden und sich Informationen, die gerade aktuell waren, über eine CD-ROM zu verschaffen.

Einmal konnte ich miterleben, wie Kinder ein „Ameisenprojekt" durchführten: Die Kinder beobachteten die Tiere über einen längeren Zeitraum in der Natur, fütterten sie, lernten ihre Lebensbedingungen und Verhaltensweisen kennen, malten sie, suchten in der Bibliothek nach Bilderbüchern zum Thema und hatten auch am PC Gelegenheit, sich mittels einer Natur-CD-ROM über die Tiere zu informieren.

Einige für mich besonders interessante Beobachtungen waren:

- Die Spielangebote am Computer nahmen im pädagogischen Geschehen keine herausragende Stellung ein, sondern wurden gleichwertig mit anderen Spiel- und Lernaktivitäten gesehen.
- Für die Benützung gab es klare Regeln („Computerzeiten" etc.).
- Viele Kolleginnen erzählten, zu Beginn Angst vor der Nutzung des neuen Mediums gehabt zu haben. Mittlerweile sei der Computer aber sowohl für die admi-

nistrative als auch für die pädagogische Arbeit zu einem nicht mehr wegzudenkenden „Werkzeug“ (Tool) geworden.

- Es war nicht die Lernsoftware, die mich neugierig auf die Computernutzung im Kindergarten gemacht hat. Viele dieser Lernprogramme erinnern mich sehr stark an Arbeitsblätter und ich sehe die Gefahr, dass auf diesem Weg die Frühlernbewegung der 1970er Jahre wieder in die Kindergärten eingeschleust wird. Beeindruckt hat mich vielmehr der projektorientierte Einsatz des Computers, bei dem die Kinder den Computer als zusätzliches Werkzeug zum Entdecken, Forschen und kreativen Gestalten zur Verfügung gestellt bekommen. Hierbei ist der Computer nicht als Konkurrenz zu anderen Spielformen, sondern als Bereicherung des Angebotes zu verstehen.

3. Unkonventionellere Lernformen

Der Schweizer Medienpädagoge Heinz Moser meint, dass „unkonventionellere Lernformen wie Werkstattunterricht oder Projekte“ besonders geeignet für den „Werkzeugeinsatz“ des Computers sind (Moser 2000, S. 249). Auch wenn sich das Beispiel, das der Autor in diesem Zusammenhang anführt, auf eine Schweizer Grundschule bezieht, meine ich, dass KindergartenpädagogInnen mit diesen „unkonventionelleren Lernformen“ sehr vertraut sind, weil Projektarbeit für sie einen sehr hohen Stellenwert hat.

Auch Loris Malaguzzi, der Begründer der Reggiopädagogik, hat aus seiner Einschätzung, dass „Medien nicht mehr aus unserem Alltag zu beseitigen seien, die Herausforderung abgeleitet, sie in den Einrichtungen auch zuzulassen“. So sind in den Kindertageseinrichtungen von Reggio Emilia schon sehr früh Projekterfahrungen mit dem Medium Computer gemacht worden (Näger 1999).

4. Handlungsorientierte Medienpädagogik

Mir war auch vor meinem Aufenthalt in den USA bewusst, dass Medien (vor allem Film und Fernsehen) ein wesentlicher Bestandteil der familiären/kindlichen Lebenswelt sind, und ich bemühte mich, Kindern Hilfen anzubieten, die Flut an Medieneindrücken, die sie in den Kindergarten mitbrachten, zu verarbeiten (Rollenspiele, Kleine-Welt-Spiele, Angebote zum Malen, Zeichnen und Werken ...).

Diese Hilfestellungen schlossen jedoch eine aktive Auseinandersetzung der Kinder mit audiovisuellen Medien aus, da ich der Ansicht war, dass der Kindergarten ein „medienfreier Schonraum“ bleiben sollte (vgl. Hosp-Hermann 1995).

Der projektorientierte Einsatz des Computers, den ich in den USA erlebte, zeigte mir erstmals eine interessante Möglichkeit, den Kindern zusätzlich zu Verarbeitungshilfen eine aktive, handlungsorientierte Auseinandersetzung mit Medien anzubieten.

Nach meiner Rückkehr nach Österreich sah ich mich zunächst auf dem heimischen Softwaremarkt um und war überrascht über das vielfältige Angebot an CD-ROMs für das Kindergartenalter. Viele stellen sich unter Computerspielen ausschließlich Kampf- oder andere pädagogisch fragwürdige Spiele vor. Diese Spiele gibt es zweifellos zur Genüge, daneben gibt es aber auch Kategorien von Software, die ich beachtens- und erprobenswert finde:

- **Kreativprogramme** (z.B. Zeichen- und Malprogramme, Musikwerkstätten)
- **Information zu Natur- und Sachthemen,** die Kinder von CD-ROMs abrufen können
- **Lernprogramme** (Programme, die grundlegende Fertigkeiten wie z.B. Wahrnehmungsfähigkeit, logisches Denken, Zahlenverständnis fördern)
- **Multimediale Bilderbücher** („Living Books“)
- **Multimediale Lexika**
- **Abenteuerspiele**

Gemeinsam mit meinem mittlerweile zehnjährigen Sohn und meiner vierjährigen Tochter begann ich CD-ROMs, deren Beschreibungen mir in Fachzeitschriften besonders ins Auge stachen, auf ihre Brauchbarkeit hin zu testen. Meine Neugierde, wie Kindergartenkinder darauf reagieren würden und inwieweit diese CD-ROMs als zusätzliche Bildungsmittel in die pädagogische Arbeit integriert werden könnten, wurde immer größer.

5. Projekt Abenteuer Computerwelt

Gemeinsam mit der Kindergartenpädagogin Ingrid Krammer führte ich in der Kindergruppe Graz-Waltendorf zwischen Februar und Mai 2000 ein Computerprojekt durch, das überprüfen sollte, wie Bildungsprozesse unter Einbeziehung der Möglichkeiten des Computers gestaltet werden können.

5.1. Erfahrungen und Einstellungen der KindergartenpädagogInnen

Ich glaube nicht, dass KindergartenpädagogInnen Computerprofis sein müssen (die wenigsten von uns können auf viel Erfahrung in diesem Bereich zurückgreifen), Voraussetzungen sind vielmehr Neugierde und Freude, neue Inhalte, Medien und Methoden in die Gestaltung der pädagogischen Arbeit miteinzubeziehen.

Bevor man sich auf das „Abenteuer Computerwelt“ im Kindergarten einlässt, ist es aber sicher notwendig, sich mit den persönlichen Computererlebnissen, mit dem Medienverhalten in der eigenen Familie (Partner, Kinder ...) sowie mit Ängsten und Erwartungen in Bezug auf den Einsatz des PCs im Kindergarten auseinanderzusetzen.

Aus diesem Grund hat es vor Beginn und auch während des Projektverlaufes zwischen den Kindergartenpädagoginnen der Kindergruppe Waltendorf und mir viele intensive Diskussionen über das Thema Medienerziehung gegeben.

Beim Computerprojekt in der Kindergruppe Waltendorf wurde auf die Einbettung der Medienerlebnisse in persönliche Beziehungserfahrungen und auf das Vernetzen von medialen und konkret sinnlichen Impulsen besonderer Wert gelegt.

5.2. Computerbezogene Elternarbeit

Weiters ist es gerade im sensiblen Bereich der Medienerziehung wichtig, Eltern ausreichend über den geplanten Einsatz des Computers im Kindergarten zu informieren. Dabei gilt es auch die Erwartungen und Ängste, die Eltern mit dem Einsatz von PCs im Kindergarten verbinden, ernst zu nehmen und ihnen Gelegenheit zu geben, diese zu artikulieren und zu diskutieren. Computerprojekte können und sollen auch nicht ohne das prinzipielle Einverständnis von Eltern durchgeführt werden. Erfahrungsgemäß sind jedoch nicht nur Diskussionen wichtig, sondern es hat sich auch bewährt, Eltern anzubieten, an Computeraktivitäten im Kindergarten teilzunehmen (Kennenlernen des Softwareangebots, gemeinsame Medienerlebnisse ...).

5.3. Sorgsam ausgewählte Software

Wir verwendeten ein kleines, aber vielfältiges Angebot an CD-ROMs, um die unterschiedliche Nutzbarkeit der verschiedenen Spieltypen für die Gestaltung von Bildungsprozessen im Kindergarten zu zeigen.

- Das Lernprogramm **Billi Banni – Erste Schritte** (The Learning Company) als Einstieg in die Computerwelt (z.B. PC-Grunderfahrungen, Mausführung, Navigation)
- Die Grafikprogramme **Kid Pix** (The Learning Company 1999) und **Fine Artist** (Microsoft 1992)
- Das multimediale Bilderbuch **Das Mitternachtsspiel** von Kveta Pacovska (Tivola 1998) als Schwerpunkt für die Gestaltung der Faschingszeit
- Das Naturprogramm **Oskar der Ballonfahrer entdeckt den Bauernhof** (Tivola 1999) als Möglichkeit, in der Frühlings- und Osterzeit Zusatzinformationen über das Leben am Bauernhof und über Naturvorgänge zu erhalten.

5.4. Regeln und Prinzipien der Computernutzung

Eine aufbauende Vorgangsweise beim Vertrautmachen mit den Möglichkeiten des PCs war uns auch deshalb wichtig, weil das Erlernen der grundlegenden Fertigkeiten im Umgang mit dem Computer Voraussetzung für eine kreative Nutzung der Programme ist.

Gemeinsam mit den Kindern wurden sehr klare Regeln für die Benützung des Computers vereinbart (Anmeldung, „Computerzeit" nicht länger als 30 Minuten pro Tag etc.).

Aus der Literatur war uns bekannt, dass Kinder im Bereich der Mediennutzung verlässliche Beziehungen zu Erwachsenen brauchen, die Interesse zeigen an den Gefühlen, Gedanken und Fragen, die im Umgang mit einer virtuellen Welt auftauchen – je jünger die Kinder sind, desto wichtiger ist die Anteilnahme einer Bezugsperson für sie. Daher achteten wir (besonders in der Anfangsphase des Projekts) sehr darauf, dass die Kinder Gelegenheit hatten, mit uns und auch miteinander über das virtuell Erlebte zu kommunizieren.

Ich staune immer wieder, wie viel an Kommunikation sich ergibt (Austausch von Erfahrungen und Tipps, Staunen und Lachen), wenn mein Sohn gemeinsam mit Freunden am Computer spielt. Deswegen förderten wir auch im Kindergarten das Spiel in verschiedenen Sozialformen. Meist spielten die Kinder zu zweit (ein „Spielerkind" und ein „Zuschauerkind"), manchmal gab es sogar gemeinsam mit Ingrid Krammer Computeraktivitäten für bis zu sieben Kinder.

Besonders wichtig war uns auch, dass die Kinder die Computerangebote nicht als passive Konsumenten erleben, sondern wir wollten den Kindern durch zusätzliche Spiel- und Materialangebote und durch das Eingehen auf ihre Spielimpulse die Möglichkeit geben, das virtuell Erlebte zu verinnerlichen und kreativ umzusetzen.

Diese Vorgangsweise möchte ich Ihnen nun anhand des multimedialen Bilderbuches „Das Mitternachtsspiel" verdeutlichen, das Ingrid Krammer als Ausgangspunkt für die Gestaltung der Faschingszeit wählte.

5.5. Ein multimediales Bilderbuch im Mittelpunkt der Faschingsgestaltung

Das multimediale Bilderbuch „Das Mitternachtsspiel" bietet nicht nur Illustration und Text, sondern schließt Musik, Geräusche, Animationen und interaktive Spielmöglichkeiten mit ein. Es gibt immer wieder überraschende Möglichkeiten, Bilder per Mausklick zum Leben zu erwecken ... Die Kinder können sich an strahlenden Kveta-Pacovska-Farben wie an einer Malerpalette bedienen, an Schnurrbarthaaren einer Katze Harfenklänge erzeugen und vieles mehr.

Die Aktivitäten der Kinder am Computer waren:

- Erforschen des „multimedialen Kreativspielplatzes" von Kveta Pacovska (vertraut werden mit der Farben- und Formenwelt der Künstlerin, Spiel mit Klängen und

Geräuschen ...). Die Kinder spielten zu zweit, wir beobachteten das Spielgeschehen, waren Ansprechpartnerinnen und hatten selbst viel Freude an diesen „geteilten Medienerlebnissen".

- Spiel mit den grafischen Möglichen, die die CD-ROM bietet, z.B. Gestalten mit Linien und Farben, Gestalten von Pacovska-Figuren.
- Spiel einer Gruppe von sechs Kindern. Ein Kind führte die Maus, die anderen kommentierten das Spielgeschehen, stellten Fragen, tauschten Erfahrungen aus, gaben Tipps und stellten Verbindungen zu den Büchern von Kveta Pacovska her. (Im Anschluss daran hatten die Kinder die Gelegenheit, in einer Malaktion ihre Eindrücke mit Temperafarben auf großformatigem Papier festzuhalten.)

Spiele im Gruppenraum, die sich aus den Aktivitäten am Computer entwickelten:

- Gestalten eines „Mitternachtsbereiches", wo die Kinder die in der CD-ROM gewonnenen Eindrücke verinnerlichen und schöpferisch tätig sein konnten. In diesem Bereich konnten die Kinder mit Klängen und Geräuschen experimentieren, die der Musik im Mitternachtsspiel ähnlich waren, einen Klangvorhang knüpfen und die gedruckten Bilderbücher der Autorin betrachten und ausspielen ...
- Gestalten der Faschingsdekorationen mit „Mitternachtsfiguren" und der Faschingsverkleidungen nach Inspirationen durch die CD-ROM.

5.6. Einige Kinderbeobachtungen

Das Computerangebot war für Kinder aller Altersstufen (drei bis sechs Jahre) zugänglich.

Die fünf- und sechsjährigen Kinder waren ausnahmslos neugierig auf das neue Angebot, hatten keine Berührungsängste und ließen sich mit großer Begeisterung und Unvoreingenommenheit auf das neue Medium ein. Sie konnten, obwohl nur eines dieser Kinder Vorerfahrungen mit dem Computer mitbrachte, erstaunlich rasch mit der Maus umgehen und sich auf die kognitiven Anforderungen der multimedialen Spielsituationen einstellen. Auch im sozial-emotionalen Bereich gingen sie erstaunlich reif mit dem Medium um (Umgangsformen zwischen Spieler- und Zuseherkindern; Akzeptieren der Regeln, die für die Computeraktivitäten vereinbart waren; Kreativität entwickeln; mit Erfolgen und Misserfolgen umgehen; Lösungsstrategien erarbeiten ...).

Das Interesse der jüngeren Kinder nahm nach der Anfangsphase, als der Reiz des Neuen aufhörte, stark ab. Sie wählten wieder verstärkt andere Spielangebote – vor allem das Rollenspiel –, wobei sie allerdings mitunter den „Schachtelcomputer" in ihr Spiel miteinbezogen. Sie gesellten sich auch öfter als Zuseher (meist nicht länger als 15 Minuten) zu den älteren Kindern, um so an den Computeraktivitäten teilzuhaben, stellten aber nicht den Anspruch selbst zu spielen. Mitbestimmend für dieses Verhalten war sicher auch, dass bei ihnen Fähigkeiten für den Umgang mit dem PC nicht in dem Maß vorhanden waren wie bei den älteren Kindern. Manche vierjährige Kinder forderten trotzdem eindringlich, am Computer aktiv sein zu dürfen. Für mich war es besonders auffallend, dass sie wesentlich stärker auf Nähe und Unterstützung Erwachsener angewiesen waren als die älteren Kinder.

Einer unserer Beobachtungsschwerpunkte war die Kommunikation zwischen den Kindern: Wir konnten Fachsimpeleien, gemeinsames Suchen nach Problemlösungen, Staunen und Lachen beobachten ... – Konflikte traten sehr selten auf.

Hätten Sie gedacht, dass ein multimediales Bilderbuch Kinder zu diesen Faschingsverkleidungen anregen kann?

5.7. Konsequenzen

Franz Gerlach, Bildungsreferent beim Institut für Medienpädagogik und Kommunikation in Frankfurt/Main, sagt: „Menschliche Entwicklung ist dann besonders reich, wenn Erfahrungen in verschiedenen ‚Räumen' gemacht werden können. Die Begegnung mit der Natur ... mobilisiert ganz andere Empfindungen, Erlebnisse und Begegnungen, sie kontrastiert die Beobachtungen und Erlebnisse in virtuellen Welten ... Daraus entsteht eine mehrperspektivische Sicht auf die Welt, die dann verortet, integriert werden kann in die eigene Identität ..." (Gerlach 1999, S. 11).

Ich möchte Sie dazu ermuntern, sich von der Neugierde der Kinder anstecken zu lassen und gemeinsam mit ihnen „neue Räume" zu entdecken und zu erforschen. Vielleicht macht es Ihnen Mut, wenn ich Ihnen sage, dass ich mich ohne die Anregungen und die Hilfe meines Sohnes nicht auf das „Abenteuer Computerwelt" eingelassen hätte ...

Literatur

Gerlach, Franz (1999): Bildung und Lernen in der Informationsgesellschaft. In: TPS 6

Hosp-Hermann, Luise (1995): Der König der Löwen. In: Unsere Kinder 6

Moser, Heinz (2000): Einführung in die Medienpädagogik. Opladen

Näger, Sylvia (1999): Kreative Medienerziehung im Kindergarten. Freiburg: Herder

Der Beitrag wurde erstmals in „Unsere Kinder" 1/2001 publiziert.

Barbara Pitzer, Hermann Pitzer

Auf die Bücher – fertig – los!

Modellprojekt für frühe Begegnung mit Literatur

Das Projekt mit dem Titel „Auf die Bücher – fertig – los!" wurde 2004 von Buch.Zeit, dem Informationszentrum für Jugendliteratur und Schulbibliotheken in Wels, ins Leben gerufen und wird nun gemeinsam mit dem LKZ-OÖ (Lesekompetenzzentrum OÖ) weitergeführt. Ziel dieses Projekts ist es, KindergartenpädagogInnen für den Umgang mit Kinderliteratur zu sensibilisieren und Instrumente an die Hand zu geben, mit denen sie Kindern Freude an Literatur vermitteln können. Aber auch die Nahtstelle Kindergarten-Volksschule soll durch eine enge Zusammenarbeit im Projekt stärker verbunden werden und vor allem den Eltern die Wichtigkeit des Umgangs mit dem Medium Buch bewusst machen.

Um diese Ziele zu erreichen, haben sich die Kindergartenpädagoginnen des Kindergartens Noitzmühle, Lehrerinnen der Volksschulen 10 und 11 und die MitarbeiterInnen von Buch.Zeit aus Wels zusammengesetzt und ein Programm für das Schuljahr 2004/05 ausgearbeitet und durchgeführt. Der Erfolg war durchschlagend! Alle Beteiligten sind von den positiven Ergebnissen im sozialen Bereich, aber vor allem auch bei der Lesekompetenz der VS-Kinder begeistert. Inzwischen haben sich bereits weitere Kindergärten und Schulklassen diesem Projekt angeschlossen.

„Früh übt sich, wer ein Leser werden will"

In einem ersten Schritt gab es einen gemeinsamen Fortbildungsabend zum Thema „Leseanimation und Lesemotivation". Dabei gewannen die TeilnehmerInnen wichtige Einblicke in die Gehirnforschung und die damit verbundenen Auswirkungen auf die Sprach- und Lesekompetenz eines Kindes sowie in den Leselernprozess und in die gestiegenen Anforderungen an die Lesekompetenz in einer Wissens- und Informationsgesellschaft. Nur LeserInnen sind in der Lage, Medien für sich zu nutzen, und können der Gefahr entgehen, von Medien benutzt zu werden.

Es ist bekannt, dass lesende Kinder aus lesenden Elternhäusern kommen und dass schon früh grundgelegt wird, ob jemand später gerne und viel liest. So beginnt die Leseerziehung ja eigentlich mit der Spracherziehung. Kinder, mit denen viel gesprochen wird, die dadurch einen umfassenden Wortschatz haben, bringen die allerbesten Voraussetzungen fürs Lesenlernen mit. Erste Hinführung zur Literatur durch regelmäßiges Vorlesen und durch die Vorbildwirkung lesender Eltern trägt ein Übriges dazu bei. Interessant ist bei diesem Projekt auch das relativ große Interesse der Eltern von Kindern mit nichtdeutscher Muttersprache.

Was ist aber mit Kindern, die keine oder nur sehr wenige Anregungen in dieser Richtung von ihren Familien erhalten? Genau hier setzt das Projekt an. Frühe Literaturvermittlung kann auch im Kindergarten passieren. Dabei reicht es nicht, Bücher in einem Bücherkasten oder Regal anzubieten. Mit den Büchern muss auch etwas passieren, sie müssen auf vielfältige Weise zu den Kindern gebracht werden.

Ein zweiter Schritt im Projekt war ein Elternabend zum Thema „Wege zum Lesen – was wir als Erwachsene für unsere Kinder tun können". Den Eltern wurde bewusst, wie

wichtig ihre Rolle in der Sprech- und Leseerziehung ist, zumal sich die Medienwelt der Kinder entscheidend geändert hat. Fernsehprogramme werden rund um die Uhr angeboten, die meisten Kinderzimmer sind mit CD-Player, Gameboy, Spielkonsole, Computer etc. ausgestattet.

Es geht nicht darum, moderne Medien zu verdammen, sondern darum, dass Kinder das Medium Buch kennen lernen und Gelegenheit erhalten, mit Büchern ihre Freizeit zu verbringen. Beobachtungen zeigen, dass Kinder dieses Angebot auch sehr gerne annehmen. Mit vielen Buchvorstellungen aktueller Bilder- und Kinderbücher wurde dabei auch den Eltern wieder Lust aufs Lesen gemacht. Die Zahl der verkauften Bücher am Ende des Elternabends sprach für sich.

Auch im nächsten Schuljahr wurde dieser Elternabend durchgeführt und wieder zeigten die Eltern großes Interesse. Aus Rückmeldungen und persönlichen Gesprächen wissen wir, dass in vielen Familien das Vorlesen durch unser Projekt inzwischen zu einem Fixpunkt geworden ist.

Lesepatenschaften

Das Wichtigste im Projekt aber war der Aufbau von Lesepatenschaften zwischen Volksschul- und Kindergartenkindern. Fünf Kindergartengruppen und fünf Volksschulklassen schlossen sich dafür zusammen. Jedes Kindergartenkind sollte einen Lesepaten bzw. eine Lesepatin aus der Volksschule bekommen. Bei gemeinsam geplanten Treffen hatte jede/r VolksschülerIn den Auftrag, dem „Patenkind" ein Bilderbuch vorzulesen.

Die Begeisterung, mit der die Kinder diese Idee angenommen haben, überraschte alle Beteiligten. Da wurden mit großem Enthusiasmus Bilderbücher für das Patenkind ausgewählt und das Vorlesen der Texte mit großer Ernsthaftigkeit geübt. In der Schule übten die Lehrkräfte mit den SchülerInnen das laute Vorlesen und weil die Kinder ein Ziel vor sich hatten, war dieses Training gar nicht langweilig.

Im Kindergarten wurden die Kinder ebenfalls auf den Besuch ihrer zukünftigen Paten vorbereitet. Die Neugier und Begeisterung war riesig. Für die ersten Besuche der Volksschulkinder im Kindergarten haben sich die Kleinen besondere Dinge überlegt. Da wurde das Vorlesen der Paten mit einem gemeinsam Mittagessen belohnt, bei dem es natürlich Buchstabensuppe gab. Eine andere Gruppe hat an einem Märchenbuch gearbeitet und bekannte Märchen mit eigenen Zeichnungen illustriert. Dieses kostbare Geschenk durften die Volksschulkinder dann mitnehmen.

Für die SchülerInnen kam dazu, dass viele wieder in jenen Kindergarten kamen, den sie selber besucht hatten. In den ersten Minuten begegneten sich die Kinder etwas scheu, aber das gegenseitige Abtasten dauerte nicht lange. Bald nach der Zuteilung der Lesepatenkinder waren alle irgendwo im Kindergarten ins Vorlesen oder Zuhören vertieft. Die Kleinen waren begeistert und konnten von den tollen Geschichten gar nicht genug kriegen. Und die VorleserInnen waren von so viel Zuneigung und Aufmerksamkeit ganz hingerissen und nahmen ihre Rolle als Verantwortliche in diesem Prozess sehr ernst.

Nach diesen ersten erfolgreichen Besuchen wurden sofort Termine für den Gegenbesuch ausgemacht. Diesmal durften die Kindergartenkinder in die Schule kommen, wo sie ihre Lesepaten mit neuen Geschichten aus neuen Büchern erwarteten. Eine Kindergartengruppe durfte sich sogar Bilderbücher von den Lesepaten wünschen. Und da waren die Volksschulkinder gefordert, hatten doch die Patenkinder Bücher mit sehr viel Text ausgesucht, um möglichst lange mit ihrem Paten zusammen sein zu können. Aber auch diese Herausforderung haben die SchülerInnen mit Bravour gemeistert. Und, so berichten die LehrerInnen, innerhalb kurzer Zeit steigerte sich die Lesekompetenz der VolksschülerInnen merklich.

Alle Begegnungen und Besuche werden genau dokumentiert und bei Besprechungen tauschen die Beteiligten ihre Erfahrungen, Produkte und Erlebnisse aus. Auf der Website www.buchzeit.at können Informationen und Bilder zu diesem Projekt abgerufen werden.

Die Rolle der Buch.Zeit

Buch.Zeit hat für das Projekt Bilderbücher zur Verfügung gestellt, Referate bei Fortbildungen und Elternabenden gehalten sowie die Treffen organisiert und geleitet. Immer wieder wurden neue Bücher und Leseanimationsmaterialien vorgestellt. Außerdem konnten die Kindergartenkinder auch schon Bilderbuchkinos in Buch.Zeit besuchen. Bei einem Bilderbuchkino werden den Kindern Dias zu einem Bilderbuch gezeigt und zu den Bildern wird die Geschichte vorgelesen. Dieses unmittelbare Erleben der Bilder in einem verdunkelten Raum macht die Geschichte zu einem intensiven Erlebnis. Die Kinder können sich zu den Bildern äußern und eigene Vermutungen anstellen.

Außerdem hat Buch.Zeit eine Autorenlesung mit Franz Sales Sklenitzka für eine Lesenacht im Kindergarten finanziert. Für die Kindergartenpädagoginnen gab es einen Workshop mit der bekannten Bilderbuch-Illustratorin Maria Blazejovski.

Dass das Projekt weitergehen soll, ist aufgrund der positiven Resonanz längst beschlossene Sache.

Der Beitrag wurde erstmals in „Unsere Kinder" 4/2005 publiziert und 2006 überarbeitet.

Zum Vertiefen, Wiederholen und Weiterdenken ...

1 Erstellen Sie eine Übersicht, mit welchen Medien die Kinder in Ihrem Kindergarten in Kontakt kommen. Da z.B. auch Bilderbücher zu den Medien zählen, geht der Übersicht am besten eine Definition voraus, was Sie zu den Medien rechnen.

2 Halten Sie anhand der Medienübersicht fest, wie intensiv die Kinder welche Medien nutzen. Bilden Sie dazu ein Viererteam und teilen Sie sich die Aufgabe auf:

Ein/e trifft die Aussagen nach einer Einschätzung aufgrund der Erfahrung.

Die anderen drei machen die Angaben aufgrund von Beobachtungen, wobei der jeweilige Beobachtungszeitraum und die beobachteten Kinder variieren sollen/können.

Geben Sie nach Abschluss dieser Nutzungserhebung eine gemeinsames Statement ab, in dem Sie auf gleiche und abweichende Ergebnisse eingehen.

3 Nur für Sie ganz persönlich:
Wie sieht es mit Ihrem Medienkonsum aus? Erstellen Sie eine Liste der Medien, mit denen Sie regelmäßig arbeiten, die Sie regelmäßig „konsumieren". Tragen Sie Ihre Schätzung ein, wie viel Zeit pro Woche Sie das betreffende Medium einsetzen. Besonders interessant ist, wenn Sie dann eine Woche lang den tatsächlichen Medienkonsum aufzeichnen (Selbstbeobachtung) und diese Angaben anschließend mit Ihren Schätzungen vergleichen.

4 Haben die Kinder Ihrer Gruppe – daheim und im Kindergarten – die Möglichkeit, viele Primärerfahrungen zu sammeln? Bietet ihre Umwelt ausreichend Gelegenheiten, um sinnliche Erfahrungen, Körperkontakt und Bewegungsfreiraum zu erleben? In welchen Bereichen besteht Ihrer Meinung nach Handlungsbedarf und durch welche Maßnahmen können Sie kompensatorisch eingreifen?

5 In vielen Kindergärten werden immer wieder gezielte Aktionen (z.B. Sinneparcours), Projekte ... initiiert, um Sinneserfahrungen zu ermöglichen. Waren Sie schon daran beteiligt?

Wenn ja: Wie bewerten Sie diese Aktion? Was war gelungen, was könnte verbessert werden?

Wenn nein: Könnten Sie sich eine entsprechende Aktion in Ihrem Kindergarten vorstellen? Wie sollte sie ablaufen? Oder halten Sie solche Aktivitäten nicht für zielführend? Warum?

6 Sollen Computer im Kindergarten zur fixen Ausstattung gehören (wie z.B. Bilderbücher)? Formulieren Sie in Ihrer Funktion als KindergartenpädagogIn zwei kurze Stellungnahmen in Form eines Leserbriefes. In einem sind Sie BefürworterIn des Computereinsatzes, im anderen lehnen Sie Computer im Kindergarten grundsätzlich ab. Achten Sie darauf, dass Sie Sachargumente für Ihre Meinung darlegen!

7 Gibt es in Ihrem Kindergarten einen Computer? Wenn ja: Haben Sie mit den Kindern Regeln für die Benutzung vereinbart? Wie kam diese Vereinbarung zustande? Wie lautet diese und werden die Regeln in der Praxis umgesetzt?

Wenn nein: Welche Regeln wären für Sie wichtig, wenn die Kinder im Kindergarten Zugang zu einem Computer hätten? Wie würden Sie vorgehen, um diese Regeln festzulegen?

8 Informieren Sie sich in einer gut sortierten Medienhandlung oder in einschlägigen Fachpublikationen, Katalogen über das Angebot an Software für Kinder im Kindergartenalter. Wählen Sie Ihrer Meinung nach interessante Programme aus, versuchen Sie sich selbst ein Bild davon zu machen (durch Demo-Versionen, Ausprobieren im Geschäft, in einer Mediathek ...) und verfassen Sie dazu eine Rezension. – Wenn Sie die zu prüfenden Programme mit Ihren KollegInnen abstimmen, um Doppelläufe zu vermeiden, können Sie sich gemeinsam wichtige Informationen für die Medienpraxis erwerben.

9 Durch den Einsatz von (modernen) Medien besteht die Gefahr, dass die Kreativität von Kindern zu kurz kommt, ist immer wieder zu hören.

Gibt es Bereiche oder Vorgänge, wo Sie eine solche Gefahr (im Kindergarten) orten? Wie könnte dem begegnet werden? Oder halten Sie solche Aussagen für übertrieben?

Begründen Sie Ihre Meinung mit Sachargumenten und Beispielen.

10 Die Idee von Lesepatenschaften zwischen Kindergarten und Schule (vorgestellt im Beitrag von Barbara und Hermann Pitzer) gefällt Ihnen und Sie möchten sie in Ihrem Kindergarten umsetzen.

Sie planen eine Informationsveranstaltung für Eltern und LehrerInnen, bei der Sie sie für dieses Projekt begeistern möchten. Wie soll diese Veranstaltung ablaufen, welche Programmpunkte sehen Sie vor ...?

11 Gönnen Sie sich ein paar „Schmökerstunden"! Informieren Sie sich in einer gut sortierten Buchhandlung über das aktuelle Angebot an Bilder- und Kinderbüchern. Neben der Beratung durch fachkundige BuchhändlerInnen ist sicher Ihr eigenes Urteil ausschlaggeben. Nehmen Sie sich daher die Zeit, selbst die Bücher zu lesen, zu beurteilen ... zu genießen!

Nahtstelle Kindergarten – Schule

Die Kindergartenzeit hat eine eigene, unverzichtbare Bedeutung für die ganzheitliche Entwicklung des Kindes. Bildung – im umfassenden Sinn – beginnt nicht erst in der Schule. Speziell für Grundlagen, für Schlüsselqualifikationen leistet der Kindergarten einen wichtigen Beitrag, auch kompensatorisch, falls die Familie dem Kind nicht genügend Unterstützung bietet oder bieten kann. Wie Bildung und Betreuung der Jüngsten in einzelnen europäischen Staaten in das Bildungssystem eingebunden sind, berichtet Pamela Oberhuemer.

Für jedes Kind bedeutet der Schulanfang ein besonderes Ereignis im Leben, stellt aber auch große Anforderungen an die jungen Menschen. Sie müssen auf der einen Seite einen Abschied bewältigen – von der vertrauten Umgebung im Kindergarten, von Kindern in der Gruppe, von der KindergartenpädagogIn. Auf der anderen Seite wartet die Schule, das Ungewisse, das aber auch große Erwartungen und Vorfreude bringt.

Wenn es dem Kind ermöglicht wird, diese Nahtstelle Kindergarten – Schule positiv zu erleben, wird es dadurch fit gemacht für weitere – geplante oder überraschende – Übergänge, die eintreten werden. Mit den Bedingungen, um diese Veränderung positiv zu gestalten, setzt sich Luise Hollerer differenziert auseinander, wobei sie auch auf die oft fehlende Kommunikation und Kooperation zwischen Kindergarten und Schule eingeht.

Ein Modell, wie diese Kommunikation verbessert werden kann, stellt Inge Wörgötter vor. Wenn LehrerInnen und KindergartenpädagogInnen eingehender über die Arbeit der jeweils anderen Berufsgruppe Bescheid wissen, können sie im Interesse der Kinder viel Positives bewirken.

Die aktuellen Informationen über die Gestaltung der „Zeit danach" erhalten KindergartenpädagogInnen im Beitrag von Elfriede Schmidinger über die Schuleingangsstufe, der auch auf die Vorbereitung im Kindergarten eingeht. Den Blickwinkel der Eltern beziehen Ursula Svoboda und Waldemar Feiner in ihre Hinweise zum Umstieg vom Kindergarten in die Schule ein: Entwicklungsförderung und Vorbereitung auf die Schule in den unterschiedlichen Ausprägungen können sowohl durch Eltern als auch KindergartenpädagogInnen geleistet werden, wobei die Abstimmung zwischen ihnen hierbei wichtig ist.

Die weiteren Beiträge dieses Kapitels greifen jeweils einen Teilaspekt heraus, wie Schulvorbereitung im Kindergarten sinnvoll betrieben werden kann: Manfred Spitzer zeigt auf, welche positiven Auswirkungen das Werken auf die Entwicklung des Gehirns und somit auf die Voraussetzungen des Lernens hat. Auf die Notwendigkeit und zentrale Bedeutung der Sprachförderung geht Martin R. Textor ein, wobei der kommunikativen Kompetenz der PädagogInnen große Bedeutung zukommt. Auf welche Weise die natürliche Neugier der Kinder auf das Schreiben und Lesen geweckt und unterstützt werden kann, führt Waldemar Feiner aus und er betont, wie wichtig es auch in diesem Zusammenhang ist, dass die Kinder positive Gefühle mit diesen Tätigkeiten und Fertigkeiten verbinden.

Sehr häufig negativ besetzt ist bei SchülerInnen das Fach Mathematik. Dass diese Welt der Formen, Figuren und Zahlen für jüngere Kinder aber sehr interessant ist und ihnen hilft, ihre Welt zu begreifen und zu erforschen, wird im Beitrag von Nancy Hoenisch und Albrecht Beutelspacher erläutert. Sie führen dies anhand des Bildes einer Brücke auf sechs Pfeilern plastisch vor Augen.

Die Brückenmetapher, die zur Veranschaulichung des Prozesses vom Konkreten zum Abstrakten dient, lässt sich ebenso gut als Übergang vom Kindergarten in die Schule interpretieren. Als die drei Brückenpfeiler, die eine tragfähige Verbindung ermöglichen, fungieren in diesem Bild Eltern, KindergartenpädagogInnen und LehrerInnen. Durch ihre Kooperation können sie dem Kind zu einem erfolgreichen und frohen Zugang zur Schule verhelfen.

Pamela Oberhuemer

Übergang in die Pflichtschule: Reformstrategien in Europa

Der Übergang in die Pflichtschule wird seit einigen Jahren in verschiedenen Ländern nicht nur verstärkt diskutiert, sondern es wurden auch bildungspolitische Reformstrategien eingeleitet. Diese Entwicklungen fanden vielfach im Rahmen einer breit geführten Debatte über Fragen der Neubewertung von Bildung als zentrale gesellschaftliche Ressource statt. Als Konsequenz haben mehrere Länder ihre Bildungssysteme entsprechend überprüft und zum Teil neu reguliert, auch die Bildungsangebote für Kinder in der Zeit vor Eintritt in die Pflichtschule. Dabei ist der Zeitpunkt der Einschulung in Europa keineswegs einheitlich geregelt.

1. Wann findet der Übergang in die Pflichtschule statt?

Der Eintritt in die Pflichtschule findet europaweit zu ganz unterschiedlichen Zeiten in der kindlichen Bildungsbiografie statt. In Nordirland beginnt die Pflichtschule bereits mit vier Jahren, in Großbritannien und den Niederlanden mit fünf und in Dänemark, Finnland und Schweden erst mit sieben Jahren. In Norwegen wurde 1996 das Anfangsalter von sieben auf sechs Jahre herabgesetzt. In den meisten Ländern beginnt aber die Schulpflicht – wie auch in Deutschland – mit sechs Jahren. Das ist der Fall in Belgien, Griechenland, Frankreich, Island, Italien, Liechtenstein, Luxemburg, Norwegen, Österreich, Spanien, Portugal und in der Tschechischen Republik (European Commission 2002).

Diese Ungleichheiten gehen auf unterschiedliche Traditionen des staatlichen Engagements in frühkindlicher Bildung zurück. Während zum Beispiel in Irland, England oder in den Niederlanden Kinder aufgrund des **Fehlens eines** adäquat ausgebauten **Vorschulsektors** frühzeitig in das schulische System aufgenommen wurden, gibt es in den frankophonen Ländern bereits eine lange Geschichte der Integration von Vorschuleinrichtungen für die über Dreijährigen in das Bildungswesen, auch wenn der Besuch (außer in Luxemburg) nicht verpflichtend ist.

Diese schulorientierten Einrichtungen mit Bildungsfunktion werden als Beitrag zur Chancengleichheit gesehen. Durch einen hohen Versorgungsgrad und durch Gebührenfreiheit gewähren sie den Zugang zu vorschulischer Bildung für **alle** Kinder ab dem 3. oder 4. Lebensjahr. Für diese Einrichtungstypen gibt es bereits seit längerer Zeit national einheitliche Qualitätsstandards (Curricula), deren Einhaltung überprüft wird. Allerdings werden „Bildung“ und „Betreuung“ als getrennte Aufgaben gesehen. Dies betrifft die Tagesgestaltung, die nach „Bildungszeiten“ und „Betreuungszeiten“ personell, räumlich und inhaltlich eingeteilt wird, aber auch die Jahresgestaltung, die nach „Schulzeiten“ und „Ferienzeiten“ organisiert wird.

Das ist anders in den Ländern mit nicht-schulischen Einrichtungen mit Bildungsfunktion wie z.B. in Dänemark, Deutschland oder Finnland. Hier gilt ein integriertes Verständnis von Bildung, Erziehung und Betreuung. Der Einrichtungsbesuch ist beitragspflichtig und das Angebot ist ganzjährig. In diesen Ländern haben die Kindertageseinrichtungen ein ausgeprägtes Selbstverständnis und eine eigenständige, nicht schulorientierte Lernkultur entwickelt.

In den letzten Jahren fand aber in einzelnen Ländern durch eine Zuordnung aller Einrichtungen für Kinder vom ersten Lebensjahr bis zur Einschulung zum Bildungssystem eine Annäherung dieser beiden Perspektiven statt. Dies hat zum Beispiel in Schweden, auch ein Land mit einer Tradition von nicht-schulischen Vorschuleinrichtungen, dazu geführt, einen gezielteren Blick als bisher auf den Übergang in die Pflichtschule zu lenken.

2. Welche Hindernisse kann es beim Übergang in die Schule geben?

Was gelten in einzelnen Ländern als Stolpersteine, die eine gute Zusammenarbeit zwischen Kindertagesstätte und Schule erschweren? In der OECD-Studie in zwölf Ländern konnten drei Haupthindernisse auf der systemischen Ebene identifiziert werden (vgl. Neuman 2002, S. 11f.).

2.1. Das Selbstverständnis als Bildungseinrichtung – verschiedene Visionen und Lernkulturen

Das erste betrifft das Selbstverständnis als Bildungseinrichtung. In vielen Ländern – wie auch in Deutschland – sind Kindertagesstätten und Schulen in unterschiedlichen Traditionen und Entwicklungslinien eingebunden. Die institutionsspezifischen Konzepte von Bildung, Lernen, Entwicklung, Spiel oder Leistung unterscheiden sich, ebenso die Berufskulturen der PädagogInnen, die am Übergang beteiligt sind.

Diese unterschiedlichen Auffassungen haben in manchen Fällen zu einem Missvertrauen der anderen Institution gegenüber geführt, wenn es um eine verstärkte Zusammenarbeit geht. Fachkräfte in den Vorschuleinrichtungen befürchten zum Beispiel einen einseitigen, von der Schule ausgehenden Druck zur Verschulung. Sie befürchten eine Verengung des pädagogischen Blicks auf die sogenannten Defizite der Kinder, wie wir sie zum Teil in der aktuellen bildungspolitischen Diskussion rund um das Deutschlernen bei den Migrantenkindern erleben (vgl. Ulich & Oberhuemer 2003). Lehrkräfte in den Schulen meinen, dass Kinder nicht adäquat auf die Schule „vorbereitet" werden, sie meinen, dass im Kindergarten „systematischer" gelernt werden soll. Wenn diese Vorstellungen von „Schulbereitschaft" oder dem „schulbereiten Kind" zu eng gefasst werden – etwa im Sinne eines Katalogs von klar definierten und zu erreichenden „Lernergebnissen" –, besteht die Gefahr, dass der Übergang als ein vom Kind zu leistendes Skills-Paket gesehen wird.

Eine derartige Vorstellung steht im Widerspruch zu modernen, forschungsgestützten Auffassungen über das Kind als Subjekt von Bildungsprozessen und über die Akzeptanz von Differenz in Herkunft, Kompetenz und Leistung. Außerdem ist anzuzweifeln – so die These von Margaret Carr, einer Erziehungswissenschaftlerin aus Neuseeland (Carr 2001, S. 6f.) –, ob wir überhaupt eine gesicherte theoretische oder empirische Grundlage für eine Festlegung von Schlüsselkompetenzen für die Schulbereitschaft (School Readiness) haben. Insgesamt treten diese engeren Konzepte von „Schulbereitschaft" oder „Schulfähigkeit" heute zurück – zugunsten einer systemischen Sichtweise, die der Komplexität des Übergangs auf der personellen und strukturellen Ebene für alle Beteiligten – Kinder, Eltern, PädagogInnen – eher Rechnung trägt.

2.2. Strukturelle Hindernisse – geteilte Zuständigkeiten

Diese philosophischen Unterschiede werden nicht selten verstärkt durch strukturelle Faktoren. Unterschiedliche Zuständigkeiten auf der Behördenebene können – müssen aber nicht! – manchmal im Weg eines koordinierten Blicks stehen, wenn nicht wirklich ernsthafte Bemühungen um Verbindlichkeit und Kooperation unternommen werden. Weitere strukturelle Hindernisse beziehen sich auf die Unterschiede in Gehalt und Arbeitsbedingungen zwischen den Fachkräften in beiden Institutionen, die es in vielen Ländern gibt – nicht nur in Deutschland.

Diese strukturellen Unterschiede können gleichwertigen Partnerschaften zum Wohl der Kinder im Weg stehen.

2.3. Kommunikationshindernisse

Kommunikationsbarrieren bauen sich dort auf, wo Familien, Tageseinrichtungen und Schulen unterschiedliche Vorstellungen und Wertorientierungen zu zentralen Themen wie Erziehung, Lernen, Spielen oder Leistung haben, die nicht offen ausgehandelt werden. Das Thema „Schulvorbereitung" ist ein oft zitiertes Beispiel für Verständnisprobleme zwischen ErzieherInnen und Eltern. Oft sind diese Unterschiede auf die unterschiedlichen

Bildungsbiografien der beteiligten Erwachsenen zurückzuführen – oder auf die soziale Lebenslage oder kulturelle Herkunft der Familien. Gerade in Übergangsphasen ist eine Sensibilität für diese Unterschiede wichtig.

Welche Strategien gibt es nun in den einzelnen Ländern, diese Hindernisse im Sinne von koordinierten und kooperativen Ansätzen zu überwinden?

3. Bildungspolitische Strategien zur Gestaltung des Übergangs

Bildungspolitische Reformstrategien zielen auf verschiedene Ebenen des Übergangs.

3.1. Strukturelle Ebene

Auf der strukturellen Ebene wird versucht, sowohl koordinierte Strategien innerhalb des Vorschulsektors zu stärken als auch geregelte Formen der Zusammenarbeit zwischen den beiden Bereichen einzuleiten – bis hin zu institutionalisierten Kooperationsformen an der Grundschule. Beispiele hierfür sind die **Vorschulklassen** für Sechsjährige in Finnland und Schweden oder das Modell des koordinierten Schulstarts in Dänemark, das sich über die freiwillige Vorschulklasse sowie über die ersten zwei Schuljahre erstreckt. Bei diesen Ansätzen arbeiten VorschulpädagogInnen zusammen mit GrundschullehrerInnen und mit Fachkräften, die für die außerschulische Betreuung von Kindern zuständig sind. Auf der **regionalen** Ebene wird vielfach eine bessere **administrative** Koordination verstärkt, die verschiedene Ressorts (Bildung, Soziales, Gesundheit) sowie verschiedene Träger von Tageseinrichtungen zusammenführt. Beispiele hierfür sind die **Early Years Partnerships** in England – regionale Initiativen mit dem Ziel einer besseren strategischen Planung der vorschulischen und schulischen Angebote für Kinder im Alter von 0 bis 8 Jahren. In manchen Kommunen in Norwegen wurde auf der örtlichen Ebene ein „Amt für das Aufwachsen von Kindern" etabliert, das alle Tageseinrichtungen für Kinder, Schulen und Wohlfahrtsdienste zusammenführt – mit dem Ziel, eine mehrperspektivische Sicht für die Lebenssituationen und Bildungswege der einzelnen Kinder zu schaffen. Auch in Dänemark und Schweden wird als Folge von Dezentralisierungsmaßnahmen eine gezielte Koordination zwischen den zuständigen Behörden für Schulen und Tageseinrichtungen auf der kommunalen Ebene praktiziert.

All diese Maßnahmen tragen dazu bei, die jeweils andere Perspektive auf Kinder – ob auf der Praxisebene oder auf der Ebene der Administration – besser zu verstehen. Sie helfen dabei, mehr Kontinuität in den Bildungs- und Lernbiografien der Kinder zu schaffen.

3.2. Bildungsprogrammatik und Bildungspraxis

Auf der Ebene der Bildungsprogrammatik und Bildungspraxis wird seit einigen Jahren vielfach versucht, gemeinsame, übergreifende Bildungsziele zu formulieren und umzusetzen. Neuere Beispiele hierfür gibt es in Schweden, England, Norwegen und Schottland (Oberhuemer 2003). In all diesen Ländern wurden in den letzten Jahren Bildungspläne eingeführt, die auch den Übergang in die Schule im Blick haben. Gleichzeitig gewinnen im Sinne der Darstellung pädagogischer Praxis, aber auch der Einschätzung der Lern- und Entwicklungswege einzelner Kinder verschiedene Formen der Evaluation und der Dokumentation an Bedeutung. Hier sind viele Länder dabei, Methoden der Einschätzung und Dokumentation sowie Verfahren der Selbst- und Fremdevaluation zu entwickeln – wie z.B. in Deutschland im Rahmen der Nationalen Qualitätsinitiative.

3.3. Personelle Zusammenarbeit

Auf der Ebene der Fachkräfte wird versucht, längerfristig angelegte Kommunikations- und Kooperationsmodelle aktiv zu stärken – z.B. in Dänemark, Schweden und Norwegen. In manchen Fällen wurde auch eine gemeinsame Qualifikationsgrundlage geschaffen, z.B. in Frankreich und Schweden.

3.4. Zusammenarbeit mit Familien

In der Zusammenarbeit mit Familien wird versucht, Strategien zu adoptieren, die die Heterogenität von Familien – sozio-ökonomisch, ethnisch, kulturell, sprachlich – besser als bisher berücksichtigen. Beispiele hierfür gibt es in den Niederlanden und in Luxemburg, die eine gezielte Sprachförderungspolitik schon ab drei Jahren mit Blick auf die Kinder von Migrantenfamilien eingeführt haben. In England gibt es die Beispiele der **Early Excellence Centres** und des Präventivprogramms **Sure Start,** die sich insbesondere an Kinder aus sogenannten bildungsbenachteiligten Familien richten.

4. Was können wir aus den Erfahrungen anderer Länder lernen?

Ich werde oft gefragt, ob es vergleichende Studien über die Auswirkungen der verschiedenen europäischen Vorschulkonzepte gibt, ob es Erkenntnisse darüber gibt, ob ein Ansatz besser ist als der andere. Hier muss ich zunächst auf eine Lücke in der vergleichenden Evaluationsforschung hinweisen. Längsschnittstudien, die die Auswirkungen verschiedener Vorschulmodelle untersuchen, gibt es – wenn überhaupt – hauptsächlich **innerhalb** eines bestimmten Landes. Neben einzelnen Studien in z.B. England (vgl. Sylva et al. 2001) oder in Portugal (vgl. Nabuco/Sylva 1996) werden derartige Längsschnittstudien vor allem in den USA durchgeführt. Eine der neueren amerikanischen Studien (vgl. Marcon 2002) untersucht zum Beispiel die Auswirkungen von drei unterschiedlichen Vorschulprogrammen auf den späteren Schulerfolg von Kindern aus sozial benachteiligten Familien. Am Ende des 6. Schuljahrs hatten Kinder, die ein formalisiertes und direktives Vorschulprogramm besucht hatten, signifikant niedrigere Schulnoten als Kinder, die Vorschulprogramme mit einer Betonung auf selbstinitiierte Lernprozesse besucht hatten.

Die neuere Transitionsforschung (vgl. Fthenakis 1998) stellt die Frage: Wie können wir Kindern helfen, mit Brüchen und Diskontinuitäten zurechtzukommen? Neben individualpsychologischen Ansätzen deuten auch diverse Gesellschaftsanalysen (z.B. Giddens 1991; Beck 1998) darauf hin, dass der Umgang mit Unterschieden, Unsicherheiten und Widersprüchen eine Entwicklungsaufgabe für jedes Kind darstellt. Die Entwicklung personaler Basiskompetenzen „für das Leben" – und selbstverständlich auch für das schulische Leben – gewinnt an Bedeutung: ein positives Selbstbild haben, die eigenen Stärken kennen, offen, neugierig und kommunikativ sein. Ebenso unterstreicht aber dieser gesellschaftliche Wandel, dass es heute notwendiger denn je ist, einen **stabilen und zuverlässigen Rahmen** für die Begleitung von Bildungsprozessen herzustellen. Gerade hier wird die Bedeutung einer engen und auf längerfristiger Perspektive angelegten Zusammenarbeit zwischen Vorschuleinrichtung und Schule deutlich.

Eines von den acht Schlüsselelementen einer qualitätsorientierten Politik der vorschulischen Bildung und Kindertagesbetreuung, die die OECD am Ende der 12-Länder-Studie identifizierte, bezieht sich auf das Verhältnis zwischen dem System der Kindertagesbetreuung und dem Bildungssystem. Dort heißt es (OECD 2001): „Eine enge und **gleichberechtigte Partnerschaft** mit dem Bildungswesen unterstützt einen Ansatz des lebenslangen Lernens ab dem ersten Lebensjahr, erleichtert Übergänge für die Kinder und erkennt frühkindliche Bildung und Erziehung als wichtigen Teil des gesamten Bildungsprozesses. Starke Partnerschaften mit dem Bildungssystem bieten die Möglichkeit, die unterschiedlichen Perspektiven und Ansätze der Frühpädagogik und der Schulpädagogik zu verbinden, und nutzen die Stärken von beiden Perspektiven."

In Deutschland war bisher eine strukturell gesicherte und echt partnerschaftliche Zusammenarbeit von Grundschule und Kindergarten eine nur bedingt realisierte Vision.

5. Auf dem Weg zu einer produktiven Synergie

Ich plädiere also für eine produktive Synergie der Ansätze in Kindergarten und Grundschule. Ziel dabei ist die Entwicklung einer partnerschaftlichen Zusammenarbeit und längerfristiger, kontinuierlicher Strategien zur Unterstützung der Kinder in ihren individuellen Bildungsbiografien. Dazu gehören:

- Eine gemeinsame Verständigung über institutionsübergreifende Grundsätze und Ziele mit entsprechender fachlicher und politisch-administrativer Konsensbildung.
- Eine verbindliche Regelung der Zusammenarbeit zwischen Kindergarten und Grundschule: u.a. die Klärung eines verbindlichen zeitlichen Rahmens für die Zusammenarbeit, die Benennung von zuständigen Kontaktpersonen in der jeweiligen Institution, die Klärung der Frage der Initiative und der Verantwortung für die jeweiligen Aktivitäten.
- Die Planung lokaler Übergangsstrategien, die sich am örtlichen Bedarf orientieren (Jahresplan, Besuche in der Schule, Austausch über Ziele und Verfahren pädagogischer Praxis), mit dem längerfristigen Ziel der Entwicklung von institutionsübergreifenden Formen der Teamarbeit.
- Die Stärkung von aufeinander aufbauenden Lernformen im Vorschul- und Grundschulbereich – Individualisierung, Differenzierung, interessengeleitete Projektarbeit.
- Die Stärkung der Sprach(en)förderung und Hinführung zu Literacy in den Vorschuljahren als langfristige Sicherung von Bildungschancen.
- Eine verstärkte Wahrnehmung der Kinder- und Familienperspektive, im Sinne einer Co-Konstruktion und gemeinsamen Reflexion von Bildungsprozessen.
  Wie können Kinder aktiv in den Prozess der Übergangsgestaltung einbezogen werden? Wie können wir zum Beispiel mehr über ihre „Bilder" der Schule erfahren? Geben wir Kindern die Chance, ihre Vorstellungen und Erwartungen und vielleicht auch Befürchtungen auf verschiedene Weise zu artikulieren? Welche Möglichkeiten haben sie, diese Bilder vor dem Hintergrund realer Schulerfahrungen zu überprüfen?
- Die Entwicklung von praktikablen Formen der Einschätzung und Dokumentation kindlicher Lernprozesse in der Übergangsphase.
- Die Förderung gemeinsamer Qualifizierungsangebote, z.B. Fortbildung, Praktika, die Zeit und Raum lassen für den Dialog, für ein kritisches Nachdenken über die jeweils eigenen und anderen Praktiken.
- Weitere Anstrengungen, um die Ausbildung von ErzieherInnen auf ein vergleichbares formales Niveau anzuheben.

Kindertagesstätten in Deutschland (und Österreich) sind nicht – wie in vielen anderen Ländern – Teil eines hoch regulierten staatlichen Bildungssystems. Sie sind in einem pluralen Jugendhilfesystem verortet, bei dem Träger-, Konzeptions- und Einrichtungsvielfalt konstituierende Merkmale sind. Diese Vielfalt der Grundorientierungen und Lernorte hat viele Vorteile – und trotzdem bleibt die Herausforderung, einen chancengerechten Start im Bildungssystem für alle Kinder zu garantieren. Hier sind wir alle – Fachkräfte, Verbände, Administration und Aus- und Fortbildung – gefordert, an innovativen Beispielen anzuknüpfen und im Sinne einer qualifizierten Begleitung der individuellen Lernbiografien der Kinder neue Wege der gegenseitigen Wahrnehmung, Akzeptanz und der verbindlichen Formen der Zusammenarbeit zu entwickeln.

Literatur

Alvestad, M./Pramling Samuelsson, I. (1999): A Comparison of the National Preschool Curricula in Norway and Sweden. In: Early Childhood Research & Practice, 2 (1), S. 1–22. http://ecrp.uiuc.edu/v1n2/alvestad.html

Beck, U. (Hg.) (1998): Perspektiven der Weltgesellschaft. Frankfurt a. M.: Suhrkamp

Carr, M. (2001): Assessment in Early Childhood Settings. Learning Stories. London: Paul Chapman

European Commission (2002): Key Data on Education in Europe 2002. Luxembourg: Office for Official Publications of the European Communities

Fthenakis, W. E. (1998): Family transitions and quality in early childhood education. In: European Early Childhood Education Research Journal 6 (1), S. 5–18

Fthenakis, W. E./Oberhuemer, P. (2004): Frühpädagogik international. Bildungsqualität im Blickpunkt. Wiesbaden: VS Verlag der Sozialwissenschaften

Giddens, A. (1991): Modernity and Self-Identity. Self and Society in the Late Modern Age. Cambridge: Polity Press

Korpi, B. M. (2002): Pre-school in Sweden – the First Step in Life-long Learning. A paper for the State Institute of Early Childhood Education and Research Conference in Munich, October 8/9 2002. Ministry of Education and Science, Sweden

Marcon, R. A. (2002): Moving up the Grades: Relationship between Preschool Model and Later School Success. In: Early Childhood Research and Practice, Spring 2002. http://ecrp.uiuc.edu/v4n1/marcon.html

Ministry of Education and Science in Sweden (1998): Curriculum for pre-school. Stockholm: Regeringskansliet

Ministry of Education and Science in Sweden (2001): Curriculum for the compulsory school system, the pre-school class and the leisure-time centre. Stockholm: Regeringskansliet

Nabuco, M. E./Sylva, K. (1996): Research on Quality in the Curriculum. In: International Journal of Early Childhood 28 (2), S. 1–6

Neuman, M. J. (2002): The wider context: an international overview of transition issues. In: Fabian, H./Dunlop, A.-W. (Hg.): Transitions in the early years. Debating continuity and progression for children in early education. London: Routledge Falmer

Oberhuemer, P. (2003): Bildungsprogrammatik für die Vorschuljahre. Ein internationaler Vergleich. In: Fthenakis, W. E. (Hg.): Elementarpädagogik nach PISA. Wie aus Kindertagesstätten Bildungseinrichtungen werden können. Freiburg, Basel, Wien: Herder, S. 38–56

OECD (2001): Starting Strong. Early Childhood Education and Care. Paris: OECD

Qualifications and Curriculum Autority/Department for Education and Employment (2000): Curriculum Guidance for the Foundation Stage. London: QCA/DfEE

Qualifications and Curriculum Authority (Hrsg.) (2003). Foundation Stage Profile. Handbook. London. http://www.qca.org.uk/ca/foundation/profiles.asp

Sylva, K./Melhuish, E./Sammons, P./Elliott, K./Siraj-Blatchford, I. (2001): The Effective Provision of Pre-School Education [EPPE] Project. A Longitudinal Study funded by the DFE (1997–2003). The EPPE Symposium at the British Educational Research Association (BERA) Annual Conference. Leeds University. UK (13–15 September)

Ulich, M./Oberhuemer, P. (2003): Interkulturelle Kompetenz und mehrsprachige Bildung. In: Fthenakis, W. E. (Hg.): Elementarpädagogik nach PISA. Wie aus Kindertagesstätten Bildungseinrichtungen werden können. Freiburg, Basel, Wien: Herder

---

Der Beitrag in längerer Form (mit detaillierten Informationen zu den Modellen in Schweden und England) wurde erstmals in Detlef Diskowski/Eva Hammes-Di Bernardo (Hg.), Lernkulturen und Bildungsstandards. Kindergarten und Schule zwischen Vielfalt und Verbindlichkeit. Baltmannsweiler: Schneider Verlag Hohengehren, 2004, S. 152–164, publiziert.

Luise Hollerer

Zwischen Elternhaus, Kindergarten und Schule

Entwicklung ist gekennzeichnet von Übergängen. Sie sind konstituierende Merkmale unseres Lebens. Gewisse Übergänge sind alltäglich und unspektakulär, andere greifen tief in das Dasein ein, sind Wendepunkte, die Neuorientierung und Veränderung verlangen.

Jede Übergangssituation erfordert die Fähigkeit, sich auf Neues einzulassen und sich damit auseinanderzusetzen. Dies entspricht Entwicklungsprozessen, die bei Piaget (1969) mit Assimilation und Akkomodation bezeichnet werden und die Wachstum, Reifung und Lernen inkludieren.

Übergänge sind sowohl mit Vorfreude, Spannung und Neugier als auch mit Unsicherheit und Angst vor dem Ungewissen und vor dem Versagen verbunden. Angesichts der vielen unbekannten Situationen, die ein Kind in der Übergangsphase zu bewältigen hat, hilft ihm eine möglichst große Kontinuität zwischen Kindergarten und Grundschule, um das Neue zu meistern und in seine Lebensbereiche zu integrieren.

Was liegt zwischen Kindergarten und Schule?

Zeitlich gesehen die Sommerferien, also neun bis zehn Wochen. Pädagogisch betrachtet oft Welten.

Informationsweitergabe:

- Von Seiten der Institutionen: teilweise zu wenig Verbindung zur nächsten Welt, zur nächsten Insel.

Nach wie vor werden Urteile über die jeweils andere Institution (Kindergarten, Schule) aus dem früheren Eigenerleben gefällt und weniger aus der Kenntnis des aktuellen Standes. Dabei fällt ein großes Informationsdefizit auf beiden Seiten auf.

450 KindergartenpädagogInnen wurden gefragt, woher sie Informationen über die nachfolgende Institution (Schule) beziehen (Hollerer 2001).

- 34 %: Wenn man selbst Kinder in dieser Institution hat
- 39 %: Wenn Eltern darüber berichten
- 16 %: Wenn ich mich an meine eigene Schulzeit erinnere

400 VolksschullehrerInnen beziehen ihre Information über die vorhergehende Institution (Kindergarten) folgendermaßen:

- 58 %: Wenn man selbst Kinder in dieser Institution hat
- 12 %: Wenn ich mich an die eigene Kindergartenzeit erinnere
- 7 %: Wenn Eltern und Schulkinder darüber berichten

Von den befragten Lehrpersonen wussten 68 % die Anzahl der Gruppen in den umliegenden Betreuungseinrichtungen, ein Drittel der Personen konnten keine Angaben machen. Die Auswertung ergab Folgendes: Liegen Schule und Kinderbetreuungseinrichtung in unmittelbarer örtlicher Nähe (im selben Gebäude, nebenan ...), wissen viele LehrerInnen gut über die Anzahl Bescheid. Mit zunehmender Entfernung zwischen Schule und Kindergarten nimmt diese Kenntnis ab.

Häufigkeit der Kontakte

Wie steht es nun mit der **Häufigkeit der Kontakte zwischen den beiden Bildungsinstitutionen?** Diese Frage wurde im Hinblick auf Kinder mit besonderen Bedürfnissen gestellt, die sowohl der Kontinuität als auch oftmals personeller und räumlicher Vorbereitung bedürfen.

- Beim Wechsel in die Schule findet in etwa 52 % der Fälle Kontakt zwischen Kindergarten und Schule statt.
- Das Ergebnis bedeutet, dass die Schule von 48 % – also nahezu der Hälfte – der Kinder, die besondere Bedürfnisse haben und einen Antrag auf sonderpädagogischen Förderbedarf stellen, kaum Vorinformationen hat.

Die Schule ist am Schulstart in einer Situation, in der sie sich aus punktuellen Begegnungen ein Bild machen muss und auf die gesammelten Anamnesen und Berichte über Entwicklungsstufen von etwa drei Jahren pädagogischer und etwa sechs Jahren medizinischer und therapeutischer Arbeit verzichtet. Oft muss sie verzichten, weil Eltern einer Weitergabe der Information nicht zustimmen, um dem Kind unvoreingenommene Betreuungspersonen zu ermöglichen (Belusa/Eberwein 1997).

- Ein so großes und komplexes System wie die Schule ist jedoch nur dann in der Lage, ideale Bedingungen für die individuelle Begleitung von Kindern mit besonderen Bedürfnissen zu schaffen, wenn sie über das jeweilige Kind ausreichend Information hat, um dessen Bedürfnissen gerecht zu werden (z.B. bauliche Veränderungen wie ein Haltegriff auf dem WC oder die Anschaffung spezieller Pulte, Lampen für sehbehinderte Kinder o.Ä.).
- Bei der Weitergabe von Anamnesen und Förderberichten an die Schule wird in knapp einem Drittel der Fälle die KindergartenpädagogIn genannt.
- Knapp gefolgt wird diese Berufsgruppe von mobilen multiprofessionellen Betreuungsteams, wie sie z.B. im Bundesland Steiermark zu finden sind.
- Nur halb so oft wird die Möglichkeit genannt, diese Information innerhalb von Teamsitzungen mit allen Beteiligten (auch zukünftige Lehr- und Betreuungspersonen) zu übergeben.
- Eltern nehmen diese Möglichkeit zu etwa 8 % für sich wahr.

Die Kontinuität zwischen Kindergarten und Grundschule erfordert aber, dass die PädagogInnen aus beiden Bereichen den Entwicklungsstand und das Erfahrungsspektrum eines Kindes kennen und ihre Informationen und Erkenntnisse austauschen. Ein gemeinsamer, fließenderer Übergang trägt dazu bei, dass ein Kind weder über- noch unterfordert ist und dass der weitere Schulverlauf gelingen kann.

Daraus ergibt sich die Frage, ob alle an der Erziehung Beteiligten überhaupt ähnliche Ziele verfolgen, dasselbe vom Kind erwarten.

Was sollte ein Schultütenkind eigentlich können?

In einer Studie (Hollerer 2002) wurden KindergartenpädagogInnen, LehrerInnen und Eltern (je 220, insgesamt also 660 Personen) zu ihren diesbezüglichen Erwartungen befragt. Alle befragten Personen halten für Schultütenkinder insbesondere Selbstständigkeit und kognitive Fähigkeiten für signifikant wichtiger als sprachliche und optisch/akustische Fähigkeiten. Sozialverhalten, Arbeitsverhalten und Motorik nehmen in dieser Einschätzung eine Mittelstellung ein.

Insgesamt zeigt sich, dass sich Eltern, LehrerInnen und KindergartenpädagogInnen (sowohl Stadt als auch Land) sehr signifikant hinsichtlich ihrer Erwartungen an Schultütenkinder unterscheiden.

Die vier wichtigsten Erwartungen wurden folgendermaßen gereiht:

Eltern	LehrerInnen	KindergartenpädagogInnen
1. Selbstständigkeit	1. Selbstständigkeit	1. Kognitive Fähigkeiten
2. Kognitive Fähigkeiten	2. Sozialverhalten	2. Arbeitsverhalten
3. Sozialverhalten	3. Motorische Fähigkeiten	3./4. Motorische Fähigkeiten/Selbstständigkeit
4. Arbeitsverhalten	4. Kognitive Fähigkeiten	

In Summe: Während Eltern und LehrerInnen etwa gleich viele Erwartungen an Schultütenkinder formulieren (gut sechs Nennungen pro Person), werden von KindergartenpädagogInnen deutlich mehr Erwartungen an Schultütenkinder angeführt (durchschnittlich acht bis neun Nennungen pro Person), was nahe legt, dass sie differenziertere Aussagen über ihre Erwartungen an Schultütenkinder treffen können.

Gruppenunterschiede

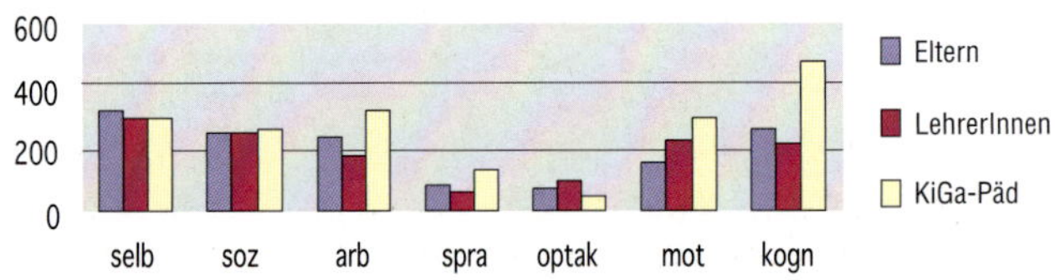

Zwischen städtischen und ländlichen Gebieten gibt es ebenfalls signifikante Unterschiede (über die befragten Gruppen hinweg). Auffallend ist, dass die Erwartungen über die Gruppen hinweg tendenziell auf dem Land höher sind als in der Stadt.

Resümee der Studie

Die Ergebnisse zeigen, dass es in zwei Teilbereichen Übereinstimmung gibt. Auf Selbstständigkeit und kognitive Fähigkeiten wird wesentlich größeres Augenmerk gelegt als auf sprachliche und sensorische Fähigkeiten. Zwischen den einzelnen befragten Gruppen zeigen sich jedoch ganz deutlich Unterschiede in den Erwartungen, mit denen Schultütenkinder konfrontiert werden.

Die größte Abweichung war bei den **Eltern** zu erwarten, da deren Einschätzung eher auf Eigenerfahrung beruht, die durch die zeitliche Distanz zum eigenen Schulbesuch häufig gefärbt ist. Die Reihung „Selbstständigkeit vor kognitiven Fähigkeiten" ergibt sich aus dem Miterleben kindlicher Alltagssituationen. Sind Eltern im Kindergarten noch verpflichtet, ihr Kind persönlich einer Betreuungsperson zu übergeben, wissen sie ab dem Schuleintritt ihr Kind in vielen Belangen auf sich gestellt. Schulweg, Zurechtfinden im Schulhaus, Pausen- und Hofsituationen bieten nicht mehr das dicht geknüpfte Begleitnetz durch Erwachsene und verlangen den Kindern eigenständiges Handeln in weit höherem Maße ab.

Auch bei den **LehrerInnen** stand Selbstständigkeit an der Spitze der Erwartungen: Dies lässt sich aus dem Auftrag, den LehrerInnen zu erfüllen haben, erklären. LehrerInnen sollen unterrichten und sehen den Unterricht dann gesichert, wenn sich Kinder in Gruppensituationen angesprochen fühlen und nicht mehr bei jeder Tätigkeit, bei jedem Auftrag die unmittelbare Anwesenheit einer Bezugsperson benötigen.

KindergartenpädagogInnen legen in ihren Erwartungen den Schwerpunkt auf kognitive Aspekte und befinden sich damit in guter Übereinstimmung mit Oerter (1995), der meint, dass Kinder den Erwachsenen in keiner Weise in der Denkfähigkeit nachstünden, sondern höchstens in der Masse des erworbenen Wissens. Die Erwartung, die sich auch in der Anzahl der Nennungen niederschlägt, ergibt sich aus dem Selbstverständnis dieser Berufsgruppe: Den zukünftigen Schulkindern soll alles für den Schulstart Nötige mit auf den Weg gegeben werden, der Ein- bzw. Überstieg soll ihnen möglichst leicht gemacht werden. Auch die Bereitschaft, Kontakte zur nachfolgenden Institution aufzunehmen, erklärt sich daraus.

Erstaunlich ist auch der Konsens innerhalb dieser Berufsgruppe. Kinder aus städtischen Regionen werden mit den gleichen Forderungen konfrontiert wie Kinder aus dem ländlichen Bereich. Gleichzeitig wies diese Gruppe die meisten Nennungen auf, sodass gefolgert werden kann, dass KindergartenpädagogInnen differenzierte Aussagen über ihre Erwartungen treffen können.

In der Gruppe der Eltern und LehrerInnen gibt es hingegen erstaunliche Unterschiede zwischen städtischem und ländlichem Raum.

Auf dem Land erwartet die Schule in allen erhobenen Kategorien mehr von den Kindern als in der Stadt. Hier drängt sich die Frage nach dem Warum auf: Sehen LehrerInnen im ländlichen Bereich ihre Tätigkeit als großen Sprung gegenüber dem kleinkindhaften Lernzuwachs im Kindergarten und wollen sie den Übergang für einen Sozialisationsschub nutzen? Hier soll berücksichtigt werden, dass gerade Kinder in strukturschwachen Gegenden nicht die Möglichkeit haben, zu vorschulischen Bildungsangeboten zu kommen, und sich die Schule deshalb stärker als erste Möglichkeit außerfamiliärer Bildung sieht.

Stadt-Land-Unterschiede

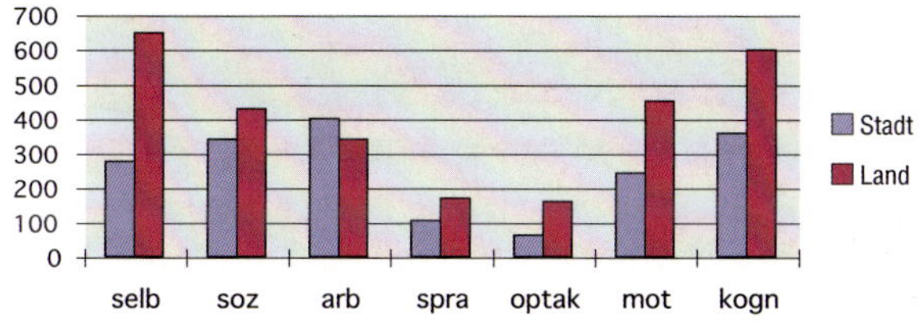

Ein Aspekt sollte jedoch nicht außer Acht gelassen werden. Naegele (1999) bezieht sich in seinem Artikel auf die Möglichkeit, Selektion durch Leistungsanforderungen zu bewirken. Setzen LehrerInnen in ländlichen Gebieten ihre Forderungen auf ein höheres Niveau, um zu selegieren? Kinder, die den Forderungen für den Schuleintritt nicht entsprochen haben, wurden bislang zurückgestellt und für ein weiteres Jahr im Kindergarten betreut. Dieser Möglichkeit wurde jedoch mit den gesetzlichen Veränderungen im Schuleingangsbereich weitgehend entgegengewirkt.

Beginnt mit der Schule der „Ernst des Lebens" oder kann an die Erfahrungen des Kindergartens angeknüpft werden?

Es ließe sich auch vermuten, dass sich gerade durch die stärkere Verwobenheit in ländlichen Bereichen im Laufe der Zeit zwischen Bevölkerung und Schule so etwas wie ein „Common Sense" gebildet hat, ein gemeinsames Verständnis darüber, was man von Kindern, die zur Schule kommen, erwarten darf. Und diese Forderungen gehen eindeutig in Richtung höherer Leistung, und zwar in allen erhobenen Teilbereichen.

Im städtischen Bereich liegen die Schwerpunkte signifikant anders. Hier dominieren vor allem Erwartungen hinsichtlich der Arbeitshaltung. Der berufstätige Teil der Bevölkerung in Ballungszentren und Städten ist größer als in ländlichen Gebieten, wobei auch angenommen werden kann, dass viele Mütter einen Beruf ausüben. Die Eingliederung der Eltern in den Arbeitsprozess scheint sich hier auf die Erwartungen ihren Kindern gegenüber niederzuschlagen: Schule wird als Ort der Sozialisation für eine Arbeitsgesellschaft gesehen.

Dies deckt sich auch mit den Untersuchungen von Burk (1998), der einen starken Zusammenhang zwischen Erleben der momentanen sozialen Lebensumwelt und den Forderungen an die Schule ortet. Eltern gehen bei der Förderung ihrer Kinder innerhalb der Familie nach einem verborgenen Lehrplan vor und versuchen so, ihre Kinder auf die Kompetenzen vorzubereiten, die von ihnen selbst im

Berufsleben gefordert werden. Hier decken sich offenbar geheime Elternlehrpläne mit den Auffassungen und Einschätzungen der PädagogInnen.

Was bedeutet das alles für die Kinder? – Ein Plädoyer für mehr Austausch

Aufgrund unterschiedlicher Erwartungshaltungen können sich für die betroffenen Kinder Schwierigkeiten ergeben, sie sollen „Diener mehrerer Herren" sein. Eine Artikulation der Schwerpunktsetzungen in den einzelnen Institutionen und ein Austausch darüber wären nötig, um Kinder nicht mit Erwartungen und Anforderungen in einem sehr sensiblen Lebensabschnitt zu überfordern.

Vor allem KindergartenpädagogInnen können konkrete Beobachtungen über den Entwicklungsstand eines Kindes und sein Sozialverhalten machen. Eltern erleben ihr Kind ja höchst selten in einer Gruppensituation. Spielplatzbesuche, Geburtstagseinladungen o.Ä. sind zudem Situationen, die entweder Ausnahmecharakter haben oder in denen die Kontakt aufnehmenden Kinder ständig wechseln (Spielplatz). Nur der Kindergarten bietet eine ähnliche Kontinuität in sozialen Beziehungen, wie sie für die Schule erforderlich sind.

Auch beim Turnen, Malen, Werken, Singen, Zuhören u.a. können Eltern ihr Kind kaum so regelmäßig und lange in der schulähnlichen Gruppensituation beobachten wie die KindergartenpädagogIn. (Ein Kind, das zu Hause vielleicht konzentriert malt, zuhört, mitsingt, lässt sich möglicherweise von anderen Kindern leicht ablenken und benimmt sich in der Gruppe völlig anders.) Zudem hat sie durch ihre Erfahrung und den Vergleich mit anderen Kindern eher eine realistische Einschätzung des einzelnen Kindes. Ihre Beobachtungen über Entwicklungsverzögerungen, besondere Bedürfnisse (im Hinblick auf ein Ansuchen um sonderpädagogischen Förderbedarf) oder auch die Hochbegabung eines Kindes sind für Eltern und Schule gleichermaßen wichtig. Im Rahmen der Schulvorbereitung konnten Eltern mit Hilfe von Screeningbögen (Hollerer 2002) und Entwicklungportfolios (Hollerer 2005) dafür gewonnen werden, gemeinsam die Entwicklung ihrer Kinder genau zu beobachten. Auch der Hinweis, dass in der neuen Schuleingangsstufe Kinder für die ersten zwei Volksschuljahre drei Jahre „brauchen dürfen", nimmt vor allem von spät geborenen Schultütenkindern (Juni/Juli/August-Kinder), die noch nicht ganz schulreif scheinen, und auch von deren Eltern viel Druck.

Literatur

Alber, W. (1994): Integration in Schulen Norditaliens bzw. Südtirols. In: Erziehung und Unterricht 2

Ansperger, R. (1998): Die Gutachtenerstellung im Rahmen des Feststellungsverfahrens zum Sonderpädagogischen Förderbedarf. Diplomarbeit an der Universität Salzburg. Wissenschaftsagentur Salzburg

Bayerisches Staatsministerium für Unterricht und Kultus (Hg.) ([14]1984): Der Übergang vom Kindergarten zur Grundschule. Donauwörth: Auer

Belusa, A./Eberwein, H. ([4]1997): Förderdiagnostik – Eine andere Sichtweise diagnostischen Handelns. In: Eberwein, H. (Hg.): Handbuch der Integrationspädagogik. Kinder mit und ohne Behinderung lernen gemeinsam. Weinheim: Beltz

Brugger-Paggi, E. (1999): Integration von Schülern und Schülerinnen mit Behinderung in der Sekundarschule 1. Grades in Südtirol und Italien

Burk K. et al. (1998): Die neue Schuleingangsstufe. Weinheim, Basel: Beltz

Dinse, P. (1998): Bag-Info. In: Gemeinsam leben – Gemeinsam lernen 6

Ebensberger, F. (1997): Schuleintritt aus der Sicht eines Schulpsychologen. In: Aller Anfang, Heft 3

Eichelberger, H. (1996): Freiheit für die Schule. Stuttgart: Klett-Cotta

EU-Studien (1995): Die Vorschulerziehung in der Europäischen Institution. EGKS-EG-EAG. Brüssel, Luxemburg

Hollerer, L. (2000): Zum ungünstigen Zeitpunkt geboren? In: Unser Weg 2, S. 61–65

Hollerer, L. (2001): Aspekte des Übergangs zwischen Kindergarten und Volksschule. In: Erziehung und Unterricht 151/1-2, S. 155–165

Hollerer, L. (2002): Kooperation zwischen Kindergarten und Schule unter Berücksichtigung von Kindern mit besonderen Bedürfnissen. Forschungsbericht. Wien

Hollerer, L. (2005): Entwicklungsportfolio – Lernstanderhebung mit Zuversicht. In: Hollerer, L./Seel, A. (Hg.), Schultütenkinder. Eine pädagogische Herausforderung am Übergang Kindergarten – Schule. Graz: Leykam, S. 25–38.

Kaplan/Rückert/Garde u.a. (1993): Gemeinsame Förderung behinderter und nichtbehinderter Kinder. Weinheim: Beltz

Naegele I./Haarmann, D. (Hg.) (1999): Schulanfang heute. Weinheim, Basel: Beltz

Oerter/Montada et al. ([3]1995): Entwicklungspsychologie des Kindes- und Jugendalters. Bern: Huber

Piaget, J. (1969): Das Erwachen der Intelligenz beim Kinde. Stuttgart: Klett

Piaget, J. (1972): Theorien und Methoden der modernen Erziehung. Wien: Molden

Piaget, J./Inhelder, B. (1974): Gedächtnis und Intelligenz. Olten: Walter

Prott, R. (2001): Aus anderer Sicht. In: klein & groß 1. Neuwied: Luchterhand

Rosenberger, M. (1998): Bag-info – Berlin. In: Gemeinsam leben – Gemeinsam lernen 6

Schenk-Danzinger, L. (1988): Entwicklung – Sozialisation – Erziehung. Wien: ÖBV

Sprey-Wessing, Thea (1998): Auf dem Weg zur Bildungspartnerschaft. Vortrag beim Heilpädagogischen Kongress, Villach

Stanzel-Tischler, E. (1997): Evaluation der Schulversuche zum Schuleingangsbereich. Wien, Klagenfurt, Graz: Zentrum für Schulentwicklung, BMUK

Steenlandt, D. van (1998): Getting there, Inclusion international. Brüssel: Galeries de la Toison

Weigert, H./Weigert, E. (1997): Schuleingangsphase. Hilfen für eine kindgerechte Einschulung. Weinheim, Basel: Beltz

Der Beitrag wurde erstmals in „Unsere Kinder" 5/2002 publiziert und 2006 überarbeitet.

Inge Wörgötter

Damit der Schulstart nicht zum Fehlstart wird

Durch meine berufliche Tätigkeit, zunächst als Pflichtschullehrerin und anschließend als Lehrende im Bereich der Didaktik und schulpraktischen Ausbildung an der Pädagogischen Akademie, beschäftige ich mich seit vielen Jahren intensiv mit der Schuleingangsphase. Oft genug musste ich miterleben, dass Kinder in der ersten Klasse Volksschule mit erheblichen Schwierigkeiten zu kämpfen haben, ganz einfach überfordert sind, weil sie für die Anforderungen der ersten Klasse noch nicht die entsprechenden Voraussetzungen mitbringen. Schulpflichtig sein heißt nämlich nicht automatisch schulreif sein. Für viele Kinder beginnt leider schon in den ersten Schulwochen das Lernen zur Last zu werden. Sie sind permanentem Druck ausgesetzt, dem sie früher oder später nicht mehr standhalten können. Wie viele Beispiele zeigen, führt dies nicht selten zu Problemen, die nicht nur die Kinder, sondern ganze Familie belasten – und das bis zum Ende der Schulzeit.

1. Kindergarten – Schule

1.1. Kontakt der Schule mit dem Kindergarten

Nur wer den „Lernraum" Kindergarten näher kennt, kann ihn mit dem der SchulanfängerInnen vergleichen, Gemeinsamkeiten entdecken, eine Zusammenarbeit anstreben, sich für Veränderungen bzw. Verbesserungen einsetzen und dadurch bereits zu diesem Zeitpunkt Schuleingangsproblemen gegensteuern. Erfreulicherweise wird ein frühzeitiger Kontakt zwischen Kindergarten und Schule in den letzten Jahren schon verstärkt auf unterschiedlichste Weise gepflegt und genützt.

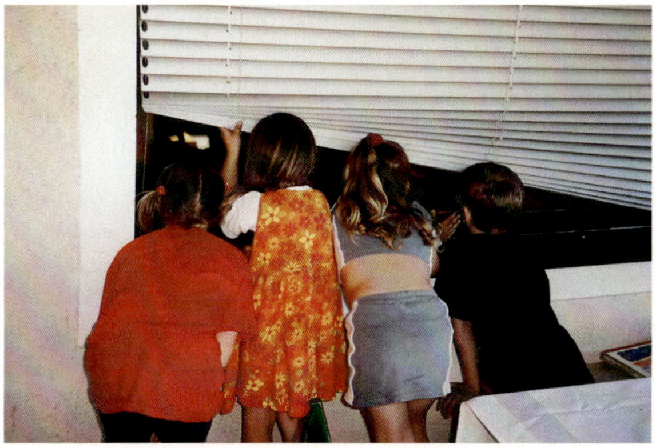

Dazu zählen u.a.: Besuch der Lehrkräfte von angehenden SchulanfängerInnen im Kindergarten, Besuch angehender SchulanfängerInnen in der Volksschule, Elternabende im Kindergarten für Eltern und LehrerInnen künftiger SchulanfängerInnen, Schulfeste mit den zukünftigen ErstklässlerInnen, Tag der offenen Tür in Volksschulen.

1.2. Gemeinsame Bewältigung des Problemfeldes Schulreife

Wünschenswert wäre natürlich, wenn die angeführten Aktivitäten in Zukunft verpflichtend in der einen oder anderen Form durchgeführt werden. Gerade bei der Abwägung der Schulreife/Schulfähigkeit des Kindes ist es notwendig, nicht mehr wie früher ausschließlich die Ergebnisse standardisierter Schulreifetests für sich selbst sprechen zu lassen, sondern auch die Beratung mit Eltern, KindergartenpädagogIn und zukünftiger LehrerIn zu suchen, um deren Erfahrungen mit dem jeweiligen Kind miteinzubeziehen und zu berücksichtigen.

Durch den Dialog kann die Bewältigung des Problemfeldes „Schulreife" bzw. „Schulfähigkeit" viel objektiver erfolgen. Gemeinsames Abwägen und Entscheiden unterstützt mit Sicherheit einen harmonischeren, angstfreien Schuleinstieg.

2. Das „Tiroler Hospitationsmodell" – Kindergarten und Schule wachsen zusammen

Ich sehe es als Aufgabe und Pflicht, angehende Lehrkräfte im Rahmen ihrer Ausbildung besonders für die **Phase des Schuleingangsbereichs** zu sensibilisieren und sie mit den nötigen Kompetenzen auszustatten, um in diesem Bereich einmal selbst erfolgreich arbeiten und auf Fragen, aber auch Sorgen verunsicherter Eltern mit Selbstvertrauen eingehen zu können. So sollten sie auf Instrumentarien und Erfahrungen, die sie im Rahmen der schulpraktischen Ausbildung gemacht haben, zurückgreifen können.

2.1. Projektansatz

Im Rahmen der Ausbildung der VolksschullehrerInnen beschäftigen wir uns im Seminar „Vorschulerziehung" eingehend mit der/dem SchulanfängerIn und der Zeit unmittelbar vor dem Schuleintritt.

Meine Idee war es, durch das sogenannte „Hospitationsmodell" die genannten Annahmen, welche für eine stärkere Kooperation zwischen Schule und Kindergarten sprechen, in der Praxis zu testen. Mein Bestreben ging dahin, den Studierenden Einblick in die Kindergartenpädagogik zu gewähren und ihnen die intensivere und gezieltere Zusammenarbeit der Institutionen Kindergarten und Schule zu ermöglichen.

Erfreulicherweise stellte sich nicht nur die Direktion der Pädagogischen Akademie sogleich hinter das Projekt, es konnten auch die für diese Hospitationen notwendigen Kindergärten* schnell gefunden werden, da sich die Kindergartenpädagoginnen von Anfang an am Hospitationsmodell interessiert zeigten und dankenswerterweise bereit waren, freiwillig und unbezahlt mitzuwirken.

2.2. Projektorganisation

Jede Seminargruppe wurde in Kleingruppen aufgeteilt, Beobachtungskriterien wurden von jeder Gruppe unabhängig, ihren eigenen Interessen und Schwerpunkten entsprechend, gesammelt und in der Gruppe gemeinsam zu einem „Kriterienkatalog" ausgearbeitet. Auf diese Weise setzten sich die Studierenden bereits in der Vorbereitungsphase eingehend mit der Thematik „vom Kindergartenkind zum Schulkind" auseinander. Der Kriterienkatalog diente auch als Gedächtnisstütze, um wichtige Fragen an die Kindergartenpädagoginnen und an die Vorschulkinder nicht zu übersehen. Die Hospitation umfasste einen Besuch im Kindergarten, bei welchem die Studierenden beobachteten, aber auch teils aktiv den Tagesablauf mitgestalten durften.

Anschließend an die Hospitation wurde von jeder Seminargruppe ein Reflexionspapier erstellt. Dieses wurde sowohl mit den Studierenden diskutiert als auch an die Kindergartenpädagoginnen weitergeleitet und von beiden Seiten in die weitere Arbeit einbezogen.

3. Der Mehrwert der engeren Kooperation zwischen Kindergarten und Schule

3.1. Aus Sicht der KindergartenpädagogInnen

Der Wunsch zukünftiger LehrerInnen, Kindergarten und Kindergartenpädagogik näher kennen zu lernen, hat bei den meisten Kindergartenpädagoginnen positives Erstaunen ausgelöst. Auch vielen von ihnen ist es ein Anliegen, mehr mit der Institution Schule zusammenarbeiten zu können. So wurde unser Interesse für ihr Arbeitsfeld allgemein geschätzt und begrüßt.

Dieser neue Weg, Einblick in das Berufsfeld der VorschulpädagogInnen zu bekommen, professionelles Wissen weiterzugeben, Erfahrungen auszutauschen und voneinander zu lernen, wurde von den Kindergartenpädagoginnen als sehr motivierend empfunden. Außerdem zeigten sie sich vom Interesse und Engagement der Studierenden beeindruckt.

Studierende der Pädagogischen Akademie Innsbruck zu Besuch im Kindergarten: „Lass mich ein wenig in dein Kindergartenleben blicken und ich werde dich als Schulkind besser verstehen."

3.2. Aus Sicht der Studierenden

Der allgemeine Tenor der Studierenden war durchaus positiv. Es wurde sowohl die freundliche und kollegiale Aufnahme durch die Kindergartenpädagoginnen hervorgehoben als auch deren Bereitschaft und Offenheit, auf all die gestellten Fragen einzugehen.

Die Studierenden konnten feststellen, dass der Vormittag in einer Vorschulklasse oder einer ersten Klasse nicht mit dem in einem Kindergarten gleichzusetzen ist, obwohl die Didaktik der „Schuleingangsphase" durchaus Überlegungen und Anregungen aus der Kindergartenpädagogik miteinbezieht. Interessant und auffallend war für sie der deutliche Unterschied des Tagesablaufs zwischen Kindergarten und erster Schulstufe. Auch Entwicklungsunterschiede zwischen sogenannten Vorschulkindern im Kindergarten und denen in der ersten Schulstufe wurden erkannt. Vor allem konnten sich die Studierenden davon überzeugen, welch wichtige Rolle die sprachliche Frühförderung und die allgemeine Wahrnehmungsschulung im Vorschulbereich spielen. Hiezu haben sie auch viele gute Beispiele kennen gelernt. Nicht einverstanden waren die Studierenden, dass in einigen wenigen Gruppen die sogenannten „Vorschulkinder" im Rahmen einer regelrechten „Schulstunde" auf die Schule vorbereitet werden – was sicherlich nicht im Sinne der Kindergartenpädagogik ist. Wie wichtig jedoch sinnvolle Vorübungen auf die Schule und eine Zusammenarbeit zwischen Schule und Kindergarten sind, konnten die angehenden JunglehrerInnen nur unterstreichen. Sogar die letzte Unsicherheit einzelner Studierender bezüglich der Berufswahl konnte durch diese Erfahrung ausgeräumt werden.

4. Resümee

Durch das Hospitationsmodell wurde die Diskussion über die wesentlichen Aspekte für das Gelingen einer besseren und zielorientierten Kooperation von Schule und Kindergarten in Gang gesetzt. Lehrende und Studierende wurden aufgefordert, ihre Sichtweise zur Schuleingangsproblematik zu reflektieren und dieser wesentlich mehr Interesse und Aufmerksamkeit als bisher zu widmen, um bessere Ausgangsbedingungen für den Schulstart und für lustvolles Lernen bei den SchulanfängerInnen zu schaffen.

Dass der heutige unvergleichlich längere Bildungsweg eines Menschen mehr als je zuvor ein stabiles Fundament im Elementarbereich verlangt, auf dem aufgebaut werden kann, darüber waren sich alle Beteiligten einig.

Unser Projekt zeigt auch, dass wichtige Rahmenbedingungen – wie Einsatzbereitschaft, Interesse und Wille für eine vermehrte Zusammenarbeit zwischen Kindergarten und Schule – durchaus gegeben sind. Es zeigt weiters, dass die von den KindergartenpädagogInnen geleistete Arbeit ganz allgemein an Wertschätzung gewonnen hat und dass die Betroffenen durch diese Zusammenarbeit zu mehr Interessenaustausch und gemeinsamem Forschungseinsatz motiviert wurden.

Für die Zukunft wünsche ich mir, dass unsere Bildungspolitik endlich erkennt, dass es sinnvoll und wichtig ist, in die beste Vorschul- und Schuleingangspädagogik zu investieren.

**Den Direktionen der Bundesbildungsanstalt für Kindergartenpädagogik und der Bildungsanstalt für Kindergartenpädagogik der Barmherzigen Schwestern in Innsbruck sowie der Leitung des Kindergarten- und Hortreferats der Diözese Innsbruck gilt unser Dank. Der größte Dank gebührt den Kindergartenpädagoginnen, die sich für dieses Modell seit Jahren zur Verfügung stellen.*

Der Beitrag wurde erstmals in „Unsere Kinder" 5/2002 publiziert und 2006 überarbeitet.

Elfriede Schmidinger

Die neue Schuleingangsphase

Ein Schritt zur kindgemäßen Grundschule

Der Schuleintritt zählt bei den meisten Menschen zu jenen wenigen besonderen Lebensereignissen, denen man als Kind entgegenfiebert und die ein ganzes Leben lang im Gedächtnis bleiben: für viele ein positives Ereignis, an dem das eigene Wachsen sowie das Größer-, Älter- und Reiferwerden besonders spürbar geworden sind, für manche ein negatives Ereignis, das viele erfolg- und freudlose Anstrengungen mit sich gebracht hat.

Warum konnte der Schulstart nicht für alle Kinder ein positives Lebensereignis sein?

Dies ist einerseits an unseren Schulgesetzen gelegen, andererseits am jeweiligen Erkenntnisstand der relevanten Wissenschaften, vor allem der pädagogischen Psychologie, wobei die Gesetze den jeweiligen Forschungsstand selektiv aufgrund der dominierenden gesellschaftlichen Wertorientierung berücksichtigen.

In der Nachkriegszeit richtete sich der Schuleintritt nach dem psychologischen „Reifungskonzept". In jener Zeit sprach man den biologischen Reifungsprozessen eine bestimmende Rolle für die Erreichung der „Schulreife" nach einem Entwicklungsschub zu, der bei den Kindern individuell verschieden um das 6. bis 7. Lebensjahr erwartet wurde. Die Schulpflicht begann damals wie heute mit dem vollendeten 6. Lebensjahr. Das Kind wurde in die Schule aber nur dann aufgenommen, wenn es auch schulreif war, ansonsten wurde es zurückgestellt, um den geforderten Entwicklungsstand (in der Regel zu Hause in der Familie) zu erreichen. Schulreifetests bei der Schülereinschreibung sollten helfen, schulunreife Kinder von schulreifen Kindern zu unterscheiden.

In den 1970er Jahren änderte sich diese Sichtweise. Die Psychologie erkannte und betonte die Bedeutung von Lernvorgängen für die Entwicklung des Kindes. Es kam zuerst in Schulversuchen, 1982 durch die 7. Schulorganisationsgesetznovelle auch im Regelschulwesen zur Umgestaltung des Schuleintritts entsprechend diesem „Fähigkeitskonzept". Schulunreife Kinder sollten nicht mehr zurückgestellt werden, sondern ihnen sollten in der neu geschaffenen Vorschulklasse jene Lernprozesse ermöglicht werden, die zur Erreichung der „Schulreife" notwendig waren. Die PsychologInnen sprachen nicht mehr von der Schulreife, sondern von der Schulfähigkeit. Der legistische Schulreifebegriff bedeutete nicht mehr die notwendige Voraussetzung für den Schuleintritt, sondern nur mehr die Voraussetzung für die erste Schulstufe. Da Vorschulklassen nur an größeren Volksschulen organisierbar waren, gab es weiterhin die Möglichkeit der Rückstellung schulunreifer Kinder an jenen Schulen, die keine Vorschulklasse oder -gruppe in ihrem Pflichtsprengel hatten. Die Schulreifetests verloren ihre Bedeutung.

Der neue Schuleingang – ein positiver Schulstart für alle Kinder!

Durch eine stärker systemisch orientierte Sichtweise in den Bezugswissenschaften erfolgte eine weitere Veränderung des Schuleintritts, die 1998 wieder nach einer Schulversuchsperiode durch ein ganzes Gesetzespaket in das Regelwesen übernommen wurde. Nun ist nicht mehr das Kind allein im Blickfeld, sondern das ganze System, das ganze Umfeld, dem es angehört. Damit kommt auch die Schule bzw. der Unterricht als gleichermaßen veränderbares Teilsystem wie das Kind bei der Lösung des Schulreifeproblems in Betracht. Die Vorschulklassen und die Integration von behinderten Kindern im Grundschulunterricht hatten gezeigt, dass in einem differenzierten und kindgerechten Unterricht Kinder mit sehr unterschiedlichen Lernvoraussetzungen in der Schule gefördert werden konnten. Schulunreife stellte daher keinen Ausschließungsgrund mehr dar.

Dies führte dazu, dass nun alle schulpflichtigen Kinder in die Schule aufgenommen werden und die Zurückstellung abgeschafft wurde, weil der Unterricht so gestaltet werden soll, dass jedes Kind entsprechend seinen Lernvoraussetzungen in der Schule gefördert werden kann. Die Grundschule soll beim Schulstart das Kind dort abholen, wo es sich aufgrund seiner vorschulischen Entwicklung befindet. Dies wurde ermöglicht, indem die Vorschulstufe als Teil der Grundstufe I gesehen wird, für die ein Kind, je nachdem, welche Lernvoraussetzungen es mitbringt, ein bis drei Jahre Zeit hat, ohne dass es eine Schulstufe wiederholt. (Anmerkung: Die Volksschule gliedert sich in die Grundschule und in die Volksschuloberstufe, die es aber kaum mehr gibt. Die Grundschule gliedert sich wiederum in die Grundstufe I und II. Die Grundstufe I umfasst die Vorschulstufe, die erste und zweite Schulstufe, die Grundstufe II die dritte und vierte Schulstufe.)

Diese Flexibilisierung ermöglicht sowohl sehr gut begabten als auch Kindern mit Entwicklungsverzögerungen oder Lernbehinderungen eine ihnen angemessene Lernentwicklung und Lernzeit in der Grundstufe I. Schuleingangstests, die sich zu längerfristigen Beobachtungssystemen weiterentwickelt haben, stellen nun nicht mehr ein punktuelles Ereignis zur Aussonderung schulunreifer Kinder dar, sondern sollen den LehrerInnen Hinweise geben, wie sie durch einen differenzierenden Unterricht die einzelnen Kinder entsprechend ihrem Entwicklungsstand angemessen fördern können.

Obwohl in der Psychologie der Schulreifebegriff schon seit Jahrzehnten obsolet geworden ist, wird er im Schulpflichtgesetz immer noch zur Kennzeichnung der Vorschulstufenkinder verwendet, was einige Unstimmigkeiten in den geltenden Regelungen bewirkt. Insofern war das Gesetzespaket von 1998 zwar ein deutlicher Schritt in Richtung einer kindgemäßen Grundschule, aber sicher noch nicht der letzte.

Die Flexibilisierung der Grundstufe I wurde erreicht, indem neben der getrennten Führung der Vorschulstufe in den bereits bekannten Vorschulklassen auch eine gemeinsame Führung der Vorschulstufe mit den anderen Schulstufen der Grundstufe I, in der Regel vor allem mit der ersten Schulstufe, ermöglicht wurde. Dadurch ist es auch an kleineren, ja an der kleinsten Grundschule möglich, Kinder auch nach dem Vorschullehrplan zu fördern. Diese Kinder können nun mit ihren Freundinnen und Freunden in ihrer wohnortnahen Sprengelschule unterrichtet werden und müssen nicht mehr lange Schulwege und einen Schulwechsel nach der Vorschulklasse in Kauf nehmen.

Das zweite Element, das zur Flexibilisierung des Schuleingangs beiträgt, ist der im Schulunterrichtsgesetz ermöglichte Wechsel der Schulstufe während der gesamten Grundstufe I. Dieser Wechsel ist auf Antrag der Eltern oder auf Antrag der Lehrerin, des Lehrers in die nächstniedrige, aber auch in die nächsthöhere Schulstufe möglich. Somit kann jederzeit, wenn aufgrund ausreichender Beobachtung und Förderung feststeht, dass das Kind mehr oder weniger Anforderungen braucht, die Schulstufe gewechselt werden.

Das dritte Element der Flexibilisierung ist die Umgestaltung des Lehrplans. Die Lehrpläne der Grundstufe I bilden nun eine Einheit ohne scharfe Zäsuren zwischen den Schulstufen. Es wird nur angegeben, was am Ende der zweiten Schulstufe von den Kindern gekonnt werden soll. Auf den Vorschulstufenlehrplan kann auch bei Kindern der ersten Schulstufe jederzeit zurückgegriffen werden, wenn es zu deren Förderung dient. Dadurch ist es möglich, alle Kinder zuerst in der ersten Schulstufe beginnen zu lassen, einzelne aber durch differenzierten Unterricht auch mit Elementen des Vorschullehrplanes zu fördern, um unnötige Überforderungen zu vermeiden und einen Wechsel der Schulstufe erst dann vorzunehmen, wenn die Beobachtungen im Unterricht und zu Hause gezeigt haben, dass das Kind zur Bewältigung der Grundstufe I wirklich drei Jahre benötigt. Um diese Differenzierung im Unterricht leisten zu können, unterrichten einen Teil der Wochenstunden zwei LehrerInnen in einer Klasse („gemeinsame Führung").

Um die Kinder gleich zu Schulbeginn dort abholen zu können, wo sie sich in ihrer Entwicklung befinden, und um den Schuleintritt für die Kinder möglichst „bruchlos" zu gestalten, ist enge Kooperation mit dem Kindergarten notwendig, wie sie an vielen Standorten gegeben ist. Die KindergartenpädagogInnen kennen die Kinder oft über mehrere Jahre und verfügen über viele für die LehrerInnen wertvolle Informationen. Mit Einverständnis der Eltern können diese Informationen weitergegeben werden. Dies erfordert aber eine entsprechende Aufklärung der Eltern über den Zweck. Nicht nur die Kooperation zwischen KindergartenpädagogInnen und LehrerInnen erleichtert einen nahtlosen Übergang, sondern er ist auch durch den Kontakt von „großen" Kindergartenkindern und Schulkindern während des Jahres gegeben. Gegenseitige Besuche, gemeinsame Veranstaltungen sind bereits an vielen Orten üblich. Dies sollte weiter ausgebaut werden.

Natürlich erfordert die neue Gestaltung des Schuleingangs viele Gespräche mit Eltern, denn auch das Teilsystem „Familie" muss seine neue Rolle im Schuleingang erst wahrzunehmen lernen. Es stimmt mich traurig, wenn manche Eltern erst einsehen, dass ein Wechsel der Schulstufe für ihr Kind das Beste ist, wenn es (unnötige) Überforderungssymptome zeigt.

Manche Eltern waren vor allem gegenüber der gemeinsamen Führung von Vorschulkindern mit Kindern der ersten Schulstufe skeptisch. Sie wollten ihr Kind lieber zu Hause behalten oder den Kindergarten besuchen lassen, ihm „ein weiteres Jahr Kindheit schenken“. Weil Zurückstellung nicht mehr möglich ist, haben einige wenige ihr Kind zum „häuslichen Unterricht“ angemeldet. Da solche Kinder trotzdem „Schulkinder“ bleiben, dürfen sie in vielen Bundesländern aufgrund der Bestimmungen im Kindergartengesetz in dieser Zeit den Kindergarten nicht besuchen. Sollten Eltern aufgrund der genannten Einstellung ihre Verpflichtung zum „häuslichen Unterricht“ nicht ernst nehmen, kann das geschenkte Jahr Kindsein zur vertanen Chance werden, selbst wenn das Kind im darauf folgenden Jahr (wieder) mit der ersten Schulstufe beginnt.

Leider wurde für viele in dem Gesetzespaket die Frage der Leistungsbeurteilung in der Grundstufe I noch nicht befriedigend gelöst. Vor allem bei der gemeinsamen Führung ist ein sehr differenzierter Unterricht notwendig, der sich nicht mehr an den Jahrgangsstufen orientiert, sondern an den Lernfortschritten der Kinder. Ziffernnoten, insbesondere die Gesamtnote im ersten Halbjahr, können dieser Situation nicht gerecht werden. Daher werden weiterhin in vielen Eingangsstufen Schulversuche zur alternativen Leistungsbeurteilung geführt, wenn auch die Eltern mehrheitlich diesem Schulversuch zustimmen. Es ist zu hoffen, dass viele Eltern zu überzeugen sind, dass die Stärken des neuen Schuleingangsbereiches mit traditionellen Ziffernnoten geschmälert werden.

Die jüngste Änderung für den Schuleingangsbereich (2005) ergab sich aus der Diskussion um den im Vergleich zu PISA 1 verschlechterten Rangplatz beim Lesen in PISA 2. Der schulische Erstleseunterricht setzt sprachliche Entwicklungen und deren Förderung in der vorschulischen Zeit voraus, die vor allem bei Kindern, die keinen Kindergarten besuchen, oft nicht im entsprechenden Ausmaß gegeben sind. Um diese Kinder erfassen zu können und ihnen noch vor ihrem Schuleintritt eine sprachliche Förderung zu ermöglichen, verlegte man die Schülereinschreibung auf das erste Schulhalbjahr vor dem Schulbeginn. Die Länder werden vom Bund angeregt, den ihnen frühestmöglichen Termin für die Schülereinschreibung in dieser Frist festzulegen.

Die Förderung, die in erster Linie im Kindergarten erfolgen soll, wird vom Bund finanziell durch die Ausgabe von „Sprachtickets“ unterstützt. Da eine differenzierte Sprachstandserhebung im Rahmen der Schülereinschreibung nur begrenzt durchführbar ist, ist zu befürchten, dass nur Kinder mit einer anderen Muttersprache als Deutsch, die zu diesem Zeitpunkt noch nicht oder kaum Deutsch sprechen, durch diese Maßnahme erfasst werden. Ob für diese Gruppe die angebotene Förderung von 120 Stunden ausreicht, müssen erst die praktischen Erfahrungen zeigen. Die Maßnahme verstärkt jedenfalls die Notwendigkeit einer engen Kooperation von Kindergarten und Schule.

Mit der Vorverlegung der Schülereinschreibung wurde auch einer zusätzlichen Gruppe von „begabten“ Kindern die vorzeitige Aufnahme in die erste Schulstufe ermöglicht, indem das Zeitfenster für die Erreichung des sechsten Lebensjahres für sie vom 1. September statt bis zum 31. Dezember nun bis 28. Februar dauert. Da weiterhin an der Schulreife als Voraussetzung für die vorzeitige Aufnahme festgehalten wurde, wird die Schülereinschreibung durch den vorverlegten Einschreibungstermin für die Schulleitungen noch schwieriger, da so früh die Schulreife vor allem für die vorzeitige Aufnahme weder von den Eltern noch in der Schule festgestellt werden kann. Die Schulleitungen müssen in diesen Fällen einen zusätzlichen späteren Termin für die Feststellung der Schulreife mit den Eltern vereinbaren.

Erste Ergebnisse zum neuen Schuleingangsbereich

In Oberösterreich evaluierten die BezirksschulinspektorInnen unter meiner Leitung im Frühjahr 2002 den neuen Schuleingangsbereich, um gezielte Maßnahmen zur Weiterentwicklung setzen zu können, falls sich die Notwendigkeit ergibt. Die Ergebnisse waren sehr erfreulich. Ich greife ein einziges heraus, das dies veranschaulichen kann: Nur acht Prozent der Eltern von Vorschulkindern, die gemeinsam mit den Kindern der ersten Schulstufe unterrichtet wurden, und dreizehn Prozent der Eltern von Kindern, die in der Vorschulklasse unterrichtet wurden, waren nicht zufrieden. Die überwältigende Mehrheit der Eltern war mit dem Unterricht ihres Kindes und den Informationen der Schule sehr zufrieden!

Literatur

Haider, G./Reiter, C. (Hrsg.) (2004): PISA 2003 – Internationaler Vergleich von Schülerleistungen. Nationaler Bericht. Graz: Leykam

http://sprachstand.schule.at

LSR für OÖ, Qualitätssicherung im Schuleingangsbereich: Evaluationsinstrumente. Erarbeitet durch die Arbeitsgruppe „Schulentwicklung im Grundschulbereich“ unter der Leitung von E. Schmidinger.
Publikation auf www.lsr-ooe.gv.at

Nickel, Horst (1996): Das Problem der Schulreife. In: Unsere Kinder 5

Schmidinger, Elfriede (1997): Autonomie im Schuleingangsbereich, In: Erziehung und Unterricht 5/6/97

Schmidinger, Elfriede (1996): Nahtstelle Kindergarten – Grundschule. In: Unsere Kinder 5

Der Beitrag wurde erstmals in „Unsere Kinder“ 5/2002 publiziert und 2006 aktualisiert.

Ursula Svoboda, Waldemar Feiner

Vom Kindergarten in die Schule

Ein Schulkind werden

Der Übergang vom Kindergarten in die Volksschule ist für Kinder und ihre Eltern eine besondere Herausforderung. Vieles verändert sich. Das Kind, das nun zum Schulkind wird, erlebt, dass ein Lebensabschnitt zu Ende geht und etwas Wichtiges und Neues beginnt. Schon lange vor dem Schulbeginn definiert sich das Kind über die Schule, indem es sagt, dass es jetzt ein „Vorschulkind" ist oder dass es im nächsten Jahr ein Schulkind sein wird. Das Kind fühlt sich „größer", selbstständiger, älter und bringt das auch immer wieder zum Ausdruck.

Das nähere Umfeld nimmt diese Veränderung sehr wichtig. Häufig werden Kinder gefragt: „Wann kommst du denn in die Schule?" oder: „Bist du wirklich schon sechs Jahre?" Bald genug stellen Eltern und Großeltern sich mit allen notwendigen Dingen ein, die ein Schulkind braucht.

Und dennoch ist es nicht der erste Übergang, den ein Kindergartenkind erlebt. Schon andere Veränderungen hat es bewältigt – den Eintritt in den Kindergarten, eine überstandene Krankheit, vielleicht die Geburt eines Geschwisterchens, eine Übersiedlung, die (Wieder-)Aufnahme der Berufstätigkeit der Mutter, möglicherweise die Trennung der Eltern, die (Wieder-)Heirat eines Elternteils oder andere familiäre Veränderungen.

Auch wenn diese Einschnitte auf den ersten Blick sehr unterschiedlich erscheinen, so haben sie doch ähnliche Wirkungen und Auswirkungen. Übergänge sind Herausforderung, Chance und Entwicklungsmöglichkeit für ein Kind und die gesamte Familie.

In jeder Übergangsphase erleben Eltern, dass ihr Kind anders ist als sonst: unruhiger, aggressiver, es isst und schläft weniger oder aber genau umgekehrt – das Kind braucht besonders viel Schlaf, ist anlehnungsbedürftig und beginnt schnell und häufig zu weinen. Es muss jetzt mit vielen – oft auch widersprüchlichen – Gefühlen (z.B. Angst, Neugier, Aufregung) und Gefühlsschwankungen fertig werden. Jede größere Veränderung bedeutet für das Kind Stress, den es auf seine Art und Weise zu verarbeiten versucht.

Eine veränderte Lebensphase eines Familienmitglieds (gleich, in welcher Form) hat Auswirkungen auf die gesamte Familie. Beziehungen verändern sich: Einige neue FreundInnen kommen dazu, manche andere Freundschaften lösen sich auf, Aufgaben und Pflichten werden neu verteilt, es gibt auch neue Rechte und Freiheiten.

1. Das Lernen von Strategien zur Übergangsbewältigung

Um einen Übergang zu meistern, eine familiäre Balance wiederzufinden, braucht es Zeit. Manche Veränderungen gelingen schnell und leicht, für manche brauchen einzelne Mitglieder oder das gesamte Familiensystem etwas länger. Und es werden Stärken und Schwächen der Betroffenen besonders deutlich. Dabei zeigt sich, welche Bewältigungsstrategien die einzelnen Personen zur Verfügung haben.

Die Entwicklungsforschung hat herausgefunden, dass die erfolgreiche Bewältigung eines Überganges die Fähigkeit von Kindern erhöht, mit weiteren Veränderungen gut umgehen zu können. Insofern ist jeder Übergang eine Möglichkeit, das kindliche Repertoire von Bewältigungsstrategien zu erweitern und es dadurch selbstsicherer und sozial kompetenter zu machen. Das gilt auch für Übergänge, die wir als Bruch oder Krise einschätzen würden.

2. Kinder lernen spielend

Spätestens im letzten Kindergartenjahr stellen viele Eltern die Frage, ob im Kindergarten auch „richtig" gelernt wird. Jetzt sei es schließlich an der Zeit, die Kinder auf die Schule vorzubereiten und weniger zu spielen. Aber im Leben eines Kindes ist Spiel keine „Spielerei", es ist vielmehr der „Hauptberuf" eines Kindes, das dabei ist, sich selbst und die Welt um sich herum zu verstehen.

SpielforscherInnen gehen davon aus, dass Kinder bis zum Ende des sechsten Lebensjahres ca. 15.000 Stunden spielen, ja sogar spielen müssen, um sich gut zu entwickeln. Das sind sieben bis acht Stunden am Tag!

Alles, was Kinder sehen, hören und fühlen, in Händen halten und begreifen, wird zum Spiel. Das kann das Ziehen von Mustern im Schokoladepudding sein, das Grimassenschneiden beim Waschen vor dem Spiegel, die Selbstunterhaltung beim Anziehen, das Aufheben und Werfen eines Steines oder die Nachahmung des Gebells von Nachbars Hund ... Sofort entsteht eine Handlung, ein Spiel. Da es für Kinder noch keine Routine und keine Gesetzmäßigkeiten gibt, wollen und müssen sie sich den Gewohnheiten der Erwachsenenwelt annähern und sich diese allmählich vertraut machen. Das tun Kinder (im Unterschied zu Erwachsenen) handelnd, nämlich spielend. Aktiv sein wird von Kindern als lustvoll erlebt und Aktivität ist die Grundlage des Spielens.

Kinder, die viel und intensiv spielen, nehmen dabei ihre Individualität, ihre Handlungsmöglichkeiten sowie die Grenzen ihres Handlungsspielraumes wahr. Sie erleben ihre Gefühls- und Gedankenwelt und vernetzen beim Spiel(en) ihre seelische Innenwelt mit der Außenwelt der Dinge.

3. Entwicklungsförderung auf allen Ebenen

Durch das Spiel kann das Kind seine Fähigkeiten in den folgenden Bereichen ausbauen:

3.1. Im Bereich des Gefühls

Im Spiel lernt das Kind die eigenen Emotionen und die anderer Kinder kennen, es erlebt und verarbeitet Gefühle (z.B. Stolz, Traurigkeit, Ärger, Freude). Kinder, die viel spielen, sind aktiver, ausgeglichener, zeigen weniger Aggressionsbereitschaft und sind emotional belastbarer als Kinder, die weniger Zeit mit Spiel verbringen.

3.2. Im Bereich des sozialen Miteinanders

Kinder, die viel und intensiv (alleine und miteinander) spielen, lernen Beziehungen aufzubauen, Bedürfnisse zu äußern, zuhören zu können, zusammenzuarbeiten, Verantwortung füreinander zu übernehmen, Kompromisse zu schließen und mit Konflikten umzugehen. Sie lernen Regeln zu akzeptieren und Freundschaften aufzubauen.

3.3. Im Bereich der Körperlichkeit

Ein Kind übt im Spiel ständig den Umgang mit seinem gesamten Körper und verbessert dabei kontinuierlich diverse Fähigkeiten, hin zu einer fließenderen Gesamtmotorik, einer besseren Auge-Hand-Koordination und einer immer ausgefeilteren Grob- und Feinmotorik (grobe Bewegungsabläufe und Fingerfertigkeit).

3.4. Im Bereich des Denkens

Durch das Spiel wird für ein Kind Abstraktes be-„greif"-bar. Kinder, die viel spielen und dabei nicht unterbrochen werden, werden in ihrer Wahrnehmungsfähigkeit gefördert und zeigen in der Folge höhere Konzentrationsfähigkeit und bessere Gedächtnisleistungen. In Untersuchungen zeigen Kinder mit höherer Spielaktivität auch eine differenziertere Sprache, ein besseres Zahl-, Farb- und Formverständnis sowie mehr Fantasie.

Es ist erstaunlich, dass gerade das Spiel der Kinder die in ihnen liegenden Fähigkeiten unterstützt und sie dadurch in der Lage sind, gerade die Fertigkeiten zu entwickeln, die auch für einen späteren Schulbesuch notwendig sind.

4. Vorbereitung auf die Schule

In vielen Kindergärten werden im letzten Kindergartenjahr Angebote für VorschülerInnen gemacht. Spezielle Vorschulangebote treten dabei allerdings zunehmend in den Hintergrund, weil durch eine gute Spielpädagogik und durch ganzheitliche Projektarbeit die Vorbereitung auf die Schule ebenso gut gelingen kann. Lernen und Spielen werden dabei eins und sind nicht mehr voneinander zu trennen.

Mütter, Väter, oft auch Großeltern haben Angst, dass „ihr" Schulanfängerkind Schwierigkeiten beim Erlernen des Lesens, Schreibens und Rechnens bekommen könnte. Diese Sorge ist durchaus berechtigt und ernst zu nehmen – nimmt doch das Erlernen und die Beherrschung dieser sogenannten Kulturtechniken besonders in der ersten Klasse einen breiten Raum ein.

Neugierige Kinder sind begierig, Neues zu entdecken und zu lernen. Forschende und aktive Kinder wollen nicht nur alles angreifen, sondern die Dinge auch be-greifen. Fragende Kinder wollen ihre Welt hinterfragen und Antworten finden. Wer ein Kind unterstützt neugierig zu sein, zu handeln und zu fragen, legt den wichtigsten Grundstein für das schulische Lernen.

Gespräche führen zu einem gezielten Sprachgebrauch und zur genauen Sprachdifferenzierung. Damit wird zum Beispiel auch eine gute Grundlage für das spätere Lesen gelegt.

Lesen gelingt dann gut, wenn Kinder an einer Sache interessiert sind, wenn sie auf einen Text neugierig sind und wenn sie möglichst viele Begriffe mit einer konkreten Vorstellung verbinden können. Kinder, die zum Beispiel mit einem gelesenen Wort keine konkrete Vorstellung verbinden können, verlieren sehr schnell die Lesemotivation.

Namhafte ForscherInnen wiesen nach, dass für ältere Vorschulkinder Lernerfahrungen dann besonders wirksam für das schulische Lernen werden, wenn sie ihre konkreten Erfahrungen gleichzeitig auch auf Bildern wahrnehmen können. Der ständige Wechsel von konkretem Gegenstand und Bild bereitet offensichtlich jene Abstraktionsfähigkeit vor, die dann auch für das Lesen, Schreiben und Rechnen von Bedeutung ist.

Freundliche Zuwendung, ermutigendes und bekräftigendes Verhalten, eine gute sozial-emotionale Beziehung zwischen Kind und Erwachsenem und eine positive Bindung sind Grundvoraussetzungen für Entwicklungsfortschritte jeglichen Lernens und ermöglichen – wissenschaftlich nachgewiesen – einen gelungenen Schulstart.

Einige konkrete Überlegungen zur Vorbereitung des Lesens, Schreibens (zu Lesen und Schreiben detaillierter im Beitrag „Vorbedingungen des Schreibens und Lesens", S. 232ff.) und der Mathematik.

4.1. Sinnvolle Lesevorbereitung

Fünf Fähigkeiten sind von Bedeutung, um den Leselernprozess positiv starten zu können.

4.1.1. Sinnverständnis

SchulanfängerInnen, die bemerken, dass zum Beispiel ein Märchen verändert oder unvollständig erzählt wird, die den wesentlichen Inhalt eines Bilderbuches nachspielen oder eine Bildgeschichte in der richtigen Reihenfolge legen können, besitzen bereits eine wichtige Voraussetzung für das Lesenlernen.

4.1.2. Sprachfähigkeit

Gemeinsames Sprechen, Erzählen, Vorlesen, aber auch Lieder, Gedichte, Auszählreime oder Verse sind neben dem Sinnverständnis die zweite Grundsäule kindgerechter Lesevorbereitung.

4.1.3. Merkfähigkeit

Merkspiele unterschiedlichster Art fördern die Fähigkeit, sich in der Schule auch Buchstaben und Buchstabenfolgen besser merken zu können.

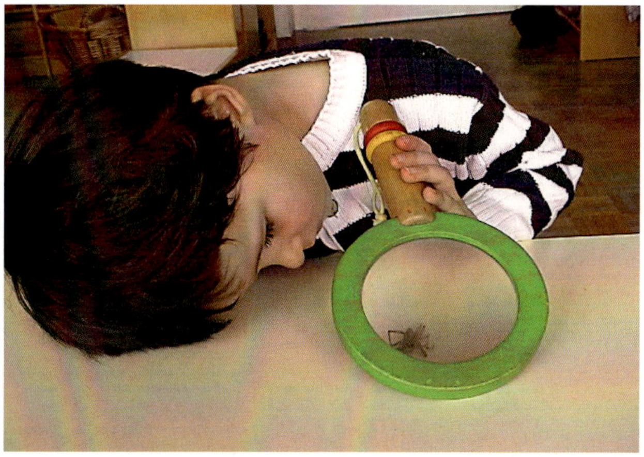

4.1.4. Genaues Schauen

Alle Tätigkeiten, die Kinder zum genauen Beobachten und Unterscheiden herausfordern, verfeinern die visuelle Fähigkeit, später auch sehr ähnliche Buchstaben wie etwa „F" und „T" sicher unterscheiden zu können.

4.1.5. Genaues Hören

Bewusstes Hören in der Natur, das Erkennen einer Melodie, Reim- und Lautspiele, Auszählverse und Zungenbrecher sind wichtige Grundlagen, sensibel für die beim Lesenlernen notwendige Laut-Buchstaben-Zuordnung zu werden.

4.2. Sinnvolle Schreibvorbereitung

Die meisten Kinder können im letzten Kindergartenjahr ihren eigenen Namen in Blockschrift schreiben. Wenn gelegentlich noch Buchstaben seitenverkehrt auftauchen, ist das für manche Kinder eine notwendige Vorstufe und daher kein Grund zur Sorge. In der Schule lernt das Kind, dass jeder Buchstabe eine eindeutige Form in eindeutiger Lage hat. Für das Schreibenlernen sind folgende Komponenten bedeutsam:

4.2.1. Sinnmitteilung

So wie die Menschen am Beginn der Schriftentwicklung einfache Botschaften durch Zeichnungen und in der

Folge dann durch vereinfachte Zeichen mitteilten, handeln auch Vorschulkinder. Das erste Selbstporträt mit einem Kopf, aus dem Arme und Beine „wachsen", kommentieren Kinder stolz mit: „Das bin ich!"

Trainingsblätter mit isolierten Schwungübungen sind oft gut gemeint, verfehlen aber ihren Zweck: Das Kind erlebt seine „Schreibübungen" nicht als Sinnmitteilung. Verziert hingegen ein Kind den selbst gefalteten Fangbecher mit einem Muster, dann bekommt dieses grafische Tun wieder Sinn.

4.2.2. Wahrnehmung

Wahrgenommenes wird über die Motorik nachgestaltet.

4.2.3. Motorik

Die kindliche Motorik braucht entsprechende Entwicklungsanreize, ist zum Teil aber auch reifebedingt. Das heißt, Vorschulkinder sollten motorisch gefordert, aber nicht überfordert werden. Manche gut gemeinte Schreibvorbereitung mit langen Schreibvorübungen missversteht das gründlich. Der kindliche Bewegungsapparat hält längeres konzentriertes Sitzen noch nicht aus. Es kommt zu Verkrampfungen der Rückenmuskulatur und damit auch zu einer verkrampften Hand- und Fingerhaltung. Es kommt zum Frust, gleichzeitig schwindet auch die anfängliche Begeisterung für das „Schreiben". Dabei zeigen Kinder sehr genau, welche motorischen Fähigkeiten sie verwenden, um Eindrücke, Erlebnisse und Erfahrungen mitzuteilen.

Sehr junge Kinder überkreuzen zwei Bausteine und verkünden stolz: „Flugzeug!" Dieses **Bauen** kann in der Folge immer differenzierter werden: Fünfjährige verblüffen oft mit diffizilen Gebilden, die sie aus verschiedensten Materialien gestalten.

Neben dem Bauen bekommt das **Plastizieren** eine große Bedeutung. Plastisches Material hat den Vorteil, dass es veränderbar ist. Je mehr und länger Kinder mit plastischem Material (Sand, Knetmassen, Ton ...) arbeiten dürfen, umso besser gelingt auch das spätere Schreiben in der Schule. Die Kräftigung der Kleinhandmuskulatur ist wesentlich verantwortlich für eine geschmeidige Handschrift.

Diese „Geheimschrift" erfand Lucia mit sechs Jahren, als sie das Schreiben mit Tinte ausprobierte.

Ein drittes Ausdrucksmittel ist das **Malen.** Das Gestalten mit Finger-, Kleister- oder Deckfarben ist wichtige Voraussetzung für das grafische Gestalten. Erst zum Schluss kommen das **Zeichnen** und **„Schreiben"** mit Farb- oder Bleistiften.

Kugelschreiber sind für die kindliche Hand ungeeignet. Sie leisten zu wenig Widerstand auf der Schreibfläche. Die Zeichenspur bleibt entweder sehr schwach oder das Kind übt entsprechenden Druck aus und verkrampft seine Hand.

Mit welcher Hand sollen Linkshänder schreiben? Natürlich mit der linken. Gelegentlich wird noch die Meinung vertreten, Linkshänder würden sich bei den schulischen Schreibarbeiten leichter tun, wenn sie umgeschult werden. Umschulungen von Linkshändern sind jedoch massive Eingriffe in die kindliche Persönlichkeit.

4.3. Sinnvolle Mathematikvorbereitung

Stolz meinen manchmal Eltern oder Großeltern: „Unser Kind kommt erst im Herbst in die Schule und kann schon bis hundert zählen!" Zählen ist allerdings nur ein Teil der Mathematik. Grundsätzlich ist zu bedenken, dass Welt durch die Mathematik strukturiert werden kann. Dabei gibt es folgende Strukturmerkmale:

4.3.1. Zahlen

Kinder beginnen sehr früh mit dem Zählen und erleben, dass sie zum Beispiel fünf Finger an einer Hand haben, dass sie von der Oma drei Zuckerl bekommen haben oder dass eine Ware zwei Euro kostet. Wichtig ist dabei, dass SchulanfängerInnen Mengen bis zu fünf Elementen nicht immer abzählen müssen, sondern auch auf einen Blick (simultan) erfassen können. Würfelspiele sind hier eine wertvolle mathematische Vorbereitung. Der Würfel zeigt zum Beispiel eine Vier und das Kind bewegt dann seine Spielfigur vier Felder weiter. Oft ist dabei zu beobachten, dass Kinder so eine Strecke in zwei Zweiersprüngen bewältigen. Sie haben dabei bereits eine Addition oder auch eine Multiplikation durchgeführt.

4.3.2. Flächen und Körper (Räume, Volumen)

Flächen und Körper können durch ihre Merkmale benannt werden. Sie sind zum Beispiel nicht einfach nur rund, sondern kreisrund, kugelrund, eirund, walzenrund usw. Sie können eckig, spitz, kurz, lang, dick, dünn, blau, grün, rot ... sein. Genau so können sie verglichen werden: Mein roter Farbstift ist noch **länger** als mein gelber. Beim Tasten von Gegenständen erfährt das Kind verschiedenste Oberflächenstrukturen, wie glatt, rau, gerippt, durchlöchert. Zudem können SchulanfängerInnen einfache Raumlagebeziehungen (neben, oben, unten ...) und Richtungen (vorne, hinten ...) benennen.

4.3.3. Gewicht

Kinder wollen einen Gegenstand aufheben und entdecken, dass er sehr schwer ist. Dabei muss er nicht immer auch groß sein. Eine kleine Eisenkugel kann genauso schwer sein wie ein größerer Ball.

4.3.4. Zeit

Vorschulkinder leben in der Gegenwart, dennoch gibt es bereits im Vorschulalter wichtige Zeitpunkte. So wartet jedes Kind sehnsüchtig auf den Geburtstag, auf ein besonderes Fest wie Weihnachten. Das Zählen der Nächte, die noch geschlafen werden müssen, oder der Adventkalender gliedert die Zeit. Uhrzeit-Lernen ist ein langfristiger Prozess. Es genügt, wenn die Kinder bis zum Ende der ersten Schulstufe die vollen Stunden auf einer Uhr ablesen können.

4.4. Künstlerische Lernfelder

Kinder verarbeiten viele Lernprozesse „künstlerisch". Das heißt, sie verwenden dazu alle Ausdrucksformen, die ihnen zugänglich sind, wie zum Beispiel Sprache, Bewegung, Bild oder/und Musik. Erwachsene haben aber oft den Wunsch, hinter dem kreativen Tun das „richtige" Lernen zu sehen – so, als hätte Kreativität nur dann eine Berechtigung. Aber Kreativität ist für sich selbst ein wichtiger Bereich, den Menschen auch brauchen: Nicht alles muss einen vordergründigen Sinn haben. Man darf sich an Schönem freuen, sich dem zweckfreien Tun hingeben oder die Seele baumeln lassen.

Die Erziehungsprinzipien dabei heißen: Erfahrungen möglich machen, Material bereitstellen und das Kind technisch unterstützen, damit die Experimentierfreude erhalten bleibt. Diese ist nämlich eine wesentliche Grundlage für spätere schulische oder außerschulische Weiterentwicklung auf künstlerischer Ebene, wie zum Beispiel Theater spielen, tanzen, singen, ein Instrument lernen oder malen und gestalten.

Das LHH – „Lucias Holz-Handy".

Literatur

Bugram, Ursula/Straßegger, Sabine (1998): Wahrnehmung und Motorik. Grundlagen der Mathematik. In: Unsere Kinder 5

Burow, Olaf-Axel (2003): Prinzipien erfolgreicher Erziehung. Bad Heilbrunn: Klinkhardt

Elschenbroich, Donata (2001): Weltwissen der Siebenjährigen. Wie Kinder die Welt entdecken können. München: Antje Kunstmann

Feiner, Waldemar/Niederle, Charlotte/Michelic, Elisabeth ([3]1996): Kinder erleben ihre Umwelt. Modelle und Methoden zur Umwelterziehung im Vorschulalter. Wien: ÖBV

Frey, Karl (2002): Die Projektmethode. Der Weg zum bildenden Tun. Weinheim, Basel: Beltz

Griebel, Wilfried/Niesel, Renate (2002): Abschied vom Kindergarten. Start in die Schule. München: Don Bosco

Griebel, Wilfried/Niesel, Renate (2002): Übergangsbewältigung als Voraussetzung für erfolgreiche Bildungsprozesse. In: Bildung Erziehung Betreuung 7/1

Juul, Jesper (2003): Das kompetente Kind. Reinbek: rororo

Krenz, Armin (2001): Kinder spielen sich ins Leben. Der Zusammenhang von Spiel- und Schulfähigkeit. In: WWD 75

Küspert, Petra/Schneider, Wolfgang ([2]2000): Hören, lauschen, lernen. Sprachspiele für Kinder im Vorschulalter. Göttingen: Vandenhoeck & Ruprecht

Ledl, Viktor (1994): Kinder beobachten und fördern. Wien: Jugend und Volk

„Lesen mag ich sehr gern". Leseförderung und Leselust im Kindergarten (2003). Sonderheft „Unsere Kinder". Linz

Oerter, Rolf/Montada, Leo (Hg.) (1995): Entwicklungspsychologie. Weinheim: Beltz

Partecke, Erdmute (2003): Systemisch-konstruktivistische Spielpädagogik. Aus: www.kindergartenpädagogik.de 2

Schachl, Hans ([3]2005): Was haben wir im Kopf? Die Grundlagen für gehirngerechtes Lehren und Lernen. Linz: Veritas

Spitzer, Manfred (2000): Geist im Netz. Modelle für Lernen, Denken und Handeln. Heidelberg, Berlin: Spektrum Akademischer Verlag

Spitzer, Manfred((2002): Lernen. Gehirnforschung und die Schule des Lebens. Heidelberg, Berlin: Spektrum Akademischer Verlag

Textor, Martin (1999): Projektarbeit im Kindergarten. In: Kinderzeit 3

Textor, Martin (2003): Gehirnentwicklung und Lernen im Kleinkindalter. Konsequenzen für die Erziehung im Kindergarten. In: www.kindergartenpädagogik.de 2

Der Beitrag wurde erstmals in „Vom Kindergarten in die Schule. Broschüre für Eltern von Vorschulkindern", Hg. Caritas für Kinder und Jugendliche, Linz, 2003, publiziert.

Manfred Spitzer

Hand und Gehirn

Werken von Kindern aus neurowissenschaftlicher Sicht

(Textiles) Werken macht Spaß. Man schafft etwas, sieht hinterher das Resultat, kann es anderen zeigen, kann – mit Recht – froh darüber sein, dass man etwas geleistet hat, für alle sichtbar und bleibend. Was man geschaffen hat, enthält Spuren der Arbeit und der/des Arbeitenden: Werkspuren, die auf das Tätigsein verweisen.

Neurowissenschaftliche Erkenntnisse aus den letzten Jahren zeigen, dass Spuren des Tätigseins nicht nur am Werk, sondern auch im Gehirn des Werkenden verbleiben. Es lohnt sich daher, diesen „Werkspuren" in unserem wichtigsten Organ, dem Gehirn, einmal nachzugehen. Bis vor wenigen Jahren war nicht klar, wie man das kindliche Werken und die Gehirnentwicklung sinnvoll miteinander verknüpfen könnte. Dies hat sich jedoch dank der rasanten Entwicklung neurowissenschaftlicher Methoden und Erkenntnisse verändert, von denen zwei besonders wichtig sind: einerseits die funktionelle Bildgebung und andererseits die Modellbildung mittels neuronaler Netzwerke.

Das Gehirn hat die für die Erforschung ungünstige (für unser Überleben hingegen sehr wichtige) Eigenschaft, dass es vollkommen von Knochen umschlossen ist. Die Aktionen des Herzens kann man von außen hören und tasten, die des Gehirns nicht. Man kommt nicht heran. Das hat sich erst mit der funktionellen Bildgebung geändert: Man kann heute mit speziellen Verfahren, die völlig gefahrlos sind, in das Gehirn hineinschauen, ohne den Kopf zu öffnen. Insbesondere kann man dem Gehirn gleichsam bei der Arbeit zusehen, also nicht nur Bilder von den Strukturen machen, sondern von Funktionen.

Nervenzellen haben im Gegensatz zu Muskel-, Drüsen- oder Hautzellen eine besondere Eigenschaft: Sie stehen für etwas, repräsentieren es. Sie können dies tun, weil sie mit Sinneszellen oder anderen Nervenzellen in Verbindung stehen und Netzwerke bilden. Wie solche Netzwerke funktionieren, ist der Gegenstand der Untersuchung entsprechender Modelle.

Spuren im Gehirn

Zu den wichtigsten Erkenntnissen der modernen Neurowissenschaft zählt die Einsicht, dass sich unser Gehirn dauernd ändert. Dachte man früher, das Gehirn sei ein recht langweiliges Organ, das sich nicht ändere und in dem allenfalls vom Zeitpunkt der Geburt an Nervenzellen absterben, so wissen wir heute, dass die Dinge ganz anders liegen: Die Verbindungen zwischen Nervenzellen ändern sich permanent. Dies ist gleichbedeutend damit, dass etwas gelernt wird. Ein Vergleich: Stellen Sie sich einen frisch verschneiten Park vor. Die Leute laufen in 30 cm Pulverschnee herum und ein wechselnder Wind sorgt dafür, dass ihre Spuren wieder verwehen. In einer Ecke des Parks gibt es einen Glühweinstand, an einer anderen Ecke eine Toilette. Mancher Mensch hat Durst und mancher hat danach ein Bedürfnis. Würden Sie auf einer Anhöhe am Rande des Parks stehen, könnten Sie einen Trampelpfad von der Bude zur Toilette sehen, eine gebrauchsabhängig entstandene Spur. Solche gebrauchsabhängigen Spuren gibt es nicht nur in verschneiten Parks, sondern auch im Gehirn. Dort laufen elektrische Impulse über Verbindungen zwischen Nervenzellen, sogenannte Synapsen. Je mehr Impulse über eine Synapse laufen, desto besser funktioniert sie. Dies führt langfristig dazu, dass im Gehirn gebrauchsabhängig Spuren entstehen, über die diese Impulse besser laufen. Seit mehr als einhundert Jahren gibt es in der Psychologie den Ausdruck Gedächtnisspur, aber erst die Neurowissenschaft der letzten Jahre hat gezeigt, wie genial dieser Ausdruck im Grunde ist.

Warum gibt es diese Spuren im Gehirn, was ist ihre Funktion? – Sie erleichtern den Durchgang von Information im Gehirn. Es ist wie im verschneiten Park: Wenn es bereits Spuren gibt, muss sich nicht jeder selbst seinen Weg durch den Schnee bahnen. Und wenn es schon Spuren im Gehirn gibt, dann kann neu eingehende Information leichter verarbeitet werden. Das wiederum hat Vorteile: Wenn ich schon weiß, wie das mit dem Setzen eines Fußes vor den anderen ist, wenn die Impulse also glatt laufen, dann können meine Beine entsprechend schnell laufen. Denn dass sie das können, liegt nicht nur an Knochen und Muskeln, sondern vor allem an der unglaublich ausgefuchsten Steuerung. Wer das bezweifelt, der beobachte einmal ein Kind beim Laufenlernen. Es ist unglaublich, mit welcher Mühe hier die richtige Programmierung der neuronalen Steuerung letztlich erfolgt.

Das kleine Kind lässt sich auch durch viele Fehlversuche und Stürze nicht vom Lernen abbringen. Sich schnell fortbewegen zu können ist ein zu großer Anreiz. Und so haben wir alle es geschafft.

Die Bedeutung der Hand

Der aufrechte Gang des Menschen bewirkte nicht nur, dass wir schneller gehen und uns damit in der Savanne besser fortbewegen können. Er machte auch die Hände frei, weil sie nun zur Fortbewegung nicht mehr gebraucht wurden. Nach der Programmierung des Gangs muss daher ein Kind vor allem die Programmierung der Steuerung der menschlichen Hand erlernen, des kompliziertesten und vielfältigsten Werkzeugs, das wir kennen. Dies erfolgt wie das Laufenlernen durch Erfahrung, die Spuren hinterlässt. Vorausgesetzt, es gibt Gelegenheit hierzu, etwa durch die Benutzung von Werkzeug und Werkmaterial.

Die besten neurowissenschaftlichen Studien hierzu gibt es nicht für das Werken, sondern für das Musizieren, das beispielsweise beim Geigen- oder Gitarrenspiel sehr genaue Bewegungen der Hand und damit eine sehr komplizierte Werkzeugbenutzung voraussetzt. Wer viel Geige oder Gitarre spielt, dessen Gehirn wird viele Impulse von der linken Hand verarbeiten und viele Impulse an die linke Hand senden. Jeden Tag muss geübt werden und nur derjenige wird wirklich gut, der mehrere Stunden täglich sein Instrument übt.

Über die Jahre sind das Millionen zusätzlicher Erfahrungen, die in dem für die linke Hand zuständigen Bereich des Gehirns über Synapsen laufen. Kein Wunder also, dass dieser Gehirnteil bei Gitarren- und GeigenspielerInnen, die als Kind zu üben begannen, messbar größer ist als bei anderen Leuten.

Wir wissen heute, dass die Lernfähigkeit des Gehirns zwar lebenslang vorhanden, jedoch in der Kindheit am größten ist. „Was Hänschen nicht lernt, lernt Hans nimmermehr" ist ein Sprichwort, das die aktuelle Neurowissenschaft weitgehend bestätigt hat. Davon weiß ein Geigenspieler nichts, denn alles geschieht vollautomatisch. Wie unser Gehirn vollautomatisch das Laufen erlernte, anhand einzelner „Fälle" und nicht durch Büffeln oder gar Auswendiglernen, so lernt es die Benutzung der Hand durch deren Benutzung.

(Textiles) Werken legt Spuren

Auch wenn es keine direkten Studien über die Bedeutung des Werkens für die Gehirnentwicklung gibt (man sollte sie rasch machen!), lässt sich aus dem, was wir gesichert wissen, ableiten, dass das Werken ebenso wie das Musizieren positive Auswirkungen auf die Repräsentation der Hand im Gehirn und damit auf die Möglichkeiten ihrer Verwendbarkeit hat. Es ist klar, dass die Grundlagen in der Kindheit gelegt werden müssen, im Kindergarten und in der ersten Schuljahren.

Dem Werken kommt eine besondere Bedeutung zu, weil es prinzipiell jedem Menschen zugänglich ist. Nicht jede/r ist musikalisch und nicht jedes Elternhaus hat die Mittel für eine Geige und den Unterricht. Textile Materialien und einfache Werkzeuge sind dagegen nicht nur billig, sondern zudem in fast jedem Haushalt vorhanden. Mit etwas Fantasie lässt sich damit jedes Kind über Stunden beschäftigen. Damit ist, was mir besonders wichtig erscheint, das Kind nicht nur beschäftigt, sondern tut aktiv etwas zur Optimierung seines Gehirns: Es legt Spuren an, auf die es später zurückgreifen kann. Genau dies geschieht bei einer neueren alternativen Form der Freizeitgestaltung durch Bildschirmmedien (Fernsehen, Spielkonsole oder Computerspiel) nicht.

In den USA verbringen Zweijährige bereits zwei Stunden täglich vor Bildschirmmedien. Diese Medien „trainieren" jedoch Passivität, produzieren beim Kleinkind unscharfe Spuren (und dadurch später Aufmerksamkeitsstörungen, wie mittlerweile nachgewiesen wurde) und führen beim Schulkind zu den falschen Spuren, d.h. zu (eindeutig nachgewiesener) vermehrter Gewaltbereitschaft. Zudem führt Fernsehen zu einer Art Abschalten des Bewegungsapparats und damit nicht zum Bewegungslernen, zu vermindertem Energieverbrauch und damit zu Übergewicht.

Beim Werken ist dies genau umgekehrt: Die Motorik wird gebraucht und ihre Steuerung durch den Gebrauch permanent optimiert. Ganz nebenbei wird beim Werken – auch beim textilen Gestalten – Energie verbraucht, zwar nicht so viel wie beim Sport, aber deutlich mehr als beim Fernsehen.

Anerkennung und Glücksgefühl

Die eingangs geschilderte Erfahrung des Werkens als Produktion von etwas Vorzeigbarem, Bleibendem, auf das man stolz sein kann, verweist auf einen weiteren wichtigen Aspekt: Man lernt durch das Machen, dass man zum Machen fähig ist. Man lernt, dass Aktivität, Durchhalte-

vermögen und Einsatz zum Erfolg führen und dies hat Auswirkungen auf die Art, wie man sich fühlt. Tief in unserem Gehirn sitzen Nervenzellen, die den Stoff Dopamin ausschütten, der zum einen dafür sorgt, dass unser Frontalhirn (der Sitz von Planung, Konzentration, Durchhaltevermögen und Werten) besser funktioniert. Zum anderen bewirkt Dopamin auch, dass im Gehirn eigene opiumähnliche Stoffe ausgeschüttet werden (die sogenannten endogenen Opioide), die uns insgesamt ein gutes Gefühl vermitteln. Man bezeichnete dieses System des Gehirns daher früher auch als Suchtsystem (denn Suchtstoffe aktivieren es), weiß jedoch mittlerweile, dass es eigentlich um das Lernen geht. Die Ausschüttung von Dopamin erfolgt, wenn wir etwas Neues erleben, das besser ist als erwartet, also etwas gutes Neues. Und diese Ausschüttung hat zur Folge, dass gelernt wird, was gerade der Fall ist. Wir lernen so alles, was gut für uns ist. Wir wissen heute, dass ein Lob oder ein freundlicher Blick dieses System ebenso aktiviert wie eine gelungene bzw. gemeisterte Aufgabe. Wer sich über das Ergebnis seiner Arbeit freut und Lob erhält, hat daher ein sehr tiefes Gefühl der Befriedigung und lernt zugleich, wie dieses Gefühl zustande gekommen ist. Auf diese Weise erlernt das Kleinkind Selbstvertrauen und Selbstwert – zwei „Lernziele“, deren Bedeutung für den Lebensweg nicht hoch genug eingeschätzt werden können. Es lernt, dass es seine Zukunft, sein Leben buchstäblich selbst in der Hand hat, eine Einsicht, die man nicht predigen kann.

Es besteht ein weit verbreitetes Missverständnis darin, dass Erziehung vor allem durch sprachliche Unterweisung geschieht: Wir sagen, was man tun und lassen soll, machen Vorschriften und erteilen Instruktionen; wir predigen und schimpfen, diskutieren und erklären. Richtig daran ist, dass unser Gehirn in der Tat zum Sprechen und zu Einsichten, die sprachlich vermittelt sind, fähig ist. Falsch ist es jedoch zu glauben, dass wir über diesen Mechanismus lernen. Nicht einmal die Sprache selbst wird durch Unterweisung gelernt, sondern vielmehr so wie das Laufen: anhand vieler Fälle. Es wird Zeit zu verstehen und in die Tat umzusetzen, dass unser Gehirn durch Handeln lernt, durch aktiven Umgang mit der Welt. Alles, was diesen Umgang fördert, tut der kindlichen Entwicklung gut. Was den Umgang stört oder ihn verhindert, ist für das Kind schädlich.

Textiles Gestalten und Werken sind leicht zugängliche, überaus befriedigende Aktivitäten für Kinder, bei denen sie viel lernen für den Umgang mit Dingen und damit den Umgang mit ihren Händen, also mit sich selbst. Es ist Aufgabe der PädagogInnen, dafür zu sorgen, dass das Kind beim Werken nicht verzagt oder scheitert, sondern erfolgreich ist. Hinzu kommen das Auswählen der richtigen Aufgabe, des Materials und des kindgerechten Ziels, die Begleitung des Kindes und die Unterstützung beim Überwinden von Klippen.

Der Beitrag wurde erstmals in „Unsere Kinder“ 3/2005 publiziert.

Martin R. Textor

Sprachförderung im Kindergarten

Eine außerordentlich wichtige, aber oft wenig bewusste Aufgabe von Kindertageseinrichtungen ist die Spracherziehung. Für den späteren Schul- und Berufserfolg ist mitentscheidend, wie gut ein Mensch die Sprache beherrscht.

Während die Bedeutung der Sprachförderung für Kinder mit nichtdeutscher Muttersprache inzwischen allgemein anerkannt ist und auch durch Sonderprogramme unterstützt wird, werden vielerorts die Chancen der Spracherziehung bei deutschsprachigen Kindern noch nicht voll ausgeschöpft. Es mangelt an gezielten Aktivitäten zur Erweiterung des Wortschatzes, zur Förderung des Begriffsverständnisses, zur Ausdifferenzierung von Bezeichnungen und zum Erlernen komplexer grammatikalischer Strukturen. Spracherziehung sollte nicht nebenher laufen, sondern ein Kernbereich der Erziehung und Bildung im Vorschulalter sein.

Die Bedeutung des Gesprächs

Sprachförderung erfolgt weitgehend im Gespräch. Entscheidend dabei sind Intensität und Qualität der Kommunikation zwischen Erwachsenen und Kindern: Je mehr Einzel-, Kleingruppen- und Gesamtgruppengespräche im Kindergarten stattfinden, je vielfältiger die Themen sind, je komplexer und reichhaltiger die verwendete Sprache ist, umso besser gelingt Sprachförderung. Kleinkinder sind neugierig, stellen viele Fragen, haken endlos nach – es gibt nahezu ständig Gesprächsanlässe. PädagogInnen müssen sie nur erkennen, nutzen, ausbauen und sprachlich bereichern, etwa indem sie neue oder selten verwendete Wörter einführen, zur Differenzierung von Begriffen anleiten („Ist das nicht eher hellblau als blau?", „Wie nennt man diese Hundeart?") oder durch Nachfragen eine komplexere bzw. verständlichere Darstellung von Gesprächsinhalten auf Seiten der Kinder erreichen. Natürlich können auch PädagogInnen interessante Gesprächsthemen einbringen, insbesondere solche, auf die Kinder nicht von selbst kommen (würden).

Gute Sprachförderung setzt hohe kommunikative Kompetenz bei den Erziehenden voraus. Diese müssen beispielsweise ein Sprachvorbild sein, gut zuhören können und möglichst viele Fragetechniken beherrschen. Sie sollten Kinder bei Fehlern nicht unterbrechen und diese eher selten direkt korrigieren, da dies den Gesprächsfluss unterbricht und frustrierend wirkt. Stattdessen sollten sie deren Aussagen in ein „besseres" Deutsch umformulieren („paraphrasieren") oder ein falsch ausgedrücktes bzw. verwendetes Wort etwas später korrekt aussprechen bzw. richtig einsetzen.

Erzählen, Vorlesen und Betrachten von Bilderbüchern

Große Bedeutung hinsichtlich Sprachförderung kommt dem Erzählen und Vorlesen zu. Diese Angebote können durchaus ein- bis zweimal pro Tag gemacht werden, wobei sie vorzugsweise in Kleingruppen erfolgen, da sich die Kinder dann leichter konzentrieren. Das Erzählen hat gegenüber dem Vorlesen die Vorteile, dass PädagogInnen leichter Augenkontakt zu den Kindern halten, deren Gemütszustand wahrnehmen und dementsprechend Erzählweise und -tempo variieren können. Dann hören die Kinder genauer und konzentrierter zu, ist die Wahrscheinlichkeit geringer, dass sie unruhig werden oder sich ablenken lassen.

Durch das Erzählen und Vorlesen lernen die Kinder neue Wörter und Begriffe kennen. Außerdem ist die Schriftsprache reichhaltiger und komplexer als die gesprochene Sprache (z.B. mehr Adjektive, mehr Nebensätze und Einschübe). Gedichte, Reime und Wortspiele (wie „Fischers Fritz fischt ...") fördern zudem phonologische Bewusstheit.

Empfehlenswert ist, das Vorlesen und Erzählen mit Aktivitäten der Kinder zu verbinden. Lautes Lesen hat dann maximales Lernpotenzial, wenn die Kinder Gelegenheiten haben, aktiv teilzuhaben und zu reagieren (vgl. Roskos u.a. 2003). Dies verlangt drei Arten von Hilfestellung oder Unterstützung:

- Aktivitäten vor dem Lesen, die das Interesse und die Neugier der Kinder hinsichtlich des zu lesenden Buches wecken.
- Denkanstöße und Fragen während des Vorlesens, die Kinder mit dem gelesenen Text aktiv beschäftigt halten.
- Fragen und Aktivitäten nach dem Vorlesen, die Kindern die Möglichkeit bieten, die gerade gelesenen Bücher zu diskutieren.

Beispielsweise kann man während des Erzählens innehalten und die Kinder raten lassen, wie die Geschichte wohl weitergehen wird. Oder die Kinder sagen nach dem Vorlesen, was ihnen am besten gefallen hat bzw. wie sie sich verhalten hätten.

Besonders viele Sprachanlässe ergeben sich beim Betrachten von Bilderbüchern. Diese Aktivität sollte nur mit einigen wenigen Kindern – abgeschirmt von den anderen – durchgeführt werden, sodass jedes die Bilder von nahe sehen kann. Die erwachsene Person liest nicht nur den Text vor und zeigt das jeweilige Bild, sondern spricht auch mit den Kindern über das einzelne Bild. Bei ganz kleinen Kindern kann sie Dinge auf dem Bild benennen lassen, den Begriff erklären oder erweitern („Welche anderen Haustiere kennt ihr?“, „Wozu kann Feuer noch verwendet werden?“). Etwas ältere Kinder können bereits Bilder deuten oder Beziehungen zwischen einzelnen Bildern „konstruieren“. Bei sehr guten Bilderbüchern können sie sogar die ganze Geschichte anhand der Bilder selbst erschließen; anstatt des Vorlesens werden also nur Fragen gestellt.

Die vielen Details auf den Bildern lassen Kinder oft lange bei einzelnen Bildern verweilen. Hier kann ein Karton mit einem Loch hilfreich sein, der über das Bild bewegt wird. Da immer nur ein kleiner Ausschnitt des Bildes durch das Loch wahrgenommen wird, wird die Aufmerksamkeit auf kleinste Details gelenkt. Die Bilddeutung und die Beschreibung der Details fördern Wortschatz und Sprachbeherrschung; Rückfragen, Erklärungen und Kommentare der PädagogIn tragen dazu bei. Zugleich werden neben der Sprachkompetenz auch Beobachtungsfähigkeit, Fantasie und Vorstellungskraft gefördert.

Kinder erzählen lassen

Im Verlauf eines Tages sollten Kinder immer wieder zum Erzählen motiviert werden. Da viele Kleinkinder „geborene Erzähler“ sind, ergeben sich Anlässe von selbst, z.B. wenn ein Kind von einem Familienausflug, einer Fernsehsendung oder einem Traum berichtet. Es kann seine Gedanken und Gefühle in die Geschichte einfließen lassen, Fantasie und Kreativität zeigen, ja sogar über „Gott und die Welt“ philosophieren. Durch Rückfragen wird es dazu bewegt, seine Geschichte immer weiter auszuschmücken. Zugleich werden andere Kinder angeregt, ähnliche Geschichten zu erzählen.

KindergartenpädagogInnen können sich auch verschiedener Methoden bedienen, um Kinder zum Erzählen zu motivieren. Dazu gehören beispielsweise:

- In einer Kleingruppe nennt jedes Kind ein Wort, das in einer Geschichte vorkommen soll. Die ErzieherIn beginnt mit dem Erzählen, die Kinder fahren fort. Mit zunehmender Erfahrung erzählen die Kinder von Anfang an.
- Jedes Kind malt auf ein Kärtchen einen Gegenstand seiner Wahl, eine Figur, ein Tier. Dann werden alle Kärtchen umgedreht, vermischt und verdeckt in eine Reihe gelegt. Wer einen Ball zugeworfen bekommt, beginnt mit dem Erzählen. Das Kind deckt die erste Karte auf und beginnt eine Geschichte, in der die Abbildung vorkommt. Wenn es keine Lust mehr hat, dann wirft es den Ball einem anderen Kind zu. Die folgende Karte wird aufgedeckt und die Geschichte fortgesetzt (vgl. Becker-Textor 1992). Mit zunehmender Erfahrung kann der Ball durch einen Würfel ersetzt werden: Das jeweilige Kind muss so viele Karten aufdecken, wie der Würfel Augen zeigt, und alle Abbildungen in seinem Teil der Geschichte erwähnen.
- Den Kindern werden mehrere Bilder oder Fotos vorgelegt, wozu sie eine Geschichte erfinden.

Mit einer einfachen Kartonmaske lässt sich bei der Bilderbuchbetrachtung die Aufmerksamkeit auf Details lenken.

- Das Erzählen ist Teil eines Projekts oder ergibt sich „automatisch“ aus anderen Aktivitäten. Wurde beispielsweise mit Kindern eine Burg besichtigt, werden diese hoch motiviert sein, Rittergeschichten zu erfinden.
- Geschichten von Kindern oder Erwachsenen, Bilderbuchtexte, Märchen, Sagen etc. können im Rollenspiel dargestellt oder gemeinsam zu Theaterstücken (vielleicht sogar mit Kostümen, Requisiten und Kulissen) erweitert werden.
- Auch Kleine-Welt-Spiele eignen sich gut zur Sprachförderung.

Eltern ermutigen

Das Angeführte nennt nur einige Wege der Sprachförderung. Da viele Studien gezeigt haben, dass die Grundlagen in diesem Entwicklungsbereich vor allem seitens der Familie gelegt werden, sei abschließend darauf hingewiesen, dass im Rahmen der Erziehungs- und Bildungspartnerschaft Eltern motiviert werden sollten, ihre Kinder hier verstärkt zu fördern. Daheim können praktisch dieselben Aktivitäten wie im Kindergarten stattfinden: vorlesen, Bilderbücher betrachten, (Gute-Nacht-)Geschichten erzählen, dem Kind zuhören, wenn es etwas erzählt, und dann das Gespräch ausweiten etc. Als sehr hilfreich hat sich erwiesen, wenn Eltern im Kindergarten auch (Bilder-)Bücher ausleihen können und sich so die Neuanschaffung bzw. den Weg zur Bibliothek ersparen.

Literatur

Becker-Textor, I. (1992): Mit Kinderaugen sehen. Wahrnehmungserziehung im Kindergarten. Freiburg, Basel, Wien: Herder

Roskos, K. A./Christie, J. F./Richgels, D. J. (2003): The essentials of early literacy instruction. In: Young Children 58 (2), S. 52–60

Der Beitrag wurde erstmals in „Unsere Kinder“ 5/2005 publiziert.

Waldemar Feiner

Vorbedingungen des Schreibens und Lesens

Wer sich mit dem Erwerb der Kulturtechniken „Lesen" und „Schreiben" beschäftigt, stößt unweigerlich auf den Begriff „Literacy". Lesen und Schreiben sind demnach „Teil des Gesamtkomplexes Spracherwerb und Sprachkompetenz" (Müller-Walde 2005, S. 39). Bedeutend dabei ist, dass Erlebnisse mit Bildern, Büchern und Schrift in der frühen Kindheit das spätere Lese- und Schreibverhalten entscheidend mitprägen. Verknüpfen Vorschulkinder mit Schreiben und Lesen positive Gefühle, bewahren sie sich diese in der Regel. Interessant dabei ist, dass die meisten Kinder zuerst zu schreiben versuchen und sich so einen ersten Zugang zur Welt der Buchstaben und Wörter verschaffen, die sie dann auch „entschlüsseln" – sprich lesen – wollen.

1. Schreiben

Die meisten Kinder in unserem Kulturkreis erahnen sehr früh die Bedeutung von Schrift. Sie beobachten Erwachsene beim Schreiben und ahmen diese nach. Auch Kinder „schreiben" (sprich: kritzeln) Notizen, Einkaufszettel oder Briefe. Diese Erfahrungen mit Schriftkultur sollten im Kindergarten nicht nur positiv bewertet, sondern durch spielerische Zugänge noch verstärkt werden. Sie sind nämlich die Grundlage, dass SchulanfängerInnen sich auf das Schreibenlernen freuen und endlich auch das können möchten, was Erwachsene können. Erst auf diesem Fundament einer emotional positiv besetzten Motivation für „Schrift" im weitesten Sinn können jene Entwicklungsimpulse gesetzt werden, die für das Schreiben im engeren Sinn bedeutsam sind.

Aus diesem Grund ist es notwendig zu analysieren, welche Faktoren am Schreiben bzw. am Zustandekommen der Schrift beteiligt sind und welche Voraussetzungen das einzelne Kind jeweils dafür mitbringt.

Die Skizze in der rechten Spalte soll die wesentlichen Komponenten des Schreiblernprozesses veranschaulichen.

Was sagt diese Skizze?

- Schreibenlernen ist vielschichtig und die Schreibvorbereitung muss daher breit angelegt werden.
- Das wesentlichste Kennzeichen von Schrift ist die Sinnkomponente. Wer schreibt, will etwas mitteilen. Das heißt, der Sinnfaktor ist der Hintergrund, die Basis oder das Fundament jeglicher Schreibvorarbeit.
- Neben dem Sinnfaktor kommen der kindlichen Motorik und Wahrnehmungsfähigkeit große Bedeutung zu.

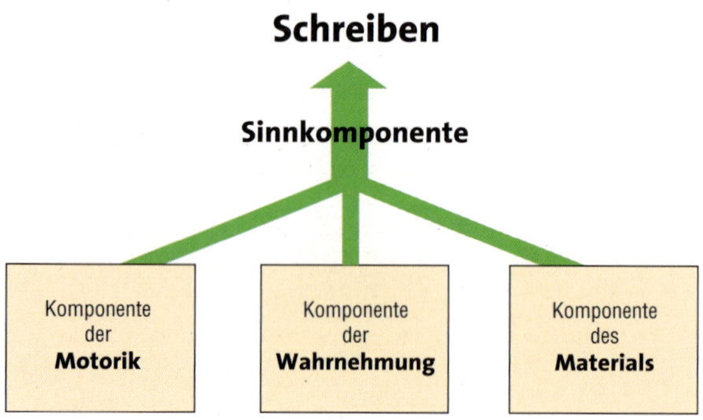

- Schließlich ist die Art und Auswahl des „Schreibmaterials" im weitesten Sinne des Wortes wichtig.

Die isolierte Betrachtungsweise dieser Komponenten ist natürlich nur aus methodischen Gründen sinnvoll. In der konkreten Schreibvorarbeit mit Kindern bedingen sich diese Komponenten gegenseitig.

Was in der Skizze nicht sichtbar ist, im Umgang mit Kindern aber beachtet werden muss, ist sowohl das unterschiedliche Leistungsniveau in der Gruppe als auch das unterschiedliche individuelle Leistungsprofil beim einzelnen Kind. So kann es durchaus vorkommen, dass zum Beispiel ein Kind bereits eine differenzierte Wahrnehmungsfähigkeit besitzt, aber im motorischen Bereich noch Entwicklungsdefizite aufweist oder umgekehrt.

1.1. Schrift – eine Möglichkeit, Sinn mitzuteilen

Von den einfachen Bildzeichen der Steinzeitmenschen bis zur abstrakten Buchstabenschrift war ein weiter Weg. Die dahinterliegende Absicht, über Zeichen Sinn mitzuteilen, war und ist jedoch immer gleich. Und hier zeigen sich faszinierende Parallelen zwischen der Entwicklung der kindlichen Bildsprache und der menschheitsgeschichtlichen Entwicklung der Schrift.

Auch das Kind hinterlässt zuerst einfache Zeichen und Spuren. Spuren von sich selbst, indem es etwa mit nassen Füßen über einen Betonweg läuft, Spuren von Händen oder Fingern, Spuren von Materialien, Farben oder Stiften.

Obwohl dieses Tun beim Kleinkind vorerst noch stark von der Funktionslust gesteuert wird, steckt dahinter doch das (unbewusste) Bedürfnis, sich selbst durch eine sichtbare Spur zu dokumentieren. „Das war ich! Das habe ich gemacht", könnte das Kind damit ausdrücken. Die

Spur wird zum Identitätszeichen. Dieses anfängliche Kritzeln und Spurenhinterlassen ist daher wichtige Voraussetzung für gesteuertes Gestalten, das etwas Konkretes darstellen will. Das früheste Sinnzeichen für den Menschen ist der Kopffüßler, eine in sich bezeichnete Kreisform mit Strichen für Arme und Beine. Die Kreisform meint den ganzen Menschen. Das Gesicht symbolisiert ihn. Der Blick und die Stimme stellen die Kommunikation her. Daher mag es rühren, dass der Mensch zunächst so komprimiert dargestellt wird. In seiner Bildsprache tauchen dann alle dem Kind wesentlichen Bereiche seiner Umwelt auf: die Eltern, Geschwister, das Haus und die Straße, Pflanzen und Bäume und nicht zuletzt die Tiere, die Technik, die Spielsachen usw. (vgl. Seitz 1978).

Beispiel 1

Beispiel 1 zeigt einen Kopffüßler, dessen wesentliches Merkmal eine Kopfbedeckung ist. Tatsächlich war die Haube zum Zeitpunkt, als die Zeichnung entstand, für den vierjährigen Thomas eine ganz wichtige Sache.

1.1.1. Methodische Konsequenz

Kinder sind also fähig, nicht nur über Sprache, Gestik und Mimik, sondern auch über grafische Zeichen oder mit Hilfe von Aufstellspielzeug, Ton- oder Plastilinfiguren Sinnvolles mitzuteilen. Jede Schreibvorarbeit bedarf zwingend dieses Sinnhintergrundes. Das gilt auch für Spiele, Aufgaben und Übungen im Bereich der Motorik und der Wahrnehmung, sobald sie der Schreibvorbereitung dienen.

1.1.2. Ziele

SchulanfängerInnen können

- eine einfache Geschichte im Rollenspiel oder mit Hilfe von Spielfiguren darstellen,
- eine Bildgeschichte legen und „lesen" und über eine Zeichnung Sinn mitteilen,
- den Sinn von grafischen Zeichen (z.B. Symbolen in der Garderobe) entschlüsseln und
- selbst einfache sinnvolle Zeichen erfinden.

Die Sinnkomponente ist gemeinsames Kennzeichen aller Schriftsysteme. Die Gestaltung der Schriften selbst jedoch ist in den einzelnen Kulturkreisen sehr unterschiedlich. Dies ist dann besonders zu beachten, wenn Migrantenkinder in einer Gruppe sind, die aus einer anderen Schriftkultur kommen. Das Ziel beim Erlernen jeder Schrift ist allerdings die geläufige Wiedergabe exakter Formelemente. Die Geläufigkeit der Schreibbewegung ist dabei eindeutig dem Bereich der Motorik zuzuordnen, während die Wiedergabe von Formelementen exakte Wahrnehmungsfähigkeit voraussetzt. Beim Schreiben verschmelzen beide Fähigkeiten. Das bedeutet auch für den Kindergarten, dass diese beiden Komponenten in der Schreibvorarbeit besonderer Berücksichtigung bedürfen. Dabei steht jedoch folgende Frage als Kriterium immer im Vordergrund: Was kann das einzelne Kind im jeweiligen Bereich leisten, ohne überfordert zu werden?

1.2. Motorische Fähigkeiten als Vorbedingung des Schreibens

Ein Beispiel voraus: Die Eltern von Robert (5 1/2 Jahre) äußern Sorge, ihr Kind würde die Anforderungen der Schule im Hinblick auf das Schreiben nicht schaffen. Sie lassen daher Robert täglich einige Zeilen einfacher Grundformen unserer Schrift schreiben. Wie Beispiel 2 zeigt, kann Robert aber auch eine vorgegebene grobe Slalomspur nicht nachziehen. Die Leistung wird mit Zunahme der Versuche sogar schlechter.

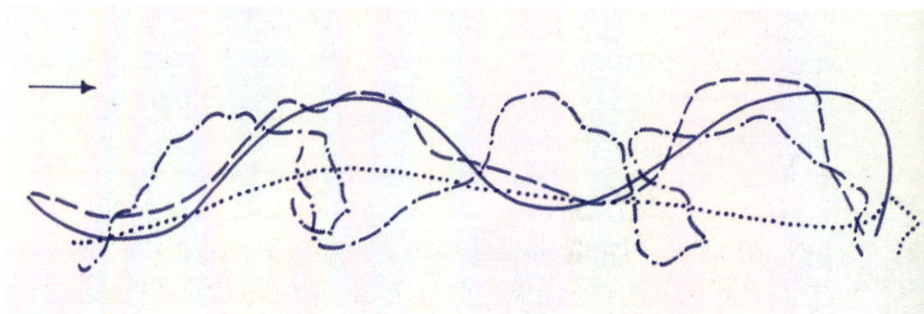
Beispiel 2

Legende:
Vorgegebene Spur: ———
Versuch 1: - - - -
Versuch 2: ....
Versuch 3: —·—·—

Warum? Wird durch Übung und Training nicht jener Entwicklungsreiz gegeben, der schließlich zum Erfolg führt?

Dazu Dr. Moser, Unfallchirurg: „Grundsätzlich stimmt es, dass Übung im motorischen Bereich stimulierend wirken kann – nur muss man um die Zusammenhänge wissen. Wer ein Kind beobachtet, sieht, wie vielschichtig und unterschiedlich die Bewegungsformen sind und wie oft diese gewechselt werden. Jede einseitige Dauerbelastung führt nicht nur beim Kleinkind, sondern auch bei Jugendlichen und Erwachsenen zu Verkrampfungen, mitunter sogar zu Schäden. In diesem Zusammenhang wird in der medizinischen Literatur auch auf die schädliche Wirkung längeren Sitzens hingewiesen. Bei Kindern bis etwa zum siebten Lebensjahr ist zudem die Form der Wirbelsäule noch nicht fertig ausgebildet. Werden nun von Kindern dieses Alters über längere Zeit feinmotorische Tätigkeiten in sitzender Haltung verlangt, kommt es zu einer kompensatorischen Daueranspannung von Hals- und Schultermuskulatur. Verkrampfung ist die Folge.

Wichtig ist auch zu wissen, dass das junge Kind abwechslungsreiche Möglichkeiten benötigt, um vorerst einmal die Stellung seines Körpers im Raum zu erfahren. Erst wenn die körperliche Anpassung an Raumgegebenheiten gelingt und das Kind Raumvorstellungen entwickelt, wird feinmotorische Koordination, wie sie beim Schreiben gefordert wird, möglich."

Wenn also ein Kind wie Robert im letzten Jahr vor dem Schuleintritt noch feinmotorische Defizite aufweist, werden diese eher durch ein Zurückgreifen auf gröbere Bewegungsformen entwickelt als durch einseitiges feinmotorisches Training.

1.2.1. Ziele

SchulanfängerInnen können

- sich mit ihrem ganzen Körper harmonisch bewegen (gehen, laufen, hüpfen, rutschen, Stiege steigen ...),
- Hindernissen rechtzeitig ausweichen oder diese sinnvoll bewältigen (durchkriechen, überklettern ...),
- mit dem Körper das Gleichgewicht halten (balancieren, mit einem Roller oder Fahrrad fahren ...),
- ihre Körperbewegungen auf vorgegebene Bodenstrukturen abstimmen (Tempelhüpfen, Hindernislauf ...),
- mit den Armen oder Beinen einen Ball wegschießen,
- beidhändig (ev. bereits mit einer Hand) einen Ball fangen,
- einfache Zielwürfe durchführen (Wurfringe auf ein Ziel werfen ...),
- Spiele bewältigen, die eine harmonische Armbewegung herausfordern (Jojo, schnurspringen ... oder mit einem breiten Pinsel eine große Fläche bemalen ...),
- mit Bauelementen verschiedene Gebilde gestalten,
- mit den Händen Papier knüllen,
- mit Teig, Ton, Sand oder Knetmaterial modellieren,
- hämmern, schrauben,
- einfache Geschicklichkeitsspiele selbst herstellen und die darin gestellten Aufgaben bewältigen,
- mit den Fingern Kleidungsstücke auf- oder zuknöpfen,
- Fingergeschicklichkeitsspiele bewältigen,
- mit Fingerpuppen spielen,
- weben und nähen,
- vorgegebene Figuren ausmalen, stempeln und drucken,
- mit einer Schere schneiden,
- malen und zeichnen.

Diese Aufzählung macht anschaulich bewusst, wie wichtig unterschiedlichste Materialien für die Bewältigung motorischer Aufgaben sind.

1.2.2. Methodische Konsequenz

Sinnvolle Schreibvorarbeit fordert also möglichst viele unterschiedliche motorische Fähigkeiten eines Kindes heraus. Dadurch können Defizite beobachtet und durch differenziertes Übungsangebot individuell behoben werden. Dabei ist zu unterscheiden, ob die beobachteten Mängel eher in der Motorik oder in der Wahrnehmung liegen.

Mängel in der Motorik zeigen sich im Extrem in zwei Ausformungen: Motorisch auffällig sind **hyperaktive Kinder,** die im wahrsten Sinne des Wortes immer „über das Ziel hinausschießen". Hier wird der Zusammenhang zwischen Grob- und Feinmotorik besonders deutlich sichtbar. Von so einem Kind zu verlangen, dass es kleine Figuren ausmalt oder eine Faltarbeit mit einem Muster verziert, wird misslingen. Diese Kinder brauchen vorerst einmal vielfältige Gelegenheiten, ihren Motoriküberschuss in grobmotorische Aktivitäten zu investieren. Diese sollten allerdings immer zielgerichtet sein. Ein Beispiel: Wenn im Bewegungsraum oder im Garten ein Hindernisparcours zu bewältigen ist, dann sollten die Hindernisse trotz aller Aktivität nicht umgeworfen werden.

Umgekehrt vermeiden **motorisch kraftlose Kinder** meist schnelle und ausdauernde Bewegungen. Sie rutschen zaghaft über die Rutsche, trauen sich nicht mit einem Rad zu fahren und sind dann oft auch im Bereich der feinmotorischen Geschicklichkeit eher kraftlos. Sie kompensieren diesen Mangel häufig durch Verkrampfung im Schulter-Arm-Bereich. Diese Kinder brauchen vorerst viel Hilfe, ihre Bewegungsangst und -unsicherheit durch positive Unterstützung allmählich abzubauen.

Bei gravierenden Mängeln im motorischen Bereich ist allerdings eine medizinische Abklärung notwendig.

Defizite in diesem Bereich müssen jedoch – wie bereits oben kurz angesprochen – nicht zwingend in der Motorik liegen. Auch mangelnde Wahrnehmungsfähigkeit oder -möglichkeit kann zu verminderten motorischen Leistungen führen. Ein simples Beispiel: Wenn ein Kind schlecht sieht, kann auch die Koordination von Auge und Körper, Auge und Hand nicht gut funktionieren.

Aber auch Kinder, die wenig taktile Erfahrungen machen dürfen („Greif das nicht an!", „Mach dich nicht schmutzig!"), werden etliche motorische Aufgaben eher vermeiden wollen. Sie „handeln" kaum und „greifen" eher nur zaghaft „zu". Die Folge: Wertvolle Wahrnehmungs- und Bewegungserfahrungen bleiben ihnen vorenthalten. „Es wird Zeit, zu verstehen und in die Tat umzusetzen, dass unser Gehirn durch Handeln lernt, durch aktiven Umgang mit der Welt. Alles, was diesen Umgang fördert, tut der kindlichen Entwicklung gut. Was den Umgang stört oder ihn verhindert, ist für das Kind schädlich" (Spitzer 2005, S. 13).

1.3. Wahrnehmungsfähigkeit als Vorbedingung des Schreibens

Die Wiedergabe von Schriftzeichen setzt also eine funktionierende visuelle Wahrnehmung voraus. Wie vielfältig die Wahrnehmungsforderungen beim Schreibenlernen für eine/n SchulanfängerIn sind, soll folgende Sachanalyse verdeutlichen: Lernt ein Kind in der ersten Klasse ein neues Wort schreiben, muss es

- die Gestalt dieses Wortes als Ganzheit und die Buchstaben dieses Wortes erkennen und benennen können,
- die Reihenfolge der Buchstaben erfassen und sich diese merken,

- eine Bewegungsvorstellung der Schreibspur gewinnen,
- diese Bewegungsvorstellung in eine fehlerfreie Schreibbewegung umsetzen,
- dabei die Schreibrichtung,
- die Raumlage und
- die Begrenzung der Schreibfläche beachten.

Was in der Schule als sehr genau umschriebenes Lernmuster abläuft, wird im Kindergarten nur dann sinnvoll vorbereitet werden, wenn die Eigenart frühkindlicher Wahrnehmung beachtet wird. Es ist daher bei jeder Schreibvorarbeit neben den bereits angeführten Kriterien (Sinn, Motorik) zu bedenken, dass

- der Wahrnehmungs- und Erfahrungsprozess bei jüngeren Kindern durch die Freude an qualitativ reichhaltigen taktilen, optischen und akustischen Erlebnissen charakterisiert ist,
- die Welterfahrung vorwiegend sensomotorisch ist, also eine Erfahrung der Eigenbewegung im Raum, des Erfassens der Dinge, des „Begreifens" im wörtlichen Sinn. Es ist also ein Erlernen des Zusammenspiels aller Sinne und der Integration dieser Erfahrungen mit der eigenen Aktivität.

Durch eine Gegenüberstellung Schule – Kindergarten soll aufgezeigt werden, welche Aufgaben in diesem Lernbereich der Schule zukommen und welche der Kindergarten bereits sinnvoll vorbereiten kann, ohne dass er die Eigenart frühkindlicher Wahrnehmung missachtet oder die Eigenständigkeit seiner Bildungsarbeit unterdrückt.

1.3.1. Form und Elemente eines Gegenstandes

Das Kind soll die Form eines Gegenstandes und die Elemente dieses Gegenstandes erkennen und benennen können.

Die Schule verlangt von SchülerInnen bereits eine abstrakte Denkleistung, die sich ganz auf diesen einen Begriff zu konzentrieren hat. Der Kindergarten kann Wahrnehmungsaufgaben, die das Erkennen von Gegenständen und deren Details zum Ziel haben, in ein breites Erlebnisfeld stellen. Das reicht vom Legen eines Puzzles bis zum Bauen mit einem Konstruktionsmaterial nach Vorlage.

1.3.2. Die Reihenfolge von Elementen erfassen

Die Schule verlangt vom Kind, sich ganz bestimmte Zeichen in einer ganz bestimmten Anordnung zu merken, auch wenn die Art des Einprägens noch sehr abwechslungsreich gestaltet werden kann. Der Kindergarten kann die Art der Zeichen selbst und natürlich die Art des Einprägens noch breiter variieren.

Das kann vom Legen einer Bildgeschichte über das Falten bis zum Fädeln einer Perlenkette reichen.

Wie Beispiel 3 zeigt, verlangt das ornamentale Verzieren die Einhaltung einer Reihenfolge. Die Arbeiten wur-

Beispiel 3

den jedoch sehr unterschiedlich gelöst. Und gerade darin liegt die methodische Freiheit des Kindergartens. Das Ziel dieser Arbeit war in erster Linie das exakte Falten. Bei der grafischen Ausgestaltung wird den Kindern noch individueller Spielraum gegeben. Keine Lösung ist falsch.

Der KindergartenpädagogIn geben diese Lösungen allerdings sehr wohl Hinweise, welchen Kindern sie durch Zurückgreifen auf einfachere Aufgaben helfen muss, damit sie auch dieses Wahrnehmungsziel erreichen.

1.3.3. Bewegungsvorstellung der Schreibspur gewinnen und in Schreibbewegung umsetzen

Neben der Formvorstellung ist die Bewegungsvorstellung der zweite wichtige Schlüsselbegriff in der Schreiberziehung.

Der Kindergarten wird daher bei allen motorischen Tätigkeiten, die eine bestimmte Form oder Bewegungsspur verlangen, auf bereits gemachte Wahrnehmungserfahrungen und auf konkrete Vorstellungsbilder zurückgreifen.

Je jünger das Kind, umso konkreter sollen Bewegungsvorstellungen mit bereits gewonnenen Bewegungserfahrungen verknüpft werden. Zum Beispiel: „Wir stellen uns in einem Kreis auf, der so rund wie dieser Reifen ist!" Andere Vorstellungsmuster könnten lauten: „So eckig wie die Stufen einer Stiege." „So rund (oval) wie ein Ei." „So geschwungen wie die Glocke." „Wie die Spur der Holzeisenbahn." ...

Bewegungsspuren sollten im Kindergarten eher sehr ausgiebig noch mit dem ganzen Körper erlebt werden können.

1.3.4. Die Schreibrichtung beachten

In der Schule gibt es immer wieder Schwierigkeiten mit der Lese- und damit auch mit der Schreibrichtung. Als Hilfe werden häufig die Zeilen durch Anfangspfeile markiert.

Dem Kindergarten kommt hier eher die Aufgabe zu, bei allen Richtungsspielen und Legeaufgaben (Bildgeschichte) auf die Lese- und Schreibrichtung zu achten. Auf verwirrende Richtungskombinationen (zum Beispiel „Zeig mir mit der linken Hand dein rechtes Ohr!“) sollte verzichtet werden.

1.3.5. Die Raumlage beachten

Die Schule verlangt vom schreibenden Kind, dass es sich auf einer Heftseite zurechtfindet, die Buchstabenformen in ihrer eindeutigen Raumlage wiedergibt und Ober- bzw. Unterlängen der einzelnen Buchstaben beachtet.

Wenn Kinder im Kindergarten Muster nachlegen oder auf einem Nagelbrett richtig nachgestalten können, beweisen sie, dass ihnen die Raumlage keine Schwierigkeiten mehr bereitet. Eine Steigerung bedeutet das Lösen einer solchen Aufgabe, wenn sie auch aus dem Gedächtnis bewältigt werden kann.

1.3.6. Die Begrenzung der Schreibfläche beachten

In der Schule bereitet es nicht nur SchulanfängerInnen, sondern auch älteren Kindern oft noch Schwierigkeiten, das Ende einer Zeile oder die Zeilenbreite richtig abzuschätzen.

Im Kindergarten könnte diese Raumerfahrung bei vielen Spielen oder Hindernisläufen eingeübt werden.

Die Beispiele 4 und 5 zeigen sehr unterschiedliche grafische Arbeiten, die alle die Begrenzung durch die Fläche verlangen. Im Vordergrund steht jedoch zuerst einmal die motivierende Aufgabe. Wer möchte eine so interessante Faltschachtel nicht verzieren? Die durch das Falten entstandenen Flächen fordern geradezu die ornamentale Ausschmückung heraus. Dennoch gibt es Kinder, denen auch diese Flächen noch zu groß sind. Was aber wichtig ist und auffällt: Kein Kind missachtet die Begrenzung der Fläche.

Beispiel 4

Beispiel 5

Auch Ostereier (Beispiel 5) verlangen eine Verzierung. Hier wird die Begrenzung einmal durch das Eiformat und dann durch die auf dem Papier zufällig aufgedruckten Zeilen vorgegeben. Während ein Kind die vorgegebene Zeilenbreite akzeptiert und die Aufgabe auch entsprechend löst, zieht das andere Kind Zwischenlinien. Es begrenzt sich „die Schreibfläche“, weil ihm kleinere Muster offensichtlich besser gelingen.

Das individuelle Bedürfnis im Hinblick auf die Mustergröße sollte nicht nur im Kindergarten, sondern auch in der Schule – übertragen auf die Schriftgröße – berücksichtigt werden.

1.3.7. Ziele

SchulanfängerInnen können

- einfache Formen erkennen und benennen,
- die Reihung von Bildern und Mustern erfassen und sich diese merken (bis zu fünf Elemente),
- erlebte Bewegungsvorstellungen in Bewegungsspuren umsetzen,
- „rechts“ oder „links“ mit geschlossenen Augen sicher unterscheiden,
- einfache Raumbeziehungen wie oben, unten, neben, vorne, hinten benennen und bei motorischen Tätigkeiten beachten,
- räumliche Begrenzungen vor allem beim grafischen Gestalten (Malen, Schneiden ...) beachten.

1.3.8. Methodische Konsequenz

Der Kindergarten gestattet den Kindern breite Wahrnehmungserfahrungen und bietet Anlässe, in denen diese auch motorisch und grafisch mit unterschiedlichsten Materialien umgesetzt werden können.

Besonders zu achten ist dabei allerdings immer, dass Fehlleistungen nicht fixiert werden, sondern vom Kind selbst leicht korrigierbar sind.

2. Lesen

Oft wird die Frage gestellt, ob im Zeitalter elektronischer Medien die Vermittlung von Lesekompetenz überhaupt noch so wichtig sei. Forschungsergebnisse geben eine eindeutige Antwort: „Literacy“, verstanden als Freude am geschriebenen Wort und die Fähigkeit, Texte zu verstehen und mit Büchern kompetent umzugehen, ist auch Grundlage für einen kritischen und eigenverantwortlichen Umgang mit Medien (Fritz 1988, Böck 2000, Elschenbroich 2001, Müller-Walde 2005). Lesen allerdings nur auf Medienkompetenz zu reduzieren wäre zu wenig. Wer liest, wird auch fähig, sich eigenständig Welt zu erschließen, Probleme zu lösen und sich in andere Menschen hineinzudenken. LeserInnen sind demnach eigenverantwortlicher, selbstbewusster und nicht so leicht manipulierbar. Sie sind in der Regel auch bessere Garanten für eine lebendige und funktionierende Demokratie.

Aber wie werden nun Kinder zu LeserInnen? Welche Aufgabe kommt dabei dem Kindergarten zu? Neuere Forschungsarbeiten geben auch hier interessante Antworten: Lesemotivation und Lesekompetenz seien stärker als bisher angenommen an ein emotionales Fundament der Kinder gebunden. Lesekompetenz darf demnach nicht darauf reduziert werden, nur Fragen beantworten zu können oder abfragbares Wissen zu vermitteln. „Im Vordergrund steht Menschenbildung. Dazu gehören bewusste Entwicklung von Werten, von Verhaltensnormen und Sozialkompetenz" (Müller-Walde 2005, S. 39). Das heißt, vor allem junge Kinder brauchen Bezugspersonen, die gerne mit ihnen spielen, reden und etwas unternehmen, die mit Sprache experimentieren, ihnen Geschichten erzählen oder aus Büchern vorlesen.

Dadurch wird auch die Position des Kindergartens klarer. Er muss nicht Teile des Leseunterrichts vorwegnehmen, sondern vielmehr der Frage nachgehen, welche Bildungsarbeit sinnvoll geleistet werden kann, um gute Startbedingungen für das Kind zu schaffen. Dies verlangt allerdings Kenntnis jener Prozesse, die beim Lesenlernen von Bedeutung sind. Die folgende Skizze soll dies veranschaulichen. Von unten nach oben gelesen zeigt sie, dass neben der Lesemotivation als Fundament auch Sprachfähigkeit, Sinnverständnis, Durchgliederungsfähigkeit und Speicherfähigkeit von Bedeutung sind, um das Ziel von Lesekompetenz zu erreichen.

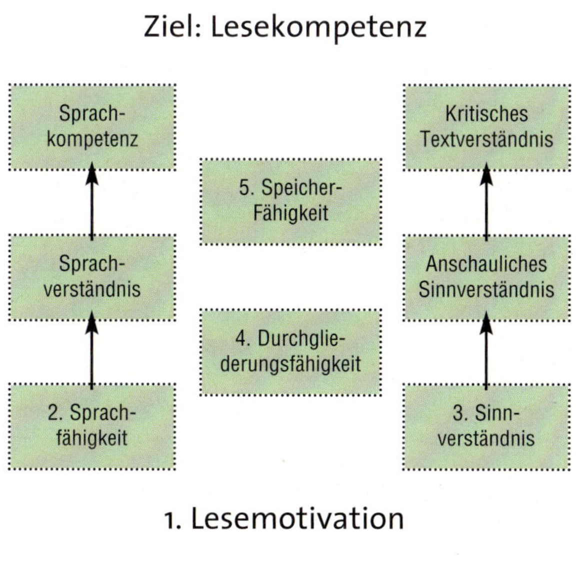

Wie diese Fähigkeiten im Kindergarten grundgelegt werden könnten, sollen folgende Überlegungen aufzeigen. Obwohl beim Lesen die soeben geschilderten Teilleistungen ständig miteinander herausgefordert werden, ist es aus methodischen Gründen günstig, die einzelnen Aspekte getrennt zu betrachten.

2.1. Lesemotivation

Motivation ist wesentlich von Neugier, Interessen und Einstellungen geprägt. Im Bereich der Lesemotivation kann diese im Kindergarten am ehesten über das Bilderbuch geweckt werden. Beim Vorlesen und gemeinsamen Anschauen in einer kleinen Gruppe, beim Nachspielen einer Szene oder durch das kritische Hinterfragen einer Buchaussage, beim Verweilen bei einer Bildszene und durch das gemeinsame Gespräch ... kann jene positive emotionale Beziehung zu Büchern entstehen, durch die bereits im Kindergarten „Leseautonomie" grundgelegt wird. Dabei sollten folgende drei Ziele erreicht werden:

2.1.1. Kinder greifen freiwillig zu Büchern

Dieses Ziel wird dann am ehesten erreicht werden, wenn Bücher nicht nur der ganzen Gruppe zur Verfügung stehen, sondern wenn die PädagogIn auch auf die Buchinteressen einzelner Kinder eingeht. Erst wer die SpezialistInnen in seiner Gruppe entdeckt, wird jene Bücher in die Bücherecke stellen, die dem einzelnen Kind das Gefühl geben: Da sind nun Bücher, die mir Auskunft geben über das, was ich wissen möchte, worüber ich mich besonders freue, Bücher, die ich ganz speziell mit meinem Freund, mit meiner Freundin anschauen kann usw.

In letzter Konsequenz heißt das, dass neben dem Buchangebot für die Gruppe auch Bücher für einzelne Kinder vorhanden sein sollten. Auch in diesem Zusammenhang kommt der Elterninformation große Bedeutung zu.

2.1.2. Das Buchanschauen wird durchgehalten

Wenn von kompetenten LeserInnen verlangt wird, dass sie ein Buch zu Ende lesen, so soll auch vor allem dem älteren Kindergartenkind geholfen werden, dieses Durchhaltevermögen beim Buchanschauen zu lernen. Das Nachspielen einer Szene, Detailsuchspiele und Buchvergleiche können das Verweilen bei einem Buch fördern.

2.1.3. Das Kind hat den Inhalt des Buches verstanden

Hier soll besonders die Bedeutung der kritischen Auseinandersetzung mit einem Buchinhalt unterstrichen werden. Vielleicht wird eine neue Buchseite selbst gestaltet und eingeklebt, ein anderer Schluss zu einem Buch ausgedacht, Figuren anders benannt ... Jene PädagogInnen, die dem Kind Möglichkeiten zur kritischen Begegnung anbieten, führen es zu einem autonomen Leseverhalten.

Aufbauend auf die Lesemotivation haben beim Leselernprozess in der Schule die Sprachfähigkeit und das Sinnverständnis eine hohe Bedeutung. Sie stellen gleichsam die Fundamente der Lesearbeit dar. Das heißt, erst Texte, die aus der lebendigen Sprachwelt des Kindes kommen und die auch vom Inhalt her so bedeutsam sind, dass sie die SchülerInnen gern lesen wollen, sind wesentliche Voraussetzung für einen zielführenden Leseunterricht.

Ein Leseunterricht, der diese Kriterien erfüllt, wird dadurch selbst zum Auslöser bedeutender Lernprozesse: So wichtig Sprachfähigkeit und Sinnverständnis für den Start des Leselernprozesses sind, entwickeln sie sich umgekehrt gerade durch vielfältiges Lesen erst weiter zu differenzierter Sprachkompetenz und zu kritischem Textverständnis, wie die Pfeile in der Skizze auf Seite 237 zeigen. Was heißt das für den Kindergarten?

2.2. Sprachfähigkeit

Kinder brauchen also eine Basissprachfähigkeit, um den Leseprozess starten zu können. In der Praxis zeigt sich allerdings, dass die Sprachkompetenzen bei Kindern im letzten Kindergartenjahr stark variieren. So zählte zum Beispiel ein Kind beim Betrachten eines Bildes lediglich vier Begriffe auf, während ein anderes nicht nur den Sachverhalt erläuterte, sondern auch Hypothesen aufstellte, wie das Geschehen sich weiterentwickeln könnte (Feiner 2004).

Vier Schwerpunkte sollten daher in diesem Bereich beachtet werden, um besonders spracharmen Kindern oder Kindern mit nichtdeutscher Muttersprache den Lesestart zu erleichtern.

2.2.1. Vorlesen und Erzählen

Regelmäßiges Vorlesen und Erzählen ist für Kinder gleichsam wie ein „Sprachbad" (Lückert). Es schafft imaginäre Bilder und fördert die Sprachentwicklung und das Sinn- und Sprachverständnis. Das Problem im Kindergarten besteht allerdings darin, dass nicht nur einem Kind, wie daheim, sondern einer Gruppe vorgelesen und erzählt werden soll. Das fordert zusätzlich soziale Kompetenz heraus. Es muss nämlich vorher geklärt werden, ob alle oder nur einige Kinder sich die Geschichte anhören wollen. Was machen inzwischen die anderen? Welche Bedingungen sollen erfüllt werden, damit ein entspanntes Zuhören möglich ist? Was passiert nach dem Erzählen?

2.2.2. Dialekt, Umgangssprache, Hochsprache (Standardsprache)

Obwohl auch noch in der ersten Schulstufe die LehrerInnen vom Lehrplan angehalten werden, auf die altersbedingte Mundart der Kindes einzugehen, verlangt der Leseprozess auch das Verständnis der schriftsprachlichen Begriffe. Dennoch braucht es ein diffiziles Fingerspitzengefühl, um herauszufinden, ob mundartliche Ausdrücke eines Kindes in die Hochsprache „übersetzt" werden sollen oder nicht. Als Faustregel könnte gelten: Dort, wo die Mundart in ihren Begriffen differenzierter und anschaulicher ist, werden wir diese nicht durch einen sterilen hochsprachlichen Begriff ersetzen.

Das Vorlesen von Bilderbüchern und Geschichten ist eine zielführende Möglichkeit, einen bereits gut bekannten Inhalt auf zwei Sprachebenen abzuhandeln. Die Kinder erzählen in ihrer Sprache, was sie sehen und vermuten, und die PädagogIn liest oder erzählt die Geschichte in Standardsprache. Ebenso gut eignen sich Lieder, Gedichte, Auszählreime oder Verse, um Hochsprache zu verwenden, ohne daraus ein isoliertes Sprachtraining zu machen.

Besonders zu beachten ist das sprachbegleitende Handeln. Ein Kind sagt zum Beispiel mit einer auffordernden Handbewegung zu einem anderen: „D' Scher!" Hier könnten folgende Fragen an dieses Kind gestellt werden: „Meinst du: ‚Gib mir bitte meine Schere zurück!' Oder: ‚Kannst du mir bitte deine Schere leihen?' Oder ...?"

Genauso wichtig ist aber auch die bewusste Sprachgestaltung der PädagogIn. Wie differenziert wird etwa ein Wunsch an die Kinder ausgedrückt? Ein Beispiel: Immer wieder werden Kinder aufgefordert zuzuhören oder für einige Augenblicke ruhig zu sein. Diese Bitte kann durchaus höflich sein und dennoch eher stereotyp lauten: „Bitte alle herhören!" Oder: „Seid bitte einmal still!"

Wie würde dieser Auftrag sprachlich differenziert gestaltet aussehen? Etwa so: „Schaut bitte alle her, denn ich möchte euch ein Bild zeigen!" Oder: „Könnt ihr so lange ruhig sein, bis Markus sein Erlebnis erzählt hat?" Oder: „Ich habe heute sehr Kopfweh. Könntet ihr euch leise Spiele ausdenken?" Hier erfährt das Kind durch die gezielte, sachbezogene und erklärende Sprachgestaltung die Vielfalt der sprachlichen Darstellungsmöglichkeiten für ein und denselben Sachverhalt. Dies führt uns zum dritten Schwerpunkt.

2.2.3. Die Reichhaltigkeit der Begriffe

Unbekannte Wörter können nämlich trotz Beherrschung der Lesetechnik nicht sinnerfassend gelesen werden. Sprachverständnis ist demnach eine ganz wesentliche Voraussetzung für den Leselernprozess. Sprechen lernen heißt daher verstehen lernen. Ein umfangreicher Wortschatz bedingt später bei SchülerInnen eine größere Lesefähigkeit. Ein Kind mit geringem Wortschatz hingegen muss sich zum Wortbild auch noch die Bedeutung des Wortes einprägen.

Wesentliche Voraussetzung für differenzierte Wortschatzerweiterung ist aber eine reichhaltige Erlebnisgrundlage. Vor allem die Zusammenhänge zwischen Handeln und Sprache müssen in diesem Zusammenhang betont werden. Dabei gilt es allerdings einen Irrtum aufzuklären: Sehr oft wird die Meinung vertreten, jüngere Kinder müssten zwingend von der Realebene ausgehend zur Bild- und schließlich zur Symbolebene geführt werden. Die Praxis zeigt aber, dass Kinder ihre Erfahrungswelt gleichsam wie einen Raum ständig abwechselnd durch „drei Eingänge" betreten.

So kann es sein, dass Kinder in einem Bilderbuch einen Löwen entdecken, diesen aber in der Realität noch nie gesehen haben. Sie sind also durch den „Bildeingang" auf

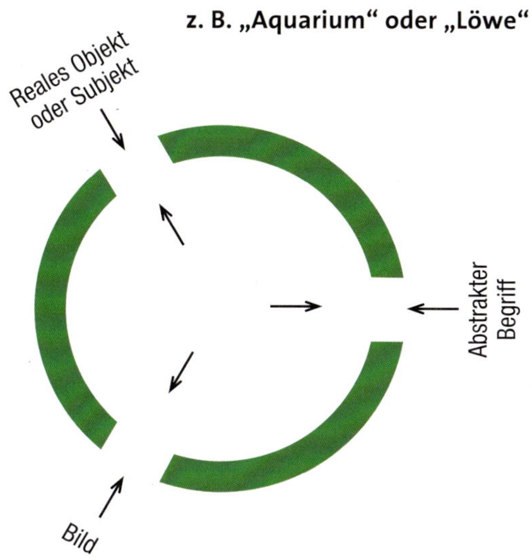

dieses Tier gestoßen und werden nun im Tiergarten wahrscheinlich gezielter Ausschau nach einem Löwen halten. Diese Realerfahrung ist ganz wichtig, denn jetzt erst können sie sich ein Bild von der Größe dieses Tieres machen, seinen geschmeidigen Gang beobachten, Angst empfinden, wenn er brüllt, neugierig zuschauen, wenn er ein großes Stück Fleisch verschlingt, Ähnlichkeiten mit der Katze entdecken ...

Oder: Kinder hören ein für sie fremdes Wort, zum Beispiel „Aquarium". Sie begegnen diesem Begriff also zum ersten Mal über den „Symboleingang". Die Erklärung, dass in einem Aquarium Fische gehalten werden, wäre zur Festigung des Begriffs zu wenig. Bilder können schon differenziertere Vorstellungen liefern. Wird allerdings daheim oder gar im Kindergarten ein einfaches Aquarium eingerichtet, dann ist eine lebendige Verankerung dieses Begriffes im Sprachschatz eines Kindes gewährleistet.

Sachbilderbücher bekommen in diesem Bereich eine hohe Bedeutung. Eine Kindergruppe durfte zum Beispiel das Geschehen auf einer Baustelle beobachten. Wieder im Kindergarten, kann die Gruppe nun das Erlebte ohne störende Einflüsse auf den Bildern noch einmal in Ruhe anschauen, Realerfahrungen mit den Bilddarstellungen vergleichen, Abweichungen entdecken. Umgekehrt könnte das Sachbilderbuch aber auch auf die Exkursion vorbereiten. Darf das Beobachtete schließlich wieder in einem Spiel mit Fahrzeugen und Baumaterialien nacherlebt werden, ist eine ganzheitliche und differenzierte Begriffsbildung gewährleistet. Sie passiert also dann, wenn Kinder diesen ständigen Wechsel von Realität, Bild und Symbol erleben dürfen.

Wenn von Begriffen gesprochen wird, werden sehr häufig nur Bezeichnungen für Objekte und Subjekte gemeint. Tätigkeiten kommen dabei oft zu kurz. Wie Sprachuntersuchungen jedoch belegen, verfügen spracharme Kinder über wenig Verben. Wenn Kinder zum Beispiel zu Bildern sprechen, sollten sie nicht nur sagen, was sie sehen, sondern auch ermutigt werden zu erläutern, was die Menschen oder Tiere tun, was auf dem Bild passiert, wie eine Handlung weitergehen könnte. Das variable Lernspielset „Varimix" (Feiner u.a. 2005) wurde zum Beispiel bewusst so konzipiert, dass jedes der 15 Themenbilder 40 bis 50 Tätigkeiten in den Illustrationen zeigt. Wenn die Kinder angehalten werden, diese nicht nur zu entdecken, sondern auch in kleinen Szenen nachzuspielen, zu diskutieren, welche Bezeichnung besser passt, ein Schattenspiel zu gestalten ..., dann passiert Spracharbeit, die vor allem auch Migrantenkindern eine große Integrationshilfe sein kann.

2.2.4. Kinder mit Sprech- oder Sprachstörungen

Diese Kinder sollten möglichst früh entdeckt werden, um sie einer Fachbehandlung zuzuführen. Werden nämlich Sprech- und Sprachstörungen möglichst früh, also vor Schuleintritt behoben, bleiben dem Kind später prägende Misserfolge erspart.

2.3. Sinnverständnis

Lesen wird von vielen AutorInnen schlechthin als jene Fähigkeit definiert, die uns erlaubt, aus dem geschriebenen Wort den Sinn zu erfassen. Die Vorbereitung auf diesen Bereich ist daher bereits im Kindergarten unbestritten die Fähigkeit, Sinnzusammenhänge zu erkennen und Symbolverständnis auf einfacher Ebene zu besitzen.

2.3.1. Spiele, die Sinnzusammenhänge herausfordern

Es gibt eine Reihe reizvoller Aufgaben, die diese Fähigkeit auf breiter Basis im Kindergarten herausfordern: Kinder fügen Puzzleteile zu sinnvollen Ganzbildern, legen Bildgeschichten, ordnen Bildreihen und finden heraus, was zusammengehört. Kinder gestalten eine Geschichte im Rollenspiel sinnrichtig nach, sie illustrieren gehörte Erzählungen oder entdecken Unsinnigkeiten auf einem Bild oder in einer Geschichte.

Neben diesen sehr wichtigen und bedeutsamen Aufgaben sollte hier der unmittelbarere Zusammenhang zum Anfangslesen hergestellt werden. Der nächste Schritt bestünde daher darin, vor allem die SchulanfängerInnen zu befähigen, auch aus abstrakten, allgemein gültigen Zeichen die richtige Aussage „ablesen" zu können.

2.3.2. Zeichen als Sinnvermittler

Piktogramme in öffentlichen Einrichtungen wie Bahnhöfen, U-Bahn-Stationen, Autobahnraststätten, Ämtern und ähnlichen Einrichtungen sorgen für allgemein verständliche Information. Ebenso sind auch Verkehrszeichen wichtige Informationsträger, die Kinder im Vorschulalter vielfach schon verstehen. Darüber hinaus finden wir im Alltag eine Fülle von Zeichen – das fängt bei der Waschanleitung auf der Wäschemarke an und hört bei der gezeichneten Bauanleitung für ein Konstruktionsspiel auf. Diese einfachen Zeichenschriften wecken oft das Interesse bei Kindern – bekommen sie doch gerade dadurch die Chance, wieder ein Stückchen mehr an der Welt der Erwachsenen teilhaben zu können. Es lohnt sich daher, im Kindergarten und seiner Umgebung auf die Suche nach solchen Zeichen zu gehen. Reizvoll ist auch, einige dieser Zeichen zu fotografieren und dann die abgebildeten Symbole mit den Kindern in der Realität zu suchen. Das können die bedeutsamen Verkehrszeichen in der Kindergartenumgebung ebenso sein wie Hinweisschilder auf öffentliche Einrichtungen, Sehenswürdigkeiten oder Geschäfte usw.

Aber auch für die Arbeit in der Gruppe können Zeichen, deren Sinn vorher festgelegt wurde, eine wesentliche Entlastung für die PädagogIn darstellen und gleichzeitig die Eigenständigkeit einzelner Kinder fördern. Kinder stellen zum Beispiel im Baubereich ein Zeichen auf, das zeigt, wie viele Kinder hier sinnvoll spielen können, ohne dass es zu Streitereien kommt.

Oder: Es ist nicht notwendig, jedem Kind einzeln die Schritte einer Faltarbeit zu zeigen. Wer „lesen" kann, wird selbst die entsprechenden Arbeitsvorgänge der Faltanleitung (Beispiel 6) entnehmen können.

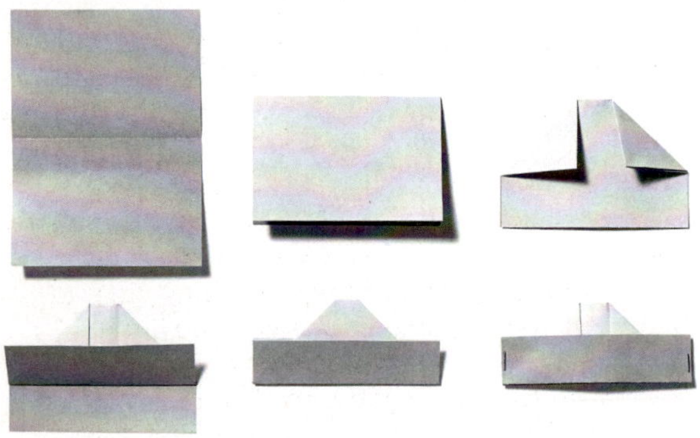

Beispiel 6

2.3.3. Der eigene Name als Sinnträger

SchulanfängerInnen können in der Regel ihren Namen schreiben. Dieser geschriebene Name erlaubt damit ein erstes bedeutsames Eindringen in die Wesensart von Schrift: Wörter können für Personen stehen. Der geschriebene Name meint ein ganz konkretes Kind! Sind daher in einer Kindergruppe für die SchulanfängerInnen Namenskärtchen vorhanden, ergeben sich wesentliche Erkenntnisse, die den Leseunterricht in der Schule sinnvoll vorbereiten können.

2.3.4. Sinnträchtige Wörter aus der Umwelt der Kinder

Ebenso wichtig ist es auch, dass andere Wörter, die für einzelne Kinder oder für eine Kindergruppe Bedeutung haben, bewusst gemacht und nicht verdrängt werden. Hat etwa eine Gruppe einen Ausgang zum Postamt oder zur Feuerwehr unternommen, können manche Kinder schon die Wörter POST oder FEUERWEHR als Zeichen und Sinnträger für diese Einrichtungen wiedererkennen. Es können natürlich auch andere Wörter Bedeutung für Kinder bekommen – etwa: TAXI EINBAHN UMLEITUNG STOP oder Ortsbezeichnungen, Maschinennamen, Tankstellenbezeichnungen, Straßenschilder, Geschäftsbezeichnungen ... Jede PädagogIn wird selbst mit ihren Kindern auf die Suche nach solchen Sinnträgern (= Wörtern) gehen und dabei oft auch eine Koppelung von Symbol und Wort entdecken, zum Beispiel das Piktogramm Posthorn und das Wort POST.

2.3.5. Buchstaben als Sinnträger

Es hat wenig Sinn, isoliert Buchstaben oder Laute zu üben. Aber zu entdecken, dass immer dort, wo die Straßenbahn oder der Autobus Station macht, eine Tafel mit H steht, hat für das Kind Bedeutung. H (wir sprechen den Lautnamen und nicht den Buchstabennamen Ha) bedeutet also Haltestelle.

Neben dem ausgeschriebenen Vornamen der Kinder tragen die Initialen viel dazu bei, nicht nur Wörter, sondern auch Buchstaben mit hohem Sinngehalt zu laden. Das „B" steht für Birgit, das „M" für Martin und „S" für Susi.

Aber auch andere Buchstaben werden oft sehr früh als Sinnträger von Kindern identifiziert. Etwa das P für Parkplatz oder diverse Autokennzeichen: L bedeutet Linz, W Wien, S Salzburg ...

Auf der Autobahn entdecken Kinder vielleicht internationale Autokennzeichen und merken sich etwa das D für Deutschland.

Wie schnell Erwachsene dabei an Grenzen stoßen können, zeigt das internationale Kennzeichen „A" für Österreich. Selbst wenn wir den Kindern erklären, dass Austria ein anderer Name für Österreich ist, können sie das A mit dem gehörten AU-Laut von Austria nicht in Verbindung bringen.

2.4. Durchgliederungsfähigkeiten

Folgende Aufschrift auf einer Medikamentenschachtel zeigt, wie wichtig es auch für geübte LeserInnen ist, ein Wort in seine Bestandteile – also Buchstaben, Laute, Wortteile oder Silben – zerlegen und diese Elemente wieder zu einem Ganzen zusammenfügen zu können:
Benzochinonguanylhydrazonthiosemicarbazon

Schon durch einfaches Gliedern können wir dieses uns fremde und lange Wort leichter und flüssiger lesen:
Benzo chinon guanyl hydrazon thio semi carbazon

Folgende drei Möglichkeiten der Durchgliederungsfähigkeit sollten im Kindergarten beachtet werden:

2.4.1. Die haptische Durchgliederungsfähigkeit

Obwohl der haptischen Durchgliederungsfähigkeit im Leselernprozess eher eine untergeordnete Bedeutung zukommt, erfahren Kinder über das Betasten und Angreifen wichtige Details einer Sache. Ebenso bedeutsam ist auch die Erfahrung, dass das Abtasten eines Gegenstandes oder einer Kontur mit verbundenen Augen im Kind innere Vorstellungsbilder schafft. Es konzentriert sich ganz auf wesentliche Eigenschaften eines Dinges. Der oft überstrapazierte Sehsinn bekommt auf diese Weise eine Pause. Dabei sollten Gegenstände nicht nur mit den Fingern und Händen, sondern auch mit der Wange, mit der Stirn oder mit den Fußsohlen ertastet werden dürfen. Der enge Zusammenhang zwischen Sprache und Tasten liegt auf der Hand.

2.4.2. Die optische Durchgliederungsfähigkeit

In unserer Buchstabenschrift führen schon geringfügige Veränderungen von Buchstaben zu großen Sinnveränderungen in einem Wort. Zum Beispiel: „Hase – Hose", „Mond – Mund", „Geld – Gold" ... Diese Wortpaare fordern von LeserInnen die exakte Beachtung der Binnenstruktur eines Wortes. Bei den Beispielen wie „rennen – brennen" oder „Brot – rot" ist eher die Wortsilhouette, also die Umrissform, beim optischen Wiedererkennen bedeutsamer.

Der Kindergarten bietet eine Reihe von Spielen und Aufgaben an, in denen diese beiden für das spätere Lesen bedeutsamen Wahrnehmungsfähigkeiten herausgefordert werden.

- Unterschiede in der Binnenstruktur von Gegenständen und Bildern erkennen:
  Mit Bauelementen Muster legen, Ketten nach einer gewissen Ordnung auffädeln, Gegenstände im Kaufladen sortieren, nach einer Bauanleitung konstruieren, Spiele wie „Ich seh, ich seh, was du nicht siehst", Suchrätsel oder in einer (Bilderbuch-)Zeichnung eine versteckte Figur finden, in der Rhythmik auf Veränderungen von Farbbändern reagieren ...
- Unterschiede der Umrissformen von Gegenständen und Bildern erkennen:
  Diese Spiele sind mitunter schon sehr anspruchsvoll. Werden doch Gegenstände nun nur aufgrund die Umrissform erkennbar. Sehr beliebt sind für dieses optische Unterscheidungstraining Schattenbilder. Werden sehr unterschiedliche Gegenstände als Schattenbild gezeigt, ist die Aufgabe noch relativ leicht zu lösen. Bei sehr ähnlichen Gegenständen, etwa Schreibwerkzeugen, Scheren ..., müssen die Konturen sehr konzentriert angeschaut werden, um dem jeweiligen Schattenbild den richtigen realen Gegenstand zuordnen zu können. Ältere Kinder sind in der Regel sehr erfinderisch, selbst Spiele dieser Art zu erfinden.
- Die Leserichtung beachten:
  Für Kinder ist die Leserichtung unseres Kulturkreises nicht von Haus aus selbstverständlich. Es gibt Untersuchungen, die nachweisen, dass Kinder ein Zeichen auch dann wiedererkennen, wenn es in seiner Raumlage verändert ist. Für das Lesen ist aber das Wissen um die Leserichtung wichtig. Legespiele oder Bildgeschichten sollten daher immer in der Leserichtung gelegt werden. Wichtig ist dabei, dass sich Kinder bei diesen Aufgaben nicht gegenübersitzen.
- Kinder mit Sehfehlern:
  Nach Angabe des Statistischen Zentralamtes leiden zwölf Prozent der SchulanfängerInnen an herabgesetzter Sehfähigkeit. Es sollten daher vor allem die Eltern aufmerksam gemacht werden, diese wichtige Sinnesleistung bei ihren Kindern untersuchen zu lassen.

2.4.3. Die akustische Durchgliederungsfähigkeit

Sie ist am schwierigsten. Warum? „Es ist unmöglich, ein Wort nur aufgrund der aneinandergereihten Einzellaute zu lesen. Unsere Sprache enthält weit mehr Gleit- und Mischlaute als durch grafische Zeichen ersichtlich wird" (Heuß 1980, S. 25). Für den Erwachsenen, der bereits für jedes akustische Lautgebilde eines Wortes auch ein optisches gespeichert hat, scheint das kein Problem. Es wird aber schnell bewusst, wenn wir Kinder beobachten, wie sie gehörte Wörter ohne konventionelle Rechtschreibkenntnis niederschreiben. Das sieht dann so aus: UA = UHR, INDIANA = Indianer, FARAT = Fahrrad, SESL = Sessel, MUTA = Mutter ...

Es kann daher nicht Aufgabe des Kindergartens sein, das Heraushören von Einzellauten isoliert zu üben. Vielmehr soll das Empfinden für gehörte Sprache verfeinert werden. Besitzen Vorschulkinder diese sogenannte „phonologische Bewusstheit", haben sie nach Küspert und Schneider (2001) aufgrund der Ergebnisse einer Langzeitstudie eine signifikant bessere Startchance beim Lesenlernen in der Schule. Mit Hilfe des sogenannten „Würzburger Trainingsprogramms", das von den beiden AutorInnen entwickelt wurde, soll daher in den letzten 20 Wochen vor Schuleintritt ein tägliches Training von 10 bis 15 Minuten absolviert werden, in dem aufbauend folgende akustische Aufgaben angeboten werden:

- In Lauschspielen die Aufmerksamkeit auf Geräusche richten.
- Reime erkennen und auf Reimwörter reagieren.
- Für jedes Wort in einem gesprochenen Satz einen Baustein legen.
- Wörter beim Sprechen in Silben zerlegen und Silben wieder zu Wörtern vereinen.
- Anlaute, später auch Inlaute unterscheiden.
- Ein Wort durch langsames Sprechen in seine Laute zerlegen und mit Hilfe dieser Laute das Wort wieder bilden.

Die Untersuchungsergebnisse überzeugen – vor allem sprachlich benachteiligte Kinder profitieren und haben somit einen besseren Schulstart. Die methodische Umsetzung hingegen löst kontroversielle Diskussionen aus. Während Schneider (2005) belegt, dass nur das – zwar spielerische, aber systematische – tägliche Training zum Erfolg führt, diskutieren KindergartenpädagogInnen, ob das bewusste Einbinden akustischer Diskriminierungsaufgaben in die ganzheitliche Kindergartenarbeit nicht kindgemäßer wäre. Die Vermutung liegt nahe, dass es dabei allerdings auf die Regelmäßigkeit ankommt. Denn unbestritten werden im Kindergarten

- unterschiedlichste Hör- und Lauschspiele angeboten,
- verschiedenste Reime in Gedichten, Liedern und Rätseln gesucht,
- in Auszählversen Wörter und Silben durch Hinzeigen auf einzelne Kinder akustisch hörbar gemacht oder die gleichen Wortteile bei zusammengesetzten Wörtern herausgehört (Schlüsselblume – Autoschlüssel),
- Silben in Liedern und Sprüchen durch Klatschen bewusst gehört,
- Kindernamen mit gleichen Anlauten gesucht, Bildkarten nach gleichen Anlauten geangelt oder sortiert und
- bei Zaubersprüchen oft die Einzellaute bewusst langsam und gedehnt gesprochen.

Sachlich kritischer zu sehen ist allerdings das Diskriminieren von In- oder gar Auslauten. Hier nur einige Beispiele zum Nachdenken: Ist der „e-Laut" bei den Wörtern „gehen" und „Germ" von Vorschulkindern tatsächlich eindeutig zu erkennen? Oder klingen nicht eher „Germ" und „Lärm" gleich? Klingt die zweite Silbe von „Klavier" anders als das Wort „wir"? Worin liegt akustisch der Unterschied beim Anlaut der Wörter „Vogel" und „Fahne"? Ist bei den Wörtern „Dose" und „Bild" tatsächlich ein weiches „d" zu hören? Eben nicht – das Auslaut-d bei „Bild" hört sich als „t" an. Dürfen Kinder dann auch sagen, dass sie beim Wort „Bild" genau so ein „t" hören wie beim Wort „Auto", dass sich „Klavier" und „wir" reimen und dass bei den Wörtern „Vogel" und „Fahne" der gleiche Anlaut zu hören ist?

Diese wenigen Fragen machen schon bewusst, wie differenziert im Detail akustische Durchgliederungsfähigkeit bei Vorschulkindern zu sehen ist. Es gibt also noch einiges zu forschen.

Unbestritten hingegen ist, dass Kinder mit Sprachfehlern einer logopädischen Betreuung bedürfen und Kinder mit Hörschwächen bereits sehr früh in entsprechende ärztliche Behandlung gebracht werden sollten.

2.5. Speicherfähigkeit

Beim Lesen müssen Zeichen sehr differenziert gespeichert werden, damit sie jederzeit abrufbar sind. Denn selbst wenn wir ein bekanntes Wort lesen können, ohne dass alle Einzelelemente angegeben sind, wie etwa beim Beispiel „L k m t v e", so können wir leicht einsehen, dass beim Niederschreiben sehr wohl alle Buchstaben und Laute dieses Wortes in unserem Gedächtnis gespeichert sein müssen, wenn wir Fehler vermeiden wollen.

Wiederum gibt es im Kindergarten eine Reihe von Aktivitäten, die diese Speicherfähigkeit auf unterschiedliche Weise herausfordern:

- Die Kinder lernen Auszählverse, Reime, Gedichte und Lieder und merken sich diese über längere Zeit.
- Bei einem Ausgang sollten bestimmte Markierungen so gespeichert werden, dass das Heimfinden kein Problem darstellt.
- „Ein Bild im Kopf heimtragen" heißt, sich bei einer Exkursion zum Beispiel ein Detail so genau zu merken, dass dieses dann auch gezeichnet werden kann.
- Einige Kinder prägen sich eine Bilderbuchseite oder einen Ausschnitt davon bewusst ein. Dann wird das Bild abgedeckt. Wie viele Details hat sich die Gruppe gemerkt und kann sie diese auch benennen?
- Aber auch herkömmliche Memory-, KIM- oder Merkspiele, wie das Rucksackpacken, fordern und fördern die Speicherfähigkeit.

Diese wenigen Beispiele belegen bereits, dass Speicherfähigkeit nicht nur die Merkfähigkeit, sondern auch Konzentration, optische, akustische und haptische Wahrnehmungsdifferenzierung, Sprachfähigkeit und mitunter sogar die Motorik herausfordert.

2.6. Zusammenfassung

Die Ergebnisse der Leseforschung und die konkrete Beobachtung an Vorschulkindern zeigen, dass der Kindergarten durchaus einen eigenständigen Bildungsauftrag besitzt, seine Kinder und hier vor allem die SchulanfängerInnen auf die Kulturtechnik des Lesens vorzubereiten.

Um Über- bzw. Unterforderungen zu vermeiden, ist die Kenntnis des Leselernprozesses sowie das Wissen um die Leistungsfähigkeit der Kinder in einzelnen Lernbereichen, die für späteres Lesen bedeutsam sind, notwendig.

Diese Vorbedingungen können besonders mit jenen Aufgaben gut grundgelegt werden, die aus dem Erfahrungs- und Erlebnisbereich der Kinder stammen.

Für Kinder, die in diesem Bereich Defizite vermuten lassen, gibt es Testverfahren. Das „Bielefelder Screening" etwa gibt Auskunft, ob für ein Kind die Gefahr einer späteren Lese- und Rechtschreibschwäche besteht und welche Fördermöglichkeiten sinnvoll sind. Der Test sollte allerdings nur von Fachleuten durchgeführt werden.

Kinder, die jedoch von sich aus tiefer in die Struktur unserer Schrift eindringen wollen, erhalten entsprechende Informationen und Bildungsangebote.

Literatur

Andresen, Helga (2006): Vom Sprechen zum Schreiben. Sprachentwicklung zwischen dem vierten und siebten Lebensjahr. Stuttgart: Klett-Cotta

AutorInnengemeinschaft (2005): Ich will es! Ich tu es! Ich kann es! Ein Arbeitsbuch für Kinder und Erwachsene. Medieninhaber: Landesschulrat für Oberösterreich

Böck, Margit (2000): Das Lesen in der neuen Medienlandschaft. Zu den Lesegewohnheiten und Leseinteressen der 8- bis 14-Jährigen in Österreich. Innsbruck: Studienverlag

Brügelmann, Hans/Brinkmann, Erika (1998): Die Schrift erfinden. Beobachtungshilfen und methodische Ideen für einen offenen Anfangsunterricht im Lesen und Schreiben. Lengwil: Libelle

Buch – Partner des Kindes ([7]1998). Wien: Österreichischer Bundesverlag.

Diener, Kuno (1980): Schreibenlernen. Stuttgart: Kohlhammer

Elschenbroich, Donata (2001): Weltwissen der Siebenjährigen. Wie Kinder die Welt entdecken können. München: Antje Kunstmann

Feiner, Waldemar/Feiner, Birgit/Feiner, Katrin (2004): Herausforderung Lesen. Ideen und Entscheidungshilfen für einen autonomen Leseunterricht. Linz: Veritas

Feiner, Waldemar/Hennerbichler, Susanne/Kollars, Helmut (2005): VARIMIX. Variables Lernspielset für Kindergarten und Vorschule. Wien: öbv&hpt

Feiner, Waldemar/Hennerbichler, Susanne (2005): Begleitband zu VARIMIX. Variables Lernspielset für Kindergarten und Vorschule. Wien: öbv&hpt

Fritz, Angela (1988): Lesen in der Mediengesellschaft. Wien: Erziehung und Unterricht, Heft 2/3

Hennerbichler, Susanne (2005): Informationsheft zu: Ich will es! Ich tu es! Ich kann es! Ein Arbeitsbuch für Kinder und Erwachsene. Medieninhaber. Landesschulrat für Oberösterreich

Heuß, Gertraud (1980): Vorschule des Lesens. München: Oldenbourg

Hollerer, Luise/Seel, Andrea (Hg.) (2005): Schultütenkinder. Herausforderung am Übergang Kindergarten – Schule. Graz: Leykam

Jansen, H./Mannhaupt, G./Marx, H./Skowronek, H. (1999): Bielefelder Screening zur Früherkennung von Lese-Rechtschreibschwierigkeiten (BISC). Göttingen: Hogrefe

Keller, Heidi (1998): Lehrbuch Entwicklungspsychologie. Bern: Verlag Hans Huber

Küspert, Petra/Schneider, Wolfgang ([3]2001): Hören, lauschen, lernen – Sprachspiele für Kinder im Vorschulalter. Göttingen: Vandenhoek & Ruprecht

Loos, Roger ([2]2005): Praxisbuch Spracherwerb. Sprachförderung im Kindergarten. München: Don Bosco

Müller-Walde, Katrin (2005): Warum Jungen nicht mehr lesen und wie wir das ändern können. Frankfurt/Main: Campus

Pauli, Sabine/Kisch, Andrea (1992): Was ist los mit meinem Kind? Bewegungsauffälligkeiten bei Kindern. Ravensburg: Otto Maier

Pauli, Sabine/Kisch, Andrea (1994): Geschickte Hände. Feinmotorische Übungen für Kinder in spielerischer Form. Dortmund: verlag neues lernen

Sattler, Johanna Barbara ([8]2004): Der umgeschulte Linkshänder oder Der Knoten im Gehirn. Donauwörth: Auer

Schneider, Wolfgang (2005): Vom Hören zum Lesen zum Schreiben. Möglichkeiten der frühen Prävention von Lese-/Rechtschreibproblemen: Das Würzburger Trainingsprogramm zur Förderung der phonologischen Bewusstheit bei Vorschulkindern. In: Unsere Kinder, Sonderheft Juni 2003 (Leseförderung und Leselust im Kindergarten)

Seitz, Rudolf (1978): Kunst in der Kniebeuge. München: Don Bosco

Spitzer, Manfred (2002): Lernen. Heidelberg: Spectrum Akademischer Verlag

Spitzer, Manfred (2005): Hand und Hirn. Werken von Kindern aus neurowissenschaftlicher Sicht. In: Unsere Kinder 3

Der Beitrag basiert auf den Artikeln „Vorbedingungen des Schreibens“ und „Vorbedingungen des Lesens“ in „Unsere Kinder“ 1/1984 und 6/1985; der Text wurde 2006 völlig neu überarbeitet.

Nancy Hoenisch, Albrecht Beutelspacher

Mathekings

Junge Kinder fassen Mathematik an

Was die Mathematik eigentlich ist, weiß niemand mit Sicherheit zu sagen. Ein Versuch, diese Wissenschaft zu definieren, besteht darin, ihre Gegenstände festzulegen: In der Mathematik geht es nicht nur um Zahlen und schon gar nicht nur um das Rechnen, sondern auch um Formen, Figuren, Gestalten und ihre Eigenschaften.

Wenn wir uns ein Bild vom logisch-mathematischen Wissen aus der Perspektive von Kindern machen, sehen wir eine sinnliche Welt zum Anfassen, Schmecken, Bewegen und Manipulieren, die an einem breiten Fluss endet. Auf der anderen Seite des Flusses sind die symbolischen mathematischen Konzepte der Erwachsenen. Weil alle Kinder gern zu den Großen gehören möchten, wollen sie ans andere Ufer. Dazu brauchen sie eine stabile Brücke, getragen von mathematischen Pfeilern, die sie selbst erbauen müssen, beim Hantieren mit Spielsachen, mit anderen Dingen und Materialien, die sie in ihrer Umwelt vorfinden.

Die Pfeiler der Brücken, also die mathematischen Grundkonzepte, sind:

- Sortieren und Klassifizieren,
- Muster und Symmetrie,
- Zahl und Zahlenmenge,
- Raum und Geometrie,
- Wiegen, Messen und Vergleichen,
- grafische Darstellungen.

Die konkrete Phase, der Übergang von der konkreten in die abstrakte Phase und die abstrakte Phase, dies sind die drei Phasen der Entwicklung mathematischer Konzepte, die ein Kind durchläuft, um seine Brücke zu bauen.

In der konkreten Phase begegnet das Kind den konkreten Dingen seiner Umwelt. Es spielt damit und stellt Beziehungen her: Es stapelt Bauklötze übereinander und das ist möglich, weil die Klötze gleich groß und rechteckig sind. Es baut einen Turm aus drei Klötzen und sieht: Der Nachbar hat einen aus fünf Klötzen gebaut. Der aus fünf Klötzen ist höher, eindeutig.

Etwa auf der Mitte der Brücke kommt das Kind in die Übergangsphase und kann die konkreten Dinge mit etwas Abstraktem kombinieren. Es nimmt sich Papier und Stifte, es malt die Türme aus Klötzen und beginnt, Zahlen mit der Zeichnung zu kombinieren. Übrigens muss es die Zahlen nicht unbedingt schreiben, es kann Zahlenkarten neben seine Türme-Zeichnung legen.

In der abstrakten Phase arbeitet das Kind mit Symbolen: Auf seinem Papier sind zwei Türme zu sehen, es schreibt eine 3 und eine 5 dazu, sogar eine 8 kann als Summe erscheinen.

Die Grundsteine aller Brückenpfeiler werden gleichzeitig gelegt, denn das Kind eignet sich mathematische Konzepte nicht etwa linear an, eins nach dem anderen, sondern es beschäftigt sich mit Teilen mehrerer Konzepte, es baut an allen Pfeilern zur gleichen Zeit. Verbindet es die Brückenpfeiler miteinander, kann es die Brücke betreten – und sie trägt.

1. Der Pfeiler „Sortieren und Klassifizieren"

1.1. Das Fundament

Sortieren und Klassifizieren ist ein Vergnügen für alle. Das ist eine typische und zentrale mathematische Fragestellung: „Passen" Dinge zusammen, wenn ja, warum, wenn nein, warum nicht?

Ein kleines Kind braucht lange, bis es die Dinge in seiner Umwelt benennen kann: Mama, Papa, Milch, Brot, Ball, Baum, Auto ... Danach lernt es, das, was es sieht, hört, schmeckt und fühlt, zu benennen: rot, glänzend, laut, heiß, hart, weich. Nach diesen Eigenschaften können junge Kinder sortieren und das tun sie liebend gern. Dabei lernen sie, Mengen und Beziehungen zu beschreiben.

In der ersten Bauphase dieses Pfeilers sortieren die Kinder in zwei Kategorien: hier Autos, hier keine. Wenig später werden die Autos nach einer Eigenschaft sortiert: hier die Rennwagen, hier keine.

In der zweiten Bauphase werden die Autos nach mehreren Eigenschaften sortiert: Rennwagen, Kombis, Lastautos. Die Kinder können ihre Sortierungen auch zeichnen.

In der dritten Phase stellen die Kinder fest, dass ein Auto in mehrere Kategorien sortiert werden kann: rote Rennwagen, blaue Lastautos.

1.2. Spiele und Mini-Mathe zum Sortieren und Klassifizieren

Diese Spiele und Mini-Mathe fördern die Wahrnehmung, logisches Denken sowie die Erweiterung und Festigung des kindlichen Wortschatzes.

Beim Sortieren betrachten die Kinder einzelne Eigenschaften losgelöst von den zu kategorisierenden Objekten. Kinder, die gerade erst die Bezeichnungen von Gegenständen lernen, können diese Abstraktionsleistung noch nicht erbringen. Für solche Kinder ist es empfehlenswert, sich beim Sortieren von Objekten zunächst allein auf das Merkmal Farbe zu beschränken und erst nach und nach andere Eigenschaften hinzuzunehmen.

Kategorien zu bilden und innerhalb dieser Kategorien Beziehungen zwischen ansonsten unterschiedlichen Dingen herzustellen, das ist ein großer Schritt in der Entwicklung mathematischen Denkens.

1.2.1. Spielzeug sortieren

Um den Begriff „Sortieren" einzuführen, wählen wir Spielsachen dreier Kategorien, zum Beispiel Bausteine, Puppen und Fahrzeuge. Sie werden durcheinander auf einen Haufen gelegt. Gegebenenfalls mit Unterstützung sortieren die Kinder die Spielzeuge auseinander. Sie entwirren das Chaos und geben ihm eine Struktur.

Fragen Sie die Kinder, warum sie die Spielzeuge auf eine bestimmte Weise geordnet, welche Kategorien von Eigenschaften sie benutzt haben. Warum passen die jeweils sortierten Spielzeuge zueinander?

1.2.2. Sortieren in der Natur

Auf einem Spaziergang sammeln die Kinder Blätter, Federn oder Steine, sortieren die Funde und kleben sie auf große Papierbögen. Nach und nach werden die Sortierungen differenzierter, die Kinder gruppieren die Funde nach Eigenschaften wie glänzend, stumpf oder rau.

Entscheiden Sie vor solchen Spaziergängen mit den Kindern, nach welchen Eigenschaften gesucht werden soll, und schreiben Sie dies, ergänzt durch Bilder, auf ein Blatt. Nehmen Sie das Blatt mit auf den Spaziergang und lesen Sie es unterwegs immer mal wieder vor.

1.2.3. Sortierkästchen

Sammeln Sie mit den Kindern Krimskrams in einheitlichen Kästchen mit verschiedenen Sortierunterlagen: Kuchenförmchen, Angelköderkästchen, Druckerkästen.

Bitten Sie die Kinder hin und wieder, von zu Hause etwas mit einer bestimmten Eigenschaft mitzubringen: etwas Rotes, etwas Glänzendes ... Die Kinder können diese Gegenstände in die Sortierkästchen einordnen.

1.2.4. Schuhe sortieren

Die Schuhe der Kinder kommen auf einen Haufen. Als Erstes werden die Kategorien, nach denen sortiert werden kann, festgelegt, und danach geht es los. Beim Aufräumen können alle nach den zusammengehörigen Paaren suchen. Handschuhe oder Jacken eignen sich auch für dieses Spiel.

2. Der Pfeiler „Muster und Symmetrie"

2.1. Das Fundament

Das Auge ist das „Organ" der Mathematik. Muster sind ein alles miteinander verwebendes Prinzip in der Natur, in der Musik, vor allem aber in der Alltagswelt: Ins Bett gehen, wieder aufstehen, Wäsche sortieren, kochen, Bäume, Blumen und Sterne bewundern – all das macht es leicht, sich der Mathematik zu nähern.

„Ein Muster ist etwas, das sich immer wiederholt, von hier bis nach Australien." Diesen Satz lieben die Kinder. Sie halten Ausschau nach Zusammenhängen und Regelmäßigkeiten, weil sie die Welt, in die sie hineinwachsen, verstehen wollen. Aus Chaos soll Ordnung werden und aus Unsinn Sinn. Nichts ist langweilig für die Kinder, jedes neue Muster ist ein Wunder, das geliebt wird, egal, ob es der Natur entstammt oder auf einem T-Shirt prangt. Wer Muster bildet, erschafft eine sich wiederholende Ordnung, egal, ob sie zu sehen, zu hören ist oder ob sie sich bewegt.

Wenn wir die grundlegende Ordnung unserer Welt anschauen, nehmen wir bestimmte Regelmäßigkeiten wahr. Das gibt uns ein Gefühl der Sicherheit, weil wir wissen, was als Nächstes kommt: nach dem Frühling der Sommer, der Herbst und der Winter, nach dem Blitz der Donner. Die dunklen Wolken lassen ahnen, dass es bald regnen wird.

Nehmen sie solche Zusammenhänge wahr, entwickeln Kinder bald auch eigene Muster und Logiken. Können sie sich auf Regelmäßigkeiten verlassen, werden sie sicherer im Vorhersehen von Ereignissen. Sie erkennen Beziehungen und Zusammenhänge und können immer besser verallgemeinern. Deshalb eignet sich das Muster als eines der ersten mathematischen Konzepte.

Um wieder auf das Bild der Brücke zu kommen: In der erste Bauphase bauen die Kinder mit handhabbaren Dingen. Sie bilden Reihen, stellen sich wiederholende Muster dar und können das Prinzip erklären, nach dem sie handeln.

In der zweiten Bauphase lernen die Kinder, von den konkreten Mustern zu abstrahieren. Das konkrete Muster: eine Puppe, ein Baustein, eine Puppe, ein Baustein ... Dazu werden rote und grüne Vierecke hingelegt. Auch von ihnen lässt sich das Puppen-Baustein-Muster ablesen und erklären.

In der dritten Phase wird mit abstrakten Symbolen gearbeitet: AAB, AAB ... Die Kinder erkennen das Muster und können es mit handhabbaren Dingen nachvollziehen. Sie zeichnen die Musterreihen und schreiben die Buchstaben AAB, AAB ... dazu.

2.2. Spiele und Mini-Mathe zum Erkennen und Bilden von Mustern

Diese Spiele und Mini-Mathe helfen Kindern, Muster zu bilden, zu beschreiben, Ähnlichkeiten und Unterschiede wahrzunehmen und die Systematik der Regelmäßigkeit zu erkennen. Darüber hinaus lernen sie, Muster auf unterschiedliche Arten darzustellen.

2.2.1. Tanz-Muster

Verschiedene Bewegungen werden wiederholt – vier Schritte vorwärts, vier Schritte rückwärts, vier Handschläge an das rechte Bein, vier Handschläge an das linke Bein –, sodass sie ein Muster ergeben. Die Kinder zeichnen die Bewegungen, geben ihnen einen Namen oder ordnen ihnen einen Buchstaben zu.

2.2.2. Ton-Muster

Auf die Tasten des Keyboards oder Xylophons können Zahlen oder Buchstaben geschrieben werden. So kann man die Muster 221, 221... oder AAB, AAB... hören und nachsingen.

2.2.3. Kinder-Symmetrie

Während ein Kind gezeichnet wird, achten alle auf die Symmetrie seines Körperbaus. Ein großer Spiegel – Spiegelfolie auf Pappe geklebt – zeigt diese Symmetrie deutlich.

3. Der Pfeiler „Zahl und Zahlenmenge“

3.1. Das Fundament

Ein Thema der Mathematik sind Zahlen. Schon in der Schule des Pythagoras – etwa 500 Jahre vor Christus –, die nach unserem Wissen der Ursprung der Mathematik ist, erkannte man die Bedeutung der Zahlen. Die Pythagoräer drückten diese Erkenntnis in ihrem Wahlspruch „Alles ist Zahl“ aus. Für uns sind Zahlen so selbstverständlich, dass wir uns eine Welt ohne Zahlen und Zählen kaum vorstellen können.

Den Sinn der Zahlen zu erfassen, das ist viel mehr, als bis 100 zählen oder auswendig 1 + 1 = 2 aufsagen zu können. Mechanisch gelerntes Zählen können schon die Jüngsten, doch erst in Verbindung zu realen Objekten werden Zahlen lebendig und verständlich. Ohne diese Verbindung bleiben sie leere Symbole.

In der ersten Bauphase müssen junge Kinder Zahlen visualisieren. Das heißt, sie stellen sich die Zahl 4 als eine Menge von vier Punkten vor. Diese Vorstellung prägt sich ein, wenn die Kinder häufig Gelegenheit zum Zählen haben und dafür unterschiedliche Materialien nutzen können.

Beim Visualisieren geht es primär um die Gruppierung innerhalb der Zahlen 2 bis 5. Wissenschaftler haben herausgefunden, dass wir Mengen bis 5 als Einheiten von Punkten visualisieren. Jede Menge darüber hinaus stellen wir uns getrennt vor: eine 6 zum Beispiel als 5 und 1. Eine siebenstellige Telefonnummer als Menge von 3 und 4. So können wir sie besser im Gedächtnis speichern, denn wir verfügen über ein geistiges Modell.

In der zweiten Bauphase sehen die Kinder die fünf Punkte in verschiedenen Kombinationen, zum Beispiel 3 und 2 oder 1 und 4. Trotzdem erkennen sie sofort, dass es sich um 5 handelt. Nun sind sie vorbereitet, den Weg zum abstrakten Darstellen zu beschreiten, und legen Zahlkarten, um mit ihnen die verschiedenen Kombinationen darzustellen.

3.1.1. Das Prinzip der Einbeziehung

Wie viele Kartoffeln liegen auf dem Boden? Vanessa zählt: „1, 2, 3“, und zeigt auf die Kartoffeln. Warum sagt sie nicht einfach „3“? Weil sie das Prinzip der Einbeziehung oder Inklusion noch nicht versteht. Sie sieht nicht, dass die Zahl 3 die 1 und 2 bereits enthält. Für sie ist „3“ nur der Name der Kartoffel, auf die sie gerade zeigt. Die richtige Reihenfolge der Zahlen hat sie zwar schon gelernt – sie sagt nicht „1, 3, 2“ –, aber für sie ist die Reihenfolge der Zahlen eben nur eine Folge der Namen von Nummern, die man sagt, wenn man auf Gegenstände zeigt. Sie muss noch lernen, dass – unabhängig von der Ordnung, in der die Kartoffeln liegen – 3 immer schon 1 und 2 einschließt.

3.1.2. Das Prinzip der Bewahrung

Bleiben vier Knöpfe immer vier Knöpfe? Egal, ob man sie auseinanderlegt, zusammenrückt oder die Knöpfe mit der Hand zudeckt – die Konstanz der Zahl wird den Kindern erst durch eigene Untersuchungen und Erfahrungen bewusst. Erst dann wird sie verinnerlicht.

3.1.3. Das Vergleichen

Vergleichen ist ein wichtiger mathematischer Prozess. Zuerst vergleichen wir die Mädchen und Jungen. Wir überlegen, wie viele Jungen noch fehlen, damit es gleich viel Jungen und Mädchen sind. Dann holen wir unsere Jacken und Pullis: Wenn wir noch zwei Pullis hätten, wären die Gruppen gleich. Die Turnschuhe vergleichen wir mit den Sandalen, die Fenster im Raum mit den Türen. Nach vielen solchen Versuchen, ungleiche Mengen gleich zu machen, verstehen die Kinder die „Gleichheit von Mengen". Erst danach sprechen wir darüber, welche Gruppe „mehr" oder „weniger" hat. Dabei lernen die Kinder neue Wörter: mehr oder weniger als, größer oder kleiner als ...

„Mehr" oder „weniger" ist immer relativ. Das ist für kleine Kinder schwer zu verstehen, denn sie meinen, dass „mehr" besser als „weniger" ist: mehr Kekse. Manchmal kann es aber auch schlechter sein, z.B. mehr Windpocken, mehr Gewitterstürme.

3.2. Spiele und Mini-Mathe zum Aufbau des Konzepts „Zahl"

Diese Spiele und Mini-Mathe eignen sich dazu, dass Kinder die Abfolge ganzer Zahlen beim Abzählen entdecken und begreifen, was sich hinter der Idee, etwas zu zählen, eigentlich verbirgt. Viele Mini-Mathe-Übungen betreffen reines Zählen, das vorwärts und rückwärts geübt werden kann.

3.2.1. Zahlenreime

Durch Zahlenreime und -lieder lernen die Kinder die Namen der Zahlen kennen und merken, dass sie beim Zählen immer in der gleichen Reihenfolge auftauchen. Sie ahnen bereits, dass Zahlen etwas mit der Größe von Mengen zu tun haben: „Zwei Kekse sind besser als einer." Doch in dieser frühen Phase geht es erst einmal um das reine Aufsagen kürzerer Zahlenreihen ab 1 oder 0.

3.2.2. Die Zahlentreppe

Falls es im Kindergarten eine Treppe gibt, die die Kinder regelmäßig benutzen, können sie die Stufen mit Zahlen beschriften. Der ebene Boden erhält die 0, die unterste Stufe die 1 und so weiter. Vor- und Rückwärtszählen können die Kinder üben, während sie die Treppe hoch- und runtersteigen – je öfter, desto besser.

Dabei sehen die Kinder den Zusammenhang zwischen Zahl und räumlicher Anordnung, sie erleben und spüren ihn mit ihrem Körper. Machen sie große Schritte und nehmen sie zwei Stufen auf einmal, betreten sie die geraden Zahlen 2, 4, 6, 8 oder die ungeraden Zahlen 1, 3, 5 und 7. Von der Stufe mit der 4 auf den Boden mit der 0 zu springen, das ist höher als von der Stufe mit der 3 oder 2.

Erweiterung: Die Kinder können zu jeder Stufe einen Ton singen und die Treppe zum Beispiel mit „Do, re, mi, fa, so ..." hoch- und runtersteigen.

3.2.3. Kalenderspiel

Jeden Morgen zählen wir die durchnummerierten Tage unseres Kalenders und stecken die Ziffern in die Laschen der einzelnen Kalendertage. Im Laufe des Tages zeige ich zwischendurch immer mal auf eine beliebige Zahl des Kalenders, von der ab wir dann weiter oder rückwärts zählen. Es macht den Kindern Spaß, ihre Reaktionsschnelligkeit zu testen, wenn ich, wie sie es formulieren, sie austricksen will und mitten im Zählen auf die vorherige Zahl zeige, sodass die Kinder schnell umdenken müssen, um im Zählrhythmus zu bleiben.

3.2.4. Mathe-König

Der Mathe-König trägt die Zahlenkrone und steht in der Mitte des Kreises. Im Uhrzeigersinn zählt er die Kinder ab. Wenn er am Ende der Zahlenreihe ankommt, zeigt er auf ein Kind, das sich daraufhin setzt.

Mit dem nächsten Kind zählt er von vorn weiter: 1, 2, 3, 4, 5 – (setzen), 1, 2, 3, 4, 5 – (setzen) ... Das Kind, das als letztes stehen bleibt, wird zum neuen Zahlenkönig gekürt, bekommt die Zahlenkrone aufgesetzt und das Spiel beginnt von vorn.

Es ist interessant zu beobachten, wann die Kinder vorhersagen können, wer der nächste Mathe-König wird.

3.3. Spiele und Mini-Mathe zum Visualisieren von Zahlenmengen

Diese Spiele und Mini-Mathe scheinen manchem von uns vielleicht zu simpel zu sein, wir neigen dazu, sie zu übergehen. Sie fördern jedoch die Visualisierung von Zahlenfiguren, die Voraussetzung für den Umgang mit dem abstrakten Konzept „Zahl".

3.3.1. Becher-Spiel

Geeignet sind kleine Gegenstände jeder Art, Nüsse, Knöpfe oder Würfel. Bei „1" wird eine Nuss in den Becher geworfen, bei „2" die nächste Nuss. So wird weiter gezählt, bis die Zahl erreicht ist, mit der gerade gearbeitet wird. Dann decken Sie den Becher zu und fragen: „Wie viele Nüsse sind drin? Wir kippen den Becher aus und schauen nach, ob wir Recht haben."

Dieses einfache Spiel dient der mentalen Vorstellung kleiner Mengen und hilft den Kindern in der ersten Bauphase des Brückenpfeilers „Zahl".

Variation: Das Spiel kann variiert werden, indem bei jeder aufsteigenden Zahl auf dem Xylophon ein höherer Ton angeschlagen wird. „Tut noch eine Nuss hinein. Wie viele sind es jetzt?" Noch eine Nuss kommt hinzu. „Wie viele haben wir jetzt?" Streicht der Klöppel des Xylophons über alle Töne, heißt das: Alle Nüsse werden ausgeschüttet. „Wie viele Nüsse haben wir?"

3.3.2. Kippt den Turm!

Jedes Kind baut einen Turm aus fünf Bausteinen. Alle übrigen Bausteine werden zur Seite geräumt. Sie rufen: „Kippt den Turm um!", und fragen: „Wie viele Bausteine sind es jetzt?" Die meisten Kinder werden die vor ihnen liegenden Bausteine aufs Neue zählen.

3.3.3. Die Bärenhöhle

Zunächst wird festgelegt, mit welcher Zahl – zum Beispiel zwischen 3 und 6 – gearbeitet werden soll. Die Kinder holen die entsprechende Menge Bären oder andere kleine Plastiktiere aus dem Korb. Formen Sie mit der Hand eine Höhle und decken Sie die Bären damit ab. Erzählen Sie eine kleine Geschichte von einem oder mehreren Bären, die damit endet: „... die Bären werden wach und kommen zum Spielen aus der Höhle heraus." Lassen Sie einen oder zwei Bären unter Ihrer Hand hervorkommen und fragen Sie: „Wie viele Bären stecken noch in der Höhle?" Im Verlaufe der Geschichte kriecht mal ein Bär in die Höhle zurück, mal kommen drei Bären wieder heraus. Zählen Sie laut und deutlich mit.

3.4. Spiele und Mini-Mathe zu „Mehr" und „Weniger"

3.4.1. „Mehr" und „Weniger" kennen lernen

Mit einer Gruppe von zwei bis fünf Kindern bauen Sie mitten auf dem Tisch einen fünfteiligen Turm auf. Reihum ziehen die Kinder Karten vom Stapel. Je nachdem, ob die Karte „Mehr" oder „Weniger" anzeigt, bauen die Kinder Türme mit mehr oder weniger Bausteinen als das Modell in der Tischmitte.

3.4.2. Türme würfeln

Jedes Kind hat einen Korb mit Bausteinen vor sich. Es wird reihum gewürfelt. Die gewürfelte Zahl bestimmt, mit welcher Anzahl Bausteinen ein Turm gebaut wird. In den folgenden Runden wird bei jedem Wurf entschieden, ob die gewürfelte Anzahl auf- oder abgebaut wird.

Es ist interessant zu beobachten, welche Kinder ihren Turm der vorigen Runde als Ausgangspunkt nehmen und welche in jeder Runde wieder mit 0 anfangen.

Negative Zahlen können sich junge Kinder noch nicht vorstellen. Darum können sie, wenn sie von einem Vier-Steine-Turm fünf Steine abbauen müssen, einfach „Geht nicht" sagen.

3.4.3. Steine angeln

Ein Beutel mit Bausteinen wird herumgereicht. Die Kinder greifen mit einer Hand so viele Steine, wie sie können, und legen sie auf ihre Zählbretter, die aus Deckeln oder Böden von Eierkartons bestehen. Man kann auch Deckel von Schuhkartons in zehn Felder unterteilen und sie mit den Zahlen 1 bis 10 beschriften.

Nun wird verglichen: Wie viele Bausteine konnte jedes Kind mit einer Hand greifen? Warum passen in meine Hand mehr Steine hinein als in deine Hand?

Variante: Es wird reihum gewürfelt und die Kinder versuchen, die gewürfelte Anzahl von Bausteinen aus dem Beutel zu angeln, ohne hinzusehen. Stimmen die Mengen überein? Sind es zu viele Steine oder zu wenige?

4. Der Pfeiler „Raum und Geometrie"

4.1. Das Fundament

Bewährt hat sich die Methode, der Welt stets mit einer „dummen" Frage zu begegnen. Dies scheint das Gegenteil der Haltung zu sein, alles als Wunder zu betrachten, aber die Methode hat das gleiche Ziel: Warum sind Teller, Tassen, Knöpfe rund? Ginge es auch anders? Warum besteht Karopapier aus kleinen Vierecken? Ginge es auch mit Dreiecken?

Was ist Geometrie? Nichts anderes als das Bewusstsein, das wir von uns selbst haben, ins Verhältnis gesetzt zu anderen Menschen, Dingen und zum Raum. Vergleichen wir unsere Körperposition mit der anderer Menschen im Raum, mit der Position einer Tür, eines Kartons oder irgendeines anderen Objekts, dann stellen wir eine Beziehung her. Wörter wie über, unter, neben, zwischen, hinter oder vor beschreiben diese Beziehung. Kinder verwenden geometrische Ideen, um ihre Welt zu beschreiben. Überall entdecken sie Kreise: in einem Ball, in einer Blume, in den Augen.

Kinder erfahren geometrische Formen beim Sehen, Bauen, Formen und Zeichnen. Zunächst nehmen sie eine geometrische Form als kompaktes Ganzes wahr: Wenn sie ein Quadrat zeichnen wollen, kann auch ein Kreis dabei herauskommen.

Erst später erkennen sie einzelne Eigenschaften geometrischer Formen: Sie sehen, dass die Seiten eines Rechtecks gerade sind und dass es zwei lange und zwei kurze Seiten hat. Sie sehen, dass ein Dreieck drei Seiten hat. Wird es in verschiedenen Positionen dargestellt, merken die Kinder, dass ein Dreieck auch auf der Spitze stehen kann und nicht unbedingt gleichschenklig sein muss.

Wichtig zum Verständnis der Geometrie ist das räumliche Denkvermögen. Dabei handelt es sich um die Fähigkeit, sich im Raum zu orientieren oder die Eigenschaften von Dingen unter räumlichen Aspekten wahrzunehmen und sie innerlich zu visualisieren. Mit Puzzlespielen, Bausteinen oder Dominosteinen lassen sich solche Fähigkeiten trainieren. Bei den Bauklötzen gibt es von jeder geometrischen Form gleich mehrere. Sie werden immer gut sortiert, sodass die Kinder die Vielfalt und die Gleichheit der Klötze leicht erkennen.

4.2. Spiele und Mini-Mathe zu räumlichem Denken und Geometrie

4.2.1. Stühle zählen

Die Kinder stellen sich im Kreis auf. Vier Stühle werden Rücken an Rücken in die Kreismitte gestellt. Wie viele Kinder brauchen wir, um alle Stühle zu besetzen?

Zu Musik laufen wir um die Stühle herum. Wenn die Musik stoppt, versuchen die Kinder, einen der vier Stühle zu ergattern.

Schilder mit den Zahlen 1 bis 4 können an den Stühlen befestigt werden.

Variante: Nach jedem Durchlauf werden die Ziffern an den Stühlen neu verteilt, um zu zeigen, dass die Zahl keine Eigenschaft des Stuhls ist, sondern von der Zählreihenfolge abhängt. Egal, mit welchem Stuhl wir zu zählen beginnen – insgesamt sind es immer vier Stühle.

4.2.2. Turmbau

Vor jedem Kind liegt ein Haufen Bausteine. Erklingt das Tamburin, legen die Kinder einen Baustein vor sich hin. Erklingt es wieder, setzen sie einen Baustein auf den ersten. Die Türme werden bis zur gewünschten Zahl weitergebaut. „Aus wie vielen Bausteinen besteht dein Turm?“, fragen Sie ein Kind. „Und deiner? Vergleiche deinen Turm mit dem deines Nachbarn.“ Nun nehmen Sie einen Baustein weg und fragen: „Wie viele sind es jetzt?“

Zu den Tönen des Tamburins werden die Bausteine der Türme zum Schluss nach und nach abgetragen, bis die Kinder wieder bei 0 angelangt sind.

4.2.3. Turmvergleich

Sie bauen einen Turm vor sich auf. Die Kinder schauen den Turm genau an und bauen ihn nach. Dann schieben sie – vorsichtig, vorsichtig – ihre Türme in eine Reihe und vergleichen: Welcher Turm ist höher? Sind die Türme gleich hoch?

4.2.4. Bauwerke kopieren

Errichten Sie ein einfaches Bauwerk aus Bauklötzen und bitten Sie die Kinder, es genau nachzubauen. Fällt ihnen das leicht, errichten Sie immer kompliziertere Bauwerke, die die Kinder kopieren.

4.2.5. Das Geometrie-Buffet

Die Kinder schneiden Brotscheiben in verschiedene geometrische Formen und belegen sie.

5. Der Pfeiler „Wiegen, Messen und Vergleichen“

5.1. Das Fundament

Unsere Zeit ist in Tage eingeteilt. Immer wieder wird es Abend und Morgen; eine endlose Reihe, die immer weitergeht ... Ganz typisch für die Zeitmessung und das Zählen ist: Man geht von gleichförmigen Einheiten (zum Beispiel Tagen) aus und nimmt diese als Zähleinheiten. Darin steckt zum einen die Vorstellung, dass die Zeit unendlich ist („die Reihe der Tage hat kein Ende“), andererseits die Vorstellung von zyklisch ablaufenden Vorgängen, der Wiederkehr des ewig Gleichen („alle Tage sind gleich“).

Zum Messen, Wiegen und Vergleichen gibt es viele Möglichkeiten: die Länge der Tische, das Volumen von Wasser, Sand, Bohnen, Kies oder Erde, die Gewichte verschiedenster Gegenstände, Zeit und Geld.

Wir vergleichen den Umfang unserer Köpfe mit dem eines Kürbisses, wir vergleichen unser Körpergewicht mit dem der Riesenwassermelone ... Wir vergleichen unsere Fußlängen. Wir messen, wie lang die Tische, Pulte und Fensterbänke sind. Das ist alles nicht leicht, aber wir schaffen es und fühlen uns wie Handwerker mit Helmen auf den Köpfen und Werkzeugkästen in den Händen.

Verschiedene Behälter werden mit Sand gefüllt und verglichen: Welcher Behälter fasst mehr? Um die Lust am Vergleichen wach zu halten, wird das Material am Sandtisch regelmäßig ausgetauscht gegen getrocknete Bohnen, gefärbten Reis, Matsch oder ungedüngte Blumenerde. Schaufeln werden ersetzt durch Schöpflöffel oder Tassen. Aus abgeschnittenen Plastikflaschen machen wir Trichter und freuen uns, wenn die Eltern neue Behälter mitbringen.

Zum Gießen und Messen von Flüssigkeiten haben die Kinder am Wasserspieltisch und beim Kochen Gelegenheit. Große, kleine, breite und schmale Messbecher stehen bereit. Die Kinder sind fasziniert, wenn sie sehen, dass der Inhalt eines hohen, schmalen Bechers in einen breiten, flachen hineinpasst. Nach und nach entwickelt sich ihr Verständnis für die Bedeutung des Begriffs „Volumen“.

In unserem Supermarktspiel wiegen die Kinder zum Beispiel Paprikaschoten mit Bauklötzen als Maßgewichte. Oder sie vergleichen das Gewicht von Plastiktomaten mit dem von Büchsenkonserven.

5.2. Wie die Zeit vergeht

Jungen Kindern fällt es schwer, Zeit zu begreifen. Der aushängende Tagesplan und die Kalender helfen ihnen zu erfahren, dass Zeit vergeht.

Was ein Monat ist, lernen die Kinder an der Monatstafel mit ihren 31 Stecktaschen. Jeden Tag zählen sie die bereits vergangenen Tage des Monats und stecken für den neuen Tag ein Symbol in die Stecktasche. Im September sind Äpfel das Symbol, im Dezember sind es kleine Tannenbäume. Ein beweglicher Papprahmen, der die sieben Tage der Woche zusammenfasst, rahmt die neue Woche bei Wochenbeginn ein.

Um Zeit zu begreifen, müssen die Kinder eine Vorstellung davon haben, was Vergangenheit, Gegenwart und Zukunft ist. Deshalb gibt es bei uns eine Zeitskala vom September bis zum August des folgenden Jahres, auf der alle schönen Ereignisse, Ausflüge und Feste mit Fotos auftauchen, sodass die Kinder sich erinnern: „Wie schön war unser Kükenfest im März ..." Längst ist der März vorbei – er ist Vergangenheit.

Sekunden, Minuten, Stunden, Tage, Wochen, Monate, Jahre – es ist nicht leicht, diese Vielzahl von Zeitbegriffen zu sortieren und ihre Abstufungen zu begreifen. Der Tagesplan, die Kalender und alle möglichen Uhren helfen den Kindern dabei, aber auch die Tortensymbole für die Kindergeburtstage.

Nach und nach lernen es die Kinder, ihre eigene Zeit einzuteilen, zum Beispiel, wenn es um die Benutzung des Computers geht. Dazu dienen selbst gebastelte Sanduhren genauso wie eine digitale Küchenuhr, die ein Kind an der Schnur um den Hals trägt, weil es nicht verpassen will, zur rechten Zeit am Computer zu sein. Eine Pappuhr neben der richtigen Uhr zeigt an, wann aufgeräumt werden muss und wann es Mittagessen gibt.

Neue Wörter, die die Kinder lernen, wenn sie sich mit Messen, Wiegen und Vergleichen beschäftigen: Gramm, Kilogramm, leichter als, schwerer als, gleich schwer, Millimeter, Zentimeter, länger als, höher als, kürzer als, Tag, Minute, Sekunde, morgen, gestern, übermorgen, Woche, Monat, Jahr, später als, früher als, nach dem Mittagessen, vor dem Frühstück. Mit dem Messen und den dazu gehörenden Begriffen können die Kinder Beziehungen erkennen und beschreiben.

5.3. Mini-Mathe zum Wiegen, Messen und Vergleichen

5.3.1. Mess-Füße

Malen Sie den Umriss eines Ihrer Füße und den eines Kinderfußes auf Schaumstoff oder Plastik und schneiden Sie die Umrisse aus. Wie viele große Füße oder wie viele kleine Füße brauchen wir für die Tischlänge?

Variante für die zweite Bauphase: Die Kinder zeichnen Gegenstände, die sie gemessen haben, und schreiben die Anzahl der großen und kleinen Füße daneben.

5.3.2. Mess-Fäden

Die Länge von fünf im Raum ausgewählten Gegenständen wird mit Tesakrepp markiert und ein farbiger Punkt aufgemalt. Nun brauchen Sie noch fünf Schnüre in der Länge der Tesakrepp-Markierungen, auf denen die entsprechenden Farbpünktchen kleben. Nach diesen Vorbereitungen können die Kinder sich mit den Schnüren in der Hand auf die Suche nach den markierten Gegenständen machen. Tauschen Sie die zu messenden Gegenstände häufig aus, damit das Spiel nicht langweilig wird.

5.3.3. Einkäufe wiegen

In einem Einkaufskorb liegen Büchsen und Kartons, versehen mit Preisetiketten. Das sind Kärtchen mit verschieden großen Kreisen, in denen Zahlen stehen: im kleinsten Kreis steht die 1, im größten die 10 oder 20, je nachdem, wie viele Gegenstände im Korb sind.

Die Kinder wiegen die Büchsen und Kartons, reihen sie vom leichtesten bis zum schwersten Teil auf und legen die Preisetiketten dazu.

5.3.4. Zeit messen

Füllen Sie eine Plastikflasche mit etwas Sand, entfernen Sie die Folie aus dem Deckel und stechen Sie ein kleines Loch in den Deckel. Verschließen Sie die Flasche mit dem durchstochenen Deckel und kleben Sie mit festem Klebeband eine zweite Flasche ohne Deckel obenauf. Schon haben Sie eine Sanduhr.

Messen Sie mit den Kindern die Zeit, die der Sand braucht, um von einer Flasche in die andere zu rieseln. Stellen Sie Sanduhren mit den Kindern her, die die Kinder benutzen, um sich die Zeit einzuteilen.

Hängen Sie eine Digitaluhr neben eine traditionelle Uhr und daneben eine verstellbare Pappuhr, auf der Sie den Kindern anzeigen, wann Essenszeit ist oder aufgeräumt werden soll.

6. Der Pfeiler „Grafische Darstellungen und Statistik"

6.1. Das Fundament

Mittlerweile haben Sie einen groben Überblick darüber, womit sich Mathematik beschäftigt. Zwei grundlegende Themenkreise gehören dazu: Zum einen die Formen, also die strukturelle Gestalt von Gegenständen, und zum andern die Zahlen, also das rhythmische, systematische Voranschreiten, und die Eigenschaften der Zahlen. Dazu kommen noch die Entdeckung und die mathematische Beherrschung von Zufallsphänomenen. Dies wird möglich durch die Entwicklung von Sensibilität für mathematische Strukturen, also das, was wir den „inneren Blick" nennen: Aufgrund innerer Vorstellungen sehen wir mathematische Strukturen in der Welt. Umgekehrt entwickeln sich durch konkrete Beispiele auch die inneren Vorstellungen weiter.

Kinder sammeln viele Informationen, sortieren und ordnen sie im Spiel. Zum Beispiel wollen sie herausfinden, ob es so viele Tretautos und Dreiräder gibt, dass jedes von ihnen die Chance hat, damit zu fahren. Sie holen sich Stifte und Papier und zeichnen die Fahrzeuge. Und wie weiter? Wie lässt sich herausfinden, ob es wirklich für jedes Kind ein Auto oder Dreirad gibt?

Wir kommen auf die Idee, die Autos und Dreiräder in einer Reihe aufzustellen, sodass sich vor jedes Fahrzeug ein Kind stellen kann. Oh, zwei Kinder bleiben übrig.

Wie können wir diese Aufstellung übersichtlicher machen? Unter jedes Fahrzeug legen wir ein Stück rotes Papier, unter jedes Kind kommt ein grünes Papier. Als die Kinder beiseite treten und die Fahrzeuge fortschieben, sehen wir: Es gibt lauter Paare aus roten und grünen Papieren, aber zwei grüne Blätter bleiben übrig.

Auch diese Aufstellung können wir noch vereinfachen. Auf ein weißes Blatt kleben wir kleine rote und grüne Papierquadrate in zwei Reihen auf. Jetzt ist auf einen Blick erkennbar, welche Gruppe mehr oder weniger hat.

Bei Vergleichen, bei denen es um „mehr" oder „weniger" geht, sind grafische Darstellungen hilfreich, denn sie zeigen deutlich und auf einen Blick, was man wissen will. Im Alltag der Kinder finden sich zahlreiche Gelegenheiten, solche Vergleiche anzustellen.

Reichen die Bananen für alle oder nehmen wir lieber die Äpfel? Sind heute mehr Kinder mit langärmligen oder mehr Kinder mit kurzärmligen Hemden da? Es macht Spaß, nach immer neuen Möglichkeiten zu suchen, um Informationen zu organisieren und zu zeigen, was mehr, weniger oder gleich ist. Wie viel mehr? Wie viel weniger? Wie viel ist das zusammen? Warum hatten wir die zwei Reihen aus roten und grünen Quadraten gebildet? Wer weiß das noch?

Anfangs vergleichen wir nur konkrete Gegenstände und auch nur zwei Kategorien, Äpfel und Bananen, Autos und Dreiräder. Haben wir das oft genug getan, kommt noch eine dritte Kategorie dazu.

Auch bei den grafischen Darstellungen beginnen wir mit konkreten Gegenständen, ehe wir allmählich zu abstrakteren Formen übergehen: Zuerst legen wir die Äpfel und Bananen nebeneinander, dann schneiden wir aus Papier kleine Äpfel und Bananen und kleben sie auf. Später benutzen wir verschiedenfarbige Papierquadrate, um die Vergleiche darzustellen. Aber: Immer schön langsam voran, es gibt keinen Grund zur Eile. Der Vergleich konkreter Gegenstände reicht erst einmal vollkommen aus.

6.2. Spiele und Mini-Mathe zu grafischen Darstellungen und Statistik

6.2.1. Kinder sortieren

Die Kinder teilen sich in zwei Gruppen. Meist teilen sie sich in Mädchen und Jungen. Beide Gruppen setzen sich einander gegenüber auf den Boden, eins zu eins. Bleibt jemand übrig?

Variante: Die Kinder teilen sich in zwei Gruppen, setzen sich einander gegenüber, fassen sich an den Händen und stemmen ihre Füße gegeneinander – Ruderboot fahren. Wer kann kein Boot sein? Warum nicht?

Variante für die zweite Bauphase: Wir falten Boote aus Papier. Die Jungen legen rote Papierboote vor sich auf den Boden, die Mädchen grüne. Dann stehen die Kinder auf und vergleichen die Papierboote. Welche Gruppe hat mehr Boote, welche weniger? Sind es also mehr Mädchen als Jungen oder weniger? Wie viele mehr, wie viele weniger? Wie viele Kinder sind es zusammen?

Variante für die dritte Bauphase: Wir benutzen eine grafische Darstellung mit zwei Reihen und legen fest, dass eine Reihe den Mädchen gehört und die andere den Jungen. Nun malen alle Mädchen in ihre Reihe ein Kreuz, die Jungen malen ihre Kreuze in die andere Reihe. Oder die Kinder holen sich die Wäscheklammern mit den Fotos und platzieren sie entsprechend. Mehr Mädchen oder mehr Jungen? Das sieht man doch auf einen Blick ...

6.2.2. Schuhe vergleichen

Wir schauen unsere Schuhe an, suchen zwei Eigenschaften aus, die die meisten Kinderschuhe haben, und einigen uns auf Klettverschlüsse und Schnürsenkel. Auf Papier skizziere ich zwei Schuhe und schreibe auf den einen K für Klettband, auf den anderen Sch für Schuhband. Wir legen die Papierschuhe auf die beiden oberen Felder unseres Pappstreifens mit den zwei Reihen. Danach ziehen die Kinder einen ihrer Schuhe aus und ordnen die Schuhe, einen nach dem anderen, dem Schema zu. Sind es mehr Klettverschlussschuhe oder mehr Schuhbandschuhe? Wie viele Klettverschlussschuhe sind es? Wie viele Schuhe mit Schuhbändern? Und wie viele sind es zusammen? Wie viele Kinder sind da? Warum kommt ihr auf dieselbe Zahl? Wie viele Reihen haben wir? Warum? Wenn wir Sandalen mit Schuhen vergleichen, wie viele Reihen brauchen wir dann?

Variante für die zweite Bauphase: Unterschiede und Ähnlichkeiten der Schuhe werden festgestellt – Schuhbänder, Klett- oder Reißverschlüsse, Schnallen oder gar keine Verschlüsse, Turnschuhe, Sandalen. Welche Merkmale sind am häufigsten vertreten? Die Kinder wählen drei Kategorien aus und ordnen die Schuhe danach.

Zeichnen Sie Schuhe, die die verschiedenen Kategorien darstellen, und machen Sie Kopien davon. Die Kinder nehmen sich die Bilder ihrer Schuhtypen, schreiben ihre Namen darauf und befestigen die unterschriebenen Zeichnungen an der Stelle auf der grafischen Darstellung, an die sie gehören. Natürlich können Sie die Schuhe auch nach anderen Merkmalen ordnen, zum Beispiel nach der Farbe. In diesem Fall können kleine farbige Quadrate mit den Namen versehen und auf die grafische Darstellung geklebt werden.

Der Beitrag ist ein Auszug aus dem Buch „Mathe-Kings" von Nancy Hoenisch (verlag das netz, Berlin, 1. Aufl. 2004).

Zum Vertiefen, Wiederholen und Weiterdenken ...

1 Gibt es in Ihrem Kindergarten eine gut funktionierende Kooperation mit den LehrerInnen der Volksschule(n), in die die Kinder nach dem Kindergarten kommen?

Wenn ja: Was halten Sie für die Pluspunkte, die diese Zusammenarbeit bringt? Sowohl für die Kinder und ihre Eltern als auch für Sie als KindergartenpädagogIn.

Wenn nein: Woran liegt es, dass keine/eine nicht ausreichende Zusammenarbeit zustande kommt? Welche Maßnahmen könnten Sie setzen, um das zu verbessern?

2 Versuchen Sie sich in die Situation eines Kindes zu versetzen, das nach drei Jahren im Kindergarten nun in die Schule wechseln wird. Lassen Sie sich Zeit, um Gedanken, Gefühlen, Erwartungen, Ängsten ... nachzuspüren! Gestalten Sie das Vorgestellte in einer Ihnen passend erscheinenden Form; ob als Text, Bild, Lied, Pantomime ..., ist ganz Ihnen überlassen.

3 Im Beitrag von Pamela Oberhuemer werden eine Reihe von europäischen Vorschulmodellen vorgestellt. Greifen Sie ein Land heraus und versuchen Sie zu zweit, die Vorschulphase detailliert darzustellen (Bedingungen, Prinzipien ...). Wenn Sie sich mit Ihren KollegInnen abstimmen, erhalten Sie einen guten Überblick über mehrere Länder.

4 Informieren Sie sich über die aktuellen Bestimmungen, die in Österreich für die Schuleingangsphase gelten! Stellen Sie dann Vergleiche mit anderen europäischen Ländern an, welche Vorgaben es dort für die Fünf- bis Achtjährigen in Kindergarten und Schule gibt! Wenn Sie und Ihre KollegInnen unterschiedliche europäische Staaten in den Vergleich einbeziehen, bekommen Sie eine interessante und vielfältige Information, die auch zu Diskussionen einlädt.

5 Inge Wörgötter stellt mit dem „Tiroler Hospitationsmodell" eine interessante Verschränkung von Kindergarten und Schule vor. Gibt es in Ihrem näheren Umfeld eine ähnliche Initiative?

Wenn ja: Versuchen Sie mit Beteiligten (angehenden LehrerInnen und „besuchten" KindergartenpädagogInnen) darüber ins Gespräch zu kommen und Näheres über das Projekt und seine Plus- und Minuspunkte zu erfahren.

Wenn nein: Recherchieren Sie, wo es ähnliche Modelle gibt, und versuchen Sie schriftlich mit Beteiligten in Kontakt zu treten.

6 Im „Tiroler Hospitationsmodell" besuchen angehende LehrerInnen den Kindergarten und lernen dadurch die Arbeit und das Leben in dieser Institution genauer kennen. Wie wäre es, wenn Sie als KindergartenpädagogInnen mit LehrerInnen der ersten Volksschulklassen auch eine Hospitationsmöglichkeit überlegen und realisieren (natürlich unter Einhaltung der gesetzlichen Vorgaben), damit Sie als KindergartenpädagogInnen die aktuelle Schulsituation kennen lernen, in die die Kinder Ihrer Gruppe wechseln werden?

7 „Unser Kind kommt im nächsten Jahr in die Schule, daher möchten wir, dass Sie ihm im Kindergarten bestmögliche Vorbereitung bieten", lautet die Forderung vieler Eltern. Was zählt für Sie zur „bestmöglichen Vorbereitung" und welche konkreten Angebote für die Kinder gibt es in Ihrem Kindergarten? Wie lautet also Ihre Antwort auf die Frage der Eltern?

8 Werken Sie gerne? Welche Materialien bevorzugen Sie selbst (Textiles, Holz, Speckstein ...)? Gibt es (bei den Kindern bzw. den KindergartenpädagogInnen) besonders beliebte Techniken oder Materialien in Ihrem Kindergarten?

Fassen Sie die essenziellen Informationen von Manfred Spitzer in Bezug auf den Einfluss von Werken auf das Gehirn in zehn Punkten zusammen. Damit können Sie sich selbst und anderen vor Augen führen, dass Werken nicht bloß ein netter Zeitvertreib ist, sondern eine immens wichtige Auswirkung auf das Gehirn hat.

9 Welchen Stellenwert hat das Erzählen – durch die KindergartenpädagogIn und/oder durch einzelne Kinder – in Ihrer Gruppe? Bei welchen Gelegenheiten kommen Kinder zu Wort bzw. welche Erzählsituationen sind bei den Kindern besonders beliebt? Vergleichen Sie Ihren Befund mit dem Ihrer KollegInnen und überlegen Sie, welche Situationen sich außerdem noch gut für das Erzählen eignen würden.

10 Eine Mutter berichtet Ihnen, dass ihr Kind gerne öfter Geschichten erzählt bekäme, sie aber dazu kein Talent habe. Daher hat sie ihrem Kind einen CD-Player und eine Reihe von CDs mit Märchen und anderen Kindergeschichten geschenkt und es kann sich bei Bedarf eine gut erzählte Geschichte anhören.

Was halten Sie von dieser Vorgangsweise? Können Sie der Mutter alternative oder ergänzende Vorschläge machen?

11 Nur für Sie ganz persönlich:
Können Sie sich an Szenen aus Ihrer Kindheit erinnern, in denen Sie Geschichten erzählt bekamen? Wer erzählte? Wann und wo wurde erzählt? Welche Gefühle tauchen bei Ihnen in der Erinnerung auf?

12 Im Beitrag „Vorbedingungen des Schreibens und Lesens" führt Waldemar Feiner Fähigkeiten und Fertigkeiten an, die einem Kind ermöglichen, den Schreiblernprozess positiv zu bewältigen. Erstellen Sie eine Checkliste mit diesen Vorbedingungen für die SchulanfängerInnen Ihrer Gruppe und beobachten Sie, welche Vorbedingungen das jeweilige Kind schon erfüllt und wo es noch Förderung benötigt.

13 Ist es wirklich ein „alter Hut", wie man immer wieder hört, wenn Kinder Auszählreime, Gedichte, Lieder ... auswendig lernen sollen? Begründen Sie Ihre Meinung in einem Dialog, wobei ein/e KollegIn den Gegenpart übernimmt (vereinbaren Sie vorher, wer dafür und wer dagegen ist).

14 Mit welchen Spielen werden in Ihrem Kindergarten die optische und akustische Durchgliederungsfähigkeit (als Vorbereitung auf das Lesen) gefördert? Ist ein ausreichendes Angebot vorhanden, ist es auch in Gebrauch? – Informieren Sie sich über qualitativ hochwertige Spiele in einschlägigen Katalogen und Fachpublikationen, bei Fachmessen, durch Spielerezensionen ...

15 Sie planen einen Elternabend, bei dem Sie u.a. den Eltern das Konzept der „Mathematik zum Anfassen" von Nancy Hoenisch und Albrecht Beutelspacher vorstellen werden. Dazu möchten Sie über sein Bild von der Brücke nicht nur erzählen, sondern den Inhalt auch veranschaulichen. Welche Möglichkeiten passen Ihrer Meinung nach dafür? Fertigen Sie entsprechende Materialien an.

Bildnachweis

Archiv Caritas f. Kinder und Jugendliche, Linz 221–223; Archiv Unsere Kinder 39–42, 59/2, 144/1, 185, 190, 230/2, 233/1–2; Archiv Unsere Kinder/Herwig Gassner 79; B. Baumgartner 80; Fa. Begsteiger 59/1; N. Breuer 78; Hedwig Brocza 215; A. Filipic 61–64, 83, 85, 87, 89–92, 96–98, 102, 148–149, 151/1–2, 166/1–3; Sandra Gugic 31, 71–73; Dorothea Hlinka 153; Luise Hollerer 213, 218, 220; Luise Hosp-Hermann 27, 46–49, 54, 118/1, 120, 142, 154–157, 159, 192/1–5, 198, 200–201, 244; Karl Hutterer 182/1–2, 184; Lois Jesner 11; Anja Kieberger 193–196; Johanna Kranzl-Greinecker 38; Eva-Maria Lexa 171–172; Magistratskindergarten Linz-Posthofstraße 186, 188; Rudolf Mair 66–67, 235–236, 240; Ursula Markus, Zürich 53, 58, 69–70, 104, 121, 140; Gerlinde Neumüller Cover, 32–33; Maria Pfeffer 226, 228; Hermann Pitzer 202–203; Judith Reimitz 50, 118/2, 245; Matthias Reimitz 51, 56–57, 163, 247; Franz-Josef Rupprecht 29/1–2, 230/1; Sr. Margret Heidi Scheurecker 144/2; Franz Silberhuber 34/2–36; Ursula Svoboda 224–225; Sophie Tiller 14, 20, 23, 25, 169, 229; Hansueli Trachsel 173–175; Rainer Trawöger 207, 211; Petra Vollmann 161; Barbara Weisseisen 34/1; Hermine Winkler 60; Inge Wörgötter 216

Methoden des Kindergartens

Band 1 und 2

Die inhaltlich und grafisch aktualisierten Klassiker „Methoden des Kindergartens" nutzen nicht nur der Ausbildung von KindergartenpädagogInnen sondern sind auch für jede Kindergartenbibliothek unentbehrlich.

ZeitRaum Kindergarten
Methoden des Kindergartens 1
192 Seiten, 2005
ISBN 978-3-9500307-0-9

Aus dem Inhalt: Raumgestaltung, Tagesablauf, Sozial- und Lernformen, Spiele und Aktivitäten …

EntwicklungsRaum Kindergarten
Methoden des Kindergartens 2
232 Seiten, 2005
ISBN 978-3-9500307-1-6

Aus dem Inhalt: Didaktische Prinzipien, Pädagogische Konzepte, Fähigkeiten und Fertigkeiten, Sprache …

UNSERE KINDER-Sonderhefte
(jeweils ca. 60 Seiten)

- **Lesen mag ich sehr gern.** Leselust und -förderung vor der Schule (2003)
- **Spiel-Raum im Kinder-Garten** – Naturnahe Gartengestaltung (2000)
- **Schachtelbaustelle** – Ein beliebtes Praxismodell mit Tiefgang (1999)
- **Religionspädagogischer BildungsRahmenPlan** (2010)

Fachbuchreihe Pädagogik

- **Mit Medien bewusst umgehen. Förderung von Medienkompetenz im Kindergartenalter.** (2012)
  Von Christian Swertz (Hg.) 13 Best-Practice-Beispiele aus österreichischen Kindergärten, (erprobt im Zug des Projekts „Mediengarten"). 160 Seiten, **ISBN 978-3-9500307-8-5**

- **Gelebte Qualität – Qualitätsstandards in der pädagogischen Praxis für ein- bis sechsjährige Kinder.** (2009)
  Von Matthias Schäfer (Hg.) in Zusammenarbeit mit „Kinder in Wien". Aus dem Inhalt: Qualitätsmanagement und -standards, Alterserweiterung als Betreuungsform, Beobachtung, Projekte, Teamarbeit … 156 Seiten, **ISBN 978-3-9500307-5-4**

- **Religion macht Kinder kompetent – Elf Themen praxisnah aufbereitet.** (2006)
  Von Josef Peterseil, Ulrike Stadlbauer und Univ.-Prof. Silvia Habringer-Hagleitner. Aus dem Inhalt: Kinder einer Welt, Feste und Feiern, Leid und Tod, Streit und Versöhnung, Miteinander reden … 96 Seiten, **ISBN 978-3-9500307-3-0**

- **Sprechen lernen, Sprache finden – Kinder zur Sprachförderung begleiten.** (2007)
  Von Claudia Danzer, Renate Krenn und Martin Kranzl-Greinecker (Hg.). Aus dem Inhalt: Sprachentwicklung und -verständnis, Zweitspracherwerb, Elternarbeit, Fremdsprachen im Kindergarten … 120 Seiten, **ISBN 978-3-9500307-4-7**

- **Balanceakt Hortpädagogik – Qualitätsentwicklung am Weg zwischen Selbstverantwortung und Fremdbestimmung.** (2009) Von Lisa Kneidinger. Aus dem Inhalt: Hort im Spannungsfeld, Entwicklungspsychologie 6- bis 12-jähriger Kinder, Kriterien und Beispiele gelebter Qualität in der Hortpraxis… 124 Seiten, **ISBN 978-3-9500307-6-1**